日蓮聖人の歩みと教え〈身延期〉

髙橋　俊隆

山喜房佛書林

序

日蓮聖人の御意に直参し、日蓮聖人の教えをいただき、日蓮聖人のお言葉にしたがって生きることは、日蓮聖人の門下にとって、生涯にわたる最重要課題である。

どのようにして、日蓮聖人の御意に直参し、日蓮聖人の教えをいただき、日蓮聖人のお言葉にしたがって生きるのか、それは、日蓮聖人門下各自の信心にかかっている。

その思いが深ければ深いほど、そのような求道の人師が多ければ多いほど、日蓮聖人の教えは、より確かに人々の心に届き、社会の隅々にわたって立正安国の礎が築かれていくにちがいない。

著者は、早くから日蓮聖人の教えに深く心を浸し、常に日蓮聖人との対話を希求して生きてこられた。若き日に著された論文には「日蓮聖人の釈尊観」や「日蓮聖人の下種論」についての研究があり、日蓮聖人の教えの基本的問題について心を寄せられていたことが知られる。日蓮聖人が尊崇敬慕された釈尊を、著者もまた身と心で感じ取りたいと念じ、日蓮聖人が釈尊から受領された仏種を、著者もまた身命をかけて相続したいと願ったのである。

爾来、今日に至るまで、営々として日蓮聖人との心の交流に歳月を費やしてこられた。求道と弘法の道のりは精進の積み重ねであり、その道程を支えたものは、日蓮聖人において生きることの揺るぎない信念である。信は誠に質直にして、念は実に強靭でなければ、成すことができない営みである。

本書は、円山妙覚寺御遺文勉強会のために、著者が作成した『日蓮聖人の歩みと教え』全六部を再編集して、

序

全三部としたもののうちの第三部にあたる。

当初編集された『日蓮聖人の歩みと教え』は、第一部「誕生から立教開宗まで」が平成二十二年十月一日、第二部「鎌倉進出から竜口首座まで」が平成二十三年四月二十八日、第三部「佐渡配流から鎌倉退出まで」が平成二十四年三月一日、第四部「身延入山と七面山信仰」が平成二十五年十一月二十五日、第五部「草庵完成から『下山御消息』まで」が平成二十七年十一月十一日、第六部「桑ヶ谷問答から池上入寂まで」が平成二十九年十二月十九日にそれぞれ刊行された。総計三二八二頁に及ぶ膨大な書物である。

全六部を再編集し、全三部として公刊の運びとなった経緯については、平成二十八年三月一日に上梓された『日蓮聖人の歩みと教え〈鎌倉期〉』巻頭の渡邊寶陽先生の「序文」に記されている。

また、本書の原点は著者の五十年余にわたる求道にあり、その実際は檀信徒の皆様との三十年余に及ぶ御遺文勉強会における研鑽であることは、平成二十八年五月一日に上梓された『日蓮聖人の歩みと教え〈佐渡期〉』巻頭の北川前肇先生の「序文」と巻末の著者の「あとがき」に記されている。弛むことのない浄業に深甚の敬意を表して止まない。

本書は『日蓮聖人の歩みと教え』の第三部〈身延期〉について論述したものである。

日蓮聖人の生涯のなかで、身延期はもっとも多くの文章が遺されている。遺文の量が多いということは、日蓮聖人の宗教世界が多彩に展開されていることをも意味する。身延期を、日蓮聖人の宗教が結実する時期とすることは聖人伝の常識である。なかでも多くの書簡があって、日蓮聖人の檀越教化の内容を如実に知ることができることも、この時期の特徴と言える。また、身延の日蓮聖人は、各地の檀越に対する教化とともに、門下への指導にも意を注がれていた。門下への指導・教育は、未来への道を開くものである。身延期は、日蓮聖人が覚知された本化の仏教が、未来にわたって弘通されていく基盤を築く、大切な時期でもあったのである。

本書ではその内容を丁寧にたどり、五章にわたって叙述している。総じて、本書は、身延の日蓮聖人について、精力的に考察を進め、その全体像を余すことなく筆に載せており、日蓮聖人伝と日蓮聖人教学の両面から、日蓮聖人の宗教世界を総体的に捉えたものである。

読者は、本書をとおして、日蓮聖人の宗教世界に魂を浸す法悦を噛みしめることができるであろう。著者の熱誠が類を呼び友を集めて、自他共なるさらなる飛翔に繋がることを祈りたい。それが妙法の広布・立正安国の実現に多大に寄与することは疑いない。

平成三十年九月十二日

立正大学日蓮教学研究所長

庵谷　行亨

はじめに

本書は系年を検討して遺文の順番を入れ替える試みをしました。身延期は真言師との宗論の揶揄、三度目の流罪の噂、頼基や宗仲の信仰問題、日蓮聖人を始め富木尼、乗明、時光の病があります。佐渡の信者がなんども身延に登詣されます。弟子や信者に宛てた書状から、それぞれの境遇や性格などが窺えます。頼基には短気な性格に注意され、弟妹を大事にすることを訓諭されます。三位房には自惚れを指摘します。時光には乗る馬もなく妻子に着せる着物にも困窮したなかに供養された志に涙します。弟子を各地に派遣し信者に書状を与えて教導されます。それは弟子の教育でもありました。御本尊を授与された名前から遺文に見えない信者が多数いたことが分かります。会えないと思われる信者には霊山浄土での再会を約束され絆を深めます。

蒙古再襲と飢饉飢餓の不安な世情に人々は苦しみます。平頼綱と良観忍性の弾圧は引き続きます。信者の最大の受難である熱原法難は身延期を象徴します。それらの問題に応えた日蓮聖人の言葉は耳中に響きます。日蓮聖人の歩みは教主釈尊を渇仰された本弟子の歩みです。その道に続いて行きたいと思います。

目次

序　庵谷　行亨

はじめに

第二章 『撰時抄』と宗論

第三章　『報恩抄』と桑ヶ谷問答

第四章　熱原法難

第五章　身延山妙法華院久遠寺

御返事』（四〇〇）　○　聖人（すみざけ）　□　『松野尼御前御返事』（二七二）　○　御本尊（一〇二）二月二日　○　御本尊（一〇三）二月　□　『上野殿御返事』（四〇二）　○　御本尊（一〇四）三月　○　御本尊（一〇五）四月五日　○　御本尊（『御本尊鑑』第三一）四月五日　□　『おけ・ひさご御消息』（四四二）　□　『三大秘法稟承事』（四〇三）　□　『富城入道殿御返事』（三六四）　○　常忍の十羅刹女信仰と富木尼の病　○　御本尊（一〇六）四月一七日　○　御本尊（一〇七）四月二五日　○　御本尊（一〇八）四月二六日　□　『大風御書』（四〇四）　□　『八幡宮造営事』（四〇五）　○　弘安の役　□　『曽谷二郎入道御報』（四〇八）　□　『御所御返事』（四四三）　□　『光日上人御返事』（四〇九）　□　『治部房御返事』（四一〇）　○　御本尊（一〇九）八月二三日　○　御本尊（一一〇）九月　○　御本尊（一一一）九月　□　『南条兵衛七郎殿御返事』（四一一）　○　身延は本朝の霊鷲山　□　『上野殿御返事』（四一二）　□　『富城入道殿御返事』（四一三）　○　蒙古退散と叡尊の祈祷　□　『老病御書』（四一七）　○　御本尊（一一二〜一一五）一〇月　□　『越州嫡男並妻尼事』（四一四）　○　御本尊（『御本尊鑑』三二）一一月　□　『地引御書』（四一六）　○　草庵改築と延年の舞い　□　『富木殿御返事』（三八九）　○　天台大師講の布施　□　『上野殿母尼御前御返事』（四一八）　○　此の山出ること一歩も候はず　□　『太夫志殿御返事』（四一九）　○　御本尊（一一六）一二月　□　『窪尼御前御返事』（四二〇）　□　『大白牛車御消息』（四二一）　□　『西山殿後家尼御前御返事』（四二二）　○　「臨終わるくば法華経の名をりなん　□　『妙法尼御前御返事』（四二三）

日蓮聖人の歩みと教え〈身延期〉

第一章　身延入山と文永の役

第一節　鎌倉から身延西谷へ出立

○鎌倉を離れ実長を頼る

日蓮聖人（以下「聖人」と略称します）は諸国を流浪する気持ちで鎌倉を離れました。このとき「日本国にそこばく（若干）、もてあつかうて候み（身）」（『波木井殿御報』一九二四頁）と、鎌倉にいた自分を評します。「若干」とは甚だ多くという意味があります。「持て扱う」というのは取り扱いに持て余す、手に負えないことです。日本国中の人から大層持て余され、目障りで邪魔者扱いされたという感慨です。所領を没収された信者もいました。三諫不容の空虚は弘教の転換期となり新たな展開を模索されます。「天聴」（『未驚天聴御書』八〇八頁。『強仁状御返事』一一二三頁）についての解釈の違いがありますが、日像上人を始めとした京都進出の活動からしますと、上奏を想定されたことも視野に入ります。

鎌倉を離れる目的は何か。それは結果から見て法華経を弘通する拠点の地を探していたと言えます。その条件は幕府の干渉を避け安心して居住できることです。その最初の巡地が身延でした。身延入山の理由について多くの論考があります。上田本昌氏は山林に身をおくのは「三国四師」の共通点とし、聖賢の例に習って入山したのは、自身の行動を分かりやすく説明するための援用と指摘されます。（「日蓮聖人身延入山の研究」『日蓮教団の諸問題』所収三二一頁）。注目されるのは、身延に到着して直ちに『法華取要抄』を著述され、「三大秘法」という重要な教えを説いたことです。つまり、入山の目的は未来に向けての師弟教育にあったのです。

身延に歩みを向けた大きな理由の一つに日興上人（以下各上人の尊称を略します）の勧めがあります。日興は大井庄の鰍沢で誕生し冨士河合で育ちますので、近辺には血縁関係者が多く居住していました。（西山・高橋・大井氏など）。波木井実長は「発心の御師」として日興を崇め、この因縁によって九ヶ年の間、帰依されたと述べます。（「冨士一跡門徒存知事」『冨士宗学要集』第一巻。五二頁）。聖人は佐渡在中の文永一〇年八月三日に実長に書状（「甲斐國南部六郎三郎殿御返事」七四九頁）を宛て、密かに身延を目指したと思われます。（三木浄達稿「身延御入山と南部實長」『棲神』二二号一九五頁所収）。そこが定住の地でなければ放浪する心境でした。実長の館に無事に着いた現況の第一報を常忍に伝えます。

□『富木殿御書』（一四四）

○身延へ出立

文永一一（一二七四）年五月一七日付け常忍宛の本書（身延澤入時御状『常師目録』）の真蹟全一紙は、鴨川市の鏡忍寺に所蔵されます。真筆は穏やかにゆったりと書かれます。まず、鎌倉からの道程（河内路『山梨県歴史の道調査報告書』第七集二頁）を述べます。

「十二日さかわ（酒輪）、十三日たけのした（竹ノ下）、十四日くるまがへし（車返）、十五日をみや（大宮）、十六日なんぶ（南部）、十七日このところ（身延）」（八〇九頁）

五月一二日に鎌倉の弘教を日昭と日朗に任せ、日向・日興・日頂・日持・日進・久本房（日元）、そして、熊王四郎の七名を伴い身延に向かいます。（『本化別頭仏祖統紀』）。清澄寺登山の日、伊豆流罪、そして、竜口首座の聖日に当たります。『身延山史』（二頁）には日朗・日興・日向を伴いとあり、五月雨の中を弟子や信徒に見送られて出立します。（山川智応著『日蓮聖人伝十講』下巻五四二頁）。夷堂から佐渡流罪の時に通った極楽寺の切り通しを過ぎ、七里ヶ浜まで見送くられたのでしょう。聖人は感慨深く龍ノ口を過ぎ身延に向かわれたのです。実長は甲斐源氏の源義光の五代遠光の子光行が、南部郷を領し南部三郎光行と氏称したことに始まります。茅ヶ崎下町屋あたりで相模川を渡り、平塚・大磯・小磯・二宮・国府津を進み一〇里（四〇キロ）程の酒匂まで来ます。この酒匂で川を渡り岸に沿って関本へ向かう予定が、増水で渡ることが出来ずにいました。このとき飯山入道という修験者の助けで酒匂（小田原）の家（地蔵堂）に泊まります。

翌一三日の朝に飯山氏は聖人一行を船で送ります。その時に堂守が聖人の教えを聞き帰依改宗し、入道に済度法船、妻に蓮慶妙船の法号を授けます。この縁により宿泊の旧跡として朗慶を開祖とし法船寺（川端祖師）が創始されました。この日は箱根に向かわず平坦な道をえらび、関本に向かい小山町の竹之下（城腰）に向かいます。関本からは二つの道筋があります。足柄街道を進み足柄峠をこえて関場・福泉・矢倉沢、そして、竹之下に入る山間のコースと、関本から山北・谷峨・小山と迂回して竹之下へ入るコースがあります。足柄峠は平安時代から西国から関東へ往来した街道でした。中尾尭氏は足柄の急坂を歩まれたと見ます。（『日蓮』一八一頁）。また、竹之下の鈴木繁八氏の供養を受けたと言います。（小川泰堂居士『日蓮聖人真実伝』）。竹ノ下の霊場として聖人が宿泊された要名山常唱院が鮎沢川沿いにあります。この崖下の道祖神がある細い道が鎌倉道と言います。また、日興の旧友で富士郡大宮庄野中村に由井五郎入道がおり、聖人一行を出迎えて喜ばれたと言います。（『本化別頭仏祖統紀』）。

一四日は足柄街道に合流して二枚橋・沼田・裾野・大岡、そして、沼津の車返の宿に泊まります。ここの、天台宗本光寺（車返道場）にて説法されます。（『駿河志料』中村高平、文久元年）。宿泊された場所については諸説あります。裾野市深良新田にある題目堂・法華堂は、「車返し霊場」の扁額があり間口三間奥行き四間の堂と言います。室伏安平夫妻が建立した題目碑があって、「文永一一年五月一四日。自鎌倉身延御入山之砌。弘安五年一〇月二三日。自池上身延御送骨砌。御宿泊之旧地」と刻まれた石碑が明治三六年に建てられています。その他にも文化一一年の供養塔があります。また、沼津の三枚橋付近とも言います。（『身延山史』二頁）。三枚橋は今の上石岡付近と言います。（市川智康著『日蓮聖人の歩まれた道』一六五頁）。また、「くるまがへし」は沼津市三芳町と言います。車返しの名はこの付近一帯が登り坂の沼沢地で、前進を阻まれた車がやむなく引き返したことに由来します。車返から大宮へ、そして南部への道中は、潤井川、芝川、富士川と三つの川を渡ります。

一五日は浮間が原（「浮島ヶ原を辿って」姉崎正治著『法華経行者日蓮』三二八頁）に抜ける道を歩き（紀野一義著『日蓮配流の道』一五五頁）、海を望みながら東海道から岩本・黒田を経て大宮（富士宮）へ至る平地が多い高原街道を進みます。大宮の中心には冨士山霊木花咲く耶姫を祀った浅間神社があります。その夜は宿が決らずに困って公孫の木の元に休んでいたところ、黒田郷柏坂村（田中町）の遠藤左衛門夫妻と出会い宿泊します。本光寺の縁起には当寺所の銀杏の樹下に一宿され、遠藤夫妻が麦・酒・柏餅・鵞目二百疋を供養されたと伝えます。このとき、妻女の母乳が出にくいと聞き妙符を与えます。後に左衛門の一子が師事し、本光院日静と号して銀杏の樹のそばに一宇を建立します。これが「出乳霊場」鷲目山本光寺の縁起です。山号は両親が金銭（鵞目）の布施をされた故事に因みます。（『日蓮宗寺院大鑑』四八四頁）。

『大宮町誌』には一五日に十界本尊を安置して開基され、その後、上総国妙福寺の開祖・中老日秀の法孫日浄を二祖とし、堂宇を建立したとあります。聖人との故事に因み旧暦の五月一五日に「柏談義」と言う法要が行われ柏餅を供養します。（市川智康著『日蓮聖人の歩まれた道』一六六頁）。これに因んでこの地を柏酒と呼称します。また、『大泉寺縁起』には大宮に着いた一行は日興の伯父、郷士由比五郎に歓待され宿泊したとあります。翌日、氏に戒を授けたと言います。由比氏は富士郡長貫河合（芝川）を領したので河合入道と呼ばれます。

一六日は富士山を背にして右に迂回するように進み、芝川のほとりで富士を間近に見ながら休息されたことでしょう。或いは大宮から西山を経由して芝川へでる道は西山本門寺を通ります。また、西山を囲むように回って抽野・稲子から南部へ進む道もあります。聖人は芝川から内房に入る富士川の徒歩橋を渡ります。橋の袂に石碑が建てられ本立寺の跡があります。（望月真澄著『身延山信仰の形成と伝播』一二四頁）。途中、内房に休まれ大鹿村の三澤小次郎の叔母という老尼が聖人を供養されます。『本化別頭仏祖統紀』には上野村主の内房尼が庄司入道を介して聖人を歓待し、ここに宿泊されたとあります。ここに真言宗の胎鏡寺があり長遠山本成寺と最初の改宗寺となります。岩本の実相寺にて一切経を閲読する時に、岩本の領主上野氏の郡代官をしていた庵原之郡内房殿が、内房尼の長子で実相寺の厳誉律師と親しい関係から、入蔵を許された縁がありました。このとき内房尼が入信しこの関係で宿泊されます。（『日蓮宗寺院大鑑』四九六頁）。この地方の豪族である遠藤左金吾一族を始め一村の人たちが改宗します。（竹下宣深編『日蓮聖人霊跡宝鑑』一二四頁）。

また、芝川を過ぎ内船から富士川を渡り、南部の妙浄寺に宿泊したと言います。もと真言宗の大日山妙楽寺と言い、足柄山で笙を吹いた新羅三郎源義光が創建した寺です。甲斐源氏の祈願所であり南部氏の菩提寺です。住持の大輪法師は聖人の弟子となり日寿と名乗ります。寺と信徒も改宗し甲州弘教の最初の一泊の霊場と言われ、古来、身延山法主は入山の時は一泊されるか立ち寄ることが慣例とされます。開山は実長（法寂院日円）になり宝物に「身延山寺領寄進状写」があります。途中の道筋には高橋氏や西山氏などの信者が在住しましたが、相模・駿河一帯は時宗や得宗家の直轄領であり、重時の家人も多く住んでいました。特に富士地方は政子の身内が多かったので弾圧を懸念して通り過ぎます。

車返から大宮へ、大宮から南部への一五日、一六日の行程は、ゆっくりとした歩みなので、信徒と再会するかどうか、逡巡されていた状況が窺えます。他宗の奇襲を用心された道中とも思えます。体力に応じての旅程でした。飢饉のため食糧を確保していたかもしれません。空腹に堪えながらの身延入りであったのかもしれません。

一七日に南部から内船を過ぎ身延に向かいます。横根に桜清水の祖師と呼ばれる玉林山実教寺があり、ここに休息されたと言います。喉の渇きを癒やそうとしましたが、水が乏しい土地であったので水がありません。手にされていた桜の杖で岩をうがち諸天善神に祈ると、岩の隙間から玉のような清水が湧き出ます。桜清水の霊場、桜清水の常唱堂と呼ばれました。ここの山伏は改宗し実教阿闍梨不動院日成と名乗ります。横根から身延に向かい相又川と大城（おおじろ）川が合流して、そこから波木井川となります。このところを相又（相股）と呼びます。

相又を通り休憩していると、里史の正左衛門（薩化圧左衛門・史正左衛門）と妻のかつが粟飯を午餐に供養されます。後に聖人であることを知り身延に登詣されます。かつは夫が死去すると子供を伴い身延にて尼となります。妙了日仏尼と名乗り下之坊を建て給仕されます。身延を下山するときも伴い御廟所の給仕をされます。子供の是好麿は後に日了と名乗り自邸を寺とし、年号にちなみ大石（だいこく）山正慶寺（少憩寺）と称します。薩化（さつか）と言う名は粟飯に因み粟冠とします。（宮尾しげを著『日蓮の歩んだ道』一三八頁）。

身延までの路地は峰に登り谷を下るように険しいものでした。縄が一本あるような狭い道を草木が大きく囲み、前方も見えない野原もあり、川も猛々しく大石が上流から矢のように流れてきて、船で渡ることも恐ろしい道中であったと思われます。聖人が身延に近づいたことを聞いた、波木井氏一族の一条六郎信長の子太郎光家が、聖人のもとに案内を遣わせます。実長は途中まで出迎え再会された場所が相又とも言います。身延に着いた聖人は馬よりおりて石に腰掛けて休まれたと言います。（『身延の枝折』昭和一六年）。この石を御腰掛石と言います。里人の言い伝えでは相又が対面の場所で昔は「會又」と書いたと言います。逢島は休息をされた所と伝えます。（今村是龍著『身延の伝説』四頁）。『本化別頭仏祖統紀』には「身延澤」に着いた聖人を、実長は子息や親族を率いて迎えたとあります。この場所は総門を入って左の玉垣に囲まれている所と言います。総門左上に逢島の発軫閣（ほっしんかく）祖師堂があります。このように、聖人は無事に身延に到着されます。実長は身延の山中に一寺を建立することを申し出ました。聖人は早速、現地の視察に向かわれたのです。

○　蓑夫（身延）を探索

身延の所在について、「此身延の沢と申処は甲斐国飯井野御牧三箇郷の内、波木井の郷の戌亥の隅にあたりて候」（『松野殿女房御返事』一六五一頁）と波木井郷にあります。四方を山に囲まれ山と山の狭間から峡（かひ）の国と呼ばれた、また、東海道と東山道を結ぶ内陸交通の「交ひ」の要衝とされます。八世紀の初めに「歌斐」の表記があり、「甲斐」の文字が使われたのは、奈良時代の『風土記』の時（大宝四（七〇四）年四月以降）とされます。古い文献には「駒郡」とあります。これは、騎馬民族の系統を引く高麗人が、馬（駒）を多く生産する郡と認識されたからです。（『山梨県の不思議事典』五二頁）。行学日朝の記述には「胡麻郡」とあります。

『甲斐国志』に飯野が今の大野とあります。（「南部ノ御牧也飯野（オフノ）ハ其内ニ在リ」上。七五五頁）。御牧は馬城（むまき）が古い名称で、平安時代に朝廷で使用する馬を飼育する牧場のことです。『延喜式』の兵部省に規定された官牧は、甲斐・武蔵・信濃・上野の四ヵ国に合計三二ヵ所に牧を置きます。（『日本の古代』2、森浩一稿一一六頁）。官牧と私有の私牧（しのまき）があり南部牧は私牧です。（「南部波木井郷」（『光日房御書』一一六一頁）。南部牧のことを飯野御牧と称しました。（林是晉著『身延山久遠寺史研究』二三三頁）。波木井以南の富士川西岸の地域を指したといいます。（『身延町誌』九七頁）。身延地方は荘園や寺社領などの束縛がある土地ではなかったのです。

さて、『身延鑑』は延宝四（一六七六）年の三月に一人の旅人が都を出立し、東海道を下り身延山に登詣するところから始まります。旅人が総門へ到着し山を眺望しながら休憩していますと、老僧が題目を唱えながら歩いてきます。都から始めて登詣したことを聞き、諸堂などの縁起を説明しながら案内するという内容です。この『身延鑑』を手がかりとして聖人が入山された頃を窺いますと、老僧はこの場所が波木井の郷の乾にあたる「蓑夫の沢」と教え、五月一七日にこの沢に入ったと述べます。身延に到着して直ぐに西谷に向かいました。南部から身延までの距離は約三〇キロ、徒歩にして六時間ほどになります。早朝に出立して昼過ぎに身延に到着されたならば可能です。この沢は約三キロの長さの身延川のことです。沢は一般的には山の斜面を刻む細い川や短い川のことですが、地方によっては大きな谷に常に水が流れていても沢と呼びます。

身延川の上流に懸崖から急激に落ちる「身延の滝」（『妙法比丘尼御返事』一五六三頁）があります。また、波木井河にある滝を身延河と名づけたと述べます。（『秋元御書』一七三九頁）。この表現からして身延川は平らな平地をゆったりと流れる川ではなく、高山の勾配と段差が激しく小さな滝が連なる急流と思われます。この中でも大きな「身延の滝」の近くに草庵があったので、感覚的に「身延山のほら（洞）」（『上野殿御返事』一六二一頁）と表現され、大地が大きく削りとられた場所であったと思われます。水量の多いときは滝の岩を打つ音が響きます。墓所を「みのぶのさわ」（『波木井殿御報』一九二四頁）に置かせて欲しいとされた場所は、渓谷の一帯を眺められる処にという気持ちであったと思われます。

そして、老僧は実長と始めて会った処を逢島と名付けたこと、ここに、総門を建てるとき小高い山を平らに広げたこと、もとから左右に二つの大きな石があり、左に文殊坊があり右に円柳坊があること、そして、聖人と実長の御影堂（発軫閣）があることを教えます。蓑夫という地名を聖人が「身を延ぶる山」と書き改めたことも教えます。「みのぶ」の地名について、「南部」（みなべ）、「蓑夫」（みのふ）、「蓑生」（みのう）、「箕面」（みのお）などの説があります。

「南部」は語源を「水のほとり」を意味する「みなべ」という説があります。また、波木井氏は南部（なんぶ）氏といい居住地を南部といいます。南部の地名は和歌山にもあり「みなべ」と発音します。このことから南部も元来は「みなべ」と言ったのではないかといいます。（山中講一郎著『日蓮自伝考』三八一頁）。実長の父光行は甲斐源氏の一族で「なんぶ」と称します。頼朝の奥州征伐に光行が下向したことにより、糠部（ぬかのぶ）五郡の知行をします。岩手県の北部から青森県、下北半島の広い地域になります。そして、子孫の南部一族が甲斐を本領としながら、南朝を奉じて奥州における活躍をします。甲南部（こうなんぶ）と称します。（中里日応稿「日蓮聖人の身延御入山と南部一族の動向」『棲神』四五号所収三九頁）。

また、「みのぶ」の語源は山の姿が蓑を着た人が蹲踞した姿といいます。この近辺に蓑を作る人が住んでいたことから「蓑夫」（みのふ）と呼ばれたといいます。他に蓑父とも書かれ、「蓑生」（みのうふ）ともいいます。

（町田是正著『身延山秘話外史』一五七頁）。『報恩抄』（一二五〇頁）の末尾には「波木井郷蓑歩嶽」とあります。「みのぶさわ」は「蓑夫の沢」に当たります。つまり、「蓑夫」「蓑歩」を「身延」としたのは聖人の考えによるものです。「身延」と当て字されたのは文永十二年二月十六日に「此所をば身延の嶽と申す」と記していることから、入山されてまもない頃でした。（『甲斐国志』下。四四一頁）。「身延山」（しんえんざん）と呼称するときは、九年の間「心やすく」心身ともに安穏に法華経の人生を過ごされた延命長寿の願いが込められます。

「箕面」（みのお）については、『身延町史』（八〇頁）に『甲斐国志』（上。七六二頁）古蹟部第一四「蓑夫ノ里」の項があります。西行法師の歌と伝える「あめしのぐ蓑夫のさとの垣柴に、すだちぞ初むるうぐひすのこえ」を紹介します。ここに「蓑夫」の地名が一般的に知られていたことが分かります。そして、延慶三（一三一〇）年頃とされる藤原長清の「夫木和歌抄」に、「わすれては雨かと思ふ滝の音にみのお（箕面）の山の名をやからまし」との一首があります。そして、「和歌諸集ニ摂州豊島郡箕面山ノ歌アリ、彼ハみのおト云本州ハみのぶナリ。夫木集津守国助トアルハ蓑夫ノ滝ヲ咏スルニ似タリ。此類尚多カルヘシ蓑生浦ハ筑前ニ在リ是モ諸集ニ和歌アリ」とあり、摂津箕面山「みのお」（大阪府箕面市）と、本州（山梨）の蓑夫「みのぶ」（身延）、筑前（福岡県福津市）の蓑生「みのう」浦（訓「美乃布」「みのふ」）の三者が関連していると記されます。

特に注目されるのは修験道の霊場として知られる箕面山です。平安時代に箕面の修験者が身延に往来し、摂津の箕面をとって「みのふ」と名付けたともいいます。また、蓑をかぶって身延や七面山に入峰していたので、「蓑夫」と呼んだという地元の説があり、いつしか「蓑夫」と当て字されたといいます。（中里日応稿「日蓮聖人身延山御入山以前の七面山と身延」『棲神』四二号所収三二頁）。このことは身延一帯が修験者の山岳修行場であったことを示します。摂津の箕面山と甲斐の蓑夫との関連が見られます。

修験道では役行者を開祖として崇めます。その理由は大峰山中で守護仏の蔵王権現を感得し、摂津の箕面山の滝穴で龍樹菩薩から秘印を授かった事にあります。（『日本仏教史辞典』四六〇頁）。修験道の法流は真言宗系の当山派と、天台宗系の本山派に分類されます。当山派は醍醐寺三宝院を開いた聖宝理源に始まります。本山派は園城寺の増誉が聖護院を建立して、熊野三所権現を祭ってから一派として形成されました。箕面山は大滝を中心にして山嶽修行の霊地となります。身延も総門を入った寺平に真言宗の当山派の修験道の拠点があったといいます。（望月真澄著『御宝物で知る身延山の歴史』一五頁）。ここに、「蓑夫」（みのお・みのふ）の地名は同じ山岳地としての箕面山から名付けられたとされます。

○寺平塔林

逢島より一町（約一〇九メートル）ほど進んだ処に太平橋があります。極楽橋のことです。橋をわたり右にまがり狭い地獄路を二～三百メートル進むと殿前（どのまえ）という丘状の場所に出ます。嘗て殿進という豪族が館を構えていたといいます。また、現在の鏡円坊に在ったとされる波木井氏の館と、波木井川を挟んで対面していたので殿前と呼んだといいます。殿進に墳墓があり古くから小児の虫歯の守護神とされます。（町田是正稿「身延山の伝説考」『仏教思想仏教史論集』所収三七〇頁）。近くに寺平山があり舟久保などの段丘があり、平らな所を寺平塔林といいます。ここに真言宗の寺塔があったと南部藩の宇部方平太夫の報告文に書かれています。（森宮義雄著『七面大明神のお話』一一二頁）。『鷲の御山』（七七頁）には稲荷祠の上にある文殊坊の山の上が寺平塔林とあります。そして、聖人が身延に入山される前に真言宗の寺があったと載せます。中里日応氏は『新訂身延鑑』（一二三頁）に身延の総門の「右の方の山の平をば寺平塔林ト申し、大聖人入山のかしら、真言宗の寺塔あり、今の多宝塔なりと申し伝えり」と記されることから、寺平がこの地区における修験山伏の一拠点であったとします。「寺平」という地名について「身延の枝折」に、「伝説によれば、この地には往古大寺院が存在したということで、地名に関する伝説として伝えられている。その大寺院の五重の塔のあったところと伝えられている地が、「お塔林」という地名で残っている。宗祖御入山以前の伝説で、現在では地名と口碑以外には何等考証すべきものは残っていない」、とあります。御塔林から発見された古代瓦の破片の布目瓦の一片は、望月虎茂氏が近くの畑から採集したもので（「身延の伝説」『身延町誌』七六頁）、それが長福寺（「南部文書」）の瓦といわれます。町田是正氏は地元の清澄町（新宿・しんしく）の里人が伝えるには、聖人が入山される以前に寺平に「長福寺」（ちゃんぷくじ）という寺があったと述べています。この長福寺を拠点として山岳修験者が蓑夫山と七面山を跋渉し、寺平には五重塔が建っていたといいます。（「身延山の伝説考」『仏教思想仏教史論集』所収三七三頁）。

小室妙法寺の前身が真言宗の修験道場であり、七面山と繋がりがあることから、七面山への経路として身延に修養施設があったことは考えられます。また、身延山と七面山を経路する妙石坊の法輪石、洗足の願満稲荷社、十万部寺などの諸堂や、妙太郎と妙次郎の天狗という妙法二神、役行者、七面大明神などの縁由も、聖人が入山される以前から存在していた形跡があります。役行者は大峰の菊丈窟に籠もって蔵王権現の示現に接します。大峰と葛城を交互に巡行し、嶺と嶺とに橋を架けて修行をし易くしようとし、山々の神々などを動員して完成させようとします。役行者を見習って多くの行者が大峰と葛城を目指します。その使者としたのが前鬼と後鬼です。室町時代とされる『役行者本記』には、この二人が回峯した山の中に身延山が入っています。つまり、身延山は役行者が前鬼と後鬼を引き連れて開いた山になります。（知切光蔵著『日本の仙人』二二〇頁）。また、役行者が五十歳の春に七面山を巡峰したとあります。現在、役行者像の中で最古の像（平安時代後期）は、甲府市の円楽寺に祀られます。役行者伝承の生成は甲斐から相模の修験者の活動が重要な役割を果たします。（日本大蔵経編纂会編『修験道章疏』第三巻、鈴木学術財団編『日本大蔵経』第九六巻）。

身延山は大峰山と小室妙法寺を結ぶ、修験山伏の一拠点であったと推測されます。口碑が伝承されたのは、小室妙法寺の管轄に収まる小規模な道場か、修験者の食料を確保する宿所と考えられましょう。その例として大峰山の釈迦岳と、大日岳の間に深仙の宿（大峰中台八葉深仙大灌頂堂）があります。深仙の堂は宿と呼ばれるように修験者の参籠の場所でした。『甲斐国史』に天文年間の甲斐地方は真言宗の当山派の修験の寺院が多く、文政年間にかけて二四六ヶ寺に達したとあります。また、本山派の修験者は「カスミ場」や「先達場」という寺院形態の施設にいたとあります。「カスミ（霞）場」とは主に修験者が修法をして金品の布施を受けたり、宿坊（坊入れ）として金銭を得る檀那場の領域をいいます。略して「霞」と呼び俗に山伏のことを「霞を食して生きている」というのは、経済的な基盤となったことを意味します。「先達場」も同じことです。（『日本民族大辞典』上。三五〇頁）。

身延宿の役割は修験者の食料確保と情報交換の場でした。天候不順のときや体力を整えた参籠の場となります。行尊僧正（一〇五五〜一一三五年）の和歌が『金葉和歌集』にあり、「大峰の神仙（深仙）といえる所に久しく侍りける同行ども、皆かぎり有て、まかりにければ、心ぼそきによめる。見し人は、ひとりわが身に、そわぬとも、をくれぬものは、涙なりけり」と、この宿（深仙）には各々の日程や病気などの事情をもつ修験者がいたのです。身延にも七面山に登るための宿があったと思われます。また、宿は修験者の写経の場でした。『千載和歌集』に「前の大僧正覚忍、御たけより大峰にまかり入りて、神仙といふ所にて、金泥法華経書き奉りて埋み侍りけるに、房覚熊野のかたよりまかりけるに付ていひおくりける。前大納成通。おしからぬ命は更におしまるゝ、君が都にかへり来るまで」と、五十日ほど籠もって法華経の如法経を書写し埋経します。宿の役割は修験者の近況を伝える場であり、日常品を入手できる人里に近い方がよかったのです。（五来重著『山の宗教─修験道』二〇六頁）。

そこで、聖人が身延に入られたときに修験者の存在はあったのでしょうか。山人（さんじん・やまうど・やまと）とは、普通、きこり・炭焼きなど山で働く人をいい、村人に対し山中にいた住民をいいます。また、俗世間を離れて山深い山中に隠れ住む隠者や仙人のことをいいます。聖人も隠棲した立場で身延に住みました。聖人と同じように山深く隠れ住む人がいたと受けとることもできます。妙法寺や上沢寺には修験者がいたと想定できます。妙法寺から七面山への行脚は裏参道が利便性があり、赤沢の妙福寺が中継の宿となっていたと思われます。赤沢の村人が七面山頂の必需品を背中に負い運ぶのは、この歴史を継いでいると思われます。

○きつね宿・着連れ宿

寺平に入る近辺の宿に狐に似た石があったので、「きつね宿」（狐宿。竹ガ鼻『甲斐国志』下四四三頁）といいました。貞享元（一六八四）年の『身延山絵図』に「きつね宿」とあります。また、「着連の里」といい今の元町です。元町は身延の起源という意味です。（『新訂身延鑑』六七頁）。もともと住人がおり宿があったと受けとれます。『身延山絵図』（宝永後刊）には「きつね石」とあり、『身延山絵図』（波木井織部版。宝歴後刊。宝永は一七〇四～一七一一年。宝暦は一七五一～一七六四年です）には、「いなり」石、その隣に「禅定石」が描かれています。（北沢光昭著『身延山図経の研究』表裏見返し）。つまり、稲荷石に関しての伝説があったことが分かります。

日亨（身延山三三世）が正徳二（一七一二）年に著した『身延山諸堂塔建立記録』を、日寿が嘉永七（一八五四）年に写した同本には、稲荷大明神の拝殿が「狐町」にあり、この稲荷社の門石の由来を、「吾祖当山開闢之砌社前之一石二ニ割影現シ高祖ヲ尊敬シ奉ル蓑夫著連里之鎮守是ナリ」（4オ。『御本尊鑑』一〇四頁）。つまり、聖人が身延入山のときに、稲荷大明神が大石を二つに割って、御前に現れ迎えたのです。また、山腹の巨岩が大音響を発し左右に割れ裂け、その岩の間から白髪の古翁が現れて聖人を迎えたといいます。聖人が素性を問いますと、蓑夫の山中に住んでいたが追いに追われて大岩の中へ閉じ込められた哀れな者と答えます。そして、憐れみ深い聖人が蓑夫に脚を踏み入れられたので、歓喜躍如し巨岩を割って出て来たといい、実体は稲荷大明神の申し子であると明かします。（町田是正稿「身延山の伝説考」『仏教思想仏教史論集』所収三七二頁）。つまり、稲荷を強く反映した古翁が聖人を迎えたのです。里人は巨岩の横に社殿を造り古翁を神人として祭祀します。これが石割稲荷社です。（今村是龍著『身延の伝説』三一頁）。「きつれ」の宿の里人が稲荷大明神を祀ったことから、「きつね（狐）」宿と呼称されます。蓑夫の大岩に閉じ込められた哀れな古翁とは、古くから蓑夫に住んで悪さを働いた古狐が修験者により改心を責められて大岩に閉じ込められたとも窺えます。

『日蓮宗寺院大鑑』（三三一頁）に身延入山のときに大石が前途を妨げたのを、稲荷大明神の力で割れたという伝説を載せます。安永九（一七八〇）年の「みのぶ山ひとり案内」に、「此のしゅく（宿）をバきつねじゅくと申なり。これよりミのぶ町」とあり、ここから身延に入ります。稲荷大明神が道を作ったのは、ここから入山されたことを伝えるためです。明治三二年の『鷲の御山』（七七頁）にも南谷に石門稲荷（太平橋より左へ半丁許り狐町入口の右側）があり、俗に石割稲荷と呼んで入山のときに奇瑞があったと記しています。文殊坊の境内に禅定石があることも載せます。『身延の枝折』（昭和一六年）には「神人」が岩石の中より出現して迎えたとあります。石割りの道開き石は山側にあり、嘗ての道はこの方面にあったといいます。山上の稲荷社は日順がいた旧跡といいます。（宮尾しげを著『日蓮の歩んだ道』一四五頁）。

狐宿と並んで着連（きつれ）宿の名称があります。着連宿の由来も聖人と関係します。聖人が波木井邸にしばし休まれ、いよいよ身延の沢の現地を視察に行くことになります。宿の人達が道案内をされます。聖人が身延の土地に入ったときは五月雨がそぼ降る日でした。里人は雨よけの蓑を着せてあげ、背中に蓑を着て道案内をします。蓑を着て歩んでいったことから「蓑歩山」と呼んだといいます。また、里人が同じように蓑を背に着け、蓑笠をかぶり連れだって歩かれたことから「着連れの里」「着連宿」と呼んだといいます。（『身延の枝折』大正五年発行六一頁）。門前町発祥の地とされます。草庵地まで案内したのは身延の沢を熟知した里人で、実長の家臣と共に雨に濡れ身体が冷えないように身支度をして歩まれたのです。

○　西谷草庵

聖人は元町から川沿いに西谷に進みます。猿が峰から峰にわたり鹿の声が山に響いた場景が浮かびます。（『新尼御前御返事』八六五頁）。もともと「蓑夫の沢」と呼ばれた沢地があり、始めて結んだ庵室はここにあったと記しています。聖人はこの処を身延と書き改め、庵室の場所を「みのぶさわ」と呼ばれます。『新訂身延鑑』（一二三頁）に波木井氏の置き文に「身延沢の御事は」とあり、二代目弥六郎長義日教の置文にも、「身延沢の御事」と身延沢の名称が見えます。『甲斐志料集成』（一。一〇七頁）に西谷の田代に結庵されたとあります。身延川は滝や沢が入り組んだ峡谷でした。沢とは山合の渓谷の川をいいますので、水の多い湿地に庵室が建てられたのです。身延の中は金剛谷・醍醐谷・蓮華谷・中谷・鶯谷・西谷・東谷、南谷などの八つの幽谷があり、松杉が茂り谷の左右には楓の林が滋ります。この西谷の身延沢の処へ来る者は、薪を拾う者くらいと述べます。（『新尼御前御返事』八六五頁）。この山人は主に狐宿の住人と思われます。また、米などの食料品を用意立てたのも、この宿の人と思われます。この近辺の住人も足を入れない場所でした。

○　願満稲荷

竜王淡路の守正義という武士が身延の山奥に住んでいたといいます。戦乱に敗れて身を潜めていたのでしょう。聖人はこの武士を訪ね近くの池で足を洗ってから座敷に入られ歓談されました。その地を洗足村と呼ぶようになります。正義が持仏としていた観音菩薩に願満大菩薩と命名されたと伝えます。あるいは、正義より以前に住んでいた人がいて、その人を氏神として祀っていたのを願満稲荷と命名したともいいます。この淡路の守は弘安八年に死去し、その妻は前年に死去しており、その長男の竜王守真は元徳元年、その妻は正和五年に死去したといいます。これは位牌の記名に拠るものです。竜王氏に従った家臣の墓とされる碑銘がない自然石が現存します。洗足村の八町四方は竜王氏の所有なので伝説の信憑性はあるといいます。（今村是龍著『身延の伝説』四九頁）。『身延の枝折』（大正五年発行。七七頁）には、洗足願満社の草創は不詳とあります。願満社より左へ五丁のところに請雨淵（あまごいふち）があります。

身延にはこの願満稲荷と先の石割稲荷社があり、稲荷大明神を祭祀した民間信仰があったことになります。稲荷は農耕民が祀った神です。農業神としての稲荷信仰と狐が結びつきました。（掛下節怜稿「稲荷信仰」『日蓮宗の御祈祷』所収一七四頁）。この稲荷信仰から修験者の存在が窺えます。稲荷大明神は身延の入り口にあり、願満稲荷は身延沢奥の七面山の入口にあります。また、妙太郎・法太郎の妙法二神の存在は看過できません。両像が造られた年次は未詳ですが、妙法二神は妙石坊に祀られ七面山の入り口になります。

○　妙法二神と天狗

身延には妙太郎・法太郎という天狗の噂が高い二人の荒神がおり、高座石の説法の折に教化されたといいます。里人が両神を祀りました。妙法二神の威力が顕著になり衆生救済を願って、法華経十万部読誦を発願し「天下屋敷」と名づけます。久本房日元を首領とする外護集団を、妙法二神として象徴したともいいます。当初は六尺四方の木造の小さな祠で、百二十余年のあいだ近郷の里人が護ってきました。身延山九世の日学の弟子、日安が「天下屋敷」から現在地に移し、応仁二（一四六八）年に万部寺と名のります。天正二（一五七四）年三月二八日に一五世日叙より、奴多山万部寺（十万部寺）の山寺号を授与されます。

一〇丁ほど下がると七面山遙拝所があり、女人禁制の時代は、ここから七面山を遙拝し下山しました。（『日蓮宗寺院大鑑』三五五頁）。「天下屋敷」は妙法二神が示現した所と伝えます。山手の方を「太郎峰」といい断崖の方を「次郎尾」と呼んでいたのが、誤り伝えられて妙法二神の神名となり、「太郎坊」「次郎坊」と呼ばれるようになったといいます。これが転じて「法太郎」「妙太郎」と呼ばれます。妙太郎・法太郎の本地は荒神・天狗といわれ身延の山神とされます。妙石坊はこの二人の得度の相であり、十万部寺は示現の相を現した像といいます。それは、十万部寺の尊像は恐ろしい形相と武器を所持し、妙石坊の尊像は出家相の天狗神であるからです。（石川修道著『国難に立ち向かった中世の仏教者』一五三頁）。妙石坊の妙とは妙法二神の妙、石は高座石の石から命名されたといいます。（室住一妙稿「七面大明神の伝説・縁起とその考証」『七面大明神縁起』所収一〇〇頁）。冨士市の実相寺の妙法堂には妙心と法心という兄弟の天狗を祀ります。（望月真澄著『身延山信仰の形成と伝播』一六七頁）。また、太郎ヶ峰、次郎ヶ峰の天狗とされます。

山に天狗が住んでいるという伝承には、かつて祖霊信仰があったことを示唆します。『沙石集』（巻七の二十話）

には悪天狗と善天狗があり、善天狗は悪天狗の障りを制し仏道を行じるとあります。また、『聖財集』に「日本の天狗は山臥の如し」とあり、山伏と天狗が近い関係にあると書いています。それは、天狗が住んでいる山は修験の道場であるからです。愛宕・比良山・比叡山・鞍馬山・吉野・彦山・白山・立山・羽黒山・湯殿山・伊吹山・高野山・富士山・大峰山など、いずれも古い山岳霊場になります。このようなところに山伏と天狗の一体性が生まれます。

高野山の奥之院は行人が管理しました。行人は鉱石をさがし秘薬を製造した仙人のような技術を持っていました。吉野山の金崩の秘所や羽黒山の秘所といわれる所からは鉱石が採掘されます。（若尾五雄稿「近畿山岳信仰と丹生」『近畿霊山と修験道』所収。四六七頁）。妙法二神と称された太郎・次郎は、この行人の役目を持っていたと推測できます。その理由として身延文庫蔵古写本の「日進聖人仰之趣」に、講坊の跡に四、五帖の田を作り波木井氏より苗を百把とりよせ、そのうちの十把を植えたことが記載されます。その中に「其後此ノ田ニテ籾二斗ハカリ取ル也。次郎太郎入道ヵモトヘヤリ入テコナシテ聖人ノ仰云、此ノ物ニテ秋事セントテ波木井殿ヲ御ヨヒアル也」、という文章があります。ここに、次郎太郎入道という人物が存在します。この人物は聖人の日常の生活に足となり手となっていた感があります。この「次郎太郎」とは誰なのかは不明です。（室住一妙著『純粋宗学を求めて』三二七頁）。

位の高い大天狗には名があります。愛宕山の「太郎坊」、鞍馬山の「僧正坊」（鞍馬天狗）、比良山の「次郎坊」、比叡山の「法性坊」、英彦山の「豊前坊」、筑波山の「法印坊」、大山の「伯耆坊」、葛城山の「高間坊」、高雄山の「内供坊」、富士山の「太郎坊」、白峰山の「相模坊」が知られます。天狗の名前のほとんどが、太郎坊・次郎坊・豊前坊・三尺坊と呼ばれるのは、山伏が介在した証拠となります。山岳信仰のある所には修験者の他にも行人・山人などの山中生活者がいます。身延山の妙太郎・法太郎という二人の存在が荒神か天狗といわれ、それが身延の山神として妙法二神と祭祀されたことは、このような背景が考えられます。

◯身延に留まる

身延の沢の平地に草庵を結ぶことを決め、実長の館に戻られた聖人は旅の疲れを回復するため数日をここに（円実寺が波木井氏の旧館とされます）過ごされます。この時は「かりそめにあじち（庵室）をつくりて」（『庵室修復書』一四一〇頁）と、定住地とはされません。そのため小茅（仮住まい）の規模の草庵を建てます。（『鷲の御山』八頁）。草庵を造作させるため、番匠の三上長富・福士長忠・橘樹光朝の三人を待機させています。（『本化別頭仏祖統紀』）。実長は前もって希望の環境を聞いていたのかも知れません。山中を知り尽くしている村人が、草庵の場に適した身延滝に案内されます。『秋元御書』に庵室の環境を伝えます。

「西より東へ波木井河中に一の滝あり。身延河と名けたり。中天竺之鷲峰山を此処に移せる歟。将又漢土の天台山の来る歟と覚ゆ。此四山四河之中に、手の広さ程の平かなる処あり。爰に庵室を結で」（一七三九頁）

草庵の場所は波木井郷から北西の方向で（『松野殿女房御返事』一六五一頁）、かなり山中に入った鷹取山の麓でした。樹林に囲まれた「一町ばかり間」「手の広さ程の平かなる処」、そして、生活に必要な水の供給として「身延の滝」に草庵を構えました。山林修行者にしますと人里とは適宜な距離になり、身を清める滝でもあったのです。修験者が平坦に造作した所かも知れません。その形跡は消えはてましたが、村人の口碑に長福寺の修験者が宿所とした跡地と伝えていたかも知れません。七面山へ駈けるには風水害などにより断絶する難所でした。草庵周辺は大きな石が敷きわたり、草だけが覆い繁っていたと述べています。

はたして、この草庵の場所が、「極寒の處」（『観心本尊抄得意鈔』一一一九頁）となり、生活に適しないことを予知されたのでしょうか。叡山の生活を経験していたので予想できたかも知れません。叡山の名物は論・湿・寒・貧というように、山中は冬の寒気と夏季の湿気が烈しく、特に横川は山深く自然の厳しい所でした。伝教は「臨終遺言」に、上級の僧は小竹の円房に住み、中級の僧は方丈の円室に住み、下級の僧は三間の板室と訓戒します。聖人はあえて厳しい場を選ばれたという方が正鵠を射ているのかも知れません。人里から離れ生活をするには不便であることを求めたように思えるからです。

常忍に身延の環境は概ね心中に叶うので、暫くは実長の外護する身延に滞在すると告げます。

「いまださだ（定）まらずといえども、たいし（大旨）はこの山中、心中に叶て候へば、しばらくは候はんずらむ。結句は一人になりて日本国に流浪すべき身にて候。又たちどまるみ（身）ならば、けざん（見参）に入候べし。（中略）けかち（飢渇）申すばかりなし。米一合もうらず。がし（餓死）しぬべし。此御房たちもみなかへ（帰）して但一人候べし。このよしを御房たちにもかたらせ給べし」（八〇九頁）

聖人が目的とした「たいし」とは何だったのでしょうか。居所が定まらない立ち留まる身ならばということから大旨ではなく大志ともいいます。（大川善男著『日蓮遺文と教団関係史の研究』四八頁）。宗旨としますと戒壇建立が考えられます。法華経を未来へ弘通する霊山に相応しい地を求めていたと理解できます。しかし、到着したばかりなので定住することを確定できないのは当然のことです。「存する旨」が身延にて叶うことならば諸国放浪は必要のないことになります。不確定な中にも定住する強い可能性を感じられたので、そのときには常忍と再会したいと伝達されたのです。

本書の文章は失意感に満ちているという意見があります。しかし、驚くべきことは、身延から直ぐに認めた本書の書体は活気があり躍動感に溢れていることです。迫力感が漲っています。自由になった悦びと明るい兆しを見いだした書体にみえます。賢人として新たな出発をされ、聖人の一代における流通段に入ったと思われます。

身延近辺は飢饉で食べ物に不自由していると伝えます。五月の一七日ころは米がなくなる端境期になり、それに加え山間部は生産力の低い所です。米などの食料を買うことができないので、同行した弟子を有縁の地に帰されたのです。身延での生活はわずかな弟子と始まりましたが、実長の庇護によってこれまでの危険からは回避されます。聖人の積極的な法華弘通の意思が『法華取要抄』に表されます。

第二節　『法華取要抄』と身延周辺の巡教

□　『法華取要抄』（一四五）

本書の真蹟は中山法華経寺に所蔵されます。法華経寺は常忍の遺戒に基づき、聖人の親筆や法衣類を格護しました。昭和六年に聖教殿が竣成されるまでは、十羅刹女堂・鬼子母尊神堂に安置され護衛されました。本書は第二箱右之一に格納されました。全文が漢文にて一巻二四紙、天地三〇・二センチ、全長一〇二一・五センチになります。（山中喜八著『日蓮聖人真蹟の世界』下一一四頁）。述作の時と場所に諸説があります。定説は真筆の筆致から見て、文永一一年五月二四日に身延にての著述とします。（『日蓮聖人遺文辞典』歴史篇一〇三七頁）。真蹟に日付はありませんが、日興の鈔本に「文永一一年五月」とあります。身延録外の稿本は二種ともに真蹟の模写ですが、その篇尾に五月二四日とあります。（山川智応著『日蓮聖人伝十講』下巻五四三頁）。日導は『祖書綱要』の「第九佐渡前後法門異相章」に文永九年五月二四日に系けます。

身延にて認めた著作は全て長く繋げた継ぎ紙に執筆され、後に表紙をつけ巻子本にされます。著書と書状の判断は料紙の継ぎ目に文字が書かれているかにあります。『撰時抄』や『報恩抄』も楮紙の継ぎ紙に書きこまれ、個別に宛てた書状とは違い教学書として大きな重要性をもちます。（中尾尭著『日蓮』一八七頁）。

一般的に本書の執筆は佐渡在島中に始まり、鎌倉在住中をふくめ身延にて書き終えたとします。五月一七日に実長の館に入り、二四日に完成するには早すぎるとされ、身延の古記録には三度書き直されたとあります。この三度目が常忍に宛てた本書となります。身延の写本の標題に、『以一察万抄』と書かれ、その下に「取要鈔」と細書きされました。（『日蓮聖人御遺文講義』第七巻九六頁）。身延には『以一察万抄』の一九紙一巻、『法華取要抄』の一三紙一巻（中間不足）の二本が所蔵されました。両書ともに文永一一年一月二三日と二月五日の天変の記載があります。つまり、文永九年説は認められなくなります。（津守基一稿「『法華取要抄』の成立」『鎌倉仏教の様相』所収三七九頁）。始めに『以一察万抄』と題したのを、『法華取要抄』と改めたことに、聖人の立場が変わったことと、内容にも変化を生じたとみることができます。ここに、身延入山にて初唱された本書の意義があります。（稲田海素氏『日蓮聖人遺文辞典』歴史篇一〇三七頁）。

たしかに始めて「三大秘法」を纏まった形で述べられます。身延から始めようとされた活動を知る手引き書となります。執筆は草稿があり落ちついた環境の中にあったので、筆致は穏やかに書き始められます。全体二四紙、第一紙の一行目は題号の「法花取要抄」、二行目に「扶桑沙門日蓮」、三行目に「述之」、本文に入り七行の全一〇行から始まります。第二紙一三行。第三紙一二行。第四紙一三行（継ぎ紙にかかります）。第五紙一三行。第六紙一三行。第七紙一三行。第八紙一四行（継ぎ紙にかかります）。第九紙一三行。第一〇紙一四行。第一一紙一四行。第一二紙一四行。第一三紙一四行。第一四紙一五行（継ぎ紙にかかります）。第一五紙一五行（継ぎ紙にかかります）。第一六紙一四行。第一七紙一五行（継ぎ紙にかかります）。第一八紙一四行。第一九紙一五行（継ぎ紙にかかります）。第二〇紙一五行（継ぎ紙にかかります）。第二一紙一六行（継ぎ紙にかかります）。第二二紙は五行目で一端筆が置かれます。『定遺』（八一七頁）一〇行目の『仁王経』の文を引かれたところで、次の「齎此等明鏡引向当時日本国浮於天地宛如符契。有眼我門弟見之」の文章から、筆致が緩やかになり行間に空きがあります。経文を書き終えて一休みされたのか、あるいは推敲を重ねられたのかも知れません。第二三紙は一三行継ぎ紙にかかります。最後の第二四紙は七行です。ここに、「本門三法門建立之」と書かれます。

本書の特徴は「法華経の行者」としての自覚が強く出ていることにあります。厭世的な現実逃避・脱社会・脱人間という意味での「流浪」の心中では、本書に述べる「三大秘法」や広宣流布の気概についての著述はできないと思います。常忍へ宛てた身延からの第一報は、身延に定住することを見据えて、「叉たちどまるみ（身）ならば、けざん（見参）に入候べし」と述べたことになります。本書は佐渡後の聖人の行者意識を知る大きな著述と言えます。

『法華取要抄』の題名は本文中に、「日蓮捨広略好肝要。所謂上行菩薩所伝妙法蓮華経五字也」（八一六頁）と、

広・略・要の中においては肝要を第一義とします。要とは「かなめ」のことです。佐前の『法華題目鈔』（三九四頁）に題目を唱えることが、広・略・要の中の「要」と述べていました。これは、法華経の受持に一部八巻二十八品を読誦することは「広」とし、方便・寿量品などの要品を読誦することは「略」、そして、題目を唱えることを「要」として唱題修行が大事と述べました。本書はその肝要とは何かを示されます。その肝要について『観心本尊抄』に、「寿量品肝要名体宗用教南無妙法蓮華経是也」（七一七頁）と、肝要の法とは要法の題目と明らかにされました。

本書は要法を弘通する責務を神力品の「四句要法」「結要付属」をもって論述されます。そこに、『開目抄』に人開顕され本書に述べた、「上行菩薩所伝妙法蓮華経五字」の重要性があります。そして、本書の翌年三月一〇日の『曽谷入道殿許御書』に、要法（八九五頁）とは逆謗を救済する良薬であり、その良薬である要法とは、「一大秘法」（九〇〇頁）の妙法五字と述べます。つまり、逆謗救済の逆縁下種の要法を示されたのであり（『日蓮聖人御遺文講義』第七巻一〇一頁）、身延入山の正意はここに存し新たな弘通の気概を窺うことができます。

そして、「扶桑沙門」という立場から本書を著述しました。同じように『観心本尊抄』は「本朝沙門」と、日本の沙門としての立場から著述したという表現をされます。これは、佐前の天台付随の天台沙門を脱却し、本化上行菩薩として述べることに意義がありました。本書の「扶桑」とは中国において太陽の出る東海の彼方にある神木、その地のことです。転じて日が出る所ということで、インド・中国から見た日本（扶桑国）を指します。つまり、聖人の意志は末法今時に、「結要付属」を承けた上行菩薩としての強い信念と、留まることのない弘教の表明にあります。佐渡においては『開目抄』を著して門下の疑念に答えました。この疑念とは、法華経を信仰すれば諸天善神の守護があるのか、また、聖人の折伏の弘通は正しいのか、という「現世安穏後生善処」の経文の解釈にありました。聖人は自身が釈尊より勅命を受けた上行菩薩であると明かして答えました。そして、上行菩薩の立場から釈尊より授かった秘法は題目と『観心本尊抄』に示されました。この題目は事一念三千・妙法五字・仏種・受持譲与という観心行の内容をもち、帰命する本尊像を図顕されました。

更に『御書略註』に広宣流布が肝要であり、法華宗の取要とは此処にあると述べます。本書に釈尊一代に超過した、「三五の下種、一仏の始終、諸仏分身、諸仏の所従眷属など」を説いたのは、これからの弘通に焦点が当てられたとあります。『録内御書』では五大部の次に置かれた重要な遺文であることからも、本書は身延期における宗旨を広める方法を述べ、聖人の一代における流通分に入られたと言えましょう。（『宗全』第十八巻二一八頁）。

内容は大きく二つに分けられ更に五段に分類できます。前半の二段は仏教の勝劣、後半の三段は末法為正を述べます。また、第一段は諸経の勝劣、第二段は仏陀の勝劣を述べます。第三段は「日蓮為正」、第四段は本抄の肝要の妙法五字を述べ、第五段には上行菩薩が出現して法華経は必ず広まると述べます。

五段分科

前半　仏教の勝劣

第一段　諸経の勝劣――法華経は諸経の肝心（権実判）　法華最勝

第二段　仏陀の勝劣――教主釈尊は諸仏の中心（仏陀判）　釈尊有縁

迹門の釈尊と諸経の諸仏との違いと私たちの関係

本門の釈尊と迹門の釈尊との違いと私たちの関係

後半　末法日蓮為正

第三段　「日蓮為正」――諸経・諸宗の不孝謗法の失を説く　法華正機

第四段　肝要の題目――要法である妙法五字による救済　法華要法

第五段　三大秘法――上行出現による三秘の開出と回帰妙法　法華広布

【第一段　諸経の勝劣】法華最勝

「夫以月支西天漢土日本所渡来経論五千七千余巻。其中諸経論勝劣浅深難易先後　任自見弁之者不及其分、随人依宗知之者紛紕其義」（八一〇頁）

冒頭の第一段には、インド・中国から渡来した仏教の経典や論釈は、仏典目録の『開元釈教義録』（七三〇年。智昇撰二〇巻）に五千余巻、『貞元釈教録』（八〇〇年。円照編纂三〇巻）に七千余巻と膨大なことを述べて、その中でどれが勝れているのかという、一代五時の勝劣（教）・浅深（理）・難行易行（行）・先後（位）の勝劣を判定する方法を述べます。華厳宗・真言宗・禅宗・浄土宗などの諸宗は、それぞれの依経の経典こそが第一と主張します。華厳宗では「一切経（すべての經典）の中で華厳經が第一である」。法相宗は「解深密經が第一である」。三論宗は「般若經が第一である」。真言宗は「大日經・金剛頂經・蘇悉地經の大日三部經が第一である」。禅宗は「楞伽經が第一」「首楞厳經が第一」「經論の文字の教説によらず心から心へ伝えられる悟りの教外別伝を重んじる」。浄土宗は「阿弥陀經・無量寿經・観無量寿經の浄土三部經が、末法に入ってからは衆生の機根と仏の教法が相応した第一」。倶舎宗や成実宗や律宗では、「長阿含・中阿含・増一阿含・雑阿含の四阿含經（小乗經）や律蔵（戒律）の論は仏説である。華厳經や法華經等の大乗經は仏説ではなく、外道の經である」と主張します。

　また、各宗の元祖は経・律・論の三蔵を証拠として宗旨を建立します。華厳宗は杜順・智厳・法蔵・澄観です。法相宗は玄奘・慈恩。三論宗は嘉祥・道朗。真言宗は善無畏・金剛智・不空。律宗は道宣・鑑真。浄土宗は曇鸞・道綽・善導。禅宗は、達磨・慧可等です。しかも、聖人賢人と言われ国王から万民にいたる人々から尊敬されました。批判の加えようのないと前置きをします。しかし、宝の山に入って瓦礫ばかりを拾い、栴檀の香り高い林に入って、臭気の強い毒薬の伊蘭を採り後悔するように、人々から非難されても正しいことを求めるべきと述べます。我が門弟は後悔しないため委細に考察を加え深く究明するように訓戒します。

　これらの諸宗の人師の誤りを正します。祖師の中には旧訳（鳩摩羅什・真諦などによる唐の時代以前に翻訳されたもの）の経典や論だけを見て、新訳（玄奘・義浄などによる唐の時代以後に翻訳されたもの）を見ていない者や、逆に華厳宗・真言宗・法相宗は新訳だけを見て、旧訳の経典や論を捨てると指摘します。また、誤った自宗の教に執着し自分に都合よく解釈をして、その見解を経典や論（解説書）に書き加えて後代に伝えたこと。これらの諸宗の祖師を『韓非子』五蠹篇を引き、たまたまウサギが木の株に激突し気絶したのを見て、そこにいれば間違いなくウサギを捕獲することが出来ると思って、その場所に張り付く愚かな者と述べます。月を譬える円扇に導かれて天に輝く月を見たなら、非を捨てて本物の月を仰ぐのが智人であるように、誤りを正して真実の教理を仰ぐべきと述べます。つまり、自宗の既成的な教義に執着せず、文献学的に諸経の勝劣を判断すべきと提唱されたのです。そして、諸経の勝劣を判じる文証として法師品の「已今当の三説」を挙げます。


「今捨置末論師・本人師邪義専引見本経本論五十余年諸経中法華経第四法師品中已今当三字最第一也。

諸論師・諸人師定見此経文歟」（八一一頁）

この文は『無量義経』の「四十余年未顕真実」の文と合わせて、諸宗批判には常に引用された経証です。「已今当の三説超過」といい、爾前経・無量義経・涅槃経の三説よりも法華経が最も勝れていると、釈尊が法師品で説いた文です。しかし、諸宗もこの「已今当の三説」を知っていると述べます。では、なぜに法華経に帰信しないのでしょう。その理由として、一に自分が拠り所とする経典にも同じことが説かれているために迷う（相似の経文）。二に自分の本師（宗派の元祖）の言葉に執着するため。三に王や臣下の帰依がなければ自分の身分が危うくなるためと述べます。

相似の経文とは法華経いがいの経典にも、それぞれが最も勝れていると説かれていることです。本書の始めに自分の宗派が第一とした経典を挙げました。ここでは、最勝の経王であると説いた経典を挙げます。金光明経の「この金光明經は諸經の王である」という経文。同じく、密厳経の「この密嚴經はすべての經典の中で最も優れている」。六波羅蜜経の「（教・律・論・慧・総持のなかで）総持（陀羅尼・呪）こそ諸經の中の第一である」という経文。大日経の「何が菩提かといえば如実に自心の本性を知ることである」という経文。華厳経の「この經は最も難しくて信じがたいがそこに真実がある」という経文。般若経の「この經に説かれている法性真如の他には何もない」という経文。大智度論の「般若（智慧）波羅蜜が第一である」という論の文。涅槃論の「今この涅槃經の理は最も優れている」という文を挙げます。これらの経論の文は法華経の已今当の三説に超過しているという法門と、似たような内容を持っているので相似の経文といい諸宗の学匠が迷うところです。

しかし、これらの経典が何と比較して最勝としたのかが問題です。金光明経は大梵天王や帝釈天王や四天王が説いた経典と比較して、諸経の王と言われるだけに過ぎず、或いは小乗経と比較して諸経の中の王と言われるに過ぎません。また、華厳経や勝鬘経等の経典と比較して密厳経は勝れているだけです。つまり、比較する対象によるのです。聖人は釈尊の一切の説法である、大乗・小乗、権教・実教、顕教・密教等の全ての経典と比較して、これらの経は大王ではないとします。「已今当の三説」とは釈尊の全ての経を比較することです。人間の成長と同じように、機根の能力に応じて化法・化儀の施説をしたのが五時の経典です。幼稚園児と大人のように理解力に浅深があります。幼稚園児から見れば小学生は勝れていますが、大人から見れば中学生も劣っています。

「其上諸経勝劣釈尊一仏浅深也。全非加多宝分身助言。以私説勿混公事。諸経或対揚二乗凡夫演説小乗経。或対向文殊・解脱月・金剛薩埵等弘伝菩薩全非地涌千界上行等」（八一一頁）

つまり、経典の浅深、諸経の勝劣は教主の立場により変わるのです。それを、「釈尊一仏の浅深なり」と述べ、私たち凡夫が軽々しく判断することではないと述べます。なぜなら、真実を説く場にしか出現しない多宝仏が来て証明し、十方から集まってきた分身諸仏が釈尊を本師として讃歎します。釈尊の教の中でも法華経が真実と証言されたからです。また、諸経を説いた相手は二乗・凡夫や、文殊・解脱月などの小乗や大乗の者のためで、地涌の上行菩薩ではないと、その違いを述べます。諸経が最勝とする根拠の弱さを指摘したのです。

【第二段　仏陀の勝劣】釈尊有縁

次に、教主の立場や資格の違いを述べます。法華経と諸経との勝劣を判断する方法に二十あると述べ、その中でも、仏身を判じる重要な方法として「三五の二法」を挙げます。この「三五の二法」をもって法華最勝を論証するのは本書のみです。（『日蓮聖人遺文辞典』教学篇三七四頁）。「三五の二法」とは『文句記』の十双歎の最後の一双にあります。「迹化挙三千塵点。本成喩五百微塵」とあるように、化城喩品の「三千塵点劫」と寿量品の「五百億塵点劫」（久遠実成）の譬説のことです。また、釈尊の「因位果位」を論じることから、『観心本尊抄』には「三五の遠化」（七一一頁）と述べます。本書は次のように述べます。

「三者三千塵点劫。諸経或明釈尊因位或三祇或動喩塵劫或無量劫也。梵王云此土自廿九劫已来知行主。第六天帝釈四天王等以如是。釈尊与梵王等始知行先後諍論之。雖爾拳一指降伏之已来梵天傾頭魔王合掌三界衆生令帰伏釈尊是也。又諸仏因位与釈尊因位糺明之諸仏因位或三祇或五劫等。釈尊因位既三千塵点劫已来娑婆世界一切衆生結縁大士也。此世界六道一切衆生他土他菩薩有縁者一人無之。法華経云爾時聞法者各在諸仏所等［云云］。天台云　西方仏別縁異。故子父義不成等［云云］。妙楽云弥陀・釈迦二仏既殊。況宿昔縁別化道不同。結縁如生成熟如養。生養縁異父子不成等［云云］。当世日本国一切衆生待弥陀来迎者譬如牛子含馬乳瓦鏡浮天月」（八一一頁）

釈尊が仏となるため菩薩として修行を始めた時を因位といいます。それ以来、菩薩行を続けていることを因行といいます。この因位の時期を諸経と比較します。法華以前の諸經の中で小乗教（蔵教）では、釈尊の因位を三阿僧祇劫（『倶舎宗論』「三無数劫（初・二・三阿僧祇）において各七万五六七千仏を供養し」「余の百劫方に修して各百福荘厳す」）と説き、通教では動喩塵劫（「誓扶習生」により第八地より第九地の間に、動（やや）もすれば塵劫を踰（逾）える）と説き、これは多劫の菩薩行を修して仏位に進むことです。別教では無量劫と説きます。無量劫とは別教の菩薩五十二位のうち、十信より十地に至るまで無量劫という長いあいだ菩薩行を修することです。また、法華以前の諸経には大梵天王が第六天の魔王・帝釈天王・四天王等と共に、世界が成立期（二十劫）から存続期（住劫）に釈尊が出現する第九劫に至るまでの二十九劫（成劫二十劫と住劫九劫）を、この娑婆世界を分有して統治したと説いたので、この娑婆世界を統治したのは釈尊と大梵天王とどちらが先なのか不明でした。しかし、釈尊が菩提樹の下に座して一本の指を上げて悪魔を退散させた後には、大梵天王は頭を下げ魔王は合掌し、三界（欲界・色界・無色界）の全ての人は釈尊に帰伏したことを挙げます（『摩訶止観』一上）。つまり、釈尊は久遠の昔より三界の主であったことを述べます。

また、諸仏の因位と釈尊の因位を比べます。因位とは成仏するために仏道修行を始めた時点から換算します。諸仏は三阿僧祇劫、或いは五劫という期間と説かれ、釈尊は三千塵点と説きます。聖人はここに釈尊と私たちの古い有縁性を説きます。そして、娑婆世界の一切衆生の「結縁の大士」であると述べ、西方の阿弥陀仏などの他土の仏とは無縁であるとします。天台・妙楽の釈を引き、釈尊と私たちは結縁とそのあとの化導である熟益を受けた者と述べます。これを「生養の縁」といいます。つまり、釈尊と私たちは下種結縁と調熟の下種益・塾益があるが、弥陀とは無縁であると述べます。釈尊と私たちは親子の義が成り立つが、弥陀とは親子の義は成立しないのです。弥陀が私たちを救ってくれると信じることは、例えば牛の子供に馬の乳を呑ませ、瓦でできた鏡に月の影を映そうとするように無益のことと譬え、釈尊こそが私たちを救う真実の仏であると述べます。

次に、「果位」を諸仏と比較します。果位とは仏となった時点を基にして化導の浅深を比較することです。因行を積み重ねて達成した仏の位をいいます。ここは大事なところで、聖人は釈尊の果位を論じるときに、本門の久遠実成の釈尊を示し、ここを根拠として勝劣を論じます。

「又以果位論之者諸仏如来或十劫・百劫・千劫已来過去仏也。教主釈尊既五百塵点劫已来妙覚果満仏。大日如来・阿弥陀如来・薬師如来等尽十方諸仏我等本師教主釈尊所従等也。天月万水浮是也。華厳経十方台上毘盧遮那、大日経・金剛頂経両界大日如来、宝塔品多宝如来左右脇士也。例如世王両臣。此多宝仏寿量品教主釈尊所従也。此土我等衆生五百塵点劫已来教主釈尊愛子也。依不孝失于今雖不覚知不可似他方衆生。有縁仏与結縁衆生譬如天月浮清水。無縁仏与衆生譬如聾者聞雷声盲者向日月」（八一二頁）

まず、本門の釈尊と諸経の諸仏を比較して、

諸仏の果位をあげ「十劫（弥陀）・百劫（小乗の菩薩）・千劫已来の過去仏である」

本門の釈尊は「五百塵点劫已来妙覚果満仏」——久遠本仏を明かします

本仏釈尊と分身仏を比較して、

大日・阿弥陀・薬師如来等の十方諸仏は本師教主釈尊の所従（従者）

釈尊は天の月、諸仏は水の上に浮かぶ影——諸仏は釈尊の所従であり眷属とします（諸仏統一）

本仏釈尊と諸仏（多宝仏）を比較して、

華厳経の十方台上毘盧遮那。大日経・金剛頂経両界の大日如来は宝塔品多宝如来左右脇士

——大日如来は多宝仏の脇士であり、その多宝仏は釈尊の所従であることを明かします。

ここに、寿量品の仏は「五百塵点」に譬えた久遠仏であると述べ、この本門の釈尊と諸仏は主従関係にあると

述べます。多宝仏も釈尊の所従であり、その多宝仏の従者である諸仏も更に劣ることを指摘します。毘盧遮那仏・大日如来は王の左右に仕える臣下のような存在と喩えます。

また、釈尊と私たちの関係を「父子（親子）の義」の繋がりと捉えます。「此土（娑婆世界）の我等衆生は五百塵点劫已来、教主釈尊の愛子である」と、私たちと釈尊は久遠の昔より血縁の繋がった父子と述べます。私たちは寿量品の「五百塵点」の昔から、釈尊の誓願に生きてきたのです。「有縁の仏と結縁の衆生」の関係と述べます。この関係が分からないことを「覚知」できないとして「不孝の失」とします。この文章に釈尊三徳の内の親徳と、不孝＝謗法＝覚知できず堕獄するという図式ができます。親徳は「久遠下種」を含みます。天台の『法華文句』、妙楽の『文句記』には、信解品の長者窮子の「父子相失」の文に「父子の義」を明かしました。天台は舊（光宅）が長者を弥陀としたことに対し、喩えをもって父子の義が成立しないと述べたのです。

真言宗は大日如来を本尊とし、浄土宗は弥陀を本尊とします。同じ釈尊を尊ぶようでも律宗は小乗の教主である釈尊とし、禅宗は『華厳経』の釈尊を尊びます。天台宗は法華経においても前半の迹門の釈尊を尊重します。聖人は父親である寿量品の釈尊を捨て、他仏を崇めることは孝養なのかを問います。寿量品には「我亦為世父・為治狂子故」とあるように、釈尊は父親のように狂った子供にも同じように愛情を注ぎます。天台が『法華玄義』に、「本従此土仏初発道心。亦従此仏住不退地。乃至猶如百川応須潮海　縁牽応生亦復如是」と釈した文を引きます。この文は父子の「本因縁」を釈したもので、釈尊と私たちは親子関係と示したのです。

【第三段「日蓮為正」】法華正機

これより後半に入り、法華経は末法のために説き置かれた教であると述べます。これを、「末法正意論」といい、本書に「末法為正」「日蓮為正」と示されます。これより終わりまで問答形式をとります。

「問曰　法華経為誰人説之乎。答曰自方便品至于人記品八品有二意。自上向下次第読之第一菩薩第二乗第三凡夫也。自安楽行勧持・提婆・宝塔・法師逆次読之以滅後衆生為本。在世衆生傍也。以滅後論之正法一千年・像法一千年傍也。以末法為正。末法中以日蓮為正也」（八一三頁）

釈尊は法華経を誰のために説いたのかを問います。まず法華経二十八品において、前半の迹門十四品について述べます。方便品第二から人記品第九に至る八品を、始めから順序通りに読むと、第一には菩薩、第二には声聞・縁覚の二乗、第三には凡夫を教化するために説かれたとします。つまり、在世の人々を正機とします。しかし、迹門十四品の末尾の安楽行品第十四から勧持品第十三、提婆達多品第十二、宝塔品第十一、法師品第十と、順序を逆にして読むと、この八品は釈尊滅後の人のために説かれたのを本意とします。「逆次読之」というように法華経を逆読すれば、在世の人は傍意（二次的な意図）であり、釈尊滅後でも正・像法二千年は傍意であり、末法のために説かれたのが正意（正機）と述べます。法華経は末法の衆生を救済するために説かれたとされます。これを「逆読法華経」「滅後の法華経」といいます。

更に末法の中でも聖人のために説かれたということが、正意の中の正意と解釈されます。そこで、その証拠は何かを問います。法師品の「如来現在猶多怨嫉」（釈尊入滅の後には釈尊在世の時よりも怨嫉が多い）の文を挙げます。聖人を正意とする証文を、勧持品の二十行の偈文（「三類の強敵」）を引いて答えます。二十行の偈は法華経の行者を決定する色読の証文のことです。この「末法為正」については、『観心本尊抄』に、「迹門十四品正宗八品一往見之以二乗為正以、菩薩・凡夫為傍。再往勘之以凡夫・正・像・末為正。正・像・末三時之中以末法始為正中正」（七一四頁）と、「一往・再往」として述べました。『観心本尊抄』に一往は二乗の機根を正機とし、本書には「順読・逆読」という表現をされ、機根の勝劣の立場からみて第一に菩薩、第二に二乗、第三に凡夫と述べます。この相違は得益の次第と仏意からみた対機の傍正にあります。（『日蓮聖人御遺文講義』第七巻一四一頁）。同じように本書の「日蓮為正」について、『観心本尊抄』に「以已前明鏡推知仏意仏出世非為霊山八年諸人。為正像末人也。又非為正像二千年人。末法始為如予者也」（七一九頁）と、末法の始めの「為如予者」、つまり、聖人のために説き置かれたとされます。ここに、「末法正意」と「日蓮為正」の教学があります。「五五百歳」の分類により末法時代に視点を当てた見解です。

次に、本門の立場ではどうなのかを述べます。本門の最初の涌出品において地涌の菩薩が出現します。弥勒はこの菩薩が釈尊とどのような関係なのかを問います。釈尊は久遠の昔から地涌の菩薩を教化してきたと答えます。（「我従久遠来、教化是等衆」『開結』四〇八頁）。涌出品において地涌の菩薩が出現し、いよいよ釈尊の久遠実成が明かされます。それを「開権顕遠」といい広と略の二つに分けます。

「問曰　本門心如何。答曰　於本門有二心。一涌出品略開近顕遠前四味並迹門諸衆為令脱也。二涌出品動執生疑一半並寿量品分別功徳品半品　已上一品二半名広開近顕遠。一向為滅後也」（八一三頁）

略開近顕遠——前四味・迹門を聞いた在世衆生の脱益のために説かれた

広開近顕遠——動執生疑・寿量品・分別功徳品前半（一品二半）は滅後衆生のために説かれた

本書は略開近顕遠を在世の脱益とし、広開近顕遠の一品二半を滅後に配当します。しかし、『観心本尊抄』には在世と末法の違いを在世は一品二半の脱益とし、末法は題目の五字の下種益と述べています。即ち、「以本門論之一向以末法之初為正機。所謂一往見之時以久種為下種　大通・前四味・迹門為熟　至本門令登等妙。再往見之不似迹門。本門序正流通倶以末法之始為詮。在世本門末法之初一同純円也。但彼脱此種也。彼一品二半此但題目五字也」（七一五頁）と述べた、「彼脱此種」「彼一品二半此題目五字」の種脱益の違いです。『観心本尊抄』は在世の脱益を一品二半とします。本書は略開権顕遠を在世脱益と述べ、一品二半は滅後のためと述べます。一品二半と題目五字については、『観心本尊抄』は文上の一品二半と文底の題目五字を述べ、そして、題目の五字は寿量品の肝心であり、釈尊が末法の人々のために留め置かれた秘法・良薬であるとします。これは、『開目抄』に一念三千の法門は本門寿量品の文の底に沈めた（五三九頁）という「文底秘沈」の言葉のように、「文底五字」の題目は末法のための要法であると述べます。聖人は「以本門論之一向以末法之初為正機」と、本門も末法を正意として受けとめます。文上の一品二半と文底の五字は同じことですので、末法救護の立場から法華経を受容される聖人は、釈尊の「広開近顕遠」の意図は、末法に存すると受けとめたのです。『観心本尊抄』には動執生疑の後半に限らず、略開権顕遠も末法のためであり序分も末法を正意とされます。（『日蓮聖人遺文全集講義』第一三巻四三三頁）。

つまり、『観心本尊抄』は一品二半を文上の在世脱益、文底五字を末法下種と述べます。本書は寿量品の一品二半は末法のためであり聖人のために説かれたと述べます。この文上と文底とは寿量一品の表裏、能詮所詮、相関不離の関係であり、義によって分けて論ずるのが『観心本尊抄』、文に即して分けずに論ずるのが本書とされます。（『日蓮聖人御遺文講義』第七巻一五九頁）。

始めに、「略開近顕遠」とはどういうことかを問い、これは釈尊在世の人のために説かれたと述べます。釈尊在世においても、文殊・弥勒等の諸々の大菩薩や、大梵天王・帝釈天王・大日天王・大月天王・衆星・竜王等は、法華経の迹門の八品（迹門熟益三段の正宗分）が説かれたことにより始めて釈尊の弟子となります。迹門以前の教（別円二教）は知っていたからです。舎利弗や目連等は鹿野苑における釈尊の最初の説法の時に、初めて仏道を求める心を起こした弟子ですが、四十余年の間は方便の権教だけを説きました。法華経に至って真実の実教を聞法します。そして、法華経の本門の涌出品において、略開近顕遠が示されたときに、華厳経の説法の時以来、釈尊が説いた法を聴聞してきた大菩薩、声聞・縁覚の二乗、大梵天王・帝釈天王・大日天王・大月天王・四天王・竜王等の全ての人が、妙覚の位（菩薩の修行における五十二位の最高位で仏の悟りのこと）、もしくは、妙覚に準ずる位にまで登られたと述べます。これが、「略開近顕遠」の説明です。そして、本門寿量品の「広開近顕遠」は、誰のためにどのような目的により説かれたのかを問います。これは、寿量品の久遠実成を説いた理由になります。

「問曰　為誰人演説広開近顕遠寿量品乎。答曰、寿量品一品二半自始至于終正為滅後衆生。滅後之中末法今時日蓮等為也」（八一四頁）

本門寿量品を中心とした一品二半は、始めから終わりまで釈尊滅後の衆生のために説かれ、しかも、その中でも末法の聖人のために法門が説かれたとします。その要法は「妙法蓮華経の五字」です。

次に、この法門は前代未聞のことなので、証拠となる経文があるかを問います。聖人は自分の智慧は前代の天台・伝教に及ぶものではなく、故に証文を示しても信用されないであろうと述べます。たとえ、賢人であっても必ずしも認められないことがある例として、「卞和（べんか）の啼泣」の故事と「伍子胥（ごししょ）の悲傷」の故事を挙げます。卞和は春秋時代前期の楚に住み和氏（かし）と呼ばれます。『韓非子』の和氏篇（四・蒙求上）において、法術士の孤独を説明する説話です。卞和は山中で玉（石のなかにある璞。あらたま）の原石を見つけ楚の厲王（蚡冒）に献上します。しかし、厲王が職人に石を鑑定させると、ただの石ころ（粗玉）だと言ったため、卞和を足斬りの刑にして左足を切り落とします。厲王が死に弟の武王が即位すると卞和は再び原石を献上します。しかし、武王も卞和を信ぜず今度は右足を切り落とします。武王も死に子の文王が即位します。卞和は原石を抱きかかえて、三日三晩血の涙を流し泣き悲しみます。文王は人を遣わして足斬りの刑を受けた者は沢山いるのに何故そのように悲しむのか、その訳を問い質します。卞和は足斬りにあった事が哀しいのではなく、宝石を石ころと言われたこと、正しい事を言っても信じられなかった事が悲しいと答えます。文王はその原石を磨かせると見事な宝石となります。文王は自分達の非を認め卞和を賞し、この宝石を「和氏の璧」と名付け楚の国宝とします。この和氏の璧は戦国時代の趙へ渡り完璧の故事の由来となります。文王が原石を磨いてくれたので、卞和の奉った石が宝石であったことが証明されました。聖人は真実の言葉でも用いられないことを示すため、卞和の璞珠・璞玉（はくぎょく）の例を引きました。璞玉とは掘り出したままの玉で磨かれてない玉のことをいいます。

「伍子胥の悲傷」の故事については、伍子胥（〜前四八五年）は春秋時代の楚の名族で、名は員（うん）といい父の奢、兄の尚が楚の平王に殺されたので呉に奔り楚を討ち破ります。平王の墓をあばいてその屍に鞭打って仇を報じたといいます。王の重臣となった伍子胥は、呉王を継承した太子の夫差に、越王の勾践を会稽山に破ったとき、勾践を殺すよう勧めます。国の将来を案じ何度も諫言を行ないます。しかし、伍子胥の諫言は夫差に受け入れらず、讒言により逆に自刎を命じられます。伍子胥は自分の目で越が滅びるのを見るため、両眼を抉って呉の東門に懸けよと遺言します。はたして、その三年後に越の勾践の反逆により、夫差は自ら頸切して呉は滅びた故事を引きます。

この二つの故事の引用は、聖人がこれまでの三度の諫暁も採用されず、かえって流罪死罪の配偶にあったことを示します。過去の事例からして今も用いられないと前置きします。そして、弥勒は涌出品において、聴衆が未だ見たことも聞いたこともない、地涌の菩薩の出現に困惑した様子を見て、まずは在世の衆生の疑いと、滅後の人が謗法により悪道に堕ちないために、真実（開近顕遠・寿量品）を説くことを懇願します。それが「動執生疑」（『開結』四〇八頁）です。「動執生疑」の文は地涌の菩薩と釈尊の久遠来の師弟関係を示すものです。（『開目抄』五七六頁）。そこで、涌出品の文「然諸新発意菩薩於仏滅後若聞是語或不信受而起破法罪業因縁」を引きます。

「文心者不説寿量品者末代凡夫皆堕悪道等也。寿量品云是好良薬今留在此等［云云］。文心者上似説過去事様以此文案之以滅後為本。先引先例也」（八一四頁）

つまり、聴衆の疑問に答えるため寿量品が説き始まります。そして、釈尊は寿量品を説くことの意義（是好良薬）を説き示され（今留在此）ます。聖人の焦点は滅後末法に当てられます。「今留在此」と留め置かれた理由は、滅後末法の人のためと述べます。この文は良医である釈尊が病気の子供のために、最高の良薬を置いて他国に出張したときの経文です。『観心本尊抄』にも「動執生疑」の同じ文を引き、「文意者寿量法門為滅後請之也」（七一六）と末法為正を述べます。良薬とは「是好良薬寿量品肝要名体宗用教南無妙法蓮華経是也」（七一七頁）と、寿量品文底の題目のことで、本書に「文心者上似説過去事様以此文案之以滅後為本」と述べるように、末法に焦点が当てられます。この末法為正の先例として経文の証拠（文証）を挙げます。末法に法華経の流布すべき予言として多用している経文です。法華経は本門流通分より挙げます。

分別功徳品――悪世末法時（滅後の五品）
神力品――――以仏滅度後能持是経故諸仏皆歓喜現無量神力
薬王品――――我滅度後後五百歳中広宣流布於閻浮提無令断絶～此経則為閻浮提人病之良薬
涅槃経――――譬如七子。父母非不平等然於病者心即偏重

『涅槃経』は「獅子吼菩薩品」の七子の譬説で、七子の中の第一と第二番目の子供は極悪の一闡提と謗法の者です。諸病の中でも法華経を謗ることが第一の重病です。この謗法の人を救済するのが題目（「南無妙法蓮華経第一良薬也」八一五頁）として、この題目は正像二千年に一閻浮提には広宣流布されておらず、今、この末法に流布すると述べます。もし、今時に流布しなかったら釈尊は大妄語を説いた仏となり、多宝仏が法華経を真実と証明したことも水の泡と消え、十方分身の諸仏が広舌長して助証したことも、芭蕉の葉のように裂け破れると述べます。薬王品と『涅槃経』の文を引いた順序に、妙法五字を謗法逆縁のために留め置かれた要法とし、視点を末法に当てた末法下種（逆縁下種）が示されます。

次に、釈尊の説示が真実であると助証する「多宝証明・十方助舌」と、「地涌涌出」が誰のためかを問います。これにより末法為正を深めます。まず、釈尊在世の人に視点を当て、法華経は釈尊在世の衆生のために説かれたのではないとします。例として釈尊の十大弟子である舎利弗や目連についてみます。舎利弗は智慧第一、目連は神通第一であるが、過去世の立場をみると舎利弗は金竜陀仏、目連は青竜陀仏であり、未来世には舎利弗は成仏

の記別を与えられて華光如来となります。また、在世における法華経の意義は、舎利弗や目連は見思・塵沙・無明の三惑（一切の迷い）を、即時に断ち尽くした菩薩となります。

そして、本地からみると舎利弗や目連は、内心には菩薩の覚りを秘めていながらも、外見には声聞・縁覚の二乗の姿を示していた古菩薩（「五百弟子品」）と述べます。文殊・弥勒等の菩薩の本地を、過去世に成道した古仏が現世に出現し、菩薩の姿を示されていると述べます。また、大梵天・帝釈天・大日天・大月天・四天王等は菩提樹下で、釈尊が初めて成道を得られる以前からの大聖であり、その上、これらの諸天王は、法華以前の爾前経の教えを一言にして覚られていたと述べます。つまり、釈尊の在世には一人たりとも無智の弟子はいなかったので、誰の疑問を解決するために多宝如来の証明や十方分身の諸仏の広長舌相があったのか、そして、地涌の菩薩の出現の必要性を問い求めます。そこで、「末法為正」を証拠とする法師品と天台・伝教の釈を挙げます。

法師品――如来現在猶多怨嫉況滅度後（『開結』三一二頁）

宝塔品――令法久住故来至此（『開結』三三六頁）

天台大師――後五百歳遠沾妙道（『法華文句』）

伝教大師――正像稍過已末法太有近（『文句記』）

この「滅後」を強調した経文と、「末法太有近」の五字を説いた天台・伝教の解釈は、聖人に「末法為正」と「日蓮為正」の法華経流布を命じた文と述べます。この天台・伝教の末法法華流布の釈文は遺文の随所にみられ、佐渡在島中に執筆された『顕仏未来記』には、「後五百歳」の末法における法華流布の証文として引き、三国四師の系譜を示しました。即ち、「法華経第七云、我滅度後後五百歳中広宣流布於閻浮提無令断絶等。予一者歎云、仏滅後既隔二千二百二十余年。依何罪業不生仏在世不値正法四依・像法中天台伝教等。亦一者喜云、何幸生後五

百歳拝見此真文。在世無益也。前四味人未聞法華経。正像又無由。南三北七並華厳真言等学者不信法華経。天台大師云後五百歳遠沾妙道等。指広宣流布之時歟。伝教大師云、正像稍過已末法太有近等。願楽末法始之言也。以時代論果報者超過龍樹天親　勝天台伝教也」（七三八頁）と述べた文です。

天台の釈文は『法華文句會本』（一巻三三紙左）の序品品題の因縁釈のうち、序正流通の流通分を説いたところです。伝教の釈文は『守護国界章』（巻上の下六一丁）の、謗法者大小交雑の止観を弾ずる章の第一三の文です。三国四師による系譜の見方と、釈尊より直授されたとする見方を別付属、「結要付属」といいます。末法正意を論じるときは、上行所伝の「結要付属」を重視します。

【第四段　肝要の題目】法華要法

次に、視点を末法の衆生の救済から、良薬に譬えた要法を述べます。要法とは本門の本尊・戒壇・題目であると明かします。

「問云　如来滅後二千余年龍樹・天親・天台・伝教所残秘法何物乎。答曰　本門本尊与戒壇与題目五字也。問曰正像等何不弘通乎。答曰　正像弘通之　小乗・権大乗・迹門法門一時可滅尽也。問曰　滅尽仏法之法何弘通之乎。答曰　於末法者大・小・権・実・顕・密共有教無得道。一閻浮提皆為謗法了。為逆縁但限妙法蓮華経五字耳。例如不軽品。我門弟順縁　日本国逆縁也」（八一五頁）

ここに、「秘法」とは本門の本尊・戒壇・題目五字と述べます。これを「三大秘法」といいます。『観心本尊抄』には、「此時地涌千界出現本門釈尊為脇士一閻浮提第一本尊可立此国」（七二〇頁）と、本尊を述べました。しかし、三大秘法すべてにはふれていません。また、三大秘法について述べた遺文は次のようにありますが、三秘を全て述べた遺文は本書が最初になります。

文永九年五月二日　『四条金吾殿御返事』「本門寿量品の三大事」（六三五頁）
文永一〇年四月二五日　『観心本尊抄』「一閻浮提第一本尊可立此国」（七二〇頁）
文永一〇年五月二八日　『義城房御書』「寿量品の事一念三千の三大秘法」（七三〇頁）
文永一一年一月一四日　『法華行者値難事』「本門本尊與四菩薩戒壇南無妙法蓮華経五字」（七九八頁）

本書は『観心本尊抄』の弘通段を補います。つまり、「本門本尊与戒壇与題目五字」と、本門の本尊・戒壇・題目の「三大秘法」を示された遺文であることです。その本門の本尊とは教主釈尊のこと、その教主釈尊は寿量品の文底に示された久遠本仏をいいます。そして、佐渡一谷において文永一〇年七月八日に、曼荼羅本尊が図顕されます。この曼荼羅は本門八品の儀相を表現されたもので、法華信者の信仰の対象として図顕されました。首題の題目七字が中央に大きく書かれます。この本門題目は寿量文底に秘沈された要法であり、地涌に付属された妙法五字です。受持することにより南無妙法蓮華経の七字の題目となり「受持譲与」されます。

本門戒壇については『日蓮宗事典』に、「「本門の戒壇」についての詳細な解説はほとんどなく、わずかに『三大秘法抄』にいわゆる王仏冥合の論述が示されるのみである。そこで後世の「本門の戒壇」解釈は、（1）教団永遠の理想像として語られるものと、（2）宗教的防非止悪から懺悔滅罪に進む立場からの考察と、（3）信証という宗教的体験の極地とする解釈との三方面から行われている。（中略）。日蓮聖人滅後に主張された「即是道場の戒壇」というのもこの解釈に連なるものであろう。さて、このような後世の本門戒壇の解釈を参酌しつつ、もう一度、日蓮聖人の意図を窺うと、（1）日蓮聖人の三大秘法開顕と照応して、それに関連する遺文に重説されるのは伝教の叡山円頓大戒場の建立についての論述が行われている。そこで日蓮聖人が叡山戒壇を重視されるのは、像法の末における本門法華仏教弘通の拠点の確立という意味があることがわかる。即ち、釈尊の随自意の教説が叡山の法華経の円頓戒壇に象徴化されたことを重要視されるためである。（2）に『観心本尊抄』末文のいわゆる密釈戒壇の段においては、伝教大師の延暦寺建立を賛えつつ、本門教主の寺塔顕現こそ将に今果さねばならぬ事業であることを示されている。なぜなら本門の教主が本門の四菩薩を脇士として現じた本尊は未だ顕されず、それこそ末法の始めに出現することが約束されている姿だからである。つまり、それによって末法の衆生に対する釈尊・法華経の救済の確証をこの土に顕現するという意義が示されていると考えられる。（3）「本門の戒壇」とはこのような意味を持つものであり、その具体的顕現が前述の三点のように開示されたものと理解することができよう」、とあります。なを、建治二年七月二一日の『報恩抄』にも同じように、「問云、天台伝教の弘通し給ざる正法ありや。答云、有。求云、何物乎。答云、三あり。末法のために仏留置給。迦葉・阿難等、馬鳴・龍樹等、天台・伝教等の弘通せさせ給はざる正法なり。求云、其形貌如何。答云、一は日本乃至一閻浮提一同に本門の教主釈尊を本尊とすべし。所謂宝塔の内の釈迦多宝、外の諸仏、並に上行等の四菩薩脇士となるべし。二には本門の戒壇。三には日本乃至漢土月氏一閻浮提に人ごとに有智無智をきらはず、一同に他事をすてて南無妙法蓮華経と唱べし」（一二四八頁）と述べます。本門戒壇については名称のみを挙げ具体的には述べていません。

続いて「三大秘法」を正像時になぜ弘通しなかったかを問います。答えとして正像時に三大秘法が弘まっていたならば、正法時に弘まった小乗経の教えや、正法時に竜樹や天親が弘めた権大乗経の教えや、像法時に天台や伝教が弘めた法華経迹門の教えが、一瞬のうちに滅尽してしまうと述べます。滅尽とは効果を失うことで、仏教の教には「教法流布の前後」があります。浅い教えから深い教えと順序に従って広まることが大事です。機根も正法・像法時に変化があります。釈尊在世にも大小・権実・本迹の順序（化法・化儀）があるように、滅後も同じように順序があります。しかも、それは釈尊から付属されたことでした。これを「付法蔵」といいます。聖人は地涌付属を受けて末法に法華経を弘通しました。つまり、「三大秘法」は正像時に弘通する教ではないと述べます。

そこで、「三大秘法」の教えを末法に弘通する理由を問います。その答えは末法時になると仏教は理論偏重になり成仏という証果（現証）はないと述べます。（「末法者大・小・権・実・顕・密共有教無得道」）。この時代観は『大集経』の「第五五百歳白法隠没」によります。薬王品の「後五百歳」にあたる末法を指します。この法滅思想を教・行・証に配当したのが『顕仏未来記』（七四〇頁）です。ここに、慈恩の『大乗法苑義林章』を引き、正法千年は仏の教えと修行する者の証得の三証が具備するが、像法千年は教・行は備わっても証果はなく、末法は教のみあって行・証がないという釈文を挙げます。そして、『観心本尊抄』（七一一頁）に、末法時は法華不信（退大取小）の謗法の者が国土に充満し（謗法充満）、仏道によって悪道に堕ちる者が多く（謗法堕獄）、諸天善神は国を捨離し（善神捨去）邪天邪鬼等が人の身心に入り込む（悪鬼入身）時代になります。この末法の人（極重病人）を癒すには良薬である法華経以外にはないとします。法華経が説く教とは一念三千の仏種である妙法蓮華経の五字、行は南無妙法蓮華経の題目を受持すること、証は受持による釈尊の因行果徳の自然譲与（受持成仏）と述べました。

本書は『顕仏未来記』に述べた行証不備の問題と不軽菩薩の折伏逆化、『観心本尊抄』の受持譲与に繋がっています。そして、法華不信の謗機を救済する方法は、逆縁による妙法五字の弘教と述べたことです。『開目抄』

（五八八頁）に「我一門の者のためにしるす。他人は信ぜざれば逆縁なるべし」と述べているように、聖人の弟子信徒は順縁であるが、法華不信の者は不軽菩薩が増上慢の比丘に法華経を説いたように、逆縁には逆化の必要を述べます。法華経を誹謗することは仏教に背反することですが、逆説的には仏道に入る結縁となります。不軽菩薩は仏性を尊び（仏性礼拝）ますが、逆に怨嫉をいだかれ迫害にあいます。この毀謗迫害を引き出しその縁により、人々を法華経に誘引する弘教の手段を逆化といいます。法華経の独特の化導法といえます。（日本思想大系『日蓮』一八五頁）。いわゆる、「逆縁下種」を述べたのです。「毒鼓下種益」については『曽谷入道殿許御書』に至りますが、教学としては「末法折伏下種」（「本未有善」「毒鼓の縁」などの用語があります）といいます。

そして、肝心要の「取要」の問答となります。「要」とは肝要の題目の受持のことです。「要」とは上行菩薩の所伝である妙法蓮華経五字と述べます。

「疑云何捨広略取要乎。答曰玄奘三蔵捨略好広。四十巻大品経成六百巻。羅什三蔵捨広好略。千巻大論成百巻。日蓮捨広略好肝要。所謂上行菩薩所伝妙法蓮華経五字也。九包淵之相馬之法略玄黄取駿逸。史陶林之講経捨細科取元意等［云云］。仏既入宝塔二仏並座分身来集召出地涌取肝要当末代授与五字当世不可有異義」（八一六頁）

聖人は「広・略」を用いず「肝要」を採択する理由を述べます。玄奘三蔵は四十巻の大品般若経を六百巻に広げて訳したので「広」といい、羅什三蔵は千巻にも及ぶ大智度論を百巻に訳したことから、「広」を捨て「略」を用いたとします。聖人は「肝要」を大事とする立場を述べます。釈尊の真意は法華経にあるとし、その法華経の肝要は寿量品の南無妙法蓮華経とみました、これを「広略」を捨て「要」を取るという表現をされたのです。その「肝要」とは上行菩薩が釈尊から伝授された、妙法蓮華經の五字のことです。この肝要を用いる例として『事文類聚』の「九方皐相馬」と『宋高僧伝』の故事を引きます。

これは宋の祝穆（しゅくぼく）が一二四六年に「芸文類聚」の体裁に倣い古典の事物・詩文を編集したものです。ここに、奏の九包淵（九方皐）は馬を見分けるときに、黄色を帯びた病氣の馬を排除して、優れた駿馬だけを選択した（黄色の牡馬を得たと報告したが穆公が見ると玄く名馬だった）ことを引き、形式よりも内容を重視し逸物を見抜く能力を述べます。「史陶林」（史道林）の故事は、梁の慧皎（四九七年～五五四年）の撰した『宋高僧伝』（五一九年成立）にあります。東晋の僧の史陶林は二五歳にて出家します。経典を講説するときに章句の末節に拘泥せず、経文の元意だけを講義した故事を引きます。守文の徒から批判を受けましたが、友人の謝安は喜び九包淵の「馬を相するや、その玄黄を略してその駿逸を取る」と言って肯定します。つまり、細かい解釈よりも大意が大事であることを述べます。聖人は「肝要」を重視した故事を引き「取要」の意義を述べたのです。釈尊が地涌に授与したのは、一代仏教の「肝要」である妙法五字であり、聖人はこの教えに対し異議を申し立ててはならないと厳命されたのです。

【第五段　三大秘法】法華広布

次に、この妙法五字が流布することの「先相」（八一六頁）があるかを問います。「先相」とは前相・前兆と同じで、前もってある物事が起こる前ぶれをいいます。予兆のように大地震が未来に起こる事を予知させる現象も含まれます。人間の生活は自然環境と繫がり、周辺に起きた出来事や現象には未来を暗示するものがあります。

聖人はその「先相」を方便品の十如是にみます。天台は十如是を空仮中の三諦として三転読文の解釈をし、三諦円融の法門を立て一念三千の依拠としました。十如是を挙げたのは仮諦としての法界から十界の様相が生じることを示すためです。『法華玄義』の「蜘虫（くも）が掛れば喜び事があり、鵲が鳴けば客人が来る。小事でさえ斯くの如しである。況んや大事をや」（取意）の文を引き、小さな出来事にさえ前兆があり、まして大事なことは必ず前兆があると述べます。そして、『立正安国論』に示した正嘉の大地震や、それ以降の大規模な天変地夭が発生したことについて、仁王経に説かれた七難・二十九難・無量の難、及び、金光明経・大集経・守護経・薬師経等の諸経に説かれている災禍は現実となったとして、妙法五字が流布する先兆と述べます。

ただし、仁王経に説かれる「二つ、三つ、四つ、五つの太陽が出現する」という大天変だけは現われていないが、佐渡の国の住民は口々に、「今年の一月二十三日の申の時（午後四時頃）、西の空に二つの太陽が出現した」と言い、ある住民は「三つの太陽が出現した」ことを挙げます。また、「今年の二月五日には東の空に明星が二つ並び出て、明星と明星の間は三寸ばかりであった」と話していたことを挙げます。佐渡から鎌倉に帰還する三月二六日以前の、一月二三日、二月五日に起きたことを住民から聞いたのです。そして、この大難は日本の歴史上に未だなかった大天変と述べます。そして、『最勝王経』の「変化流星堕二日倶時出他方怨賊来国人遭喪乱」、『首楞厳経』『金光明経』『大集経』『仁王経』の日月天変の文を挙げ、「此日月等難七難・二十九難・無量諸難之中第一大悪難也」（八一七頁）と、太陽や月の異変は仁王経の七難や二十九難、無数の難の中でも最も大きな悪難であるとします。

次に、これらの災難が到来する起因を述べます。災難の興起については、『守護国家論』『災難興起由来』『災難対治鈔』『立正安国論』に述べました。本書は法華経の行者に対する迫害に視点を当てます。

「答曰最勝王経云見行非法者当生於愛敬於行善法人苦楚而治罰等［云云］。法華経云、涅槃経云、金光明経云由愛敬悪人治罰善人故星宿及風雨皆不以時行等［云云］。大集経云仏法実隠没乃至如是不善業悪王悪比丘毀壊我正法等。仁王経云聖人去時七難必起等。又云非法非律繋縛比丘如獄囚法。当爾之時法滅不久等。又云諸悪比丘多求名利於国王太子王子前自説破仏法因縁破国因縁。其王不別信聴此語等［云云］。贅此等明鏡引向当時日本国浮於天地宛如符契。有眼我門弟見之。当知此国有悪比丘等向天子王子将軍等企讒訴失聖人世也」（八一七頁）

つまり、日本国には悪僧がいて、天子や王子や将軍等へ讒訴を企て、正法を広める法華経の行者を流罪に処したこと。また、名利を求めて破仏法・破国の邪教を説き、それを弁えずに国王が信受したため、聖人が失われようとしていることを知るべきであると述べます。

そして、本書の最後の問答として、過去に仏教を弾圧したときは災難が起きなかった事例を引き、聖人との相違を述べます。即ち阿育大王の末孫にあたる弗舎密多羅王が悪臣の献策を容認し、阿育大王が造った仏塔を破壊し仏教を迫害し滅ぼした時。唐の武宗（会昌天子）が道士の趙帰真を重用し、中国の仏教を弾圧し破滅させた時。これは、『旧唐書』、『資治通鑑』などの史書の記録に、弾圧は会昌五（八四五）年四月から八月まで行われ、七月に「毀仏寺勒僧尼還俗制」の詔が下され、寺院四千六百ヶ所余り、招提（「招鬪提奢」の略で衆僧の住む客房・道場をさします）・蘭若（人里を離れ仏道の修行に適する閑静な寺院のこと）など四万ヶ所余りを廃止します。還俗させられた僧尼は二十六万五百人、没収寺田は数千万頃、寺の奴婢を民に編入した数が十五万人といいます。

また、日本の物部守屋が仏教の流布を妨害した時。これは、同じ廃仏派の敏達天皇と守屋と中臣氏が結託し、崇仏派の蘇我馬子と対立しました。『元興寺伽藍縁起並流記資財帳』に、敏達天皇一三（五八四）年九月に、馬子は宅の東に仏殿を造り、百済から将来した弥勒の石像を祀り、善信尼と弟子の禅蔵尼と恵禅尼を招いて齋会を催します。ところが、翌年三月に守屋は、この奉仏のため疫病が発生したとして、天皇に働きかけ「仏教禁止令」を出します。そして、仏像と仏殿を破壊し善信尼などの僧尼を還俗させ、海石榴市（つばき）の亭に禁固させます。（『日本仏教史辞典』六〇〇頁）。

また、提婆菩薩や師子尊者等が殺害された時。これは、仏法のために身命を賭した正法の伝承者の事例を挙げます。提婆は仏滅後九百年ころの龍樹の弟子で『百論』を著しました。南インドで外道に帰依していた王や多くの論師を破折したため、その弟子に恨まれて刺し殺されます。死ぬ直前まで自分を殺そうとした相手を憎まず、悔い改めさせようとして逃します。師子尊者は釈尊の滅後一二〇〇年頃、中インドに生れ、第二三祖鶴勒那に法を受け罽賓国にて教化します。国王は多くの塔を破壊し僧侶を殺害していたので、師子尊者は国王に抗議します。しかし、外道の嫉みに謀られ、弥羅掘（檀弥羅王）は師子尊者の首を斬り殺します。この師子尊者で付法蔵は途切れ、インドにおける仏教は衰退の一途を辿ります。これらの事例を列挙して、このような時でも大難が起こらなかったのはなぜかを問います。そこで、前代に起きた迫害と聖人の迫害の相違を答えます。

「答曰災難随人可有大小。正像二千年之間悪王悪比丘等或用外道或語道士、或信邪神。滅失仏法似大其科尚浅歟。今当世悪王悪比丘滅失仏法以小打大以権失実。削人心不失身不焼尽寺塔自然喪之。其失超過前代也。我門弟見之信用法華経。瞋目向鏡。天瞋人有失也。二日並出一国並二国王相也。王与王闘諍也。星犯日月臣犯王相也。日与日競出四天下一同諍論也。明星並出太子与太子諍論也。如是乱国土後出現上

行等聖人本門三法門建立之、一四天四海一同妙法蓮華経広宣流布無疑者歟」（八一七頁）

正像時と末法における災難の興起は、人々の仏教受容の情勢に随って大小の違いがあるとします。これは破仏法・破国の度合いのことです。破仏法においても外形的なものと内面的な罪の軽重があります。その例として、正像時の悪王や悪僧たちは、外道の教えを用いて道教の士と称したり、邪神を信じて仏法を破っていたが、その過失は軽いとします。これは仏教以外の教による仏教への弾圧のことで、外形的な破仏法といえます。これに対し、当世の悪王や悪僧は小乗を以て大乗を破り、権教を以て実教を失い仏法を滅失させていると述べます。つまり、仏教をもって仏教を弾圧した実質的な破仏法なのです。

「退大取小」（『唱法華題目抄』一八七頁）は大乗の法華経を捨てて小乗を重んじることで、法華誹謗による堕獄の罪となります。同じように、「以小打大、以権失実」は小乗を信じて大乗を破り、権教をもって実教を滅ぼすことで、目的は法華経と法華経の行者を滅ぼすことです。邪教を支持する邪師だけが残ります。これは、頼綱であり律宗の良観たちを指します。前代のように僧尼を殺害し寺院を焼却するという外形的な迫害ではなく、人の心を悩乱させ内部から仏教を滅ぼそうと画策することをいいます。

聖人はこの「以小打大」の破仏法こそ、前代に超えて罪が大きいと述べます。悪王や悪僧の謗法（「執権謗実」）の罪は、正像時の悪王や悪僧にも増して重大になり、従って国難も前代未聞であると示唆されます。それ故に、聖人の門弟は法華経の信心を強く持たなければならないと訓戒します。眼を怒らせて鏡を見ると、眼を怒らせた自分自身が鏡に映し出されます。それと同様に天が怒って災難をもたらしている原因は、人間が謗法の失を犯しているから、その反映として現実の日月難として現れていると述べます。日月難について二つの太陽が並んで出ることは、一つの国に二人の国王が並び立とうとする前兆であるから、必ず王と王との内乱が起こり、太陽や月の運行を星が邪魔するのは、臣下が王を滅ぼそうと反乱する前兆と述べます。また、太陽がいくつも競って出ることは、世界中に戦争が起きる前兆とし、明星が並んで出るのは太子と太子との争い事が起きる前兆と解釈します。つまり、内乱や外国からの戦乱が起きる前相と述べたのです。その原因は法華経の行者である、聖人を迫害した結果に起きた天変と内示されたのです。

『観心本尊抄』に「此時地涌菩薩始出現世但以妙法蓮華経五字令服幼稚。因謗堕悪必因得益是也」（七一九頁）と述べたように、本書も法華経流布の予兆として見れば、このように国土が乱れた後に、上行菩薩等の聖人が出現して法華経を広めると述べます。そして、「十神力」の経文の予見からすれば、上行菩薩は本門の三つの法門（「三大秘法」）を建立し、世界一同に題目の五字が流布していくことは疑いないと述べて執筆を終えます。佐渡にて一月一四に著された『法華行者値難事』に、「天台・伝教宣之、本門本尊与四菩薩戒壇南無妙法蓮華経五字残之。所詮一仏不授与故二時機未熟故也。今既時来。四菩薩出現歟。日蓮此事先知之」（七九八頁）と三大秘法の表記が見え、本書に「三大秘法」建立の意志が明示されたのです。本書から聖人の強い弘教の信念を窺うことができます。このことから聖人が絶望感を抱き、疎外感をもった弱者とするのは賛成できないといい、また、『聖密房御書』や『別当御房御返事』からも首肯できると言います。（佐藤弘夫著『日蓮』二六〇頁）。

本書は日興の写本により五月二四日とされますが、早ければ文永一一年二月五日以降、遅くみれば一一月一一日までの間とする見解があります。これは、佐渡の天変の記述と、蒙古の襲来した情報を得たときを根拠とします。しかし、『法華行者値難事』の文章は天変が起きる前に既に蒙古襲来の予測ができていたと窺えます。もし、蒙古襲来が起きた後の著述としますと、鎌倉退出における聖人の内心に、変化があったと受けとることができます。それは、本書の草稿二本に、「如是乱国土後出現上行等聖人本門三法門建立之。一四天四海一同妙法蓮華経広宣流布無疑者歟」（八一八頁）、の文がみられないことにあります。本書は二度の改稿をして完成されたと見るからです。（津守基一稿「『法華取要抄』の成立」『鎌倉仏教の様相』所収三八二頁）。

本書に一貫してみられることは法華経の行者意識です。鎌倉から身延へ身を移した寂しさには、鎌倉や房総などの信徒との別れの辛さがあったことでしょう。故郷の両親の墓からも遠くなります。凡心を持ちながら行者としての道を歩む、そのような心情に信徒は惹かれたと思います。

三月二六日に第九一代天皇の後宇多院（一二六七～一三二四年）が八歳にて即位します。在位は弘安一〇年一一月二七日までです。亀山天皇の第二皇子、母は藤原佶子（きつし。京極院）で、文永・弘安の両役を経験します。こののち常忍の母親から帷子と金銭が送られてきます（『富木尼御前御返事』八一八頁）。

○小室妙法寺の善知法印と験競べ

庵室の大凡の間取りや外回りの道路などの整備も指示されたと思います。一ヶ月の建築期間で庵室いがいの造作をすることは難しいので、その後も幾らかの人手を借りて工事を続けたことでしょう。この期間を利用して近辺の地形や集落を観察しながら布教されます。日朗と日興の二人を伴い、甲斐の小室・伊佐和（石和）・八代・北原（休息村）や信州の蔦木（富士見町）などに布教をされ、北巨摩郡の甘理をへて波木井に帰ります。（『身延山史』二頁）。また、西出（手）・金川原・中野・湯沢などの地名がみえます。（『本化別頭仏祖統紀』『本化別頭高祖伝』）。この甲州遊化については疑念があるといいます。（山川智応著『日蓮聖人伝十講』下巻五四三頁）。ただし、日興は鰍沢の出身で母方は富士河合の出身でした。父親は大井の庄司橘ノ入道といいます。幼いときに父親を喪い外戚の由井氏の養子となりました。真言宗実相寺の別当播磨律師に弟子入りし、後に四十九院の供僧職を有していましたので、土地の事情や所在する寺院についても詳しかったと思います。真言宗の寺院として内房には胎鏡寺、南部に妙楽寺、横根の山伏の不動院日成は実教寺を建てました。また、西山氏は台密の信者であったといいます。日興は修験僧との繋がりがありますので、積極的に身延周辺の布教に出られたことは事実です。

身延から一三キロほどの増穂町に真言宗の巨刹である小室山があります。小室山はもと仁王山護国院金胎寺といい、持統天皇七（六九三）年に役の行者が開いたとされます。東（あずさ）三三カ国の修験道（山伏）の棟梁（つかさ）としての古刹で大きな勢力を持っていました。聖人は身延を拠点として法華経を弘通するために金胎寺を教化されます。五月二八日に小室山に向かわれます。途中、田に働いている乙女の足に蛭が幾つも吸い付いているのを見て、たとえ蛭一匹でも殺せば殺生の罪を犯すので、罪を犯さなくてもいいようにと、蛭を手にとって法華経を読誦したところ、たちまち人にとりつく蛭がいなくなったといいます。小室の隣にある土録の蛭は血を吸わない土録蛭と呼ばれます。この不思議に驚いて集まってきた人たちに、小室山の門前にて法華経を説きます。

これを知った住持の恵頂阿闍梨善智法印（『本化別頭仏祖統紀』。「肥前公恵朝」『高祖略縁起』。「恵朝阿闍梨」『白犬天神縁起』）は、山伏数十人を連れて聖人を論伏しようとします。しかし、法論に敵わないと知ると験者（げんざ）、即ち法力（法術）勝負にでます。「妙法寺山緒書」に「呪術の捔力」を行ったとあります。捔力は力比べのことですから、修験の法力や行力を競ったのです。（中里日応稿「日蓮聖人身延山御入山以前の七面山と身延」『棲神』四二号五三頁）。『本化別頭仏祖統紀』には「法力を角（きそ）う」とあります。

修験者は自己にむけての覚りの行と、他者にむけて験力を示す必要があります。修験とは修行によって体得した効験を現すことをいいます。庶民が求めることを叶える方法が修法であり祈祷と称します。修験者の間においいても互いの験力を競います。（宮地直一稿「山岳信仰と神社」『山岳宗教の成立と展開』所収一一四頁）。行力の浅深を判ずるためや、宗派依経の勝劣を判定するときに行われます。これを「験競」（験くらべ）といいます。「手護摩」「湯立釜」「剣の刃渡り」「火渡り」など多種多彩にみることができます。（五来重著『山の宗教―修験道』八五頁）。聖人と善智の「験くらべ」が行われたのです。

善智は東三十三ヶ国山伏の棟梁として、肩を並べる者がいないと称賛された行者でした。聖人が座っていた大石を一丈ほど持ち上げます。聖人はその空中にある大石を空に縛り止め、真言の法力で下ろすように言いますが石は空中に浮かんだままでした。善知は己の法力が法華経に敵わないことを知ります。聖人が読経すると大石は静かに地上にもどります。この石の大きさは左右約六メートル横幅二メートルといいます。（宮尾しげを著『日蓮の歩んだ道』一五二頁）。この持ち上げた石を法輪石といい、この場所に建治二年に妙石山懸腰寺が建てられました。

また、川の水を堰き止めたのを聖人はこの水口を開いて流れ落とします。この所を口漏沢（くろさわ）といいます。（『高祖略縁起』）。同日、小室山に立ち寄り善知を帰信させます。七日間滞在して『立正安国論』を講述され、八日目に身延に帰ります。（竹下宣深編『日蓮聖人霊跡宝鑑』一一六頁）。宮家準氏は「佐渡にも日蓮が山伏と験競べをして、山伏が大石を天に舞いあがらせたのに対して、日蓮がこれを呼びもどして山伏を下敷きにして殺したとの話が伝わっている」（『修験道と日本宗教』五九頁）と述べています。この殺人は誤解ですが聖人の修験の力、法華経の経力の強さが曲折して伝わった一例と思います。

○白犬の伝説

善智は本心より随順したのではなかったので、翌年の建治元年の秋に身延の草庵に訪れ、粟餅（ぼた餅・饅頭）

に鴆毒を入れて聖人を殺害しようとします。聖人はこの奸計を見破り善智に毒味をするように命じますが、善智は堅く辞退したので庭先にきた白犬に餅を与えたところ悶絶します。「白犬尊縁記」には白犬がどこからともなく来たとあります。このあと、「小室山毒消し秘妙符の由来」「小室妙法寺興造縁由」には、護符を作って与えたところ蘇生したと伝えます。『高祖日蓮大菩薩略縁起』には、妙符を認め水に点して白犬の口に注ぐと忽ちに蘇生したとあります。しかし、定業により三日を過ぎて病死します。これをみた善智は心より懺悔し改めて弟子となります。熊本の出身なので肥前公日伝と名乗り中老僧の一人となります。

白犬が蘇生した霊験に善智は法華経に信心をもち、自分の罪を懺悔したのです。（『高祖日蓮大菩薩略縁起』文化一五年・『開運日蓮大菩薩略縁起』天保六年）。そして、小室山を徳栄山妙法寺と変え法華経の寺院としました。ただし、『高祖略縁起』（甲州小室徳栄山妙法寺略縁起）には白犬蘇生のことは書かれていません。また、毒餅を食べた白犬は悶死したという説があります。法喜食山上沢寺（銀杏寺）に毒饅頭を食べて死んだ白犬の遺骸を埋葬したといいます。（今村是龍著『身延の伝説』四四頁）。聖人は犠牲になった白犬を憐み、墓標代わりに銀杏の杖を建て供養されました。杖が逆さだったので葉から実がなる木となりました。いわゆる、杖差神樹で「お葉つき銀杏」「さかさ銀杏」と呼ばれます。志摩坊の縁起に上沢寺も元は真言宗の寺とあります。（林是晋著『身延山久遠寺史研究』一五七頁）。法喜法印は日受と名のります。

日亨の「身延山久遠寺諸堂等建立記録」に「犬の塔」の記録があります。ここに、「小室日伝聖人帰伏ノ因縁詳ヵニシ諸人口碑ニ其塔婆ノ残木在リ宝蔵」（『御本尊鑑』一四六頁）と、嘗ては御廟所の側に白犬の墓碑があったことが分かります。白犬のために塔婆を建てて供養していたのです。善智が信服した出来事が毒饅頭であり、その犠牲となって死んだ犬の菩提を大切に弔っていたのです。その「犬塔婆」（「大塔婆」『甲斐国志』下四四八頁）

の残木が宝蔵に保存されていたのです。この白犬の霊を法喜日受は、白犬天神（狛犬天神）として勧請されたのです。（「宗祖大士御身替」『白犬天神縁起』承応二年上沢寺）。善智が聖人の弟子となった理由に、この白犬が蘇生した霊験談が大きく関係しています。草庵の近くに卒塔婆を建てて供養したことは留意すべきことです。この塔婆は身延文庫に伝来します。（望月真澄著『御宝物で知る身延山の歴史』二二頁）。

験競べについて興味深いことは、平安末期に描かれた鳥獣人物戯画の内容にあります。その中に山伏と真言僧の二人が、兎に扮した者に気合いをかける図があります。これは、「折り殺し・折り生かす」という呪殺・呪活を意味した図とされます。（『日本民族大辞典』上。五七七頁）。本図には僧侶が多く書かれ、擬人化された動物の水遊び・賭弓・相撲・綱引きなどに験競べの要素を見ることができます。つまり、修験者は呪殺・呪活という法力を持っていたことです。善智が聖人に屈服した理由は此処にあると思います。犬に関わることに鉱山神があります。空海を高野に案内した犬飼明神のように、犬を鉱山師と関連づける見解もあります。（若尾五雄稿「近畿山岳信仰と丹生」『近畿霊山と修験道』所収四七九頁）。善智にとって白犬は大きな存在であったと思われます。

また、増穂町の青柳を通ったところ、疫病に里人が苦しんでいたので、ここに一泊して病難退散のお札を書いて祈願されました。この縁により里人が身延の草庵に尋ねて教えを受けたと言います。建治二年に曼荼羅を授与され一寺建立の気運がおき、のち、肥前公日伝（善知）の弟十如日全が、永仁六（一二九八）年に昌福寺を建立します。石和においては鵜飼いを救済され、北原（勝沼）では立正安国論を講じ修験僧の辻之坊宥範阿闍梨（日乗）を教化されます。もとは真言宗の胎蔵寺といい、文永一一年に全山改宗し休息山立正寺となります。甲府市上曽根町に妙石庵があります。近くに日枝神社がありますので、山王権現との関係から聖人はここを参拝され、神社の前の大石のところで説法をされました。この縁由により妙石庵が造られました。妙石庵の前の道は中道往還と呼ばれた鎌倉街道です。妙石庵の裏にある曽根大屋に池上に向かわれたときに宿泊されます。そして、信州の蔦木方面を巡教されて身延に戻ります。

このように、聖人は修験者との法論・験競を行われました。日興の教化した弟子にも修験に関わった僧がみえます。たとえば、鰍沢蓮華寺の寂日坊日華（秋山氏の一子）・日妙は七覚山の修験者といいます。小室妙法寺の百貫坊日仙（小室の城主小笠原の一子）・日伝、青沼国府寺の治部房、柏尾寺の甲斐公蓮長、走湯山（そうとうざん）五百坊の学匠であった式部僧都、同じく円蔵坊に登山していた虎（寅）王丸（日目）や、箱根権現の帥房などが帰伏します。（『冨士宗学要集』第五巻三六二頁。池田令道稿「竹取物語と冨士戒壇の縁由」『興風』一七号一五五頁）。

以上のことから、身延に着いた聖人は実長の邸宅に滞在されず、身延周辺の布教をされたところに、これからの活動の方向性を窺うことができます。鎌倉退出は法華経の弘通を停止することではなく、次の段階に向けて邁進する意欲を持っていたのです。『法華取要抄』に「三大秘法」を明かしました。これは、戒壇建立という新たな出発の表明と見ることができます。

○　草庵の完成（文永十一年六月十七日）

草庵の場所は梅平より身延河に沿って登り、身延と鷹取の裾を入って二〇町になります。山麓の谷が身延の沢です。身延河はささやかな谷川で山麓近くを流れていたといいます。（『身延山史』二二頁）。草庵の敷地は「木のもとに、このは（木の葉）うちしきたるやうなるすみか（住処）」（八一九頁）、「一町ばかりの間に庵室を結び」（九八六頁）、「はこのそこ（箱の底）の如し」（一二六〇頁）「手の広さ程の平なる処あり」（一七三九頁）、と述べるように、四山四川の中に手の平くらいの平坦な所があり、山間にあっては狭小な一点に住まいを構えたのです。

『庵室修復書』に、

「文永十一年六月十七日に、この山のなかに、き（木）をうちきりて、かりそ（仮初）めにあじち（庵室）をつくりて候しが（中略）今年（建治三年）は十二のはしら（柱）四方にかふべ（頭）をな（投）げ、四方のかべは一そ（所）にたう（倒）れぬ」（一四一〇頁）

と、その狭い場所に木を伐り曳き石をして建てました。「仮初め」というのは、その場限りでさして重大ではないことをいいます。入山当初の心中が窺えます。草庵造りに十二本の柱が立ちます。当時の一間は柱間が十尺で約三《メートル》ですので、庵室は三〇坪（六〇畳）ほどの広さで高さは七尺でした。（宮崎英修著『日蓮とその弟子』一〇九頁）。また、他に付属の建物があったといいます。（山川智応著『日蓮聖人伝十講』下巻五四八頁）。日本国中に身の置き場所がないと述べていましたが安堵の住居を得たのです。日蓮宗はこの六月一七日を身延草創の日とします。（『元祖化導記』）。身延の歩みは厳しい食料難から始まったのです。

○御本尊（一二）六月

六月付けの絹本に書かれた曼荼羅が妙満寺に所蔵されます。縦一六五・一《センチ》、横七七・三《センチ》です。「始顕本尊」よりそれぞれ一一・一《センチ》、一・三《センチ》小さいだけで同じく絹本を使用されます。身延で最初に揮毫されたといわれます。ただし、「沙門天目受与也」と授与者名が記載されますが、他の全てが「授与」と書かれているのに対し、弘安五年卯月二日の御本尊にも同じように「沙門天目受与之」とあり、天目に与えられたものだけが「受与」となっています。これについて疑義があります。「富木日常上人直授」といわれる『御本尊授与書證文相伝』に、授受の二字には能化と所化の意味が違うことを心得るようにと訓戒します。（「天目本尊ノ授与書事。示云沙門天日受与之云々。此七字ハ謀筆也。可責也其故ハ受与ノ受ノ字ハウクルト云字也。サズクルハ能化ニ附ク。ウクルハ所化ニ附。授受ノ二字能能可心得也。千金莫伝云々」『本尊論資料』三九二頁）。また、筆跡は疑わしいといいます（中尾尭著『日蓮聖人の法華曼荼羅』三五頁）。曼荼羅本尊一二三幅のうち一六幅が弟子に授与されたと見られ、出家者には日号を用いますが、天目の二幅だけが異なっています。（寺尾英智著『日蓮聖人真蹟の形態と伝承』四六頁）。

曼荼羅の大きさをみますと、一枚の料紙の基準は丈一尺五寸（四五センチ）、幅一尺（三〇センチ）です。基本的には楮紙を使用されます。強度をだすため雁皮紙と混ぜて漉いたものもあります。中型や大型には防虫の用心や掲げて祀るときに破れないように、黄檗などの染料で染めます。そして、丹念に打ち紙加工されます。

小型―一紙　　料紙を縦長に用います
中型―三紙～八紙　　三紙のものは横長にして段々に継ぎます
大型―一〇紙以上　　継ぎ紙を工夫して作り縦長にします

曼荼羅の書き順（揮毫）は、始めに大筆にて中央に南無妙法蓮華経と題目を大書します。次に中筆にて釈迦・多宝・四菩薩を上段に書き、中段と下段に菩薩や諸天、人師などを書きます。そして、大筆にて四隅に四天王、左右に不動・愛染を書き、中筆にて曼荼羅の意義や目的などの讃文を書きます。最後に大筆にて署名と花押を書き、中筆にて日付けと授与する相手の名前を書くのが通常とされます。（中尾尭文著『日蓮』一九一頁）。

山中喜八氏は曼荼羅の諸尊配列や在略などから、形式を四系列・九部門に分類されます。（『本尊集解説』六頁）。書体の変化に推移があり「経」の字を四時期の四種類に分類します。その他に不動・愛染明王の種子、花押の形態（バン字・ボロン字）、空点（鍵手・蕨手）、自署と花押の位置の変化と推移があります。（中尾堯稿「日蓮聖人の花押母字について」『日蓮教学の諸問題』所収三三三頁）。

□『富木尼御前御返事』（一四六）は文永一二年一月とします。

○御本尊（一二）

顕示の年月日と授与者は不明ですが、文永一〇年後半から翌一一年の初頭とされます。その理由はこの御本尊の書式に本化の「四大菩薩」を認めていることです。分身諸仏は省略され本門本尊の儀相を表されたといいます。（山中喜八著『日蓮聖人真蹟の世界』上四二一頁）。日興の添え書きに「佐渡国法花東梁阿仏房彦如寂房日満相伝之」と書かれ、佐渡妙宣寺に所蔵されます。日満は阿仏房の嫡子盛綱の孫（興円）になります。富士門流の日華の弟子となり妙宣寺の二世になります。紙幅は縦四二・七センチ、横二九・一センチ、一紙の御本尊です。日亨が書写した「阿仏房妙宣寺蔵御本尊」とされ日興の添書は省略されます。（『御本尊鑑』四頁）。

○御本尊（一三）七月

文永一一年七月二五日付けの御本尊です。「甲斐国波木井郷於山中図之」と身延にて書かれたことを示します。讃文に「大覚世尊入滅後二千二百二十余年之間雖有経文一閻浮提之内未有大曼荼羅也得意之人察之」とあることは特異とされ、御本尊に対する尊敬の心得を訓戒します。また、『御本尊集目録』（一九頁）に記載されるように、特筆すべき勧請形態をもちます。諸天善神および龍王・阿修羅王に「無量世界」を冠し、天照大神・八幡大菩薩に「大日本国」を冠します。山川智応氏はこの儀相は、蒙古調伏を意識して認めたと述べます。（山中喜八著『日蓮聖人真蹟の世界』上四二三頁）。迹化菩薩・諸大声聞および先師に「南無」を附していないこと。これはこの御本尊のみであること。妙楽と天親菩薩を列したこと。形式については四天王に東西南北の方位を冠せられたこと。ただし、その位置が他の御本尊と違うこと。天熱提婆達多・未生怨阿闍世大王が始めて列座したこと。文永年間の御本尊が総帰命式に諸尊に南無を冠しているのに対し、諸仏と本化四菩薩にだけ南無が冠されます。

また、花押の変化が特徴となります。授与者名と先師の添書はありません。紙幅は縦一二七・三センチ、横五七センチ、六枚継ぎの御本尊で茂原藻原寺に所蔵されます。草庵に落ちついた頃に書かれ身延当初の書式と窺えます。この御本尊を染筆された翌日に時光から供物が届きます。

□『上野殿御返事』（一四七）

七月二六日に駿河の南条時光（一二五九～一三三二年）が、金銭一〇連と河（川）海苔（かはもくづ）二帖、生姜（しやうかう、はじかみ）二〇束などの食品を供養された礼状です。本書は時光に宛てた第一書となります。真蹟の二紙は水戸の久昌寺に所蔵されます。時光との最初の出会いが鎌倉であり、それほど深い縁ではなかったのに、忘れずに供養された有り難さを述べます。

「鵞目十連（とつる）・かわのり二帖・しやうかう（生薑）二十束給候了。かまくらにてかりそめの御事とこそをもひまいらせ候しに、をもひわすれさせ給ざりける事、申ばかりなし。こうへのどの（故上野殿）だにもをはせしかば、つねに申うけ給なんと、なげきをもひ候つるに、をんかたみに御み（身）をわか（若）くしてとどめをかれけるか。すがたのたがわせ給ぬに、御心さえにられける事いうばかりな

し。法華経にて仏にならせ給て候とうけ給て、御はかにまいりて候しなり」（八一九頁）

南条氏は伊豆の南条から富士宮市の北西部一帯の上野の地頭となりました。時光は七歳のときに父兵衛七郎と死別し母は後家尼となり家督を継ぎました。聖人とは鎌倉にて面識があったことが分かります。そのときには、その場かぎりのことと思っていたが、忘れずに父親の供養と聖人へ布施をされたことに感謝されます。父が存命ならば法門の談義をしたいと常に思っていた折りに、姿も似ており信心深い時光を形見として残していったと喜ばれます。また、聖人と兵衛七郎の信仰の繋がりが深く、兵衛七郎が安らかな臨終を迎えたと聞き墓参りして回向したと述べます。

飢渇が始まった六月より身延に住み始め、草庵は木の葉を敷いたような所であると様子を知らせ、読経する功徳の一分を兵衛七郎に回向したと伝えます。孝養心のある子供を持ったと思うと感涙を抑えがたいと述べます。妙荘厳王は浄蔵と浄眼の二人の子供の導きによって法華経に入信したが、厳王は婆羅門の邪見を信じた悪人であるのに対し、兵衛七郎は善人であるから、この回向の功徳は比較にならないほど大きいと述べます。なを、真蹟にはありませんが端書きに、「人にあながちにかたらせ給ふべからず。若き殿が候へば申すべし」と、書き添えられます（『定遺』八二〇頁）。

□『聖密房御書』（一四八）

本書の真蹟は一四紙（内一紙欠）で身延曽存です。年次がないので『境妙庵目録』は文永一〇年五月、『高祖年譜』は建治三年などの異説があります。台密未破の文面から文永一一年の五月から六月頃と推定されます。聖密房は清澄寺の大衆です。(『別当御房御返事』八二七頁)。古くから聖人に私淑していたといいますが、詳しいことは不明です(『日蓮聖人遺文全集』別巻一二三頁)。清澄寺は台密の学風が強いため真言の邪義を示されます。華厳・真言宗の成立は天台以後のことで、澄観や善無畏が一念三千の義を盗用し理同事勝を立て法華経を見下したと述べます。法華経は二乗作仏・久遠実成が説かれた最勝の経であると説きます。聖密房や清澄寺が密教化したことを是正する意図が窺えます。

まず、天台第七祖道邃の門人で第八祖の広修(七七一～八四三年)と、その門人である良諝(りょうしょ)・維蠲(ゆいけん)が、大日経を方等部としたので弘法が反論した説を挙げます。弘法は『十住心論』に法華経を華厳経に劣る「第三戯論」と下します。法華経の釈尊は応身の仏で真言宗は大日法身の仏として勝劣を立てます。また、『秘蔵宝鑰』に釈尊は大日如来の使いとして、顕教の法華経や華厳経を説いたが、これは真言密教の初門と下します。そして、同じ『秘蔵宝鑰』に法華経寿量品の釈尊は、密教に比べると煩悩を断じていない凡夫であり、「無明の辺域」にあると下します。この四点を挙げ弘法の邪義を明かします。「真言亡国」の根拠として弘法を破折した『真言見聞』(文永九年七月。六四九頁)があります。ここに、本書の顕密二道・理同事勝などの真言の五失・七重の難(七重劣)を述べています。(〈佐渡期〉一九六頁)。

華厳宗の澄観、真言宗の善無畏が、天台の一念三千の義を盗み取り自分の宗としたと述べます。それなのに天台宗の人は真言の理同事勝に同調していると批判し、法華経の二乗作仏・久遠実成は天地の差ほど大日経の印・真言に勝れていると述べます。『維摩経』に敗種として永不成仏と定められた二乗の三業は、法華経を受持することにより成仏するのであり、無量劫のあいだ千二百余尊(胎蔵界の五百余尊と金剛界の七百余尊)の印真言を修行しても仏にはならないと断じます。この「二乗作仏の事法」(八二三頁)を説かずに、弘法は既に破折された華厳宗の邪義を借用していると指摘します。

そして、澄観や弘法を悪言を吐いて批判するのではなく、疑問を明らかにしたいという真意を示し、立腹しないように諭します。そこで、過去に教法が進展して破折された実例を示します。インドの外道の教は千年のあいだ広まっていたが、釈尊の出世により九十五流の外道が破折されたこと。中国にても梁の真諦三蔵が伝えた摂論宗が百年続いたが、唐の玄奘三蔵により破折されたこと、これは、真諦が釈した無着の『摂大乗論』と、別の『摂論』を釈した玄奘の説が異なっていたためです。真諦の梁論は『大乗起信論』の真如随縁を説き、玄奘の新論は『唯識論』の真如凝然を説きます。摂論宗の邪義とは「往生成仏別時意趣」を立てたことです。

また、南三北七の諸師の教法も三百年続いたが天台に破折されたこと、日本でも仏法伝来より二百六十年栄えた南都六宗の教も、伝教が破折したことを示します。ここで聖密房に述べていることは、伝教が『顕戒論』や『守護国界章』で密教を既に破折されたことです。

次に、日本の仏教を戒定慧の三学の視点から考察します。大乗五宗・小乗三宗は依拠とする経典により相違します。詳細には天台宗以外の大乗宗も小乗とします。その根拠は三学の内の戒によります。つまり、法相・三論・華厳・真言宗は、南都東大寺の戒壇にて受戒しますので小乗律宗の戒となります。これに対し天台宗は叡山に伝教が建立した大乗円頓の三学の戒壇があると述べます。天台宗は仏が立てた仏立宗であるが、真言宗は大日如来や弥勒に託して立てた当分仮説の宗とします。即ち大乗の戒壇は法華経と主張されます。


「宗と申は戒定慧の三学を備たる物なり。其中に定慧はさてをきぬ。戒をもて大小のぼうじ（牓示）をうちわかつものなり。東寺真言・法相・三論・華厳等は戒壇なきゆへに、東大寺に入て小乗律宗の驢乳臭糞の戒を持つ。戒を用て論ぜば此等の宗は小乗の宗なるべし。比叡山には天台宗・真言宗の二宗、伝教大師習つたへ給たりしかども、天台円頓円定・円慧・円戒の戒壇立べきよし申させ給しゆへに、天台宗に対しては真言宗の名あるべからずとをぼして、天台法華宗の止観・真言とあそばして、公家へまいらせ給き。伝教より慈覚たまはらせ給し誓戒の文には、天台法華宗の止観・真言と正くのせられて、真言宗の名をけづられたり。天台法華宗は仏立宗と申て仏より立られて候。真言宗の真言は当分の宗、論師人師始て宗の名をたてたり。而を、事を大日如来・弥勒菩薩等によせたるなり。仏御存知の御意は但法華経一宗なるべし」（八二五頁）

そして、『大日経』の位置と、三諦の教からみた真言の位置を述べます。小乗は二宗（上座部・大衆部）・十八宗（上座部十部・大衆部八部）・二十宗（十八宗に根本の上座部と大衆部）と数あるが、所詮の教は「諸法無常」の理とします。世間の無常・苦・空・無我を悟り煩悩を断尽して灰身滅智・無余涅槃を求めます。法相宗を始め大乗宗の所詮は「唯心有境」の理とします。これは法相宗の教を要約したもので、「有」の一辺に執着した一宗とします。三論宗の教は「唯心無境」の理ではなく、大乗の「空」（無）の一辺に執着する宗とします。この両者の「唯心有境」「唯心無境」の理は通教の空と有の一分に過ぎないとします。

また、華厳宗と真言宗は、良く言えば「別教」の「但中」とします。これは、「別教」の隔歴三諦のことをいいます。「別教」は中道を説きますが、空・假のほかに但中諦を説き融即を説きません。ですから、空假中の三諦から判じれば、華厳宗・真言宗は別教の隔歴三諦で、法華経の円融三諦には及ばないと述べます。（八二六頁）。

真言宗が流布したことを王と下女の喩えにて述べ、高貴な人が信じたので真言宗が流布し、立派と思われる論師人師が解釈したので大日経が広まったと述べます。つまり、現今の盛況に惑わされず仏教の道理を極めるように諭されたのです。しかし、以上の問答の論議は智慧が浅く慢心が深い人ばかりなので、今は信用されないが後世には理解されると述べます。

聖人は聖密房を大切に思い学問の目安に箇条書きされました。何度も読んで法華経が勝れていることを理解するためです。末筆に大事な法門を書いたので、虚空蔵菩薩の御宝前において、常に読み奉るようにと結びます。清澄寺の大衆への書状でもあったのです。聖密房への書状は本書のみでその後は不明です。

□『別当御房御返事』（一四九）

○清澄寺別当

同じく五月～六月頃（鈴木一成氏は六～七月ころと推定）に、清澄寺の別当に宛てた書状です。「別当御房」という表記は本書のみで浄顕房のことです。（『日蓮聖人遺文全集講義』二七巻七六頁）。『聖密房御書』と共に書かれた書状です。真蹟の四紙は身延曽存で自署と花押は切り取られていました。

冒頭に、真言の不審については聖密房に聞くように述べます。『聖密房御書』は東密を破折した教義を述べますが、この中に「天台宗の人人は一同に真言宗に落たる者なり」（八二二頁）とあるように、清澄寺内の台密の破折に及ぶことが窺えます。しかし、慈覚・智証にふれないので身延入山の始め頃となります。同心の者が集まって法談して理解を深めるように指示されます。また、二間と清澄寺の別当については、世間の道理を弁えている聖密房の指示に従うように述べます。ここから、鎌倉を退出した後の行き場として、清澄寺の別当就任についての話があったことが分かります。清澄寺には入山しない心中を述べます。

「これへの別当なんどの事はゆめゆめ（努々）をも（思）はず候。いくらほどの事に候べき。但な（名）ばかりにてこそ候はめ。又わせいつをの事、をそれ入て候。いくほどなき事に御心ぐるしく候らんと、かへりてなげき入て候へども、我恩をばしりたりけりと、しらせまいらせんために候」（八二七頁）

と、別当になる気持ちはないと述べ、自身にとっては有名無実の寺と受け止めていました。聖密房は聖人を清澄寺に誘致する前に、真言化が進んでいた内情を告げ、その対処法を求めたのかも知れません。聖人は清澄寺の後継に聖密房を推挙したといいます。（『日蓮聖人遺文辞典』歴史篇九九三頁）。「又わせいつをの事、をそれ入て候」の文は誤写とされ意味は不明です。何かのことを恐縮され、その幾程もないこと（どれほど）、僅かなことに心配をかけ心苦しい思いをさせていると述べます。その状況や事態について還って嘆いていると述べます。

聖人は恩を忘れていないことを伝えるために書状を宛てました。ここには二間と清澄寺のことが関係します。（『日蓮聖人全集』第五巻二六七頁）。浄顕房が聖人を後継者に推挙したが同意しなかったこと、あるいは、清澄寺入山に対し反対勢力があったことなど。聖人は清澄寺へ入山することを拒否されますが、清澄寺の恩恵を忘れていないことを伝えたと思われます。清澄寺の護持に関連していたことが窺えます。

「大名を計ものは小耻にはぢずと申て、南無妙法蓮華経の七字を日本国にひろめ、震旦高麗までも及べきよしの大願をはらみ（懐）て、其願の満べきしるしにや。大蒙古国の牒状しきりにありて、此国の人ごとの大なる歎とみへ候。日蓮又先よりこの事をかんがへたり。閻浮第一の高名なり。先よりにくみぬるゆへに、まゝこ（継子）のかうみよう（功名）のやうにせん心とは用候はねども、終に身のなげき極候時は辺執のものども一定とかへぬとみへて候。これほどの大事をはらみて候ものの、少事をあながちに申候べきか。但東条、日蓮心ざす事生処なり。日本国よりも大切にをもひ候。例せば漢王の沛郡をもくをぼしめししがごとし。かれ生処なるゆへなり。聖智が跡の主となるをもんてしろしめせ。日本国の山寺の主ともなるべし。日蓮は閻浮第一の法華経の行者なり。天のあたへ給べきことわりなるべし」（八二七頁）

と、題目の七字を世界中に広めることが自分の大願であり、その誓願が成就する兆しとして、他国侵逼の予言が的中したことを述べます。これを法華経の行者としての「閻浮第一の高名」とします。普通なら手柄として名声を得るところです。しかし、世間は聖人を憎んでいるので継子が功名を得たように無関心と述べます。死に直面するような逼迫した時は頼るのかも知れないと述べます。そして、これほどの大事を心中に持っているから、清澄寺のことは小さな事と述べます。「強ち」とは打ち消しの表現です。「少事」は暫時ということではなく、「大事」に対する「少事」（小事）と思います。

しかし、清澄寺を捨て去るという悪意はないと述べます。東条は生誕の大切な処であり、日本国よりも大切に故郷を慕っているからです。その例として漢の高祖劉邦が出生地の沛郡（江蘇省徐州市沛県一帯）を重視したこと、聖智が跡を継いで当主となったことを挙げます。聖智という人物については不明です。清澄寺の人々が知っている出来事を述べたと思われます。（『日蓮聖人遺文辞典』歴史篇五四七頁）。この例を挙げて清澄寺も日本国の代表となる寺になると讃えます。聖人は閻浮第一の法華経の行者として、この先も歩んで行くことが自分に与えられた使命と述べます。

本書には蒙古の牒状がしきりに来ていると述べ襲来が近い緊迫感を示します。法華経の題目を震旦・高麗までも弘通する大願を懐いて来たと述べます。この大願が成就する大事な時に、清澄寺の別当に就任する余裕はないと断ったという見方ができます。(佐藤弘夫著『日蓮』二六二頁)。日本国の未来を優先した行者意識が窺えます。注目されるのは聖人が別当に就任することが、当然のような立場にあったと窺えることです。

最後に米一斗六升、粟二升、焼米を袋に入れて供養された礼を述べ、故郷の人々の御心が有難いと感謝されます。重ねてこれ以後は聖人と清澄寺のことを心苦しく思わないように述べます。そして、清澄寺の件については明らかにしない方が良いとして、供養の志には感謝の気持ちを伝えてほしいと述べます。本書は「乃時」(ないじ)とあるように、供物が届いて直ぐに返書を認めました。同月に御本尊(藻原寺)を染筆されます。

□『異体同心事』(一五〇)は弘安二年八月六日とします。

□**『彌源太入道殿御返事』**(一五一)

聖人の安否を心配された北条弥源太は使者を登詣させます。その使者が帰鎌する一七日に返書を託しました。『本満寺本』に収録されます。冒頭に、

「別事候まじ。奉憑候上は最後はかうと思食候へ。河野辺入道殿のこひしく候に、漸く後れ進らせて其かたみと見まいらせ候はん。さるにても候へば如何が空しかるべきや。さこそ覚え候へ」(八三一頁)

弥源太の安否を問い、法華信仰に命を預けたのであるから、信心一筋に精進するように励まします。法華経は転子病という表現をして、遺伝のように法華経の功徳力は変わらずに継続すると述べます。河野辺山城入道が死去し恋しく思っていたが、弥源太を形見と思うと虚しさを感じないと述べます。弥源太は不退転の信者で佐渡流罪中にも太刀を送っていました。(『弥源太殿御返事』八〇六頁)。河野辺山城入道は文永八年の法難のとき、日朗と共に土牢に投獄された一人とされ、坂(酒)部入道・得業(行)寺殿・伊沢入道などの四人は『佐渡御書』に見られ、また、河野辺山城入道の名前は『法華行者値難事』の宛名に見えます。更に「かわのべどの等の四人の事」が『弁殿御消息』(一一九〇頁)に見えます。弥源太はこの河野辺入道と近い関係の人物と言えます。〈佐渡期五頁〉

次に、日本は六十六箇国の島二つであり、その中に寺は一一〇三七、僧尼は三千、一万、或いは一人など宗派によって変わるが、僧尼の根源は弘法・慈覚・智証の三大師として、叡山・東寺・御室・七大寺・園城寺・伊豆・箱根・日光・慈光などの座主・検校・長吏・別当などの頭領は三大師の弟子であり嫡流と述べます。三大師と同じように法華経を卑下し、法華最第一とする聖人とは水火のように違うとします。その末裔が寺領の田畠を私物とすれば、どのように弁解しても同じ罪科を逃れられないと述べます。しかし、これを主張しても怯弱の者が言うから誰も用いないと述べます。怯弱の者とは微力卑賤の者です。(『日蓮聖人遺文全集講義』第一三巻一三五頁)。

そして、法華経を学び論述する者はいるが、法華最勝の義を用いないと述べます。聖人の法華色読の解釈とは違うからです。最後に、しばらく音信がなかったので心配していたと述べ、この使者を身延に遣わした温情と、病気が平癒したことを知り嬉しく思うと綴ります。

□『主君耳入此法門免與同罪事』（一五二）

○ 頼基の主君への諫暁

九月二六日付けにて頼基から金子二貫文が布施された礼状です。系年に建治元年、三年の説があります。『平賀本』に収録されます。頼基が主君に謗法罪の法門を説いたことを褒めます。これにより頼基への迫害がある危険性を述べ、身辺を防備するようにと心配されます。聖人が鎌倉を発つときに主君の江馬氏に法華経を説き、帰信を勧めるよう諭されたと思います。（姉崎正治著『法華経の行者日蓮』四一八頁）。

冒頭に有情の者の一番の財宝は命であり、仏教はその尊い命の殺生を禁断すると述べます。殺生した者は火途（地獄）・刀途（餓鬼）・血途（畜生）の三途（三悪趣）に堕ちると説きます。釈尊の仏寿長遠なのは不殺生戒を持った証拠と述べます。しかし、同じ殺生にも罪の軽重があります。仙豫・有徳王のように法華経の「かたきを打て」、その功徳を得て釈迦仏と生まれ、この王に治罰を勧めた覚徳比丘は「大慈大悲の法華経の行者」（八三四頁）と、『涅槃経』の有徳王・覚徳比丘の故事を引いて、国主諫暁の意義と謗者を駆除する正当性を述べます。つまり、殺害された者が善人・罪悪人の違いにより、殺害した者に罪の軽重があるのは世間の道理であり、事情によっては殺生を認めることになります。その理由は謗法の反逆者を駆除することを善行とするからです。その謗法対治の貢献は絶大な功徳を獲得すると説きます。法華経を護るためなら殺生戒を守らなくてもよいという前提があるからです。その例が仙豫・有徳王の故事です。

今は謗法が充満し有徳王・覚徳比丘と同じく謗人を駆除すべきであるのに、国主は聖人を迫害し国中が謗国と述べます。頼基も与同罪を逃れ難い身であったが主君に法華経を説くことにより、この失を脱したと喜ばれます。

主君に誤りがあれば諫暁することは臣下の勤めであり、法華経の信者としては大きな勤めです。主君に謗法の教を信奉し謗者を供養すれば無間地獄に堕ちると説いたのでしょう。しかし、主君は拒絶します。頼基は落胆したと思いますが、与同罪を逃れたことを聖人に伝えます。聖人はこの諫暁により主君や同僚が憎嫉を懐き命を狙う危険があるので、今後は法華経の法門は言わないようにし、近辺にも注意を払うように留意させたのです。

「此より後には口をつつみておはすべし。又、天も一定殿をば守らせ給らん。此よりも申也。かまへてかまへて御用心候べし。いよいよにくむ人人ねら（狙）ひ候らん。御さかもり、夜は一向に止給へ。只女房と酒うち飲でなでな御不足あるべき。他人のひるの御さかもりおこたる（油断）べからず。酒を離れてねらうひま（隙）有るべからず。返返。恐恐謹言」（八三四頁）

信仰の違いによる軋轢や、鎌倉武士として誉れ高い頼基への嫉みがあり、この信仰問題をきっかけとして妨害から殺意へと変わったのです。外出するときの注意や酒宴も慎むように述べます。本書から信徒の法華経を弘める細心の注意と頼基を大切に思う聖人の優しさが窺えます。

このように鎌倉・千葉・静岡方面の信徒から金品や、飢饉の難儀を知って食糧の供養が始まります。鎌倉の弟子や常忍が信徒に連絡を取り合います。身延期における教団の結束のあり方が調い始めていたのです。夏頃に一遍は熊野本宮に参り賦算の神勅を受けます。（『一遍上人絵伝』）。この秋に遊行聖の一向俊聖（一二三九〜八七年）は、宇佐八幡宮で踊り念仏を行います。一遍と一向は共に蒙古襲来に出征した御家人の一族で、蒙古の危機感が遊行という新しい信仰形態を生み出したといいます。（金沢文庫『蒙古襲来と鎌倉仏教』三一頁）。

□「御恋慕由事」（『常師目録』）

佐渡赦免後の五月一二日に鎌倉を発ち、一七日に身延に到着したことを知らせた『富木殿御書』（八〇九頁）に、身延に落ち着いて定住することになれば見参に来るように述べました。そして実長の懇意により草庵が完成し無事に住み始めたことを常忍に知らせたはずです。それが散逸した「御恋慕由事」と思われます。

○常忍夫妻と頼基が身延に登詣

『可延定業御書』に頼基が「去年の十月これに来て候しが」（八六三頁）の文面から、頼基が一〇月に身延に登詣したことが分かります。そして、常忍と妻の二人も頼基より先に身延に登詣されました。その時期は六月一七日に入山して三ヶ月ほどを経た九月中のことと思います。（尼公参詣難有由事『常師目録』。『定遺』二七三〇頁）。檀越の代表として聖人の状況や考えを窺うための登詣と思います。その帰途に鎌倉の頼基を尋ね、聖人の様子を知らせたと思われます。その後の一〇月に頼基は身延に登詣されたのです。

○文永の役

一〇月に入り「文永の役」と称される蒙古の大軍が九州を襲います。国書が到来してから六年目のことでした。外国からうけた侵略は、長徳三（九九七）年一〇月一日と、寛仁三（一〇一九）年三月末の刀伊（とい）の入寇があります。（土田直鎮著「王朝の貴族」『日本歴史』5所収三七六頁）。これは遼を中心に分布した女真族（満洲民族の前身）と見られる海賊船団が、壱岐・対馬・筑前に侵攻しました。目的は米穀・牛馬などの略奪のほか、農耕民族を拉致して自己圏内で農耕に従事させて食糧を確保することでした。寛仁三年の太宰府からの報告書が、

『小石記』や『朝野郡載』に転載されます。(『日本の古代』1、坂本義種稿、三六二頁)。

蒙古軍は三日に朝鮮半島南端の馬山、合浦を船出しました。総大将に都元帥忻都と副将に洪茶丘と劉復亨の元・宋軍二万五千人。それに、金方慶の高麗軍が八千人と船員(漕ぎ手)六千七百人を加えた約四万人になります。軍船は高麗が急遽造った大船が三百、軽疾船三百、給水船三百の合計九百艘でした。(近藤成一編『モンゴルの襲来』四四頁。日本の時代史9。高木豊著『日蓮その行動と思想』増補改訂版一七四頁)。

蒙古軍は五日の午後に対馬を襲撃します。(一説には六日、あるいは『兼仲卿記』では一三日となっています)。地頭代の宋助国(資国)は討ち死にし、夕方には下島の佐須浦に上陸し、民家を焼き払い住民の男は惨殺され生け捕られました。その後、一四日の夕方には壱岐の西海岸を襲い守護代平景隆は自害します。この時は男の多くは惨殺され女は掌に穴をあけ、その穴に綱を通して船舷(船の側面のへり)に結びつけます。聖人はこの有り様を『一谷入道御書』に、

「十月に蒙古国より筑紫によせて有りしに、対馬の者かためて有りしに宗の摠馬尉逃ければ、百姓等は男をば或は殺し或は生取りにし、女をば或は取集めて手をとをして船に結付、或は生取りにす。一人も助かる者なし。壱岐によせても又如是。船おしよせて有りけるには、奉行人道豊前の前司は逃て落ぬ。松浦黨は数百人打たれ、或は生取りにせられしかば、寄せたりける浦々の百姓ども壱岐・対馬の如し」(九九五頁)

と、壱岐・対馬の蒙古軍の残忍さを述べます。蒙古軍に攻められ苦しむ人々の悲哀を述べたのです。信徒の千葉

氏は蒙古警備のため戦地にいました。それらの家族や一族の悲しみを訴えたのです。この記録は蒙古襲来の一級史料となります。宗右馬允は一〇月五日辰の刻に蒙古軍を迎え撃って、討ち死にしたと『八幡愚童訓』にはあり、本書に宗右馬允摠馬尉（宗助国）が「逃げた」とあるのは初期の伝聞といいます。敗戦の情報が最初に幕府に届いた時は、このような誤報が伝えられ聖人に直ちに届けられたのです。奉行入道豊前前司は武藤資能のことで、大友頼泰と共に合戦の総司令官でした。

一六、一七日には平戸、能古、鷹島などの島や沿岸を襲い、これに防戦した松浦党の武士数百人と住民を殺します。遂に一九日に博多湾の沿岸周辺に船団が集結します。日本軍は総大将に小弐景資（かげすけ。資能の子）を据え、九州の武士は沿岸一帯の守りを固めます。主力は約一万の騎兵でした。二〇日の未明に蒙古軍は、総大将の忻都と副将の劉復亨が箱崎と博多に（百道原）上陸し、高麗軍の金方慶は佐原・赤坂、洪茶丘の蒙古別動隊は今津に上陸します。巳の刻（午前一〇時頃）に蒙古軍は歩兵の集団戦法で、銅鑼や太鼓に合わせて進軍します。日本の合戦の方法は騎射戦が中心で敵味方が対陣して、まず鬨（とき）の声をあげ次いで主将が名のりをあげます、いわゆる懸合（かけあ）い戦法です。そして、鏑矢（かぶらや）の応酬によって矢戦を開始します。頃合いを見て一騎駆けで相手を見つけ射合って相手を落とすか、馬上の太刀（たち）打ちから組打ちに転じ、敵の首級をあげることを武士の名誉としました。

ところが、蒙古軍はいきなり太鼓や銅鑼を鼓舞して進軍しその音に馬が驚き暴れます。そこに射程の長い毒矢を射ます。接近戦では日本には普及していなかった槍で突かれ、遠方からは鉄の器に火薬をつめて点火した鉄砲という武器で攻撃しました。竹崎季長は一番駆けで功名を上げようとします。季長主従の五騎は鳥飼浜に先駆けしますが、旗差しは容赦なく馬を射られて落ち、季長らは肥前国の白石通泰に助けられます。この様子を竹崎季長が書かせた『蒙古襲来絵詞』があります。季長のほかに菊池武房・白石通泰・河野通有・安達盛宗などの御家人の参戦や、警護のための石築地などが描かれています。（金沢文庫発行『蒙古襲来と鎌倉仏教』八頁）。

日本軍は戦法と武器の違いに苦戦し夕刻には大宰府に退却します。蒙古軍は博多に侵略し町を焼き住民を殺戮しました。箱崎も戦火にあい筥崎八幡宮も炎上しました。しかし、夕方から雨になり夜営は危険と判断した忻都は軍を船に引き帰らせます。船上で総大将の忻都は朝鮮に帰る判断をします。そのわけは副将の劉復亨が小弐景資の矢を受けて負傷したためといいます。また、『元史日本伝』に「官軍整わず又矢尽」きたとあり、兵の疲労が積もり兵糧も尽きたことや、弓矢や鉄砲などの武器がなくなったため撤退したといいます。しかし、二〇日の夜の大風雨により蒙古軍の軍船二百余艘が漂没し残った兵船は退却します。船の粗雑な造りが初冬の低気圧の風雨に耐えられなかったのです。日本人は皆殺しにされると恐れていましたが、二一日の朝には蒙古軍の船影が見えなくなっていたのです。

近年の説としては元寇は南宋接収作戦の一環として、日本を牽制し蒙古の威力を示すために来たのであり、侵略する兵力はなかったといいます。日本軍の戦闘能力を試すことが目的であり、征服の前段階であったともいいます。この軍勢は蒙古・女真・中国・高麗の人々で、征服され従属された混成軍隊でしたから、規模と質からすれば日本征服の前段階的な襲来と見ることができます。混成部隊のため進軍に意見の相違がでました。弘安の役にのぞみフビライは、勅を下して諸将が不和を起こさないように誡めています。つまり、「文永の役」の敗退の主要因は統率に欠けたからです。（川添昭二著『蒙古襲来研究史論』三六頁）。

気象学者は台風の時期ではないといい、難破船が海岸には打ち上げられていなかったなどの意見がります。ただし、大風雨があったことは、『高麗史』（一万三千五百余人の未帰還者がいた）や『兼仲卿記』の記述から間違いのないことで、その時期がいつだったのかが問題となります。川添昭二氏は『滝泉寺申状』の次の文により、この大風雨により蒙古の船が海底に沈んだとみます。（『日蓮と鎌倉文化』一三四頁）。「聖人在国　日本国之大喜蒙古国之大憂也。駈催諸龍　敵舟沈海　仰付梵釈召取蒙王。君既在賢人　豈不用聖人　徒憂他国之逼」（一六七八頁）。ここに、日本を護る竜神が激しい海流を起こし、自ら蒙古の敵船団に衝撃的な力を加え粉々に破壊したと表現されます。つまり、蒙古の船は海底に沈んだという情報を得ていたのです。敵船が沈没したことについて、中老僧の日弁（一二三九―一三一一）は、『龍泉寺申状』に日本国に聖人がいるのは「日本国の大喜にして蒙古国の大憂也」である、なぜなら、龍神を動かして「敵船を海に沈め」たからであると記します。

高麗の史料に蒙古軍が合浦に帰還した船は、出発したときよりも一三五〇〇ほど少なくなっていたとあります。蒙古襲来が京都に報じられたのは一二日後の一七日のことでした。壱岐占領が報じられたのは二八日です。この時には既に蒙古の船団は壊滅的な被害にあい、それが京都に伝わったのは一一月六日でした。朝廷は翌日の七日に蒙古調伏の祈祷を十六社に命じます。幕府は一一月一日に総動員令を出して非御家人をも参戦させようとしました。当時は情報の伝達に日時を要したのです。

聖人は一一月一一日に蒙古襲来による壱岐・対馬の惨事を時光に伝えます。（『上野殿御返事』八三六頁。蒙古初見の遺文となります）。身延への情報の経路をもっていたのです。軍船が退去した報告が入ると亀山上皇は自ら石清水八幡宮などに戦勝成就のお礼参りをします。幕府は恩賞についての問題が生じます。御家人以外の武士にも異国参戦を命じ、その軍功に恩賞を出すことを決めていたからです。

この前年、朝鮮の三別抄の最後の拠点である耽羅（トムラ）が陥落しました。耽羅は朝鮮半島の南方海上に位置する済州島の古名です。蒙古が国号を「元」としたのは文永八（一二七一）年一一月のことでした。まさに竜口・佐渡流罪の時です。その蒙古が日本征討を実行に移したのは、文永一一年一〇月でした。三別抄の反乱が日本侵略を大幅に遅らせ征討軍の勢いを弱めたのです。

□『上野殿御返事』（一五三）

時光から聖人（すみざけ、清酒）二筒、柑子（橘類）、昆若一〇枚、山芋一籠、牛蒡一束などが供養された一一月一一日付けの礼状です。稲田海素氏は明治三六年一月に大石寺所蔵の『興師本』と対校します。内容は末法に法華経の行者を供養する功徳が大きいこと、蒙古襲来の元凶は真言の調伏祈祷にあり更に激化すると述べます。

まず、得勝・無勝童子が土餅を仏に供養して阿育大王と生まれ、儒童菩薩は錠光仏（燃燈）に供養して釈尊と生まれたことを挙げて布施供養の功徳を述べます。続いて法師品の「有人求仏道而於一劫中合掌在我前以無数偈讃。由彼讃仏故得無量功徳。歎美持経者其福復過彼」の文を引き末代に法華経の行者を供養することは、仏を一劫という長い間、供養した以上に功徳が勝れていると説きます。

釈尊を供養するよりも法華経の行者を護ることのほうが功徳が大きいというのは、末法に法華経を弘通することは非常に困難なためです。「六難九易」を身読されている聖人のことを指します。釈尊は自分を毀謗するよりも、初発心の弟子を謗ることを諌め、その罪が深いと説きます。初発心の者は退転しやすいからです。今、末法において人々から疎まれている聖人を供養することは、聖人を勇気つけることであり、法華経の灯火を絶やさないことになります。このことは釈尊の言葉であるから妄語ではないと述べます。時光は供養の功徳を聞いて感動したことでしょう。聖人は恩人とした亡き時光の父にふれて、

「其上、殿はをさな（幼少）くをはしき。故親父は武士なりしかども、あながちに法華経を尊給しかば、臨終正念なりけるよしうけ給き。其親の跡をつがせ給て、又此経を御信用あれば、故聖霊いかに草のかげにても喜びおぼすらん。あわれいき（活）てをはさば、いかにうれしかるべき。此経を持人々は他人なれども同霊山へまいりあはせ給也。いかにいはんや故聖霊も殿も同法華経を信させ給へば、同ところに生させ給べし」（八三六頁）

と、亡父は殺生を役目とする武士であったが、法華経の深い信心により臨終には正念であり安らかであったと聞いたことを述べます。同じ法華経の信仰を継ぐ時光を、亡父は草葉の陰にて喜んでいると述べ、他人でも法華経の信仰者は霊山に生まれるのであるから、まして、時光も父と同じ霊山に生まれると後生の安心を説きます。父親が生きていたならば喜んだであろうと偲べば涙がとまらないと述べます。

○　初めて蒙古襲来にふれます

聖人は日本国の安穏のために身命を惜しまずに弘教され、誰よりも他国侵逼の警鐘を鳴らしました。しかし、三度の諌暁も叶わずに身延に入山した心中を述べ、蒙古の壱岐・対馬の事件に言及されます。聖人の遺文では最初に蒙古襲来にふれます。

「抑日蓮は日本国をたすけんとふかくおもへども、日本国の上下万人一同に、国のほろぶべきゆへにや、用られざる上、度々あだをなさるれば、力をよばず山林にまじはり候ぬ。大蒙古国よりよせて候と申せば、申せし事を御用あらばいかになんどあはれなり。皆人の当時のゆき（壱岐）つしま（対馬）のようにならせ給はん事、おもひやり候へばなみだもとまらず」（八三六頁）

対馬の守護職は蒙古の顛末を博多に報告し、それが京都に伝えられたのが一〇月一七日です。身延にいながらも文永合戦の情報の速さが分かります。幕府内に情報に通じる者が頼基、常忍等に報せたと思われ、これらの情報を伝えていた信徒の存在が窺えます。文永の役は天災により蒙古が撤退して終わりましたが、日本側の苦戦と被害は大きなものでした。

○真言は国を滅ぼす

次に、念仏・禅・真言の邪義にふれます。蒙古との戦いで日本の兵士が自害したことにつき、念仏宗を広めた善導が自害したように、念仏を唱えていると自害の心が生じると述べます。善導は永隆二（六八一）年、六九歳のときに寺の前にある柳の木に登り自殺したからです。真言宗は承久の乱のように亡国の教えであり、これらの僧侶が鎌倉に下り僧正・法印となって蒙古を調伏するから、なおさら日本国の滅亡が近づいていると述べます。この真言宗こそが亡国の根源と知っていたのは伝教だけで、詳しく論じないが概要を承知していると述べます。

「後白河の法皇の太政の入道にせめられ給し、隠岐法王のかまくらにまけさせ給し事、みな真言悪法のゆへなり。漢土にこの法わたりて玄宗皇帝ほろびさせ給。この悪法かまくらに下て、当時かまくらにはやる僧正・法印等は是也。これらの人々このいくさを調伏せば、百日たゝかふべきは十日につゞ（縮）

まり、十日のいくさは一日にせめらるべし。今始て申にあらず、二十余年が間音もをしまずよばはり候ぬるなり」（八三七頁）

と、後白河法皇が清盛に攻められたことや、後鳥羽上皇が義時に負けて隠岐に流されたのも、その原因は真言の邪法を信じたことにあると述べます。唐の玄宗皇帝の開元七（七一九）年に、金剛智（六六九〜七六二年）は広州に到達し翌年に東都洛陽に入り、皇帝に入国の事情を奏上しました。そして、『金剛頂瑜伽略出念誦経』四巻、『金剛頂瑜伽修習毘盧遮那三摩地法』を翻訳し、中国密教の祖師と称されます。玄宗皇帝が楊貴妃を寵愛し終に皇位を失ったのも、この真言の邪法を信じたためであり真言は亡国の元凶と述べます。

この真言批判は蒙古が壱岐・対馬を襲い、その現実の惨状を真言亡国の事例として述べるようになります。（佐藤弘夫著『日蓮』二六九頁）。幕府が真言師に蒙古調伏を行わせれば直ぐに負けると述べます。このことは二十年も前から声も命も惜しまずに主張したことで、法華経に帰信しなければ再度の襲来があると述べます。身延期において四箇格言が成句となります。（『諫暁八幡抄』一八四五頁）。本書にみたように、蒙古が壱岐・対馬・太宰府などを襲撃した事実に、真言亡国の現証として徹底的に真言批判がなされます。

最後に、時光にこの書状を人々に読み聞かせるように命じます。時光の近辺には相応の信徒集団がいたことが窺えます。他宗の者から謗られても屈しない弟子ばかりなので嘲笑に惑わされず信仰を貫くように諭します。

□『曽谷入道殿御書』（一五四）

平成二一年に京都で開催された日蓮聖人展のおりに、某氏所蔵の本書最後の一紙が確認されました。中尾尭氏は日蓮宗新聞（平成二一年一二月二〇日）に写真を掲載し、宛名が曽谷入道の他に「土木入道殿、並びに人々御中」であると記載します。また、日付が一一月二五日であることを確認できます。真蹟はこの某氏所蔵の断簡と、本国寺に三行の断簡が伝わっています。『本満寺本』に収録されます。

○　台密批判

冒頭に他国侵逼が的中したことを、『金光明経』の「多有他方怨賊侵掠国内人民受諸苦悩土地無有所楽之処」の文を挙げ、いずれ、壱岐・対馬の人々のように日本国の人々も侵略されると危惧されます。この原因は仏教の邪見にあり特に真言と法華の見解の違いとします。そして、「仏法の邪見と申は真言宗と法華宗との違目也。禅宗と念仏宗とを責候しは此事を申顕さん料也」と、これまで禅・念仏宗の邪義を批判してきたのは、真言宗の邪見を顕然とするためと述べます。中国が滅んだ原因は善無畏の真言の邪教を信じたこと、日本では慈覚が真言の三部経を鎮護国家の護経としたことが邪見の始まりで、この邪義が幕府に受容されたことが亡国の原因であると正します。ここに台密批判がなされたのです。

「日本国は慈覚大師が大日経・金剛頂経・蘇悉地経を鎮護国家の三部と取て、伝教大師の鎮護国家を破せしより叡山に悪義出来して終に王法尽にき。此悪義鎌倉に下て又日本国を可亡」（八三八頁）

慈覚が法華経と大日経との勝劣を判じる祈請をされ、その時に日輪を矢で射る夢を見て大日経を選んだのは、慈覚の心中に修羅が入ったためと述べます。つまり、紛争の始まりで仏敵となったのです。

「慈覚大師は法華経と大日経との勝劣を祈請せしに、以箭射日見しは此事なるべし。是は慈覚大師の心中に修羅の入て法華経の大日輪を射るにあらずや」（八三九頁）

末尾に聖人の弟子は慈覚の悪義を用いることを禁じます。この理由は冒頭に述べた他国侵逼が現実となったことにあります。この教えに違背して罪を受けても恨まないようにと訓戒されます。法華不信による蒙古の驚異を現実的に受け止めていたのです。曽谷氏近辺の中に真言師を頼り聖人の教に背く者がいたようです。本書はそれらの人々に宛てたと思われます。教信は「不読迹門」の義を質問したこと（『観心本尊得意抄』）から、深い教学を修めていたことが分かります。中山近辺の信徒に対し、慈覚の「理同事勝」の解釈を用いないように厳命されます。常忍は自邸の法華堂を妙蓮山法華堂と改め、乗明も中山の自邸を正中山本妙寺とされます。

台密批判について小松邦彰氏は、『守護国家論』『立正安国論』においては、法華・真言を正法とし、円仁・円珍を正師に属せしめていることから、初期の段階では台密批判は行なわれていないとし、台密批判の過程を次のように分析します（『天台密教思想との連関』『中世法華仏教の展開』所収八五頁）。

①文永五、六年頃の『御輿振御書』『法門可被申様之事』あたりから叡山の台密に批判的な態度を示し始める。

②文永八年の佐渡流罪を契機に同九年の『開目抄』に慈覚大師円仁の批判があらわれる。しかし、ここでの慈覚大師批判は形式的なもので教理的批判はみられない。

③文永一一年の『曽谷入道殿御書』（八三八頁）より思想的に深く台密理論と対決し批判が展開される。

他宗批判は始めに謗法と定めて批判されたのは念仏と禅宗でした。『立正安国論』を著述された頃は、天台・真言の二宗はいくぶん正法とされます。弘長元年に良観が鎌倉に入り、伊豆流罪から赦免されて鎌倉に帰ってから律宗批判が加わります。また、弘長二年頃から東密批判が見られ文永元年頃から顕著になります。そして、台密批判は身延入山の文永一一年末頃とされます。（宮崎英修著『不受布施派の源流と展開』三八頁）。

宮崎英修氏は台密批判が本格的に展開されたのは、文永一一年一一月一一日の『上野殿御返事』（八三七頁）と、一一月二五日の『曽谷入道殿御書』（八三八頁）を挙げます。ただし、これよりも早い九月一七日の『彌源太殿御返事』（八三二頁）に、慈覚・智証の功罪が述べられているので、この台密批判が本格的なった大きな要因は蒙古襲来にあるとします。

これまでは慈覚に与同的であったのが、蒙古の襲来を契機に台密を明確に批判されます。大日経などの三部経を鎮護国家の法とし、「理同事勝」を主張して叡山を密教化した罪を、亡国の元凶と批判されます。身延に入ってからは叡山と決別した方向に進みます。そして、『法華取要抄』に述べた「日蓮為正」（八一三頁）とした上行付属の三大秘法を開陳されます。教学としての台密批判は一念三千と台密教学との対決といわれ、同じ天台教学を基盤とした天台法華宗との対決です。

しかし、伝教は真言批判の時期を末法に譲ったと（『報恩抄』一二二六頁）受けとめている聖人において、独自の教学をもって脱却しなければなりません。それは、『観心本尊抄』に説いた事一念三千です。台密批判に必要とされたのが歴史的実証でした。それが、『立正安国論』で予言した二難の的中であり、文永一一年の蒙古襲来の事実を事一念三千の現証とし、この時をもって台密と対決する準備が整ったとされます。

□『合戦在眼前御書』（一五五）

合戦は眼前にあるという表現から一一月頃とされます。一紙三行の断簡で三島本覚寺に所蔵されます。『曽谷入道殿許御書』（九〇八頁）の草案の一部（桑名顕本寺所蔵）といいます。（『日蓮聖人全集』第一巻四七〇頁）。宛先は不明ですが全文が漢文で書かれていますので常忍に宛てたと思われます。ここには「後五百歳」の第五、闘諍堅固の末法にあたり、蒙古との「闘諍合戦在眼前」（八三九頁）となり、法華経が流布することは疑いないと述べます。この前文には四箇条の項目を挙げ、それらの項目が経文に符合した文章が綴られていたことが分かります。

その四箇条とは『大集経』の「五箇の五百歳」（「正像末の三時」「五五百歳」）のうちの前の四箇を指します。即ち、正法時代の第一の五百歳は「解脱堅固」といい、智慧により自ら悟りを開く者が多い時代。第二の五百歳は「禅定堅固」といい、禅定の修行が広く行われる時代。次の像法時代の第三の五百年は「読誦多聞堅固」といい、経典を読誦し学問が広く行われる時代。第四の五百歳は「多造塔寺堅固」といい、寺院や仏塔の建立が盛んになる時代。そして、末法時代の第五の五百歳は「白法隠没・闘諍堅固」といい、釈尊の教が完全に衰え人々の心が乱れ争う時代のことです。仏法が衰微し絶えていくことから末法といいます。「先四ケ條既如経文」というのは、正法・像法の四箇の五百歳のことをいい、聖人はその時代の歴史的な事実を経典の現証とされます。

○『註法華経』

聖人は叡山版の法華経の経本に書き込みをされます。正式には「私集最要文注法華経」といい、略して『注法華経』と称します。この『註法華経』は文永一一年から建治三年までの間にほぼ完成され、宗論に備え五～七年かけた弘安初年頃まで整備されます。（新編『日蓮宗年表』）。山中喜八氏は筆跡から文永九年、遅いもので弘安初年であり、大半は文永一一年から建治三年に亘る期間と推定されます。

また、密教関係の経釈（大日経五章、金剛頂経一章、蘇悉地経一章、瑜祇経一章、分別聖位経一章、不空羂索神変真言経一章、方等陀羅尼経一章、威儀形色経一章、観智儀軌一章、一字金輪時処儀軌一章、法華肝心陀羅尼一章、大日経義釈三章、大日経疏三章、金剛頂義訣一章、顕密二経論七章、秘蔵宝鑰一章、法華十不同一章、蘇悉地経疏二章、大日経指帰三章、講演法華儀一章、真言宗教時義七章、菩提心義八章等）が五十二章みられることから、聖人が徹底的に密教批判をされたのが佐渡以降のことですので、密教関連の典籍が多く註記された『注法華経』は、佐渡以降、身延入山の場を得てから本格的に整理されたと思われます。

同じく、日向が聖人より聴聞して書いたとされる『金剛集』（きんこうしゅう）は、『註法華経』と共通します。諸宗破邪の大綱を記述し、広く経論疏釈を援引した引用経釈が、『注法華経』と同文のものが多く見られます。経本の行間や紙背に注記された経論釈の要文は二一〇六、出典は二七一部といいます。

○　御本尊（一四）一一月

一一月付けにて授与者・讃文・先師の添書はありません。釈迦・多宝・本化四菩薩に並んで、文殊・薬王菩薩、舎利弗等が書かれ、次の段に天台・伝教大師を揮毫されます。釈迦に並んで「南無分身等諸仏」があり、不動愛染を配置されます。紙幅縦八三・四センチ、横四四・九センチ、三枚継ぎの御本尊です。沼津光長寺に所蔵されます。この御本尊は本地に墨の縁取り線の装飾が加えられます。（寺尾英智著『日蓮聖人真蹟の形態と伝承』一〇頁）。『御本尊鑑』（八頁）に「同日三幅」（第四・五・六）が記載され、御本尊（一五）・『御本尊鑑』（第六）に当たります。

（山中喜八著『日蓮聖人真蹟の世界』上七八頁）。

○　御本尊（一五）一一月

同じく一一月付けにて授与者・讃文・先師の添書はありません。御本尊（一四）と同じ勧請をされていますので、同じ時期に揮毫されたと思われます。紙幅縦八二・七㌢、横四三・三㌢の三枚継ぎの御本尊です。近江八幡市妙経寺に所蔵されます。

○　御本尊（『御本尊鑑』第六）一一月

紙幅は縦八九・六㌢、横四五・二㌢の三枚継ぎの御本尊です。左下に日興の添え書きと思われる「因幡国富城五郎入道日常息寂仙房申与之」、また、中央右下に「但可為本門寺重宝也」の文があります。『亨師目録』などから文永一一年一一月の「同日三幅」が、嘗ては身延の宝蔵にあったことが分かります。

□　『顕立正意抄』（一五六）

一二月一五日に『顕立正意抄』を著述されます。草庵に入居されてから半年になります。『立正安国論』に予言した自他二難が符合したことにより、弟子信徒に再度、『立正安国論』の国家諫暁を促した著述とされます。立正安国の大事な意義を顕すことから『顕立正意抄』と題されます。全文が漢文にて書かれ、真蹟は現存しませんが日春（～一三〇三年～）の写本が沼津市光長寺に伝えられます。

冒頭に『立正安国論』の二難予言の文を挙げ、予言が的中し一〇月五日より壱岐・対馬の二箇国が奪い取られたことを述べます。『立正安国論』の文を引いて釈尊の苦得外道・長者の婦人懐妊・釈尊涅槃など「苦得外道等三事」の未来の予言が事実として符号していることを示して、日本国中の覚醒を促します。また、『立正安国論』にふれた謗法堕獄も同じように的中して、日本国の上下万民が法華不信の謗法罪により無間地獄に堕ちるであろうと述べます。

そして、日蓮門下の弟子においても、信心が薄い者は多少の堕獄があるので、覚悟して修行すべきと不軽軽毀の衆の文を引いて厳しく訓戒されます。

「彼不軽軽毀衆現身加信伏随従四字　猶先謗依強先堕阿鼻大城経歴千劫受大苦悩。今日蓮弟子等亦如是。或信或伏或随或従。但名仮之不染心中信心薄者　設不経千劫或一無間或二無間　乃至十百無間無疑者歟。欲是免者各如薬王・楽法焼臂剥皮如雪山・国王等投身仕心。若不爾者五体投地徧身流汗。若不爾以珍宝積仏前。若不爾為奴婢奉持者。若不爾者等云云。以四悉檀適時而已。我弟子等之中信心薄淡者　臨終之時可現阿鼻獄之相。其時不可恨我等云云」（八四一頁）

不軽軽毀の衆は現身に改悔して「信伏随従」したが、謗法の罪により千劫堕獄してその大苦悩を受けたことを挙げ、この経文の意を忘れず四悉檀を心懸けることを述べます。悉とは遍くという意味で檀とは施すことです。梵語の siddhānta の音訳で教説の立て方を意味します。つまり、全ての人々を教え導く四通りの方法のことです。即ち、世界（歓喜）悉檀は人々の心に合わせて説き利益を与えること。為人（生善）悉檀は人々のそれぞれの能力に応じて法を説き善根を積ませること。対治（破悪）悉檀は三惑の煩悩を断じること。第一義（真実）悉檀は真理を説いて直接導くことを教えます。

前の三者は時代や機根に応じて種々の方便によって化道することで、第一義は『法華経』の真実を直接的に説くことです。前二者と対治の三つを摂受、後二者を折伏と解釈する方法があります。つまり、摂受・折伏を時に応じて用いることを教えます。聖人は末法闘諍堅固の時、現に蒙古襲来の国難に当たっても、不惜身命の覚悟を強くして布教すべきと強調されたのです。「今日蓮弟子等亦如是」「我弟子等之中信心薄淡者」の文から、日昭を通して弟子一同に与えた書状と思われます。

□『強仁状御返事』（二〇〇）

一二月二六日に一〇月二五日付けの強仁（強忍、ごうにん）から法論要求の勘状が届きます。強仁は富士に住む真言宗の学僧です。真蹟八紙は妙顕寺に所蔵されます。『日乾目録』に身延に草案十三紙が所蔵されていたとあります。京都から書状を出したので二ヶ月ほどを経たといいます。本書を文永一一年の系年としますと身延に届くまでの経過が考えられます。聖人は公場対決に望みを持ち返書されます。京都の朝廷への上申を考えましたが書状は届かなかったようです。聖人は法論における正式な判定を得るには公場にての対論を求めます。

「強仁上人十月二十五日御勘状同十二月二十六日到来。此事余年来所鬱訴也。忽書返状欲釈自他疑氷。但歎於田舎決於邪正者暗中服錦遊行澗底長松不知匠歟。兼又定喧嘩出来基也。貴坊欲遂本意者公家与関東経于奏問、申下露点糾明是非上一人含咲下万民散疑歟。其上大覚世尊以仏法付嘱王臣。決断世出世邪正必公場也」（一一二二頁）

聖人は公場対決を指定します。田舎での問答は判定を巡って喧嘩の原因となるので、今回も朝廷と幕府（関東）にも奏聞して許可を得ての法論を促します。そうすることが天皇から万民に至る全ての者の疑いを晴らすことになり、釈尊は仏法の付属を国王や家臣に付属されたのは、公場での邪正を見定めるためと述べます。そして、自他二難を予言した旨を述べ、破邪顕正のため身命を惜しまずに国主に奏したために、刀杖・流罪・斬首の刑に処せられたと述べます。日本の亡国の原因は弘法と慈覚にあると述べます。弗沙密多羅王が多くの寺院を焼き、多くの僧侶を斬首した罪や会昌の破仏の罪と比較して謗法の罪が大きいとします。それなのに元凶である真言師に祈祷を頼み持斎を供養しているので、更に災禍を招き亡国の危機にあると述べます。そして、

「今幸強仁上人以御勘状暁喩日蓮。可然者此次奉驚天聴決［（『録内御書』所引）断是非者哉、本文云危時易諫云々、既当此時歟。早々申下鳳書御教書付日蓮決断是非遣諸人之迷、若無其義可謂仮令誑言歟。其上御勘文為体皆以悪義也。所謂以謗師謂正師故歟。］誠又御勘文為体以非為先。若上人黙止空過一生定師檀共招泥梨大苦。以一期大慢勿殖永劫迷因。速々経天奏疾々遂対面翻邪見給。書不尽言言不尽心。悉々期公場。恐恐謹言」（一一二三頁）

強仁の書状を機会として天皇の裁断を仰ぐ「天聴」を願いました。聖人の諫暁が幕府から天皇に移行していたことが窺えます。この公場対決を黙視することは、強仁と檀那との師弟が共に堕獄することになるから、速やかに対面して邪見を翻すように促します。その後の返答はありませんでした。

聖人は公場対決の意欲を持続されていたことは確かです。ここに、鎌倉を去るときに宿屋最信に宛てたと言わ

れる「天聴」（『未驚天聴御書』八〇八頁）を天皇と解釈できるからです。つまり、朝廷諫暁の意思を抱いていたからです。（岡元錬城著『日蓮聖人久遠の唱導師』五一七頁）。

なを、『対照録』（上三六五頁）に第七紙の前半が欠失しているとして、『録内啓蒙』所引の文を補っています。これに大本遺文等により五十文字を補足できます。（寺尾英智稿「京都妙顕寺所蔵の日蓮真蹟―『強仁状御返事』『三八教』『八宗違目鈔』について―」『仏教思想仏教史論集』所収四〇三頁）。山上弘道氏は系年について、「『延山録外』所収の「強仁状御返事」草案に「予去自正嘉元年至于今年十八年之間於處々被加刀杖二度」とあり、草案執筆が正嘉元年より一八年の文永一一年であることが判明したとして本書を文永一一年とします。（「『強仁状御返事』について―『延山録外』所収『強仁状御返事』草案から得られる新知見を中心に」『興風』第二二号所収八九頁）。

□『聖人知三世事』（一五七）

○「不軽紹継」

現存する親蹟は五紙で最後の六紙が欠失します。そのため系年と宛先が不明で建治元年（『対照録』）の説があります。全文が漢文にて書かれ法華経寺に所蔵されます。『常師目録』（『常修院本尊聖教事』）に「聖人知三世事」（『定遺』二七三二頁）とあることから常忍に宛てたとされます。『顕立正意抄』と同じように弟子への訓示と思われます。教義の理解と弘教の心構えを徹底するのは当然のことです。この当時は謗法堕獄の責め苦に遭わないように、釈尊の意思を継ぎ法華経の行者となることを指導されていたと思われます。

内容は過去・現在・未来の三世を知るのが聖人であり、その聖人とは末法に法華経が広まることを預言した釈尊と述べます。そして、末法に自他の二難を的中させた聖人こそが、一閻浮提第一の聖人と述べます。結論として法華経の行者である聖人を迫害するため、諸天善神が隣国の国王に命じて日本を攻めていると述べます。その現れが蒙古の襲来であり、即刻、法華経の信心を行うことを勧めます。

本文に入り、三世を知ることが大事とされ、儒教は現世しか分からず外道は過去を知るので少しは聖人とします。仏教は過去・未来の因果を説くので三世を知るが、四教の分限には浅深があるとします。法華経の迹門は過去大通仏の三千塵点劫を説いて爾前経に超過します。本門は五百億塵点・久遠実成を説き、過去遠遠劫から未来無数劫を解明したので釈尊こそが聖人と述べます。更に釈尊は三月後に涅槃の近いことを知り、「後五百歳」の遠い末法に法華経が流布することも知っていたと述べます。この「後五百歳」に使わされた法華経の行者は誰かと言えば、自界叛逆・他国侵逼の未来を予言した事実から、聖人自身であると判断されます。そして、弟子達に自分は法華経の行者として、不軽菩薩の行跡を紹継（「不軽紹継」）していることを認識するように述べます。また、法華経の行者を軽毀する者は、陀羅尼品に説かれたように「頭破作七分」の罰を受けると述べます。

「後五百歳以誰人法華経行者可知之。予未信我智慧。雖然自他返逆侵逼　以之信我智。敢非為他人。又我弟子等存知之。日蓮是法華経行者也。紹継不軽跡之故。軽毀人頭破七分　信者福積安明。問云何毀汝人無頭破七分乎。答云古昔聖人除仏已外毀之人頭破但一人二人也。今毀呰日蓮事非不可限一人二人。日本一国一同同破也。所謂正嘉大地震文永長星誰故。日蓮一閻浮提第一聖人也。上自一人下至于万民軽毀之。加刀杖処流罪故。梵与釈日月四天仰付隣国逼責之也。大集経云。仁王経云。涅槃経云。法華経云。設作万祈不用日蓮必此国今如壹岐対馬。我弟子仰見之。此偏日蓮非尊貴。法華経御力依殊勝也。挙身想

慢下身蔑経。松高藤長源深流遠。幸哉楽哉於穢土受喜楽但日蓮一人而已」（八四三頁）

と、頭蓋骨が七分に裂き割れる現罰の兆候は、正嘉の大地震や文永の長星とします。蒙古の襲来の恐怖心は日本国の一同の人々の「頭破七分」であり、故に聖人は「一閻浮提第一聖人也」と述べます。そして、蒙古から攻められるのは聖人を軽毀し刀杖を加え流罪に処したために、法華経を守護する梵天・帝釈・日月・四天王が隣国に仰せつけて治罰したと述べます。このまま邪教の寺社に万の祈祷を願っても、聖人を用いなければ壱岐・対馬のように滅びると言及されます。このことは自讃ではなく法華経の力が殊勝であるからと述べ、濁世穢土においても喜楽を受け法悦を感受している心中を述べ結ばれます。

○御本尊（一六）「万年救護御本尊」（『御本尊鑑』第七）一二月

一二月付けにて身延の山中において図顕されたと記し、授与者名はありませんが、山川智応氏は「本因妙・本国土妙顕発の御本尊」（『日蓮聖人研究』第二巻五〇七頁）と指摘し讃文に特徴があります。「大覚世尊御入滅後経歴二千二百二十余年雖尓月漢日三ヶ国之間未有此大本尊、或知不弘之或不知之我慈父以仏智隠留之為末代残之、後五百歳之時上行菩薩出現於世始弘宣之」と、末法に上行菩薩が生まれてこの未有の御本尊を広めるとして、自身の上行自覚を示されたことです。「大本尊」と讃文に書かれたのもこの御本尊の一例のみです。他は大曼荼羅と表記されます。そして、日本の本国土妙を代表する天照大神・八幡大菩薩に「南無天照八幡等諸仏」と本地を示されたことです。このような儀相は他に例がありません。（山中喜八著『日蓮聖人真蹟の世界』上四二三頁）。通称を「万年救護御本尊」といい、紙幅は縦一〇六センチ、横五六・七センチ、三枚継ぎの御本尊で保田妙本寺に所蔵されます。

○御本尊（『御本尊鑑』第八）一二月

紙幅は縦一〇四．五センチ、横五三．六センチの三枚継ぎの大きな御本尊です。『乾師目録』には第二箱に所蔵され、亨師目録には第一長持之内三函八幅の内とあります。（『御本尊鑑』一六頁。山中喜八著『日蓮聖人真蹟の世界』上五〇頁）。

○御本尊（『御本尊鑑』第九）

「三紙御本尊」と称します（『御本尊鑑』一八頁）。釈迦・多宝に四菩薩のみが勧請されて年号はありません。紙幅は縦約八五センチ、横約四三センチの三枚継ぎの御本尊です。御本尊（第一七）と同等とされます。

○御本尊（一七）

染筆の年月日はありませんが、この時期として『御本尊集目録』に第一七と第一八が掲載されます。第一七の御本尊は日朗の自署と花押があり「朗師加判御本尊」と称されます。日重の『見聞愚案記』に日朗の筆跡にて永仁元年一一月二七日の添え書きがあったと記します。この御本尊の左右両端の下部に料紙を削除した痕跡に存したといいます。紙幅は縦八六．一センチ、横四三．四センチ、三枚継ぎにて平賀本土寺に所蔵されます。多宝仏側に上行・浄行菩薩、釈尊側に無辺行・安立行菩薩が勧請されます。本御本尊と同型で紙幅の大きさも同等であった御本尊が、身延に所蔵されていたといいます。第一八の御本尊は胎蔵界大日如来を勧請しているので、類似した

『御本尊鑑』第一二と同じ頃として建治元年一一月とします。

□『立正観抄』（一五八）

文永一一年、建治元年、建治二年の説があります。赦免後に京都に在住した最蓮房に宛てた書状と言います。本書は真偽について慎重な意見があります。主に四重興廃の日本中古天台口伝法門が見えることです。しかし、『進師本』が身延に所蔵され、『朝師本』が茨城久成寺に所蔵されることから詳細な検証が要求されます。冒頭に「法華止観同異決」とあり、法華・止観の勝劣を述べたことが分かります。天台宗は『止観』の観法が、法華経の教義に勝れていると説くことに対し、天台の一心三観や一念三千は法華経の迹門を依拠として立てた教であるから、本門が開顕されたことに立脚すれば、『止観』よりも法華経が勝れていると述べます。そして、末法の観法は妙法蓮華経の五字の受持唱題であると説きます。

○『断簡』八四

大野本遠寺に所蔵されます。第六紙に当る四行です。身延の食に乏しい寒中の様子を述べます「宅内絶食両三日道路無通人。此僧正責塞（寒）。又無食之上洛中有一青女。余悲母也。誰人養之。我学仏法不」（二五〇八頁）。青女（せいじょ）は『淮南子』に霜・雪を降らす女神、転じて霜や雪をいいますが、洛中の青女（青女房）とあることから、貴人に仕える若い女性、もしくは未熟な女性をいいます。『吾妻鑑』に実朝が怪異に会った件に語られています。『今昔画図続百鬼』では眉毛がぼうぼうに伸び、荒れ果てた古御所で誰かが訪ねて来るのに備えて常に化粧をしている女官となっています。聖人が食も絶え寒苦に悩まされている様子を、洛中に彷徨う悲母を養うことができない青女という譬えを引かれたと思われます。

○「迦葉付属事」

第一紙より二五紙までは法華経寺、第二六紙は肥前勝妙寺に所蔵され全紙他筆です。『祐師聖教録』には「涅槃経要文」とあり、弟子に経文などを書写させたことが分かります。他に『維摩経』『大日経』『仁王経』『般若心経』『天台三大部』『華厳五教章』『真言宗教時義』など、多くの経論釈の書写が伝わっています。(『対照録』下巻。系年一覧。四七一頁)。この年は鎌倉に飢饉があり、良観は飢えた人々に大仏谷で粥を施します。(『性公大徳譜』)。

第三節　建治元年以降

◎五四歳　文永一二(建治元)年　一二七五年

○御本尊(一九)一月

「正月日」と書かれた紙幅縦一一六・七センチ、横四三・三センチ、四枚継ぎの御本尊です。釈尊の横に十方分身諸仏が勧請され善徳仏は省略されます。次の段に日本国守護の天照大神・八幡大菩薩を勧請されます。四天王・不動愛染は省略され、授与者名、讃文はありません。京都妙伝寺に所蔵されます。

□『大田殿許御書』（一五九）は建治二年一月二四日とします。

□『四条金吾殿女房御返事』（一六〇）は建治二年一月二七日とします。

□『春之祝御書』（一六一）

○時光への心情

一月の下旬に時光に春の年頭の挨拶をされます。真蹟三紙は富士大石寺に所蔵されます。鎌倉にいた折りに、文永二年に病没した兵衛七郎の墓参りのため駿河に行ったことを述べます。兵衛七郎の妻は松野行易の長女です。行易の父六郎左衛門行安は時政に仕え、順徳天皇の建保年間に京都で六位蔵人職を受任します。貞応の頃から松野に住みます。日持は時光の伯父になります。七郎も時政と近い関係といわれ、執権の身内として北条氏の領地である上野に居住しました。南条氏が上野殿と呼ばれるのはこのためです。聖人が鎌倉に在って幕府との交渉を得たのは七郎の力が大きかったと思われます。

「さては故なんでうどの（南條殿）はひさしき事には候はざりしかども、よろづ事にふれてなつかしき心ありしかば、をろかならずをもひしに、よわひ盛なりしに、はかなかりし事、わかれかなしかりしかば、わざとかまくら（鎌倉）よりうちくだかり、御はかをば見候ぬ。それよりのちはするが（駿河）のびん（便）にはとをもひしに、このたびくだしには人にしのびてこれへきたりしかば、にしやま（西山）

の入道殿にもしられ候はざりし上は力をよばず、とをりて候しが心にかゝりて候。その心をとげんがために、此御房は正月の内につかわして、御はかにて自我偈一巻よませんとをもひてまいらせ候」（八五九頁）

七郎は文応・弘長ころの入信といわれ、久しい交際ではなく聖人との関係は四～五年と思われます。しかし、強い信頼に繋がっていました。駿河を訪れたら墓参をと思っていたが、このたび身延に来ることは人々に内緒であり、西山氏にも内密にしていたので七郎の墓所の近くを素通りした心情を述べます。西山氏は大内安清のことで、北条氏の一門で西山を領していたので西山殿と呼称されます。聖人が亡くなってからは日興に師事し、その後は日代に仕えて西山本門寺を建立しました。

本書から北条氏の迫害が続いていたことが窺えます。身の危険を抱えての身延への道中でした。墓参りが出来なかった心残りがあるので、弟子を遣わして自我偈一巻を読ませ供養したいと述べます。この弟子は親族の日持か、『日蓮聖人全集』（第七巻一二頁）には日興とされます。七郎の形見がなく寂しく思っていたが、時光という子息を残したことを喜ばれ、共に墓にて自我掲を読めば故父も喜ぶと伝えます。この後は欠失します。

二月四日に幕府は鎮西の御家人に異国警護番役の制を定め警戒を命じます。（『比志島文書』）。『東方見聞録』を著した人物として知られるマルコ・ポーロ（一二五四～一三二四年）は、この年に元の大都に赴き、皇帝フビライに一七年間仕えます。『東方見聞録』の黄金の国「ジパング」の記事は、旅の商人から聞いた話とされます。元寇はマルコがフビライに進言して起きたとする説があります。

□『富木殿御返事』（一六二）

○常忍の老母からの供養

二月七日付けで常忍から帷子を供養された礼状です。真蹟四紙全文が法華経寺に所蔵されます。また、常忍の妻にも罹病のことで『可延定業御書』を宛てます。この帷子は常忍の九十になる母が常忍のために縫い仕立てたものでした。釈尊在世に飢饉があり、一人の比丘が袈裟を売ってその代価を釈尊に供養した故事を引き、袈裟の功徳よりも母の恩の方が重いことを示し、常忍の老母への感謝と恩義を述べます。その故事は一人の弟子が自分の袈裟を売って金品にかえ釈尊に供養します。しかし、釈尊は受け取らず母に供養するように説得します。弟子は母は無知であるから布施を受ける身分ではないと答えます。釈尊は産んでくれた恩は、充分に袈裟を受けるに値すると説きました。

「此は又、齢九旬にいたれる悲母の、愛子にこれをまいらせさせ給。而我と老眼をしぼり、身命を尽せり。我子の身として此帷の恩かたしとをぼしてつかわせるか。日蓮又ほうじがたし。しかれども又返べきにあらず。此帷をきて日天の御前して、此子細を申上ば、定て釈梵諸天しろしめすべし。帷一なれども十方の諸天此をしり給べし。露を大海によせ、土大地に加がごとし。生々に失せじ、世々にくちざらむかし」（八六〇頁）

老眼の母が常忍のために縫われた帷子でした。それを思えば受け取れないが、この帷子を着て日天子に回向申し上げれば、十方の諸天善神は感応して守護されると述べます。

□『富木尼御前御返事』(一四六)

『定遺』は文字と花押の形態により文永一一年としますが、年次日付がないため文永一二年の説があります。(『対照録』)。真蹟は一紙四行に署名と花押がある新加の遺文です。明治三八年七月二五日に稲田海素氏により発見されました。同じく『弁殿御消息』(四三八頁)も発見され、池上本門寺に所蔵されます。内容は富木尼から銭(鵞目)一貫、常忍からも銭(青鳧)一貫、帷子一領が供養されました。(「尼ごぜん鵞目一貫。富木殿青鳧一貫給候了。又帷一領」八一八頁)。本書は常忍に宛てた礼状です。同日にもう一通、富木尼に宛てた書状があったとする説があります。(岡元錬城著『日蓮聖人遺文研究』第二巻三〇五頁)。高木豊氏は宛先を常忍の母尼公とします。(「日蓮と女性檀越」『日蓮教団の諸問題』所収四一二頁)。尼御前は常忍の妻、「又帷一領」は常忍の母尼公が縫った帷子です。本書を『富木殿御返事』の「帷一領給候了」(八六〇頁)に相当して文永一二年二月七日とします。

□『可延定業御書』(一六三)

○「日蓮悲母をいのりて候しかば」

宛名・自署・花押はありますが日付けはありません。前書『富木殿御返事』(一六二)『富木尼御前御返事』(一四六)と対と見られ、二月七日付け富木尼に宛てた書状です。真蹟は一〇紙で法華経寺に所蔵されます。弘安二年、建治三年の説があります。富木尼は法号を妙常といい重須の出身です。伊予守橘定時と死別し再嫁しました。病弱ながらも献身的に姑に仕えます。本書を文永一二年に系年しますと、富木尼の病気は文永一一年から建治二年と、弘安二年から四年にかけて二度あったことが分かります。(『定遺』一六三一・二一一一・三五一・三五二・三六四・三八九)。

始めに病いと業について述べます。病気には軽い病と重い病があるように、人の業も定業と不定業があると述べ、定業も法華経の信心をして懺悔するならば消滅し治癒できると述べます。法華経に「此経則為閻浮提人病之良薬」「増益寿命」と説かれているように、法華信仰の功徳により延命した例として、阿闍世王が菩薩心を起こして悪瘡を治癒したこと。天台の俗兄陳臣が懺悔をして一五年延命したこと。(『弘決』巻八)。不軽菩薩が命終のとき法華経を受持して定業を延べたこと。そして、聖人の母を四年延命されたことを述べます。

「日蓮悲母をいのりて候しかば、現身に病をいやすのみならず、四箇年の寿命をのべたり。今女人の御身として病を身にうけさせ給。心みに法華経の信心を立て御らむあるべし。しかも善医あり。中務三郎左衛門尉殿は法華経の行者なり。命と申物は一身第一の珍宝也。一日なりともこれをのぶるならば千万両の金にもすぎたり。法華経の一代の聖教に超過していみじきと申は寿量品のゆへぞかし。閻浮第一の太子なれども短命なれば草よりもかろし。日輪のごとくなる智者なれども夭死あれば生犬に劣。早く心ざしの財をかさねて、いそぎいそぎ御対治あるべし」(八六二頁)

このように強い信仰を喚起します。頼基は善医であり同心の信仰者であるから、早く治療をしてもらうように勧めます。その頼基には聖人からもお願いするが、本人も誠意をもってお願いすることの大切さを述べます。細やかな配慮が窺えます。

「此よりも申べけれども、人は申によて吉事もあり、又我志のうすきかとをもう者もあり。人の心しりがたき上、先々に少々かゝる事候。此人は人の申せばすこそ（少）心へずげに思人なり。なかなか申はあしかりぬべし。但なかうど（中人）もなく、ひらなさけに、又心もなくうちたのませ給。去年の十月これに来て候しが、御所労の事をよくよくなげき申せしなり。当事大事のなければをどろかせ給ぬにや、明年正月二月のころをひは必をこるべしと申せしかば、（中略）御姓名並御年を我とかかせ給て、わざとつかわせ。大日月天に申あぐべし。いよどの（伊予殿）もあながちになげき候へば日月天に自我偈をあて候はんずるなり」（八六三頁）

頼基が昨年の一〇月に身延に来たときに、富木尼の病気について語ったところ、年が明けてから病状が表出するといい、常忍も心配であろうと話したことを伝えます。薬王品の「能燃手指」（『開結』五二一頁）の文は、誠意を示す大事を教え、命を大切にして一日でも長生きすれば功徳を積むことができると述べます。そして、姓名と年齢を自身で書き、使いの者に身延まで届けるように指示され、日天・月天に病気平癒の祈願をすると述べます。子息の日頂は自我偈を唱えて平癒祈願をしていると伝えます。二月八日に小室の日伝が醍醐谷に志摩坊を建立します。（林是晉著『身延山久遠寺史研究』一五七頁）。万寿麿（経一丸）が日朗の弟子となります。（『別統』）。

□『新尼御前御返事』（一六四）

○「大尼御前の御本尊の御事」

二月一六日付けで故郷安房の領家の新尼と大尼よりあまのり（海苔）が供養された礼状です。この日は聖人の降誕とされる日です。領家の大尼には恩義があり言葉使いも、「大尼御前よりあまのり畏こまり入て候」（八六四頁）と丁寧に述べます。大尼は領家の尼御前と言われ、聖人の両親や兄弟一族が大恩を受けている人です。新尼はその領家の若女主人で大尼の娘か嫁とされます。常に聖人を供養されたので親族（姉妹）と思われます。身延に入山して始めての書状なので山深い身延の風光と山中の様子を述べます。

「春の花は夏にさき秋の菓は冬なる」（八六五頁）ように寒い所、たまたま見る者は山人と薪を拾う姿と述べます。また、「時時とぶらう人は昔なれし同法（朋）也」と、聖人と同朋の僧侶が尋ねていたことが分かります。そこで、秦代末期に乱世を避けて陝西省商山に入った、東園公・綺里季・夏黄公・甪里（ろくり）の四人の隠士に喩えます。みな鬚眉（しゅび）が皓白（こうはく）の老人であったので商山の四皓といいます。また、竹林の七賢は魏（二二〇～二六五年）の末期に、河南省北東部の竹林で清談した阮籍（げんせき）・嵆康（けいこう）・山濤（さんとう）・向秀（しょうしゅう）・劉伶（りゅうれい）・阮咸（げんかん）・王戎（おうじゅう）の七人をいいます。草庵をこの賢人が対談した場に喩えます。俗世に背を向けた言動は不安定な政情への憤懣や、儒教の持つ偽善性への不信があったといいます。俗世から超越した談論を行う清談が流行したのです。そして、郷愁の思いを述べます。

「峰に上てわかめやを（生）いたると見候へば、さにてはなくしてわらびのみ並立たり。谷に下てあまのりやをいたると尋れば、あやまりてやみるらん、せり（芹）のみしげりふ（茂伏）したり。古郷の事はるかに思わすれて候つるに、今此のあまのりを見候て、よしなき心をもひいでて、う（憂）くつらし。かたうみ（片海）・いちかわ（市河）・こみなと（小湊）の礒のほとりにて昔見しあまのりなり。色形あぢわひもかはらず。など我父母かはらせ給けんと、かたちがへ（方違）なるうらめ（恨）しさ、なみだをさへがたし。此はさてとどめ候ぬ。但大尼御前の御本尊の御事おほせつかはされておもひわづらひて候」（八六五頁）

供養された故郷の海苔に両親を偲びます。しかし、現実の問題として文面は本題に入ります。新尼より御本尊授与の依頼があり困惑する本意を述べます。御本尊に対する尊厳の心得は、入山直後の文永一一年七月二五日付けの御本尊の讃文に、「大覚世尊入滅後二千二百二十余年之間雖有経文一閻浮提之内未有大曼荼羅也得意之人察之」と特筆されたことから窺えます。困惑した理由について御本尊はどのような威厳をもっているかを述べます。世界にある本尊を調べ尽くした中で、聖人が書き顕した曼荼羅本尊は始めて（未曾有）のものであり、偏見ではなく法華経本門に根拠があると易しく説明されます。本尊は寿量品において説き顕したもので、久遠の弟子である地涌の菩薩に付属されたと述べます。

「上行菩薩等を涌出品に召出させ給て、法華経の本門の肝心たる妙法蓮華経の五字をゆづらせ給て、あなかしこあなかしこ、我滅度の後正法一千年、像法一千年に弘通すべからず。末法の始に謗法の法師一閻浮提に充満して、諸天いかりをなし、彗星は一天にわたらせ、大地は大波のごとくをどらむ。大旱魃・大火・大水・大風・大疫病・大飢饉・大兵乱等の無量の大災難並をこり、一閻浮提の人人各各甲冑をきて弓杖を手ににぎらむ時、諸仏・諸菩薩・諸大善神等の御力の及せ給ざらん時、諸人皆死して無間地獄に堕こと、雨のごとくしげからん時、此五字の大曼荼羅を身に帯し心に存せば、諸王は国を扶け、万民は難をのがれん。乃至後生の大火炎を脱べしと仏記しをかせ給ぬ」（八六七頁）

妙法蓮華経（法華経）の本尊は五濁悪世、諸天善神の威力が失せた末法に、日本国を救うために釈尊より付属されたと述べます。この御本尊を受持することにより、今生後生の災難を逃れることができると述べます。立教開宗より身延にいたる二十余年、法華経を弘通し、「如来現在猶多怨嫉」の予言のごとく、国主や郡郷などの地頭や領家万民に憎まれたこと。道門・僭聖の僧侶の迫害により竜口首座・佐渡流罪の受難を述べます。

○東条の「御厨」

そして、東条の「御厨」にふれます。安房東條の郷は天照大神が住み処とした日本の中心地とされます。聖人の天照大神についての認識を知る大切な文章といえます。

「安房国東條郷辺国なれども日本国の中心のごとし。其故は天照太神跡を垂れ給へり。昔は伊勢国に跡を垂させ給てこそありしかども、国王は八幡加茂等を御帰依深ありて、天照太神の御帰依浅かりしかば、太神瞋おぼせし時、源右将軍と申せし人、御起請文をもつてあをか（会加）の小大夫に仰つけて頂戴し、伊勢の外宮にしのびをさめしかば、太神の御心に叶はせ給けるかの故に、日本を手ににぎる将軍となり給ぬ。此人東條郡を天照太神の御栖と定めさせ給。されば此太神は伊勢の国にはをはしまさず、安房国東條の郡にすませ給か。例ば八幡大菩薩は昔は西府にをはせしかども、中比は山城国男山に移り給、今は相州鎌倉鶴が岡に栖給。これもかくのごとし」（八六八頁）

天照大神は天武天皇が伊勢に祭祀し伊勢神宮の始まり（六九八年頃）となります。その後、国主の祭神は八幡神や賀茂神となり、頼朝が天照大神を再度、祭祀されたとみます。朝廷や武士が祭祀した八幡宮は、一説に八幡神は応神天皇（誉田別命）の神霊として、欽明天皇三二（五七一）年に宇佐の地に示顕したといいます。また、神亀二（七二五）年に、「我は譽田天皇廣幡八幡麻呂護国霊験の大菩薩」と託宣したと伝わります。これが宇佐八幡宮です。「昔は西府にをはせし」というのは筑紫の太宰府です。筥崎宮は福岡市東区箱崎に延長元（九二三）年に遷座されました。応神天皇を主神として比売神、応神天皇の母である神功皇后を合わせて八幡三神を祀ります。神社によっては比売神、神功皇后に変えて仲哀天皇、武内宿禰、玉依姫命を八幡三神として祀ります。八幡神を応神天皇とした記述は「古事記」や「日本書紀」「続日本紀」には見られず、八幡神の由来は応神天皇とは無関係とされます。「東大寺要録」や「住吉大社神代記」に八幡神を応神天皇とする記述が登場することから、奈良時代から平安時代にかけて応神天皇が八幡神と習合し始めたと推定されます。

次に、「中比は山城国男山に移り給」という石清水八幡宮（旧称、男山八幡宮）は、南都大安寺の行教和尚が宇佐八幡宮にて、八幡大神の「吾れ都近き男山の峯（鳩ヶ峰、標高一四三メートル）に移座して国家を鎮護せん」との託宣を受け、朝廷は清和天皇の貞観二（八六〇）年四月三日に、男山の峯に神霊を遷座します。そして、「今は相州鎌倉鶴が岡に栖給」という鶴岡八幡宮は、康平六（一〇六三）年に頼朝の祖先頼義が源氏の氏神である京都の石清水八幡宮を、由比郷鶴岡に勧請したのが始まりです。（由比若宮）。

また、賀茂神は奈良時代以前から朝廷の崇敬を受け、平安遷都の後は皇城鎮護の神として崇敬を受けました。賀茂郡は『和名抄』に二十三ヶ郡に賀茂・鴨部（かも）があり、カモはカミ（神）の居所からきた地名とされます。（『国史大事典』三巻六〇四頁）。そして、弘仁元（八一〇）年以降は約四百年にわたって、伊勢神宮の斎宮にならった斎院が置かれ皇女が斎王として奉仕します。

聖人はこの八幡・賀茂神を主神として、天照大神の祭祀が疎かになったことを指摘されます。頼朝は伊勢外宮（豊受大神宮）に起請文（誓紙）を曾加（会賀）次郎太夫生倫（あをかの小大夫）に密かに納めさせ、その効験があり将軍となります。その頼朝が東條の郷を天照大神の棲む所と定めたことは、この東條の御厨に天照大神は遷り棲まわれたと受けとめます。つまり、日本国の最高位にある天照大神は東條に棲まわれていると述べます。

次に、東条の地頭の勢力が半分になったと述べます。そして、領家の信心が不定であると糾弾します。佐渡流罪を機に世間体にしても退転したことを危惧して、本尊を授与しないことを新尼に伝えます。

「領家はいつわりをろかにて或時は信じ、或時はやぶる不定なりしが、日蓮御勘気を蒙し時すでに法華経をすて給き。日蓮先よりけさんのついでごとに難信難解と申せしはこれなり。日蓮が重恩の人なれば扶たてまつらんために、此の御本尊をわたし奉ならば、十羅刹定て偏頗の法師とをぼしめされなん。又経文のごとく不信の人にわたしまいらせずば、日蓮偏頗はなけれども、尼御前我身のとがをばしらせ給はずしてうらみさせ給はんずらん。此由をば委細に助阿闍梨の文にかきて候ぞ。召て尼御前の見参に入

させ給べく候」（八六八頁）

領家の尼と会見した折々に法華経は難信難解であると説き、信心を強く持つように教えました。領家の尼の信心は不安定でした。恩義はあっても私情を挟まず、法華経に従った大事な決断をされたのです。本尊を授与しないことで大尼が怨むことであろうから、この理由を助阿闍梨に詳しく伝えたので、助阿闍梨から大尼に聖人の意思を伝えてもらうように述べます。大尼に言い辛いと心配されたのです。助阿闍梨については不明ですが、『清澄寺大衆中』（一一三六頁）に「さど殿とすけあさり御房と虚空蔵の御前にして」と述べ、大尼からも尊崇を受けていることから清澄寺の老僧とされます。新尼には不変の信仰を継続されたので本尊を授与されます。また、竜口法難の折りに退転した信者が後悔していると述べます。大尼に対しては骨に肉を替へないという喩えをもって、法の道理を重視した出家者のあるべき姿を示されます。

「御事にをいては御一味なるやうなれども、御信心は色あらわれて候。さどの国と申、此国と申、度度の御志ありて、たゆむけしきはみへさせ給はねば、御本尊はわたしまいらせて候なり。それも終にはいかんがとをそれ思事、薄氷をふみ、太刀に向がごとし。くはしくは又又申べく候。それのみならず、かまくらにも御勘気の時、千が九百九十九人は堕候人人も、いまは世間やわら（和）ぎ候かのゆへに、くゆる人人も候と申に候へども、此はそれには似るべくもなく、いかにもふびんには思まいらせ候へども、骨に肉をばか（替）へぬ事にて候へば、法華経に相違せさせ給候はん事を叶まじき由、いつまでも申候べく候」（八六九頁）

□『立正観鈔送状』（一六五）

『立正観鈔』を最蓮房に付された書状です。『立正観鈔』と同じ『進師本』に収録されます。内容は送り状の名称は適切ではなく、『観心本尊抄』『法華取要抄』の後に書かれた著述とするには、本門法華の教学に触れていないと言います。（小松邦彰稿「日蓮遺文の系年と真偽の考証」『日蓮の思想とその展開』所収一〇六頁）。

□『瑞相御書』（一六六）

○法華経流布の瑞相

頼基に二月頃に宛てたとされます。七紙断簡末尾欠、身延曽存の書状です。法華経の教えが始めて説かれる時に、五瑞六瑞の瑞相が現れたと述べます。これを序品の「此土の六瑞」（説法瑞・入定瑞・雨華瑞・地動瑞・衆喜瑞・放光瑞）。「他土の六瑞」（見六趣瑞・見諸佛瑞・聞諸佛説法瑞・見四衆得道瑞・見菩薩修行瑞・見諸佛涅槃瑞）といいます。この中の地動瑞にふれます。法華経が説かれる前に全ての世界の地面が揺れました。建物も揺れ雷音や鐘・鈴の音が鳴り響きます。経文に「普仏世界六種に震動す」（『開結』六〇頁）とあります。大地が六種に震動することを、天台の『法華文句』を引き、人間の身体と天変地夭は大きな係わりがあると述べます。そして、正報（衆生・五蘊世間）と依報（国土世間）が密接な不二の関係と、人の正報（色心）と依報（現象）も相関すると述べます。

「夫十方は依報なり。衆生は正報なり。依報は影のごとし、正報は体のごとし。身なくば影なし、正報なくば依報なし。又正報をば依報をもて此をつくる。眼根をば東方をもつてこれをつくる。舌南方　鼻西方　耳北方　身四方　心中央等。これをもつてしんぬべし。かるがゆへに衆生の五根やぶ（破）れんとせば、四方中央をどろう（駭動）べし。されば国土やぶれんとするしるし（兆）には、まづ山くづれ、草木か（枯）れ、江河つくるしるしあり。人の眼耳等驚そう（躁）すれば天変あり。人の心をうごかせば地動す」（八七三頁）

人間の五体や意思は自然界と密接に繋がり、その現れが自然現象と述べます。国土が破壊する前兆には、まず山が崩れ樹木草葉が枯渇し河水が涸れる現象が起きます。それと同じように人の耳目が驚き騒げば天変が起き、人心が動揺すると大地が震動すると述べます。序品の地動瑞は法華経が説かれる前兆であり、これ迄の諸経にはない大瑞で、更に本門の神力品の大地振動は法華経が広まる瑞相と展開します。

宝塔品に多宝塔が大地より出現したとき、地涌の菩薩が大地より涌出するとき大震動があります。これは寿量品の開近顕遠の瑞相ですが、神力品の大瑞は末法に法華経が弘まる瑞相と述べます。

「仏、神力品にいたて十神力を現ず。此は又さきの二瑞にはにるべくもなき神力也。序品の放光は東方万八千土、神力品の大放光は十方世界。序品の地動は但三千界、神力品の大地動は諸仏世界　地皆六種震動。此の瑞も又又かくのごとし。此神力品の大瑞は仏滅後正像二千年すぎて末法に入て、法華経の肝要のひろまらせ給べき大瑞なり。経文云以仏滅度後能持是経故　諸仏皆歓喜現無量神力等［云云］。又云悪世末法時等」（八七四頁）

と、神力品の大瑞は法華経の肝要である南無妙法蓮華経が流布する前兆と明かします。十神力とは吐舌相（仏が舌を天まで伸ばす）。通身放光（体から無数の光を放つ）。謦欬（諸仏が一斉に咳払いをする）。弾指（一斉に指を弾き鳴らす）。地六種動（咳払いと指の音で十方の諸仏の世界の大地が振動します）。普見大会（十方の世界の衆生が娑婆世界の仏の姿を見て歓喜します）。空中唱声（空中から釈迦仏を礼拝せよと大きな声で呼びかけます）。咸皆帰命（呼びかけに応じて全ての衆生が合掌し釈迦仏に帰命します）。遙散諸物（十方世界から種々の華や香などのあらゆる宝物が娑婆世界に届けられ、宝の帳となって十方の諸仏を覆います）。通一仏土（十方の世界の隔てがなくなり娑婆は寂光の一つの仏土になります）。この五番目の「地六種動」を挙げたのです。謦欬と弾指の二つの音響が十方世界の諸仏の所に至ります。それは仏土を六種に震動させたのです。天台は『法華秀句』に、「前の五神力は在世のため、後の五神力は滅後のため」と説きます。聖人は法華経が広まる大きな瑞相とみたのです。そのために諸仏は神力を示されたと解釈されます。「仏滅度後」とは末法のことであり、分別功徳品に「悪世末法時」（『開結』四四九頁）と具体的に示されていると述べます。

ここから問答に入ります。まず瑞相は吉凶どちらも短期間に起きるから、二千年以後の末法に焦点を当てた瑞相ではないと問います。これに答えたのが周の昭王とインドの訖利季王の故事です。周の昭王が見た瑞相については『開目抄』（五九三頁）にふれています。昭王は四月八日の夜に五色の光が現れ真昼のように明るくなり、大地が震動し河川や池の水が満ち花や果実が着いた光景を見ます。蘇由が占うと西方に偉大な聖人が生まれた瑞相と奏上し、それから一千年を経て後漢の明帝の永平十年に仏法が中国に伝来します。また、インドの波羅奈城の訖利季王は一夜に二つの夢をみます。その一つは九匹の大猿が騒乱して城中を荒らしますが、一匹の猿は知足の心をもち騒乱しませんでした。もう一つは白象の夢で首尾に口があり、いくら食べても飽きることがなく終には疲れ痩せる夢を見ます。迦葉仏に夢の判断を占うと未来の釈迦仏の滅後のことと言います。つまり、悪世末法の時代になると、貧人・奴隷・債負・求過・勝他・名称・生天・利養・求王を目的として出家するのを九猴とし、純粋に仏道を求め出家するのを一猴と断じます。二口の白象とは国王を補佐する忠臣が不正を行い腐敗したと判断します。出家者は邪見を持ち為政者も私欲に満ちた政治を行う、それが末法の様相と判断しました。これは二万二千年後（『守護経』守護國界主陀羅尼経）に現実となったと述べます。聖人は法華経に説かれた仏滅度後二千年の未来記の妥当性を示されたのです。

鎌倉に頻繁に起こる天変地異の原因は謗法を容認する悪政にありますが、この凶相は地涌の菩薩が出現する前兆（瑞相）とする独自の見解を述べました。（『観心本尊抄』七二〇頁）。本書もその論理上にあります。正嘉・文永の大地震・大彗星は未有の天変地夭で、この原因を探れば人心の善悪にあり、聖人がこれらの謗法を攻めるためと述べます。そして、『守護国界経』に末法に提婆達多のような悪僧が充満したときに正法を持つ僧が現れ、この僧を流罪死罪にするならば国中に様々な大難が起き、他国より攻撃されるとの文を引きます。聖人を迫害した真言師等は提婆達多よりも百千万億倍の大罪を犯したと述べます。

また、真言宗の灌頂の儀式の在り方は不孝・不忠を表し亡国の原因とします。

「真言宗の不思議あらあら申べし。胎蔵界の八葉の九尊を画にかきて、其の上のぼりて、諸仏の御面をふ（踏）みて、潅頂と申事を行なり。父母の面をふみ、天子の頂をふむがごとくなる者、国中充満して上下の師となれり。いかでか国ほろびざるべき。此事余が一大事の法門なり」（八七六頁）

と、父母の顔や主君の頭を踏むような儀式と批判します。即ち「不孝の失」であり謗法罪を指します。不孝・謗法の罪科は謗国・真言亡国を招くことが一大事とされた主張です。このことを簡単に他人に教えないように抑止されます。結尾が欠けますが度々の供養に感謝されます。

□『大善大悪御書』（一六七）

宛先不明の一紙断簡の真蹟が堺妙国寺に所蔵されます。大事（大きな出来事）が起きる前兆には大瑞があり小さな瑞相ではないと述べます。そして、大悪が起きれば必ず大善が来るように、日本国中に大謗法が充満しているから大正法も必ず広まると述べます。信者たちにも迫害が続出し蒙古の襲来による恐怖感がありました。しかし、これらの大悪は法華経の大善が広まる瑞相であるから歎かないようにと激励されます。その表現を迦葉が成仏の法を授かって大歓喜して舞い踊り、舎利弗のように躍り上がって歓喜すべきことと述べます。更に地涌の菩薩は付属を受けるため大地から躍り出で、普賢菩薩は大地を六種に震動させて出現した例を挙げます。ここに、信徒が不安に思う天変地異や蒙古の襲来を法華経が広まる瑞相とし、地涌の菩薩の意識を高めて信行に励むように訓示されたのです。二月に日像が日朗の門に入り身延に登ります。経一麿の名をいただき弟が日輪です。（『宗全』上聖部）。日高と日目も随身したといいます。

□『神国王御書』（一六八）は建治三年八月とします。

□『四条金吾殿御返事』(一二六九)

○頼基の信心の動揺

三月六日付けにて頼基へ宛てた書状です。『他受用御書』に『此経難持鈔』とあります。頼基は竜口に列座した篤信の者ですので、その頼基が信仰に動揺した記述に疑義があります。(『日蓮聖人遺文全集講義』一四巻三三一頁。『日蓮聖人御遺文講義』第一二巻一八五頁)。頼基は半年前の九月(『主君耳入此法門免与同罪事』八三三頁)に、良観を信じる主君へ諫言しましたが逆に反感を強めました。親時は良観の信者なので家臣の多くも良観の帰依者と思われます。主君から見放され同僚の武士が公然と讒言し危害を加えます。

聖人が身延に入ると鉾先が門家に向かいます。このような危険な状況は弘安二年まで五年ほど続きます。(建治三年六月九日に「桑が谷問答」が起きます。弘安二年は「熱原法難」の熾烈な時です)。三月二三日に鎌倉に大火があり頼基の邸宅も烏有に帰します。その火元は極楽寺でした。良観を「両火房」(『王舎城事』九一五頁)と呼ぶのはこのためです。厄年を迎えた妻の心境も複雑になりました。(『四条金吾殿女房御返事』八五六頁。『王舎城事』九一六頁)。

冒頭の「此経難持」の文は宝塔品にあり、この中の「六難九易」(『開目抄』五八八頁)は特に重視されました。聖人が教える信仰は不惜身命の覚悟を持つことでした。本書はこの心得を述べます。日昭は頼基が法華経に「現世安穏後生善処」と説かれたことを信じて信仰をしてきたが、還って大難が雨のように起き困惑していると伝えました。日昭の聞き違いなのかを問い受難の不審について答えます。

聖人は大難を受けることを行者の「現世安穏」と説きました。この論理を理解できないことが、いわゆる「難信難解」で文字通りに信じ難く解り難いことなのです。この受難を法華色読と罪業意識から門下に明かしたのが『開目抄』です。現実に「憶持不忘」の者が少ないのは、行者意識が確立していないためです。信仰は持続することが大事として受持を説きます。真の行者には三障四魔が紛然と競起することは承知のことでした。

「受るはやすく持はかたし。さる間成仏は持にあり。此経を持ん人は難に値べしと心得て持つ也。則為疾得無上仏道は疑なし。三世の諸仏の大事たる南無妙法蓮華経を念ずるを持とは云也。経云、護持仏所属といへり。天台大師云信力故受念力故持云云。又云此経難持若暫持者我即歓喜諸仏亦然云云」（八九四頁）

受持は成仏論の基本となります。（『観心本尊抄』「自然譲与」）。天台の釈によれば受持は信念であり、念持することを大事とします。聖人は唱題を念持とします。妙法蓮華経の五字は久遠本仏の実修された因果の功徳体のことです。唱題により即身成仏が具現されるのが唱題成仏であり、教学として受持成仏といいます。

火に薪を加えれば火が盛んに燃え上がるように、難題が押し寄せると諭します。大風が吹けば求羅というインドに棲むトカゲが生長するようなものと譬えます。迦羅求羅（『上野殿母尼御前御返事』一八一四頁）は梵語の音写で黒木虫と訳し、『大智度論』にこの微細な虫は風を得て大きくなり一切を呑食するとあります。つまり、法華経の行者は火や求羅であり、行者を悩ます薪と風は迫害のことです。行者は迫害に屈せず「此経難持」の意味を心得ることを訓示されます。日昭の教化を受ける姿を見ることができます。

□『辨殿御消息』（六五）は『文永一二年三月一〇日とします。（〈鎌倉期〉三三七頁）。

□『曽谷入道殿許御書』（一七〇）

三月（「下春」）一〇日に親族とされる教信・乗明に宛てた漢文体の書状です。教養の深さが分かります。上巻二六紙、下巻一九紙の四五紙二巻が法華経寺に所蔵されます。草案は身延に所蔵されていました。（『霊宝目録』）。別名、『大田禅門許御書』『構索鈔』『取要撰時鈔』といい、『日常目録』には『遺太田禅門許御書』とあります。『観心本尊抄』には「良薬」（寿量品の肝心「一大秘法」）と、「本化上行菩薩の出現」を明かしました。本書は「五義」を説き五大部につぎ、『法華取要抄』と共に重要な著述とされます。その理由は末法の謗法逆機の人々を療治するには妙法蓮華経の要法が良薬であり、良医である「師」とは地涌付属の聖人であること、その治療方として「折伏逆化」「折伏下種」を明かすからです。また、本書に経典や章疏を蒐集し整備することを依頼します。これは、『注法華経』を選集するためであり（小松邦彰稿「日蓮聖人引用経典の一考察」『日蓮とその教団』第三集所収九七頁）、散逸した経典類を手元に保存し弟子の教化と宗論に備えるためです。

構成を三段とすることができます。（『日蓮聖人御遺文講義』第七巻一九二頁）第一段は本書にて解明する主旨を挙げ、その説明を詳細にしたのが第二段となります。第二段はまず五義のうち、機根に焦点をあて末法の衆生について述べます。次に末法の衆生を救済する師と教（要法）を述べます。そして、その要法を説く時期と国を述べます。この「時」とは文永一一年一〇月に蒙古来襲した末法今時です。他国侵逼の歴史的現実との符契は、聖人の主張と行動の真実を証明したことになります。現実に対応した教法流布のあり方を検討し、妙法蓮華経に限ることを解明されます。併せて法華受持の福報と、「謗者開罪於無間」（謗法の者は無間地獄に堕ちる）の経意を示されます。第三段は色読の経験から上行自覚を暗示されます。外護の檀越の勤めとして経典の蒐集の重要性を述べ信心を促します。また、弘経方軌・三時弘経・弘経相異の三章に区分できます。（『日蓮聖人遺文全集講義』第一四巻四〇頁）。

『教機時国抄』との違いを「機根」にみますと、『教機時国抄』には「日本国一切衆生自桓武皇帝已来四百余年一向法華経機也。例如霊山八箇年為純円機」（二四四頁）と像法末・末法時を法華純円の機根とみますが、本書には「正像二千余年猶有下種者。例如在世四十余年。不知機根無左右不可与実経。今既入末法在世結縁者漸々衰微権実二機皆悉尽。彼不軽菩薩出現於末世令撃毒鼓之時也」（八九七頁）と、末法には在世結縁の者は絶え、本已有善と本未有善の機根を区別します。

「序」について、『教機時国抄』は伝教の法華流布を最高とした教法流布を述べます。聖人はこれまで「天台沙門日蓮」（『立正安国論』二〇九頁）、「根本大師」（『教機時国抄』二四四頁。『薬王品得意抄』三四〇頁）。「根本大師門人」（『法華題目鈔』三九一頁）と天台僧の立場を守られます。そして、本書には「吾師伝教大師」（九〇〇頁）と三国四師の系譜を述べ、更に地涌の菩薩として末法の「師」の自覚を表明されます。

「教」について『教機時国抄』は、一切経の中で法華経を最勝とすることを知教とします。本書は広略要の要法としての妙法五字・名体宗用教の五重玄を述べます。この要法とは寿量所顕・神力別付の五字です。つまり、伝教附順の五義と上行自覚を確立しての五義の違いです。『開目抄』との違いは、『開目抄』は内外～教観の五重相対して寿量文底の観心の妙法五字を選び取ります。本書は広略要の三科を説き直ちに神力別付・上行所伝の妙法五字を示されます。

○　逆謗の救済を五義に検証

冒頭の文章が第一段となります。本書の内容を概観でき第二段に入り五義を詳述されます。

「夫以療治重病構索良薬　救助逆謗不如要法。所謂論時正像末。論教小大・偏円・権実・顕密。論国中辺両国。論機已逆与未逆　已謗与未謗。論師凡師与聖師二乗与菩薩　他方与此土　迹化与本化。故四依菩薩等出現於滅後仏随於付属妄不演説於経法」（八九五頁）

末法は仏から見たら重病の者ばかりで、これらの重病人を治療するのは法華経と始めに論点と結論を述べます。この病気の原因は五逆罪であり謗法罪です。仏教の教は広汎であり広め方に条件があります。この判断の方法を五義に求めます。教機時国は弘める法の違いの理由で、序（師）は弘める人師に視点が当てられます。時は正像末の三時の違いがあります。教には小乗大乗・偏教円教・権教実教・顕教密教の違いがあります。国には中辺両国（インドと日本）の違いがあります。機には已逆・未逆、已謗・未謗があり機根の違いに注目されます。即ち、已に過去世に五逆罪を作った者と作っていない者という已逆と未逆の違い。また、已に過去世に法華経を謗った者と謗っていない者という已謗と未謗の違い。これを本已有善・本未有善と区別します。

そして、師の分類は凡師と聖師。二乗と菩薩。他方と此土。迹化と本化の違いを述べます。これを、人四依といいます。出典は『涅槃経』の四依品です。釈尊の滅後、正像末の三時に釈尊に代わって弘教する人の規定（位）です。『涅槃経』に第一依（初依）は出家して煩悩を持つ凡夫、菩薩の方便所行秘密の法を知る人。第二依は須陀洹・斯陀含の位にある菩薩、既に受記を得た人。第三依は阿那含の位から受記を得て間もなく成仏する菩薩。第四依は阿羅漢。煩悩を断じて何時でも成仏できる人と説いています。

そこで、『観心本尊抄』（七一六頁）を見ると同じく四依四類を述べました。正像末の三時に必ず出現して、正法を弘通するところです。小乗・大乗・迹門、そして、本門の四依の地涌の菩薩が、寿量品の肝要である妙法蓮華経を弘めると述べます。本書は「師」について、これまでの『教機時国抄』（二四三頁）、『当世念仏者無間地獄事』（三一七頁）には「教法流布の先後」、『南条兵衛七郎殿御書』に「仏法流布国においても前後を勘べし」（三二四頁）、『顕謗法抄』「弘法用心」（二六三頁）と、仏教を説く順序の先後・前後を弁えると述べていたことから、この序を上行菩薩に一任されます。佐渡流罪を契機に「序」は後五百歳の「時」を焦点とし、その「時」を担う「師」とは、即ち聖人という自覚になります。これを「序」から「師」への転換といいます。

○「摂折」の判断

弘教の方法を法華経は相反する二つの方法が説かれます。一つは譬喩品の「仏対於舎利弗云、無智人中莫説此経」。法師品の「告薬王菩薩等八万大士、此経是諸仏秘要之蔵。不可分布妄授与人」の文です。これは無智で未謗正法の者には直ぐに法華経を説いてはいけないという意味です。一方、不軽品には「乃至遠見四衆亦復故往」「四衆之中有生瞋恚心不浄者。悪口罵詈言是無智比丘従何所来」。「或以杖木瓦石而打擲之」と説かれています。これは相手が信じなくても、暴力を受けても法華経を説くことです。第二・第四巻の経文と第七巻の経文は天地水火のように異なっているのです。そこで、どちらの説を選択すべきかと一二問答の最初の問答が始まります。

ここで、聖人が基本とされることは、「所詮無智者未謗大法忽不与大法。為悪人上已謗実大者強可説之」（八九五頁）と、未謗と既謗に違いがあることです。同じように摂折の判断があります。これは『開目抄』（六〇六頁）に述べました。無智悪人が国土に充満した時は安楽行品の摂受の布教をし、邪智謗法の者が多い時は常不軽品の折伏の布教をすることです。つまり、法華経を信じない逆縁の者には折伏の主張をされてきたことです。（『一代聖教大意』六八頁。『守護国家論』一〇五頁。『唱法華題目抄』二〇四頁）。この折伏とは『法華文句』に「本未有善」

の者への「而強毒之」の折伏と解釈されます。

本已有善――釈迦以小「而将護之」・・・久遠大通仏の下種がある・・順縁

本未有善――不軽以大「而強毒之」・・・過去に下種されていない・・逆縁

邪智――法華謗法――本未有善――不軽品――折伏――妙法五字――而強毒之――因謗堕悪必因得益

寿量品の内証――妙法蓮華経の五字――一大秘法――本化上行菩薩に付属――日蓮聖人の折伏逆化

という一連の構図が形成されます。これを、「折伏逆化」といいます。逆化とは妙楽の『文句記』に「此の品（不軽品）は俗を礼して逆化し理に通ず」（『正藏』三四巻三四八頁）により逆縁の化導をいいます。

○「四節三益」

釈尊在世の衆生は過去世の大通仏の時に、純円の下種益を受けました。しかし、謗法の罪を作ったため釈尊出世に至るまでの長い年を迷ってきたと述べます。それを、「三五の塵点を経歴す」（八九六頁）と説きます。大通仏の下種益が釈尊の化導により純熟して成仏の授記を得たのです。これが、下種益・熟益・脱益の三益論（種・熟・脱）です。三種教相の第二化導始終不始終相になります。釈尊が四二年の間、華厳・阿含・方等・般若経を説いたのは、謗法の罪を作らせない方便でした。それを、調機調養といい釈尊の化儀・化法の理由を説いたのです。

第二番の問答は法華経を説く以前に得脱した者を問います。法華聞法の以前の『華厳経』や『観経』を聞いて得道したことを挙げます。それは、『華厳経』の会座の法慧・功徳林・金剛幡・金剛蔵の菩薩や、『観経』の韋提希夫人と五百人の侍女のことです。これを、「教外の得道」といいます。この答えは『華厳経』や『観経』による得脱に見えるが、実際は「三五の下種益」のとき法華経を下種されていたことです。その下種結縁の効能により爾前経を縁として得脱できたのです。

次に、その証拠を問います。答えとして涌出品の文を引きます。「是諸衆生世々已来成就我化。乃至此諸衆生始見我身聞我所説即皆信受入如来慧」（『開結』三九八頁）。釈尊はこれら得脱した者は過去世より教化してきた者で、それが華厳の会座などで得脱したと説きます。つまり、過去に下種がありその中でも上根の者の熟益が実ったことです。この経文を天台は『法華文句』に「衆生久遠」と解釈され、妙楽は『文句記』に「雖脱在現具騰本種」と解釈されました。過去久遠の昔に釈尊による法華経との結縁を証拠とするのです。「衆生久遠」は久遠下種のことです。ですから、妙楽は過去の本種があったから脱益できたと説明しました。つまり、爾前経にて脱益することは、過去に下種された「本種」があるからです。

故に『法華文句』に法華経の種熟脱の三益に四つの節（種類）があると説きます。

「四節三益」

第一は、久遠に下種を受け、更に中間に仏法に値い、後にまた今番の釈尊の化導に値って爾前方便の教えを受けながら次第に機が調い、法華経の序品の時に雨華瑞・地動瑞等の六瑞を見て解脱した者。

第二は、久遠に下種を受け、過去に熟し、久遠の近世に脱の益を得た地涌の菩薩です。

第三は、中間の化導を種とし、爾前権経を熟とし、法華経（開示悟入）を脱とする衆生です。

第四は、現在の法華経を下種とし、次世を熟とし、未来を脱とする衆生です。

この四種の分類はそれぞれの衆生の種熟脱を述べたもので、基本とするのは全ての衆生は法華経の下種であり、それが成熟して得脱することを説いたのです。妙楽の「雖脱在現具騰本種」の文は、この内の第一を指し久遠の昔に法華経の下種を受けたと説きます。『華厳経』等で得道した衆生もこの第一に相応し、久遠の下種と中間の成熟があって法華経の会座にて得脱したことになります。このことは『観心本尊抄』（七〇六頁）に、利根の菩薩や凡夫の中には爾前経において得脱した「教外得道」の者がいるが、実は大通・久遠下種を顕した「法華得道」の者と述べました。

次に、『大日経』の得道（即身成仏）の疑問に答えます。三益を説かない経典は、小乗経の灰身滅智と同じで成仏はないと述べます。仏の化導の始めと中間・今日までが明かされないからです。それを知らずに真言師が即身成仏を説くのは、王莽（おうもう。前五～二三年）と趙高（ちょうこう。前二〇七年没）のように、謀略により一時は権力を得ても後に亡びたことに喩えます。同じく『開目抄』に「真言・華厳等の経経には種熟脱の三義名字猶なし。何況其義をや。華厳真言経等の一生初地即身成仏等は経権経にして過去をかくせり。種をしらざる脱なれば超高が位にのぼり、道鏡が王位に居せんとせしがごとし」（五七九頁）と述べるように、華厳や真言経などで説く「一生初地即身成仏」は、下種を説かないから脱益もないと述べます。

○「毒鼓の縁」「題目五字下種」

そして、これより正像末の三時における弘通の違いを述べます。これは、本已有善と本未有善の機根の違いにあります。つまり、正・像時は過去に法華下種を受けた者、釈尊在世に聞法下種された者が生まれるので、謗法させない弘通をします。末法には在世結縁の者は少なくなるので、「教外得道」の者はいないとします。そこで、「本未有善」の者には不軽菩薩が折伏下種した「毒鼓の縁」による弘通の必要性を述べます。その下種の要法は『観心本尊抄』（七一九頁）『法華取要抄』（八一五頁）に妙法五字と述べていました。

「此等因論於仏滅後有三時。正像二千余年猶有下種者。例如在世四十余年。不知機根無左右不可与実経。今既入末法在世結縁者漸々衰微権実二機皆悉尽。彼不軽菩薩出現於末世令撃毒鼓之時也。而今時学者迷惑於時機　或弘通於小乗　或授与権大乗　或演説於一乗　以題目之五字可為下種之由来不知歟。殊真言宗学者懐於迷惑依憑三部経　単宣会二破二之義猶不説三一相対。即身頓悟之道削跡　草木成仏名不聞耳」（八九七頁）

「毒鼓の縁」とは、『涅槃経』の文に「毒薬を以て用ひて太鼓に塗り、大衆の中に於て之を撃ちて声を発（いだ）さしむるが如し。心に聞かんと欲する無しと雖も之を聞けば皆死す」と説きます。この毒鼓の譬えは相手が聞く意思を持たなくても、聞こえたら下種になると解釈されます。一切衆生の仏性常住を説く『涅槃経』にも、涅槃経を強いて説き聞かせて縁を結び、三毒（貪瞋癡）の煩悩を破して仏性を薫発する化導を説きます。

そして、真言師の謬りを糺します。「会二破二」とは声聞・縁覚の二乗を菩薩乗に引入するのが会二で、その二乗を捨てて（破折）菩薩乗に導くことを破二といいます。二乗の見地を菩薩乗に高めることです。これは、『深密経』（法相宗）『般若経』（三論宗）『大日経』を依拠とします。真言師はこの「会二破二」を説くが「三一相対」を説かないと述べます。声聞・縁覚・菩薩の三乗に一仏乗が優れていると説かないことです。これは譬喩品の「三車火宅」において、羊・鹿・牛の三車と大白牛車の一車を相対したように、三乗と一乗を比較して一乗が勝れることを論じます。『華厳経』『般若経』はこの三乗を破り一乗を説きます。故に『大日経』は『華厳経』にも及ばないとしたのです。ですから即身頓悟（成仏）はないのであり、非情や国土の草木成仏もないと述べます。草木成仏は国土の成仏ですから仏国土の実現をいいます。教理においても成仏が成り立たないのです。

真言宗は天台の一念三千の論理を、『大日経』に盗用したというのが聖人の見解です。本書にも日本には天台の一念三千が知れ渡っていないので、善無畏（『大日経』『蘇悉地経』）、不空（『金剛頂経』）は一行阿闍梨を騙して、『大日経疏』（『大毘盧遮那成仏経疏』二十巻）に一念三千の理論があると偽証させたと述べます。つまり、『大日経疏』に一念三千は法華経と大日経に説かれるが、印真言を説く大日経が勝れるとした「理同事勝」を偽証したのです。ここに、「盗取天台之智慧」（八九七頁）と述べました。東密は弘法が伝えた『大日経疏』を用い、台密は慈覚・智証が伝えた『大日経疏』を用います。弘法は法華経は大日経に比べれば、第三の劣で戯論と下します。これは、善無畏の解釈よりも悪くしたのです。

次に、真言宗の学者は「盗取天台」を知らないのかを問います。自分の眉は近くにあるけれど見えないように、謬りが見えないとします。しかし、邪義に気づいた人を四句に分別します。同じく『真言七重勝劣』（「天台宗帰伏人人有四句」二三二六頁）に、一に「身心倶移」は三論の嘉祥と華厳の澄観。二に「心移身不移」は真言の善無畏・不空と華厳の法蔵と法相の慈恩。三に「身移心不移」は慈覚と智証。四に「身心倶不移」は弘法とします。

○　三時弘教

これより正像末の三時における弘教の人師を挙げます。正法時は機根が勝れ煩悩も軽く、前の五百年は軽病に軽薬の時なので、迦葉・阿難・商那和修・末田地・脇比丘等が、小乗の四阿含経・十誦・八十誦等律と相続解脱経などの三蔵を弘めます。後に律宗・倶舎宗・成実宗と称します。後の五百年は中病に中薬の時で、馬鳴・龍樹・提婆・無著・天親などの大論師が、華厳経・般若経・大日経・解深密経などを弘めます。三論宗・法相宗・真言宗・禅宗になります。これら迦葉・阿難などの小聖がなぜ大乗経を説かないのか、龍樹・天親が一乗を説かないのかを問います。その答えは、迦葉たちは大乗経を教える能力が不足していた。(自身不堪故)。大乗経を聞いても受け容れられない。(無所被機故)。釈尊より大乗を弘通する付属を受けていない。(従仏不譲与故)。大乗を弘通する時ではなかったとします。(時不来故)。

次の問答は真言宗の龍猛(龍樹)と弟子の提婆(迦那提婆)と龍智にふれます。弘法の『秘密曼荼羅教付伝』(『空海全集』二巻三九三頁)には独自の密教相承の系譜があります。その文を引いたのです。

「問曰、諸真言師云、仏滅後相当於八百年龍猛菩薩出現於月氏釈尊顕教華厳・法華等相伝馬鳴菩薩等大日密教自開拓南天之鉄塔面対大日如来与金剛薩埵口決之。龍猛菩薩有二人弟子。提婆菩薩伝釈迦顕教龍智菩薩授大日密教。龍智菩薩隠居阿羅苑不伝於人。其間提婆菩薩所伝顕教先渡於漢土。其後経歴於数年龍智菩薩所伝秘密之教善無畏・金剛智・不空渡於漢土等［云云］。此義如何」(八九八頁)

南天とは南天竺の略で南インドのことです。そこに鉄塔が存在したといわれます。近代では栂尾祥雲氏がキストナ河畔のアマラーヴァティー(Skt：Amaraavatii)の大塔ではないかと推察します。伝説では大日如来の法門を金剛薩埵がこの塔に蔵めたのを、龍猛がこの塔を開いて『金剛頂経』(あるいは『大日経』)を伝授したといわれます。台密では大日経は場外相伝とし金剛頂経のみを塔内相承したとします。東密では両部の大経ともに龍猛が金剛薩埵から相承したとします。弘法は「この経及び大日経は並びにこれ龍猛菩薩、南天鉄塔中より誦出する所の如来秘密蔵の根本なり」(『教王経開題』)と両方を取ります。

しかし、南天鉄塔誦出の伝説は『金剛頂経義訣』にはありますが、大日経の流伝を説いていないため、東密でも鉄塔の誦出には論議があります。また、この鉄塔の存在について、随縁と法爾（ほうに）の二つの説がありま す。随縁説は現実に存在したとするもので、法爾説は竜樹の内心に感得された境地とするものです。鉄の塔の中にあるのは菩提心で、煩悩がこの菩提心を覆う鉄の扉とされます。聖人はこの鉄塔の中にあった教法とは、法華経の南無妙法蓮華経の題目とされます。（『開目抄』五七〇頁）。

次に、真言密教の系譜について疑義を述べます。そもそも龍猛いぜんにインドに真言三部経はなかったのか。釈迦仏とは別に大日如来が出現して三部経を説いたのか（二仏並出）。顕教を提婆菩薩に伝え密教を龍智菩薩に授けたという文証はあるのかの三点です。大日如来は釈尊が方便で説いた法身仏であり、娑婆に生まれて法を説いた仏ではありません。二仏出世を否定したのが仏教の通説です。それに密教を龍智に授けた文証はないのです。提婆達多が自分は仏果を得たと妄語を言い、同じ釈尊族の瞿伽利が提婆達多を師として釈尊に敵対し、舎利弗や目連を批判した狂言（『大智度論』男女三人の不浄行）にも超えると述べます。聖人は真言宗が立てる密教相承の妄説を強く批判したのです。この罪科により唐の王朝や日本の朝廷が尽き、宋も北蕃（蒙古）に滅ぼされ、日本も西戎（蒙古）に侵略されているとして真言亡国の起因を述べます。

そして、像法時に入ってからの仏教流伝を述べます。四百年の間は中国に仏教は伝来したが乱菊して定まらなかった。五百年までの間に南岳と天台が出現し法華経を弘めたが円頓の戒場は建立できなかった。六百年の後に法相宗（太宗皇帝　五九八～六四九年）・華厳宗（則天皇后　六二四～七〇五年）が興隆し、七百年の後に真言宗（玄宗皇帝　六八五～七六二年）が流伝した。開元四（七一六）年に善無畏が大日経と蘇悉地経を伝え、開元八（七二〇）年に金剛智・不空が金剛頂経を伝え密教とした。そして、八百年に日本の伝教が南都六宗を法華宗に統一し、比叡山に円頓戒壇を建立します。この価値は法華経という上薬を用いて重病の人々を救ったと述べます。しかし、真言宗との勝劣を分明にしなかったのは、末法に特定された付属の法であるので着手しなかったと述べます。これは本書の論旨ではないとされますが、真言破が聖人に課せられた使命であったことが窺えます。

○「末法為正」と「一大秘法」

次に、末法時に入り聖人の立場と使命に言及されます。まず、末法の人々の機根と日本国にふれます。

「今入末法二百二十余年　五濁強盛三災頻起　衆見之二濁充満於国中　逆謗之二輩散在於四海。専仰一闡提之輩恃怙於棟梁　尊重謗法之者為国師。孔丘孝経提之打父母之頭　釈尊法華経誦口違背於教主。不孝国此国也也。勝母閭不求他境。故青天瞋眼睨於此国黄地含憤震於大地。去正嘉元年大地動・文永元年大彗星　此等災夭仏滅後二千二百二十余年之間　月氏・漢土・日本之内所未出現大難也」（九〇〇頁）

文永一二（一二七五）年は末法に入って二二四年になります。この末法時は五濁・三災に覆われた時代とされます。『大集経』にいう「闘諍言訟・白法隠没」のことです。五濁の中でも衆生濁と見濁の二濁が国中に充満し、五逆罪を犯した者と謗法罪を作った者が生まれると予言されます。五濁の劫濁は飢饉や疫病・戦争などの社会悪が蔓延る時代の濁り。見濁は邪悪な思想が蔓延る濁り。煩悩濁は貪瞋痴の煩悩に支配された濁り。衆生濁は資質が低下し殺生などの十悪業の罪を作る人々が増大すること。そして、命濁は人の寿命が次第に短くなり一〇歳になると説かれます。小三災は住劫の減劫に起こる刀兵・疾疫・飢饉の災害。大三災は壊劫の終わりに起こる火・水・風の災害をいいます。

五逆と謗法の者が日本国に充満します。聖人はこれらの人を国主とし国師（良観・建長寺蘭渓道隆など）と仰いでいたとし、喩えると孔子の説いた孝経で父母の頭を打ち、釈尊の金口である法華経を読みながらも、釈尊に背いていると述べます。この日本は不孝の国とし、孔子の弟子の曾参（そうさん）は、勝母という地名の里に来たとき、不孝の名であると言って引き返した例を引きます。そして、日本が謗国となったので大地は怒りを持ち、その結果が正嘉と文永の天変地異であるとします。これらの状況において人々を救済する方法はあるのかと問い、法華経は末法の人々のために説かれ置かれたことを論じます。即ち「末法正為」です。

「今親見聞於此国毎人有此二悪。此等大悪輩何以秘術扶救之。大覚世尊以仏眼鑑知於末法　為令対治此逆謗二罪　留置於一大秘法」（九〇〇頁）

ここに、「一大秘法」として南無妙法蓮華経の題目を述べます。本書は「二処三会」の儀式を説明し、地涌出現と「結要付属」へ展開します。その地涌付属の教法（法体）について、

「爾時大覚世尊演説寿量品、然後示現於十神力付属於四大菩薩。其所属之法何物乎。法華経之中捨広取略捨略取要。所謂妙法蓮華経之五字名体宗用教五重玄也。例如九苞淵之相馬之法略玄黄取駿逸、史陶林之講経之法捨細科取元意等」（九〇二頁）

この「一大秘法」とは、「内証の寿量品」（『観心本尊抄』七一五頁）に説かれた南無妙法蓮華経の題目です。こ

の題目は下種の機能を内在します。『観心本尊抄』に寿量品の「是好良薬今留在此汝可取服」とは、寿量品の肝要である「名体宗用教妙法蓮華経是也」（七一七頁）と述べています。ここに、一念三千の仏種を下種結縁するという教えがあります。（小松邦彰著『観心本尊抄訳注』四頁）。釈尊が十神力を示して地涌に属累したのは「妙法五字」でした。それを、本書においては広略要の中の要と述べます。（『法華取要抄』八一六頁）。

そして、釈尊から「一大秘法」である妙法五字を付属された地涌の菩薩は、法華経の本門八品（湧出品から属累品まで）の間にのみ出現し、その後、正像二千年には生まれず、末法に標準を当てていたと述べます。本書は更に「末法正意」について経証を挙げます。『観心本尊抄』にも本書と同じ法華経と『涅槃経』の経証を挙げ、「末法の始め予が如き者の為なり」（七一九頁）と述べていました。それは、末法に法華経を弘めることを約束されていたからです。ここに、上行菩薩の責務は「三類の強敵」に屈せずに、「不惜身命」の色読を完遂できる者でなければならないのです。

「正法一千年前五百年一切声聞涅槃了。後五百年他方来菩薩大体還向本土了。入像法之一千年文殊・観音・薬王・弥勒等誕生於南岳・天台示現於補大士・行基・伝教等利益於衆生。今入於末法此等諸大士皆隠居於本処。其外閻浮守護天神地祇或去他方。或住此土不守護於悪国。或不嘗法味無守護之力。例如非法身大士不入三悪道。大苦難忍故也。而地涌千界大菩薩一住於娑婆世界多塵劫。二随於釈尊自久遠已来初発心弟子。三娑婆世界衆生最初下種菩薩也。如是等宿縁之方便超過於諸大菩薩」（九〇三頁）

正法時は軽病に軽薬と述べたように、前五百年は声聞の小乗の教で仏道を成すことができ、後五百年は中病に中薬と述べたように、他方の菩薩の権大乗の教で救済することができました。像法時は弥勒は補大士（善慧大師。四九七～五六九年）、文殊は行基（六六八～七四九年）、観音は南岳（五一五～五七七年）、薬王は天台（五三八～五九七年）・伝教（七六七～八二二年）として生まれ人々を救いました。これらは釈尊の付属の通りに行われたのです。

○「止召三義」と上行菩薩の暗示

末法は五逆謗法の重病人ばかりになるので、これらの菩薩では救済できないので本拠に帰り諸天善神も威力を失います。そこで、末法の特使として地涌の菩薩の出現があります。涌出品の「止善男子」「止召三義」はこの意味を持っていました。「止召三義」は『法華文句』に示された「前三後三六釈」で、聖人は下方の地涌の菩薩を召し寄せる三義を引用されました。それは、一に娑婆に古くから住んでいるので結縁が深く慈悲心が強いこと。二に釈尊との師弟関係は久遠であり初発心の弟子として強靭な菩薩行ができること。三に娑婆の衆生の最初に仏種を受けた菩薩であるから妙法五字の下種をするのに相応しい。つまり、地涌の菩薩は娑婆と最も深い因縁を持っているのです。

そして、次の問答は地涌の菩薩が末法弘通の導師なのかを追求します。天台の「是我弟子応弘我法」、妙楽の「子弘父法」、道暹の「由法是久成之法故付久成之人」の文を提示します。この経釈の意味は迦葉・舎利弗等の一切の声聞や文殊等の迹化他方の諸大士は、末法の弘経を貫徹できない怨嫉の重圧に耐えられないと見なされたのです。そこで「三類の強敵」に耐えれるのは釈尊と娑婆と最も因縁の強い地涌の菩薩とされます。ところが、地涌の四大菩薩からすると、

「此等之大菩薩利益、末法之衆生猶如魚練水鳥自在於天。濁悪之衆生遇此大士殖於仏種、例如水精之向月生水孔雀聞雷声懐妊。天台云猶如百川応須潮海。縁牽応生亦復如是［云云］。慧日大聖尊以仏眼兼鑑之。故捨棄於諸大聖　召出此四聖伝於要法也。定於末法之弘通也」（九〇四頁）

と、魚が水に錬（な）れて泳ぎ鳥が空を自在に飛ぶように、地涌の菩薩は末法においても自由自在に法を弘通することができると述べます。水晶が月に向かうと水を生じ、孔雀が雷の音を聞いて懐妊するのと同じと述べます。つまり、釈尊は大地の下から適任である四大菩薩を召喚して要法を授け弘教を託されたのです。

次に、その要法の経文を問います。口伝にてこれを伝えると述べます。（「答曰　以口伝伝之」）。現代風に言いますと、大事なことなので直接お伝えすることです。（『日蓮聖人全集』第三巻二五九頁）。口伝は口授、面授口訣と同じ資師相伝のことで奥義や秘法を言います。インドでは聖教を書写することは、神聖を汚すという風習があり、それを受けて中国や日本にては口伝を用いました。ここでは口伝法門としての重要性を示唆されます。では、口伝の経文は何か。寿量品の「色香味」具足の文、神力品の塔中付属、五重玄具足の四句要法、十神力が挙げられます。（『日蓮聖人遺文全集講義』第一四巻一三九頁）。これは、『観心本尊抄』に既述されたことで常忍・乗明・教信においては周知のことと思われます。

そして、仏滅後の弘通について再説します。迦葉・阿難等は大乗経を弘めなかった。龍樹・無著等は一乗経を弘めず。纔に迹門の一分を宣べたが化道始終は説かなかった。南岳・天台等は法華経の広略を弘めたが肝要を弘めなかったと指摘されます。その理由は釈尊より付属された弘法は限定されており、分かっていても敢えて弘めなかったのです。なぜなら、釈尊の勅命を護ったからです。（「此偏重於付属故也」九〇五頁）。このことから、伝教も戒壇を建立し一乗の国とされ（慧心僧都『一乗要決』）、四依の大士であったけれど、本書には述べていませんが、本門法華経を末法に譲ったとするのが聖人の論調です。（『観心本尊抄』「正像稍過已末法太有近等。末法太有近釈我時非正時云意也」七二〇頁）。

そして、中国の三論宗の吉蔵、法相宗の慈恩、華厳宗の法蔵・澄観、真言宗の善無畏・金剛智・不空・恵果、日本の弘法・慈覚などの諸師は、四依の大士ではなく暗師であり愚人とします。これらの諸師は経を解釈するときに、大小権実の旨と顕密両道の違いを弁えない。論を説くときに通申と別申の違い、申と不申の違いも分からないのに、宗々の末学からは国師と仰がれていると批判します。通申と別申というのは、諸経に共通して説かれたことを論ずるのが通申、一経や細かな品に限り説かれたことを論ずるのが別申です。申と不申というのは、付属された権教は説くが、付属されない実教は説かないという、その異なりを究明しないと述べたのです。

そこで、国師とされた一例として挙げたのが弘法です。そして、その教は邪見であり謗法と断じます。『十住心論』『秘蔵宝鑰』『弁顕密二教論』に、釈尊は大日如来にくらべると「無明の辺域」と卑下します。この流れの正覚房覚鑁は、『舎利講式』に法華経は大日経の履き物取りにも及ばず、釈尊は大日如来の牛飼いにも及ばないと書きました。この邪見の根源は弘法の狂言にあると指摘します。

「所詮此等狂言弘法大師起於望後作戯論之悪口歟。教主釈尊・多宝・十方諸仏以法華経相対已今当之諸説定皆是真実。（中略）弘法所覧之真言経之中悔還於三説之文有之不。弘法既不出之。末学之智如何。而弘法大師一人　法華経相対華厳・大日之二経　為於戯論盗人。所詮釈尊多宝以十方諸仏称与盗人歟。末学等閉眼案之」（九〇六頁）

教主釈尊・多宝仏・十方諸仏の三仏は、「已今当の三説」の中で法華経は最も勝れていると判定されました。しかし、弘法は三説超過の法華経を華厳経と大日経に対して戯論・盗人としたが、これは三仏を指して盗人と称したことになるとして、その当否を眼を閉じて考えるよう説得されます。

次に、最後の一二番問答に入ります。ここでは弘法のような高僧に対する暴言を聞いたことがなく、聖人のような愚僧の言葉は信じないとします。『顕仏未来記』にも「大慢の法師」（七四一頁）と反論されています。聖人は先入観に捕らわれず正当な判断を勧めます。「依法不依人」に従い偽りの言葉よりも如来の教えを知るべきと述べます。そして、『涅槃経』の釈尊の説法に不審があれば信受してはならないという文を引き、聖人は釈尊の遺誡に基づき誤った解釈を糺しているに過ぎないと述べます。その先例に天台が法雲の涅槃経第一の邪義を糺し、伝教が窺基と得一の一乗方便三乗真実の邪義を糺したことを挙げます。聖人は既に法然の捨閉閣抛の邪義を糾明し、これにより『選択集』を捨て法華経に入信した者がいると述べます。弘法の「争盗醍醐」した邪義を指摘し、四百年の間に聖人のように糾明した者はいないと述べ、必ずこの邪義は破折されると標榜されます。

そして、先師が内鑑冷然として正像に弘めなかった肝要の秘法は何か、それは法華経の文に的確に説かれているると述べます。それを生まれながらに知っている者や、師匠から教えられる者、或いは全く信じない者がいるが、少しでも聞こうとする者のために教え諭すと述べます。『大集経』の「五五百歳」のうち正像二千年は釈尊の記文に符合したので、末法の闘諍言訟・白法穏没も符合する可能性は強くなります。また、薬王品の「我滅度後後五百歳中広宣流布於閻浮提」の文を見るなら、蒙古が襲来して合戦しているのは闘諍言訟が符合した証拠となり、敷衍して見れば日本が法華流布の有縁の国となります。そこで、日本がその地涌が出現し法華弘通の国であることを、弥勒（慈氏）の『瑜伽師地論』（現行にはなく安然和尚の『菩提心義』巻二にある）、肇公（僧肇）の『法華翻経後記』を開き見たときに感悦したと述べます。

「肇公之翻経記云　大師須梨耶蘇摩左手持法華経右手摩鳩摩羅什頂授与云　仏日西入遺耀将及東。此経典有縁於東北。汝慎伝弘［云云］。予拝見此記文両眼如滝一身遍悦」（九〇九頁）

肇公は羅什門家の四哲の一人です。羅什は師の須利耶蘇摩（すりやそま）から法華経は東北の国に縁がある大事な経典と習います。慎んで弘めるようにと訓戒されて法華経を翻訳します。聖人はこの法華経が日本に有縁の経典であることに感銘されたのです。そのことを遵式（慈雲）の『天台別宗』、伝教の『法華秀句』巻下・『守護国界章』巻上の文を挙げて立証されます。伝教は薬王菩薩として霊山会座にて釈尊が上行菩薩に末法出現の付属を見て知っていたから、これらの著書に少しだけふれたと見ます。

「而余処之釈有末法太有近之言。定知。闘諍堅固之筆非指我時也。予倩案事之情、大師於薬王菩薩侍於霊山会上　仏上行菩薩出現之時兼記之故粗喩之歟。而予非地涌一分兼知此事。故前立地涌之大士粗示五字」（九一〇頁）

法華経は日本に弘まる重要な教えを説いていること、しかも、その末法に地涌菩薩の先駆けとして法華経の肝要である妙法五字を説き弘めたと述べます。その行動を西王母という仙女が来る時は前相として青鳥が飛来し、来客があるときには鵲が鳴くことに例えます。

○経論の典籍を身延に送るように依頼

第三段に入り習学の大切なことを述べ経論釈などの典籍を蒐集して身延に送るように依頼します。法華経を弘通するためには一代聖教を安置し、八宗の章疏を学ぶことが必要と述べます。聖人が所有された典籍の一部は日昭や頼基、常忍の元に保存されましたが、多くは、佐渡流罪などにて散逸したのです。

「然則予所持之聖教多々有之。雖然両度御勘気衆度大難之時、或一巻二巻散失、或一字二字脱落、或魚魯謬悞或一部二部損朽。若黙止過一期之後弟子等定謬乱出来之基也。爰以愚身老耄已前欲糺調之。而如風聞者貴辺並大田金吾殿越中御所領之内並近辺寺々数多聖教等［云云］。両人共為大檀那令成所願」（九一〇頁）

と、散逸の状態を知らせます。弟子の教化に当たり正確を期し誤謬があってはならないと懇願します。蒐集依頼の遺文は他に、『佐渡御書』『弁殿尼御前御書』『清澄寺大衆中』『弁殿御消息』『十住毘婆沙論尋出御書』『武蔵殿御消息』があり、文献の整備に力を注いでいます。（『日蓮聖人御遺文講義』第七巻三一〇頁）。

教信と乗明は越中に所領があり、また近辺の大寺にも典籍が多数あると聞いたので、二人とも大檀越であるから叶えてほしいと願います。檀越は仏法を永く伝えるための奉仕が大事です。その前例として天台には毛喜（陳の宣帝に仕え軍事と政治を補佐した）という檀越がいて、毛喜のために六妙門を説きました。伝教には大伴国道（七六八～八二八年）がいて叡山の別当となります。和気弘世は清麿呂の子で弟の真綱と共に、高雄寺にて南都六宗の碩学一四人を集め、伝教との対論（法華会）を計画した人です。貢献した檀越の存在と僧宝を外護する果報、そして、法華謗法の罪報を述べます。

更に法華経の行者には上品・中品・下品があり、その行者を毀謗して起こる大難に違いがあると述べます。

「上品行者大之七難。中品行者二十九難之内。下品行者無量之難之随一。又於大七難有七人。第一日月難。第一之内又有五大難。所謂日月失度時節反逆　或赤日出　或黒日出　二三四五日出　或日蝕無光或日輪一重二三四五重輪現。又経云　二月並出。今此国土不有二日・二月等大難。余難大体有之。今以此亀鏡浮見日本国必有法華経大行者歟。既謗之者有大罰。信之者何無大福。今両人励微力　予願副力仏試金言」（九一一頁）

ここに、上品の行者には大の七難が並び起きる。中品行者には二十九難の内のどれかが起きる。下品行者には無量の難のうち一つが起きると述べます。大の七難に七人というのは、七人の勝れた行者を迫害したときに、七難が並び起きることです。その第一の日月難にも五大難があります。それは、日月失度時節反逆・赤い太陽や黒い太陽が出る・二から五つの太陽が出る・日蝕に光がなく日輪が一重二三四五重の輪を現わす・二つの月が並び出るという現象が起きると説かれます。

日本国を見ると二つの日・二つの月が現れるという現象は起きていないが、他の大難は既に現れているとして、この天変の亀鏡に日本国を写し見れば、必ず法華経の大行者が出現していると断定します。即ち聖人のことを示唆され、教信たちもその行者の一人とされたのです。そして、この大罪があることは受持の者にも大福があると述べ二人に強盛の信心を勧めます。このとき乗明は所領の北国（福島か富山）に滞在していたので、至急にこの書状を届けて蒐集が可能がどうかの返事を待っていると述べます。この願いが成就すれば崑崙山の玉が自然に蔵に収まり、大海の宝珠が掌にあるように喜ばしいと結ばれます。三月に道善房が没します。幕府は九州の武士に筥崎・今津の間に石塁を築かせます。高麗遠征を図って鎮西の将兵を博多に集めます。

□『曽谷入道殿御返事』（一七二）

同じく三月に教信に宛てた書状です。『朝師本』に収録され、『録外御書』の冒頭に「法蓮房の慈父の十三年孝養の御返事に」とあり、父の十三回忌に方便品の長行を書写されました。先に与えた自我偈に添えて読経するように勧めます。法華経の文字は生身妙覚の仏であるが、各々の果報により見え方が違うと述べます。しかし、一々の文字は金色の釈尊と同じであるから、法華経を持つことは釈尊の仏身を持つに等しいと述べます。

「此経の文字は皆悉生身妙覚の御仏也。然ども我等は肉眼なれば文字と見る也。例せば餓鬼は恒河を火と見る。人は水と見る。天人は甘露と見る。水は一なれど果報に随て別別也。此経の文字は盲眼の者は不見之肉眼の者は文字と見る。二乗は虚空と見る。菩薩は無量の法門と見る。仏は一一の文字金色の釈尊と御覧有べき也。即持仏身とは是也。されども僻見の行者は加様に目出度渡らせ給を奉破也。唯相構相構無異念一心に霊山浄土を期せらるべし」（九一二頁）

「即持仏身」は観普賢菩薩行法経（『開結』六一五頁）に説かれます。法師品には「則持仏身」と説きます。教信に対し一心に霊山浄土に詣でて釈尊とまみえることを願い、「心の師とはなるとも心を師とせざれ」の『六波羅蜜経』（南本大経二六獅子品）の文を引きます。委細は再会のおりに詳しくお話したいと結びます。

三月二三日に極楽寺に火災があり御所に飛び火します。叡尊は文永一〇年二月とこの三月に伊勢神宮に参詣します。このとき良観は宋版の大般若経を船便にて奉納します。これにより、伊勢が東西の律宗の大きな中継地となります。（金沢文庫『蒙古襲来と鎌倉仏教』二〇頁）。三月四日に京都で、四月一二日には鎌倉に大風が吹きます。四月一五日に元の使い杜世中たちが長門の室津に着きます。（『関東評定衆伝』）。
□『こう入道殿御返事』（一七二）は建治二年四月一二日とします。□『王舎城事』（一七三）は建治二年四月一二日とします。□『兄弟抄』（一七四）は建治二年の四月一六日とします。

□『五十二位図』（図録三三）

『対照録』に文永一二年とあり、真蹟は一紙断片が京都本法寺に所蔵されます。内容は天台教義における、蔵・通・別・円の四教の断位昇階の行位を図示したものです。（『定遺』二九一二頁）。聖人は常に天台の四教義を弟子や信徒に教えていたことが分かります。天台教学は必修であったことが窺えます。

□『法蓮鈔』（一七五）

○　行者を毀謗する大罪

四月に教信より供養品と諷誦文が報じられた返書です。教信は父親の十三回忌に法華経五部を読誦し、死去の日より自我偈を誦経してきました。真蹟一八紙は身延曽存で断片が本国寺など三箇所に所蔵されます。四月二五日に建治と改号されます。

一切という永いあいだ仏を罵る罪よりも、法華経の行者を毀謗することの罪が大きいことを示されます。法師品の「若有悪人以不善心於一劫中現於仏前常毀罵仏其罪尚軽。若人以一悪言毀呰在家出家読誦法華経者其罪甚重」（『開結』三〇八頁）と、妙楽の「然約此経功高理絶得作此説余経不然」の文を引き法華誹謗の罪を述べます。そして、提婆達多の大罪と堕獄を詳しく説明して、法華経の行者を「罵詈・毀辱・嫉妬・打擲・讒死・殺死」（九三七頁）する者は、提婆達多を越えた大罪を受け極悪の無間地獄に堕ちると述べます。その経証として譬喩品の「見有読誦書持経者軽賤憎嫉而懐結恨。乃至其人命終入阿鼻獄。具足一劫劫尽復死展転至無数劫」（『開結』一六八頁）を引きます。大地の五百由旬の下に炎魔王のいる宮殿があり、この宮殿の下の一千五百由旬の所に一三六の地獄があり、その内の一二八の地獄は罪の軽い者、八大地獄は重罪の者が行く所であるが、特に第八番目の無間地獄は五逆と不孝と、「法華経の末代の行者を戯論にも罵詈誹謗せん人人はおつべしと説給へる文なり」（九三七頁）と、誹謗の者が堕ちて行く所と述べます。

○「福過十号」

この無間地獄に対し法師品の文（有人求仏道而於一劫中、乃至、歎美持経者其福復過彼）を引き、長年、仏道を修行し仏を供養する功徳よりも、法華経の行者を供養する果報が勝れると述べます。妙楽はこれを「福過十号」と釈します。末法という時代に法華経を受持することは困難であり修行する者は希有なのです。故に行者を供養し支援することが尊いのです。

この福過十号の説明をされます。転輪聖王の力は十善を修行して得た果報であり、四大天王・帝釈・第六天の魔王は上品の十善戒と差別のない無遮の善根を施したこと、三界の主である大梵天は魔王や帝釈天を従え、三千大千世界を掌握する力を持つのは、煩悩を断尽し慈悲喜捨の四無量心を修行した功徳と述べます。そして、声聞・縁覚・菩薩の福徳を示し、釈尊は円教の四十二品の無明を断じた妙覚の仏であり、釈尊が三十二相を具足し十号を称せられた徳行を示します。

仏には三十二相があり「一相の功徳は三千大千世界の草木の数よりも多、四天下の雨の足よりもすぎたり」（九三九頁）と、一相百福の大きな徳があると述べます。かつ、人を怨まない慈悲の例を、悪逆非道の阿闍世王が改悔し、悪瘡の病を治し四十年の寿命を延ばしたこと。その大臣である耆婆も釈尊の命令に従って火中から瞻婆長者の男子を救ったことを挙げ、このような尊い仏を一度だけでも供養したなら、悪人でも女人でも成仏は疑いないと述べます。提婆達多は釈尊より足の火傷を治癒されても改悔せず、還って魔術であると妄言を放ちます。しかし、釈尊は怨むことなく一度でも信じた者を見捨てなかったと述べます。このことは、自身の離檀者への思いであり、弟子や信徒に教訓されたことと思われます。

このように尊い仏を木画の二像を造って祀ります。優填大王が牛頭栴檀にて五尺の木像として祀ったとき、釈尊が刀利天より戻ると席を立って歩きました。釈尊は木像の頭頂を撫でて来世の教化を付属されます。迦葉摩騰が描いた画像は一切経を説いたといいます。この出典は不明ですが後漢の明帝のときに竺法蘭と中国に仏教を伝えました。つまり、釈尊は尊い仏と述べ供養する功徳を示します。しかし、末法には法華経の行者を供養することの方が功徳が大きいことを強調されたのです。このことを妙楽は「福過十号」と解説されたのです。

「是程に貴き教主釈尊を一時二時ならず、一日二日ならず、一劫が間掌を合せ両眼を仏の御顔にあて、頭を低て他事を捨て、頭の火を消さんと欲するが如く、渇して水をもひ、飢て食を思がごとく、無間供養し奉る功徳よりも、戯論に一言継母の継子をほむるが如く、心ざしなくとも末代の法華経の行者を讃供養せん功徳は、彼三業相応の信心にて、一劫が間生身の仏を供養し奉るには、百千万億倍すぐべしと説給て候。これを妙楽大師は福過十号とは書れて候なり。十号と申は仏の十の御名なり。十号を供養せんよりも、末代の法華経の行者を供養せん功徳は勝とかかれたり。妙楽大師は法華経の一切経に勝たる事を二十あつむる其一也」（九四一頁）

この妙楽の「福過十号」という教えは、法華経が他経よりも勝れている証拠として挙げた二十の内の一つです。『法華文句記』（巻四下）に説いた十双歎（じっそうたん）のことです。

一、二乗に近記を与え（方便品〜人記品）、如来の遠本を開く（如来寿量品）
二、随喜は第五十の人を歎じ（随喜功徳品）、聞益は一生補処に至る（分別功徳品）
三、釈迦は五逆調達を指して本師と為し（提婆達多品）、文殊は八歳の竜女を以って所化と為す（提婆達多品）
四　凡そ一句を聞くにも咸く授記を与う（法師品）、経名を守護するに功量るべからず（法師品）
五、品を聞いて受持するは永く女質を辞し（陀羅尼品）、若し聞いて読誦するは不老不死なり（薬王品）
六、五種法師は現に相似を獲（法師功徳品）、四安楽行は夢に銅輪に入る（安楽行品）
七、若し悩乱する者は頭七分に破れ（陀羅尼品）、供養することある者は福十号に過ぎたり（法師品）
八、況や已今当の説は一代に絶えたる所（法師品）、其の教法を歎ずるに十喩を以って称揚す（薬王品）
九、地より湧出せるをば阿逸多一人をも識らず（従地涌出品）、東方の蓮華は竜尊王未だ相本を知らず（妙音菩

薩品）
十、況や迹化には三千の塵点を挙げ（化城喩品）、本成には五百の微塵に喩えたり（如来寿量品）
『開目抄』は「但此経に二十の大事あり」（五三九頁）として、本迹・教観の視点から引用されました。『法華取要抄』は「今法華経与相対諸経超過一代廿種有之。其中最要有二。所謂三五二法也」（八一一頁）と「三五塵点」について述べました。本書は七番目の「福過十号」を引用されます。

そして、この「毀者得罪」「供者得福」の「二つの法門」は仏説ではあるが信じ難いと提起します。
一　譬喩品―法華経の行者を謗る者は無間地獄に堕ちる
二　法師品―法華経の行者を讃歎する者は仏を供養するよりも勝れた功徳がある
つまり、末法においては仏を罵る罪よりも、法華経の行者を謗る罪の方が重いと説かれ、凡夫である法華経の行者を供養する方が大事とされるのです。これは、聖人を供養する功徳、信徒と協力して信仰していくことが、いかに大事なことかを示されたのです。しかし、これらのことは信じ難いことなので実例を挙げます。まず、釈尊は予言された八〇歳の二月一五日に涅槃されたので、人々は釈尊の言葉は真実と信じたこと、滅後百年に阿育大王が生まれて釈尊の舎利を供養する仏塔を建てること、また、滅後四百年に迦貳色迦王が生まれて、大勢の僧侶を集めて『毘婆沙論』を作成すると予言します。これらは現実となったので仏の経典は信じられました。もしこの法門が妄語ならば過去の五百塵点の久遠実成の釈尊の存在や、未来に舎利弗が華光如来となり、迦葉尊者が光明如来となる授記も信じられないことになると述べます。

そして、教信の孝養心にふれ、欠かさず自我偈を誦し回向してきた孝養により、父は法華経の秘術にて仏に成ったと讃えます。この秘術とは「自然譲与」（『観心本尊抄』七一一頁）のことです。

「教主釈尊は此功徳を法華経の文字となして一切衆生の口になめさせ給。赤子の水火をわきまへず、毒薬を知ざれども、乳を含めば身命をつぐが如し。（中略）今法蓮上人も又如此。教主釈尊の御功徳御身に入かはらせ給ぬ。法蓮上人の御身は過去聖霊の御容貌を残しおかれたるなり。たとへば種の苗となり、華の菓となるが如し。其華は落て菓はあり、種はかくれて苗は現に見ゆ。法蓮上人の御功徳は過去聖霊の御財なり。松さかふれば柏よろこぶ。芝かるれば蘭なく。情なき草木すら如此。何況情あらんをや。又父子の契をや。彼諷誦云、従慈父閉眼之朝至于第十三年之忌辰於釈迦如来之御前自奉読誦自我偈一巻回向聖霊等」（九四四頁）

釈尊は自身の孝養の功徳を法華経を信じる者に譲り与えるので、教信はその功徳を全身に受け取り同体の父も成仏されると述べます。法師品（『開結』三〇七頁）に五種の修行が説かれた中の書写の功徳について、唐代の『法華伝記』に烏龍（おりょう）と遺龍（いりょう）の親子の故事に述べます。子供の善行は親に良い影響を与えることです。教信の読誦はそれよりも無量無辺も勝れた功徳と述べます。また、「今の法華経の文字は皆生身の仏」（九五〇頁）であるから、たくさんの仏が父の聖霊に訪れ善知識となり誠の孝養になると述べます。

次に、法華経を受持する在り方と弘教する方法は「時」によって変わると述べます。これを、天台は「適時而已」（ときにかなうのみ）といい、章安は『涅槃経疏』に「取捨得宜不可一向」（取捨宜きを得て一向にすべからず）と釈します。この引用は摂折論に関連します。そして、聖人はこれ迄の法華弘通を回想されます。

「智者と申は如此時を知て法華経を弘通するが第一の秘事なり。たとへば渇者は水こそ用事なれ。弓箭兵杖はよしなし。裸なる者は衣を求む。水は用なし。一をもて万を察すべし。大鬼神ありて法華経を弘通せば身を布施すべし。余の衣食は詮なし。悪王あて法華経を失ば身命をほろぼすとも随べからず。持戒精進の大僧等法華経を弘通するやうにて而も失ならば是を知て責べし。（中略）。仏法日本国に渡て七百余年、いまだ是程に法華経の故に諸人に悪まれたる者なし。月氏・漢土にもありともきこえず。又あるべしともおぼへず。されば一閻浮提第一の僻人ぞかし。かゝるものなれば、上には一朝の威を恐れ、下には万民の嘲を顧て、親類もとぶらはず、外人は申に及ばず。出世の恩のみならず、世間の恩を蒙し人も、諸人の眼を恐て口をふさがんためにや、心に思はねどもそしるよしをなす。数度事にあひ、両度御勘気を蒙りしかば、我が身の失に当るのみならず、行通人人の中にも、或は御勘気、或は所領をめされ、或は御内を出され、或は父母兄弟に捨らる。されば付し人も捨はてぬ。今又付人もなし」（九五二頁）

と、法華経を妨げる国王や僧侶に従わず正義を説くことが現在の弘経方法と述べます。これは『開目抄』に明かした法華経の行者観です。日本国に仏教が渡来してから、これほど迫害にあった者はいないという実感を述べます。また、幕府の権力を恐れ人々から悪僧の知り合いと嘲笑されることを懸念して、親類も疎遠になったと述べます。仏道の教えを受けた恩や世間的な恩恵を受けた者も、世間体を繕って聖人を謗ったと述べます。領家の大尼や名越の尼、弟子にも造反した者がいました。信者の中には勘気や所領没収、解雇、勘当にあい、聖人に付き従っていた人も出て行き、今は付き従う者がいないと述べます。

続いて佐渡流罪にふれます。その恐ろしかった道中のこと、塚原では謀反人よりも重い悪人扱いをされ、三昧堂での生活は現身に餓鬼道と寒地獄を経験したと述べます。(〈佐渡期〉一七頁)。赦免されて鎌倉に帰ったが身の置き場がなく、身延に入っても衣食に困窮した現況を述べます。このような時の供養の品に父母の魂が入れ替わって尋ねてきたのか、釈尊の恩恵なのかと思い感涙を押さえ難いと感謝されます。

次に、『立正安国論』著述の動機となった、正嘉の大地震と文永の大彗星を見て、自他(自界反逆・他国侵逼)の謀反と侵略を予言したが、その根拠を謗法にあると知った理由を述べます。このような二つの天変地妖は外典には記されず三墳・五典・史記等に記すのは小規模であり、仏教の経典にもこれ程のことはないとします。インドの弗沙密多羅王がマウリア王朝を滅ぼし、そのとき寺仏を焼き僧尼を虐殺したが異変はなかったこと。唐の武宗が会昌五年に廃仏を断行した時にもなかったこと。日本では守屋の破仏、清盛が奈良七大寺を焼き払ったとき、叡山の山僧が寺僧を焼失した時にもなかったと述べます。ゆえに、この天変地夭は前代にない凶瑞の先兆であるとして、『立正安国論』を時頼に奏進したと述べます。

「自是大事なる事の一閻浮提の内に出現すべきなりと勘て、立正安国論を造て最明寺入道殿に奉る。彼状云、［取詮］此大瑞は他国より此国をほろぼすべき先兆也。禅宗念仏宗等が法華経を失故也。彼法師原が頚をきりて鎌倉ゆゐ(由比)の浜にすてずば国当に亡ぶべし」(九五四頁)

と、正嘉の大地震は他国侵逼の験であり、その原因は国主が禅宗、念仏宗などの謗法を放任したからです。この増上慢の僧侶を改心させなければ国が滅ぶと諫言されます。その七年後の文永元年七月五日の大彗星を見て、手に握るように他国侵逼があることを確信し、文永八年九月一二日の御勘気のときの頼綱への諫言と、赦免後の文永一一年四月八日に頼綱と対面したときに同様に諫言されます。（九五五頁）。これを三度の高名とされます。＜佐渡期四二〇頁＞。

天変地異を天神地神の怒りと表現され、証文に『金光明最勝王経』の「由愛敬悪人治罰善人故星宿及風雨皆不以時行」を引きます。自然現象は国主の行いの「明鏡」であり、災難が起きるのは国主に過ちがあると述べます。また、『仁王経』（天地鏡）の「聖人去時七難必起」の文に大聖が存在していると述べます。

そして、過去の仏寺破壊にこれ程の天変が起きなかったのは罪科の軽重によります。凶瑞が年々に熾烈になるのは聖人を迫害するからです。日本国の僧や国主、臣民は過去の阿闍世王や波瑠璃王の化身に見えると述べます。その家臣は阿闍世王に仕えた雨行・月称大臣のようであり、悪事をなした須那刹陀や阿育大王の時の極悪な耆利を集めたように見えると喩えます。これらの謗法の悪人が充満した失により、日本国の大地が割れて全ての者が無間地獄に堕ちると述べます。

更に問答を設けます。法華経の行者と称する聖人を迫害すると天変地妖が起きるというが、陀羅尼品に「頭破作七分」「口則閉塞」と説かれているのに、聖人を数年にわたり罵り怨んでも、その現われがないのは何故かと問います。そこで、不軽菩薩に敵対し打擲した者に、口が閉じ塞がり頭が七分に割れた者がいたかと反問します。そこで、現罰の現れ方に二種の違いを述べます。前世に植えた成仏の種があり仏に成ろうとする者が謗れば現罰を現す者。第二種の者は前世も今も謗る者は現罰を現わさないとします。それは罪業の深い証拠であって、永くその苦報である無間地獄に堕ちると述べます。そして、この罪科から逃れる信心が第一の大事なこととして、『涅槃経』には「転重軽受」が説かれ、法華経に不軽菩薩が受難によって罪業を消滅したことを暗示されます。

○　御本尊（二〇～二四）四月

「卯月日」の日付にて染筆された御本尊が五幅伝えられます。讃文に「仏滅後二千二百三十余年之間」と、これ迄の「二十余年」との違いがあります。この表記は弘安三年八月の御本尊（第九七）以降に一定されますが、弘安期には「二十余年」と「三十余年」の両記があります。

第二〇の御本尊の紙幅は、縦八九．一センチ、横四八．五センチ、堺市の妙国寺に所蔵されます。第二一の御本尊の紙幅は、縦八九．四センチ、横四四．四センチ、鎌倉の妙本寺に所蔵されます。第二二の御本尊の紙幅は、縦八八．五センチ、横四三．九センチと、第二三の御本尊の紙幅は、縦八八．五センチ、横四三．九センチは佐渡妙宣寺に所蔵されます。『御本尊鑑』（第一一）に記録された御本尊は、御本尊（二二・二三）のどちらかに相当します。いずれも三枚継ぎです。第二四の御本尊の紙幅は、縦八七．三センチ、横四三．三センチ、三枚継ぎで湖西市妙立寺に所蔵されます。諸仏・諸尊に南無を冠した総帰命式の御本尊の最後となります。

第二〇から第二四までの御本尊を比べてみますと、最初の状態はだいたい同じ紙幅で三枚継ぎであることが分かります。自署の名前は右下、花押は左下になります。第二一の御本尊いがい讃文は多宝仏側、顕示月は釈尊側に書かれています。第二一の御本尊は讃文が釈尊側、顕示日が多宝仏側に書かれます。不動愛染を書かれているのは第二〇と第二四、どれにも四方に四天王は配置されません。第二二と第二三には善徳仏は書かれていません。日月四天王の位置が第二一のみ多宝仏側にあり、龍王が釈尊側に書かれているのもこの御本尊のみです。これらは授与者の応分により書き分けたと思われます。

○御本尊（『御本尊鑑』第一〇）四月八日

『御本尊鑑』（二〇頁）に嘗て法華経寺に所蔵された三枚継ぎとあります。同じ四月の御本尊（二〇・二四）と同じく不動・愛染が書かれます。頂妙寺の日等（一六五五～一七三〇年）の臨写本が伝わります。日等は法華経寺の輪番住職として五六代貫主を務めました。在職は宝永五（一七〇八）年八月二七日から正徳元（一七一一）年八月二七日の三年間です。宝永八年一月（正徳元年四月二五日に改元）と七月に、宝蔵に所蔵された曼荼羅を書写します。これが「日等臨写本」で六幅（実質は五幅）が頂妙寺に所蔵されます。本尊図顕の文類では「総帰妙式　本化四士在座」という形式になります。（寺尾英智著『日蓮聖人真蹟の形態と伝承』六四頁）。

四月二七日に山徒は龍象の坊を焼き打ちます。同じ日に小野宮禅念（覚信尼夫）は大谷北地を覚信尼に譲ります。覚信尼は親鸞の末女で初め日野広綱に嫁ぎ覚恵を産みます。死別後に禅念に再嫁して唯善を産みます。小野宮家は親鸞の墓所の近くにありました。覚信尼は門弟の共有地とし廟堂の留守職になります。

○異国警固の結番と蒙古使者杜世忠

幕府は文永の蒙古との合戦が終わると、貢献があった武士に恩賞を与えます。再襲を恐れた幕府は五月に周防・安芸・備後の御家人に、長門の御家人を助けて警固するように指示します。四月一五日に蒙古からきた杜世忠と何文著の使者一行は長門室津に漂着します。（『保暦間記』）。その後、大宰府に移され八月一五日に鎌倉に護送されます。（九月七日に元使五人は竜口にて刎頸『蒙古使御書』一一一二頁）。この頃、竹崎季長も鎌倉に向かいます。

□『種々御振舞御書』（一七六）は建治二年とします。

□『上野殿御返事』（一七七）は弘安二年五月三日とします。

□『一谷入道御書』（一七八）

○路銀を借用

五月八日付けで佐渡の一谷入道（本間重連の配下で近藤伊予清久とされます）の妻に宛てた書状です。佐渡に聖人を訪ねた尼（日妙聖人）が鎌倉に帰るに当たり路銀を借用しました。そのおり法華三部経を引き替えにする約束をされました。真蹟断片一二紙が鷲山寺などに散在されます。一谷入道に宛てた書状は本書一通のみが伝わります。本書には「文永合戦」（文永の役）の様子が述べられ、『八幡愚童訓』甲本と並んで壱岐・対馬の蒙古進軍の資料的価値があります。

始めに伊豆流罪の年次を示し、続いて竜口の斬首の刑が変更され武蔵前司（北条宣時）の裁定により、宣時の知行地である佐渡に流罪となったことを述べます。五月一三日の伊豆流罪の記述は一二日の書き誤りとされます。（『報恩抄』『聖人御難事』は一二日）。宣時は弘安一〇年に執権貞時の連署を務め、虚御教書を三度まで捏造して聖人を苦しめた人物です。この時は武蔵守を辞任（文永一一年）して前司を称しました。佐渡の島民は仏教や人道にも道理を知らないため、激しく迫害したが恨みはないと述べます。その理由は時宗でさえ子細を聞かず理不尽に流罪に処したので、その末端の者が善悪を弁えることができないからです。開宗をしてからは法華経の行者の名声を十方世界にまで高めるべく弘教されたと述べます。

そして、弘演（公演）と余譲は主君の恩義に忠誠を示したことを挙げ、自身が仏とならなかったのは、不惜身命の覚悟が不足したと反省し、手本として喜見菩薩（薬王菩薩）と不軽菩薩（釈尊）の例を挙げます。しかし、この二人の菩薩はそれぞれ違う修行をして仏道を極めます。

「されば仏になる道は時によりてしなじなにかわりて行ずべきにや。今の世には法華経はさる事にてをはすれども、時によて事ことなるならひなれば、山林にまじわりて読誦すとも、将又里に住して演説すとも、持戒にて行とも、臂をやひてくやうすとも、仏にはなるべからず」（九九〇頁）

と、法華経の修行は時によって違うと述べます。また、法華経に背けば仏意に叶わないことを諸宗は気づかないと述べます。仏教はどれも等しく信じてもよさそうですが釈尊が否定されます。勝劣・浅深などの取捨が必要とされます。そこを、「仏法について不思議」なことと述べます。源が汚れていればその流れは清くないように、根源が誤っていれば末流も邪道となり、正しい悟りを得ることはできません。身体が曲がれば影も曲がるように、教えが狂えば悟りもそれに従って邪道になります。

諸宗の誤りは法華経に背き釈尊を捨てるからです。謗法の者はこの罪により後生に阿鼻地獄に堕ちるが、その前に大難に会うとして蒙古の侵逼を証拠とします。そして、

「娑婆世界は五百塵点劫より已来教主釈尊の御所領也。大地・虚空・山海・草木一分も他仏の有ならず。又一切衆生は釈尊の御子也。譬ば成劫の始一人の梵王下て六道の衆生をば生て候ぞかし。梵王の一切衆生の親たるが如く、釈迦仏も又一切衆生の親也。又此国の一切衆生のためには教主釈尊は明師にておは

するぞかし」（九九二頁）

釈尊は娑婆の人々の主師親の三徳を備えた仏と述べます。その三徳具備〈鎌倉期六五頁〉の釈尊を捨てて、天魔が善導・法然の身体に入り、阿弥陀仏を造り念仏を唱えさせていると述べ、一谷入道の念仏信仰の謬りを糺します。国主・父母・明師である釈尊を蔑ろにすることは、不孝の者であり「三逆罪」に相当すると述べます。故に日月諸天が治罰のため災難を起こすと述べます。聖人は死罪・流罪を覚悟の上で、「仏恩」（九九四頁）に報じるために諸宗の謗法を国主に諫暁し、勧持品の通り二度の流罪を受け、文永九年の夏頃に一谷入道の家族に世話になったことを邂逅します。一谷入道の恩は父母よりも大事であったと述べます。

そして、本題の一谷入道との約束にふれます。これは佐渡へ幼子を連れて訪った女性（日妙）が、鎌倉に帰る路銀を一谷入道から借り、法華経を書写して返すと約束されたのです。その約束を果たしたい一方に、一谷入道の念仏信仰が解消されないことに心を痛めます。一谷入道は弥陀の堂を造り田畑の収入を寄進しました。地頭を恐れたのは無理もないが無間地獄に堕ちると判断されます。法華経を授けても世間体を気にして改宗しなければ、かえって聖人の過失になると悩み今に至ったと述べます。用意した法華経は鎌倉の大火に喪失し、縁がなかったと思い約束したことを不思議と述べます。気が進まずに借りたので利息を添えて返そうと思ったが、約束を破ると弟子に言われ、また、世間からは偽りを言ったと思われると隠さずに述べます。

結果、一谷入道の祖母が内々に法華経を信じているので、祖母に法華経一部十巻をお渡しされました。女房は聖人に帰依され千日尼と親しく交流されています。（『阿仏房尼御前御返事』一一〇九頁。『千日尼御前御返事』一五四七頁）。在島中に血縁（一谷入道の弟とも）の学（覚）乗房の入信に合わせて、阿弥陀堂を法華堂と改宗します。

妙法華山妙照寺の山寺号は、学乗房が身延に来て本書を宛てた建治元年に命名されたといいます。

○ 蒙古襲来の記述

次に、蒙古襲来の伝聞を述べます。高麗の『高麗史』や『東国通鑑』に、文永一一年一二月に捕虜になった日本側の少年と少女の数が二百人で、高麗の王と王妃の奴隷として献じたと記載します。（「俘童男女二百人献王及公主」）。女性の手に穴をあけ紐を通し船に結びつけたのは、『日本書紀』の天智帝二年紀にも「百済王豊璋嫌福信有謀叛心以革穿掌而縛」とあります。百済に手のひらに穴を穿り革紐を通して縛るという風習が見られます。

続いて壱岐・対馬の惨状から蒙古の再来を危惧し、法華経の行者を迫害し弟子を殺し信徒の所領を奪い取るから諸天の責めがあると述べます。そして、自身の三徳を明かし聖人に背く者は堕獄すると述べます。

「日蓮は愚なれども釈迦仏の御使・法華経の行者也となのり候を、用ざらんだにも不思議なるべし。其失に依て国破れなんとす。況や或は国々を追ひ或は引はり或は打擲し或は流罪し或は弟子を殺し或は所領を取る。現の父母の使をかくせん人々よかるべしや。日蓮は日本国の人々の父母ぞかし主君ぞかし明師ぞかし」（九九六頁）

そして、蒙古に攻められ死ぬことがあっても、それは長年の念仏信仰によることで法華経を恨まないようにと入道を誡めます。しかし、閻魔の前で困った時は不相応ではあるが聖人の檀越と申すように述べます。この法華経を学乗房に常に読ませてお開きになるよう。他宗の僧徒には経典を触らせないように厳戒されます。聖人の弟子と名乗っても、判のある文書を持たない者を信用してはならないと結びます。判とは聖人の書き判や花押のことですが、面識のない者のために弟子であることを証明した文書があったとも窺えます。

□『さじき女房御返事』（一七九）は建治三年とします。

□『妙一尼御前御消息』（一八〇）

五月付けで妙一尼が下人を身延に派遣された礼状です。六紙完存にて法華経寺に所蔵されます。妙一尼（『妙一尼御返事』「さじき妙一尼御前」七二二頁）の夫は竜口法難のあと、聖人が佐渡に在島しているときに、信仰上のことで所領を没収され殉教しました。本書に流罪中に夫が死去し病の男の子と女の子老婆が残ったとあります。妙一尼は日昭の兄印東祐信の妻（義理の姉）であり、老婆というのが母親（桟敷尼）とされます。祐信（「兵衛のさえもんどの」）は御所桟敷を守護する役目を担っていたので、その妻を桟敷女房と呼び後家尼の母を棧敷尼と呼称します。夫の死後に滝王丸を佐渡に派遣されます。

夫は病のある子供や老母を残し心配であったろうと、釈尊が入寂を目前として心掛かりだった阿闍世王の故事を引きます。阿闍世王の罪深さにより地獄に堕ちることを歎かれたのです。（『涅槃経』梵行品）。夫は法華経が広まり聖人も重用されると思っていたが、それに反して佐渡流罪となり法華経の教えは正しいのか、十羅刹女の守護はどうなったのか疑問に思ったであろうと述べます。

聖人が流罪になったときに信徒に疑念が起きたのです。しかし、夫が生きていたら赦免を悦び、蒙古の予言も的中し幕府も動揺しているのを見て、法華信仰の必要性を確証してどれほど悦ばれたかと述べます。殉教した死を悼むと共に成仏の内実を伝えます。そして、家族の生活を支えていた僅かな所領も信仰のために奪われと述べます。殉教の功徳の大きいことと故人が遺族を護っていることを述べます。

「故聖霊は法華経に命をすてヽをはしき。わづかの身命をさヽえしところを、法華経のゆへにめされしは命をすつるにあらずや。彼の雪山童子の半偈のために身をすて、薬王菩薩の臂をやき給は、彼聖人なり、火に水を入がごとし。此凡夫なり、紙を火に入がごとし。此をもつて案に、聖霊は此功徳あり。大月輪の中か、大日輪の中か、天鏡をもつて妻子の身を浮て、十二時に御らんあるらん。設妻子は凡夫なれば此をみずきかず。譬へば耳しゐたる者の雷の声をきかず、目つぶれたる者の日輪を見ざるがごとし。御疑あるべからず。定て御まほりとならせ給らん。其上さこそ御わたりあるらめ」（一〇〇一頁）

太陽や月は天の鏡として地上を映し出すように、夫は昼夜に日天と月天の中に妻子の姿を浮かべて見ていると励まされます。妙一尼は凡夫であるから、難聴の人が雷の音を聞けず盲目の人が太陽を見ることができないように、夫の声や姿が見えなくても護っていることを疑わずに信じなさいと力づけます。聖人は尋ね行きたいと思っていたところに、衣一枚を送られてきたことに感謝されます。妙一尼が長生きして会うことができるし、もし亡くなったとしても聖人と会うことができ、幼い子供のことは世話をするから心配しないように述べます。

「力あらばとひまいらせんとをもうところに、衣を一給でう、存外の次第なり。法華経はいみじき御経にてをはすれば、もし今生にいきある身ともなり候なば、尼ごぜんの生てもをわしませ。もしは草のかげにても御らんあれ。をさなききんだち（公達）等をば、かへりみたてまつるべし。さどの国と申、こ

れと申、下人一人つけられて候は、いつの世にかわすれ候べき。此恩はかへりてつかへ（仕）たてまつり候べし」（一〇〇一頁）

妙一尼は所領を取られて困窮している中で、佐渡に下人（滝王丸）を使わせ身延にても給仕させます。来世で妙一尼に仕えて恩返しをすると感謝されます。夫の信仰を受け継ぐ妻の心情に応えたのです。この頃に日興の教化により滝泉寺の大衆が改宗したといいます。（『日蓮大聖人年譜』一八三頁）。

第二章　『撰時抄』と宗論

第一節　『撰時抄』述作

■『撰時抄』（一八一）

四月一五日に蒙古からきた杜世忠たちは大宰府に移され、蒙古再襲の不安の六月一〇日に執筆されます。真蹟は全五巻一一〇紙の長文です。玉沢妙法華寺には五巻一〇七紙が所蔵され、京都立本寺などに断片が所蔵されます。欠如しているのは第一巻三紙と、第三巻第一五紙の数行です。重要文化財に指定されます。身延にも真蹟があり玉沢妙法華寺が草稿本で身延は再治本といいます。身延にあった下巻は散失し上巻五三紙は明治八年に焼失します。宛先は西山氏とされますが（『宗全』第二巻一二二頁）、内容から門下全員に宛てたことが窺えます。

『撰時抄』は「釈氏日蓮述」と署名されます。佐前には叡山の学僧として「天台沙門」（『立正安国論』）と名のり、伊豆流罪後は「本朝沙門」（『教機時国抄』『顕謗法鈔』『観心本尊抄』）と名のります。日本の中でただ一人、釈尊の真意を説く僧侶という自覚です。身延入山からは「扶桑沙門」（『法華取要抄』八一〇頁）と名のります。本書から釈尊に別付法された弟子という強い意志が窺え、閻浮第一の法華経の行者と述べます。仏使としての師自覚から著述されたと言えます。（『日蓮辞典』一五〇頁）。「撰」は選択という意味をもち取捨選別のうち撰取の語義を強めます。末法という時を撰ぶことは上行菩薩という導師を表明され五義を定めることになります。（山川智応著『撰時抄講話』六六頁）。「未来記」に示された末法に弘通される法華経の意義を明かします。（『全篇解説日蓮聖人遺文』九八頁）。

本書の構成を山川智応氏は三段一〇章に分科します。（『撰時抄の研究』四九頁）。鹽田義遜氏は三段九章に分けます。（『日蓮聖人御遺文講義』第四巻目次一頁）。両氏共に序論（序分）二章、本論（正宗分）六章は同じで、結論（流通分）を一章と二章に分けるところが違います。また、本論の四・七・八章に違いがあります。ここでは、鹽田義遜氏の分け方に従います。

序論　第一章　仏法と時の関係　一〇〇三頁　仏道における時とは
　　　第二章　時機傍正の問題　一〇〇三頁　時がきたときは法華経を説く
本論　第三章　五五百歳流布の仏法　一〇〇五頁　末法は法華経を説くとき
　　　第四章　滅後三時における法華の流布　一〇〇九頁　三徳を具えた法華経の行者
　　　第五章　正像弘通の批判　一〇二〇頁　正像には深秘の法華経は弘通されていない
　　　第六章　末法諸宗の批判　一〇二九頁　念・禅・真言宗の誤り
　　　第七章　慈覚と真言の邪義を決す　一〇四〇頁　台密の破折を始める
　　　第八章　末法における法華の広布　一〇四六頁　三度の高名は閻浮第一の智者の証拠
結論　第九章　不惜身命の信心　一〇五九頁　なぜ法華弘通に命を賭すのか

山川智応氏は三段に分けた大科を次のようにします。（『撰時抄の研究』『撰時抄講話』）。

序分段　在滅仏法撰時顕実段
正宗分段　末法依師閻浮一聖段（末法依師弘経利益段）
流通段　捨身呵謗冥顕擁護段（捨身呵謗冥顕得益段）

〔第一章〕仏道における時とは

仏教を心の支えとするのは成仏の果徳があるからです。仏道の歩み方は五義の教えを知ることが大事と説きます。聖人は末法という時を重視されます。題号の「撰時」はそのことを意味します。冒頭に、

「夫仏法を学せん法は必ず先づ時をならうべし。過去の大通智勝仏は出世し給て十小劫が間一経も説き給はず。経に云一坐十小劫。又云仏知時未至受請黙然坐等〔云云〕。今の教主釈尊は四十余年之程、法華経を説き給はず。経に云、説時未至故と〔云云〕。老子は母胎に処して八十年。弥勒菩薩は兜率の内院に篭らせ給て五十六億七千万歳をまち給うべし。彼の時鳥は春をおくり、鶏鳥は暁をまつ。畜生すらなをかくのごとし。何に況や、仏法を修行せんに時を糺ざるべしや」（一〇〇三頁）

仏教の弘通は「時」に視点を当てることです。仏教の教えは五義を基本とすることは、『教機時国抄』『曽谷入道殿許御書』に述べていました。特に「時」を重視されたことは、一谷入道に仏になる道は時によって代わると教えたことからも分かります。（『一谷入道御書』九九〇頁）。その「時」が大事な例として、化城喩品に説かれた大通仏は十小劫という長い間、入定して法華経を説かなかったこと。釈尊も四十二年には法華経を説かなかったこと。老子は世に生まれる時期を八十年胎内にて待っていたこと。弥勒菩薩は釈尊入滅より五十六億七千万歳を待って、娑婆に生まれ成道することを挙げます。また、時鳥は初春を過ごし初夏になって鳴き始めます。鶏も暁をまって鳴くように畜生でも時を分別していると述べ、仏に成ろうとする者は「時」を学ぶことが必要とされます。

〔第二章〕時がきたときは法華経を説く

釈尊在世の説法の次第を述べます。『華厳経』の寂滅道場の場にては、悟りを開いた諸仏菩薩や智慧の勝れた利根の者が来臨しても、二乗作仏や久遠実成のことは一言も説きませんでした。ですから、即身成仏の教えは示されていないのです。

「世尊は二乗作仏・久遠実成をば名字をかくし、即身成仏・一念三千の肝心其義を宣給はず。此等は偏にこれ機は有しかども時来らざればのべさせ給はず。経に云、説時未至故等」（一〇〇三頁）

と、法華経の肝心である一念三千の教義は明かされません。しかし、四十二年を過ぎた霊山（耆闍崛山）の法華経の会座には、父を殺した阿闍世王が法華経の結縁衆となります。悪逆非道をして釈尊を苦しめた提婆達多が、未来に天王如来となることが許されました。また、龍女は蛇身のままに成仏を示現し、仏になれないと説かれた（決定性）舎利弗などの二乗が成仏の授記を得ました。謗法の者の得脱や二乗作仏が説き示されたのです。このことは爾前経の常識を逸脱したことですから、炒った種である燋種（しょうしゅ）が、芽を出し花を咲かして実をつけたように信じられないことでした。

そして、地涌の菩薩が出現して釈尊の久遠実成が明かされます。大衆は百歳の老人が二十五歳の青年の子供になったように驚き疑います。法華経はこのように突然に説かれたのです。この二乗作仏・久遠実成は、「九界即仏界・仏界即九界」の教えを開示します。法華経の功徳は如意宝珠のように大きく仏と成る種子を具えます。これを教義としたのが一念三千です。聖人はその理由は何かを考察させるのです。

それを、「此等は機の熟不熟はさてをきぬ、時の至れるゆへなり。経云今正是其時決定説大乗等」（一〇〇四頁）と、釈尊の実語である法華経の経文によれば、正に法華経を説く時期が到来したと釈尊が決断されたのです。方便品には「未曾説汝等当得成仏道所以未曾説説時未至故今正是其時決定説大乗」（『開結』一〇六頁）とあります。つまり、これ迄に二乗の弟子の成仏を説かなかったのは時期が未熟だったのです。今は正にその時であるから徹底して大乗の教えを説いたのです。聖人はこの「時」を重要視されます。仏法は「時」によって説く内容を選択する必要があるのです。

最初の問答に入ります。聞く者が教えが分からず誹謗しその罪により悪道に堕ちたら、その罪は説いた者にあるのではないかを問います。その答えとして、路に迷ったからといって路を作った者の罪ではなく、医師が処方した薬を服さずに死去しても医師の罪ではないと同じように、説いた者には罪がないと述べます。しかし、無知の者には法華経を説いてはいけないという安楽行品の文を提示します。つまり、時よりも機根を重視すべきではないかと反詰します。ここからは、勧持品と不軽品の文を引き、無知の者が反抗しても強いて法華経を説くという、法華経に水火のような両説があることを挙げ末法正意論を展開します。聖人の教えの基盤となります。「末法為正」については、『観心本尊抄』（七一四頁）『法華取要抄』（八一三頁）、摂折論は『開目抄』（六〇六頁）、「本未有善」については『曽谷入道殿許御書』（八九六頁）に述べています。

〔第三章〕末法は法華経を説く時

小乗教や大乗教、法華経を説く時を分けるのは、どのような理由があるのか、それをどのようにして察知するのかを問います。この時の判断は聖人の教学の根底となります。その時代の社会状況を鋭く観察します。

「問云、何る時にか小乗権経をとき、何る時にか法華経を説べきや。答云、十信の菩薩より等覚の大士にいたるまで、時と機とをば相知がたき事なり。何に況や我等は凡夫なり。いかでか時機をしるべき。求云、すこしも知事あるべからざるか。答云、仏眼をかつて時機をかんがへよ、仏日を用て国土をてらせ」（一〇〇五頁）

仏眼である経文を依拠とします。「依法不依人」の方法により、日本国で起きている天災や戦乱の元凶を知ることです。釈尊の滅後は正像末の三区分に時が経過し、末法の初めの五百年を五箇の五百歳と呼び白法隠没の時です。曇鸞や法然は白法隠没の末法に法華経は利益がないとしたのは謬りです。このことは『守護国家論』（一〇六頁）に述べており、早い時期に念仏無間の悪義を「難破」（『曽谷入道殿許御書』九〇八頁）されました。ですから、「日蓮此等の悪義を難じやぶる事は事ふり候ぬ」（一〇〇六頁）と述べたのです。

次に、悪世末法には必ず法華経が流布されることを述べます。『大集経』の「白法隠没」「闘諍言訟」の時とは「後五百歳」の末法をいいます。法華経はこの末法に法華経を弘めるように付属された経典です。『開目抄』に「後五百歳のあたらざるか。広宣流布の妄語となるべきか。日蓮が法華経の行者ならざるか」（五六六頁）と、行者意識から三類の強敵が出現する時と受容されます。受難は同時に謗法の者を作り他国侵逼の原因となります。

「文の心は第五の五百歳の時、悪鬼の身に入る大僧等国中に充満せん。其時に智人一人出現せん。彼の悪鬼の入る大僧等、時の王臣・万民等を語て、悪口罵詈、杖木瓦礫、流罪死罪に行はん時、釈迦・多宝・十方の諸仏、地涌の大菩薩らに仰せつけば、大菩薩は梵・帝・日月・四天等に申くだされ、其時天変地夭盛なるべし。国主等其のいさめを用ずば鄰国にをほせつけて、彼々の国々の悪王悪比丘等をせめらるるならば、前代未聞の大闘諍一閻浮提に起るべし」（一〇〇七頁）

ここに、後五百歳—三類の強敵—地涌付属—他国侵逼という脈絡がみられます。大闘諍が起きて人々が困り果て、最後に拠り所として聖人の教えに頼り題目を唱えると述べ、法華経の難信難解を表現されます。そして、法華経が弘まる時は釈尊の在世と末法の二度とされるところに、天台・妙楽・伝教は末法を慕って「後五百歳遠沾妙道」「末法之初冥利不無」「正像稍過已末法太有近」と記されたのです。その心境を占師の阿私陀仙人が釈尊が産まれたのを見て、自分の年齢が九十を過ぎていたので、釈尊の成道を見ることができないと悲泣された例を引きます。末法の衆生は法華経に縁があることの法悦を喚起されたのです。

〔第四章〕三徳を具えた法華経の行者

次に、龍樹や天親などのインドの論師は、「後五百歳」に法華経が流布されると説いたかを問い、正像末三時の付法蔵にふれます。龍樹や天親は知っていたが公言しなかったと述べます。その理由は、「一には彼時には機なし、二には時なし、三には迹化なれば付嘱せられ給はず」（一〇〇九頁）と、機・時に該当せず釈尊から直接的な付属がなかったからです。これは、涌出品の「止善男子」（「止みね善男子、汝等が此経を護持せんことを須ひじ」）の文を、天台が「前三後三六訳」（『観心本尊抄』七一五頁）、「「止召三義」（『曽谷入道殿許御書』九〇三頁）と解釈したところです。末法の弘通は久遠の弟子である、地涌の菩薩でなければ完遂できないという釈尊の言葉があるのです。聖人が「末法為正」「上行別付」を明かす基礎となります。

ここで、具体的に付法蔵の者と弘教の内容を示されます。即ち、正法前五百年の解脱堅固の時は、迦葉・阿難・商那和修・優婆崛多・提多迦が小乗経の法門をのみ弘通された。弥遮迦・仏陀難提・仏駄密多・脇比丘・富那奢等は大乗経の法門を少し弘通された。正法後五百年の禅定堅固の時は、馬鳴・毘羅・龍樹・提婆・羅睺・僧佉難提・僧伽耶奢・鳩摩羅駄・闍夜那・盤陀・摩奴羅・鶴勒夜那・師子等の人々は諸大乗経をもつて諸小乗経を論破された。つまり、この正法時の付法蔵の二十四（二十三）人は、小乗・権大乗を弘通して法華経を説かなかった（『神国王御書』八八七頁）ことを示します。では、法華経は何を説いたかを述べます。

「本迹の十妙・二乗作仏・久遠実成・已今当の妙・百界千如・一念三千の肝要の法門は分明ならず。但或は指をもつて月をさすがごとくし、或は文にあたりてひとはし（一端）計かゝせ給て、化道の始終・師弟遠近・得道の有無はすべて一分もみへず。此等は正法の後五百年、大集経の禅定堅固の時にあたれり」（二〇一〇頁）

つまり、一念三千の肝要の法門や化道の始終・師弟遠近を全く説いていないのです。本迹の十妙（本迹二十妙）とは、天台が『法華玄義』に説いた勝劣の判別のしかたです。迹門の十妙は「境・智・行・位・三法・感応・神通・説法・眷属・利益妙」です。自行の因・果と化他の能化・所化に配当します。これは、爾前諸経の教えに対して、法華経に説く諸法実相が勝れている（絶妙）ことを説きます。

本門の十妙は「本因・本果・本国土・本感応・本神通・本説法・本眷属・本涅槃・本寿命・本利益妙」です。これは、法華経の迹門迹仏と本門本仏の勝劣を比較します。つまり、迹門の始成仏に対して久遠本佛の因果が勝れているとした教理です。共に自行の因果と化他の能化所化を説き、それを比較して勝劣を判定します。

本門十妙（本門の不可思議）

本因妙　我本行菩薩道。所成寿命。今猶未尽　（『開結』四二〇頁）
本果妙　我成仏已来。甚大久遠　（『開結』四二〇頁）
本国土妙　自従是来。我常在此。娑婆世界。説法教化　（『開結』四一八頁）
本感応妙　若有衆生。来至我所。我以仏眼。観其信等。諸根利鈍　（『開結』四一八頁）
本神通妙　如来秘密。神通之力　（『開結』四一六頁）
或説己身。或説佗身。或示己身。或示佗身。或示己事。或示佗事　（『開結』四一九頁）
本説法妙　悉是我所化　令発大道心～今皆住不退　（『開結』四〇七頁）
本眷属妙　是諸大菩薩～在娑婆世界　下方空中住～我従久遠来　教化是等衆　（『開結』四〇六頁）
本涅槃　又復言其。入於涅槃。如是皆以。方便分別　（『開結』四一八頁）
本寿命妙　処処自説。名字不同。年紀大小　（『開結』四一八頁）
本利益妙　説微妙法。能令衆生。発歓喜心　（『開結』四一八頁）。

この本門十妙から聖人の主要教学である、「本因本果の法門」（『開目抄』五五二頁）。「四十五字法体段」「本因本果本国土の三妙一体」（『観心本尊抄』七一二頁）をみることができます。

像法前五百年の読誦多聞堅固の時は、迦葉摩騰・竺法蘭が中国に仏教を弘めたが、大小・権実を説かなかった。天台が法華経を第一、涅槃経を第二、華厳経を第三とした。像法後五百年の多造塔寺堅固の時は、玄奘が法相宗を弘め法蔵は華厳宗を弘めた。善無畏が真言宗を弘めたので法華経が失われた。伝教が叡山に円頓戒壇を建立したが弘法の真言宗が仏教界に蔓延したと示します。

次に日本の仏教史にふれます。欽明天皇の時に仏教が伝来し、次第に六宗が伝来したことを述べ、ここでは、聖徳太子が法華経を鎮護国家の法と定めたこと。鑑眞は小乗の戒場（戒壇）を東大寺に設けたが、律宗のみを弘通して法華経を弘通しなかったことを述べます。そして、像法に入って八百年目に最澄が出現し、叡山に「霊山の大戒日本国に始まる」（一〇一五頁）と、法華経を広めた功績を述べます。しかし、真言との勝劣を公場にて論じなかったため没後に真言宗が台頭したと述べます。

そして、現在は末法に入って二百年になり、白法隠没の時に入っていると述べます。経文には一閻浮提に闘諍が起きると予言された時として、外国から侵略された蒙古襲来を、『立正安国論』に予言した他国侵逼の現われと述べます。ここに、仏語の真実と自身の正当性を主張されます。

「高麗六百余国も新羅・百済等の諸国等も皆々大蒙古国の皇帝にせめられぬ。今の日本国の壹岐・対馬並に九国のごとし。闘諍堅固の仏語地に堕ちず。あだかもこれ大海のしを（潮）の時をたが（違）へざるがごとし。是をもつて案ずるに、大集経の白法隠没の時に次で、法華経の大白法の日本国並に一閻浮提に広宣流布せん事も疑うべからざるか」（一〇一六頁）

蒙古襲来は闘諍堅固の仏記が現実となった証明であり、白法が隠没した末法今時に法華経が世界中に広まることとも符契すると自信を深めたのです。その使命とすべきことは妙法五字による下種結縁でした。

「釈尊は重て無虚妄の舌を色究竟に付させ給て、後五百歳に一切の仏法の滅せん時、上行菩薩に妙法蓮華経の五字をもたしめて謗法一闡提の白癩病の輩の良薬とせんと、梵・帝・日・月・四天・龍神等に仰せつけられし金言虚妄なるべしや。大地は反覆すとも、高山は頽落すとも、春の後に夏は来ずとも、日は東へかへるとも、月は地に落とも此事は一定なるべし。此事一定ならば、闘諍堅固の時、日本国の王臣と並に万民等が、仏の御使として南無妙法蓮華経と流布せんとするを、或は罵詈し、或悪口し、或流罪し、或は打擲し、弟子眷属等を種々の難にあわする人々いかでか安穏にては候べき。これをば愚癡の者は呪詛すとをもいぬべし。法華経をひろむる者は日本の一切衆生の父母なり。章安大師云　為彼除悪即是彼親等［云云］。されば日蓮は当帝の父母、念仏者・禅衆・真言師等が師範なり、又主君なり」（一〇一七頁）

この自信は上行自覚を促すこととなり、行者を迫害した三類の強敵に目が向けられる時には、法華誹謗の罪による堕獄を強調しました。聖人を迫害した者は堕獄するという言葉は怖く感じたでしょう。この聖人の言葉を呪詛のように受け止めたのです。しかし、その根本にあるのは「除悪」の慈悲です。『四恩抄』（二四〇頁）に伊豆流罪となって悦ぶことは法華経を色読できたことであるが、大きな歎きは不軽菩薩のように罪業を作らせたことと述べました。そして、仏教者は四恩に報謝することが大事であるとして、その心から一切衆生の恩を見たとき、逆縁と雖も謗法者が堕獄することを悲しまれたのです。

聖人が三徳を自負された根本には、法華弘通を誓った原点にある衆生救済の慈悲心と言えましょう。聖人は迫害した者を恨むのではなく、親のごとき慈愛、師匠のごとき指導であったと述べます。しかし、法華経の経文には誹謗正法の者には罰があると説きます。その国家的な現れが蒙古の襲来です。

「蒙古のせめも又かくのごとくなるべし。設五天のつわものをあつめて、鉄圍山を城とせりともかなうべからず。必日本国の一切衆生兵難に値べし。されば日蓮が法華経の行者にてあるなきかはこれにて見べし」（一〇一八頁）

そして、謗法者に口則閉塞・頭破七分の現罰が表出していないことにふれます。このことは当時の関心事であり随所に説明されました。（『聖人知三世事』八四三頁、『法蓮鈔』九五六頁、『種種御振舞御書』九八四頁）。本書は釈尊から正統に仏教を受け継ぐ「日蓮は閻浮提第一の法華経の行者なり」（一〇一九頁）との立場から、謗者と現罰について言及されます。陀羅尼品の「頭破作七分」は軽い罪であり、聖人が常に述べる正嘉の大地震、文永の大彗星の天変地妖こそが、法華経の行者を誹謗した大きな現罰であるとされます。同時に、仏使として始めて南無妙法蓮華経の題目を始唱した「本化上行菩薩」の存在を知らせたのです。

〔第五章〕正像時には深秘の法華経は弘通されていない

法華弘経は人々の機根に応じてではなく、時（時代）に応じて説くことを述べます。

「如来の教法は必機に随という事は世間の学者の存知なり。しかれども仏教はしからず。上根上智の人のために必大法を説くならば、初成道の時なんぞ法華経をとかせ給はざる。正法の先五百余年に大乗経を弘通すべし。有縁の人に大法を説せ給ならば、浄飯大王・摩耶夫人に観仏三昧経・摩耶経をとくべからず。無縁の悪人謗法の者に秘法をあたえずば、覚徳比丘は無量の破戒の者に涅槃経をさづくべからず。不軽菩薩は誹謗の四衆に向ていかに法華経をば弘通せさせ給しぞ。されば機に随て法を説と申は大なる僻見なり」（一〇二〇頁）

法華弘通にも説く適時があることを再説します。鶏は夜明けに鳴き声を発します。暁鶏はその夜明けの時刻を知らせます。しかし、正法時の天親や像法時の天台・伝教は法華経を説いています。ですから、末法に限定されないという問難です。これについて、まず、龍樹・天親は法華経の実義を説いていないとします。そして、不空三蔵の『菩提心論』にふれます。これは弘法が『菩提心論』の著者は龍樹とした批判のためです。聖人は不空の偽作として羅什いがいの釈経は用いません。その理由は「此事は余が第一の秘事なり」（一〇二三頁）と述べながらも、羅什の舌が焼けなかった現証を挙げます。（『開元釈教録』沙門鳩摩羅什訳妙法華経至此乃言此語与梵本義同。若所伝無謬使焚身之後舌不燋爛）。

そして、いよいよ天台の法華弘通について述べます。天台は題目の五字を『法華玄義』『法華文句』に説き、『摩訶止観』に一念三千を説きました。また、三論宗の吉蔵や南山律宗の道宣、華厳宗の法蔵、真言宗の不空・含光が天台に帰伏した実例を挙げます。つまり、中国の仏教界が天台宗に集約されたのは、天台が法華経を説いたからではないかと問難します。しかし、天台は法華弘通したように見えるが、「いまだ円頓の戒壇を立られず」（一〇二六頁）と否定します。戒定慧の三学のうち定慧を説いたが、戒壇の実質的な建立はなかったからです。つまり、法華経の三部を解説したが、時代が像法であったため広宣流布の時ではないと断定されます。それは、天台自身が「後五百歳遠沾妙道」（後の五百歳遠く妙道に沾わん。『観心本尊抄』七二〇頁）と述べたことから、同じ法華経であっても内容に違いがあることが分かります。天台は像法時の範囲を超えなかったのです。

次に、伝教の法華弘通について述べます。天台は円頓の戒壇を建立していないと言ったことに対し、伝教は叡山に円頓の大乗別受戒を建立したので、伝教は法華弘通をされた人ではないかと問います。聖人は迦葉から龍樹・天台・伝教と次第に大乗の教えが深まり、天台・伝教を法華経の行者と認めながらも、像法未弘と述べ末法流布とを徹底して区別されます。

では、何が違うのでしょうか。釈尊は法華経を末法のために説き尽くし、その最大の秘密の教えを経文に顕されているのに、未だに弘通されないことを不審とされます。このところから『立正安国論』のように主客の立場が変わります。

「但し詮と不審なる事は仏は説き尽し給ども、仏滅後に迦葉・阿難・馬鳴・龍樹・無著・天親乃至天台・伝教のいまだ弘通しましまさぬ最大の深秘の正法、経文の面に現前なり。此深法今末法の始、五五百歳に一閻浮提に広宣流布すべきやの事不審無極なり」（一〇二九頁）

ここに「最大の深秘の正法」と述べます。即ち「一大事の秘法」（『富木入道殿御返事』五一六頁。「一大秘法」『曽谷入道殿許御書』九〇〇頁）に他なりません。（『日蓮聖人御遺文講義』第四巻二八四頁）。また、「三大秘法」とする解釈がありますが（『日蓮大聖人御書十大部講義』第六巻二九五頁）、この脈絡おいては「経文の面に現前なり」とあり、「文底秘沈」のように隠密的な表現をされていませんので、『観心本尊抄』に「所詮迹化・他方大菩薩等以我内証寿量品不可授与。末法初謗法国悪機故止之召地涌千界大菩薩寿量品肝心以妙法蓮華経五字令授与閻浮衆生也」（七一五頁）と述べられた寿量品の肝心と思われます。ここでは、「後五百歳」の現在こそ「深秘の正法」である「即身成仏・一念三千の肝心」（一〇〇三頁）の義とその弘教者を誘引されたのです。

〔第六章〕念仏・禅・真言宗の誤り

そこで、「最大の深秘の正法」である「秘法」を述べます。問者はその法門の名称とその教義を問います。聖人はこの法門は経文に明白であるから容易いと前置きをされ、その文を示す前に順序として邪義を糺すことを先決されます。それが、法華経の「三の大事」である破邪顕正です。つまり、法華経を貶めた「三の災い」を糾明されます。そして、いよいよ本書において慈覚の台密批判へ展開します。

「一には念仏宗は日本国に充満して、四衆の口あそびとす。二に禅宗は三衣一鉢の大慢の比丘の四海に充満して、一天の明導とをもへり。三に真言宗は又彼等の二宗にはにるべくもなし。叡山・東寺・七寺・薗城、或は官主、或は御室、或は長吏、或は検校なり。かの内侍所の神鏡燼灰となりしかども、大日如来の宝印を仏鏡とたのみ、宝剣西海に入しかども、五大尊をもつて国敵を切と思へり。此等の堅固信心設劫石はひすらぐともかたぶくべしとはみへず。大地は反覆すとも疑心をこりがたし」（一〇三〇頁）

つまり、三災とは念仏・禅・真言の三宗とします。この中でも真言宗が災いの元凶とします。真言宗は諸大寺の官主（叡山の座主）・長吏（園城寺、勧修寺の寺主）・検校（高野、熊野、日光などの頭統領）に影響を与え、真言化して繁栄したと述べます。その影響力は三種神器のうち鏡と剣を密教の代品と取り替える迄に浸透したことを指摘します。第六二代村上天皇の天徳四（九六〇）年九月に内裏が炎上します。このとき神鏡（みかがみ）は飛上して南殿の桜樹に懸かり、これを左大臣の小野宮実頼が保護しますが（『神皇正統記』下巻）、聖人はこのとき焼失したと見ます。この内侍所の神鏡（八咫鏡）が燼灰となり、その代わりとして大日如来の宝印を置き換えたので、神鏡ではなく仏鏡となったと批判されます。

大日は摩訶毘盧遮那を訳したもので光明遍照の義があります。その光り輝く類似性に同体化したと思われます。密教の本尊は大日如来の智拳印を金剛界、法界定印を胎蔵界に配します。大日の智拳印と法界定印を神鏡に入れ代えたのですから、神道ではなく仏教の仏鏡といえます。天皇家の王法に仏法を混交したことを、真言亡国と指摘されたのです。（『日蓮聖人御遺文講義』第四巻二九六頁）。

また、宝剣（草薙剣）が西海に失われているのに、五大尊（五大明王）を代わりとしたと批判します。それなのに人々は方高四十里という巨大な劫石が、仙人の薄い衣にすり減らされる長い時間をかけても、大地が転倒してもこの邪見を絶対のものと思い込んでいると述べます。剣の邪悪を切り開く類似性に、密教の五大尊がもつ不動・降三世・軍吒利・六足・浄心の力にて国敵を切り払うとしたのです。八咫鏡と草薙剣は日本の神道や天皇家において最も重要な宝器とされます。聖人は日本守護の善神として天照大神を曼荼羅に勧請され神祇信仰を大切にされます。

さて、この真言宗は天台の在世時には伝わっていません。伝教は空海と交誼を持ちましたが断絶し真言批判に至りませんでした。弟子の慈覚が真言を取り入れたため、後の叡山は真言宗と変わりなくなり、それを是正する人物もいなかったのです。慈覚の弟子の安然は弘法の邪義を糺そうとしますが、華厳を法華経の次としても真言を第一としました。ですから、真言宗を立てた仲人（立て入り者）と批判されたのです。

次に、浄土・禅・真言宗の謬りを述べます。浄土宗は曇鸞・道綽・善導にふれます。この三人は中国の浄土宗の三祖と称されます。曇鸞は菩提留支より観無量寿経を習い浄土門に入ります。『往生論註』に龍樹の『毘婆沙論』を引いて、念仏を易行道とし他経を難行道としました。道綽は『安楽集』上巻に他経は聖道門とし浄土門のみが救済されるとします。善導は『観行疏』に浄土宗のみが正行であり、他経は全て雑行で往生できないとしました。そして、法然は善導の教えを継いで、末法の下根下機は浄土の念仏一行のみと説きます。これらは機根を基本としたものです。聖人の時を中心とした捉え方と異なります。法然の前に源信は『往生要集』を著します。永観は『往生十因』を著して念仏の成仏を認めました。叡山第六一代の顕真も吉水に法然を尋ねて弟子となります。

このように、五〇年の間に日本中が念仏の信仰に陥り、また、法然の弟子となり謗法の者になったと述べます。そして、法然は念仏停止の院宣により、承元三（一二〇七）年に藤井元彦に還俗され土佐に流罪されます。死後の嘉禄二（一二二七）年には法然の大谷の墳墓が破却され、六月に「嘉禄の法難」が起きます。叡山の衆徒が「専修念仏」の義を訴え大谷の墓を破却したのです。七月には院宣、御教書をもって「念仏停止の令」があり、法然の高弟、隆寛と甲西は流罪されました。聖人はこの処遇に法然は悪霊となったと述べます。

「結句は法然流罪をあだみて悪霊となつて、我並に弟子等をとがせし国主・山寺の僧等が身に入て、或は謀反ををこし、或は悪事をなして、皆関東にほろぼされぬ。わづかにのこれる叡山東寺等の諸僧は、

俗男俗女にあなづらる丶こと猿猴の人にわらわれ、俘囚が童子に蔑如せらるるがごとし」（一〇三二頁）

法然や弟子を流罪死罪にした恨みを、後鳥羽院や叡山・三井寺の僧に憑依して謀反を起こさせ、それにより関東の幕府に滅ぼされたと述べます。真言宗に祈祷を委せた朝廷の敗北の原因の他に、法然の念仏徒たちの怨念もあったと見ていたのです。

次に、禅宗は承久の乱後の叡山や東寺の衰退の隙に、「教外別伝」の教えを掲げ持斎者の風体をして、国を滅ぼす蝗虫（稲子）となったと表現します。釈尊が華を拈（ひね）ると迦葉だけがその心に通じて破顔微笑します。禅宗はその悟りを以心伝心による見性成仏とします。『大梵天王問仏決疑経』の中に正法眼蔵、涅槃妙心、実相無相、微妙の法門があり、文字を立てず教外に別伝して迦葉に付属するとの経文を依拠として承伝しました。聖人は『蓮盛鈔』（一七頁）に疑義を述べます。釈尊は迦葉だけに付属したと説きます。しかし、不立文字・教外別伝として経文を無用と否定することは、『涅槃経』では「仏の所説に順ぜざる者あれば当に知るべしこれ魔の眷属なり」と説きます。ここに「禅天魔」と批判されたのです。また、「拈華微笑」の伝説を根拠付けるために、偽経とされる『大梵天王問仏決疑経』を引用するのは「不立文字」と矛盾します。

そして、真言宗にふれます。本書の目的の一つはこの真言批判にあります。蒙古襲来にあたり真言亡国の謬りを起こさないための諌言です。しかも、浄土・禅宗の災いをはるかに超えた、「大僻見」（一〇三三頁）として真言宗の誤りを究明します。真言宗の教えは、

「善無畏三蔵・金剛智三蔵・不空三蔵、大日経・金剛頂経・蘇悉地経を月支よりわたす。此三経の説相

分明なり。其の極理を尋れば会二破二の一乗、其の相を論ずれば印と真言と計なり。尚華厳・般若の三一相対の一乗にも及ず、天台宗の爾前の別円程もなし。但蔵通二教を面とす」（一〇三三頁）

真言宗は「印と真言」だけを特徴とします。「会二破二の一乗」とは声聞・縁覚の二乗を一乗に融合（会）するか打破するかを会二破二といいます。しかし、その一乗とは一仏乗ではなく菩薩乗のことで、二乗にとらわれず菩薩を讃えます。法華経は全ての衆生が成仏できる一仏乗を説きますので菩薩乗に限った教えではありません。華厳宗の三一相対とは三乗の他に一乗を立てることです。譬喩品の三車を三乗とし大白牛車を一乗教として別に一乗があると説きます。天台宗は「会三帰一」の一乗を説きますので、これらは天台宗の爾前の別円ほどもないとします。つまり、真言宗は会二破二を極理とするが、それは華厳・般若の三一相対の一乗思想や、爾前の別円にも及ばない蔵通の教理と述べたのです。『観心本尊抄』に「爾前迹門円教尚非仏因。何況大日経等諸小乗経。何況華厳・真言等七宗等論師人師宗。与論之不出前三教奪云之同蔵通」（七一四頁）と述べています。

善無畏と一行の関係については、『曽谷入道許御書』（八九七頁）に述べました。本書にも善無畏はいかにして真言宗を天台宗よりも優位に置くかを考え、一行の三論・法相・華厳・天台宗の学識を利用した経緯を詳しく述べます。また、大日経の入真言門住心品の「極無自性心」「如実一道心」の文を、法華経の「四十余年未顕真実」の文に対抗させ、入曼荼羅具縁品以下の品はインドにては同じ一経であると騙します。これにより法華経の「已今当の三説超過」の文、神力品の「四句要法」の文に対抗させたのです。では、法華経に勝れたものは何かを考え、それを印と真言の「事」にあると説いたのです。これが、「理同事勝」です。

真言宗はここに密教の優位性を主張します。弘法は大日如来の悟りを密教とし、六大無碍・四種曼荼羅・三密加持の教理にて即身成仏を説きます。禅定の境地に入り手に印契を結ぶ身密、口に真言を唱える口密、心に仏を憶念する意密を真言の三密といいます。いわゆる「三密相応の秘法」（一〇三五頁）です。この仏力が加わった三密加持に即身成仏を説きます。そして、天台の一念三千は意密の範囲であり、三密相応の真言宗が勝れているとしたのです。これを批判するため伝教にふれます。伝教は入唐以後の日本においては、戒壇建立の問題に奔走し真言論破は後事に託したが、『依憑集』に真言を破邪した文があると述べます。（一〇三六頁）。即ち『開目抄』に引かれた「新来真言家則泯筆受之相承。旧到華厳家則隠影響之軌模等」（五七九頁）の文です。

弘法は入唐して印と真言を習い帰国後には天台宗に対抗するため華厳宗を利用します。つまり、弘法は天台宗の法華教学には勝てないと知っていたのです。にも関わらず印・真言を優位に立たせるため、龍猛の『菩提心論』や善無畏の名前を引用したと述べます。このような見方は本書の特徴といえます。弘法は一番勝れた宗派は真言宗、二番目は華厳宗、三番に天台宗とします。ですから、聖人は「仏法の事は申にをそれあれども、もつてのほかにあらき（荒量）事どもはんべり」（一〇三六頁）と、弘法は粗雑な考え方をすると述べます。理由は大日経に対すれば法華経は戯論。六波羅密経に対すれば盗人。守護経に対すれば無明の辺域とした見解です。

「問云、弘法大師の十住心論・秘蔵宝鑰・二教論に云、如此乗々自乗得名望後作戯論。又云、無明辺域非明分位。又云、第四熟蘇味。又云、震旦人師等諍盗醍醐各名自宗等［云云］。此等の釈心如何。答云、予此の釈にをどろいて一切経並大日の三部経等をひらきみるに、華厳経と大日経とに対すれば法華経戯論、六波羅蜜経に対すれば盗人、守護経に対すれば無明の辺域と申経文は一字一句も候わず。此事はいとはかなき事なれども、此の三四百余年に日本国のそこばくの智者どもの用させ給へば、定てゆへある

かとをもひぬべし。しばらくいとやすきひが（僻）事をあげて余事のはかなき事をしらすべし」（一〇三七頁）

弘法は淳和天皇の勅命により、天長七（八三〇）年に南北各宗の碩学に綱要を提出することになり、『秘密曼荼羅十住心論』十巻と、それを纏めた『秘蔵宝鑰』三巻を献上します。前者は広本、後者は略本といいます。『弁顕密二教論』は早い頃の著作とされます。序説・引証喩釈・引証註解・結語から構成され、内容は第一に能説の仏身、第二に所説の教法、第三に成仏の遅速、第四に教益の勝劣を述べます。要点は密教が勝れていると主張したのです。しかし、聖人は天台が六波羅密経の醍醐を盗んだとしたことを僻事と述べます。六波羅経が中国に伝来したのは、天台の没後の唐の半ば（七八八年）に般若三蔵が伝えたからです。（『真言見聞』六五七頁）。

似た事例として、得一（徳一、徳溢）は天台が『解深密経』の三時教を誤りとしたのを、天台は「三寸の舌をもつて五尺の身をたつ（断）べしと罵しり」批判しました。伝教は反論して『解深密経』は天台の没後に伝来した経典であるので、「死して已後にわたれる経をばいかでか破給べき」と批判します。このとき得一は返答に詰まるのみならず、「舌八に裂けてさけて死候ぬ」とあります。（『私聚百因縁集』七巻二五丁、「舌口中裂伝云爾」。『破邪弁正記』「舌口中爛」）。そして、天台が醍醐を盗んだと批判するならば、法華経を醍醐と説いた釈尊を始め、多宝仏、インドの龍樹・天親も盗人になると反論します。

また、弘法は法華経を戯論というが、大日経や金剛頂経などに文証があるかと反詰します。これらの主張には確たる根拠がないのです。たとえ経典に書かれていても、訳者の誤りもあるので慎重にすべきとして、孔子の九思一言を挙げます。また、周公旦は子の伯禽に吐哺捉髪（とほそくはつ）を教訓しました。身分の高い周公でも名士が来ると洗髪中でも髪を握ったまま、また、食事中には口の中の食べ物を吐き出して会うことを優先しました。これは天下の賢人を失うことを恐れるからで、驕ることなく慎んで人と接することを教えたのです。（「韓詩外伝」「史記魯周公世家」）。聖人はこれらの智者のように注意深くすべきと述べたのです。

そこで、この邪説を信じた覚鑁（一〇九五～一一四三年）は、「舎利講式」（舎利供養式）に法華・華厳の僧は、真言師の履き物取りにも及ばないと揶揄したと述べます。

「聖覚房が舎利講の式云、尊高者也不二摩訶衍之仏。驢牛三身不能扶車。秘奥者也両部曼陀羅之教。顕乗四法不堪採履と［云云］。顕乗の四法と申は法相・三論・華厳・法華の四人、驢牛の三身と申は法華・華厳・般若・深密経の教主の四仏、此等の仏僧は真言師に対すれば聖覚・弘法の牛飼、履物取者にもたらぬ程の事なりとかいて候」（一〇三八頁）

「不二摩訶衍之仏」とは大日如来のことです。「驢牛三身不能扶車」の驢牛（露牛）とは、顕教の釈尊は大日如来の車をひく驢馬や牛にも足らないと卑下します。また、顕教の教えは両部の曼荼羅を説く密教に比べれば、履き物取りにも及ばないと見下します。これは、弘法に責任があると述べたのです。そして、釈尊や大自在天・婆籔天・那羅延天の四聖を椅子の脚とし、その上に座して法を説いた大慢婆羅門の慢心を述べます。これは、真言師が灌頂のとき敷曼荼羅を地に敷くからです。禅宗も仏の頂を踏む大法と放言するので（『仏祖通載』十三）、真言師の敷曼荼羅と同じく仏を卑下した邪法であると述べます。その大慢の誤りを糺した、『西域記』の賢愛論師（跋提羅楼支）にふれます。国王の前で法論をさせたところ大慢の邪義が明らかになります。国王は先王をも誑かしたと怒って火刑に処そうとしますが、賢愛論師の諭しにより国中を引き回して懺悔をさせます。大慢は憤りのため吐血して病に臥します。これを聞いた賢愛は見舞いに行きますが、大慢は反省せず大乗を誹謗したため、その場に大地が裂き破れ生きながらに無間地獄に堕ちた故事を引きます。つまり、真言師や禅宗の罪も大慢と同じように堕獄とされます。

また、中国の三階禅師（信行。五四〇〜五九七年）にふれます。三階は天台と同年代で『三階仏法』四巻を著します。三階とは第一階は善を以て悪を覆う衆生、第二階は悪を以て善を覆う衆生で諸仏も済度しないとします。第三階の末法は一乗三乗、高下浅深を分けない普遍妥当の教えが必要として「普経」を作ります。末法の機根に法華経を弘める者は地獄に堕ちるとします。そして、昼夜六時の勤行と一年四時の座禅を行い生き仏のように慕われます。

『唐法華伝』には弟子の慈門寺の孝慈が三階教に帰依したとき、一人の少女が法華経を読誦しているのを見て、大乗経は時機不相応の別教であるから阿鼻地獄に堕ちると貶します。少女はどちらが仏意に契っているか勝劣を決したとき、孝慈は声を発せなくなります。その他の僧も音（声）を失うとあります。『釈門自鏡録』には福先寺の僧が一時のあいだ命終したところ、三階が大蛇身となり体全体が口となって信徒を飲み込むのを見たという文があります。当座に声を失ったのは弟子の孝慈で、後に大蛇となったのは師の三階禅師信行です。師弟が共に悪道に堕ちた例を挙げたのです。同じく善導や法然が立てた「千中無一」の悪義により、三階教と同じように念仏信者も無間地獄に堕ちると述べます。

ここまで念仏・禅・真言の「三の大事」「三の災い」の邪義を糺しましたが、これよりも最大の悪事は慈覚が真言に与同し山門が真言宗に帰伏したこととされます。

〔第七章〕台密批判に着手

これ迄の密教批判は弘法の真言密教（東密）の破邪でした。ここからは日本仏教の中枢であり社会的にも最大の勢力を持つ天台宗を批判します。叡山の密教化した台密の破邪に入ります。与同天台の立場からは矛盾とみられますが、諸宗批判の最終目的であり積年の台密に対する疑義を本格的に是正する時期が到来したと言えます。

「此等の三大事はすでに久くなり候へば、いやしむべきにはあらねども、申さば信ずる人もやありなん。これよりも百千万億倍信じがたき最大の悪事はんべり。慈覚大師は伝教大師の第三の御弟子なり。しかれども上一人より下万民にいたるまで伝教大師には勝てをはします人なりとをもえり。此人真言宗と法華宗の奥義を極させ給て候が、真言は法華経に勝たりとかかせ給へり。而を叡山三千人の大衆、日本一州の学者等一同帰伏の宗義なり。弘法の門人等は大師の法華経を華厳経に劣とかかせ給るは、我がかたながらも少し強きやうなれども、慈覚大師の釈をもつてをもうに、真言宗の法華経に勝たることは一定なり。日本国にして真言宗を法華経に勝と立をば叡山こそ強かたきなりぬべかりつるに、慈覚をもつて三千人の口をふさぎなば真言宗はをもうごとし。されば東寺第一のかたうど（方人）慈覚大師にはすぐべからず」（一〇四〇頁）

慈覚は修禅大師義真（七八一～八三三年）、寂光大師円澄（七七一～八三六年）に続いて相承された第三代座主です。円澄は西塔を開き慈覚は横川を開きます。真言宗の邪義を糺すのは天台宗であるべきです。しかし、慈覚は真言宗の方が法華経より勝れている（「真言勝法華」）と発言し誰しもが従ったのです。叡山の学僧も真言宗を批判することなく、東寺からすれば最大の味方となったのです。そこを、「最大の悪事」と糾弾されたのです。

同じように、禅宗が弘まったのは天台密教を大成した五大院安然にあるとします。『教時諍論』（『教時諍』）に禅宗（仏心宗）を第二とし、法華宗を第三と下したからです。また、念仏宗が弘まったのは慧心が『往生要集』（天台首楞厳院沙門源信撰）の序文に、濁世末代は念仏の一門に依りて西方極楽浄土の阿弥陀仏の国に往生すると説いたことを指摘します。一に厭離穢土、二に欣求浄土、三に極楽の証拠などの十章を立てて念仏を勧めたのです。これにより叡山の僧綱が機能せず、禅・念仏宗が弘まった原因とします。この慈覚が真言宗を認め、安然が禅宗を認め、慧心が念仏を認めたので、この三師は『蓮華面経』の「獅子の身の中の虫」（一〇四一頁）とし亡国の因縁を作った者とします。

次に、伝教は法華経が真言に勝れていることは、師の行表や鑑眞が招来した『天台三大部』を学び修得していたと述べます。高雄山寺において南都六宗を統一しますが、世間的な配慮から入唐し、天台・真言を学びます。それは法華経は真言よりも勝れているという「生知の妙悟」にありました。故に真言には特別の宗をつけず、天台法華宗の止観・真言（遮那）の二業として、十二年の期間を官費にて修学させました。一乗止観院（根本中堂）においては、法華経・金光明経・仁王経を鎮護国家の三部経として長講させ、天皇の宣旨により三種神器に擬えたと述べます。つまり、日本国の重宝である神璽（八尺瓊の勾玉）・宝剣（天叢雲剣）・内侍所（八咫鏡）の三種神器と同等と判断されます。このことは義真・円澄までは守られたが慈覚が破ったとします。

慈覚は中国に渡り、顕密二教を宗叡・全雅・興善寺の元政・青龍寺の義真・玄法寺の法全（はっせん）・宝月（ほうがち）・大安国寺の侃（かん）阿闍梨・浄影寺の惟謹（いきん）の八師（「高僧宗叡に悉曇梵學研究し全雅阿闍梨に金頂の潅頂曼荼羅相傳」）の真言師や、天台宗の広修・維蠲に習います。この八師については密教の宗叡・全雅・元政・義真・法全・侃阿闍梨と、天台の志遠・宗頴の八人とする説があります。（『日蓮聖人遺文全集講義』第一五巻下二九七頁）。聖人は慈覚は始めから真言宗が勝れていると思っていたと述べます。師の伝教は中国にて密教を学ぶ期間が短いため、深い理解には至らなかったと思ったのです。

慈覚は帰朝して文徳天皇の仁寿元（八五一）年に、東塔の止観院の西に総持院という大講堂を建て、真言の金剛界の大日如来を本尊とします。そして、善無畏の『大日経疏』（台密では『大日経義釈』）を手本として、『金剛頂大教王経疏』七巻と、『蘇悉地羯羅経略疏』七巻を著します。この『蘇悉地羯羅経略疏』に仏教には顕示教と秘密教があり、顕示教は世間一般の世俗（俗諦）と、仏法の勝義（真諦）の融合一体を説いていないとします。秘密教は俗諦と真諦の一体融合を説くから勝れているとします。その秘密教にも理秘密教の華厳・般若・維摩・法華経・涅槃経は真言密印を説かないので、それを説く事理具密教の大日経・金剛頂経・蘇悉地経よりも劣っていると下したのです。

つまり、事理具密教は真俗二諦と事と理の一体不二だけではなく、真言と密印の事相を説くので真言宗が勝れているとしたのです。いわゆる「理同事勝」を主張します。慈覚はこの解釈は善無畏の『大日経疏』によるので誤りはないと思いながらも、少しの疑念があったのか、また、真実性を誇張するために日輪を射る夢相を仏意に通達した証拠として後世に伝えたと述べます。寛平親王（宇多天皇）の撰で慈覚の別伝を引用します。

「大師造二経疏成功已畢、中心独謂此疏通仏意否乎。若不通仏意者不流伝於世矣。仍安置仏像前七日七夜翹企深誠勤修祈請。至五日五更夢当于正午仰見日輪而以弓射之其箭当日輪日輪即転動。夢覚之後深悟通達於仏意、可伝於後世等」（一〇四三頁）

慈覚は金剛頂経と蘇悉地経の疏を著述し、この内容が仏の意に叶うかを確かめるため、仏像の前に二つの疏を置いて七日七夜の祈請を勤めます。五日目の明け方に夢を見ます。それは、太陽を弓で射るとその矢が太陽に命中し、射られた太陽は落ちたというものです。この夢想に二つの疏は仏意に通達したと悟り伝導を決意したとあります。聖人はこの夢想は「忌むべき夢」（『祈祷鈔』六八六頁）とされ、日輪が転動（回転しながら動くこと）した夢は凶夢とされます。また、「是は慈覚大師の心中に修羅の入て法華経の大日輪を射るにあらずや」（『曽谷入道殿御書』八三九頁）と、法華経である日輪を射ることは修羅の凶事とします。承久の乱の闘争の原因として真言亡国を述べるときにも引用されます。叡山は仁明天皇の勅許を受けて真言化し、木画の二像を開眼するにも大日仏眼の印と真言の事相を用いた起因を慈覚にみたのです。慈覚の「理同事勝」の説が絶対的なものとして存続していたことが分かります。

そこで、慈覚の夢想を誤りとし法華経が勝れている判定の基準を示されます。

「疑云、法華経を真言に勝と申人は此釈をばいかんがせん。用べきか、又すつべきか。答、仏の未来を定云、依法不依人。龍樹菩薩云、依修多羅白論。不依修多羅黒論。天台云、復与修多羅合者録而用之。無文無義不可信受。伝教大師云、依憑仏説莫信口伝等〔云云〕。此等の経・論・釈のごときんば夢を本にはすべからず。ただついさして法華経と大日経との勝劣を分明に説たらん経論の文こそたいせち候はめ」（一〇四四頁）

その基準とは直々に（ついさして）経の文証が大切なのであり、単純な夢判断ではないのです。印・真言がなければ開眼できないとするのは非義で、真言宗が伝来する以前にも開眼供養は行われており、その頃は木像が歩いたり説法をしたが、今はその利生は失われたと述べます。その証拠は経論を引用しなくても、慈覚が疏に自ら書いてあるとします。つまり、日輪を射る夢は仏教や外典においても吉夢ではないからです。

その夢想が凶夢である例証を引きます。仏典からは『涅槃経』に摩伽陀国の阿闍世王が、天から月が落ちる夢を見て、耆婆大臣に占わしてみると釈尊が入滅する夢と判断します。また、『大智度論』に修祓多羅は天から太陽が落ちる夢を見て、占うと釈尊が夜半に入滅すると知ったこと。『長阿含経』に修羅が帝釈と闘うときは、まず帝釈の臣下である日月を射るとあります。外典からは『史記』の夏の桀王、殷の紂王という悪王は、常に太陽を射たため身を滅ぼし国を滅亡させます。『過去現在因果経』には摩耶夫人は太陽を孕んだ夢を見て、釈尊を降誕されたと説きます。故に『仏本行集経』に釈尊の幼名を日種と言う由来を挙げます。

そして、日本国は『神代巻抄』から、天照大神が日天である太陽の神（日神）である故と述べます。日神は大日霊尊（おおひるむちのみこと）といわれ、日神出生の本国であることから、日本国と称したという説がありま す。（『日蓮聖人御遺文講義』第四巻四一八頁）。

これらのことを慈覚の金蘇二疏と比べます。即ち尊い日輪を射止めても良いのかということです。先ずは天照大神は日神であること、伝教は法華経を仏教の中における日輪と定めたこと、日種と言われた釈迦牟尼仏と、法華経は日天子（『開結』五二三頁）と説かれた経王であることを比較されるのです。つまり、日輪を射る夢は凶夢と述べたのです。この現証は承久の乱の真言師の祈祷の敗北でした。この結末からして蒙古調伏に真言宗を起用すれば、過去と同じ轍を踏むと述べたのです。ここ迄は台密批判を述べます。

〔第八章〕三度の高名は閻浮第一の智人の証拠

賢明な国主ならば国家の安泰を願って聖人を頼るべきであるが、讒言を信じて聖人を迫害したため、梵天・帝釈・日月・四天・衆星・地神などの諸天が、これらの謗法の者を治罰するために天変地異を起こして誡めた。しかし、それに気づかず更に危害を加えたので、隣国の聖人に仰せつけて日本国を誡めたと述べます。そして、聖人ほど迫害された者はいないので、「まづ眼前の事をもって閻浮第一の者としるべし」（一〇四七頁）と述べます。閻浮提の中に第一の法華経の行者と確定される程、迫害が熾烈であり身命に及んだのです。

仏法の流布について、弥陀の名号である念仏の流布は、法華経の題目が弘まることの先序とします。念仏は慧心・永観・法然の三人の力により流布し、この権教が弘まれば必ず実教が弘まるのは道理とされます。

「権大乗経の題目の広宣流布するは、実大乗経の題目の流布せんずる序にあらずや。心あらん人は此をすい（推）しぬべし。権経流布せば実経流布すべし。権経の題目流布せば実経の題目又流布すべし。欽明より当帝にいたるまで七百余年、いまだきかず、いまだ見ず、南無妙法蓮華経と唱よと他人をすゝめ、我と唱たる智人なし。日出ぬれば星かくる。賢王来れば愚王ほろぶ。実経流布せば権経のとどまり、智人南無妙法蓮華経と唱えば愚人の此に随はんこと、影と身と声と響とのごとくならん。日蓮は日本第一の法華経の行者なる事あえて疑ひなし。これをもつてすいせよ。漢土・月支にも一閻浮提の内にも肩をならぶる者は有べからず」（一〇四八頁）

釈尊の一代五時の教えは先権後実という方便から真実へ説き進めます。これと同じように法華経の題目が流布することは必定とします。この教法流布の思考は『教機時国抄』に「教法流布先後者未渡仏法国未聴仏法者。既渡仏法国信仏法者。必知先弘法可弘後法。先弘小乗権大乗後必可弘実大乗」（二四三頁）と述べています。

聖人の「時」の概念は次のことが考えられます。1.「今本時」という現在を永遠の時としたこと。2.「末法今時（こんじ）」は仏教が滅亡する時（白法隠没）とみたこと。3.「教法流布の前後」から過去に題目を広められない時があること。4.題目が広まる時。5.選ばれた者（「上行別付」）が出現して弘める時です。本書の文章は（3）の五義により、浄土教の流布は題目の流布する始まりとします。そして、蒙古襲来の未来記が現実となった今、題目を宣顕したのは自分一人であることから、閻浮第一の法華経の行者と称し法華流布の必然性を表明されたのです。この行者の自覚により（2）から（5）の項目が充当されます。

次に、常に主張してきた正嘉・文永の天変地異が起きる理由は聖人のみが知っていると述べます。

「問云、正嘉の大地しん文永の大彗星はいかなる事によつて出来せるや。答云　天台云　智人知起蛇自識蛇等［云云］。問云、心いかん。答云、上行菩薩の大地より出現し給たりしをば、弥勒菩薩・文殊師利菩薩・観世音菩薩・薬王菩薩等の四十一品の無明を断ぜし人々も、元品の無明を断ぜざれば愚人といわれて、寿量品南無妙法蓮華経の末法に流布せんずるゆへに、此の菩薩召出されたるとはしらざりしという事なり。問云、日本・漢土・月支の中に此事を知る人あるべしや。答云、見思を断尽し、四十一品の無明を尽る大菩薩だにも此事をしらせ給はず、いかにいわうや一毫の惑をも断ぜぬ者どもの此事を知べきか」（一〇四八頁）

涌出品において地涌の菩薩が出現した理由を、弥勒・文殊・観音・薬王菩薩など、仏に次ぐ智慧をもつ菩薩でさえ知らなかったと述べます。これは、地涌付属を受けた本化と迹化との違いにあります。聖人は自らを凡夫と言いながらも、客観的に見ると智人であり上行菩薩であることを明かすのです。また、中国の平王や周の幽王の出来事は、その預言の通りになったように物事には前兆があることを述べます。

「日蓮は凡夫なり。此事をしるべからずといえども、汝等にほぼこれをさとさん。彼の周の平王の時、禿にして裸なる者出現せしを、辛有といゐし者うらなつて云、百年が内に世ほろびん。同き幽王の時、山川くづれ、大地ふるひき。白陽と云者勘ていはく、十二年の内に大王事に値せ給べし。今の大地震・大長星等は国主日蓮をにくみて、亡国の法たる禅宗と念仏者と真言師をかたうどせらるれば、天いからせ給ていださせ給ところの災難なり」（一〇四九頁）

と、国主とそれに与同する禅・念・真言の諸僧を諸天は治罰したと述べ、それを最勝王経・仁王経・守護経を引いて証文とします。そして、これら三宗の元祖を仏法を滅ぼす「三虫」（一〇五一頁）とし、慈覚・安然・慧心は法華経と伝教にとっては獅子身中の「三虫」（一〇五二頁）とします。つまり、釈尊と伝教の法華経を破壊した「大謗法の根源」と糾弾したのです。

ここに、聖人の「三度の高名」（一〇五三頁）を述べます。これは智者の表明となる三度の諫暁をいい、法華経の行者の実績といえます。一、文応元年七月十六日に『立正安国論』を時頼に提出した際、宿屋入道に禅宗と念仏宗を用いれば、北条一門より反逆が起き他国に攻められると諫言されました。二、文永八年九月十二日に、頼綱に逮捕された際、聖人を追放すれば日本国の柱橦を倒すことになり、国内に同士討ちが起き他国に攻められ日本国が滅ぶと諫暁されたこと。そして、三、佐渡赦免後の文永十一年四月八日に、頼綱に蒙古襲来を問われ「よも今年はすごし候はじと語たりき」（一〇五三頁）と、予言したことを挙げます。〈佐渡期四二〇頁〉。この諫言には上行菩薩の資格を具えているという意思があります。釈尊との約束を実行できた安堵感があります。

「此の三の大事は日蓮が申たるにはあらず。只偏に釈迦如来の御神我身に入かわせ給けるにや。我身ながらも悦び身にあまる。法華経の一念三千と申大事の法門はこれなり。経に云、所謂諸法如是相と申は何事ぞ。十如是の始の相如是が第一の大事にて候へば、仏は世にいでさせ給。智人起をしる、蛇みづから蛇をしるとはこれなり。衆流あつまりて大海となる。微塵つもりて須弥山となれり。日蓮が法華経を信じ始しは日本国には一渧一微塵のごとし。法華経を二人・三人・十人・百千万億人唱え伝うるほどならば、妙覚の須弥山ともなり、大涅槃の大海ともなるべし。仏になる道は此よりほかに又もとむる事なかれ」（一〇五四頁）

「三の大事」とは三度の諫暁のことで、念・禅・真言宗を亡国の悪法と断定したことです。この予見は釈尊の魂が聖人の身体に入り口を借りて発言されたと感受されます。釈尊との一体感を法悦とされ、それを「一念三千と申大事の法門」と述べます。教学としては「九界即仏界・仏界即九界」の観心を体得された事具一念三千となりましょう。天台は一念三千を十如実相から立論されました。「諸法実相」とは諸法即実相のことで、現実にあるそのままを実相と説きます。従って現象の一々から全体を見ることができる一即一切を説きます。これを具体的に示したのが十如是の体用因果です。

　聖人は十如是の始めの相如是を大事とします。「如是相」とは外より見て判別できる事物の相状をいいます。『法華玄義』には「相以て外に拠る覧て別つ可し」、『釈籤』には「相はただ色に在り」とあります。相には前相・瑞相も含まれます。つまり、正嘉以来の天変地異の現象を、地涌の菩薩が出現された吉瑞と述べた根拠がここにあります。『観心本尊抄』に「此菩薩蒙仏勅近在大地下。正像未出現。末法又不出来大妄語大士也。三仏未来記亦同泡沫。以此惟之無正像出来大地震大彗星等。此等非金翅鳥・修羅・龍神等動変。偏四大菩薩可令出現先兆歟。天台云見雨猛知龍大見花盛知池深等。妙楽云智人知起蛇自識蛇等」（七二〇頁）と述べたように、末法に法華弘通を付属され、立正安国を主張され妙法五字を下種されたことを法悦とされたのです。ですから、権教流布の後は実教が流布する論理から、聖人の妙法広布の一歩は一渧一微塵ではあるけれど、未来には百千万億人が題目を唱え妙覚の須弥山となり大涅槃の大海となると述べたのです。妙法広布を誓願とする門下の指標を示されたのです。ここを本書の帰着とする見方があり、「三度の高名」以下は聖人の本懐を述べたといいます。（『日蓮聖人御遺文講義』第一五巻下三四五頁）。

　次に、重ねて文永八年に頼綱に逮捕されたとき、自他二難が起きると予言した根拠を述べます。特に『大集経』の忍辱品に「若復有諸刹利国王作諸非法悩乱世尊声聞弟子、若以毀罵刀杖打斫及奪衣鉢種種資具若他給施作留難者。我等令彼自然卒起他方怨敵及自界国土亦令兵起飢疫飢饉非時風雨闘諍言訟譏謗。又令其王不久復当亡失己国」、とある文を大事にされます。この文は法華経の行者を迫害すれば、梵天王を始めとした諸天善神が二難を起こし、国王と国家を滅亡させると説かれています。

　このことを「いたひ（痛）とかゆき（痒）とはこれなり」と述べます。『四恩抄』（二三三頁）に流罪となって悦びと歎きの二つの大事があるとした文意と同じと思われます。経文符合の法悦と毀謗者の堕獄の悲しみです。本書は更に自他二難の凶瑞として国主と国家の滅亡と、それが妙法広布の祥瑞であると述べました。亡国は本意ではないが、頼綱に逮捕されたことを原因の一つとされます。〈鎌倉期四〇三頁〉。竜口法難のときに八幡大菩薩を諌暁され、法華経の行者を守護する効験を迫ります。その現証として二月騒動が起きました。この事実に法華経を受持することにより「日本第一の大人」（一〇五六頁）と述べます。大人とは『開目抄』に「仏世尊は実語の人。故に聖人・大人と号す。外典・外道の中の賢人・聖人・天仙なんど申は実語につけたる名なるべし。此等の人々に勝て第一なる故に世尊をば大人とは申すぞかし」（五四三頁）と述べているように、釈尊と同じように真実のことを語る人をいいます。その真実を体得した智人（ちにん）のことです。自我偈に「仏語実不虚」（『開結』四二八頁）と虚言を言わない聖人のことです。

次に、自ら大人と宣言することは慢煩悩（大きな慢心）ではないかと問います。慢煩悩には七慢・九慢・八慢があり、これは他人より劣っているのに己が勝れていると吹聴することです。例えば『大唐西域記』に、徳光論師が弥勒菩薩を礼拝しなかったことが説かれます。徳光は大乗を誹謗しますが、心中に疑問をもち弥勒菩薩に会い解決したいと天軍羅漢に乞います。天軍は神通力をもって徳光を兜率天に上らせます。ところが弥勒菩薩に合っても礼拝しません。天軍がその理由を聞くと弥勒は天の福楽を受けているが、出家の仲間ではないと答えます。徳光はこの慢心のため疑問を解決できませんでした。大慢婆羅門は四聖を四脚として座り賢愛論師に説き伏せられます。大天は在俗のとき父母と阿羅漢を殺し、滅罪のため摩伽陀国の鶏薗寺にて出家します。説法がうまく尊敬されますが、慢心して阿羅漢を得たと自ら称しました。迦湿弥羅の無垢論師は五天竺第一と称されましたが、大乗を誹謗した罪により狂乱し懺悔しますが堕獄します。

これらの諸師は自分から大人と名のった慢心により無間地獄へ堕ちます。聖人にも同様な批難が向けられることを想定されたのです。ですから、「汝いかでか一閻浮提第一の智人となのれる、大地獄に堕ちざるべしや。おそろしおそろし」（一〇五六頁）と自問されます。ここに注目されるのは、自らを一閻浮提第一の智人と位置づけたことです。釈尊に継ぐ大人と自覚されることは、先の「一念三千と中大事の法門」に追従します。資師相承の立場からは上行自覚になります。そこで、この批難に反論します。

まず、釈尊は『瑞応経』に「天上天下唯我独尊」と説き、『無量寿経』には「最上尊」、法華経には「今此三界皆是我有」と、三界において独尊の聖者と宣言されたとき、外道は大自在天に罰せられて大地に堕獄すると批難します。また、伝教も南都六宗の七大寺の三百余人から、破法した大天の蘇生か鉄腹の再誕と批難されます。これは、智者と呼ばれた優婆提舎という婆羅門は、学んだことが腹より割れて出ることを怖れて鉄（銅）の鍱（板金）を作って腹に巻いた故事です。僧綱たちが伝教を鉄腹に似た驕慢の者であると揶揄したのです。これは宗論に負けた腹癒せに上奏し、仏法は衰滅する前兆と批難されたのです。（『顕戒論』）。しかし、天は釈尊を罰することなく還って大地は金剛座のように堅く守護されます。伝教も叡山に延暦寺を建て南都七大寺以下すべての者が従いました。聖人はこの例を引いて慢心による自讃ではないとし、智人の正言は大功徳となることを述べます。このことを補強するために、「されば現に勝たるを勝たりという事は慢にて大功徳となりけるか。伝教大師云、天台法華宗勝諸宗者拠所依経故不自讃毀他」（一〇五六頁）と、伝教の『法華秀句』と薬王品の十喩のうち、第二須弥山喩「衆山之中須弥山為第一。此法華経亦復如是。於諸経中最為其上等」（『開結』五二二頁）の文を引きます。

そして、第八羅漢喩の「有能受持是経典者亦復如是於一切衆生中亦為第一」（『開結』五二四頁）の文を引いて、諸経の菩薩、過去の諸宗の祖師に比べて法華経の行者が勝れていると述べます。つまり、所依の法華経が勝れているので、それを持つ能持の人も勝れるという論理です。（一〇五七頁）。

ここで、法華経の行者の心得を述べます。薬王品の第一大海喩と第三月天喩です。この文も同じく法華経を最第一とし持経者も第一の者と説きます。これらの文を裏付けとして法華経の行者も諸師に勝れているとされます。本書に「日蓮は満月のごとし」（一〇五八頁）と述べます。この発言は身延に隠棲されても行者としての誇りを発信され、門下に勇気を与えたと思います。勧発品（『開結』五九七頁）の文を引き、

「亦於現世得其福報の八字、当於今世得現果報の八字、已上十六字の文むなしくして日蓮今生に大果報なくば、如来の金言は提婆が虚言に同く、多宝の証明は倶伽利が妄語に異ならじ。一切衆生も阿鼻地獄に堕べからず。三世の諸仏もましまさざるか。されば我弟子等心みに法華経のごとく身命もをしまず修行して、此度仏法を心みよ」（一〇五九頁）

と「死身弘法」の功徳と果報を述べ、弟子・信徒に不惜身命で法華経を弘めることを勧めたのです。この果報とは即身成仏と解釈されます。（『日蓮聖人御遺文講義』第四巻五二五頁）。このあとに続く題目二遍は、『啓蒙』には自利と利他の回向とあります。

〔第九章〕なぜ法華弘通に命を賭けるのか

権教の後に法華経が弘まるのは道理という前提に立ち、勧持品の「我不愛身命但惜無上道」と、『涅槃経』の

如来性品の「譬如王使善能談論巧於方便奉命他国寧喪身命終不匿王所説言教。智者亦爾於凡夫中不惜身命要必宣説大乗方等如来秘蔵一切衆生皆有仏性」の文を掲げます。この文は「不惜身命」の行動を勧めたものです。

ここで、命を捨ててまで法華経を弘通しなければならない理由を示します。不惜身命について聖人は若い頃は、伝教・弘法・慈覚・智証等の先師が、天皇から勅宣を受けて入唐したことと思っていたと述べます。当時の遣唐使は「よつのふね」と呼ばれ同時に四艘が船出しました。最澄は第二船、空海は第一船に乗船します。三船と四船は沈没し有能な留学生が没します。命がけの遣唐使であったのです。玄奘は中国から印度へ渡り一七年も求法し、帰国する迄に六度も命の危険にあいます。また、『涅槃経』聖行品に雪山童子が「諸行無常是生滅法」と説く羅刹に、これに続く「生滅滅已寂滅爲樂」の文を聞くために身命を供養として捧げたことを引きます。そして、薬王菩薩が日月浄明徳仏に供養するため、七万二千歳という年月の間臂を焼いて供養したことを引き、これらのことが「不惜身命」と思っていたと述べます。

しかし、法華経と『涅槃経』を読んだとき、末法の修行はこれらのことではなく、真実は勧持品に「三類の強敵」があっても、「我不愛身命但惜無上道」の信心をもって法華経を弘めることでした。なぜなら、勧持品の二十行の偈は八十万億那由他の菩薩が、身命を奪われる迫害にあっても、忍難弘経を誓言した文であるからです。『涅槃経』の「寧喪身命」の文も同じことを説きます。共通しているのは「されば妙楽大師か（書）ひて云、第三最甚以後後者転難識故等」（一〇六〇頁）と、「三類の強敵」のうち第三の僭聖増上慢といわれる、戒律を持ち智者と呼ばれる高僧から加害されることです。

そして、安樂行品の「最在其上」（此法華経諸仏如来秘密之蔵於諸経中最在其上『開結』三八六頁）の文を引き、法華経は一切経の頂上にある最勝の教えと宣布することを行者の使命とします。当時の現況は主に真言師が国主や臣下に尊重されませんでした。勢力基盤が脆弱な聖人の国諌は通りませんでした。しかし、このような時こそ僭聖増上慢である良観などを呵責しなければならないと述べます。身命に及ぶ弘経精神こそ釈尊から付属された「第一の大事」（一〇六〇頁）とされます。今こそ弘法・慈覚の邪義を糺す時とされ、不惜身命の弘通をする者を、諸仏・諸菩薩・諸天善神は守護することを強調して本書を結びます。

「日本国にして此法門を立は大事なるべし［云云］。霊山浄土教主釈尊・宝浄世界の多宝仏・十方分身諸仏・地涌千界の菩薩等、梵釈・日月・四天等、冥に加し顕に助給はずば、一時一日も安穏なるべしや」（一〇六一頁）

聖人が今日まで弘通できた事を守護されている確証とされます。以上のことから聖人の教えの根本は、「時」を重視したことが窺えました。釈尊は末法の衆生のために法華経を説き置かれたと解釈されました。法華経の肝心は南無妙法蓮華経の七字であり、この題目が広まる時であると述べます。これら一連の事は常に門弟に教えられていたことです。ただし、身延入山後においても教団信徒への迫害は止みませんでした。聖人が鎌倉に在住していないこともあって、頼基や池上兄弟に見られたように動揺がありました。これらの信徒の退転を防ぐため、本書には強固な信心を勧奨された心境が窺えます。

□『国府尼御前御書』（一八二）

○国府入道の登詣と佐渡の信徒の温情

国府入道が佐渡より聖人を尋ねます。この当時、佐渡を往復するのに二五日から三〇日の日数がかかったといいます。（田中圭一著『日蓮と佐渡』一八頁）。老若男女の歩く早さや天候の状況で日数に違いがありますが、佐渡の土産を背中にしての旅中は難義であったと思われます。弘安元年七月に三回目の登詣を志したときは、七月六日に出立します。国府入道は途中で引き返しますが阿仏房は二七日に身延に着きます。片道を二一日間で歩いた健脚が分かります。国府入道は五月中には身延に入られていました。

本書は六月一六日付けにて、国府尼に頼まれた単衣一枚などを受領された礼状です。真蹟七紙は妙宣寺に所蔵されます。欠けていた第三紙目を昭和六年に発見し、岡島伊八氏の篤志により補い完全となりました。（『日蓮聖人遺文全集』別巻二四五頁）。国府尼については不明ですが、阿佛房夫妻と共に聖人を外護された篤信の信徒です。身延に隠棲されても供養を届け変わらぬ信仰をされます。本文には末法において法華経の行者を供養することは、如来を多劫の間、供養するよりも功徳が勝れていることを教えます。そして、日本第一の僻者として憎まれていた流罪人の聖人を外護された深い縁を述べます。

「しかるに尼ごぜん並に入道殿は彼の国に有時は人めををそれて夜中に食ををくり、或時は国のせめをもはばからず、身にもかわらんとせし人々なり。さればつらかりし国なれども、そりたるかみ（髪）をうしろへひかれ、すゝむあし（足）もかへりしぞかし。いかなる過去のえん（縁）にてやありけんと」

（一〇六三頁）

この文面に佐渡在島の苦難の様子が偲ばれます。地頭や他宗の僧俗から迫害されたのは聖人だけではありません。聖人を信奉し供養をする者を疎外しました。このような苦しい生活を共にしたことから、

「又いつしかこれまでさも大事なるわが夫を御つかい（使）にてつかわされて候。ゆめか、まぼろしか、尼ごせんの御すがたをばみまいらせ候はねども、心をばこれにとこそをぼへ候へ。日蓮こい（恋）しくをはせば、常に出る日、ゆうべにいづる月ををがませ給。いつとなく日月にかげをうかぶる身なり。又後生には霊山浄土にまいりあひまいらせん」（一〇六四頁）

と、身延と佐渡とは遠く離れているけれど、常に日月に影を浮かべて国府入道夫妻を見守っていると述べます。再会して法のことなどを説きたかったことでしょう。それが叶わないならば、死後は霊山浄土にてお会いしましょうと「後生善処」を諭して結びます。そして、この書状を千日尼と二人で、誰かに読ませて一緒にお聞きして欲しいと述べます。偏波のない布教態度が窺えます。

○　御本尊（沙門天目）六月

六月、沙門天目に授与され京都妙満寺に所蔵されます。「始顕本尊」と同様に絹本に書かれており、始顕本尊とは天地が一一・一センチ、幅が一・一センチだけ小さく、始顕本尊の原型が窺えます。（中尾尭著『日蓮』一七三頁）。

□『三三蔵祈雨事』（一八三）

○ 蝦夷の乱

六月二二日付けで西山氏に宛てた書状です。西山氏は駿河の西山郷の地頭で、北条氏に仕え本名は大内太三郎平安清といいます。学徳が高く始めは台密を信仰し「根本山法師」（『日蓮聖人遺文辞典』歴史篇四一四頁）であったといいます。鎌倉期に日興に帰依し南部氏を信仰に導いたといわれます。入道して安浄と名のります。後の康永二（一三四三）年に西山本門寺を建立します。墓所は下条村にあります。本書の真蹟は大石寺に所蔵され、一六紙のうち第一紙（三行半と日付自署花押宛名）は川崎市匡真寺に所蔵されます。第一六紙目は欠けています。西山氏からささげ（大角豆）と青大豆が供養された礼状です。冒頭に、

「夫木をうへ候には、大風ふき候へども、つよきすけ（扶介）をかひぬればたうれず。本より生て候木なれども、根の弱きはたうれぬ。甲斐無き者なれども、たすくる者強ければたうれず。すこし健者も独なれば悪きみちにはたうれぬ」（一〇六五頁）

と、人間には助ける者が必要であり、仏道を成就して仏になるには「善知識」が大切と述べます。善知識とは法華経の信仰を説く人のことで、この善知識に廻りあうことが爪上の土のように一番難しいと述べます。そして、仏教は道理と証文が大切であり、更に現証こそが仏法の真不真を諮る最も大事なことと述べ、その証拠として文永五年に起きた俘囚（蝦夷）・蒙古にふれます。

「日蓮仏法をこゝろみるに、道理と証文とにはすぎず。又道理証文よりも現証にはすぎず。而に去文永五年の比、東には俘囚をこり、西には蒙古よりせめつかひ（責使）つきぬ。日蓮案云、仏法不信なり。定て調伏をこなわれんずらん。調伏は又真言宗にてぞあらんずらん。月支・漢土・日本三箇国の間に且月支はをく。漢土・日本の二国は真言宗にやぶらるべし」（一〇六六頁）

義時は安藤五郎を奥州に派遣して蝦夷に備えていたところ、文永五年に反乱を起こし安藤五郎を殺害した事件があります。聖人はこの蝦夷の乱を他国侵逼と見たという指摘があります。また、蒙古は樺太・サハリンのアイヌを攻めて、日本を侵略することを企てていたといいます。蒙古は文永五年正月一八日に牒状をもって来日しました。聖人は「責め使い」の牒状と見て、蒙古が武力をもって襲撃すると受け留めました。蒙古は文永の役までに五度の使者を遣わします。この二つの事件を現証として、真言宗などの誤った仏教が蔓延している証拠と述べます。

本書の題号となった三三蔵とは善無畏・金剛智・不空の三人のことです。この三人の祈雨は大雨が降った後に台風がきて大災害になります。この失敗を真言の悪法の現証とします。また、弘法も天長元年二月の祈雨に守敏と効験を競います。守敏は同じ真言僧で嵯峨天皇から西寺を授けられます。守敏は七日の内に雨を降らせますが京都だけでした。次に弘法に祈雨を命じますが二一日間、祈っても雨が降らないので、天皇が祈ると雨が降ります。東寺の門人はこの効験は弘法が降らせたと吹聴します。聖人はこれを弘法の虚言と批判したのです。

同じように弘仁九年の疫癘のときに祈祷をしたら、夜半に日輪が現われたと言うことや（『般若心経秘鍵』）、帰朝の時に船より三鈷を投げたら、雲をかきわけて高野山に留まった言い伝えは全て誑惑とします。そして、天台・伝教の祈雨の効験は法華経が勝れている現証と認めます。つまり、三三蔵・弘法と天台・伝教の祈雨の効験を比較し、法華経が真実であると示されます。この事実から蝦夷と蒙古の調伏を真言に任せたら、隠岐法皇の時のように日本が滅ぶので不惜身命の覚悟で諫暁したと述べます。その時は弟子たちは止めたが、今は的中したので安心していると述べます。

弘法の夜半に日輪が現われたと言う大妄語は「日蓮が門家第一の秘事」（一〇六九頁）とされます。証拠となる経文や意味を充分に究明すべきと弾劾されます。この祈雨の現証は「天下第一の大事」だから、軽率に談義しないように訓辞されます。真言師との法論において弘法の祈雨の凶験は、経力の勝劣を判じるときの現証として相手を論破したことが窺えます。また、聖人の諫言を軽視したために蒙古の襲来が現実となったが、これにより法華経が広まると述べます。聖人を迫害した者の中でも、特に激しく軋轢を加えた者は後悔すると述べます。

釈尊が出世して仏教を説いた時にも外道が王臣や庶民を策動して、釈尊や弟子信徒に迫害を加え殺害したが、釈尊は一切衆生を救済するため退転せずに法を説いたことを挙げ、聖人も釈尊と同じ心であると述べます。そして、三大師が天台と真言の勝劣に誤謬したため、日本国の人々は悪道に堕ち他国から攻められたとし、その根本原因は漢土が滅んだように三三蔵にあるとします。

そのようなことであるから（「さればさのみやわあるべき」一〇七〇頁）、弟子の中にも聖人は彼らに勝れているのだろうかと疑問を持つ者がいました。しかし、釈尊が説いた経文に違うことはないと断言します。その証文として仏記には謗法堕獄は多く、正法を伝える者は爪上の土であるという『涅槃経』の文、『法華経』の六難九易の文、そして、『大集経』から正法を弘持する者に迫害を加えれば、隣国の賢王がその国を滅ぼすという文を引き、諸天善神の呵責として蒙古襲来に関連させます。最後に西山氏との宿善を貴びます。須梨槃特のように信心を強固にして成仏することが、提婆達多のような智慧者でも不信により堕獄することより大事であると諭します。供養の志に感謝して結びます。

第二節　熱原法難の萌芽

□『浄蓮房御書』（一八四）

○熱原法難の萌芽

六月二七日付けで浄蓮房から細美帷子を供養された礼状です。細美は荒く織られた麻布のことで細布とも言います。猛暑の時は涼しい粗服を送った配慮が窺えます。浄蓮房は本書の文面から、駿河の庵原郡興津の人で、富士郡の高橋六郎と俗縁といわれます。（堀日亨著『冨士日興上人詳伝』上、九八頁）。父親は念仏の信者でした。駿河における強固な信者で熱原法難の時は教団を外護します。『興師本』が重須本門寺に所蔵されます。浄蓮房に宛てた書状は本書のみが伝えられています。

本書に善導が観経を所依としたのは、師匠の明勝の教えによると述べます。明勝は三論宗の僧で法朗の門にて吉蔵と同学と言います。善導が『観経』を撰んだ機根と教法の関係にふれ、それに関する『涅槃経』の「七種の衆生」を説明します。この中の第一の闡提と第二の常没の衆生を、釈尊は救済されなかったので、弥陀の因位である法蔵菩薩は四十八願を立てて弥陀の浄土に迎い入れたとする説を挙げます。この浄土にも末代凡夫の機根に応じて上中下、各三品の違いがあり、末代凡夫は下三品であるから、法華経では救われないというのが善導の論理です。即ち上三品は大乗を修行する凡夫、中の上と中は小乗を修行する凡夫、中の下は世間における善を行なう凡夫で、最後の下三品が悪罪を行なう凡夫とします。これに対応して往生していく浄土に九種を立てて論じたもので『観無量寿経』の九品往生によります。

善導は浄土に往生する修行の方法として九品を説きました。この説は道綽の説であり道綽の説は曇鸞にあるとして念仏の三祖が伝えてきた浄土宗の法門と述べます。日本では恵心が『往生要集』で述べたのが始まりで、東大寺で三論宗を学んだ永観や法然もこの系列とします。

次に、善導の誤りを法蔵比丘の「唯除五逆誹謗正法」の文を挙げて論証します。『涅槃経』の「七種の衆生」の第一の謗法と第二の五逆を救うのは法華経であり、結経の『観普賢菩薩行法経』に謗法・五逆の機根を法華一乗と説いていると述べます。釈尊は宝海梵志として娑婆の衆生を救済すると誓った仏であるが、阿弥陀仏は娑婆の衆生を捨てた仏であるから、娑婆世界の衆生とは縁がないという釈尊三徳から弥陀無縁を述べます。

「善導和尚が義に付て申詮は私案にはあらず。阿弥陀仏は無上念王たりし時、娑婆世界は已にすて給ぬ。釈迦如来は宝界梵志として此の忍土を取給畢。十方の浄土には誹謗正法と五逆一闡提とをば迎べからずと、阿弥陀仏・十方の仏誓給き。宝界梵志の願云、即集十方浄土擯出衆生我当度之［云云］。法華経云、唯我一人能為救護等［云云］。唯我一人の経文は堅きやうに候へども釈迦如来の自義にはあらず。阿弥陀仏等の諸仏我と娑婆世界を捨しかば、教主釈尊唯我一人と誓て、すでに娑婆世界に出給ぬる上は、な

にをか疑候べき」（一〇七五頁）

このことからも浄土の教えは誤りであり、この六人の浄土の僧侶の邪見により、今生には守護の善神に捨てられ三災七難が起きるのであり、この罪により阿鼻獄に堕ちると述べ、浄蓮房の父親も浄土の信者であったから無間地獄に堕ちると危惧されます。しかし、浄蓮房の法華持経の功徳はそのまま父の功徳となって救われると讃えます。この書状を三遍ほど読んで人々に聞かせるように勧めます。

そして、駿河の信徒達も同心であると伝えるように指示されます。この追伸の文章から六月には滝泉寺の院主代行智などから、迫害されていたことが窺えます。折伏の布教は熱原法難を必然的に招くことになります。

「返返するが（駿河）の人々みな同御心と申させ給候へ」（一〇七八頁）

この頃には熱原郷の天台宗滝泉寺の住僧である、下野房日秀・越後房日弁・少輔房日禅・三河房頼円は日興の教化により聖人の弟子となっていました。これを危険視した行智により迫害が起きます。頼円は責めに屈して行智に従います。日弁・日禅は滝泉寺より退出しますが、日秀は滝泉寺に留まって熱原の農民を教化されます。この頃から行智が熱原法難を引き起こす策略が表面化されたのです。熱原法難の初期段階となります。

□『南条殿御返事』（一八五）

七月二日付けで時光から白麦一俵、小白麦一俵、河海苔五帖を供養された礼状です。河海苔は富士川や支流の芝川の渓流の岩場に自生していました。海苔十枚を壱帖とします。真蹟は大石寺に断簡が伝わっています。麦を供養されたことに因んで、阿那律が前世において縁覚に稗を供養した功徳で如意という名前を得たこと、迦葉が麦を供養した功徳により在俗にあっては富裕の長者となり、法華経において光明如来となったことを挙げます。釈尊の在世の月は今の月と同じ、桜花も昔も今も同じように、時光の供養の功徳は必ず仏となる善因と述べます。阿那律は阿奴律陀ともいい釈尊の十大弟子の一人です。釈尊の説法中に居眠りをし、それを悔いて釈尊の前では眠らなかったといい、そのために失明しますが天眼第一を得ます。迦葉は頭陀第一と称された厳格な修行者です。

食や金銭に乏しいときに、山河を踏み分けて麦を供養されたことに感謝されます。この麦は黄金であり法華経の文字として仏の種となると喩えます。阿那律の故事は『法華文句』に無貧が九十一劫の果報を得たとあります。十羅刹女は守護神となって弓箭第一という名声を得させると述べます。供養の功徳を賞賛されます。

追伸には法華信仰により所領を召されても、法華色読の法悦と思い身延に来るように述べます。また、蒙古の襲来に備えて警備に就く者の不安や別離の悲しみにふれ、このような事態になったのは、幕府が聖人の教えを用いないからであると述べます。（一〇八〇頁）。ほかに、『富木尼御前御書』（一一四七頁）・『兄弟抄』（九一八頁）・『聖人御難事』（一六七二頁）・『上野殿御返事』（一七六六頁）に、蒙古襲来で九州などの異国警護についた武士の悲しみにふれ、為政者が賢者であるならば法華信仰により蒙古襲来を防げたことの無念さを述べます。

□『大学三郎殿御書』（一八六）

同じ七月二日に大学三郎へ書状を宛てます。真蹟は九紙あり漢文で書かれ、平賀の本土寺に所蔵されます。大学三郎は比企能本のことです。順徳天皇の侍者相談役に加わり、承久の乱の時は順徳天皇に従って佐渡へ渡ったといいます。(『新編鎌倉志』)。しかし、『職事補佐』では順徳帝の蔵人の中に比企能本に該当する人物は存在しないので、順徳院にお供した確証はないといいます。(大川善男稿『日蓮聖人の御小庵霊跡考』)。また、大学允阿部晴長の子ともいいます。(『日蓮聖人遺文辞典』歴史篇六七〇頁)。能本の姉、若狭局は将軍頼家に嫁し、その子供の竹の御所が将軍頼経の夫人となったことにより、嘉禄年中(一二二五~二六年)に赦免されて鎌倉に帰ります。そして、儒官として幕府に任用され書家としても有名で『立正安国論』を校定したといいます。聖人が漢文にて書状を送られたのは七名と言います。(『日蓮聖人遺文辞典』歴史篇六七一頁)。

まず外道と内道の八宗は、十界のどこまでを説くかを比べて勝劣を判断します。十界の因果を究明することは、十界互具・一念三千の即身成仏を説く重要なところです。内道の倶舎・成実・律・三論・法相の六宗は、十界の教えの分限が六道・八界に留まることを示します。つまり、声聞・縁覚の二乗(二界)は成仏できないのです。華厳と真言の二宗は十界を立てますが、天台以後の宗派であり天台宗の教義を盗用したと述べます。天台の教えが弘まる前は、小衍相対(大小相対)により解釈をし、天台以後は権実相対をもって自宗を勝れていると解釈します。天台の学者はこれに迷い、特に真言の善無畏は「理同事勝」の謬言をしたと批判します。大日経について、

「日蓮捨論師人師添言専勘経文　大日経一部六巻並供養法巻一巻三十一品見聞之声聞乗縁覚乗大乗菩薩仏乗四乗説之。其中大乗菩薩乗者三蔵教三祇菩薩乗也。仏乗実大乗也。不及法華経之上　劣華厳・般若但阿含方等二経也。大日経極理未及天台別教通教極理也」(一〇八二頁)

と、大日経の一部六巻と、大日経巻七の供養念誦三昧耶法門には四乗を説くが、その中の菩薩乗は蔵経に説かれ

た、三阿僧祇劫を修行した菩薩のことです。仏乗においても阿含・方等部に属する大乗教の分限であるとします。方等部は権大乗です。つまり、大日経の教えは円教を兼ね備えた別教（華厳経）や、別教と円教を帯びた通教（般若教等）の極理にも劣り、まして、法華経に及ばないことは明白であると述べます。

次に、弘法の「華厳勝法華」の義は南三北七の華厳宗の説を受けたもので、『無量義経』『法華経』『涅槃経』の教えを読んでいない愚人と述べます。

「華厳経勝法華経者取南北二義也。又華厳宗義也。南北並弘法大師不見無量義経・法華経・涅槃三経愚人也。仏既分明華厳経与無量義経勝劣説之。何捨聖言南北付凡謬乎。以近察遠将又大日経与法華経勝劣不知之。大日経四十余年之文無之又已今当之言削之。二乗作仏・久遠実成無之。法華経与大日経勝劣論之民与王石珠勝劣高下是也」（一〇八二頁）

その理由は無量義経の「四十余年未顕真実」の文にあります。弘法は仏説よりも南三北七が立てた華厳第一の義を採択したのです。この勝劣を弁えないから大日経と法華経の勝劣も分からないと述べます。

安然は華厳経と法華経の勝劣を述べたが、大日経と法華経の勝劣は明確にしなかったとし、慈覚は伝教から教えを受けたが入唐しているうちに、真言宗に心を惑わされ「理同事勝」を説き、善無畏と同じ誤った解釈に落ちたとします。慈覚も善無畏の僻見を出ないとします。最後に聖人の考えを、

「而日蓮居末代粗疑此義。尊遠賎近上死下生、故当世学者等不用之。設堅持三帰・五戒・十善戒・二百

五十戒・五百戒・十無尽戒等諸戒比丘・比丘尼等、依愚智失小乗経謂大乗経権大乗経執実大乗経等謬義出来。大妄語・大殺生・大偸盗等大逆罪者也。愚人不知之尊智者。設世間諸戒破之者堅弁大小権実等経者、世間破戒仏法持戒也。涅槃経云、於戒緩者不名為緩於乗緩者乃名為緩等［云云］。法華経云、是名持戒等［云云］。重故留之。事々期霊山」（一〇八三頁）

と、当世は仏教の実義を弁える知者はいないと歎きます。たとえ戒律を持っていても小乗を大乗と思い込んでいるのは愚痴なことで、持戒者のようでありながら実は大逆罪とします。また、世間の守るべき法を破ったとしても、それが仏教の実義を知ってのことならば仏教における持戒であるとして、仏教の誤りを糾すことが真実の仏戒と強調します。つまり、真実の教法を持つことが大事なのです。これは明らかに法華経を弘通してきた自身の正当性を示し、退転なく法華経を弘通することを勧めます。法師品の六難九易を意識して「是名持戒」の末法における唱題受持を表明されたのです。『涅槃経』の「乗急戒緩」の知教主義と、持経即持戒を示します。（『日蓮聖人遺文辞典』歴史篇六七一頁）。

緩（かん）とは急に対することで、ゆるやかなこと怠ることを言います。霊山浄土に往詣する「後生善処」を示され、霊山浄土にて再会したときに委細について語りましょうと結びます。大学三郎は晩年に住居を本行院として出家します。法号を本行院日学といい弘安九年八五歳で寂しました。

□『高橋入道殿御返事』（一八七）

七月一二日に富士加島に住む高橋六郎兵衛入道に与えた書状です。時頼に仕えたといいます。妻の持妙尼は西山河合入道の娘で日興の叔母になります。高橋氏は大和から移住した氏族で、大井・西山・由比氏と同族といいます。（『日蓮大聖人御書講義』第三三巻一九八頁）。

高橋氏は妻の薦めにより入信しましたが、竜口法難の折に幕府からの弾圧を避け疎遠になっていました。この頃、病気と伝えられ日興と覚乗房（学乗房）にこの書状を持たせて慰問させます。（『日蓮聖人遺文全集』別巻九八頁）。真蹟は全二三紙あり第二紙三行は富士大石寺、第四紙より第一八紙（第一六紙は欠）は西山本門寺、第二三紙は京都寂光寺に所蔵されます。（『日蓮聖人遺文辞典』歴史篇七一四頁）。末尾に日興の筆にて「高橋六郎兵衛入道殿」と宛名が書かれています。（『日蓮聖人御真蹟大集対照御書集』下一〇二頁）。

冒頭に、「進上　高橋入道殿御返事　日蓮」（一〇八三頁）とあります。真蹟は第二紙からなので、この文章は欠失しています。本文に入り釈尊は滅後の衆生のために法華経を説いたと述べます。そして、

「但八万聖教の肝心・法華経の眼目たる妙法蓮華経の五字をば、迦葉・阿難にもゆづり給はず。又文殊・普賢・観音・弥勒・地蔵・龍樹等の大菩薩にもさづけ給はず。此等の大菩薩等ののぞみ申せしかども仏ゆるし給はず。大地の底より上行菩薩と申せし老人を召いだして、多宝仏・十方の諸仏の御前にして、釈迦如来七宝の塔中にして、妙法蓮華経の五字を上行菩薩にゆづり給」（一〇八四頁）

と、大地の底から召し寄せた上行菩薩だけに法華経を付属したと述べます。釈尊は滅後の衆生のために「応病与薬」の教法を説きました。教法を薬に譬えて正法前五百年は迦葉・阿難等に小乗経の薬をもて一切衆生に与え、次の五百年は文殊・弥勒・龍樹・天親菩薩等が、華厳経・大日経・般若経等の薬を一切衆生に授けた。像法の時

には薬王・観世音菩薩等が、法華経の題目を除て余の法門の薬を一切衆生に授けた。そして、今末法の衆生は病が重いため治療する薬は法華経であると説きます。上行菩薩が「法華経の題目南無妙法蓮華経の五字」（一〇八五頁）を、一切衆生に授ける時と述べます。

ただし、法華経の行者は三類の強敵により迫害を受けます。それに耐えて妙法五字を弘めることが出来るのは上行菩薩だけなのです。その様子は猿が犬に会ったように、また、鬼神が人間を憎むように、そして、父母の敵を見るように怨み迫害を加えると述べます。この行者を迫害することにより自他二難が国に起きます。その理由は法華経を守護すると誓った諸天が、謗法治罰のために起こす誡めなのです。

◯　駿河は北条氏の所領のため

次に、立教開宗の「をもひ切て申出ぬ」（一〇八七頁）との心中を述べます。知教者としての責任と、誹謗する者の堕獄の心配などで進退に苦悩したが、釈尊の記文に従って佐渡流罪など法華色読の行者を貫いたと述べます。佐渡赦免の後、鎌倉に入り国諫をしますが受け容れられず身延に向かいます。その道中に高橋氏宅に寄らなかったこと、また、手紙を受けていて返事をしなかったことを、次のように弁明されます。

「但去年かまくらより此ところへにげ入候し時、道にて候へば各々にも申べく候しかども申事もなし。又先度の御返事も申候はぬ事はべち（別）の子細も候はず。なに事にか各々をばへだてまいらせ候べき。あだをなす念仏者・禅宗・真言師等をも並に国主等もたすけんがためにこそ申せ。かれ等のあだをなすはいよいよ不便にこそ候へ。まして一日も我かた（方）とて心よせなる人々はいかんがをろか（疎）なるべき。世間のをそろしさに妻子ある人々のとをざかるをばことに悦身なり。日蓮に付てたすけやりたるかたわなき上、わづかの所領をも召ならば、子細もしらぬ妻子所従等がいかになげかんずらんと心ぐるし」（一〇八七頁）

高橋氏宅に寄らなかったのは悪意があったのではなく、聖人を一日でも信じた者を疎遠にすることはないと述べます。もし、連絡を取れば北条氏の所領であるから、迫害が起きることの配慮があったのです。そして、法華経の信仰においても、不信の妻子がある場合の信仰のあり方を訓辞されます。信徒に対する迫害が強まり、そのため所領を没収された信徒がいました。事情を知らない妻子や所従が領地を没収され感嘆することを心配されたのです。

赦免後に頼綱に諫暁したのは、真言宗こそが「呪詛の悪法」（一〇八八頁）であり、調伏の祈祷をさせてはならないことでした。日本国の衆生を助けようという一念でした。蒙古に攻められても敗北はしないが、生き残った人々を助けようとして鎌倉に上ったと述べます。しかし、諫言が容認されなければ鎌倉に留まる必要はないので、足に任せて身延へ一先ず身を移すため向かったが、その道中に高橋氏の近辺を通るので再会したいと千度思ったが、迫害が加わることを思い躊躇した旨を述べます。

「ゆりて候し時、さどの国よりいかなる山中海辺にもまぎれ入べかりしかども、此事をいま一度平左衛門に申きかせて、日本国にせめのこされん衆生をたすけんがためにのぼりて候き。又申きかせ給し後はかまくらに有べきならねば、足にまかせていでしほどに、便宜にて候しかば設各々はいとわせ給とも、今一度はみたてまつらんと千度をもひしかども、心に心をたゝかいてすぎ候き。そのゆへはするがの国は守殿の御領、ことにふじ（富士）なんどは後家尼ごぜんの内の人々多し。故最明寺殿・極楽寺殿の御かたきといきどをらせ給なれば、きゝつけられば各々の御なげきなるべしとをもひし心計なり。いまにいたるまでも不便にをもひまいらせ候へば御返事までも申ず候き。この御房たちのゆきすりにも、あなかしこあなかしこ、ふじ（富士）かじま（賀島）のへんへ立よるべからずと申せども、いかが候らんとをぼつかなし」（二〇八九頁）

身延に入る道中の駿河は時宗の所領であり、特に富士は重時の娘で時頼の後家尼御前の身内の人が多く、これらの人は重時や時頼の敵と憤怒して聖人を見ていたからです。書状を出さないこともその理由であり、「この御房たち」という日興などにも富士や賀島には立ち寄らないようにさせました。（『縮刷遺文』に「覚乗房はわき房に度々よませてきこしめせきこしめせ」の二四字があります。『定遺』一〇九一頁）。高橋氏にはそのような事情を伝えていないので、苦慮しているのではないかと心配した心情を吐露されます。

学（覚）乗房は日静といい佐渡の一谷入道（近藤清久）の一族で弟ともいいます。建治元年に一宇を建立し、身延に登詣して妙照寺の寺号を受けます。妙照寺の二世となり実相寺の開基となります。学乗房が日興と共に富士地方を弘教されていたことが分かります。（『日蓮聖人遺文全集』別巻六〇頁）。加島に住む覚乗房と同一人物ともいいます。熱原など富士近郊の信徒への弘教は、鎌倉と同じように北条氏と絡み合っていたのです。

次に、再度、真言宗にふれます。高橋氏の関心が強かったことが窺えます。聖人は論理的なことを述べるより、「真言の事ぞ御不審にわたらせ給候らん。いかにと法門は申とも御心へあらん事かたし。但眼前の事をもて知しめせ」（一〇八九頁）と、眼前の事実を見て正否を判断することを勧めます。

この現証を重視されることは、幼少の頃に浄土僧の死相を見て経典の真実性を判断したように、文理現の三証の裏付けを重視されます。その真言の悪法の証拠として、後鳥羽上皇（隠岐法皇）が真言師に執権義時の命を召し取るための祈祷をさせ、結果、承久の乱に見るように敗退したことを挙げます。隠岐法皇は天照大神の御魂が体内にお住みになって皇位を継承された方であり、前世において十善戒を保った有徳の方であっても、なぜに、人民である義時に捕らわれ流刑となったのかを問います。

「しかるに隠岐の法皇のはぢにあはせ給しはいかなる大禍ぞ。此ひとへに法華経の怨敵たる日本国の真言師をかたらはせ給しゆへなり。一切の真言師は灌頂と申て釈迦仏等を八葉の蓮華にかきて此を足にふみて秘事とするなり。かゝる不思議の者ども諸山諸寺の別当とあをぎてもてなすゆへに、たみの手にわたりて現身にはぢにあひぬ。此大悪法又かまくらに下て御一門をすかし、日本国をほろぼさんとする也。此事最大事なりしかば弟子等にもかたらず、只いつはりをろかにて念仏と禅等計をそしりてきかせし也。今は又用られぬ事なれば、身命もおしまず弟子どもに申也」（一〇九〇頁）

それは法華経に背反したからです。真言宗は法華経の怨敵と述べます。そして、真言の灌頂にふれ真言の灌頂の儀式のときに、釈迦仏などの諸仏を書いてある絵曼荼羅を足に踏ませて受法させ、この敷曼荼羅を秘法であり秘事であるとしていることを悪法と指摘します。つまり、隠岐法皇はこのような真言師達を全国の別当とし重用したために、現身に法皇の座より落ちて恥辱を受けたと述べます。

そして、鎌倉にもこれらの真言の悪法が入り、北条一門の人々に取り入っている現状こそは、日本国を亡ぼすことになるとします。幕府は文化の面においても京に劣らない街造りをします。寺院の建立はそのためで高僧と呼ばれた者を鎌倉に招いたのです。聖人が最大の心配は真言宗が台頭して人心を誑惑することでした。諸宗批判の最大の標的は真言宗でその存在が最大の悪事と見たのです。しかも、それを心中に隠して広く弟子檀越にも教えていなかったのです。この本心を発表すると大事件となり騒乱することを危惧されたのです。第三国諫を無力に過ぎた身延にあっては、命を惜しまずに弟子達にこの旨を説き顕していると現況を知らせます。

四月一五日に蒙古から杜世忠などの使者が来ており幕府は鎌倉に護送します。蒙古調伏の祈祷も引き続き真言師に依頼していました。このような真言宗の誤りを信用できなくても、身延へ尋ねて来られたことは過去世からの深い因縁があると述べます。そして、高橋氏の病気が重くなったことを心配され、法華経を信じれば延命も可能なことの例を挙げます。法仏僧の三宝と法華経・釈迦牟尼仏・法華経の行者の三事が揃ったならば、「閻浮提人病之良薬」の経文のように、必ず病気は平癒すると述べます。しかし、疑念があれば聖人においても法華経の利生を授けることはできないと述べます。

□『四条金吾殿御返事』（一八八）

七月二二日付けにて頼基から、柑子蜜柑五十、銭五貫文を供養された礼状です。本書は頼基が一六日に他宗の僧侶と会合したときに、「諸法実相」について法談した知らせであり、これについての教示と以後の法論について訓諭されます。真蹟は伝わらず、迹門の「諸法実相」を法華経の中心教義とし、伝教が入唐して諸法実相の法門を相伝したという事実も明らかでないことから、本書の成立については検討が必要とされます。（『日蓮聖人遺文辞典』歴史篇四五一頁）。

「諸法実相」の法門は一切衆生が仏道を成就する根元の教えといわれ、伝教が中国で相伝したのは諸法実相の大事な法門と述べます。諸法実相の一句に仏法の深義が集約していることから「一句万了」の一言といいます。伝教は龍興寺の道邃から本覚の法門を教わり、仏瀧寺の行満から始覚の法門を習ったといいます。諸法実相の法門は始覚門の立場にあることから、行満から伝えられたと言います。（『日蓮聖人御遺文講義』第一三巻一九二頁）。

そして、南無妙法蓮華経と唱え、「正直捨方便但説無上道」と信ずることを開会の法門と述べます。つまり、爾前経は方便であり法華経こそが真実であると信じ唱題することが、「諸法実相」の開会の法門ということです。それなのに、天台宗は権実雑乱の邪義の解釈をしているとします。天台宗は法華開会のあとは爾前経も法華経も等しいとして爾前経を容認し、各宗の修行も同じとしていたので、権実を混乱させると述べたのです。法華経を真実とし法華純円の良薬に権経の毒薬を混入させてはならないのであり、諸経が同一の大海になっているのを敢えて河水を取り出す必要はなく、日輪が出でて明るくなっているのに、前夜の月の明かりを求めるような必要はないという喩で教えます。

そして、今後の法論の覚悟を「此より後には加様に意得給て、御問答あるべし。但し細細は論難し給べからず。猶も申さばそれがしの師にて候日蓮房に御法門候へと、うち咲（笑）て打返打返仰せ給べく候」（一〇九二頁）と、法華一乗の権実判と開会の法門を誤って解釈し、他宗諸経を認めないように述べ、細部については論難しないようにと訓辞されます。最後に法門のことを主にして書いたので、供養の志に感謝する文面が足りなかったとして感謝の気持ちを伝えます。

□『高橋殿御返事』（一八九）

七月二六日付けにて持妙尼から瓜一籠・髭籠に入れたささげ（豇豆・大角豆）、小枝豆・根芋・香の瓜（香とは味噌のことで味噌漬の瓜）を供養された礼状です。髭籠は竹で編んだ籠のことで、編み残しの端を髭のように延ばし贈り物などを入れるのに用いました。『興師本』に収録されます。『与高橋氏妻書』『菰書』ともいいます。

『付法蔵経』を引き阿育大王が過去世に砂の餅を供養した功徳により、一閻浮提の四分の一を支配した大王となったことと、法師品の釈迦仏を一劫という長いあいだ供養する功徳よりも、末法の法華経の行者を須臾でも供養した方が勝れることを、妙楽の「有供養者福過十号」と解釈した文を引いて説明します。この功徳と仏門に入って尼となる信心の強さにより成仏は疑いないと述べます。持妙尼は夫の病気平癒を願い法華経の信心を堅固にして尼となりました。

しかし、高橋入道は念仏の信者であったので、日本国を滅ぼし蒙古の襲来を招く元凶であったと述べ、日本国中の人々は聖人の敵となったため、諸天善神が壱岐・対馬を治罰したと述べます。蒙古が入道の身に迫ればどうされるのか、また、病気平癒を願う持妙尼のことを心配されます。入道にはしばらく延命して、日本国の今後の成り行きを見届けるように述べ、その時には聖人を二度まで流罪し、松葉ヶ谷の草庵において頭を打ち叩いたことを後悔するであろうと結びます。高橋入道はまもなく死去されたようで、大進阿闍梨を墓参に遣わします。（『智慧亡国御書』一一三一頁）。夫の死去の後に郷里の富士郡久保村に戻ります。このため窪尼とも呼ばれます。持妙尼（窪尼）宛ての書状が七通あり、この後も夫の命日などに供養の品を届けています。

□『乙御前御消息』（一九〇）

七月に日妙が身延を訪れます。八月四日付けにて乙御前の名前で書状を日妙に与えます。夫とは早い時期に信仰問題などで離別しました。日妙は乙御前を連れて佐渡まで聖人を訪ね、その三年後に乙御前も成長したであろうと宛てました。しかし、本書以後、乙御前の消息は不明となります。聖人は日妙が鎌倉に帰る旅費を一谷入道より借り、約束の通り法華経十巻を送りました。日妙は建治元年五月八日（『一谷入道御書』九九五頁）以降にこの事を知り、そのお礼に登詣されたと思います。『乙御前母殿御消息』『日妙聖人御消息』と呼称すべきと言います。『朝師本』が伝えられます。

中国に仏教が伝わらない時は、外典・儒教の教えにより礼儀や孝・忠を習得し、国や人を治める基礎としました。仏教が印度より伝わったとき、道士と仏教徒との争いがありました。『法蓮鈔』に「漢土も如此。摩騰、漢土に入て後、道士と諍論あり。道士まけしかば始て信ずる人もありしかども、不信の人多し」（九四五頁）と、後漢の明帝は永平十四年正月十五日に、漢土の道士と摩騰迦・竺法蘭とを召合せ対決させます。道士は仙経、三墳・五典・二聖三王の書を薪に積み焼くと燃えて灰となります。摩騰迦・竺法蘭が経を唱えますと、舎利は天に登て光を放ち画像の釈迦仏の眉間より光を放ちます。これにより道士は仏教に帰伏し仏教を拠り所とします。

その仏教にも勝劣や浅深があることを述べます。小乗の教えは小さな船であり、大乗の教えは大船で多くの人や荷物を鎌倉から筑紫や陸奥までも運ぶように勝れていると喩えます。実経はそれ以上に珍宝を積んで、人も千人乗せて高麗へも渡航できると喩ます。そして、法華経は提婆・龍女の成仏を説いた勝れた経典であり、末法の人々を救済するために説かれた唐船のようであると喩えます。諸経と法華経の違いは蛍の灯りと日月のようであると述べ、法華経の行者に敵対する真言師は、獅子に吠える犬や日輪を射る修羅のように身を破るとして、法華経が勝れていると述べます。（一〇九六頁）。

人々の心情は蒙古襲来が現実になる前は驕慢であったが、去年の一〇月以降からは驕る者はいなくなり、恐れ戦く姿を述べます。このように臆病になった原因は、他国侵逼を予言した法華経の行者を迫害したため、諸天の責めを受けたからと述べます。襲来の恐れが続き人々は狼狽していたからです。そして、頼りとすべき夫がいないのに佐渡まで訪問したことは、現実とは思えない不思議な縁と感謝し、今も身延に参詣したことは言葉にならないほど尊いことであり、諸天は必ず守護し十羅刹女も讃歎していると述べます。信心が強ければ諸天の守護も強くなることを、妙楽の『弘決』巻八の「必心固神守護則強」の文を挙げます。聖人も信心が強固であったからこそ、種々の迫害にあっても諸天善神に守護され存命してきたと述べます。

「人の心かたければ、神のまほり必つよしとこそ候へ。是は御ために申ぞ。古への御心ざし申計なし。其よりも今一重強盛に御志あるべし。其時は弥々十羅刹女の御まほりもつよかるべしとおぼすべし。例には他を引べからず。日蓮をば日本国の上一人より下万民に至まで一人もなくあや（失）またんとせしかども、今までかう（断）て候事は一人なれども心のつよき故なるべし、とおぼすべし」（一〇九八頁）

そして、先頭に立って指導する者の考えが愚かである例として蒙古襲来にふれます。いずれは念仏者や禅宗の者も、南無妙法蓮華経と唱えると述べます。日妙尼に再婚しても法華経の敵であるならば随わないように述べ強盛の信心を勧めます。

「抑法華経をよくよく信じたらん男女をば、肩にになひ、背におうべきよし、経文に見えて候上、くまらゑん（鳩摩羅琰）三蔵と申せし人をば木像の釈迦をわせ給て候しぞかし。日蓮が頭には大覚世尊かはらせ給ぬ。昔と今と一同也。各各は日蓮が檀那也。争か仏にならせ給はざるべき。いかなる男をせさせ（為夫）給とも、法華経のかたきならば随ひ給べからず。いよいよ強盛の御志あるべし。氷は水より出たれども水よりもすさま（凄冷）じ。青き事は藍より出たれどもかさ（重）ぬれば藍よりも色まさる。同じ法華経にてはをはすれども、志をかさぬれば他人よりも色まさり、利生もあるべき也」（一一〇〇頁）

同じ法華経の信心であっても、信心を重ねる度に利生も強くなると述べます。信心の強弱・浅深に利生に差があるということです。如何なることがあっても信仰を捨ててはいけないと諭します。

聖人は蒙古襲来を現証として法華経の真実性を述べます。法華経の行者を迫害したために、蒙古の侵逼に遇い国が亡びると主張されました。この行為を「自讃」と批判されます。しかし、聖人は公言することが法華経の行者の使命とされます。未来の人は聖人を智者と認識し、「身軽法重死身弘法」であるから、自身は迫害にあっても法華経は必ず広まると述べます。聖人の真意は盲目の人の眼を開き救済することです。身分が賤しいとして諫言を用いずに亡国になろうとする悲しさと、聖人を信じて従ってきた弟子達の苦労を嘆きます。身が危ぶまれるなら身延へ来るようにと思い遣り、乙御前も成長し聡明な子供となっているだろうと思いを馳せます。

○御本尊（正中山霊宝目録）八月八日

三枚継ぎにて南無を冠した総帰命式の御本尊です。（文永一二年八月八日勧請之諸尊皆南無アル）

○千葉介頼胤没

幕府は前年の蒙古襲来の時に口実を言って出陣しなかった者に、今後は厳罰に処すように鎮西奉行に指示しました。八月一六日に富木氏の主君、千葉介頼胤が文永一一年の蒙古軍との戦い（異国警固番役のために出陣した）で負傷し療養していましたが、佐賀県小城町で三七歳にて没します（『本土寺過去帳』では二六日）。跡を子の宗胤が継ぎます。蒙古防備に就いた武士の中には聖人の信徒もいたのです。

□『妙心尼御前御返事』（一九一）

八月一六日付けで妙心尼から、あわし柿（泡消柿・醂柿と書き灰汁などで渋を抜いた柿）二籠と茄子一籠を供養された礼状です。本書は高橋入道の病気にふれます。真蹟は四紙半が身延曽存です。『興師本』に収録されます。

妙心尼は身延に入られてからの信者と言われ駿河に住んでいたとされます。また、妙心尼は持妙尼・窪尼と同じ人とも考えられています。これは夫の入道が重病のため、病気平癒を願った時に妙心尼と名乗ります。夫の死去後に実家の由比家に近い西山の窪に移り住み、このとき持妙尼の法号を賜り居住の地名に因んで窪尼と呼ばれたと言います。（『日蓮大聖人御書講義』第三四巻一六五頁）。弘安二年二月妙心授与の御本尊は妙心尼と推測されます。（『日蓮聖人遺文辞典』歴史篇一〇九八頁）。

夫の高橋入道の病気にふれます。釈尊は中国の黄帝・扁鵲や印度の持水・耆婆と言う名医よりも勝れ、閻浮提の人の為に不死の薬として、妙法蓮華経の五字の良薬を説きました。(「閻浮提人病死良薬」『開結』五二九頁)。波瑠璃王は『増一阿含経』に説かれます。波瑠璃王の父波斯匿王は誇り高い釈迦族から后を迎えようとしました。しかし、釈迦族は身分の卑しい女性を王族と偽って嫁がせ、王子として生まれたのが波瑠璃です。波瑠璃は父王が釈迦族に騙されたことと、自分が卑しい身分であると釈迦族が蔑視したことを怒り、長行大臣と謀って父波斯匿王を放逐し、大軍を率いて釈迦族を殺戮し全滅させます。釈尊は阿難を霊山に遣わして青蓮華を取り寄せます。一族の女人五百余人の体に触れると蘇生し七日の後に刀利天に生まれます。つまり、蓮華は不思議な功徳力を持つ花であることから、釈尊は妙法に譬えたとして法華経の功徳を述べます。

○「中有の道」

「中有の道にいかなる事もいできたり候はば、日蓮がでし(弟子)也となのらせ給へ。わずかの日本国なれども、さがみ(相模)殿のうちのものと申をば、さうなくおそるる事候。日蓮は日本第一のふたう(不当)の法師。ただし法華経を信候事は、一閻浮提第一の聖人也。其名は十方の浄土にきこえぬ。定天地もしりぬらん。日蓮が弟子となのらせ給はば、いかなる悪鬼等なりとも、よもしらぬよしは申さじとおぼすべし」(一一〇四頁)

死の原因は病気だけではなく、壱岐・対馬のように蒙古人に攻め殺されることがあると述べます。病気により道心が起きることがあるので、仏の配慮により入道が病にあると述べます。病気には五逆罪・一闡提・謗法があり、日本国の全ての人は極大重病とします。この大謗法の重病は重すぎて諸宗の者は認知できず、これが強まって蒙古から襲来を受けたと述べます。入道は過去の宿習により病身になり道心が起きたと述べ、今生の謗法の罪も法華帰信により消えたと述べます。中有にあっても聖人の弟子と名乗れば、悪鬼が来ても安心して霊山浄土に往詣できると説きます。また、夫の後生のため髪を切り墨衣になった心情を偲びます。妙心尼からは度々供養がありその信心に感謝されます。追而書に、「わかれのをしきゆえにかみをそり、そでをすみにそめぬ」（一一〇四頁）、夫のために尼となった心を十方の仏は憐れに思っているから、強い信心をもって法華経に祈るように述べます。この追而書は日興の写本には欠けます。（『日蓮大聖人御書講義』第三四巻二二〇頁）。

□『妙心尼御前御返事』（一九二）は建治二年八月二五日とします。

□『単衣鈔』（一九三）

『朝師本』『本満寺本』に収録されます。宛先は写本により藤四郎夫妻とされますが不明です。（『日蓮聖人遺文辞典』歴史篇九四〇頁）。姉崎正治氏は頼基の妻の知人とします。（『法華経行者日蓮』三三三頁）。未見の某夫妻から単衣（ひとえぎぬ）一領が送られてきた八月付けの礼状です。

棄老国では老人を棄てたというが、日本国では聖人が棄てられており、法華経を説くという理由で憎まれた者は他にはいないと述べて、三二歳からの開宗以来、二十二年の値難を挙げます。

「生年三十二より今年五十四に至まで二十余年の間、或は寺を追出され、或は処をおわれ、或は親類を煩はされ、或は夜打にあひ、或は合戦にあひ、或は悪口数をしらず。或は打たれ、或は手を負、或は弟子を殺され、或は頸を切れんとし、或は流罪両度に及べり。二十余年が間一時片時も心安事なし。頼朝の七年の合戦もひま（間）やありけん。頼義が十二年の闘諍も争か是にはすぐべき」（一一〇六頁）

聖人は天台や伝教も身読しなかった「猶多怨嫉況滅度後」「一切世間多怨難信」の仏語を色読した行者と述べます。値難は仏語を真実とする証明となります。そして、世間から捨て去られ身延の山中に隠棲していることを不憫に思って衣を供養され、しかも、面識がない者の肌に触れる大事な衣を手づから縫った心に感謝されます。

「かかる身なれば、蘇武が如く雪を食として命を継、李陵が如く簑をきて世をすごす。山林に交て果なき時は空して両三日を過ぐ。鹿の皮破ぬれば裸にして三四月に及べり。かゝる者をば何としてか哀とおぼしけん。未だ見参にも入らぬ人の膚を隠す衣を送給候こそ何とも存がたく候へ」（一一〇七頁）

蘇武（前一四〇～六〇年）は『漢書』に武帝のとき中郎将として節を授かり、匈奴（きようど）王の単于（ぜんう）の使者となりますが、囚われの身となり臣従を迫られます。節義を曲げず拒否したため穴牢に閉じ込められ食事を与えられなかったので、雪と衣類を食べて生き延びたとあります。北海（バイカル湖）の辺の荒野に送られて、羊を飼い苦難の抑留生活を続け、一九年後に昭帝が即位して帰国が叶います。李陵（～前七四年）は李公（石虎将軍）の孫で、武帝の命により将軍李広利の軍を助けるため五千の歩兵を率いて出陣しますが、合流前に単于が率いる匈奴の本隊三万と遭遇し降伏します。単于は李陵に臣従を迫りますが李陵は断ります。武帝は匈奴の捕虜から誤った情報を聞き、李陵の妻子や祖母・生母・兄と兄の家族、そして従弟の李禹（李敢の子）一家らを皆殺しにします。一族の非業の死を伝え聞いた李陵は憤慨し、後に且鞮侯単于の娘を娶って匈奴の右校王となります。李陵とは対照的なのが、かつて李陵とともに侍中として武帝の側仕えをした蘇武です。李陵はこの蘇武を陰から助けたといいます。「李陵が如く簑をきて世をすごす」の典拠は不明ですが、李陵の待遇を述べたことと思われます。

この衣を着て仏前にて法華経を読誦すれば、法華経六九三八四の一々の金色の仏に衣を着せて上げることになり、この功徳により夫妻二人ともに現世には守られ、臨終の時には二人を檀那として守り、霊山浄土へ迎え入れると述べます。追記に藤四郎の女房と共にこの書状を読み信仰に励むように述べます。

八月に良観は非人救済を河内などにて数千人に施行します。清水坂非人から起請文をとり、八月一三日より四日間行います。また、非人連屋を造り仏日房が建設を完遂します。(『学生記』)。

□『阿佛房尼御前御返事』(一九四)

○阿仏房の身延登詣

九月三日付けで阿佛房尼から謗法の浅深とその罪報について質問されたことの返事です。『与千日尼書』とも称し『朝師本』に収録されます。

法華経は全ての衆生を成仏させる経と説きます。過去に謗法の罪があっても現在の信心により成仏できると安心を与えます。その上で真逆の謗法堕獄を述べます。即ち謗法の者は無間地獄に堕ちると、譬喩品「若人不信毀謗斯経則断一切世間仏種」の文を挙げます。これは不信謗法により仏種を断絶する文証です。仏種を断絶したため堕獄するのです。この謗法の罪は一定ではなく軽重があると述べます。

また、「色心相応の信者」や「能持此経」の行者は稀であるが、強い信心があれば深く重い罪を受けることはないと述べます。色心相応とは身体と心です。身・口・意の三業を兼ね備えた信心をいいます。「能持此経」（よく此の経を持つ）の文は分別功徳品（『開結』四四九頁。滅後第三品）にあります。いかなる迫害にも退せずに信心を貫く行者のことです。千日尼に強い信心とは何かを示されたのです。

○「日蓮が弘通の法門分別しがたし」

『涅槃経』に謗法の者を呵責しない者は「仏法中怨」と説かれているので、迫害を覚悟して弘経されたと述べます。ただし、この弘経の方法は一様ではなく聖人の考えがあったことを述べます。

「但し謗法に至て浅深あるべし。偽り愚かにしてせめざる時もあるべし。真言・天台宗等は法華誹謗の者、いたう呵責すべし。然れども大智慧の者ならでは日蓮が弘通の法門分別しがたし。然間、まづまづさしをく事あるなり。立正安国論の如し。いふといはざる（不言）との重罪難免。云て罪のまぬがるべきを、見ながら聞ながら置ていまし（禁）めざる事、眼耳の二徳忽に破れて大無慈悲也。章安云無慈詐親即是彼怨等［云云］。重罪消滅しがたし。弥利益の心尤可然也」（一一〇九頁）

ここに、『立正安国論』には他宗批判の思索があったことが窺えます。その選択を分かる智慧ある者はいないと述べます。これは、七月に高橋氏に最初は念仏と禅宗を批判したと述べたところです。（『高橋入道殿御返事』

一〇九〇頁）。つまり、東密・台密の教理は一念三千を基本としており、聖人が示す事一念三千との相違を理解することは難しく、そこまで導くため真言宗の批判を後回しにしたのです。謗法の者を知りながら放置することは、慈悲がなく重罪を消滅できないと述べます。

ただし、謗法の罪が軽い者には対処に違いがあります。放置してもいずれ正しい信仰に気がつくからです。しかし、謗法を脱却する迄は呵責すべきで、放置してそのまま謗法者とさせてはいけないと訓諭します。弟子や信者にも当てはまることがあり、千日尼も心当りがある一谷入道の信仰にふれます。

「日蓮が弟子檀那の中にも多く如此事共候。さだめて尼御前もきこしめして候らん。一谷の入道の事。日蓮が檀那と内には候へども外は念仏者にて候ぞ。後生はいかんとすべき。然れども法華経十巻渡して候し也。弥信心をはげみ給べし」（一一〇九頁）

一谷入道と約束したので経典を渡したことに腐心していたことが窺えます。この縁によって一谷入道が信心を深めることを願う内心がみえます。そして、法華経を説く者に迫害があるのは経文に説かれていることであるから、憎まれても釈尊の金言に身を任せて如説修行の行者となること。諸天善神から供養を受ける身分となり、大願を立てて後生善処を願うようにと「此経難持」の文を引き諭します。厳しい信仰の環境が窺えます。

○「浅き罪ならば我よりゆるして」

そして、その信心の心持ちと謗法者の対処について述べます。

「譬ば海上を船にのるに、船をろそかにあらざれども、あか（水）入ぬれば、必船中の人人一時に死する也。なはて（畷）堅固なれども、蟻穴あれば必終に湛へたる水のたま（溜）らざるが如し。謗法不信のあかをとり、信心のなはてをかたむべき也。浅き罪ならば、我よりゆるして功徳を得さすべし。重きあやまちならば、信心をはげまして消滅さすべし」（一一一〇頁）

と、畷（田のあぜ、土手）を固めるように信心を強固にし、浅い罪ならば此方から責めないで自ら覚醒させて功徳を得させ、重い罪ならば信心を励まして滅罪させるよう指導されます。自身の力に従って慈悲ある教化を勧めます。千日尼がこのような大事な法門を追求したのは、龍女に劣らない求道心であると称賛されます。最後に力のある限り謗法の者を救治し、聖人の教えに助力して欲しいと述べ不思議な因縁を伝えます。

九月七日に四月一五日に来蝶し服属を求めていた、蒙古の杜世忠以下五名を間諜として竜口の刑場で斬首します。使者殺害の禁忌を破って反蒙古の意思を内外に示したのです。九月八日、醍醐谷の下之坊が建立されます。相亦村の日仏に授与された曼荼羅は妙了寺にあります。（林是晉著『身延山久遠寺史研究』一五六頁）。

□『御衣並単衣御書』（一九五）

九月二八日付けにて富木尼から衣の布と単衣を供養された礼状です。同年一一月七日付け『富木殿御返事』（八六〇頁）には、常忍の九十になる母が縫い設えた帷子が送られていました。聖人の身体を気遣い衣類を供養されていたことが分かります。真蹟は四紙で中山法華経寺に所蔵されます。中尾尭氏は花押の書き方から文永七年九月二八日と判断され、『法衣書』も『御衣並単衣御書』と書体や書式が類似していることから文永八年の初夏とします。（『日蓮聖人のご真蹟』一六一頁）。『日明目録』は文永一〇年としますが、『定遺』は花押の形より建治元年とします。（『日蓮聖人遺文辞典』歴史篇一五五頁）。『対照録』は文永六～七年とします。

『日常目録』に『鮮白比丘尼事』とあるように、単衣を供養されたことに因み、鮮白比丘尼が過去世に衣を供養した善根により、生まれながらに衣を身につけ、成長に従って衣も大きくなった本生譚を挙げます。鮮白比丘尼は法華経の会座において、一切衆生喜見如来の記別を授かります。一切衆生喜見如来は釈尊の叔母である波闍波提（憍曇弥）が未来に仏になった名前です。鮮白比丘尼と波闍波提との関係は不明ですが、波闍波提は釈迦族の女性であり、鮮白比丘尼の出身地に近いことが分かっています。

法華経を説く者は柔和忍辱の衣を着なければならないと教えます。富木尼の供養の物は一つであっても、その功徳の種を植えることにより多数に増え、龍は少しの水を大雨とし人は火を大火にするように、この帷子は法華経の六九三八四の仏に供養されると称えます。

「衣かたびらは一なれども、法華経にまいらせさせ給ぬれば、法華経の文字は六万九千三百八十四字、一字は一仏なり。此仏は再生敗種を心腑とし、顕本遠寿其寿とし、常住仏性を咽喉とし、一乗妙行を眼目とせる仏なり。応化非真仏と申て、三十二相・八十種好の仏よりも、法華経の文字こそ真の仏にてはわたらせ給候へ。仏在世に仏を信ぜし人は仏にならざる人もあり。仏滅後に法華経を信ずる人は無一不成仏如来の金言なり。この衣をつくりて、かたびらをきそい（著添）て、法華経をよみて候わば、日蓮は無戒の比丘なり、法華経は正直の金言なり。毒蛇の珠をはき、伊蘭の栴檀をいだすがごとし」（一一一一頁）

釈尊は成仏できないとされた二乗の成仏を説きました。敗種とされた二乗を再生することから二乗作仏といいます。顕本遠寿は久遠実成の仏の本地を顕すことです。法華経の迹門の二乗作仏と本門の久遠実成を述べたのです。釈尊の仏性常住が示されたことは、一切衆生にも常住の仏性が具わっていることを顕します。一乗妙行とは法華経を受持することが肝要であることをいいます。また、『金剛般若論』の「応化非真仏」の文を引き、応現した仏や三十二相を具足した仏よりも、法華経の文字が真仏であるとし、仏の在世には成仏できない者がいたが、滅後末法に法華経を信ずる者すべての者が成仏するのは釈尊の金言と述べます。

聖人は無戒の比丘ではあるが、この衣を着て法華経を読む功徳は毒蛇から宝珠を取り出だすのと、臭気のある伊蘭から栴檀を取り出すように大きな功徳として、常忍夫妻の成仏は疑いないと安心を与えます。

□『蒙古使御書』（一九六）

○蒙古の使者五名の処刑

西山郷の地頭、大内安清より九月七日に鎌倉竜口にて蒙古の使者五名の処刑があったとの知らせがあり、それについての返書です。大内氏は幕府と関係があったといわれ、その役務を終えて所領の西山郷に帰って来たことを喜ばれます。所領の名に因んで西山殿と呼ばれます。もとは真言宗を信仰していました。（『三三蔵祈雨事』一〇六五頁）。『西山大内殿御返事』『蒙古使刎頸抄』とも称します。『朝師本』に収録されます。

蒙古の使者が再び入貢を促しに来日したのです。『保歴間記』に元使の新使五人が関東へ下され、九月七日に竜口にて刎首されたとあります。使者を斬首されたフビライは激怒しますが、この時は南宋との戦いのため日本に派兵できないでいたのです。幕府は徹底的に蒙古と戦う意志を固め、異国降伏の祈祷を東国の寺社に限られていたのを全国の寺社に命じます。文永の役の元寇の反省を踏まえ組織的な防護を計画します。九州の海辺諸国の守護を北条一門に交代させます。梶取（かんどり、かじとり）という船の舵をとる者や、水手（かこ）という水夫など船乗りを集めます。時宗は異国警固と同時に異国征伐の計画を立てていたのです。

聖人はこの社世中ら五人の斬首について、

「蒙古の人の頚を刎られ候事承候。日本国の敵にて候念仏・真言・禅・律等の法師は切れずして、科なき蒙古の使の頚を刎られ候ける事こそ不便に候へ。子細を知ざる人は勘へあてて候を、おごり（憍）て云と思ふべし。此二十余年の間、私には昼夜に弟子等に歎申、公には度度申せし事是也。一切の大事の中に国の亡るが第一の大事にて候也」（一一一二頁）

と、亡国の元凶である念仏・真言・禅・律等の法師を罷免せずに、蒙古の使者を斬首したことは国が亡びる原因とします。亡国は第一の大事であり、それを回避するために諫暁して来たと述べます。『最勝王経』の「害中極重者無過失国位」の文を引き、国王が自国を他国に破られることは第一の悪と述べます。また、『金光明経』の「由愛敬悪人治罰善人故乃至他方怨賊来国人遭喪乱」の文を引き、国王と成て悪人を重用し善人を罪科に処遇すれば、必ず他国に破られると示します。つまり、国王の悪政により亡国になると説きます。処刑を悲しまれたのです。

次に、法華経の「為世所恭敬如六通羅漢等」の文は、

「文心は法華経の敵の相貌を説て候に、二百五十戒を堅く持ち、迦葉・舎利弗の如くなる人を、国主これを尊て、法華経の行者を失なはむとするなりと説れて候ぞ。夫大事の法門と申は別に候はず。時に当て為我為国大事なる事を、少も勘へたがへざるが智者にては候也」（一一一三頁）

と、明らかに幕府が重用している良観などを指します。ここでも法華経の行者を迫害することによる治罰が、国家の存亡にも関わると述べます。「大事な法門」とはいざという大事な時に誤りなく判断を下すことで、それができてこそ智者の英断と述べます。聖人の弘経の視点が窺えます。同じように「あはれ平左衛門殿・さがみ殿日蓮をだに用られて候しかば、すぎにし蒙古国の朝使のくびはよも切せまいらせ候はじ。くやしくおはすならん」（『兵衛志殿御書』一三八八頁）と、蒙古の使者を斬殺したことと、聖人の諫暁を無視した結果の悲しさを述べます。

そして、過去・現在・未来の三世を知る智慧をもつのが聖人賢人であるとします。諸法の実相である万法は凡夫の心に収まり、須弥山を中心とする九山七海の世界も身体に備わり、日月・衆星も己心に備わっていると述べます。凡夫の己心にも三千の世界を具足する一念三千を説いたのです。これを説くのは法華経であることを示したのです。ですから、諸経と法華経の勝劣は一念三千にあり、ここに聖人賢人との違いがあると述べます。「大事な法門」がここにあるのです。

この返書は急いで書かれました。法門のことは際限がないのでここで書き留めるとして、西山氏が鎌倉から帰り早々に蒙古の情報と合わせて供養の志に感謝されます。蒙古襲来は日本国にとって嘆きであるが、門下にとって予言の的中は成仏が疑いのない証左と述べます。西山氏も蒙古の恩恵を受けたとして、時頼の十三回忌に西山氏の所領にて予定された御狩りが中止になったこと。北条六郎（時頼の弟の六郎為時）のように筑紫に異国警護に出兵したかもしれないが、聖人の信徒であるために所領に帰されたことと述べます。武士なのでこれを不満に思ったり、警護を外されたのは誰かの策略と考えずに、諸天の守護があって助けられたと思うようにと諭します。悦ばしいことであるから参上したいが、人聞きがあるので身を慎んでいると認めた返事を使者に託します。

○　御本尊（二六）一〇月

一〇月付けの御本尊で日興の『本尊分与帳』と、所蔵される戸田市妙顕寺の添書きから時光に与えたことが分かります。聖人の筆跡にて「平時光授与之」とあり、別紙の日興の「南条兵衛七郎子息、七郎次郎平時光者、依為日興第一弟子、所申与如件」の添え書きを貼り合わせて一幅とします。紙幅は縦一二八・二センチ、横五五・一センチ、四枚継ぎの御本尊です。

○　御本尊（正中山霊宝目録）建治年中

「正中山法華経寺霊宝目録」は日亨が法華経寺に所蔵された霊宝を筆録したもので、「堀之内蔵広本」の末尾に挿入されていました。ここには十三幅の霊宝が記載され、十一幅の御本尊が紹介されます。しかし、明治三二年五月七日に盗難にあい喪失した御本尊です。『御本尊鑑』と重複するものが四幅あるので、本書には七幅を追記しています。弘安元年七月一六日の「同日三幅」は三幅と数えます。この御本尊は建治年中とされます。十羅刹女の全てが勧請されていることから、御本尊（二六）の前後に染筆されたと思われます。また、四天王には大の冠がなく十一枚継ぎの大きな御本尊であることが分かります。

○御本尊（一八）大日如来

同じく平賀本土寺に所蔵され紙幅が縦一八九・四センチ、横一一二・一センチです。二十枚継ぎの大きな御本尊です。特筆することは諸尊の中に金胎両界の大日如来を勧請されたことです。大日如来の位置は釈迦牟尼仏・多宝仏の横にあり、これは釈迦・多宝の下位に大日如来があることを示されたものです。同型の御本尊が建治元年一一月の日付にて、身延に曽存したことを日亨が伝えます。『御本尊鑑』（第一二）の「胎蔵界金剛界大日等ノ御勧請」（二四頁）に当たります。同書にはこの御本尊も建治元年に系くことを妥当とします。

浅井円道氏は「金剛界大日如来・胎蔵界大日如来をそれぞれ釈迦仏・多宝仏の傍に勧請してあるのは、要するに不空の法華観智儀軌によって両界の大日如来を多宝仏の脇士と考え、以って教主釈尊の眷属たらしめようとされたものである」と説明します。（『本尊論の展開』『中世法華仏教の展開』所収二六五頁）。『法華取要抄』に「大日経・金剛頂経両界の大日如来ハ宝塔品ノ多宝如来ノ左右ノ脇士也」（八一二頁）と述べたことから分かります。他『善無畏鈔』（四一〇頁）・『真言七重勝劣』（二三一五頁）・『曽谷入道殿許御書』（八九七頁）・『報恩抄』（一二一九頁）にみられます。台密と純法華思想の相違を究明することは煩瑣な作業です。久遠実成の釈尊と大日如来の位置づけを、一目瞭然に示したのが以上の曼荼羅であったのです。曽谷法蓮が地蔵堂を法華堂として建立した時に、日朗が「三箇の宝物」を本土寺に送ったその一つです。一一月一日、幕府は独断的に本所領家一円の住人（非御家人の武士）を守護の指揮下において、軍事動員する権限を与える法令を発します。これは本所一円地に幕府の法的権限が及ばないとした、朝幕関係の原則を破ったことになります。

○　高橋六郎の死去

一一月二日に駿河加島の高橋六郎兵衛が病死します。妻は持妙尼です。

□　『大田入道殿御返事』（一九七）は弘安二年一一月三日とします。

□　『尊霊御菩提御書』（一九八）

一一月に常忍に宛てた消息とされます。真蹟は一紙五行断片が頂妙寺に伝わります。『定遺』に始めて収録されました。尊霊とありますので常忍の主君など、身分の高い人の菩提を回向されたと思われます。常忍の亡き母としますと建治二年三月以降の書状となります。文中に乗明と次郎入道（教信）の名前が見え、迹門読誦についての疑問がありました。それについての答えは「観心之法門時可申」（一一一九頁）と述べた『観心本尊得意抄』（一一一九頁）と思われます。岡元錬城氏は『観心本尊抄副状』と合致することから文永一〇年とします。（『日蓮聖人遺文研究』第三巻七三〇頁）。

本書は乗明の病状にふれ「転重」の所から欠文になりますが、明らかに「転重軽受」にふれ、強い信心により治癒し延命できると述べたと思われます。次郎入道は曽谷二郎、教信御房と称しますが、同一人物とするには留意する必要があるといい、また、法蓮上人と教信御房とは別人であると言います。（『日蓮聖人遺文辞典』歴史篇六六六頁）。一一月に死去された高橋入道の菩提を弔うため年末に弟子を弔問させます。

○　御本尊（二七）一一月

一一月付け紙幅は縦一一六・一センチ、横四六・一センチ、四枚継ぎの御本尊で京都妙顕寺に所蔵されます。署名と花押は左下に一体的に書かれ讃文はそのすぐ横に四行にて書きます。

○御本尊（『御本尊鑑』第一二、胎蔵界勧請）一一月

大日如来を勧請した御本尊で、先の御本尊（一八）に類似しています。御本尊（一八）を建治元年に系年する根拠となります。紙幅は不明です。御本尊（一八）と相違するのは四天王が梵名で書かれていること、金剛・胎蔵界の大日如来の位置が、十方分身諸仏と善徳仏の次に勧請されていること、他にも諸尊の出入りがあります。

○御本尊（『御本尊鑑』第一三）一一月

授与者名はなく紙幅は縦九八センチ、横五四．六センチの御本尊が、嘗て身延に所蔵されたと記録されます。（『亨師目録』「第一長持之内三函八幅」）。

○北条実政を九州に派遣

幕府は一一月に異国征伐令を発し高麗に先制攻撃する強気な計画を決めました。そのため北条実時（一二七六年没）の子、二九歳の実政（一二四九～一三〇二年）を異国征伐の鎮西軍の総司令官として九州に下向させる意向をもちます。実時は金沢北条氏の重臣平岡氏などの軍勢を率います。実政は九州の大友氏、少弐氏、島津氏や東国から派遣されていた有力御家人、その子弟である宇都宮通房や安達盛宗などを統率できる人物といわれます。かつ九州や高麗に長期に滞在できる有能な人物といいます。父の実時は建治元年五月に病気のため六浦に引退し、七月に実政に置文（遺訓として大将たる者の心得）をします。そして、金沢文庫を完成させ没後には豊前の守護職

を実政に継がせます。また、博多を本拠とし少弐景資を大将として九州・山陰・山陽の御家人に兵士・武器・船舶・舵取り・水夫などの動員できる数を注進させます。

蒙古は一二月に今の武漢を陥落させ、元軍はそのまま揚子江の南岸を下って南京を制覇し杭州に向かいます。翌年の正月に宋の皇帝、恭帝は元に降伏します。宋との三百年にわたる交易をしてきた日本にとっては、蒙古襲来の不安を大きくすることでした。幕府は諸国の公事を減少し警護に向けます。朝廷の実権が低下することにより多くの公事が縮小され廃絶したものもあります。

□『観心本尊得意抄』は弘安元年一一月二三日とします。

○　経一丸入門

この年に日朗に伴われて身延に入ります。父は下総国葛飾郡風早庄平賀村の領主平賀左近将監忠晴。母は印東治郎左衛門尉祐昭の娘妙朗尼です。祖母は桟敷尼です。後に九老僧の一人となり肥後阿闍梨日像と称されます。『妙顕寺史』によりますと、経一丸は文永六年八月十日に下総平賀の郷（松戸市本土寺の地）に生まれ、七歳のとき異父兄の日朗に導かれて身延に入ります。このとき聖人は経一丸と名づけます。

○　玄旨伝法御本尊（二八）一二月

入門した経一丸に授与され建治元年一二月の年月があります。紙幅は縦五一・一センチ、横三二・四センチの楮紙一紙です。譬喩品の「今此三界皆是我有其中衆生悉是吾子而今此処多諸患難唯我一人能為救護」の文が、中央首題の両横各四行に書かれます。「玄旨伝法本尊」（玄旨本尊）と称されるのは、聖人の教えの肝要を曼荼羅本尊として題し授与されたからです。経一丸は法華経の行者の守り本尊とされます。中尾堯氏は修理のため表紙の裏打ちを外すと、多くの折り目があることから、幾重にも折って身に着けていたと推測します。（天地二一・七センチ、幅八センチほど）。折り目の角に摺り切れた穴があり、そこに染みた跡は日像の汗と言います。（日蓮宗勧学院『中央教学研修会講義録』第二二号五三頁）。聖人から不惜身命の法脈を承け、弛みなく教えを貫いた日像の面影が窺えます。京都妙顕寺に所蔵され、紙幅の右下隅に第四世の日霽の二個の印章が押されています。二十五才の永仁二（一二九四）年四月二十八日の晩、御所の正門に立ち登る旭日に題目を唱えて京都の開教を誓います。

○御本尊（二九）

「今此三界御本尊」と称します。顕示日はありませんが、「玄旨伝法御本尊」と同じ譬喩品の「今此三界皆是我有云々」の讃文があります。紙幅は縦四六・七センチ、横三三センチの雁皮一紙に染筆され、大野本遠寺に所蔵されます。曼荼羅本尊に雁皮紙を用いた例は稀で楮紙よりも強靭の紙質になります。折り目や擦れのため判読できませんが、経一丸と同じ若い弟子の授与者名の跡と、鬼子母神と十羅刹女の勧請が見られます。折り目は縦に二つ折りにし、横折りを二度ほど繰り返し、もう一度縦に折って守り本尊とします。（守護曼荼羅本尊）。表に見えるのは聖人の花押と授与者名です。徳川家康に仕えた大久保長安の妻より進呈されたと日遠の裏書きがあります。（中尾堯稿「建治二年曼荼羅本尊二幅の軌跡」『仏教文化の諸相』所収二三九頁）。

○御本尊（三〇）一二月

一二月付けの紙幅縦九三・九センチ、横五一・五センチの三枚継ぎの御本尊です。鎌倉妙本寺に所蔵されます。

○御本尊（『御本尊鑑』第一四）一二月

○十羅刹女列記最後

「中山十一枚継御本尊」が法華経寺に所蔵されていたと記録します。不動愛染はなく十羅刹女の名前が全て書かれ、『祐師目録』には十一枚継ぎにて四天王に大の冠がないとあります。（『御本尊鑑』二八頁）。十羅刹女を全て列記されるのは、この御本尊が最後となります。日亨の『御本尊鑑』には大日天王を欠き、村上有信居士の『妙宗先哲本尊鑑』には日月両天を欠き、両者ともに写し間違いがあったと指摘されます。（山中喜八著『日蓮聖人真蹟の世界』上一三四頁）。

○御本尊（『御本尊鑑』第一五）一二月

紙幅は縦九五・一センチ、横四七・七センチの紙本三枚継ぎの御本尊とされます。嘗て身延に所蔵されました。『亨師目録』に「第一長持之内三函八幅」とあります。『御本尊鑑』の底本は第十一になります。（『御本尊鑑』三〇頁）。

□『除病御書』（二〇一）

『延山録外』に収録されます。前文が欠け日付や宛先も不明ですが内容から乗明に宛てた書状とされます。（鈴木一成著『日蓮聖人遺文の文献学的研究』三三八頁）。稲田海素氏は弘安四年、岡元錬城氏は『大田入道殿御返事』（一九七）と本書を弘安二年とします。（『日蓮聖人遺文研究』第三巻七三二頁）。しかし、乗明の病気の発症は弘安元年四月二三日（『大田左衛門尉御返事』一四九五頁）に見えます。それが悪瘡となったと知らせたのが弘安二年一一月三日（『大田入道殿御返事』一一一五頁）です。本書は或人から病気のことを始めて聞いたと受け取れます。乗明の病気としますと既に悪瘡の業因を本人に説いています。「貴辺」と呼称した人物に教信もいます。（『曽谷二郎入道御報』一八七六頁）。ここでは教信の病気を聞き影ながら祈願をしていて、教信より除病したとの知らせを受けた返書と考えます。病気には過去の謗法に起因することは先に述べており、ここには滅罪のために信心を深め（転重軽受）、また、聖人が日夜に病気平癒を祈願していたところ、無事に病気が平癒したことを知り喜ばれます。

□『上野殿御消息』（二〇二）

建治元年とされ内容から『四恩御抄』と称され『本満寺本』に収録されます。冒頭に三世の諸仏は四恩に報謝することを説くと述べます。まず、外典の肝要である孝・忠・礼・慈悲の四徳を挙げて内容を説明します。次に仏教の父母・国主・一切衆生・三宝の四恩を説明します。この四恩に報謝する教えは何かを問い、父母の恩である女人成仏を追求します。そして、華厳・阿含・方等・般若・涅槃経には女人成仏を説いていないと述べ、法華経にだけ女人成仏が説かれていると述べます。その女人成仏が名目だけでなく現実のものとして、提婆品の龍女成仏、勧持品に憍曇弥・耶輸陀羅の記別を証文とします。母の成仏を要点として法華経が四恩に報いる報恩経と述べます。この道理を理解しやすく、

「されば法華経を持つ人は父と母との恩を報ずる也。我心には報ずると思はねども、此経の力にて報ずる也。然間、釈迦・多宝等の十方無量の仏、上行地涌等の菩薩も、普賢・文殊等の迹化の大士も、舎利

弗等の諸大声聞も、大梵天王・日月等の明主諸天も、八部王も、十羅刹女等も、日本国中の大小の諸神も、摠じて此法華経を強く信じまいらせて、余念なく一筋に信仰する者をば、影の身にそふが如く守らせ給ひ候也。相構て相構て、心を翻へさず一筋に信じ給ふならば、現世安穏後生善処なるべし」（一一二七頁）

と、法華経の経力により父母は成仏すると述べます。更に法華経を信ずる者は仏・菩薩や諸天善神に守護され、日本国中の大小の諸神にも守護されるとします。この日本の諸神とは天照大神・八幡大菩薩を首長とし、その眷属として諸地を守る神祇のことです。どこにいても身を守っているので不審を抱かずに信心をするなら、「現世安穏後生善処」は疑いないと安心を与えます。

□『智慧亡国御書』（二〇三）

○減劫は私たちの三毒が強くなることにより起きる

真蹟の一〇紙は富士大石寺に所蔵されます。末尾の署名花押と日付け宛名の一紙は欠けます。本書の宛先は「故六郎入道の」（一一三一頁）とあることから、賀島の高橋六郎の未亡人である持妙尼（窪尼）とされます。建治二年二月の聖人染筆本尊の日興の添え書きに、「高橋六郎入道の後家尼持妙尼」とあり、持妙尼は日興の叔母と書かれています。系年に建治二年の異説があります。

冒頭に「減劫と申すは人の心の内に候」（一一二八頁）とあることから『減劫御書』ともいいます。減劫とは人の命が減少していく時期のことで四劫の中の住劫の時期になります。四劫とは一つの世界が成立してから滅亡するまでの期間を四つに分け、世界が成立し生物などが出現する時期を成劫、人間が生存している時期を住劫、その世界が崩壊していく時期が壊劫で空無の時期を空劫とします。この四劫全部の時間を一大劫とします。この滅劫は私たちの三毒が強くなることにより起きると説きます。

三毒とは貪欲・瞋恚・愚痴をいいます。貪欲はむさぼりの欲望です。瞋恚は自己中心的な心で怒ることです。愚痴は迷妄のことで物事の道理が分からずに思い悩むことです。この貪・瞋・癡の三毒は人間の心の中にあり、これにより寿命に影響があると述べます。そこで、国家を統治するためには人心の三毒を制御することが根本で、始めは外典の教えが役に立ち、次に仏教の小乗経、大乗経、そして、一乗の法華経へと教えが深化されたが、末法になってからは用を足さなくなったと述べます。

貪欲の心は不浄観の薬をもって治し、瞋恚は慈悲観をもって治し、愚痴は十二因縁観の教えにより煩悩を断じていたが、末法は三毒の煩悩が強くなり善の智慧より悪の智慧が強くなったと見ます。社会的な悪よりも仏法の悪法が多くなり亡国の原因になったとします。その悪とは諸宗の僧を供養することです。「外は善根とこそ見ゆれども内は十悪五逆にもすぎたる大悪なり」（一一三〇頁）と明確に台密・東密を指して仏法の悪とします。

そして、智慧のある僧と賢王とが謗法の根元である八宗の僧の誤りを糾し、布施を止め排除することが国を統治する方法と述べます。この「止施」は『立正安国論』（二二四頁）に掲げていました。これが方便品の「唯仏与仏乃能究尽」の説の意味するところであり、一念三千の教義に敷衍してみれば実相と違背するものではなく、天台はこれを「一切世間治生産業皆与実相不相違背」と解釈されたと述べます。

智者というのは世間の治世の方法を心得、仏法の教えに沿って行なう者のことをいい、太公望や張良の統治は仏教已前のことながら、その智慧は釈尊の使いとして仏教に沿った人心の救済であったとします。これらの智人・賢王の行跡を挙げ、賢人ならば現状の自他二難を目の当たりにして聖人を重用するであろうが、「賢人をば愚王のにくむとはこれなり」（一一三二頁）と幕府の対応を批判されます。逆に大悪は大善が起きる瑞相となるので、法華経の広宣流布も疑いないと述べます。

末尾に、大進阿闍梨を故六郎の墓前に使わして読誦させたことを伝えます。聖人に導かれて信仰された信者のためには、墓前にて自我偈を読誦し詣でたい心中を明かします。鎌倉にいたときなら可能であるが、身延から行くならその日のうちに幕府の知るところとなり、持妙尼に迷惑が降りかかり、鎌倉の信徒にも加害が及ぶであろうと腐心されます。三度目の流罪の噂がある最中でした。故六郎は聖人が来ることを待ち望んでいるだろうし、聖人も墓前に詣でたいけれど、弟子を遣わした心中を察して欲しいと結びます。慈愛の心が伝わります。

□『白米和布御書』（二〇四）

文永六年（山中喜八氏。岡元錬城著『日蓮聖人遺文研究』第二巻五〇二頁）、七年（『対照録』）とする説、稲田海素氏の文永一一年説（『日蓮宗年表』）があります。真蹟は一紙が広島の浅野家に所蔵されます。宛先は不明ですが白米五升と和布一連を供養され、即時（乃時）に返礼を認められたものです。阿育大王（徳勝童子）の沙餅の功徳とこの度の供養の功徳を述べ、成仏は疑いないことであり、このような飢饉のときは尚更らであると書き送ります。簡略な受けとり証にも教えを添えます。

岡元錬城氏は宛先は常忍と推定します。その理由を八点挙げます。①漢文体であること。文永六～七年頃の書状とすれば常忍が優先される。②白米の供養を文永五年一二月、文永七年にされていたこと。③鎌倉は飢饉で食糧難であったこと。④「乃時」と即時に受領の礼状を出された遺文は、常忍に集中しており文永中期に多い。⑤「御返事」と書かれた書状一九通のうち四通が常忍であり文永中期に集中している。⑥料紙一枚の短箇であること。⑦富木氏の「雑雑御状」八通の内の一通で、中山から加賀前田氏へ伝来し安芸浅野家に移った。⑧料紙の形状。以上の八点を挙げて富木氏への書状とします。(『日蓮聖人遺文研究』第二巻四九六頁)。

□『一代五時鶏図』(図録二〇)

『定遺』は建治元年、『対照録』は文永九年・一〇年とします。真蹟は一五紙が西山本門寺に所蔵されます。第十紙の「文句六云」(二三三九頁)以下のふりがなは他筆で、他に傍書の他筆が三行あります。本書の図録は先の図録九と図録十三よりも書き込みが多くみられます。

釈尊一代の五時と各宗の所依の経典と祖師を挙げ、『無量義経』『法華経』は経文と『法華文句』等を引いて三説超過の法華最勝を示します。釈尊の主師親三徳を三国の諸天や人物を挙げて説明し、譬喩品の「今此三界」の文に『法華文句』等を引いて主師親三徳を説明します。また、大通仏の王子である阿弥陀仏・釈尊と我らの関係を、娑婆世界の釈尊のみが三徳を具足していると図示します。

次に、各宗の本尊と仏身を図示します。倶舎宗・成実宗・律宗の本尊釈迦如来は劣応身の釈迦如来。華厳宗の本尊は盧舎那報身。法相宗の本尊は勝応身の釈迦如来。三論宗の本尊も勝応身の釈迦如来。真言宗の本尊大日如来の法身は胎蔵界で報身は金剛界。浄土宗の本尊は阿弥陀仏で、天台は応身とし善導は報身。天台宗の本尊は釈迦如来で久遠実成実修実証仏。華厳宗の盧舎那や真言の大日などは、久遠実成仏の眷属と注記します。釈尊に始成と久成の三身があり、寿量品の久遠実成の仏は三身ともに無始無終であると図示し、本門寿量品の本尊を弟子に説いたことが分かります。最後に華厳宗と真言宗で立てる本尊仏の無始無終三身は、天台宗の名目を盗用して依経の教理としたと説明します。

□『断簡』二二一。「進上　いよの　殿」宛の書状があります。□　断簡「御入滅」。建治元年とされる二行の断簡です。稲田海素氏が所蔵されます。「御入滅、いかて此恩をばほう（報）しまいらせ候へき。願は仏しばらく」（『対照録』下巻三九〇頁）とあります。□　『断簡』三三五。「大麦一斗」「胡瓜二十五給了。仏に」とあります。

第三節　建治二年以降　宗論のうわさ

◎五五歳　建治二年　一二七六年

○　宗論のきざし

幕府は一月に蒙古の襲来にそなえ、時宗の異母弟の宗頼（一二五九～七九年）を、長門・周防の守護として指揮をとらせます。長門探題の始まりとなり北条一族が職を継ぎます。正月頃に天台・真言の宗徒が、聖人と法論をするとの話しが高まりました。鎌倉在住の日朗たち弟子信徒の弘教が活発に行なわれた奏功と思います。聖人は公場対決を宿願とされていました。私的な法論においては勝敗の決着が不鮮明であり、敗者は隠匿することが多く、虚言にて聖人が負けたと吹聴するからです。また、法論の目的は個人的な解決ではなく、国家的な問題とされていたので「私の問答を退け」（四九七頁）たのです。

公場対決の風聞（うわさ）は次の『清澄寺大衆中』に見られるように、聖人のもとにも届いており、これに備えて経典などを収集していました。公場対決の時期は七月か八月頃に行なわれると思われていたといいます。七月二六日付け『報恩抄送文』（一二五〇頁）に宗論に備えて経論章疏を収集していること、そして、駿河に遣わしていた弟子が身延に帰っていたので、この弟子を清澄寺に遣わしたと述べています。『光日房御書』（一一六一頁）から三位房・日向が安房にいたことが分かります。つまり、この時期は法論に期待して弟子を派遣して信徒の教育と布教活動をしていたことが窺えます。

しかし、公場対決は何らかの事情でそのままとなり、翌年を越えて弘安元年に再び宗論の噂が立ち、この年の三月ころに行われると噂されました。三月一九日に急遽、鎌倉の弟子から身延に宗論について知らされたのが、『諸人御返事』（一四七九頁）です。そして、代表として選任されたのが三位房でした。三位房は「桑が谷問答」に証明されるように学識の深い弟子でした。三位房から宗論にそなえての質疑が届き、これらの設問に教示されたのが『教行証御書』（一四七九頁）です。日朗は後詰めとして同座する方策でした。（姉崎正治著『法華経行者日蓮』五二一頁）。ところが、この宗論も実現しませんでした。三位房が迫害の怖さに逡巡したともいいます。この後の熱原法難に日興のもとに遣わされますが、『四条金吾殿御返事』（一六六八頁）によれば、これを機に離反し同年、夏の頃に死去するのです。

□『清澄寺大衆中』（一二〇五）

○真言師が蜂起

一月一一日、清澄寺の大衆に宛てます。真蹟一三紙が身延に曾存しました。本書は日向と助阿闍梨を派遣して、虚空蔵菩薩の御宝前において大衆に読み聞かせるように指示されます。冒頭に清澄寺の大衆に新春の慶賀を述べ、某師が昨年は身延へ来なかった事情を問います。身延へ来るときは伊勢公が持っている『十重心論』『秘蔵宝鑰』『二教論』等の真言の論疏を借りて登詣するように依頼します。伊勢公は清澄寺の住僧と思われます。また、天台関係の『止観』の第一と第二巻、妙楽の弟子智度の『東春』（『法華経疏義纉』）、道暹の『輔正記』（『法華文句輔正記』）の借用を依頼します。円智房の弟子の観智房（詳細は不明です）は、『宗要集』や多くの書物を持っていると聞いているので、直ぐ返す旨を話して借りて欲しいと依頼されます。聖人は論釈を揃えて公場対決の準備をされていたことが窺えます。今年は特に「仏法の邪正」（一一三三頁）を糾すべき時と述べます。。

そして、某師に浄顕房・義浄房に伝えて欲しいとして、流罪は世間の罪を犯したためではないと前置きされ、清澄寺の虚空蔵菩薩に智者の誓願を立てたことにふれます。〈鎌倉期一〇頁〉

「生身の虚空蔵菩薩より大智慧を給りし事ありき。日本第一の智者となし給へと申せし事を不便とや思食けん。明星の如なる大宝珠を給て右の袖にうけとり候し故に、一切経を見候しかば八宗並に一切経の勝劣粗是を知りぬ。（中略）仏を開眼するにも仏眼大日の印真言をもつて開眼供養するゆへに、日本国の木画の諸像皆無魂無眼の者となりぬ。結句は天魔入替て檀那をほろぼす仏像となりぬ。王法の尽んと

するこれなり。此悪真言かまくら（鎌倉）に来て、又日本国をほろぼさんとす」（一一三三頁）

虚空蔵菩薩より智慧の宝珠を授かり法華経が最勝の経であると知ったと述べ、智者としての恩義を述べます。そして、法華経に敵対する最大の宗派は真言宗とします。それなのに、どこの寺でも真言を取り入れていると指摘します。例えば法華経の十八道の修行に十八種の印契を用いて密教の行法をしたり、罪障を悔い改める法華懺法に阿弥陀経を加えること。天台宗が行うべき灌頂を真言宗が主としていることを挙げます。聖人の他宗批判の順序については先にもふれたように、当時の状況に応じ序分として禅宗と念仏宗の誤りを最初に論じたと述べます。一念三千を盗用して内実のない真言宗の邪義は亡国の原因として、仏像などを開眼するときに真言宗で行なうために、天魔が入って日本国を滅ぼすと述べます。真言亡国を主張するため不惜身命の覚悟を持ちます。虚空蔵菩薩の報恩のため立教開宗し二十余年の弘通にふれます。これは、法華経（「三類の強敵」）の行者意識です。そして、聖人に対して過去の論師や大師に勝れる程ではないという批判の不審を払うために、自他二難の予言をし、それが的中したならば真言宗・念仏の誤りを信ずるであろうと弘通されたと述べます。

なを、『全篇解説日蓮聖人遺文』（二六五頁）に『平賀本』の記述から三月二八日と四月二八日の二度の発表があり、その場も諸仏房の持仏堂と道善房の持仏堂の二箇所とし、前者は清澄寺の僧侶、後者を檀信徒を対象とされたとの説が紹介されます。しかし、『昭定』のように三月の立教開宗は誤写と思われます。

○領家の尼の恩

また、東条景信と領家との清澄・二間寺の所領争いや、清澄の房々の法師を念仏者としたときに、本尊に起請を書いて祈願したと述べます。〈鎌倉期二一頁〉。清澄寺にあっては景信より護ったので、恩人であり父母や三宝のように敬うべきを、大衆の中には「日蓮を心へずにをもはれん人々は、天にすてられたてまつらざるべしや。かう申せば愚痴の者は我をのろう（呪咀）と申べし」（一一三五頁）と、聖人を蔑視していた者がいました。

そして、領家の尼は女人であり愚痴の者であるから、人々の言い嚇しに耐えられずに法華経を捨てたことは、釈尊の恩を忘れ無間地獄に堕ちることが不憫と述べます。領家の尼は聖人の父母や家族が世話になったので、後生の救護を祈っていると述べます。法華経が尊いのは釈尊が過去五百塵点劫より先の久遠仏であると明かしたこと。また、舎利弗等は未来に仏になると二乗作仏を説いたことと教えます。大事なことは法華不信が堕獄の原因であることとです。法華経を信じない不知恩の者は、安房に蒙古が責めてきた時に始めて諫言が真実であったと知るとして、知音の者が堕獄することを不憫に思われます。清澄寺の中には批判的な者が多かったのです。一月一六日に天台宗の道玄は異国調伏のため押小路殿にて熾盛光法を始修します。

□『南條殿御返事』（二〇六）

○酒一筒

一月一九日付けで時光から初春の挨拶と、餅七十枚、酒一筒、芋一駄、河のり一袋、大根二把、山の芋七本などを供養された礼状です。芋を一駄というのは馬に負わせる荷物のことで凡そ三六貫を一駄といいます。『日興本』に収録されます。

時光からのいつもの供養に懇切な心情はこれらの品々に現れていると感謝されます。勧発品の「所願不虚亦於現世得其福報」「当於現世得現果報」の文を引き、法華経の行者の祈願は必ず成就し、現世において幸せな果報を得ると述べます。また、天台の『法華文句』に「天子一言不虚」「法王不虚」と、天子の言葉に嘘言はない、仏には虚偽がないという文を示し、賢王は命を脅されても嘘は言わないと述べます。

釈尊は過去世に普明王であったとき、班足王に殺されそうになりますが、布施の誓願行が一つ残っていると告げて帰国を許され、行を終えて約束通り王の館に戻ってきた故事を述べます。不妄語戒を守ったのです。また、迦梨王のとき真実を説かない者は、大妄語の罪で地獄に堕ちると説きました。法華経は「要当説真実」の教えであり、多宝仏・十方諸仏も真実であると証明したことを述べ、この法華経に一本の花、僅かな香を供養する功徳を説きます。そして、末法に法華経の行者が食物に飢え、迫害にあって苦しんでいる時に供養する功徳は、生きている仏を一劫という長い間、供養するよりも勝れていると述べます。更に法華経に「亦於現世得其福報」の勅宣、「当於今世得現果報」の鳳詔、つまり、現在の世に福報を得る、今世に果報を得ると説かれているので、慈父の精霊も釈尊の御前にて悦ばれ、時光たちも現世に大きな果報を得ると述べます。

□『大田殿許御書』（一五九）

○人師の勝劣

一月二四日に乗明に年頭の賀詞を述べます。真蹟は一〇紙完で法華経寺に所蔵されます。『境妙庵目録』に「大田金吾入道殿」とあり乗明は建治元年に入道したので、本書を弘安元年の『太田左衛門尉御返事』（一四九五頁）以後の弘安二年とします。（『日蓮聖人御遺文講義』第一八巻四九頁）。また、『清澄寺大衆中』の冒頭の賀詞の一致と『四条金吾殿女房御返事』の系年変更による建治二年説があります。（岡元錬城著『日蓮聖人遺文研究』第三巻七一七頁）。『対照録』は『定遺』と同じ文永一二年です。

乗明は聖人と同年令といわれ妻の恒は道邊右京の孫とされ聖人と従兄妹になります。この関係から乗明夫妻は早い時期から信者となります。中山に本妙寺を建立し常忍の若宮法華寺と合わせて法華経寺となります。子息の帥阿闍梨日高が継ぎます。（『日蓮聖人遺文全集』別巻七一頁）。宗論に備え法華最勝を述べます。特に天台と真言宗の勝劣において、慈覚・智証が善無畏の理同事勝の義を踏襲したことを批判します。

まず、世間においても仏教においても、何が正しいのかという理非を糺すことが先決と述べます。そこで、①、これ迄に法華経と大日経の勝劣と、天台宗と真言宗の勝劣を判別した者がいないこと。慈覚・智証の二人は真言と『止観』は同等のように思うこと。しかも、勅宣があり天台僧は先師の教に背き、法を宣布していないと批判されたことを挙げます。そして、聖人はその原因は慈覚・智証の二人にあると述べます。

「余生居末初　学稟諸賢之終。慈覚・智証正義之上勅宣方々有之。不可有疑。不可出一言。雖然円仁・円珍両大師劫略先師伝教大師正義　申下勅宣之疑有之上　仏誡難遁。随又亡国因縁謗法源初始之歟。故不憚世謗。不知用不用。捨身命申之也」（八五二頁）

と、この二人こそが亡国の因縁と謗法の始まりであり佛から誡めを受けると述べます。聖人は世間から憚りを受け、容れられないにしても身命を捨ててこの諸悪の根源を指摘されます。

②、次に、問答形式にて台密にふれます。聖人が敢えて真言宗を批判するのは、『涅槃経』の「仏法中怨」と

なり「仏敵」となることを怖れるため、身命を捨てる覚悟で糾明したと述べます。第一番の問答は「仏法中怨」の文を挙げて、東密・台密の大師の誤りを指摘します。世間の迫害を恐れてこの誤りを言わなければ「仏敵」となるとし、章安の「仏法中怨」の者を糺治する者は親徳に当たるという文に感銘して、不惜身命を覚悟した経緯を述べます。そして、諸経はその時の機根に応じての施教であるから、それぞれが第一と自讃するのは常習のことであるが、諸経の勝劣は「已今当の三説」により明白と述べます。これは『法華取要抄』（八一〇頁）に明かしたように聖人の勝劣論の定形です。

③、ここでは、仏使である法華経の行者が一切の論師よりも勝れていることを強調します。その証文として薬王品の十喩の中の第八番目、「又如一切凡夫人中須陀洹斯陀含阿那含阿羅漢辟支仏為第一。此経亦復如是一切如来所説若菩薩所説若声聞所説諸経法中最為第一。有能受持是経典者亦復如是於一切衆生中亦為第一」（『開結』五二三頁）の文を引きます。経文の通りならば法華最勝と共に法華経の行者も最勝として真言師と比較されます。

「第八譬兼有上文。所詮如仏意者非詮経之勝劣。法華経行者勝一切之諸人之由説之。大日経等行者諸山・衆星・江河・諸民也。法華経行者須弥山・日月・大海等也。而今世軽蔑法華経如土如民。重崇真言僻人等為国師如金如王。依之増上慢者充満国中。青天為瞋黄地至夭孽（ようけつ）。如涓聚（したたりあつまりて）破墉塹（こうせん）民愁積亡国等是也」（八五四頁）

そして、④、それに反して法華経を蔑み真言師などの邪師を国師のように尊び、増上慢の者が日本国中に充満したため、青天黄地は災いをなすと述べます。天を青、地を黄で表現するのは李賀（七九〇～八一六年）の漢詩に見られる道教的な表現です。つまり、天は瞋をなし地は災いを致す天変地夭により、涓（滴り）が聚って堤防（砦）を破るように、民衆の愁いが積もって国を亡すと述べます。つまり、「真言亡国」の理由を明かしたのです。更に呉競（六七〇～七四九年）の『貞観政要』上奏の表や、章安・従義法師の釈を引き、重ねて法華経の行者が勝れていると述べます。従義（一〇四二～九一年）は天台宗の正統派である山家に対し、後山外派と呼ばれる中の一人で、『天台四教儀集解』を著述します。

更に、謗法罪の報いにより慈覚は墓所が明らかではなく、弘法も入定は遺骸を隠すために弟子が決めたことで墓所の跡は存在せず、三井寺や叡山も兵火に焼かれたのは仏意に違背した者の罪科とします。これらの者が正法を伝える師ならば、「恥辱を死骸に与えられることはない」という諺に相違すると述べます。

最後に、⑤、奈良の六宗が天台宗に帰伏したように、真言宗が天台宗に帰伏した証文があるかを問い、その証文は妙楽の『文句記』第十巻に記載されており、伝教は『依憑集』に証文を載せていると述べます。その『法華文句記』第十巻末にある、「適与江淮四十余僧往礼臺山。因見不空三蔵門人含光奉勅在山修造。云与不空三蔵親遊天竺。彼有僧問曰大唐有天台教迹。最堪簡邪正暁偏円。可能訳之将至此土耶。豈非中国失法求之四維。而此方少有識者。如魯人耳。故厚徳向道者莫不仰之敬。願学者行者随力称讃。応知自行兼人。並異他典。若説若聴境智存焉。若冥若顕種熟可期。並由弘経者有方故也。若直爾講説是弘経者何須衣座室三之誡。如来所遺豈可聊爾。余省躬揣見自覚多慚。迫以衆縁強復疏出。縦有立破為樹円乗使同志者開仏知見終無偏黨而順臆度。冀諸覧者悉鑑愚誠。一句染神咸資彼岸思惟修習永用舟航随喜見聞恒為主伴。若取若捨経耳成縁。或順或違終因斯脱。願解脱之日依報正報常宣妙経一刹一塵無非利物。唯願諸仏冥薫加被一切菩薩密借威霊在在未説皆為勧請。凡有説処親承供養。

一句一偈増進菩提一色一香永無退転」、を証文とします。末代の学者や門下はこの聖言に随うこと。そして、今生の誇りや権力を恐れて後生に悪い果報を招かないように訓戒します。

□『四条金吾殿女房御返事』(一一六〇)

○三三歳の厄年

『定遺』は文永一二年正月二七日とありますが、『日眼女釈迦仏供養事』(三二七)を日眼女へ授与された御本尊(七二)と同時と判断し、それによる日眼女の厄年の年齢(三三歳)から建治二年とします。(渡邉宝陽稿「大曼荼羅と法華堂」『研究年報日蓮とその教団』第一集所収一〇四頁)。

頼基の妻から三三歳の厄除けの祈祷を依頼され一月二七日付けの返書です。真蹟は断片が丹後妙圓寺など五ヶ所に散在します。本書の冒頭に真言師の邪法を指摘されますが、今回はふれないとして本文に入り薬王品の十喩を述べます。この十喩は法華経の超勝を示すだけではなく、一切経の行者と法華経の行者のどちらが勝れているかを示すのが釈尊の御心と述べます。これは先の乗明に宛てた『大田殿許御書』(八五二頁)と同じように、諸経と法華経の教義の他に行者の勝劣に視点を当て比較をされます。

「第八の譬への下に一の最大事の文あり。所謂此経文云、有能受持是経典者亦復如是。於一切衆生中亦為第一等[云云]。此二十二字は一経第一の肝心なり。一切衆生の目也。文の心は法華経の行者は日月・大梵王・仏のごとし、大日経の行者は衆星・江河・凡夫のごとしととかれて候経文也」(八五六頁)

と、特に第八喩の「一切衆生中亦為第一」の二十二字の文字を、法華経の第一の肝心と述べます。冒頭に邪法を使い人々を迷わしているのは真言師と挙げ、ここにも大日経を挙げて真言破を中心に行います。「是経典者」とある法華経を受持する「者」は、次の文に「若有女人」とあり釈尊の心は女人にあると述べます。しかし、諸経（『大智度論』『涅槃経』など）には女人は地獄の使い毒蛇であるとか、曲がった木、仏種を炒る者などと説かれ、世間にも孔子の時代の栄啓期は女人と生まれなかったことを幸福とし、また、災いは三女より起きると説いて、女人が嫌われていることを挙げます。三女とは妹喜（ばっき）・妲己（だっき）・褒姒（ほうじ）の三人の女性で、夏の桀王、殷の紂王、周の幽王を亡国に導いた悪女とされます。

しかし、法華経は男子よりも女子が勝れているとして、薬王品の「若有女人」の文証を引きます。世間の人から悪口を言われても、大切に思う夫に優しく守られることが嬉しいように、法華経の信仰をして世間の人からは憎まれても、釈迦・多宝を始め諸天善神から不愍に思われ守られるならば、何も苦しいことはないと述べます。法華経に褒められるならば、肩身が狭いことはないと信心を勧めます。女性にとって実感できる言葉であったと思います。

三十三歳の厄除けに布施を送って頂いたので、釈迦佛・法華経・日天子の御前にて祈願することを伝えます。母の胎内に宿ったときから随身している同名・同生の倶生神は、一生の善悪と法華経の信心を見ていると述べます。この倶生神は人の一生の善悪を天神に報告することが、『華厳経』の入法界品に説かれ、それを天台が『摩訶止観』の第八で詳しく解説していると述べます。そして、さらに強固な信心を勧めます。日本の在俗の中では比類のない法華経の信者である頼基の妻であるから、日本第一の女人であると述べます。そして、三十三の厄は転じて三十三の幸いとなり福が重なり来ると書き送ります。正月二七日ですと草庵には雪が降り積もっていたでしょう。寒中に布施を届けた頼基の信心も伝わってきます。

「但し信心のよはきものをば、法華経を持つ女人なれどもすつるとみへて候。れいせば大将軍心ゆわければしたがふものもかいなし。ゆみゆわければ、つるゆるし。風ゆるなればなみちひさきはじねんのだうりなり。しかるにさゑもん（左衛門）どのは俗のなかには日本にかたをならぶべき物もなき法華経の信者なり。これにあひつ（連）れさせ給ぬるは日本第一の女人なり。法華経の御ためには龍女とこそ仏はをぼしめされ候らめ。女と申す文字をばかゝるとよみ候。藤の松にかゝり、女の男にかゝるも、今は左衛門殿を師とせさせ給て、法華経へみちびかれさせ給候へ」（八五八頁）

□『松野殿御消息』（二〇七）

○松野六郎入道行易

二月一七日付けで日持の父、松野六郎から柑子一籠、菓子などを供養された礼状です。真蹟四紙断片は京都妙覚寺などに所蔵されます。聖人と松野氏の交流の初期の頃とされます。松野六郎は駿河の松野の領主です。法蓮寺の『寺史』に「初代の松野六郎左衛門行安は鎌倉の出身で、北条時政に仕え、左衛門尉となり順徳天皇の建保年間には京都で六位蔵人職に任ぜられている。この後この地の地頭職となり貞応の頃から当所（松野・小車の里）に住むようになった。その室が松野殿尼御前、二代六郎左衛門行易の室が松野殿女房と宗祖に呼ばれた人である。

三代六郎左衛門行成は日持聖人の実兄に当たる」とあります。日持の姉は南条七郎の妻で上野尼御前と呼ばれ、子供に鶴寿（おもんす殿女房）、蓮阿尼（夫は新田五郎重綱、子は日目）、そして、時光がいます。

薬王品の「衆星之中月天子最為第一。此法華経亦復如是於千万億種諸経法中最為照明」（『開結』五二三頁）の文と、「有能受持是経典者亦復如是於一切衆生中亦為第一」の文を経証として、法華経が最第一であること、法華経を信仰する者の勝れていることを述べます。これを説こうとすれば迫害が起き、法華経を信じない者は堕獄することは経文に明らかであるので、進退に迷ったと述べます。

釈尊は四二年の間、法華経を胸中に秘していたが、一切衆生のため七二才の時に始めて耆闍崛山にて説いたと述べます。釈尊の滅後千四百年後に日本に伝わり、それから七百年ほど経過し釈尊が秘中とした法華経は現前にあるのに、人々は念仏を唱え真言の祈祷に時を費やし、また、座禅や不殺生・不偸盗・不淫・不妄語・不飲酒の五戒に、立派な寝具や坐具でくつろがない、歌舞を見聞きしたり化粧や香水、宝飾品などで身を飾らない。非時（正午から日の出まで）の食を取らないという八斎戒（五戒と不坐臥高広大床戒・不著香華瓔珞香油塗身、不作唱技楽故往観聴戒・不過中食戒）を持つと言っても、法華経を信仰する者はいないと述べます。

法華経を読む者がいても南無妙法蓮華経と唱える者がいないので、如来の金言に従い「立教開宗」をされたと述べます。経文の通り迫害を加えられたが退転なく弘教された根底には、須頭檀王が千歳という長い間、阿私仙人に責めつかわれて給仕したことや、不軽菩薩の難、薬王菩薩は仏を供養するために七万二千歳という長い間、臂を焼いたことを師範として不退の行者意識を持ったことを明かします。これほど難信難解な法華経の信仰を示して、在家であり未だ見参したこともない松野氏が聖人を信じていることは、過去の宿習であり来世も成仏が疑いないと述べます。この時は松野氏との対面はなかったのです。世間から疎まれている聖人を信用していることを讃えたのです。そして、悪鬼が入身している者は法華経を信仰することはなく、釈尊の魂が入りかわれる心の清い者こそが信仰できるという表現をして松野氏の純真な信心を褒めます。

続いて、末法に法華経の行者を供養する功徳を、法師品の「有人求仏道而於一劫中合掌在我前以無数偈讃。由是讃仏故得無量功徳。歎美持経者其福復過彼」（『開結』三一一頁）の文を引き、一劫という長い間、釈尊を供養し奉るよりも、末法に上下万人に憎まれ餓死しそうな法華経の行者を供養する功徳は、これ以上に勝れていると説く経意を述べ、「梵天三銖の衣」の例えを引きます。これは大梵天王が着ている羽衣で大石を摺り減らすことです。銖は一両（約三七．五グラム）の二四分の一の重さになります。

「一劫と申は八万里なんど候はん青めの石を、やすりを以て無量劫が間する（磨）ともつきまじきを、梵天三銖の衣と申て、きはめてほそくうつくしきあまの羽衣を以て、三年に一度下てなづるに、なでつくしたるを一劫と申す。此間無量の財を以て供養しまいらせんよりも、濁世の法華経の行者を供養したらん功徳はまさるべきと申文也。此事、信じがたき事なれども、法華経はこれていに、をびただしく、まことしからぬ事どもあまたはんべり」（一一四一頁）

『法華文句記』に「有供養者福過十号」の文があります。「福過十号」の文は曼荼羅本尊の讃文にも添えられます。（御本尊第五三、弘安元年八月）。そして、法華不信の謗法堕獄の例として、無垢（世親の倶舎論に反駁し小乗をもって大乗を絶やそうと誓ったとき舌が五つに破れた）・崇法師（正法を謗じたため舌が爛れた）・三階（法華経を信仰すると地獄に堕ちると言ったため生きながら大蛇になった『撰時抄』一〇四〇頁）・徳一（伝教に敵対し法華謗法により舌が八つに裂けた）を挙げます。法華経の行者に危害を加えれば、諸天がその国に対し怒りをなし他国侵逼を起こすと述べます。阿育大王の故事（徳勝童子の土の餅供養）を引き、松野氏の供養に擬え十羅刹女も悦び守護されると述べます。

□『大井荘司入道御書』（二〇八）

○龍門の鯉

二月に大井氏より柿三本、酢一桶、茎立（くぐたち。野菜類の花のつく茎がのび出たもの）、土筆（つくし）が供養された礼状です。建治元年説（『境妙庵目録』）があります。『本満寺本』に収録されます。大井荘司入道は中巨摩郡大井村を中心とした荘園の荘司ですが実名は不明です。『本尊分与帳』によれば日興の弟子の日華の教化を受けた人で、妻や孫の肥前房日伝は日華の弟子となります。肥前房は後に背反します。娘の甲斐国曽弥小五郎の妻は日興の弟子となっています。しかし、この娘も後に日興と離反し大井氏の動向も不明となります。（『日蓮聖人遺文辞典』歴史篇一四〇頁）。大井庄司入道に宛てた書状は本書一通のみです。

中国の天台山に龍門という高さ百丈の滝があり流れも急で、これを登り龍となろうとする鯉の喩を挙げます。滝を登ろうとすると人は網をかけて捉えようとし、空からは鷲が狙い夜は虎や狼などが潜んでいるとして、仏道修行の厳しさを譬えます。成仏も同じように難しいと述べます。これらは行者を悩ます三障四魔のことです。そして、「有情輪廻生死六道」の文を引き、私たちは前世に様々な身として生まれ生死の輪廻を重ねて来たことを明かします。人間の命はいずれ尽きるならば無駄に命を捨てずに、法華経のために不惜身命の覚悟をもって信心に励み、未来、無数劫に続く善根を積むようにと信心を勧めます。

○御本尊（三一）二月

二月に釈日与に授与された、紙幅九六・七センチ、横五一・八センチの三枚継ぎの御本尊です。尼崎の本興寺に所蔵されます。同月に『御本尊集目録』第三一から第三三までの三幅があり、聖人は御本尊を染筆されるときに、ある枚数をまとめて染筆されていたことが窺えます。文永年間の御本尊は署名と花押が左右に別々に書かれていましたが、建治に入りこの御本尊以降は接合し一体的に自署されるようになります。また、四天王が梵名で書かれ梵語の場合、増長天王と広目天王の座配が入れ替わっています。

○御本尊（三二）二月

日興の添え書きにて、西山の河合入道の娘で高橋六郎の後家、持妙尼に日興が与えたとあります。『本尊分与帳』にこの持妙尼は日興の叔母であるので与えたと記されています。（『宗全』第二巻一一五頁）。紙幅は縦九八・八センチ、横五一・八センチの三枚継ぎの御本尊です。尼崎の本興寺に所蔵されます。

○御本尊（三三）二月

通称「鉄炮御本尊」と称し北山の本門寺に所蔵されます。寺伝には天正一〇（一五八二）年二月、徳川家康が武田征伐のおりに陣中守護のために、十世の日出が家康に贈った御本尊です。武田軍の鉄砲の弾が聖人の花押の部分を貫通して家康を守護します。家康は同年五月十日に御本尊を納め朱印を寄進して外護します。花押の一部が欠失しているのはこのためです。紙幅は縦九二・七センチ、横四六・四センチの三枚継ぎです。

○御本尊『日蓮聖人門下歴代大曼荼羅本尊集成』（九）

建治二年二月五日付けにて西山本門寺に所蔵されます。本書（二五頁）の解説によりますと縦九三センチ、横四七センチです。首題の下に日興の自筆で、「懸本門寺可為万年重宝也。日興祖父河合入道中受之」とあり、西山本門寺の重宝となる本尊とされます。また、別筆にて「入道孫由比五郎入道所譲得也。大宅氏女嫡子犬法師譲与之」と添え書きがあります。（山中喜八著『日蓮聖人真蹟の世界』上一〇〇頁）。幕府は三月一〇日、九州の武士に筑前の筥崎と今津間の海岸に石塁を築くよう命じ、三月一五日に鎮西の将兵を博多に集結させ九州の防備を強めます。

□『阿佛房御書』（二〇九）

阿佛房に宛てた書状で年次に文永九年の説（『境妙庵目録』）があり、日付も三月一一日（『日朝本』）、三月一三日（『境妙庵目録』）、また、「御本尊法華経」の言辞から弘安元年ともいいます。（鈴木一成著『日蓮聖人遺文の文献学的研究』三五八頁）。『朝師本』に収録されます。ただし疑義があります。（小松邦彰稿「日蓮遺文の系年と真偽の考証」『日蓮の思想とその展開』所収一〇六頁）。

宝塔供養のために銭一貫文、白米などが届いたことを記し、御宝前の本尊・法華経に供養の旨を申し上げたので、安堵されるようにと述べます。宝塔供養とは宝塔の中の釈迦・多宝の二仏に供養することと、中央首題の題目に供養するとも受けとれます。阿佛房から多宝如来の宝塔が出現した意義についての質問がありました。宝塔出現の意義を『法華文句』を引いて説明されます。証前とは宝塔が出現する動機となった迹門の説を真実と証明

するこ とです。方便品から人記品までの三周説法にて声聞は未来の成仏の授記を受けました。法師品からは滅後の弘教に焦点が移ります。この時は宝塔は閉じたままです。そして、三変土田されると十方分身の諸仏が来集します。ここで釈尊は右の指をもって宝塔を開き中に入ります。釈迦・多宝の二仏が並座します。起後とは多宝仏の御前で寿量品の久遠実成を中心にした、本門の教えを誘因（発起）することをいいます。つまり、宝塔出現は法華経の迹門の教えを真実と証明し、それを受けて本門の久遠実成を開顕するためです。開塔には十方分身諸仏を来集する必要があり、これにより釈尊の化道の範囲の広さを証明することと、久遠性を示唆する端緒となります。

また、宝塔の開閉は本迹二門と境智二法を示します。境とは真理であり智はそれを認識する智慧です。多宝仏を境とするのは、諸法の真理を法身如来の多宝仏に現わすためです。そして、差別の実相を報身如来の釈尊が現わします。ここに境智の二法が冥合し成仏の姿と解釈します。迹門の三周説法を聞いた声聞は、「己心の宝塔」を知見したと述べます。この宝塔とは仏性であり妙法蓮華経と説明します。二乗作仏により己心の仏性を悟ったことです。

次下に「有説法華経我此宝塔涌現其前」の文を引き、題目を唱える処が宝塔の住居と述べます。ここには己心の仏界を認識する修徳と、妙法五字を五大によせて性徳とし修性一如を示します。つまり、宝塔は法華経を受持し題目を唱える者の成仏の象徴となります。阿佛房が尊い教義を質問したことを褒め、「宝塔」を書き授与され子孫以外には譲与しないように述べ他見に注意されます。この「宝塔」とは曼荼羅本尊のことと思われます。本書には阿佛房を北国の導師とし浄行菩薩に比して、夫婦ともに迫害に屈せず信心に励むよう述べます。

この頃、時宗は弟の宗頼を長門守護に任命し（のちに長門探題となる）、異国征伐の計画と同時に防衛対策として防塁の築造を行わせます。箱崎から今津にいたる海岸と長門の石築地の工事を、異国征伐に参加しない者に命じます。完成の予定は八月でした。しかし、防塁工事は大事業となり、時宗は寄合で征伐計画を廃止して防御を強化することを決断します。幕府の現状は異国に行き制圧するまでの兵力も武器も足りなかったのです。これにより、義兄の安達泰盛と側近の頼綱との対立が深まったといいます。

○　道善房の訃報

この年の三月一六日（六月一四日ともいう）ころに道善房が没しました。（新編『日蓮宗年表』一一七頁）。この訃報を聞き『報恩抄』を撰述して義城房・浄顕房に送る準備をされます。『報恩抄』に道善房死去の知らせを聞き直ちに駆けつけたかったが、身延隠棲につき墓参が叶わないことの苦悩を述べます。

「彼人の御死去ときくには、火にも入、水にも沈み、はしり（走）たちてもゆひて、御はか（墓）をもたゝいて経をも一巻読誦せんとこそをもへども、賢人のならひ、心には遁世とはをもはねども、人は遁世とこそをもうらんに、ゆへもなくはしり出るならば、末へもとをらずと人をもうべし。さればいかにをもうとも、まいるべきにあらず」（一二四〇頁）

□　『南條殿御返事』（二一一〇）

三月一八日付けで時光や南条氏近辺の人から芋（八頭芋）・河のり・わさび（山葵）などを供養された礼状です。

身延山中にて法華経を読誦する聖人を供養する篤志は、妙荘厳王が過去世に三人の修行者を供養して沙羅樹王と生まれ、須頭檀王が阿私仙人を供養して釈尊となったように、自身では法華経を読誦するなどの修行はしていないが、これと同等の功徳があると述べます。

「檀王は阿私仙人を供養して釈迦仏とならせ給ふ。されば必ずよみかかねども、よみかく人を供養すれば、仏になる事疑ひなかりけり。経云是人於仏道決定無有疑」（一一四六頁）

法華経の行者の命を支える信者の功徳を示されました。神力品の偈文を引いて仏道を成就し成仏も疑いないと諭されます。追記に橘三郎と太郎大夫の名前が見えます。両名への礼状はこの時光に与えた一書で容認して欲しいと述べ、書状を持参する日興に諸事の質問をして理解を深めるよう要望されます。ただし、『本満寺本』にはこの追記がなく『春初御消息』（一九〇七頁）に同様の追記があります。『本尊分与帳』によれば橘三郎は日興の舎弟光房のこと、太郎大夫は上野氏のことと思われます。

□『富木尼御前御書』（二一一）

○常忍の母死去

三月二七日付け書状で真蹟八紙が法華経寺に所蔵されます。『忘持経事』に「而去月下旬之比為示生死理趣黄泉道」（一一五〇頁）とあり、常忍は二月末に母を亡くし三月に母の遺骨を納めに身延に登詣します。このとき銭一貫文と酒筒を持参したことを報告し、この善行の影に尼御前の姿を見る思いであると述べます。

「や（矢）のはしる事は弓のちから、くものゆくことはりう（龍）のちから、をとこのしわざは女のちからなり。いまときどののこれへ御わたりある事、尼ごぜんの御力なり。けぶりをみれば火をみる、あめ（雨）をみればりう（龍）をみる。をとこを見れば女をみる。今ときどのにけさん（見参）つかまつれば、尼ごぜんをみたてまつるとをぼう」（一一四七頁）

老母の臨終が良かったこと、尼御前がよく尽くし看病したことを喜ばれていると伝えます。尼御前が病気と聞き心配されます。治ることを信じて三年間、始めのように灸をすえて治療することを勧めます。病気でない人も無常からは遁れ難いが、尼御前は年老いた分けではなく、たとえ業病であっても法華経の疾病平癒の威力は大きいので、法華経の行者としての信念を強くもって寿命を得るように勧めます。

○　太宰府に行く武家の悲しみ

もし嘆きが強くなって耐え切れなければ、蒙古の合戦のために太宰府に行く武士の家族の悲しみを思い、また、蒙古から攻められて死ぬような苦しみにあうことを想像するように述べます。

「なげき出来時は、ゆき（壱岐）・つしまの事、だざひふの事、かまくらの人々の天の楽のごと（如）にありしが、当時つくしへむかへば、とどまる女こ、ゆくをとこ、はなるるときはかわ（皮）をはぐがごとく、かを（顔）とかをとをとりあわせ、目と目とをあわせてなげきしが、次第にはなれて、ゆいのはま・いなぶら・こしごへ・さかわ・はこねさか（箱根坂）。一日二日すぐるほどに、あゆみあゆみとをざかるあゆみも、かわも山もへだて、雲もへだつれば、うちそうものはなみだなり、ともなうものはなげきなり、いかにかなしかるらん。かくなげかんほどに、もうこのつわものせめきたらば、山か海もいけどりか、ふねの内か、かうらい（高麗）かにてうきめにあはん」（一一四八頁）

このような武士の悲しみは法華経の行者を悩ました業によるもので、十羅刹女の責め苦にあっていると述べ、聖人の信徒は必ず成仏すると思えば歎きはないと述べます。皇妃や天上界に生まれるのは小さなことで、法華経の行者として竜女の跡を継ぎ、波闍波提比丘尼の列に連なるような信心をするように励まします。波闍波提は釈尊の姨母で釈尊を育てた人です。釈尊の弟子として最初の比丘尼になり勧持品にて一切衆生喜見如来の授記を得ます。女性信者の目標とされて信心を勧めたことが分かります。

□『忘持経事』（二一二）

○常忍は母の遺骨を身延に納めます

三月末日に身延から帰路についた常忍に宛てたもので、真蹟は九紙八四行が法華経寺に所蔵されます。母の遺骨を納め法要を終えて若宮に帰りますが、経典を忘れたので身延で修行していた者に経典とこの書状を持たせます。持経を忘れて帰路についたことを、魯の哀公が孔子に引越し先に妻を忘れて転居した者がいると笑ったとき、孔子は夏の最後の桀王と殷の最後の紂王のように、悪政をもって自身を喪った者がいると諫めた故事を引きます。また、仏弟子の中で閻浮第一の忘れ者は槃特で、常忍は日本で一番の忘れ者であると微笑ましく述べます。常忍は「物忘者事」と目録に記載します。

続いて、三五塵点にふれ大通結縁の者は衣珠を忘れ、久遠下種の者は良薬を忘れ、現在の他宗の者は釈尊の本意を忘れていると述べます。甚だしいのは、天台宗の者が聖人を誹謗し他宗の者を扶助していることで、これは、親に背き敵に味方するようなものであり、自らの刀で自身を切るようなものと述べます。同じ法華経を学ぶ天台宗の者が念仏者に同意することは、釈尊に背反し謗法堕獄の因となるからです。

過去の求道心の例を挙げます。常啼菩薩が身命や財利よりも、仏の智慧により悟りの涅槃に入るため、東方に般若波羅密を求めたこと。善財童子が南方に法を求め、五三人の指導者に会い広大不思議の華厳の教えを得たこと。雪山童子が菩薩行として鬼神（羅刹）に身を与えて、教えを聞こうとしたこと（「諸行無常是生滅法　生滅滅已寂滅爲樂」）。楽法梵志が菩薩行として仏の一偈の教えを残すため、自分の皮を剥いで紙とし骨を削って筆とし血を墨として書き残した例を引きます。そして、常忍はこのような求法の賢人ではなく愚かな僧形の俗人であるが、母親に対する孝養はこの賢人に劣らないと孝心を褒めます。

常忍は大切な母を亡くし誰に孝養を尽くしたらよいのか嘆きます。聖人は離別の悲しみに耐え難く、身体が弱いのにも拘わらず身延へ来た心中を察します。その道中が飢饉のため盗賊がいて危険であったこと、羅什が超えたパミール高原や、役行者が修行した大峰山に匹敵する険しい行路と喩え母への孝養心を讃えます。

「此与貴辺歎云、齢既及九旬留子去親雖為次第、倩案事心去後不可来期何月日。二母無国自今後誰可拝。

離別難忍之間舎利懸頚任足出大道自下州至于甲州。其中間往復及千里。国々皆飢饉山野充満盗賊宿々乏少糧米。我身羸弱所従若亡牛馬不合期。峨々大山重々漫々大河多々。登高山頭捽天下幽谷足踏雲。非鳥難渡非鹿難越眼眩足冷、羅什三蔵葱嶺・役優婆塞大峰只今」（一一五〇頁）

疲れはてて身延に到着した常忍は弟子に案内されて庵室に入ります。そして、御宝前に遺骨を安置し五体投地し、合掌して両眼を開き釈尊の尊様を拝見したときに、その歓喜の強さで心の苦しみが法悦にかわったと述べています。教主釈尊（立像釈迦仏）の御宝前に詣でた常忍の心境を次のように述べます。

「触案内入室、教主釈尊御宝前安置母骨五体投地合掌開両眼拝尊容歓喜余身心苦忽息。我頭父母頭我足父母足我十指父母十指我口父母口。譬如種子菓子身与影。教主釈尊成道浄飯・摩耶得道。吉占師子・青提女・目犍尊者同時成仏也。如是観時無始業障忽消心性妙蓮忽開給歟」（一一五一頁）

常忍は安堵されます。それのみならず父母への感謝の気持ちが湧き起こったのです。我が頭は父母の頭であり、我が足は父母の足であり、我十指は父母の十指であり、我が口は父母の口であると感じたのです。自分の肉体は父母から受け継いだもので、父母と自身とは同体と自覚したのです。聖人は常忍自身の成仏は父母の成仏と体得したことを、無始の業障は忽ちに消え心の妙法蓮華の仏種の花が開いたとして、ここに即身成仏を述べます。身延において充分な仏事を営なまれた孝養の徳を推奨されます。本書に聖人の自署と花押がありませんが敢えてのことと思われます。

□『光日房御書』（二一三）

建治二年三月の書状とされます。本書の「此等はさて置き候ぬ」（一一六〇頁）以下の四百余字は『種々御振舞御書』の「阿弥陀堂法印祈雨事」の末文を移したものです。（『高祖遺文録』小川泰堂）。真蹟は一八紙半と末尾の少々（『阿弥陀堂祈雨御書』の末文）が身延曾存です。断片四紙が越後本成寺に所蔵され、『平賀本』に収録されます。

宛先は故郷の安房天津に住む光日尼のことで弥四郎の母です。在家の尼が房名を使うことは中世にみられます。他に「光日尼ごぜん」（弘安三年九月一九日。『光日尼御返事』一七九五頁）。「光日上人」（『光日上人御返事』一八七六頁）と呼ばれます。聖人の叔母になります。弥四郎が二年前の文永一一年六月五日に死去したことを知らせた書状の返書です。佐渡流罪を赦免され鎌倉に帰り、五月十七日に身延入山という時期になります。光日尼が清澄寺の檀家という周辺の信仰の事情や（『日蓮聖人御遺文講義』第一二巻二〇八頁）、聖人の所在に逡巡して知らせが遅れました。弥四郎の成仏を願う母の気持ちにより信仰を深めたことが分かります。

○「頭の白烏とび来ぬ」

故郷からの書状に望郷の心を次のように述べます。

「御勘気の身となりて死罪となるべかりしが、しばらく国の外にはなたれし上は、をぼろげ（小縁）ならではかまくらへはかへるべからず。かへらずば又父母のはかをみる身となりがたしとおもひつづけしかば、いまさらとびたつばかりくやしくて、などかかゝる身とならざりし時、日にも月にも海もわたり、

山をもこえて父母のはかをもみ、師匠のありやうをもとひをとづれざりけんとなげかしくて」（一一五二頁）

流罪中は故郷に帰り父母の墓参をし、道善房を訪ねたかったと述べます。法華経の真実を宣布するために四箇の格言をもって他宗を責め、時頼（最明寺）と重時（極楽寺）は堕獄すると頼綱に主張したので流罪は必然であったと述べます。ですから赦免は有り得ないとします。しかし、法華経が真実であり諸天が釈尊の約束を守るならば、その効験として赦免へ導き鎌倉に帰らせるよう高い山に登って強く祈ったと述べます。そして、その後の赦免の経緯と鎌倉への道中を述べます。

「いよいよ強盛に天に申せしかば、頭の白烏とび来ぬ。彼燕たむ（丹）太子の馬、烏のれい（例）、日蔵上人の、山がらすかしらもしろくなりにけり我かへるべき期や来らん、とながめし此なりと申もあへず、文永十一年二月十四日の御赦免状、同三月八日に佐渡の国につきぬ。同十三日に国を立てまうら（網羅）というつ（津）にをりて、十四日はかのつにとどまり、同十五日に越後の寺どまり（泊）のつにつくべきが、大風にはなたれ、さいわひ（幸）にふつかぢ（二日程）をすぎて、かしはざき（柏崎）につきて、次日はこう（国府）につき、十二日をへて三月二十六日に鎌倉へ入。同四月八日に平左衛門尉に見参す」（一一五五頁）

赦免が現実となった喩えとして、「烏の頭が白くなる」という『史記』「刺客伝賛注」「燕丹子」の故事を引きます。中国の戦国時代、秦に人質となっていた燕の太子、丹が帰国を望んだところ、秦王が「烏の頭が白くなり、馬に角（つの）が生えたら許可しよう」と答えた故事です。日蔵上人は吉野金峰山と増基上人の二説あります。増基は中古三十六歌仙の一人で、「やまからす」の詠が熊野紀行に含まれます。

三月二十六日に鎌倉に帰ってからの住居については、戎堂に滞在されて弟子信徒と交流されます。（〈佐渡期四九頁〉）。そして、四月八日に頼綱との対面があります。三諫を果たしても法華経を信仰する様子がないので、弘教地の転換を決心されます。同郷の光日尼には小湊に帰り、父母の墓参りをしたかったという心情、故郷を懐かしむ想いを正直に吐露します。

「三度いさめんに御用なくば、山林にまじわるべきよし存ぜしゆへに、同五月十二日に鎌倉をいでぬ。但本国にいたりて今一度、父母のはかをもみんとをもへども、にしきをきて故郷へはかへれといふ事は内外のをきてなり。させる面目もなくして本国へいたりなば、不孝の者にてやあらんずらん。これほどのかた（難）かりし事だにもやぶれて、かまくらへかへり入身なれば、又にしきをきるへんもやあらんずらん。其時、父母のはかをもみよかしと、ふかくをもうゆへにいまに生国へはいたらねども、さすがこひしくて、吹風、立くもまでも、東のかたと申せば、庵をいでて身にふれ、庭に立てみるなり」（一一五五頁）

本書に光日尼の子供、弥四郎が亡くなったことが知らされます。それを知らずに楽しみに開けたことを、浦島太郎が玉手箱を開けて後悔したのと同じ心境と述べます。故郷の人の中には冷たい仕打ちをした者がいるが、それでも成仏を願ってきたことを述べます。まして弥四郎は容姿も勝れ性格も頑なに、自己主張をしない柔和な人と思えた、その鎌倉での講座の出会いを回顧されます。

「皆人も立かへる。此人も立かへりしが、使を入て申せしは、安房国のあまつ（天津）と申ところの者にて候が、をさなくより御心ざしをもひまいらせて候上、母にて候人も、をろか（疎略）ならず申、なれ（馴）なれしき申事にて候へども、ひそかに申べき事の候」（一一五六頁）

この文章から同郷の弥四郎は幼少より聖人の志を慕っていたことが分かります。また、母の光日尼も聖人のことを疎かには言っていないことが分かります。そのとき弥四郎は武士の習いとして母に先立つことがあるので、その時は自分が聖人から教えを聞いていたことを、弟子から伝えて欲しいと託しました。その弟子とは清澄寺の学僧のことと思われますが後に弟の日向が小湊を往来します。

○子供を先立つ母の悲しみ

弥四郎は母を不孝にする歎きの心中を伝えます。親子の別れの中にも子供を先立つ親の悲しみ母の愛情が深い故事を述べます。即ち、迦蘭陀長者が寄進した竹林精舎に住む金鳥（雉）は、巣を焼かれても子と共に焼死すると言われ母性愛の強いこと。波羅尼期国の林にいる鹿を国王が狩に出たとき、郡鹿が殺戮されるのを怖れた鹿王は、毎日一頭ずつ膳に供することを願い出ます。ある日、懐妊した鹿が番になったとき、鹿王が身代わりとなって国王の前に行きます。国王はその理由を聞き深く恥じ鹿をその林に解放します。これが施鹿林といい鹿野園の名の起こりとなります。胎内に命を宿した子鹿のために、鹿王が身を投じた慈愛を述べたのです。王稜の母が項羽に捕らえられたとき漢王への忠義を貫くように命じ自害します。唐の高祖李淵の竇（とう）皇后（神尭皇帝）は才色兼備といわれ、息王・太宗・衛王・巣王の王子と平陽昭公主の子女がいます。胎内の太子のために腹を破って産んだ故事を挙げ、変わらぬ子を思う母の愛情と子供を先立たせた母の心情を述べます。

また、弥四郎は武士であったので、戦において殺戮をした報いを受け、地獄に堕ちたのではないかとの子を思う母の問いに、大逆でも懺悔すれば罪が消えると諭します。

「又御消息云、人をもころしたりし者なれば、いかやうなるところにか生て候らん、をほせをかほり候はんと［云云］。夫、針は水にしずむ。雨は空にとどまらず。蟻子を殺る者は地獄に入、死にかばね（屍）を切る者は悪道をまぬがれず。何況、人身をうけたる者をころせる人をや。但大石海にうかぶ、船の力なり。大火もきゆる事、水の用にあらずや。小罪なれども、懺悔せざれば悪道をまぬかれず。大逆なれども、懺悔すれば罪きへぬ」（一一五八頁）

罪を後悔して懺悔する信心が大切なのです。懺悔の懺は梵語の懺摩のことで、罪の重さを知り仏・菩薩・師長・衆生に許しを請うことです。悔とは懺の漢語の意訳で後悔の心です。作法として悔過ともいいます。法華経の結経の『普賢経』に、「一切の業障海は皆妄想より生ず、若し懺悔せんと欲せば端坐して実相を思え、衆罪は霜露の如し慧日能く消除す」（『開結』六四二頁）と説かれたのは唱題成仏と受容できます。懺悔滅罪についても懇切に故事を挙げます。即ち、懺悔せずに堕獄した者の例として、憍梵波提は過去世に粟を盗んだ罪により、五百生の間、牛と生まれ、仏弟子となってもその習性が抜けない生涯を送ります。苽を盗んだため三悪道に堕ちた者。羅摩王・抜提王・毘楼真王・那睺沙王・迦帝王・毘舎佉王・月光王・光明王・日光王・愛王・持多人王などは、父を殺して王位についた者で、仏教に縁がなかったため罪障消滅の懺悔をできずに阿鼻地獄に堕ちたと見なします。

これに対し波羅奈城にいた阿逸多は殺父・殺阿羅漢・殺母の三逆罪を犯した悪人であるが、釈尊の教えにより罪を懺悔したので出家を許されます。北インドにある細石城の龍印王は、父王を殺害した罪を怖れ釈尊の許にて懺悔を許されたこと。阿闍世王は生まれながら貪欲・瞋恚・愚痴の三毒が強く、十悪（殺生、偸盗、邪淫、妄語、綺語、両舌、悪口、貪欲、瞋恚、愚癡）を犯し父王や、提婆達多の弟子となって仏弟子も殺害します。その阿闍世は悪逆の罪により、釈尊の入滅の二月十五日に堕獄の徴として身体の七カ所に悪瘡ができ、大火で焼かれるような熱湯を浴びたように苦悶します。それを見た月称・蔵徳・実得・悉知義・吉徳・無所為の六大臣は、六師外道を招き悪瘡治癒を命じます。六師外道とは中インドにいた六人のバラモン（外道論師）のことです。道徳否定の富蘭那迦葉、決定論の末伽梨拘舎梨、懐疑論の刪闍耶毘羅胝子、快楽主義的唯物論の阿耆多翅舎欽婆羅、因果否定論の迦羅鳩駄迦旃延、ジャイナ教開祖の尼乾陀若提子の六人をいいます。

大臣が行ったことは禅師・律師・念仏者・真言師を信頼し、蒙古を調伏して後生も救いを求めていることと同じと批評します。阿闍世の師匠である提婆達多は、外道の全ての教えと仏法の教えを暗記し、世間（仏法）・出世間（一般の学問）に精通したと評されます。これは、天台宗の学者が顕密二道の教えや一切経を暗記しているのと同じとします。つまり、知識は有しても大事なことが欠けているのです。阿闍世はこれらに遮られて釈尊との縁が持てませんでした。ところがマカダ国に天変地異が起き他国から攻められ国が滅びようとします。耆婆大臣は阿闍世を説得して霊鷲山の釈尊の許に連れて行きます。このとき阿闍世は深く懺悔したので、悪瘡は治癒したという故事を挙げて光日尼の苦悩に答えたのです。

「人のをやは悪人なれども、子、善人なればをやの罪ゆるす事あり。又、子、悪人なれども、親、善人なれば子の罪ゆるさるる事あり。されば故弥四郎殿は、設悪人なりともうめる母、釈迦仏の御宝前にして昼夜なげきとぶらはば、争か彼人うかばざるべき。いかにいわうや、彼人は法華経を信じたりしかば、をやをみちびく身とぞなられて候らん」（一一六〇頁）

と、弥四郎が悪人であったとしても、母親が熱心に釈尊の御宝前にて供養することにより救われるであろうし、弥四郎は法華経を信仰した者であるから、母親を導くほどに成仏していると諭します。法華経の功徳により懺悔すれば罪を消滅することができると信心を勧奨されたのです。

弟子の三位房と佐渡公に度々この書状を読ませて教えを聞くように指導されます。また、安房に在住していた明慧房に、この書状を預けておくように指示されます。光日尼の近辺にいる他宗の者が勧誘したり讒言をしていたようで、本書には、

「法華経を信ずる人は、かまへてかまへて法華経のかたきををそれさせ給へ。念仏者と持斉と真言師と、一切南無妙法蓮華経と申さざらん者をば、いかに法華経をよむとも法華経のかたきとしろしめすべし。かたきをしらねばかたきにたぼら（誑）かされ候ぞ。（中略）なにとなく我智慧はたらぬ者が、或はをこ

つき、或は此文をさいかく（才覚）としてそしり候なり。或はよも此御房は、弘法大師にはまさらじ、よも慈覚大師にはこへ（超）じなんど、人くらべをし候ぞ。かく申人をばものしらぬ者とをぼすべし。

甲州南部波木井郷山中」（一一六一頁）

と、光日尼の信仰を阻害し聖人を悪口する者がいても、それらの者こそ法華経の敵であり、釈尊の本意を知らない者であるとして、強固な信心を持つように述べます。書状が他宗にわたり悪用されることを危惧されたのです。安房と身延を弟子が往復して教線を拡張していた門弟の動向が注目されます。

□『妙密上人御消息』（二一四）

閏三月五日付けにて銭五貫文を布施された礼状です。閏月（うるうづき）とは、旧暦（太陰太陽暦）では太陰暦の一二ヶ月に約三年に一度、一ヶ月を加え一三ヶ月とし一年の季節のずれを調整します。この挿入された月を閏月といい、この年は三月が二回ありました。『本満寺本』に収録されます。妙密上人については「榀谷（くわがやつ）妙密上人」の宛名があることから、鎌倉の桑ヶ谷に住んでいた在家僧か御家人といいます。また、梅ヶ谷の誤字という説、榀は呉音でヒキと読むことからヒキタニ（比企ヶ谷）ともいいます。身延近辺に有縁の者がいたので便宜のあるたびに供養していたこと、夫婦ともに篤い信仰をされていたことが分かります。

まず、五戒の始めに不殺生戒が定められているように、命を奪うことが第一の重罪と述べ、施食をすることが第一の戒と述べます。その施食には一には命を継ぐこと（法身如来）、二には肉体の力を増し（応身如来）、三には気力を養う（報身如来）という三つの功徳があります。施食の功徳により長命の果報を得ると述べます（三身即一身)。須弥山という高山も一塵の積み重ねから成っており、大海の初めも一滴の露が集まったように、一つずつ積み重ねた生みの母はただ一人であると述べます。

○「何の宗の元祖にもあらず、又末葉にもあらず」

そして、日本に仏法が伝わった経緯にふれます。神武天皇より第三十代の欽明天皇の時に仏教が初伝されたこと。その後の上宮・観勒・道昭・審祥・善無畏・鑑真・最澄にふれます。鎌倉時代までに四百年あるが、その中で法華経の題目の南無妙法蓮華経を唱えよと勧めた人はいないと指摘します。題目を自身のみで唱えたり、講義において唱えたことはあっても、なぜ公に題目を勧めなかったのかを問います。これは五義の教判の基本です。

本書には医者と薬と患者の関係に譬えて、

「譬ば大医の一切の病の根源、薬の浅深は弁へたれども、故なく大事の薬をつかふ事なく、病に随ふが如し。されば仏滅後、正像二千年の間は煩悩の病軽かりければ、一代第一の良薬妙法蓮華経の五字をば勧めざりける歟。今末法に入ぬ。毎人重病有り」(一二六四頁)

と、その人の病の軽重を鑑みて薬を調合することに例えます。つまり、教化にも「応病与薬」の方法があるのです。春にならなければ花が咲かないように、正像二千年は題目を流布する時ではないのです。法華経は末法の重病人のために説かれた良薬と理解します。また、仏教を広める者にも分担があり、末法に法華経を広める者は、本門の肝心である題目を釈尊より授与された本化地涌の菩薩であるとし、聖人は、

「然るに日蓮は何の宗の元祖にもあらず、又末葉にもあらず。持戒破戒にも闕て無戒の僧、有智無智にもはづれたる牛羊の如くなる者也。何にしてか申し初めけん。上行菩薩の出現して弘めさせ給べき妙法蓮華経の五字を、先立てねごとの様に、心にもあらず、南無妙法蓮華経と申し初て候し程に唱る也」（一一六五頁）

と、自身を上行菩薩とは断言しませんが、この文章は明らかに上行菩薩であることを示唆させます。法華経は『華厳経』（法慧・功徳林・金剛幢・金剛蔵の他方の四菩薩が説きます）『般若経』（須菩提が釈尊に代わって説いた。般若経典の対機説法の相手となります）と違い、三身円満の釈尊ご自身が説かれた言説であり、慈恩・嘉祥・杜順・法蔵・善無畏などは、法華経を心得たようなことを言っているが、最澄が「雖讃法華経還死法華心」と言うように法華経を失う者と述べます。赤い顔をした者が白い鏡を見ても赤い物だと見、太刀に顔を写した者が丸顔でも細顔と思うように、法華経を正直に心得た者はいないと譬え聖人の行者意識を述べます。

「今日蓮は然らず。已今当の経文を深くまほり、一経の肝心たる題目を我も唱へ人にも勧む。麻の中の蓬、墨うてる木の、自体は正直ならざれども自然に直ぐなるが如し。経のまゝに唱ればまがれる心なし。当知。仏の御心の我等が身に入せ給はずば唱へがたき歟」（一一六六頁）

そして、天台・伝教の二人のみが聖人という資格があるとして、聖人は賢人ではないが題目を広めて二十余年の間、流罪などの大難は数知れず、その全ての受難が法華経に符合した色読と判じます。換言しますと聖人が存在しなければ釈尊の未来記は虚偽になります。この事実から天台・伝教にも劣らない者と言えるのではないか、日本国にて初めて南無妙法蓮華経と唱えたことは一塵一露の功績であると自負されます。聖人を憎み反発しても、いざ蒙古が攻め寄せ危害が及ぶ時には、全ての人が題目を唱え縋ると予見されます。（『撰時抄』一〇〇八頁）。

文永八年の法難において少輔房に顔を経本でさんざん打たれたことに、

「法華経の第五巻をもて、日蓮が面を数箇度打たりしは、日蓮は何とも思はず、うれしくぞ侍りし。不軽品の如く身を責め、勧持品の如く身に当て貴し貴し。但し法華経の行者を悪人に打せじと、仏前にして起請をかきたりし梵王・帝釈・日月・四天等、いかに口惜かるらん。現身にも天罰をあたらざる事は、小事ならざれば、始中終をくゝ（括）りて其身を亡すのみならず、議せらるるか。あへて日蓮が失にあらず。謗法の法師等をたすけんが為に、彼等が大禍を自身に招きよせさせ給歟」（一一六八頁）

と、迫害の苦しみを法悦と転じます。不軽菩薩の逆化を継承し勧持品の二十行の文を色読した満足感が窺えます。法華経の行者を守護すると起請を立てた諸天善神の責務を問います。聖人を迫害した者の罪科については、現身にすぐに天罰がないのは堕獄が決まっていて誹謗の罪は自身の大禍であると述べます。妙密が便りごとに銭五連を送られた功徳は、題目を唱える者が多くなる程に大きくなると述べ、十羅刹女は妙密や婦人を母が子供を慈愛するように守護すると教えます。末筆に強い信仰心を持って法華経を宣布することを勧めます。聖人の法華弘通の使命観を窺うことができます。艱難辛苦を法悦とされた聖人の信心を妙密夫妻に述べたのです。

「金はやけば弥色まさり、剣はとげば弥利くなる。法華経の功徳はほむれば弥功徳まさる。二十八品は正き事はわずかなり。讃る言こそ多く候へと思食すべし」（一一六九頁）

□『南條殿御返事』（二一五）

○大橋太郎父子の孝養譚

閏三月二四日付けにて時光に宛てます。本文に大橋太郎父子の故事を引くことから『大橋書』ともいいます。真蹟は二二紙（二一紙目が欠）が富士大石寺に所蔵されます。真蹟の第一紙の袖に「建治三年」と別筆の書き込みがあります。丁付一七紙が重複して二一丁まであり二〇紙が欠失します。平仮名が多く使われ日興の振り仮名があり、読みやすくした布教者の役割を知ることができます。

冒頭にいつものように供養の品が記載されます。帷子一枚、塩一駄、種油五升が奉納され、これらの品の効能と大切なことを述べます。特に塩は貴重な物でした。油は灯火・食用・薬・燃料などに使用され、本書から風邪を治す薬用に使われたことが分かります。供養の志しに故父の信心が時光に受け継がれていると喜ばれます。親子の固い繋がりについて本書のみに大橋太郎父子の孝養譚にふれます。

大橋太郎は九州の武士で平通貞という御家人といいます。頼朝の勘気にふれ由比ガ浜の土牢に幽閉されます。このとき妻の胎内に子供が宿っており、この子供が成長して十二年の後に鎌倉八幡宮にて法華経を読誦し、その美声に心打たれて頼朝が父を赦免するという話しです。頼朝は子供の孝養心と、法華経を読誦する姿に心を打たれたのですが自身の過去の姿を見たといいます。

頼朝が法華経の功徳を身に実感した二つを挙げます。一つは父の義朝は平治の乱に負け、尾張の旧臣長田忠宗を頼りますが、清盛が怖く逆に殺害されてしまいます。頼朝は走湯山（伊豆山）の妙法尼より法華経を読み習い、父の供養のために法華経を千部読誦する願を立てます。その願いが叶って高雄山寺の文覚房が遺骸を運び移しました。そして、敵を討つのみならず法華読誦の功徳によって武士の大将となります。

二つ目には稚児が親を助けたのは法華経を読誦したことです。頼朝は大橋太郎が憎くて勅宣があったとしても許さない程でした。十二年の懲罰をあたえ斬首しようとしたのです。ところが、稚児の父親を思う孝心と法華経の尊さに感涙したのです。大橋太郎は赦免され所領も元のように返り、子供は多くの布施を受けます。稚児の幼名は一妙麿といい後に貞経と名のります。ただし、『吾妻鏡』に記録がありません。また、肥後国神崎に大橋という地名があり、その大名の窪田太郎が大橋の太郎と呼ばれたといいます。（『日蓮大聖人御書講義』第三六巻二四七頁）。聖人は頼朝が法華経を信仰していたから、このような功徳があったと述べたのです。この稚児と時光の孝養心は同じと褒めたのです。時光の信仰心に故父も存外の嬉しさであろうと、

「今の御心ざしみ候へば、故なんでうどのはただ子なれば、いとをしとわをぼしめしけるらめども、かく法華経をもて我がけうやうをすべしとはよもをぼしたらじ。たとひつみありて、いかなるところにをはすとも、この御けうやうの心ざしをば、えんまほうわう（閻魔法皇）ぼんでん（梵天）たひしやく（帝釈）までもしろしめしぬらん。釈迦仏・法華経も、いかでかすてさせ給べき。かのちごのち丶のなわ（縄）をときしと、この御心ざしかれにたがわず。これはなみだをもちてかきて候なり」（一一七六

頁）

兵衛七郎と深い信頼関係で結ばれていたことが窺えます。このような法華読誦の孝養譚を中国の文献を引用されますが、日本の場合の引用は唯一で、また、本書は大橋太郎の孝養譚の最も古い文献となります。

次に、蒙古の情勢にふれ、その後の動静は聞いていないと述べます。蒙古襲来の予言が当たったと喜んでいるという風評には、毅然として仏教に説かれた事実であり、法華経の行者として国難を防ごうとしたが、聞き入れられないので身延に入ったと述べます。しかし、身延の山中から昼夜に各々の安泰と日本国の安泰を祈っており、各々も力の限り蒙古の国難を克服すべく祈念するように述べます。このままでは日本国の主立った人は蒙古に生け捕りにされると悲しまれます。

□『こう入道殿御返事』（一七二）

○国府入道の二回目の身延登詣

『定遺』は文永一二年四月一二日とありますが『境妙庵目録』は建治二年とします。文永一二年は四月二五日に建治と改元しますので、同年六月一六日に国府尼に宛てた『国府尼御前御書』（一〇六二頁）とは二ヶ月ほどの隔たりしかありません。佐渡から身延までは二〇日ほどの日数がかかります。身延滞山と往路の日数を考えて建治二年とします。故に、本書に四月ころ国府入道が身延に登詣したのは二度目になります。佐渡に渡島していた瀧王丸は、前年に国府入道と再会していました。（岡元錬城著『日蓮聖人の御手紙』第三巻一七九頁）。真蹟の三紙

（第三紙の初めの一五字は欠失）は愛知県妙勝寺に所蔵されます。

妻からの供養として佐渡のあま海苔二袋、若布一〇帖、こも（小藻・海藻）一袋、それに、「たこひとかしら」を持参しました。この「たこ」を里見岸雄氏は「たけのこ」といいます。房州の方言で筍のことを「たこ」「たんこ」といい、「たこひとかしら」は「たけのこ一頭」とします。「芋の頭」「やつ頭」という用例に類します。また、海にいる蛸ともいいます。「ひとかしら」という単位は徳川時代にも使われており、佐渡の北川の沿岸にあたる海府地方では「干し蛸」を作っています。聖人が食されたのか聖人のもとで給仕していた信徒のためともいいます。（田中圭一著『日蓮と佐渡』一五二頁）。『日蓮聖人全集』第六巻（二四二頁）には干しだこ一頭とありま す。或いは霊芝ともいいます。（『日蓮聖人遺文全集講義』第一四巻二七五頁）。また、章魚（たこ）は室町時代に精進料理として用いた記録があります。（日蓮大聖人御書講義　第二十九巻二九五頁）。『中国料理食語大辞典』によりますと、「全素」（全齋）とは動物性の油を使わない精進料理のことですが、精進料理の中には一部に動物性の材料を使うことが許されたものと区別します。（八爪魚はタコの類の総称で章魚と同じ。八代魚も八爪魚と同じ）。

本書に夫妻の佐渡在島より不退の信仰を喜ばれます。三徳具備の釈尊は夫妻にとって父親であるように、夫妻二人は聖人にとって両親と同じと述べます。苦難の佐渡にての親密な関係が窺えます。国府夫妻には子供がいないので孝養を尽くしたいという心境が窺えます。蒙古の責めがあった時や老後には身延に移り住むようにと心配されますが、どこにいても無常は逃れられないことであるから、法華経を信じて仏になることこそが大事であると述べます。

「此法華経は信がたければ、仏、人の子となり、父母となり、め（妻）となりなんどしてこそ信ぜさせ給なれ。しかるに御子もをはせず、但をやばかりなり。其中衆生悉是吾子経文のごとくならば、教主釈尊は入道殿・尼御前の慈父ぞかし。日蓮は又御子にてあるべかりけるが、しばらく日本国の人をたすけんと中国に候か。宿善たうとく候。又蒙古国の日本にみだれ入る時はこれへ御わたりあるべし。又子息なき人なれは御としのすへには、これへとをぼしめすべし。いづくも定なし。仏になる事こそつゐのすみかにては候へとをもひ切せ給べ」(九一四頁)

□『中興政所女房御返事』(二四四)

同じ四月一二日付けにて中興入道の妻に宛てた書状です。『対照録』は建治二年とします。真蹟断片一紙が伝わり稲田海素氏が所蔵されます。本文と日付以下の文を貼り合わせています。真蹟は末尾の三行のため内容は不明ですが、中興夫妻は偕老同穴の契りがあるので、夫妻共に信仰に励み実りのある生活を送ると述べます。中興入道の父は二郎入道と言い聖人が配流されたときは高齢でした。

□『王舎城事』(一七三)

○　極楽寺の火災「両火房」

四月一二日付けで頼基から金子一貫五百文を布施されたお礼と、極楽寺と御所に火事があったが、信徒たちは無事であったことを喜ばれての御返事です。真蹟は身延曽存で『朝師本』に収録されます。本書の系年に『境妙庵目録』の弘安元年説があります。ここでは小松邦彰氏の建治二年説に従います。

極楽寺の炎上は文永一二年三月二三日とあります。『鎌倉市史』（寺社編一九四頁）によりますと、この建治元年に堂舎が焼けた時の規模は小さいと思われます。建治二年には一月二〇日と一二月一五日に御所（時宗の館）の火災がありました。本書は極楽寺の火災と御所の火災を指します。

まず、火難について七難の内の火難は、聖人が去る時と国王の福が尽きた時に起きると述べます。摩伽陀国（ラージギル）の都で七度の大火があり、民家は焼失したが王宮の王舎城だけは焼けなかった、それは、国王の福が尽きたのではなく国民の失が原因でした。賢人が言うには民家を王舎と名付ければ、火神は怖れて焼くことはないと言うので実行したら、その後、火災はなくなった故事を挙げます。本書の題号はこの故事によります。御所が焼けたのは国王の福徳が尽き、日本国の果報も尽きる兆しと述べます。この原因は謗法の僧侶が正法を弘める聖人を迫害することにあるとし、良観の房号は両火房の方が相応しいと批判します。

○　名越尼の素行

また、身延近辺の野原で飼っていた馬がいて、その馬に友引されて栗毛の馬を得ることができたので是非とも頼基に見せたいと伝えます。殊に馬が好きなことは知られており、頼基から提供された馬を草庵の周りに野飼いしていたことが窺えます。また、名越の尼の素行について多々聞いており、名越の尼が天台の理具の法門を自讃して説いていたのを、聖人の信徒が悉く破折したことを聞いたと伝えます。名越の尼は退転した人でした。頼基も名越一門ですので、頼基の強い正義感は名越の尼との対立を生んだと思われます。名越の尼を責めたのは頼基とする見解がここにあります。（『宗全』二四巻一五二〇頁。日健『御書鈔』）。

○　日眼女の不安

次に、池上氏と有縁の頼基の妻の信仰にふれ、祈りが叶わないのは信心が弱いためで法華経の失ではないと諭します。

「又女房の御いのりの事。法華経をば疑ひまいらせ候はねども、御信心やよはくわたらせ給はんずらん。如法に信じたる様なる人人も、実にはさもなき事とも是にて見て候。それにも知しめされて候。まして女人の御心、風をばつなぐ（繋）ともとりがたし。御いのりの叶候はざらんは、弓のつよくしてつる（絃）よはく、太刀つるぎ（剣）にてつかう人の臆病なるやうにて候べし。あへて法華経の御とがにては候べからず」（九一六頁）

と、信心の浅深により祈りにも成就する時と叶わないことがあり、それは弓は強くても絃が弱ければ使い物にならないように、また、利剣でも臆病者は手に取ることも出来ないとして強い信心を勧めます。世間の道理では主に忠義を尽くし、父母に逆らわないのが孝行であるが、こと法華経の信仰においては、世間の道理とは違うと述べます。頼基の妻は信仰に迷いを持ったのです。それは頼基の兄（『崇峻天皇御書』一三九四頁）、祖父が死去したこと（『中務左衛門尉殿御返事』一五二四頁）など身近な人との関係にありました。文永一二年一月二七日の『四条金吾殿女房御返事』に「一切の人にそしられて候よりも」（八五七頁）と述べていました。また、本書と同じ建治二年七月二一日の『辨殿御消息』（一一九〇頁）に心配された河野辺入道など名越氏に関わる四人との信仰問題も考えられます。

「ただし法華経のかたきになりぬれば、父母国主の事をも用ひざるが孝養ともなり、国の恩を報ずるにて候。されば日蓮は此経文を見候しかば、父母手をすり（擦）てせい（制）せしかども、師にて候し人かんだうせしかども、鎌倉殿の御勘気を二度までかほり、すでに頚となりしかども、ついにをそれずして候へば、今は日本国の人人も道理かと申へんもあるやらん。日本国に国主・父母・師匠の申事を用ずして、ついに天のたすけをかほる人は、日蓮より外は出しがたくや候はんずらん」（九一七頁）

と、立教開宗の意思を伝えたとき、父母は両手を擦り合わせて制止し、師匠の道善房から勘当されました。しかも、国主からは二度の流罪と処刑に至りますが信念を貫き通します。それにより法華経を信仰する人も増えたと述べます。父母国主に従わなくても孝養となり忠義になるとして、諸天が守護する事実に法華信仰の正義を述べます。妻は一月に三三歳の厄除けの祈願をされました。（八五七頁）。頼基は「現世安穏後生善処」の文に疑念を持ったことがあります。（八九四頁）。

頼基に差し迫り緊迫した主君や同僚からの迫害、これを除去しようと祈願されたのが第一の祈りと思います。蒙古の襲来を受けるのは諸天の計らいと述べます。そして、章安の「為彼除悪即是彼親」の文を引き、国主や謗法の僧を憎み脅して諫言するのではなく、一切衆生の「親」であり「師」としての慈悲心から発すると述べ、自身の三徳を表明されます。頼基夫妻の信心も同様であると諭されたのです。白米のような白い麦一駄と生姜（生薑）を供養されました。極楽寺の炎上により堂塔が灰燼に帰し、このため良観は摂津多田院（多田神社）の別当に就任し復興に努めます。

□『兄弟抄』（一七四）

真蹟は池上本門寺に二六紙一巻、ほか断片が妙伝寺・大鏡寺・妙法寺などに所蔵されます。当初の紙数は四三紙と推測されます。（岡元錬城著『日蓮聖人遺文研究』第二巻一五頁）。「きょうだい抄」「けいてい抄」「きょうてい抄」の読み方があります。

『定遺』は系年を文永一二年に掲げますが、鈴木一成氏は本文に「文永十一年のゆき、つしまのものども」（九二五頁）の記述の仕方は通例二年以上前のこととして建治二年とします。（『日蓮聖人遺文の文献学的研究』三〇九頁）。岡元錬城氏は文永一二年説を提唱した智英日明（『新撰祖書目次』『昭定』二八二八頁）の根拠は不明とします。（『日蓮聖人遺文研究』第二巻一三頁）。小松邦彰氏は池上家の家督相続について指導された第一書とし、真言（台密）批判をされた本文により建治二年とします。（「日蓮遺文の系年と真偽の考証」『日蓮の思想とその展開』所収九二頁）。

○父と宗仲・宗長兄弟の信仰をめぐる問題

一度目の勘当	建治二年四月一六日	『兄弟鈔』（九二九頁）
解勘当	同　七月	『辨殿御消息』（一一九〇頁）
再発の懸念	建治三年八月二一日	『兵衛志殿御返事』（一三七一頁）
二度目の勘当	建治三年一一月二〇日	『兵衛志殿御返事』（一四〇二頁）
解勘当	同　一二月中	『四条金吾殿御書』（一四三七頁）
父入信	弘安二年二月二八日以前	『孝子御書』（一六二六頁）

宗仲は建治二年の三月末から四月始に勘当されます。そこで四月一六日に池上兄弟と夫人に法華経の信心を貫くように『兄弟抄』を与えました。（高木豊著『日蓮とその門弟』二二五頁）。勘当されると所領などの一切の権利を失います。武家法には教令違反の子を義絶できる親権を定めました。聖人が苦慮されたのは弟の宗長が父に従うのか兄と共に信仰を継続できるかということです。宗長の意思にあったのです。

父康光は幕府の作事奉行として池上千束の郷を知行しました。宗仲と宗長も幕府に仕え、宗仲は正五位上太夫志、宗長は従五位下兵衛志に任じていました。「たいふ」とは中国の周代の職名で卿（けい）の下、士の上になり、日本の律令制では一位から五位までの人の総称で五位の通称となっています。「さかん」は兵衛府・衛門府の第三等の官名で、長官・佐（すけ）・志の順になります。幕府の執権でも四位五位までですので池上氏の身分が高いことが分かります。作事奉行は殿舎の造営や修理、土木などの工事を担当するので、慈善事業を進めていた良観とは親密な関係にありました。ここに、宗仲と信仰上の対立が起き、宗仲を勘当したことに端を発して、父と子の信仰をめぐる争いが深まりました。この背後には良観の策謀がありました。家督を相続することは社会的にも経済的にも基盤を築くことであり、宗長は人情から父に就く気配があったのです。

康光の邸宅は千束池の庭園内にあり印東次郎祐昭の娘を娶ります。康光は日昭の義兄になり池上兄弟は日昭の甥になります。この関係から宗仲と宗長は鎌倉開教の初期（建長八年ころ）から聖人に帰依しました。縁者に荏原義宗（源義家の末裔）が中延におり李子（末の子）の朗慶（徳太郎）は日朗の弟子となります。

冒頭に法華経は八万法蔵の肝心であり、諸経と比べれば大日輪と星月のように勝劣・高下があると述べます。そして、法華経が勝れている「二十の大事」（九一九頁）の中で「「三五の二法」（『法華取要抄』八一一頁）にふれます。三五を経歴したのは悪縁による退転と述べます。『開目抄』にも「悪知識」（六〇一頁）により法華経を捨て地獄の業を作ったと述べました。本書は「法華経をすて（捨）て候けるつみ（罪）によりて」（九二〇頁）と、法華誹謗の罪に視点を当て、大通仏の三千塵点の喩を引いて父母を殺す五逆罪よりも重い無間地獄に堕ちると述べます。また、この罪の軽重は所対（相手）によって異なると説きます。法華経は一切の諸仏の眼目であり、教主釈尊の本師であるから、一字一文でもこれを捨てるならば父母を殺す罪よりも過ぎ、仏身に傷をつける出仏身血にも越えると述べます。つまり、釈尊の真実を説いた法華経に背く罪業を説きます。

次に、妙荘厳王品の「盲亀浮木」（もうきふぼく）、「仏難得値如優曇波羅華、又如一眼之亀値浮木孔、而我等宿福深厚生値仏法」の譬えにより、法華経を真実のままに説く行者に値うことは難しいと述べます。慈恩は『華厳経』と法華経は同格と褒めますが、逆に法華経の実理を喪失したと伝教から批判されます。善無畏も最初は法華経を信じたが、後に『大日経』を尊び法華経を疎かにした罪を責めます。舎利弗や目連が三五の塵点を経たのは、この悪知識を信じて法華経を捨て他経に移ったためとし、最も恐れるのは強盗や虎、蒙古の襲撃ではなく、法華経の行者を悩ます人と述べます。つまり、国主や良観などの三類の強敵が亡国と堕獄の元凶と述べます。

◯「第六天の魔王」

そして、「第六天の魔王」にふれます。「第六天の魔王」は欲界の六重にある天の最上に住します。（『法蓮鈔』九三八頁）。この欲界は第六天の魔王の所領で一切衆生は無始いらい魔王の眷属であるから、法華経を信じる者を悪道に落とすと述べます。つまり、法華信者が最も恐れるのは信仰を阻止するために悩乱する者なのです。（拙稿「日蓮聖人に於ける「三障四魔」の一考察」『日蓮教学とその周辺』所収一一五頁）。

「されば法華経を信ずる人のをそるべきものは、賊人・強盗・夜打・虎・狼・師子等よりも、当時の蒙古のせめよりも法華経の行者をなやます人々なり。（中略）法華経を信ずる人をばいかにもして悪へ堕とをもうに、叶ざればやうやくすか（賺）さんがために相似せる華厳経へをとしつ。杜順・智儼・法蔵・澄観等これなり。又般若経へをとしつ、嘉祥・僧詮等これなり。又深密経へ堕つ。玄奘・慈恩此なり。又大日経へ堕つ、善無畏・金剛智・不空・弘法・慈覚・智勝等これなり。又禅宗へ堕。達磨・慧可等是也。又観経へすかしをとす悪友は、善導・法然是也。此は第六天の魔王が智者の身に入て善人をたぼらかす也。法華経第五巻に悪鬼入其身と説れて候は是也。設ひ等覚の菩薩なれども元品の無明と申す大悪鬼身に入て、法華経と申妙覚の功徳を障へ候也」（九二二頁）

魔は正法を信じようとした時に邪魔をする煩悩であり、行者に危害を加える外的な迫害者を言います。仏道を妨げる存在です。高僧と言われた善無畏などの各宗の祖師は、勧持品に「悪鬼入其身」と説かれたように、魔王の眷属となり善人を誑惑したと述べます。等覚の位まで到達した菩薩でさえも、この元品（根本）の無明という最後の大悪鬼・死魔が心中に入り障礙をなすのであるから、まして凡夫においては耐えがたい修行となります。

続いて、池上兄弟の現状を述べます。

「又第六天の魔王或は妻子の身に入て親や夫をたぼらかし、或は国王の身に入て法華経の行者ををどし、或は父母の身に入て孝養の子をせむる事あり」（九二三頁）

妻子や主君による迫害こそが第六天の魔王の所作なのです。妻や夫、父母に魔が入り法華経の信心を捨てさせるために障礙を起こすのです。その例として、悉達太子が出家を志したとき妻の耶輸多羅妃が羅睺羅を懐妊されます。父の浄飯王はこの子が生れてから出家するように諫めたところ、魔王は太子を胎内に六年間押さえ込みます（『大智度論』）。また、舎利弗は禅多羅仏の末法に菩薩の修行を六十劫され、あと四十劫にて百劫になるところを、魔王は菩薩の行を成就すると自分の身が危ないので、婆羅門の姿に化けて眼を求めます。舎利弗は菩薩行のため一眼を与えますと、婆羅門はその眼を地に投げ捨て踏みにじります。これを見た舎利弗は怒りのため退転します。（「悪知識」『開目抄』六〇一頁）。舎利弗は利他の心を捨てたので無量劫のあいだ無間地獄に堕ちたと述べます。また、大荘厳仏の末法に六八〇億の檀那は苦岸比丘ら四比丘に騙され、真実を説く普事比丘を迫害したため永く無間地獄に堕ちたこと。一切明仏（獅子音王仏）の末法に勝意比丘を持戒の僧と思い、真実を説く喜根比丘を嘲笑して誹謗したため、無量劫のあいだ無間地獄に堕ちた実例を示します。

弟子信徒は魔王の大難に対峙していると述べ強固な信心を覚醒されます。法華経に「如来現在猶多怨嫉況滅度後」（『開結』三二二頁）「一切世間多怨難信」（『開結』三八五頁）と説かれているのは、今の教団の現状であると力説します。つまり、正しく信仰をしている確証となります。そして、『涅槃経』の文を引き、護法の功徳力（転重軽受法門）を述べます。（『開目抄』（六〇二頁。『佐渡御書』六一六頁）。『涅槃経』の梵行品に「横羅死殃呵嘖・罵辱・鞭杖・閉繫・飢餓・困苦受如是等現世軽報不堕地獄」とあり、『般泥洹経』四依品に「衣服不足飲食麁疎求財不利生貧賤家及邪見家　或遭王難及余種種人間苦報現世軽受斯由護法功徳力故」の文を引き、池上兄弟はこの経文を如実に色読していると述べます。

「過去の謗法の罪滅とて邪見の父母にせめられさせ給。又法華経の行者をあだむ国主にあへり。経文明々たり、経文赫々たり。我身は過去に謗法の者なりける事疑給ことなかれ。此を疑て現世の軽苦忍がたくて、慈父のせめに随て存外に法華経をすつるよしあるならば、我身地獄に堕のみならず、悲母も慈父も大阿鼻地獄堕てともにかなしまん事疑なかるべし。大道心と申はこれなり。各々随分に法華経を信ぜられつるゆへに、過去の重罪をせめいだし給て候。たとへば鉄をよくよくきたへばきずのあらわるるがごとし。石はやけばはいとなる。金はやけば真金となる。此度こそまことの御信用はあらわれて、法華経の十羅刹も守護せさせ給べきにて候らめ。雪山童子の前に現ぜし羅刹は帝釈なり。尸毘王のはとは毘沙門天ぞかし。十羅刹心み給がために父母の身に入せ給てせめ給こともやあるらん。それにつけても心あさからん事は後悔あるべし」（九二四頁）

値難は自己にとっては過去の謗法の報いであり、しかも滅罪になるという意識があります。その根拠は『般涅経』の「護法功徳力」です。本書も過去の謗法と滅罪にふれます。池上兄弟に対し「邪見の家に生まれ」とは法華経を誹謗する父母の家のことで、過去に謗法の罪があることは明白なので、父の責めに負けないようにと述べます。もし法華経を捨てれば自身のみならず父母も阿鼻地獄に堕ちると警告します。大道心をもって法華経を信じ、この護法の功徳によって過去の重罪を顕し消滅することを勧め十羅刹女の守護を述べます。前車が覆るのは後車の戒めとの諺（『漢書』『周書異記』）に、前人が堕獄したことを戒めにするように述べます。

文永九年の二月騒動にて時輔が没したことは、盛りの花が大風に枝から折れ、清絹（すずし）という生糸で織った夏の軽く薄い衣が大火で一瞬に焼失したように儚いと述べます。文永一一年の蒙古襲来は国主が法華経の敵となった災害で、この原因は持斎・念仏・真言師の謗法と指摘して、忍耐を持って励み法華経の利生を試みるように述べます。女性は心が弱いので退転することもあると述べ、聖人が頼綱の眼前にても恐れずに法華経を説いたように、また、和田義盛の子供や三浦泰村一族、将門、貞当らの家来のように、今回の父との件については恥を思い命を惜しまずに対処するように述べます。

そして、白夷と叔齋の故事を引きます。長男の伯夷は父親の遺言に従って、三男の叔斉に王位を継がそうとしますが叔斉は兄を立て辞退します。伯夷は国を出て他国に行きます。それを知った叔斉も兄の跡を追い次男が王になります。流浪の身となった兄弟は周の文王の所に向かいますが、息子の武王が王位を継ぎ呂尚を軍師に立て、紂王を滅ぼすため殷に向かう途中でした。殷の紂王は妲己という淫女を寵愛し、炮烙の刑に見るような暴虐を尽くします。これを見かねた叔父の比干が命をかけて諌めます。二人は父王が死んで間もないのに戦をするのは孝ではない、主の紂王を討つのは仁でないと諌めます。武王が周王朝を立てると兄弟は周の粟を食べる事を恥として国から離れ首陽山に隠棲して山菜を食べて暮らします。王麻子の言葉によりこの兄弟は餓死するのですが、聖人は次のようなことを述べます。(『史記』列伝)。

「天は賢人をすて給ぬならひなれば、天白鹿と現じて乳をもつて二人をやしなひき。叔せいが云、此白鹿の乳をのむだにもうまし、まして肉をくわんといゐしかば、白ひせいせしかども天これをききて来らず。二人うへて死ににき」(九二七頁)

つまり、天は賢人を守るので白鹿となって乳を与えましたが、叔斉は思わず鹿の肉を食べれば美味しいだろうと呟きます。伯夷はあわてて失言を制しますが、その後、白鹿は現れず二人とも餓死したのです。高名な隠者で儒教では聖人とされても、一言に身を滅ぼすと教えます。聖人は弟の宗長に親子の信仰問題に動揺して誘惑に負けたなら、その行く末は堕獄という結末を迎えることを危惧されたのです。

また、釈尊は親に従わずに出家したが、仏になって誠の恩を報じ孝養となったと述べ、世間においても謀反を起こす父に従わないことが孝養となることを教えます。そして、応神天皇の二人の子供にふれます。王は二人の王子のうち弟の宇治皇子に譲位しますが、嫡子である兄の仁徳皇子と互いに皇位を譲り合います。空位が続いた三年の後に宇治皇子は自害したため、兄の仁徳が継ぎ国が穏やかになった故事に、薬王・薬上の父王を改心させたことを重ねあわせます。これは兄弟の信頼により国が平和になり、外国にも威信が知れ渡ったと述べます。そして、兄の宗仲が勘当され今度は弟の宗長は兄に造反すると思っていたが、使いの鶴王が言うには兄と同じく法華経の信仰を貫徹されたと聞き喜ばれます。父の康光は弟の宗長を寵愛していたようで、宗長も父に背くことができず兄の代わりに家督を継ぐ可能性が強かったのです。

○「三障四魔」

次に、施鹿林の隠士が風雲に乗って仙宮に行く仙術を得ようとしますが、最後に魔に魅入られて成就しなかった故事を引きます。このような外道の法でも四魔が競って成し難いのであるから、まして法華経の極理である題目を、始めて日本に弘通する行者の弟子や檀越にも、四魔が競うことは当然のことと述べます。強い信仰心を持って大難に立ち向かう心構えを説きます。そこで、仏道修行を妨げる魔障にふれます。『摩訶止観』を挙げ、その中でも一念三千の法門を説く時には、「三障四魔」が必ず行者を迫害すると述べます。

「其上摩訶止観の第五巻の一念三千は、今一重立入たる法門ぞかし。此法門を申には必魔出来すべし。魔競はずは正法と知るべからず。第五巻云　行解既勤三障四魔紛然競起乃至不可随不可畏随之将人向悪道畏之妨修正法等〔云云〕。此釈は日蓮が身に当るのみならず、門家の明鏡也。謹て習伝て未来の資糧とせよ」（九三一頁）

と、「三障四魔」を明鏡として門下の信条とするように訓示されます。つまり、経文の通りに正しく信仰をしている者に魔が遮ろうとするのです。いわゆる、邪魔をするのです。『開目抄』（五五六頁）に「これを一言も申出すならば父母・兄弟・師匠国主王難必来べし」「今度強盛の菩提心をおこして退転せじと願しぬ」と述べているように、「三障四魔競起」「六難九易」の必然性は、立教開宗を決意する時の信念であり菩提心でした。兄弟は隠士と烈士のように力を合わせ、また、二人の妻は夫を諫め信仰を貫き末代の女人成仏の手本となるように、二聖二天十羅刹女に申して必ず来世には成仏させると約束されます。

この頃になると聖人の教えを信じる者が増えます。蒙古襲来の予言が的中したからです。竜口法難で退転した者も後悔していると述べます。しかし、これから信者ができても、最初から信仰をしてきた兄弟夫妻には代えがたい胸中を述べます。初期の信者の中に教団を誹謗中傷した者がいると述べます。これらは釈尊在世の阿闍世王のように無間地獄に堕ちるであろうと顛末を述べます。この書状は弟の宗長に送りますが、兄嫁や自分の妻にも読み聞かせるように述べ擱筆されます。身延に入ってからも教団への執拗な妨害がありました。良観は自分の信徒や事業主の権限を駆使しました。父親へ圧を加え宗仲を勘当に追いやったのもその例です。釈尊在世の善星比丘と同じように堕獄することは自業自得のことと念をおして、重ね重ね退転のないよう綴ります。

◯　御本尊（三四）四月

卯月の顕示がある御本尊は第三四から第三七までの四幅あります。自署花押が多宝仏側の下部に書きます。特徴は四天王が梵名で書かれていること、転輪聖王と呼称されるのもこの御本尊からです。また、四天王に「大」の字を冠して表現されていきます。紙幅は縦一五二・七センチ、横九四・五センチの十枚継ぎの大幅です。京都本国寺に所蔵され紙背の右下隅にある筆墨は、寺伝によれば日朗に授与された痕籍といいます。

◯　御本尊（三五）四月

紙幅は縦九三・九センチ、横五〇・九センチの三枚継ぎの御本尊で藻原寺に所蔵されます。寺伝には日向に授与されたと伝えます。

◯　御本尊（三六）四月

紙幅は縦九〇・九センチ、横四七・九センチの三枚継ぎの御本尊で、烏山の妙寿寺に所蔵されます。署名と花押が一体的に中央首題の中心真下に揮毫されます。

◯　御本尊（三七）四月

通称「祈祷御本尊」といわれ玉沢妙法華寺に所蔵されます。日照（昭）に授与された御本尊です。日昭の授与名が表面にありますが、もとは紙背に書かれたのを表装し直すときに切り離したといいます。また、「祈祷御本尊」と称されるように讃文に特徴があります。通常の曼荼羅は諸尊のすぐ横に不動愛染・四天王が書かれますが、この御本尊は諸尊と不動愛染の間に横書きにて讃文があります。多宝仏側に「此経即為閻浮提人病之良薬若人有病得聞是経病即消滅不老不死、余失心来見其父来雖亦歓喜問訊求索治病然与其薬而不肯服、是好良薬今留在此汝可取服勿憂不差」と染筆されます。釈尊側には「譬如一人而有七子是七子中一子遇病父母之心非不平等然於病子心則偏重、世有三人其病難治一謗大乗二五逆罪三一闡提如是三病世中極重」と書かれます。この讃文は法華経が閻浮提人の謗法五逆の罪を滅罪する良薬であると、謗法治罰・逆法救助の教えを示されます。

□『覚性御房御返事』（四三六）

五月五日付けで覚性房に宛てた書状です。『対照録』は建治三年とします。覚性房については不明です。清酒・ちまき二十を受け取ったことを丁重に感謝され、その旨を御上へ申し上げてほしいという内容です。「かしこ（畏）まりて給候了」（二八七三頁）とは、尊貴な方から供養されたことを有り難く思い恐縮している表現です。この御上に当たる人物も不明です。（鈴木一成著『日蓮聖人遺文の文献学的研究』四四一頁）。真蹟一紙一二行は随喜文庫に所蔵されます。覚性房にふれた遺文は、『筍御書』（一一七七頁）、『覚性房御返事』（一一八九頁）、『霖雨御書』（一五〇四頁）があります。岡元錬城氏は覚性房へ宛てた書状の特色として、料紙を上下二つ折りにした古文書様式で、上位の者へ宛てる消息に用いることを指摘します。（『日蓮聖人の御手紙』第二巻一六九頁）。

□『筍御書』（二一六）

五月一〇日付けにて覚性房に宛てた書状です。『対照録』は建治三年とします。真蹟は一紙（半折り）が京都の妙覚寺に所蔵されます。『覚性御房御返事』（二一二一）と本書は、『定遺』に始めて収録されました。覚性房とは物品をやり取りする親しい関係と思われます。本書は五月五日に尊貴な方より清酒・ちまきを供養いただいた返礼に筍二十本を送ったので、そのことを覚性房から御上に伝えて頂きたいと依頼されます。（『日蓮聖人遺文辞典』歴史篇七一七頁）。「たかんな御書」ともいいます。北条弥源太との関係に注目されます。

□『衣食御書』（三二三）『断簡』（三一二）『女人某御返事』（九九）『断簡』（一〇三・三二七）

真蹟一紙九行断片が京都妙蓮寺に所蔵されます。後半が欠失しており宛名の尼御前については不明です。片岡邦雄氏の妙心尼とする説が有力です。（岡元錬城著『日蓮聖人遺文研究』第一巻二五四頁）。『衣食御書』『断簡三一二』『女人某御返事』（九九）『断簡一〇三』『断簡三二七』は一連する一通の書状とみます。『断簡』の三一二（二九七四頁）が本書に接続されます。『断簡』（三一二）は建治年間とし『対照録』は建治二年とします。小松邦彰氏は建治二年の書状断片とします。（「日蓮遺文の系年と真偽の考証」『日蓮の思想とその展開』所収九八頁）。これにより、本書の宛先は駿河の妙心尼とし、夫の高橋入道の命日である建治二年五月四日をうけての書状とみます。本書は金銭一貫文を布施され食料布施の功徳、衣類布施の功徳を述べ、下山して墓参をしたい心中を伝えます。

「女人の御身として、をやこのわかれにみをすて、かたちをかうる人すくなし。をとこ（夫）のわかれはひゞ・よるよる・つきづき・としどしかさなれば、いよいよこいしさまさり、をさなき人もをはすなれば、たれをたのみてか人ならざらんと、かたがたさこそをはすらるれば、わがみも」（『女人某御返事』六一〇頁）

「まいりて心をもなぐさめたてまつり、又弟子をも一人つかわして御はかの」（『断簡』一〇三。二五一二

頁）

「一巻の御経をもと存候へとも、このみはしろしめされて候かことく、上下にくまれて候ものなり」（『断簡』三二七。二九七八頁）

□『春麦御書』（二一八）

五月二八日の月日が書かれ春麦（つきむぎ）一俵・芋一籠・筍二丸を、某氏の女房が供養された礼状です。一紙が京都満願寺に所蔵されますが山中喜八氏は模写とします。芋は冬の筍のように貴重なことを述べ供養に感謝されます。春麦とは杵や棒などで押しつぶした麦のことです。某氏がわざわざ女房に供養を持たせて来たことに夢のようと感激されます。某氏は供養の品々と仮名の多い筆跡から時光と推察されます。

□『千日尼御前御返事』（三一五）

○阿仏房の三度目の登詣

『定遺』は弘安元年閏一〇月十九日とします。浅井要麟氏は『日諦目録』と同じく、建治二年六月の阿仏房の二度目の身延登詣の返書とします。（『昭和新修日蓮聖人遺文全集』別巻三一三頁）。阿仏房の三度目の登詣は弘安元年七月です。（『千日尼御前御返事』一五四六頁）。本書が同年閏一〇月としますと、いったん佐渡へ帰りそれから四ヶ月ほどで四度目の登詣となります。初冬という季節からみても不都合です。本書は建治二年六月に佐渡に帰るときに千日尼に与えた書状とします。

冒頭に千日尼から金銭一貫文、干飯一斗（一五㌕）、ほか様々な物が届けられました。聖人の病状が伝えられていたと思われ、これらの供物を所持して出立したのです。釈尊に土餅を供養した徳勝童子が阿育大王として生まれた故事と、釈尊が阿難を伴い婆羅門城で乞食を行ったとき、老女が漿（米汁）を供養しこの功徳により辟支仏と生まれた故事を引き、千日尼の心あたたまる供養に感謝されます。法華経は十方三世の諸仏の師匠であり、微塵数の菩薩も「皆悉く法華経の妙の一字より出生し給へり」（一五九七頁）と述べ、普賢経の「仏三種身従方等生」（『開結』六三六頁）の文を引きます。「方等」とは大乗のことで法華経の名と説明します。つまり、十方の諸仏は妙法の功徳を仏種として成道すると述べます。そして、「仏は子也。法華経は父母也」（一五九八頁）と、法華経は十方諸仏の御師であり父母であると述べ、仏は法華経の子供という譬えを述べます。そして、法華経受持の功徳と滅罪について述べます。

「譬ば女人の一生の間の御罪は諸乾草の如し。法華経の妙の一字は小火の如し。小火を衆草につきぬれば、衆草焼亡るのみならず、大木大石皆焼失ぬ。妙の一字の智火以て如此。諸罪消るのみならず、衆罪かへりて功徳となる。毒薬変じて甘露となる是也。譬ば、黒漆に白物を入ぬれば白色となる。女人の御罪は漆の如し、南無妙法蓮華経の文字は白物の如し」（一五九八頁）

と、黒い漆に白粉を入れたら白色となるように、女人の罪障は黒漆のようなもの、南無妙法蓮華経は白粉のようなもので、題目の功徳により罪障をたちまち消滅すると説きます。「変毒為薬」の喩えを引いて法華受持は滅罪の功徳を持つと述べたのです。

そして、阿仏房をはるばる佐渡から身延に使わした志を褒めます。年々にとあるように前年の建治元年九月に登詣されました。千日尼の身体は佐渡にあっても心は夫と共に身延に詣でて給仕していることを、法華経・釈尊・多宝仏・十方諸仏は承知していると伝えます。その信心こそが大事でこれを「穢土即霊山浄土」と述べます。聖人も千日尼も別々の処に住んではいるが、心は共に霊山浄土に住んでいるのであるから、姿を見なくても常に心の中にいるとして、必ず釈尊が鎮座する霊山会上にて再開することを約束されます。

「佐渡の国より此国までは、山海を隔てて千里に及候に、女人の御身として、法華経を志ましますによりて年々に夫を御使として御訪あり。定て法華経・釈迦・多宝・十方の諸仏、其御心をしろしめすらん。譬ば、天月は四万由旬なれども、大地の池には須臾に影浮び、雷門の鼓は千万里遠けれども、打ば須臾に聞ゆ。御身は佐渡の国にをはせども心は此国に来れり。仏に成る道も如此。我等は穢土に候へども心は霊山に住べし。御面を見てはなにかせん。心こそ大切に候へ。いつかいつか釈迦仏のをはします霊山会上にまひりあひ候はん」（一五九九頁）

□『四條金吾殿御返事』（二一九）

六月二七日付けにて頼基への返事です。『本満寺本』に収録されます。頼基が主君の江馬氏と信仰上の問題を持ち悩んでいた時に、同僚の武士から怨嫉や危害が加えられました。文永一一年の九月頃に主君に良観への信仰をやめ、聖人に帰依するように進言します。しかし、主君の忌諱に触れ同輩からも疎まれ受難の日々が続きました。(『主君耳入此法門免與同罪事』八三四頁)。聖人は南無妙法蓮華経と唱え信心に励むことが、自我偈の「衆生所遊楽」の境地であると教えます。この経文は自受法楽を説いていると示し、これこそが「現世安穏後生善処」であると諭します。文面には女房と酒を飲んで苦楽を悟るように励まされます。法華経の行者には「三障四魔」が競い起こり、世間から迫害されるとも、それこそが行者の明かしであると自覚するように述べます。妻と共に信仰を貫くように励まされたのです。

「ただ世間の留難来るとも、とりあへ給べからず。賢人聖人も此事はのがれず。ただ女房と酒うちのみて、南無妙法蓮華経ととなへ給へ。苦をば苦とさとり、楽をば楽とひらき、苦楽ともに思合て、南無妙法蓮華経とうちとなへゐ(唱居)させ給へ。これあに自受法楽にあらずや。いよいよ強盛の信力をいたし給へ」(一一八一頁)

□『四條金吾釈迦仏供養事』(二二〇)

○開眼供養

七月一五日付けにて頼基に宛てた書状です。頼基が木像の釈尊の尊像一体を造立し、その開眼供養を依頼しました。自己の信仰を貫こうとする信念と、他宗を拠り所とする主君との主従関係に亀裂を生じました。真蹟は身延に曽存、断片一紙が鎌倉妙本寺に所蔵されます。『開眼供養御書』と称します。

釈尊像を開眼するに当たり、「五眼」と「三身」について法華経の文を引いて説明し、供養は法華経の一念三千を説く天台教学に限ると述べます。「五眼」は人間の肉眼、天人の天眼、声聞・縁覚の慧眼、菩薩の法眼、仏の仏眼をいいます。普賢経の「此大乗経典諸仏宝蔵十方三世諸仏眼目」（『開結』六一五頁）。「此方等経是諸仏眼諸仏因是得具五眼」（『開結』六三六頁）の文を引き、法華経を持つ功徳力により本仏釈尊の仏眼を自然に具えると述べます。「三身」は普賢経の「仏三種身従方等生是大法印印涅槃海如此海中能生三種仏清浄身此三種身人天福田応供中最」の文を引きます。月の体は法身、月の光は報身、月の影は応身に譬え、一の月に三つの見方があるように、法華経の久遠実成の釈尊一仏に三身の徳が具有していると述べます。

「この五眼三身の法門は法華経より外には全く候はず。故に天台大師云　仏於三世等有三身　於諸教中秘之不伝［云云］。此釈の中に於諸教中とかかれて候は、華厳・方等・般若のみならず、法華経より外の一切経なり。秘之不伝とかかれて候は、法華経の寿量品より外の一切経には教主釈尊秘て説給はずとなり。されば画像・木像の仏の開眼供養は法華経・天台宗にかぎるべし」（一一八三頁）

と、開眼供養は五眼三身の法門を顕した寿量品を根本としなければ本当の開眼とはならないのです。

次に、一念三千の国土世間にふれます。魂魄という神（たましい）を入れるのは法華経の経力で、衆生においては即身成仏の法門であり画木においては草木成仏であるとして、この法門は真言宗にはないと述べます。そして、頼基が造立した釈尊像は生身と同じ仏像であり、過去の「優塡大王の木像と影顕王の木像と一分もたがう」（一一八四頁）ことがなく、諸天善神が必ず頼基を守護すると褒めます。

頼基から大日天子を毎年四月八日の釈尊誕生の日から、七月一五日の盆まで供養していることの報告に対し、日天子の霊験は眼前に見える事実であり、これは釈尊と法華経の力と述べます。仏教以前に日天を礼拝し利益を得た者がおり、日月四天は法華経の法味によって力を得ると述べます。その証拠として序品の普香天子（明星天）と連なる三光天子であり、法師品において無上菩提の授記を得た火持如来であると述べます。また、頼基の日天信仰は父親の代から引き継いだことが分かります。聖人も日天子に祈請して日本国の邪師と戦い勝利も確実と述べます。日天子の霊験として頼基の願いが叶うことを示唆します。

書状の中に父母の死後を心配されていました。父頼員は建長五年、母は文永七年に死去しています。頼基は度々、父母の供養を依頼され変わらない孝養に心を打たれ、涙が流れてとまらないと述べます。目連尊者の故事を引き、頼基の孝養の深さを諸天善神は納受しているから両親の成仏は心配ないと述べます。

「是より外に御日記たうとさ申計なけれども紙上に難尽。なによりも日蓮が心にたつとき事候。父母御孝養の事。度度の御文に候上に、今日の御文なんだ（涙）更にとどまらず。我が父母地獄にやをはすらんとなげかせ給事のあわれさよ」（一一八五頁）

○　頼基の暇乞いと日常の用心

頼基は主君との信仰上の対立から、家臣を辞し（暇乞い）たいとの相談があります。聖人は即時にこれを否定して、主君の恩分を忘れないように諭します。聖人は相模殿（時宗）に憎まれて、数多くの迫害にあい佐渡にも流罪されたが、法華経の文には値難忍耐が説かれているので怨んだことがないと述べ、身延にて安穏に居られるのは、頼基の助けがあってのことと述べます。その頼基の護法の根源は主君の恩恵であり、父母に孝養できるのも主君の恩恵であるから、主君から捨てられそうになっても、命に及ぶことがあっても、断じて辞職してはならないと強く諭します。頼基は聖人を助けた人であるから悪人に害されることはないが、万一、害せられても、それは先生の謗法によるから、どこの山中や海上に遁れても免れられないと述べます。その例として不軽菩薩や目連が竹杖外道に殺害されたことを思い歎くべきではないと述べます。

しかし、この書状を受け取って読んだなら危害は避けるように注意されます。まず、百日間は同僚や他人の家で酒宴をしてはならないとします。主君から徴収されたら昼間ならば急ぎ出仕すべきだが、夜中ならば三度までは急病と言って辞退し、三度を過ぎたら下人を警護に連れて出仕しなさいと述べます。蒙古の来襲があれば、そちらの方に気が取られるので仇を討つという気も止むと述べます。頼基の近辺の慌ただしさと聖人の周到な指導が窺えます。数々の生命を狙われてきた経験から促されたのです。

重ねて暇乞いは自分に過失があっても、妄りに口外しないように諭します。過失はないから堂々と構え、入道については先のこととして、現状には心身に合わない悪縁が次々と起きるとして止めさせます。用心のため身に灸の跡を作って病気であるように見せ、騒ぎがあっても先ずは下人に様子を見させてから、行動をとるように注意されます。急いで対応を知らせたかったので法門については省いたと述べ、涼しくなったら写経を届けると約束されて結びます。

□『覚性房御返事』（一二一一）

七月一八日付けで「覚性御房」に宛てた書状です。用紙は半折を使用し丁寧に書かれた草書体です。北条弥源太と覚性房が親しい関係であったことが分かります。弥源太は名刀を奉納されました。（『弥源太殿御返事』八〇六頁）。弥源太が何かについて歎いているので、そのことを「むかはき」（一一八九頁）と覚性房から「かみ」に申し上げてほしいという内容です。（鈴木一成著『日蓮聖人遺文の文献学的研究』四四五頁）。弥源太は御上の病気か災いを心配したと思われます。「むかはき」は覚性房の使者といいます。このかみ（上）とは誰のことかは不明です。特殊な階級の人への儀礼的な形式か、まだ面接していない人への書状の形式とも推測され、身延の近くに居住している人と考えられます。岡元錬城氏は時宗か一門の有力者と推考します。（岡元錬城著『日蓮聖人の御手紙』第二巻一六八頁）。弥源太が入道していて親密な関係が続いていること、覚性房とその主人との繋がりがあることが窺えます。

○　熱原の滝泉寺行智と日秀

この頃、熱原の滝泉寺の日秀は、院首代の行智から、法華経をやめ念仏を称えるよう起請（称名念佛の誓状）を書くように命じられます。従わなければ役職を剥奪し寺外に追放すると強要されました。行智と日秀・日弁・日禅との対立が始まります。このため日秀は寺を出、日弁と日禅は住房を奪い取られる事件が起きました。（三師擯出）。日禅は河合に、日秀・日弁は寺中にいて弘教します。その三年後の弘安二年一〇月に、頼綱の策略により「熱原法難」が起きます。この問題は長期化し教団にとって深刻な事態となります。滝泉寺は下方の市庭の寺で定期市が開かれていた地域にありました。のち、日秀は大石寺塔中の理境坊の開基となります。

□『辨殿御消息』（二二二）

○門下の懸念

七月二一日付けにて日昭に宛てた書状です。鎌倉の門下との連絡が随時なされていたことが分かります。真蹟は一紙が京都本能寺に所蔵されます。紙が不足して一枚の紙に多くの用件が書き込まれます。行間や紙の端に書き継がれます。端書の一部（かわのべ〜随分の日蓮が）が欠失しますが、『録外御書』により全文を知ることができます。裏には弟子に教えた真言の表が書かれています。滝王が家葺きのため鎌倉に帰るので、この書状を持たせて用件や動向を知らせます。滝王丸は妙一尼の下僕で佐渡にも随行しました。妙一尼はさじき女房のことで日昭の兄嫁です。（『妙一尼御返事』七二二頁『妙一尼御前御消息』九九九頁）。康光は良観を批判する聖人とは合わず長男の宗仲を勘当していました。

「えもん（衛門）のたいう（大夫）どの、かへせに（改心）の事は、大進の阿闍梨のふみに候らん」（一一九〇頁）

衛門の大夫は父康光ではなく宗仲のことです。「かへせに」は「改心」のことで勘当のことです。この勘当の実情や対策については宗仲を指導している大進阿闍梨に与えた手紙に、書き記してあると解釈できます。（『日蓮聖人全集』第五巻二九一頁）。勘当の動向については大進阿闍梨から逐一連絡があったのでしょう。大進阿闍梨は鎌倉に房を構え教団の統率に貢献していました。康光の妻は日昭の姉で宗仲・宗長は甥になりますので、聖人からの問い合わせや教導があったのです。

次に、十郎入道から袈裟を供養され喜んでいたと伝えるように指示されます。十郎入道（本間十郎）は大蔵（倉）塔の辻にいた信者で、北条氏に直参した武士といいます。『種々御振舞御書』に名前がみられます。

次に、頼基からの使いが来たが尋ねることの返答が覚束ないと述べます。つまり、話の内容がはっきり掴めないのでもどかしいのです。気掛かりなので頼基を尋ねて委細を聞き知らせるように述べ、頼基にもこのことを連絡するように指示されます。河辺氏などの四人からは音信が不通になっているので、信仰のことで変事（退転）があったか気掛かりなので知らせること。四人のことは一大事と思い諸天善神を責めているので、今生に験があると心得て強くしっかり（したたかに）言い聞かせるように指示します。河辺（河野辺山城入道）氏は『五人土籠御書』の一人と思われます。他に伊沢入道・坂（酒）部入道・得業（行）寺殿が考えられます。（『佐渡御書』六一九頁。『法華行者値難事』七九九頁）。また、伊豆法難に関した地頭の伊東八郎左衛門祐光にふれます。

「伊東の八郎ざゑもん、今はしなの（信濃）のかみ（守）はげん（現）にしに（死）たりしを、いのりいけ（活）て、念仏者等になるまじきよし明性房にをくりたりしが、かへりて念仏者真言師になりて無間地獄に堕ぬ。のと房はげんに身かたで候しが、世間のをそろしさと申し、よく（慾）と申し、日蓮をすつるのみならず、かたき（敵）となり候ぬ。せう房もかくの如し。おのおのは随分の日蓮がかたうど（方人）なり。しかるになづき（頭脳）をくだきていの（祈）るに、いまゝでしるしのなきは、この中に心のひるがへる人の有とをぼへ候ぞ。をもいあわぬ人をいのるは、水の上に火をたき、空にいえ（舎）をつくるなり。此由を四人にかたらせ給べし。むこり（蒙古）国の事のあうをもつておぼしめせ、日蓮

が失にはあらず」（一一九〇頁）

伊東祐光は聖人の祈願により病悩を治癒されました。（『船守弥三郎許御書』一二三〇頁）。本書には死去したのを蘇生したとあります。信濃守として本領の日向にいたが、明性房の説諭を容れずに退転し死去した（五四歳）と述べています。能登房と少輔房も世間の恐ろしさと欲により聖人を捨てて敵となったとあります。四人の者は信徒と思い頭脳を砕くほど祈っているが、その験がないのは翻心した者がいると述べます。どんなに祈っても効験がないのは、この中に信仰を捨てた者がいる証拠とします。信心を失った者を祈っても、水の上で火を焚き空中に家を建てるようなもので祈願が成就しないと述べます。このことを四人に言い聞かせるように指導されます。蒙古の襲来がないように祈ったが的中したのは、祈られる人に応ずる信心がなかったからで聖人の失ではないと述べます。次に、筑後房・三位房・帥公（日高）に大事な法門を伝授するので登詣するように指示します。

最後に『十住毘婆沙論』の要文を抜書きした大帖と、日向が消息の裏に書いた真言要領など、細かく書き付けた写本の重要でないものから送るように要望されます。書籍を収集していたことが分かります。末文に紙不足を伝えます。紙や筆、墨などを鎌倉から調達されていたと思われます。

第三章　『報恩抄』と桑ヶ谷問答

第一節　『報恩抄』述作

■『報恩抄』（二二三）

○四段分科と取意

三月一六日に（六月『日蓮聖人遺文辞典』歴史篇一〇〇一頁）道善房が没します。身延から小湊周辺に布教している弟子の往来があり、清澄寺の浄顕房から訃報がもたらされます。約四ヶ月後の七月二一日に、師道善房の追善供養のため『報恩抄』二巻を書き終えられます。身延に隠遁という立場でしたので、七月二六日に日向と日実を遣わし『報恩抄送文』を「清澄御房」に宛てます。この呼称から浄顕房が別当となっていたことが窺えます。（『校補録内扶老』二三三五頁）。兄弟子の浄顕房と義浄房に『報恩抄』を墓前と「嵩かもり（森）」にて、拝読するように依頼されます。『報恩抄送文』に、兄弟子二人への教化ともいいます。（『日蓮聖人遺文全集講義』第一八巻二頁）。

「御まえ（前）と義城房と二人、此御房をよみてとして、嵩（かさ）かもり（森）の頂にて二三遍、又故道善御房の御はか（墓）にて一遍よませさせ給ては、此御房にあづけさせ給てつねに御聴聞候へ」（一二五一頁）

と、「嵩かもり（森）」は高い森の頂ということで（『日蓮聖人全集』三巻一〇六頁）、立教開宗を決意された旭が森と呼称された場所を指定されたのです。

訃報を聞き「火にも入り水にも沈み、走り立ちてもゆいて」（一二四〇頁）と、嘆き悲しまれます。一二歳から師匠のもとで育てられた恩愛を窺うことができます。報恩とは法華経を信奉することとして、直接的には本師釈尊への報恩を述べ敷衍して道善師の恩を説きます。道善房の恩とは出家に導き鎌倉や叡山などの修学を薦めたことと思われます。信条や性格においては本書に書かれているように臆病で地位に執着していました。景信や円智・実城房が死去した後は釈尊像を造像します。このことをもって師匠の恩に報いることができたと感激しました。しかし、佐渡流罪中には聖人を捨て師匠としての温情がなかったと嘆きます。謗法により堕獄することを心配されたのが聖人の心情でした。本書はその後生の抜苦と追善を心に念じながら執筆されます。道善房と対面して話をされるような語り口調で、釈尊の真意の教えを学ぶ心境と修学により得た法華最第一の理由、そして、法華経の行者となった経緯や今後の弘通を述べます。

書き始めの「夫れ老狐は塚をあとにせず」から、最後の「されば花は根にかへり真実は土にとどまる。此の功徳は故道善房の聖霊の御身にあつまるべし」に結ばれたのは、初発心の求道者としての出発を回顧し、法華経の行者として存在するのは師匠の恩徳と受けとめたからです。

本書の真蹟は四巻五三（二九『全篇解説日蓮聖人遺文』一五九頁）紙、一巻ずつが表裏に記載されました。（『日乾目録』）。上下二巻とするのは写本のとき便宜に分冊しました。明治八年身延の火災で焼失し、真蹟は池上本門寺（断片二紙二七行）・京都本禅寺（断片六行）・円実寺（断片一行）・山梨妙了寺（断片二行）・高知要法寺（断片貼合二行）・東京本通寺（断片二行）に所蔵されます。日乾の真蹟対校本（『乾師対照録』）が本満寺に所蔵され、小川泰堂居士は慶長一一年四月に正写され、字数二七六七六文字を正本と記録します。(『日蓮聖人御遺文講義』第五巻二三頁)。これにより『報恩抄』の全文と真蹟の形態を知ることができます。

教学では『四恩抄』(二三七頁)の恩(『心地観経』に説く父母・衆生・国王・三宝の四恩説を述べます。本書では父母・師匠・国土の三恩のみを挙げ師恩を重視されます)、『開目抄』(五三五頁)の「三徳」、『撰時抄』(一〇〇三頁)の「末法時」、また、東台両密を批判します。円澄に対しても半分は叡山の密教化を進めたとして密教重用を批判します。この台密批判と「三大秘法」を明かした文章は、『報恩抄送文』に他言を注意された大事な法門となります。

『報恩抄』の分科は『録内啓蒙』と守屋貫教氏(『日蓮聖人御遺文講義』第五巻一三頁)の序分・本分・流通分の三段に分ける見方と、小松邦彰氏の四段に分ける見方があります。(『日蓮聖人遺文辞典』歴史篇一〇〇二頁)。

『録内啓蒙』

序　分　初～三界第一の孝となりしこれなり　(一一九三頁一行目)

正宗分　かくのごとく存て～源遠ればながしというこれなり　(一二四八頁一二行目)

流通分　周の代七百年文王の礼孝による～末

守屋貫教氏・小林是恭氏(『日蓮聖人御遺文講義』第五巻。『日蓮聖人遺文全集講義』第一八巻)

序　分　初～三界第一の孝となりしこれなり　(一一九三頁一行目)

正宗分　かくのごとく存て～南無妙法蓮華経と唱べし　(一二四八頁八行目)

流通分　此事いまだひろまらず～末

小松邦彰氏(『日蓮聖人遺文辞典』歴史篇頁)一〇〇二頁)の分科。

第一段　初～一切世間多怨難信　（一一九八頁一三行目）
第二段　釈迦仏を摩耶夫人～一人として謗法ならざる人はなし　（一二三一頁末）
第三段　但事の心を案ずるに～後生は疑おぼすべからず　（一二四〇頁一二行目）
第四段　問云、法華経一部八巻二十八品の中に～末

―四段分科に従った大まかな内容―

一段　報恩の意味

報恩とは法華経の弘通であること。それは事一念三千に裏付けられた成仏です。求道の真意は報恩のため。修学の成果は「依法不依人」の軌範により法華最勝に到達し、不惜身命にて弘通してきたと述べます。

二段　三国四師

釈尊の滅後以来の仏教史を概観され、三国四師の法華弘通者を規定されます。

三段　知教者の自覚

教学として真言密教に加え天台宗の台密批判をされたことが本書の特色です。その論理として三証具足を述べます。また、知教者としての自覚と佐渡流罪の受難の意義、身延入山の心中を述べます。

四段　慈悲広大

末法弘通に視点を当て正像未弘の「三大秘法」を明かします。行者意識の根底に報恩があることを「慈悲広大」の文に表現されます。法華弘通の功徳は道善房の聖霊に回向されると結びます。

○ 第一段〔真実の報恩の意味〕

冒頭に聖人の報恩思想の骨髄となる文章が綴られます。（『日蓮聖人遺文全集講義』第一八巻三八頁）。父母・師匠・国主に対しての報恩の行為は、人間にとっていかに大切なことかを述べます。

「夫れ老狐は塚をあとにせず。白亀は毛宝が恩をほうず。畜生すらかくのごとし。いわうや人倫をや。されば古への賢者予攘（譲）といゐし者は剣をのみて智伯が恩にあて、こう（弘）演と申せし臣下は腹をさひて、衛の懿公が肝を入たり。いかにいわうや、仏教をならはん者の、父母・師匠・国恩をわするべしや。此の大恩をほうぜんには必ず仏法をならひきはめ、智者とならで叶べきか。譬へば衆盲をみちびかんには、生盲の身にては橋河をわたしがたし。方風を弁ざらん大舟は、諸商を導て宝山にいたるべしや。仏法を習極めんとをもわば、いとまあらずは叶べからす。いとまあらんとをもわば、父母・師匠・国主等に随ては叶べからず。是非につけて、出離の道をわきまへざらんほどは、父母・師匠等の心に随べからず」（一一九二頁）

老狐は塚を足処（あと）にしない、と書き出されたのは、恩とはどのようなことか、その恩に報いるとはどのようなことかを提示することにあります。狐は年老いても自分が生まれた狐塚を忘れない。死ぬ時は必ず首を生まれた塚に向け、足や背を向けて死ぬことはないと述べます。そこには父母に産み育てられた恩や、命を護られた塚への恩を忘れないということです。聖人も故郷を忘れたことはなかったのです。出典は『淮南子』『礼記集説』にあります。「白亀（びゃっき）は毛宝の恩を報ず」とは晋の毛宝が十二歳のとき河に行くと漁師が白い亀を捕らえていたので、自分の着物と交換して亀を海に逃がしました。（『開目抄』五六一頁「あを（襖）の恩をわすれず」。（襖は衣服の合わせや綿入れの意）。後年、毛宝は武将になり敵の大軍に城を攻め落とされ敗走し揚子江まで遁れます。河に阻まれ乗る船もなく落胆したときに、白亀が河の中から現れて背中に毛宝を乗せて向こう岸に渡し命を救います。このように動物でさえ恩を知り恩を報ずることを挙げて、人間が恩を知り恩に報いることを弁えるのは当然とされます。法華弘通の行動を白亀の報恩に譬えたのです。

そこで、過去の賢人として予攘（譲）の故事を挙げます。「予攘（譲）は剣をのみて智伯が恩にあて」たというのは、予譲は主君である智伯のために自刃したことをいいます。智伯は予譲の才能を認めて国士として優遇します。智伯は趙襄子を滅ぼすべく居城の晋陽を攻撃しますが、裏切りにあい智伯は敗死します。（紀元前四五三年）。襄子は智伯の頭蓋骨に漆を塗り酒盃として酒宴の席で披露します。（厠用の器とした説もあります）。予譲はこれを知ると「士は己を知るものの為に死す」と復讐を誓います。顔や体に漆を塗って癩病患者を装い、炭を飲んで喉を潰し声色を変え、乞食に身をやつし襄子を狙います。しかし、見破られて処刑されるとき、予譲の願を聞き襄子は自ら着ていた衣服を与えます。予譲はそれを三回斬って智伯の無念を晴らし、剣に伏せて自らの体を貫いて自決します。聖人はこれを、「剣をのみて智伯が恩にあて」たと表現されたのです。

「弘演と申せし臣下は腹を割きて衛の懿公が肝を入たり」というのは、弘演は衛の懿公の臣下で主君の命により他国に使いをしている間に、懿公は狄の国に殺されます。『呂氏春秋』（巻十二・忠廉紀）に懿公は殺害され肉を食べられ肝臓だけが捨てられました。弘演は自分の腹を切って肝臓を取り出し、代わりに懿公の肝臓を入れて自害したとあります。つまり、自分の腹を割いて捨てられた懿公の肝を護ったのです。この行為により主君への恩を報じたのです。懿公は中国史上唯一の人に食べられた人君でした。鶴に禄位を与え淫楽奢侈な性格であったため誰も服従しなかったといいます。弘演の行動はことさら恩義の厚さを示します。

聖人は予譲と弘演の故事を引いて、一般の人物でも報恩のためには命を捨てるのであるから、仏教を学ぶ者は尚更に、父母・師匠・国恩に報じなければならないと述べます。そのためには仏法を極めることが大事とします。なぜなら、成仏を目的としているからです。そのためには学問をして智者となる必要があります。譬えると盲目の人々を導くには自分の目が見えなければ橋や河を渡すことができません。また、東西南北の方角と風の方向を知らなければ、船に多くの商人を乗せて宝山に行くことはできません。恩を報ずるには正しい知識が必要なのです。求道者の覚悟は全ての時間を仏道に向けることです。そのためには父母・師匠・国主等に随い世俗のことに関わっていては、三界六道の生死の迷いから出離した悟りの道に到達できないと述べます。

世間では父母・師匠・国主に逆らうことを戒めますが、儒教の孝経には父母や主君に従わなくても、忠臣となり孝人になると教えます。仏教においても親の恩を捨てて仏道に入ることは、結果的に父母を救済することであるから、これが真実の報恩と説きます。(『清信士度人経』の文といいますが、『録内扶老』は一切経にはないとあります。天台宗の法華三昧行法)。

その例として殷の紂王の臣下である比干は悪逆の紂王に従わず、敢えて妲己への溺愛を諫めたため、腹を裂かれて殺されますが賢人と称讃されました。釈尊も父王の浄飯王の意思に背いて出家します。しかし、三界第一の孝子となりました。それは成仏を目的とされたからです。聖人の出家の目的は父母の成仏であり自身の成仏でした。道善房には仏教の真実を極めることが師恩に報いることとされます。即ち「出離の道」を究めるには父母・師匠の諫言に逆らうことがあるのです。

○真実の明鏡は法華経

「かくのごとく存て、父母・師匠等に随ずして仏法をうかがひし程に、一代聖教をさとるべき明鏡十あり。所謂る倶舎・成実・律宗・法相・三論・真言・華厳・浄土・禅宗・天台法華宗なり。此の十宗を明師として一切経の心をしるべし。世間の学者等おもえり、此の十の鏡はみな正直に仏道の道を照せりと。小乗の三宗はしばらくこれををく、民の消息の是非につけて他国へわたるに用なきがごとし。大乗の七鏡こそ、生死の大海をわたりて、浄土の岸につく大船なれば、此を習ほどひて、我がみ（身）も助け、人をもみちびかんとをもひて、習ひみるほどに、大乗の七宗いづれもいづれも自讃あり。我が宗こそ一代の心はえたれえたれ等」（一一九三頁）

ここに遊学中に修学された原点（「一の願を立」一一九四頁）を述べます。領解したことは天台のように、『涅槃経』の「依法不依人」を基本として研鑽する方法であり、「已今当の三説」を説く法華経を明鏡とすべきことでした。十宗（小乗三宗と大乗の七宗）は各々が自宗こそ第一とするが、世間にも国主は一人であり家にも主人は一人であるように、釈尊の一切経の教も一つの経こそが大王と述べます。大乗の七宗を明鏡とし、その中でも法華経には「此法華経於諸経中最在其上」（『開結』三八六頁）と説かれています。つまり、法華経を最も重要な経と受容され、「一切経の頂上の如意宝珠」（一一九五頁）と評価されます。『涅槃経』如来性品に「是経出世乃至如法華中八千声聞得授記別成大菓実如秋収冬蔵更無所作」（是の経の出世は、乃至、法華の中の八千の声聞に記別を授くることを得て大菓実を成ずるが如く、秋収冬蔵して更に所作無きが如し）と、『涅槃経』よりも法華経が勝れていると説きます。法華経は八千の声聞に記別（未来に成仏することを約束）します。この利益に漏れた者を拾い集めたのが『涅槃経』です。故に法華経を秋に収める大収とし、『涅槃経』を冬に蔵す捃拾として「捃拾遺嘱」といいます。このことは一切経の勝劣を判ずる証文となるのに、天台宗に所属する慈覚・智証でさえも、このことを弁えていないと述べます。

法華経は「已今当の三説」を説き、多宝仏と十方の諸仏が来集して真実を証明します。しかし、

「而を華厳宗の澄観等、真言宗の善無畏・金剛智・不空・弘法・慈覚・智証等の大智の三蔵大師等の、華厳経・大日経等は法華経に勝たりと立給ば、我等が分斉には及ばぬ事なれども、大道理のをすところは豈諸仏の大怨敵にあらずや。提婆・瞿伽梨もものならず、大天・大慢外にもとむべからず。かの人々を信ずる輩はをそろしをそろし」（一一九七頁）

華厳宗の澄観、真言宗の善無畏・金剛智・不空・弘法、天台法華宗においても、弘法の密教に随従した慈覚・智証は、釈尊の大怨敵であり法華経を謗法する仏敵と断言します。聖人は知教者として立教開宗の決意をされます。しかし、立教開宗の「進退」（一一九八頁）に迷われたのは値難にありました。（『開目抄』六〇一頁）。

○　第二段〔四依の菩薩の受難〕

ここでは弘教に障礙を起こす「三障四魔」の第六天魔王にふれます。「末法為正」の使命を持つ法華経の行者に纏わるのが第六天魔王です。素直に値難の恐怖を吐露されます。

「況滅度後と申て未来の世には又此の大難よりもすぐれてをそろしき大難あるべしと、とかれて候。仏だにも忍びがたかりける大難をば凡夫はいかでか忍ぶべき。いわうや在世より大なる大難にてあるべかんなり。（中略）小失なくとも大難に度々値人をこそ滅後の法華経の行者とはしり候わめ。付法蔵の人々は四依の菩薩、仏の御使なり」（一一九九頁）

しかし、受難は法華経の行者の証明となります。ここで過去の法華経の行者と値難にふれます。釈尊の滅後に使いとして仏法を弘通した人を付法蔵といいます。迦葉は阿難に付属し商那和修に伝えます。このようにして二四人目となるのが獅子尊者です。

『付法蔵経』（吉迦夜・曇曜共訳六巻。元魏四七二年）によりますと、（巻一）迦葉、（巻二）阿難、（巻三・四）末田地・商那和修、（巻五）憂波毱多・提多迦・弥遮迦・仏陀難提・仏陀密多・脇尊者・富那奢・馬鳴・比羅・龍樹、（巻六）迦藍提婆・羅睺・僧伽難提・僧伽耶舎・鳩摩羅駄・闍夜多・婆修盤陀・摩奴羅・鶴勒那・師子尊者に付法されます。この付法蔵の人は釈尊の使いであり四依の菩薩と称します。法四依に対し「人四依」といいます。

この中で第十四師の提婆菩薩（迦藍提婆）、第二四師の獅子尊者、第八師の仏陀密多、第一一師の馬鳴を挙げます。提婆菩薩は龍樹の弟子となり、外道を屈服させ『百論』著わします。羅睺に付法し晩年に破折した外道の怨みにより殺されます。獅子尊者は付法蔵の最後の人で達磨達の師とされます。釈尊の滅後一二〇〇年頃、中インドに生れ、第二三祖鶴勒那に法を受け、北インド地方を巡教し罽賓国にて教化をします。外道の嫉みに謀られ国王檀弥羅は、師子尊者の首を斬り落とします。この時出血せず白い乳が湧き出たといいます。国王の右臂も地に堕ちて七日後に死んだとあります。（『五燈会元』）。聖人は獅子尊者の故事を処々に引用されます。（一一〇〇頁）。その理由の一つは釈尊の使者として、正法時の最後に仏法を伝えたこと、二つは師子尊者を死身弘法の法華経の行者に擬したことです。

そして、第八代の仏陀密多と仏滅後の大論師である龍樹（龍猛）菩薩は、国王を改心させるために赤幡を七年も十二年も指して、苦難を重ね国王を帰伏させました。第十一番目の馬鳴は国王より金銭三億の代償として月氏国に移ります。栴檀罽昵吒王に攻められて破れた華氏王は九億の金銭を要求されます。華氏王は馬鳴と仏鉢と慈心雞を、それぞれ三億に当てて奉献しました。（「迦膩色迦王求馬鳴及佛鉢事」。『付法藏因縁傳』五。月氏國王為旃檀罽昵吒王～以馬鳴佛鉢慈心雞奉王而退兵」とあり、慈心雞は慈みがあり虫の住む水を飲まず、悉く能く一切怨敵を消滅せしむとあります）。如意論師は世親の師で『毘婆沙論』の著者です。超日王と一人の学者は如意論師を辱めます。如意論師は「党援の衆と大義を競うことなかれ、群迷の中に正論を弁ずることなかれ」と弟子の世親に遺誡し、自ら舌を噛み切って自害します。これらの付法蔵の人は正法時の弘通者です。

○像法時代の天台大師

像法時の付法に天台を挙げ、南三北七の邪義を打ち破って法華第一を宣顕した貢献を述べます。光宅寺法雲（四六七～五二九年）が一代仏教の勝劣を、華厳第一、涅槃第二、法華第三と立てたのを誤りとし、法華第一、涅槃第二、華厳第三としました。光宅寺は梁の武帝（五〇二～四九年在位）が旧宅に建てて法雲を主としました。法雲は開善寺智蔵、荘厳寺僧旻と共に梁の三大法師と呼ばれます。嘉祥寺吉蔵（五四九～六二三年）も法雲の四車説、仏身無常の説として批判します。（『日蓮聖人遺文辞典』歴史篇九九九頁）。天台は法雲を法華謗法により堕獄したと批難します。この反抗に一々反証して法雲の邪義を破った功績を賞賛されます。

「天台大師の御気色は師子王の狐兎の前に吼たるがごとし、鷹鷲の鳩雉をせめたるににたり。（中略）教主釈尊両度出現しましますか。仏教二度（ふたたび）あら（顕）われぬと、ほ（褒）められ給しなり」（一二〇四頁）

しかし、天台が没し次いで章安が没した後には、唐の太宗時代に玄奘が法相宗を広め、則天皇后の時代には法蔵が華厳宗を広め、玄宗皇帝の時代に善無為が大日経を広め、金剛智・不空と次第して真言宗を広めたことを挙げます。ここで、天台が法華第一とした説が真言第一に代わった事実を述べます。そして、この時に妙楽が『弘決』『釈籤』『疏記』を著して、天台の時には伝わらなかった法相・華厳・真言の三宗を攻め破って、法華第一を復興されたと述べます。

○伝教大師の弘教と慈覚・智証

日本に仏教が初伝された欽明天皇から、桓武天皇の時に伝教が天台の釈を見て法華経に目覚めたことにふれます。そして、高雄寺において南都七大寺の、善議・勝猷・奉基・寵忍・賢玉・安福・勤操・修円・慈誥・玄耀・歳光・道証・光証・観敏の十四人の僧侶が、「承伏の謝表」を奉って伝教の法華宗に帰伏したと述べます。この謝表の中に「三論法相久年の諍い」は、氷が溶けて水が広がるようになったとあります。

三論宗は龍樹の『中論』『十二門論』、提婆の『百論』により、般若経の「一切皆空」を肝要とします。法相宗は天親の唯識論、無着の瑜伽論と解深密経の「唯識実有」を肝要とします。龍樹と天親系の二派が、インドでは青目・清弁・智光と難陀・護法・戒賢との諍論となり、中国では興宜・嘉祥と玄奘・慈恩、日本では元興寺の三論、東大寺は法相を講じて「空」「有」を諍いました。これを、伝教は法華経から空有の諍論は権教の方便説の範疇と説きました。この帰伏は、

「華厳宗の法蔵・審祥、三論宗の嘉祥・観勒、法相宗の慈恩・道昭、律宗の道宣・鑑真等の、漢土日本元祖等の法門、瓶はかはれども水は一也。而に十四人彼邪義をすてて、伝教法華経に帰伏しぬる上は、誰の末代の人か華厳・般若・深密経等は法華経に超過せりと申べきや。小乗の三宗は又彼の人々の所学なり。大乗の三宗破ぬる上は、沙汰のかぎりにあらず。而を今に子細を知ざる者、六宗はいまだ破られずとをもへり。譬へば盲目が天の日月を見ず、聾人が雷の音をきかざるがゆへに、天には日月なし、空に声なしとをもうがごとし」（一二〇九頁）

つまり、華厳・般若・深密経の大乗経を破折して法華最勝を証明したことです。しかし、この子細を知らない南都六宗の者は、法華経に論破されたとは思っていないと述べます。伝教が高雄寺において桓武天皇の御前にて南都六宗を論破したことを挙げたのは、天台が陳王の宮殿において南三北七の諸師と対論したことと呼応します。聖人は天台・伝教の時代のように、時の君主は公場対決をさせて仏教の正邪を決すべきと主張されたのです。

このように、天台・伝教によって法華最第一となった事実を挙げ、聖人が説く法華経も同じこととされます。また、伝教は入唐して真言を相伝して帰国し、大日経・真言宗は法華経に劣ることを、「この依憑集に取載て候。

法華経に大日経は劣としろしめす事、伝教大師の御心顕然也」（一二二一頁）と、『依憑集』に明かしたと指摘されます。

次に、弘法は仏教の勝劣を第一に真言大日経、第二華厳、第三に法華涅槃としたこと。教主釈尊は大日如来に比べれば無明の辺域、天台は真言の醍醐を盗んで法華経を醍醐とした盗人としたことを挙げます。次いで密教を取り入れた慈覚・智証の理同事勝にふれ、この慈覚・智証こそが伝教の『依憑集』に背反した者と、不惜身命の覚悟をもって主張したと述べます。この理由は法華最勝の実義が破却されるからです。

その『依憑集』の序に「新来真言宗則泯筆授之相承旧到華厳家則隠影響之軌範。沈空三論宗者忘弾訶之屈恥覆称心之酔。著有法相非撲揚之帰依撥青龍之判経等。乃至謹著依憑集一巻贈同我後哲。某時興日本第五十二葉弘仁之七丙申之歳也〔云云〕。次下正宗云天竺名僧聞大唐天台教迹最堪簡邪正渇仰訪問〔云云〕。次下云豈非中国失法求之四維。而此方少有識者。如魯人耳等」（一二二五頁）とあります。この文から、

「此書は法相・三論・華厳・真言の四宗をせめて候文也。天台・真言の二宗同一味ならば、いかでかせめ候べき。而も不空三蔵等をば魯人のごとしなんどかかれて候。善無畏・金剛智・不空の真言宗いみじくば、いかでか魯人と悪口あるべき。又天竺の真言天台宗に同も又勝たるならば、天竺名僧いかでか不空にあつらへ、中国に正法なしとはいうべき。それはいかにもあれ、慈覚・智証の二人は言は伝教大師の御弟子とはなのらせ給ども、心は御弟子にあらず。（中略）此宣旨のごとくならば、慈覚・智証こそ、専先師にそむく人にては候へ。かうせめ候もをそれにては候へども、此をせめずば、大日経・法華経の勝劣やぶれなんと存じて、いのちをまと（的）にかけてせめ候なり」（一二二六頁）

と、慈覚・智証の二人の心は師匠から離れ、既に伝教の弟子ではないという視点に立ちます。聖人が不惜身命の弘教をされた行動は、伝教の真意を忠実に継承している者という信念にあったのです。

○　三国三師

そして、法華経を説の如くに広めた法華経の行者は、教主釈尊の他には天台・伝教の三国三師を挙げます。インドにおいては釈尊を挙げます。釈尊を法華経の行者とされる理由として宝塔品を用います。

「月氏には教主釈尊、宝塔品にして、一切の仏をあつめさせ給て大地の上に居せしめ、大日如来計宝塔の中の南の下座にす（居）へ奉て、教主釈尊は北の上座につかせ給。此の大日如来は大日経胎蔵界の大日・金剛頂経金剛界の大日の主君なり。両部の大日如来を郎従等定たる多宝仏の上座に教主釈尊居せさせ給。此即法華経の行者なり。天竺かくのごとし」（一二一九頁）

多宝塔が出現し開扉する儀式として釈尊は十方分身の諸仏を集める必要があります。この分身来集があり多宝仏の塔が開き塔中に入ります。その時の着座に上下関係を見ることができます。即ち聖人は金剛・胎蔵界の両部の大日如来を多宝仏の下座に着かせ、釈尊は北の上座に座した事実を重視されます。宝塔は東を背にして西向きになり、右尊左卑のインドの風習から中央の右（北）に釈尊、左（南）に多宝仏が座します。

金剛界は正式には金剛界大曼荼羅、胎蔵界は大悲胎蔵生曼荼羅といいます。金剛界は堅固な永遠の覚りの智慧、胎蔵界は仏の慈悲という母親から生まれた曼荼羅となります。『一代五時鶏図』（二三四二頁）に大日如来の法身は胎蔵界、報身は金剛界とあります。また、諸仏の能生であり所帰することを智法身といい、万有に偏在し所依とすることから理法身といいます。（『日蓮聖人遺文辞典』歴史篇六九六頁）。胎蔵界の「八葉九尊の中尊の大日如来」とは、胎蔵曼荼羅の赤い八葉（八葉院）蓮華の中台に大日如来（中央）、宝幢如来（東）、普賢菩薩（東南）、開敷華王如来（南）、文殊菩薩（西南）、阿弥陀如来（西）、観音菩薩（西北）、天鼓雷音如来（北）、弥勒菩薩（東北）のことです。胎蔵の含蔵とは凡夫にも仏の慈悲を含むことをいいます。摂持とは凡夫の心中に仏界が随縁生起して、一切を利益することをいいます。

金剛界の「五智五仏五大月輪の中央輪の中尊」とは、五智五仏は五智如来（五大如来）といい、密教で五つの知恵を五体の如来に当て嵌めた金剛界五仏のことです。法界体性智（中央の大日如来）、大円鏡智（東方の阿閦如来）、平等性智（南方の宝生如来）、妙観察智（西方の阿弥陀如来）、成所作智（北方の不空成就如来）の五仏です。金剛界曼荼羅は智の曼荼羅と言われ、大日如来の智恵の働きと、それに基づく悟りを絵図にしたものです。金剛界曼荼羅は、九つの方形の小曼荼羅から成り立つので九会曼荼羅といいます。（一会からなる金剛界八十一尊曼荼羅もあります）。

五大とは宇宙法界を構成している、地・水・火・風・空の五つの要素のことです。これらを大小の白い円形文様に配置します。これを智恵（智法身）を象徴する満月輪とし、全尊はそれら月輪内の蓮華座に表します。金剛の堅固とは不可破壊を本義とします。胎蔵界の理から流出される智の曼荼羅が金剛界の曼荼羅です。理と智の二つを「理智不二」と一つにするのが弘法の密教です。（『空海辞典』一五一頁）。

この両部の大日如来が多宝仏の左右の脇士となります。『法華取要抄』に「大日経・金剛頂経両界大日如来宝塔品多宝如来左右脇士也。例如世王両臣。此多宝仏寿量品教主釈尊所従也」（八一二頁）と述べています。本書に大日如来とあるのは法身の意味で多宝仏のことといいます。(『日蓮聖人遺文全集講義』第一八巻一三八頁)。多宝仏は両部の大日如来を脇士とし、その大日如来を従える多宝仏は釈尊に従う仏です。つまり、この主従関係に釈尊を法華経の行者とされたのです。それは、法華経を正法と覚知されているからです。(『観心本尊抄』七〇九頁)。そして、釈尊に加えて天台と伝教の三人を法華経の行者と認められます。

「漢土には陳帝の時、天台大師南北にせめかちて現身に大師となる。特秀於群独歩於唐というこれなり。日本国には伝教大師六宗にせめかちて日本の始第一の根本大師となり給。月氏・漢土・日本に但三人計こそ、於一切衆生中亦為第一にては候へ。されば秀句云　浅易深難釈迦所判。去浅就深丈夫之心也。天台大師信順釈迦助法華宗敷揚震旦叡山一家相承天台助法華宗弘通日本等〔云云〕。仏滅後一千八百余年が間に法華経の行者漢土に一人、日本に一人、已上二人。釈尊を加奉已上三人なり」(一二一九頁)

このように正統な法華経の弘教者を挙げます。第二の座主円澄は半分は弘法の弟子のように真言を取り入れたと指摘します。そして、続く慈覚の誤りと智証門下との争乱、また、弘法の没後の受戒における東寺・仁和寺の関係、弘法の入定の誑惑、高野山の本寺・伝法院の紛争を挙げます。この根本的な誤りは三大師にあり、その流れが今日に継き「一人として謗法ならざる人はなし」(一二二一頁)と、法華経が断絶した原因を述べます。

○第三段〔末法時代の日蓮聖人の受難〕

これよりは聖人の現況に視点を当てます。忍難弘教の「三類の強敵」の色読や、蒙古襲来に証明された他国侵逼の的中から、末法における法華経の行者を聖人に確定されます。まず、『仏蔵経』に説く大荘厳仏の末法と、不軽品の威音王仏の末法と現況は類似していると述べます。そして、日本国は法華誹謗の謗国となり、人々は謗法堕獄の業引にある状況の中で、聖人一人がその救済に奔走していると述べます。

『金光明最勝王経』の「由愛敬悪人治罰善人故他方怨賊来国人遭喪乱等」の文と、『大集経』の「若復有諸刹利国王作諸非法悩乱世尊声聞弟子、若以毀罵刀杖打斫及奪衣鉢種種資具若他給施作留難者、我等令彼自然卒起他方怨敵、及自界国土亦令兵起病疫飢饉非時風雨闘諍言訟。又令其王不久復当忘失己国等」の文を引き、聖人はこの経文に符合する正法弘時の仏弟子と明かします。そして、文永八年の法難の結果が文永九年の同士討ち、同一一年一〇月に蒙古国書の到来は、『立正安国論』の予言と頼綱へ諫言したことが現実となりました。

「此経文に、智人を国主等若は悪僧等がざんげんにより、若は諸人の悪口によて、失にあつるならば、にはかにいくさ（軍）をこり、又大風ふかせ、他国よりせむべし等［云云］。去文永九年二月のどし（同士）いくさ、同十一年の四月の大風、同十月に大蒙古の来しは偏に日蓮がゆへにあらずや。いわうや前よりこれをかんがへたり。誰の人か疑べき。弘法・慈覚・智証の悞並に禅宗と念仏宗とのわざわい（禍）あいをこりて、逆風に大波をこり、大地震のかさなれるがごとし。さればやうやく国をとろう」（一二二二頁）

国主等とは頼綱であり悪僧とは三大師それに禅宗と念仏宗と述べます。そして、『金光明最勝王経』などの経文によれば、正法を行ずる者を迫害することにより諸天善神が隣国の賢王の身に入れ代わって日本を攻めるという、善神治罰の原因を述べます。第六天魔王の迫害が現実に聖人の身に具現されたことを、「此経文は予が肝に染みぬ」（一二二四頁）と確信されます。この経文は『法滅尽経』の「魔道興盛。魔作沙門壊乱吾道」の文、『涅槃経』の「爪上土」の文です。聖人がいかに迫害を受け「世間の人云く。日本国には日蓮一人計、謗法の者」（一二二五頁）と、逆に謗法の悪僧として揶揄されていたかを知るのです。そして、『涅槃経』の「爪上土」の見解を述べます。

「問云、涅槃経の文には、涅槃経の行者は爪上土等［云云］。汝が義には法華経等［云云］如何。答云、涅槃経云　如法華中等［云云］。妙楽大師云　大経自指法華為極等［云云］。大経と申は涅槃経也。涅槃経には法華経を極と指て候なり。而を涅槃宗の人の涅槃経を法華経に勝と申せしは、主を所従といゐ、下郎を上郎といゐし人なり。涅槃経をよむと申は法華経をよむを申なり。譬へば、賢人は国主を重ずる者をば我をさぐれども悦なり。涅槃経は法華経を下て我をほむる人をば、あながちに敵とにくませ給。此例をもつて知るべし。華厳経・観経・大日経等をよむ人も法華経を劣とよむは彼々の経々の心にはそむくべし」（一二二五頁）

つまり、『涅槃経』の「如法華中」とは、声聞の授記作仏は法華経に明かされたということで、妙楽は『涅槃経』の文は法華経を至極という意味であると解釈されました。聖人の『涅槃経』受容は天台の五時教判を基本として、落ち穂拾いの経典とし法華経を補足する経典と位置づけます。つまり、追説追泯の捃拾教として法華最勝を述べたのです。諸経にても得道すると思う者は謗法と解釈されます。

○謗法の諸師を挙げて批判

その例として嘉祥（『法華玄論』）と慈恩（『法華玄賛』）を挙げます。妙楽は嘉祥について法華経を称讃しているように見えるが、言葉の中に毀りが含まれるので讃歎したことにはならないと『文句記』（「毀在其中何成弘讃」）に批判します。また、伝教は慈恩を文章の上では法華経を讃めているように見えるが、真意を理解していないので還って法華経の文意を殺していると、『法華秀句』（「雖讃法華経還死法華心」）に非難します。聖人は嘉祥・慈恩を「一乗誹謗の人」（一二二六頁）とします。

「嘉祥大師の法華玄を見るに、いたう法華経謗たる疏にはあらず。但法華経と諸大乗経とは門は浅深あれども心は一とかきてこそ候へ。此が謗法の根本にて候か。華厳の澄観も真言の善無畏も大日経と法華経とは理は一とこそかゝれて候へ。嘉祥とが（科）あらば善無畏三蔵も脱がたし」（一二二七頁）

嘉祥は法華経を極力誹謗しないが諸経を認めたことに非難されます。純一に法華経のみを受持することの大事なことを澄観などの例を引きます。そして、嘉祥が謗法ならば善無為も謗法の罪を逃れられないとして、善無為・金剛智・不空にふれます。善無畏が祈雨に失敗したこと、臨終の相が悪く無間地獄に堕ちた見解を述べます。

「問云、何にをもつてかこれをしる。答云、彼伝を見るに云、今観畏之遺形漸加（ますます）縮小、黒皮隠々骨其　露焉等［云云］。彼の弟子等は死後に地獄の相の顕たるをしらずして、徳をあぐなどをもへども、かきあらはせる筆は畏が失をかけり。死してありければ、身やふやくつづま（縮）りちひさ

（小）く、皮はくろ（黒）し、骨あらわ（露）なり等［云云］。人死て後、色の黒は地獄の業と定事は仏陀の金言ぞかし」（一二二八頁）

善無畏の伝記である『宋高僧伝』の記載によると、死して後に身体の色が黒くなるのは、仏説によると地獄の罪科を記したものです。聖人は現証をもって批判されたのです。金剛智も勅宣により祈雨をしたが、その後に大風が吹き追放されたこと、不空も天子より祈雨を命じられ雨は降ったが、後に大風が吹き宮殿を破壊したと述べます。この三三蔵の悪風は謗法の証拠と言えます。故に、文永一一年四月一二日に、加賀法印の祈雨が逆風となり大災害となったのは、この三三蔵の悪法を修したためとします。加賀法印は東寺第一の智者と呼ばれた真言師であったからです。

続いて、日本の弘法や慈覚はどうであったかを述べます。弘法は祈雨を命じられたが雨は降らず、天子が和気の真綱に新泉苑に御幣を奉納させたところ雨が降ります。弘法はこの雨は自分が降らしたと自慢したのです。新泉苑は京都二条城の南にあり、ここの池に善女という神竜がおり、祈雨の効験があったので御弊を供えたのです。慈覚については日輪を射る夢想の見解を述べます。『撰時抄』（一〇四四頁）に既述したように、弘法が夜中に日輪の夢を見たというが、日輪が夜中に出たという事実はないこと、日輪を射る夢は仏典には吉夢として説かれず、三国においても不吉な夢であると述べます。特に日本国では忌む夢想であり、災禍を招く凶相と断言します。

「修羅は帝釈をあだみて日天をいたてまつる。其矢かへりて我が眼にたつ。殷の紂王は日天を的にいて身を亡。日本の神武天皇の御時、度美長と五瀬命と合戦ありしに、命の手に矢たつ。命云、我はこれ日天の子孫なり。日に向奉て弓をひくゆへに、日天のせめをかをほれりと［云云］。阿闍世王は仏に帰しまいらせて、内裏に返てぎよしん（御寝）なりしが、をどろいて諸臣に向云、日輪天より地に落とゆめにみる。諸臣云、仏の御入滅か［云云］。須跋陀羅がゆめ又かくのごとし。我国は殊にいむ（忌）べきゆめなり。神をば天照という。国をば日本という。又教主釈尊をば日種と申。摩耶夫人日をはらむとゆめにみてまうけ給る太子なり。慈覚大師は大日如来を叡山に立釈迦仏をすて、真言の三部経をあがめて法華経の三部の敵となりしゆへに、此夢出現せり」（一二三〇頁）

○　弘法大師と門下の不審

弘法の邪義を問答形式にて追求します。これは弘法の『般若心経秘鍵』一巻に述べている、「弘仁九年春天下大疫」「夜変而日光赫々」（一二三一頁）と、『孔雀経音義』に「大師結智拳印向南方面門俄開成金色毘盧遮那」「然真言瑜伽宗秘密曼荼羅道従彼時而建立矣」「三論道昌・法相源仁・華厳道雄・天台円澄等皆其類也」（一二三二頁）の文、また、『弘法大師伝』の「帰朝泛舟之日発願云、我所学教法若有感応之地者此三鈷可到其処。仍向日本方抛上三鈷遥飛入雲。十月帰朝」「高野山下占入定所。乃至彼海上之三鈷今新在此等」と、真済（真寂（『日蓮聖人遺文辞典』歴史篇二七五頁）の孔雀経の疏（『孔雀経音義』）の疑惑を指摘します。

そして、『涅槃経』の「仏告迦葉我般涅槃乃至　後是魔波旬漸当沮壊我之正法。乃至化作阿羅漢身及仏色身魔王以此有漏之形作無漏身壊我正法」の文を挙げて反論します。弘法は正法である法華経を破壊する天魔と述べます。『般若心経秘鍵』の夜中に太陽が出たこと、『孔雀経音義』の面門俄に開いて、金色毘盧遮那となったという弘法の即身成仏や、投げたとされる三鈷杵を誑惑と述べます。

「弘法大師は法華経を華厳経・大日経に対して戯論等［云云］。而仏身を現ず。此涅槃経には魔　有漏の形をもつて仏となつて我正法をやぶらんと記給。涅槃経の正法は法華経なり。故経次下文云　久已成仏。又云　如法華中等［云云］。釈迦・多宝・十方の諸仏は一切経に対して法華経は真実、大日経等の一切経は不真実等［云云］。弘法大師は仏身を現じて華厳経・大日経に対して法華経は戯論等［云云］。仏説まことならば弘法は天魔にあらずや。又三鈷の事、殊に不審なり。漢土の人の日本に来てほり（掘）いだすとも信じがたし。已前に人をやつかわしてうづみ（埋）けん。いわうや弘法は日本人、かゝる誑乱其数多し。此等をもつて仏意に叶人の証拠とはしりがたし」（一二三五頁）

○承久の乱と真言師

そして、承久の乱にふれます。後鳥羽上皇は真言師の邪法により禍を受けたとします。鎌倉に諸宗が進出し真言・禅・念仏宗が隆盛してきた頃、上皇は義時を亡ぼそうとします。叡山・東寺・園城寺、南都七大寺に幕府調伏の祈祷をさせ、天照大神・正八幡・山王・加茂・春日等に数年が間、祈願をかけました。いわゆる承久三年五月一五日に承久の乱が勃発しました。ところが、挙兵して一ヶ月、わずか一日の合戦にて朝廷軍は逆に幕府軍に制圧されます。首謀者である上皇は隠岐島、順徳上皇は佐渡に配流され、討幕計画に反対した土御門上皇は自ら土佐国（後に阿波国へ移される）へ配流されます。後鳥羽上皇の皇子の六条宮、冷泉宮もそれぞれ、但馬国、備前国児島へ配流され、仲恭天皇（九条廃帝、仲恭の贈諡は明治以降）は廃され、行助法親王の子（後堀河天皇）が即位します。

更に御室一一世仁和寺の道助法親王（後鳥羽院の第二子）が東寺より追放されます。道助法親王は義時を調伏祈祷した上首（頭目）でした。寵愛していた侍童の勢多伽は六波羅に召し出され斬首されます。聖人は朝廷側や祈祷に加わった者が制裁を受けたのは、真言の邪法による謗法の咎（還著於本人）と解釈されます。

○日蓮聖人の受難自覚

「此後定日本の国臣万民一人もなく、乾草を積て火を放がごとく、大山のくづれて谷をうむるがごとく、我国、他国にせめらるる事出来すべし。此事日本国の中に但日蓮一人計しれり。いゐいだすならば、殷の紂王の比干が胸をさきしがごとく、夏の桀王の龍蓬が頚を切がごとく、檀弥羅王の師子尊者が頚を刎がごとく、竺道生が流されしがごとく、法道三蔵のかなやき（火印）をや（焼）かれしがごとくならんずらんとはかねて知しかども、法華経には我不愛身命但惜無上道ととかれ、涅槃経には寧喪身命不匿教者といさめ給えり。今度命をおしむならば、いつの世にか仏になるべき、又何なる世にか父母師匠をもすくひ奉べきと、ひとへにをもひ切て申始めしかば、案にたがはず、或は所をおひ、或はのり、或うたれ、或は疵をかうふるほどに」（一二三六頁）

謗法の罪科により他国侵逼が起きることを予見したと述べます。予想していた通り勧持品や『涅槃経』如来性品のように、伊豆流罪など大難が重なってきたと述べます。この値難は譬えれば大風によって大波が起こるようなものと表現され、絶え間なく迫害があったことが窺えます。まさに不軽菩薩が杖木に責められたことを身読されたと述べます。覚徳比丘が歓喜増益如来の末法に大難を受けたが、聖人の受けた諸難には及ばないと言い切ります。日本国の中に一時でも安住出来たことがないと述べます。

「日本六十六箇国嶋二の中に、一日片時も何の所にすむべきやうもなし。古は二百五十戒を持て忍辱なる事羅云のごとくなる持戒の聖人も、富楼那のごとくなる智者も、日蓮に値ぬれば悪口をはく。正直にして魏徵・忠仁公のごとくなる賢者等も、日蓮を見ては理をまげて非とをこなう。いわうや世間の常の人々は犬のさる（猿）をみたるがごとく、猟師が鹿をこめたるににたり。日本国の中に一人として故こそあるらめという人なし」（一二三七頁）

聖人を敵対視した良観や頼綱について、羅睺羅のような持戒の者や富楼那のような智者も、聖人に会えば悪口し、また、唐の太宗皇帝から正直者として信頼された魏徴や、清和天皇の摂政となった忠仁公（藤原良房）のような賢者も、聖人を見れば道理を曲げて非道を行うことに譬えます。まして一般の人々は犬が猿を見た時のような、猟師が鹿を追い込んだ時のように敵視したのです。聖人の主張に耳を傾ける者はいなかったのです。

迫害に値うのは念仏無間・禅天魔・真言亡国と諸宗を攻めたからです。反動が起きるのは道理と述べます。結果は諸宗の僧が挙って奉行に訴えたのです。幕府の中枢にいる権力者やその夫人、時頼の後家尼、重時の後家尼に働きかけて聖人を排斥すべく活動したのです。聖人は幕府や日本を滅亡させようとする法師であり、時頼と重時を無間地獄に堕ちたと暴言を吐く者であるから、取り調べる必要もなく即座に斬首し弟子たちも斬首や流罪・入牢させよと怒ります。終いに幕府は捕縛し竜口法難となります。その経緯を述べます。

本書は竜口・佐渡・頼綱への諫暁と身延入山を淡々と綴ります。法華経の行者としての行いは四恩に報いるためと述べます。報恩の信念が行者意識の一つにあったのです。不惜身命の覚悟があったことを、

「同五月の十二日にかまくら（鎌倉）をいでて、此山に入れり。これはひとへに父母の恩・師匠の恩・三宝の恩・国恩をほう（報）ぜんがために、身をやぶり、命をすつれども、破れざればさてこそ候へ。又賢人の習、三度国をいさむるに用ずば、山林にまじわれということは、定るれい（例）なり。此功徳は定て上三宝、下梵天・帝釈・日月までもしろしめしぬらん。父母も故道善房の聖霊も扶り給らん」（一二三九頁）

と述べ、命は法華経に奉って弘教してきたが殺害されることなく、流罪も赦免されたので身延へ入山されたと述べます。仏使の責務として頼綱に三諫をした功績は諸天善神が知っていると述べます。その度重なる法難により法華経を宣布できた功徳は父母と道善房に向けられていたのです。

○　道善房の堕獄の疑念

しかし、聖人の心情として道善房の聖霊は救済されると願いながらも、仏説を忠実に検討すれば果たして後生の成仏は可能なのかという疑念を提示するのです。

「但疑念ことあり。目連尊者は扶とをもいしかども母の青提女は餓鬼道に堕ぬ。大覚世尊の御子なれども善星比丘は阿鼻地獄へ堕ぬ。これは力のまやすく（救）はんとをぼせども自業自得果のへん（辺）はすくひがたし。故道善房はいたう弟子なれば、日蓮をばにくしとはをぼせざりけるらめども、きわめて臆病なりし上、清澄をはなれじと執せし人なり。地頭景信がをそろしといゐ、提婆・瞿伽利にことならぬ円智・実城が上と下とに居てをどせしを、あながち（強）にをそれて、いとをしとをもうとし（年）ごろの弟子等をだにも、すてられし人なれば後生はいかんがと疑う」（一二三九頁）

と、道善房の後生を心配されます。その理由は目連は母の青提女を餓鬼道から救えなかったこと。釈尊の子供でも善星比丘は堕獄したことを挙げます。釈尊の子供は三人いるという説もあります。『法華玄賛』には善星比丘・優婆摩耶・羅睺羅とあり、通常の羅睺羅一子説と異なります。（『日蓮聖人御遺文講義』第五巻二一八頁）。つまり、罪業が深く自業自得の罪科ならば救済できないこともあるのです。本人の懺悔が必要なのです。

そこで、道善房にふれます。道善房は臆病で清澄寺に執着し、地頭の景信や兄弟子の円智・実城房の脅しに怖れていたとあります。この文章から性格と清澄寺をとりまく人間関係が分かり、聖人との交流に難儀していたことが窺えます。その後、景信や道善房の実兄や兄弟子が死去します。聖人は十羅刹女の責めとします。このことが道善房を改心させた面もあるが、諍いが終わってからの乳切木（長さを胸の乳のあたりで切った身を守るための棒）は役に立たず、昼間に明かりを灯すようなもので、平穏な状況における信心は弱いとします。その証拠に佐渡流罪中に一度も慰問しないのは、愛情がないと言えるし根本的に信心がないと苦悶されます。

しかし、道善房の死去を聞いて火にも入り水にも沈み立ち走ってでも、直ぐに弔問したかったと述べます。然し乍ら遁世と思われている身なので、理由もなく身延を下りることはできないと述べます。

「それにつけてもあさましければ、彼人の御死去ときくには、火にも入、水にも沈み、はしり（走）たちてもゆひて、御はか（墓）をもたゝいて経をも一巻読誦せんとこそをもへども、賢人のならひ、心には遁世とはをもはねども、人は遁世とこそをもうらんに、ゆへもなくはしり出るならば、末へもとをらずと人をもうべし。さればいかにをもうとも、まいるべきにあらず。但各々二人は日蓮が幼少の師匠にてをはします。勤操僧正・行表僧正の伝教大師の御師たりしが、かへりて御弟子とならせ給しがごとし。日蓮が景信にあだまれて清澄山を出しに、をひ（追）てしのび出られたりしは、天下第一の法華経の奉公なり。後生は疑おぼすべからず」（一二四〇頁）

そして、浄顕・義浄房の二人は清澄寺に入った幼少の時の師匠であると尊びます。立教開宗の折には景信の迫害から護り、共に清澄寺を出て花房に匿ってくれたことは、天下第一の法華経の奉公と讃え強い絆を確認されます。道善房の後生の不安とは違って二人の後生の善処は疑いないと伝えます。

○　第四段〔法華経の肝心は題目〕

これより問答形式をとって法華経の肝心南無妙法蓮華経について述べ、「三大秘法」を明かす問答が開始されます。まず、妙法蓮華経の五字は法華経の肝心であり、一切経の肝心であり、一切の諸仏・菩薩・二乗・天人・修羅・龍神の「頂上の正法」（一二四一頁）と述べます。いわゆる本門の題目にふれます。

そして、何も知らない愚者が唱える題目と権経の経題を比較して、法華経は全ての面に勝れると述べます。それを喩えたのが、「法華経は露・涓・井・江・小河・大河・天雨等の一切の水を一渧ももらさぬ大海」（一二四一頁）、という法華経の包容力です。また、体に熱があると冷たい水がたくさんある所で寝ると涼しいが、少しばかりの水では効果がなく苦しいようなものと譬えます。この熱悩とは五逆・謗法の罪のことです。

「五逆謗法の大一闡提人、阿含・華厳・観経・大日経等の小水の辺にては大罪の大熱さん（散）じがたし。法華経の大雪山の上に臥ぬれば五逆・誹謗・一闡提等の大熱忽に散ずべし。されば愚者は必法華経を信ずべし。各各経々の題目は易き事同じといへども、愚者と智者との唱功徳は天地雲泥なり。譬へば大綱は大力も切がたし。小力なれども小刀をもてたやすくこれをきる。譬へば堅石をば鈍刀をもてば大力も破がたし。利剣をもてば小力も破ぬべし。譬へば薬はしらねども服すれば病やみぬ。食は服ども病やまず。譬へば仙薬は命をのべ、凡薬は病をいやせども、命をのべず」（一二四一頁）

五逆・誹謗正法の罪人の熱悩を救助する唯一の方法は南無妙法蓮華経と唱えることなのです。ここが諸経の題目との違いです。前述した『曽谷入道殿許御書』の「夫以療治重病構索良薬救助逆謗不如要法」（八九五頁）、「大覚世尊以仏眼鑑知於末法、為令対治此逆謗二罪留置於一大秘法」（九〇〇頁）と述べたところです。

次に、法華経の二十八品の肝心は何かを論じます。ここに肝心の釈を六義挙げます。「品々皆事に随て肝心なり」「方便品・寿量品肝心なり」「方便品肝心なり」「寿量品肝心なり」、「開示悟入肝心なり」「実相肝心なり」。そして、聖人は南無妙法蓮華経が肝心と再述されます。その証拠は阿難・文殊が仏滅後に結集した大衆に妙法蓮華経と書かせ、それに呼応して「如是我聞」と唱和したことを、妙法五字が一部八巻二十八品の肝心である証拠とします。また、法雲は「如是者将伝所聞前題挙一部也」と述べ、霊山にて目の当たりに釈尊より聞法した天台は「如是者所聞法体也」と説きます。これを章安は「蓋序王者叙経玄意玄意述於文心」と解説し、この「文心」とは題目であり法華経の心であるとします。妙楽は「収一代教法出法華文心」と解釈したのも、妙法五字が一部八巻二十八品の肝心である証文として引用されたのです。日本という地名の中に国内の全ての物を納めるように、妙法五字に一切を具有すると喩えます。

つまり、法華経の題目は最勝の肝心と強調されたのです。更に法華経に声聞と縁覚の二乗が仏になる法門と、釈尊は始成正覚の仏ではなく久遠の本仏と説かれているからです。この二乗作仏と久遠実成を説かない諸経は、例えば華は咲いても菓が成らず、雷は鳴動しても雨が降らず、鼓はあっても音が鳴らず、眼はあっても物が見えず。女人が子供を産まないように、人間に命や神（魂）がないものと述べます。（一二四三頁）

法華経の題目と比べると大日の真言、薬師の真言、阿弥陀の真言、観音の真言は内実がないとします。それらの経には大王・須弥山・日月・良薬・如意珠・利剣と説かれているが、法華経の題目と比べれば勝劣は雲泥であり、それぞれの経の力用も消失すると述べます。このことを、多くの星の光が一つの太陽の光明に奪われ、全ての鉄が一つの磁石に力が尽きたように引き寄せられ、大きな剣も小火に焼かれれば使い物にならず、牛乳や驢乳は師子王の乳に対すれば水のようになり、多くの狐が術を駆使しても一匹の犬に会えば力を失い、狗犬が小虎に値て顔色を変えて怖れるようであると、法華経の題目の威力を例えます。

また、題目を唱えると弥陀や大日如来、観世音菩薩などの諸経の諸仏菩薩の力は消滅し、聖人が南無妙法蓮華経の題目を広めると、弥陀の力は月が隠れ潮が引き、秋になり草が枯れ氷が太陽に照らされて溶けるように衰退

すると述べます。法華経の妙法五字の題目は諸経に超えて勝れていると述べます。（一二四四頁）

○　先師が法華経を弘めなかった理由

では、南無妙法蓮華経がそれほど勝れているならば、なぜ過去の先師は広めなかったのかを問います。この問難は古来から論じられたとして、付法蔵の四依の人師の出現の意義を答えとします。本書は既に付法蔵（一一九九頁）にふれましたが、ここでは「況滅度後」の末法付属が示すように、実大乗の法華経を弘めなかった理由を述べます。つまり、仏教の教えは適時に深められたのです。正像時に生まれた馬鳴・竜樹・提婆菩薩・獅子尊者・天台・妙楽・伝教と順に挙げます。それぞれが艱難辛苦を耐えて弘通し、そして、伝教は叡山に円頓の大乗戒壇を建立します。悪世になるほど人知は浅くなり仏教は深まる道理を述べます。

「されば内証は同けれども、法の流布は迦葉・阿難よりも馬鳴・龍樹等はすぐれ、馬鳴等よりも天台はすぐれ、天台よりも伝教は超させ給たり。世末になれば、人の智はあさく仏教はふかくなる事なり。例せば軽病は凡薬、重病には仙薬、弱人には強きかたうど（方人）有て扶るこれなり」（一二四七頁）

○　「三大秘法」を明かす

天台・伝教と時代が推移するに従い教理は深くなったが、これらの先師が未だに弘通しなかった正法があるのか、これが次の問答となり、ここで本門の本尊と題目に加え戒壇の三大秘法を開出されます。本尊と題目の二大秘法は、『観心本尊抄』に「事行南無妙法蓮華経五字」（七一九頁）と題目を明かし、本尊は地涌の菩薩を脇士と

した本門の釈尊を「一閻浮提第一本尊」（七二〇頁）と明かしました。本書に、

「問云、天台伝教の弘通し給ざる正法ありや。答云、有。求云、何物乎。答云、三あり。末法のために仏留置給。迦葉・阿難等、馬鳴・龍樹等、天台・伝教等の弘通せさせ給はざる正法なり。求云、其形貌如何。答云、一は日本乃至一閻浮提一同に本門の教主釈尊を本尊とすべし。所謂宝塔の内の釈迦多宝、外の諸仏、並に上行等の四菩薩脇士となるべし。二には本門の戒壇。三には日本乃至漢土月氏一閻浮提に人ごとに有智無智をきらはず、一同に他事をすてて南無妙法蓮華経と唱べし。此事いまだひろまらず。一閻浮提の内に仏滅後二千二百二十五年が間、一人も唱えず。日蓮一人南無妙法蓮華経・南無妙法蓮華経等と声もをしまず唱るなり」（一二四八頁）

ここに、「三大秘法」は釈尊の滅後に始めて開示されたと述べます。この「三大秘法」は釈尊が末法の衆生を救済するために説き置かれた要法とみます。本尊となる本門の教主釈尊は本門八品の化儀をもって示されます。つまり、宝塔品の釈迦・多宝の二仏並座の儀式です。重要なのは本化地涌の菩薩が釈尊の脇士となることです。鑑眞は戒壇に多宝塔を安置し釈迦・多宝の二仏を造立しました。

次に、戒壇を説きます。詳しい説明はありませんが『法華取要抄』にも「龍樹・天親・天台・伝教所残秘法何物乎。答曰本門本尊与戒壇与題目五字也」（八一五頁）と、本尊・戒壇・題目の順に「三大秘法」を述べました。戒壇の説明をされないのは、戒壇は勅命を拝してから建立されるという説があります。（『日蓮聖人遺文全集講義』第一八巻二五〇頁）。伝教の功績として「此之大戒除於霊山八年一閻浮提之内所未有大戒場建立於叡山」（『曽谷入

道殿許御返書』九〇五頁）と大戒壇を認めますが、末法においては像法過時の迹門の戒壇とされます。故に天台と伝教の弘通されなかった正法はあるかと問い、末法は「本門の戒壇」と述べたことに明らかです。

次に題目を述べます。これは唱題を勧める事行の題目と言えます。換言しますと、題目を弘めることを門下の使命とされたのです。そして、未来記として南無妙法蓮華経は必ず流布すると予言されます。釈尊の滅後より今日に至る迄に、南無妙法蓮華経と唱えることを、正行として説いた人はいませんでした。日蓮聖人一人が声もをしまず題目を唱えました。立教開宗いらいの弘通は、身軽法重死身弘法を貫いたものでした。その根源には日本国の一切衆生の逆謗の罪を滅し、堕獄から救済する誓願があります。その発露は慈悲心と述べます。

「日蓮が慈悲曠大ならば、南無妙法蓮華経は万年の外未来までもながるべし。日本国の一切衆生の盲目をひらける功徳あり。無間地獄の道をふさぎぬ。此功徳は伝教天台にも超へ、龍樹・迦葉にもすぐれたり。極楽百年の修行は穢土の一日の功に及ばず。正像二千年の弘通は末法一時に劣るか。是はひとへに日蓮が智のかしこきにはあらず。時のしからしむる耳。春は花さき、秋は菓なる、夏はあたゝかに、冬はつめたし。時のしからしむるに有ずや」（一二四八頁）

法華経の行者として歩むことができたのは天台・伝教の学恩にあります。末法悪世の法華弘教は地涌の菩薩にしか成し遂げられないことです。仏使として法華経の真実を証明すべき責任があったのです。法華経の行者として歩んできたことこそが報恩の体現者と言えます。（『日蓮聖人遺文辞典』歴史篇一〇〇三頁）。ここに慈悲広大と言われた、忍難慈勝の行者像を見ることができます。本書の冒頭に、「父母・師匠・国恩を忘るべしや」と、師恩を述べ、そして、「されば花は根にかへり、真味は土にとどまる。此功徳は故道善房の聖霊の御身にあつまるべし」と、聖人の行者として積まれた功徳を道善房への報恩とされ結びます。最後に甲州波木井の郷蓑歩嶽より、安房国東條郡清澄山の浄顕房と義城房のもとに本書を奉送されたと記します。

□『報恩抄送文』（二二四）

七月二一日に書き終えた『報恩抄』を、二六日付けで清澄御房（浄顕房）の許に日向が派遣されます。（『日蓮聖人全集』第三巻四二六頁）。副使の日実と清澄に向かいます。（『本化別頭仏祖統紀』『高祖年譜攷異』）。『与浄顕房書』と称します。『平賀本』と『本満寺本』に収録されます。

浄顕房から書状が届いたことを知らせ、すぐに弘教の心構えを述べます。親しい間柄でも疎遠な者であっても、法華経を信じない者には説いてはならないと弘教を抑止されます。微妙な立場が窺えます。依頼されていた曼荼羅を図顕して与えます。法華経を広める者への敵対は正法より像法に深まり、末法には怨敵が強まることを承知すれば、聖人以外に法華経の行者はいないことは皆が分かっていると述べます。

道善房が死去したことを聞いていたが、外には遁世と思われているので離山下向しづらい旨を述べます。宗論の噂があり弟子を方々に使わして経論章疏を集めていました。駿河に使わした日向が戻ってきたので、小湊方面を教化されていた日向を清澄寺に遣わします。また、『報恩抄』には最も大事な法門を書いていると述べます。宗論の相手である真言・天台宗の邪義を明かしているので、その内容を信用のない者には教えないように留意させます。清澄寺の山内にも反勢力がいたので殊更に浄顕房の立場を考えたのです。日向を読み手として、「嵩かもり」（旭が森）の山頂にて三度、道善房の墓前にて一度読ませてから、『報恩抄』を日向に預けるように指示されます。そして、本書を何度も学んでいくうちに理解が深まり気づくことがあると述べます。

○御本尊（『御本尊鑑』第一六）七月

紙幅は縦九〇・八センチ、横四九・三センチの三枚継ぎの御本尊が記録されます。建治二年卯月に染筆された御本尊（三四～三七）と同じく、四天王を梵名で書き入れます。同じように自署と花押は同年二月から一体となります。『亭師目録』には第一長持の内の三函八幅の一幅とあります。

□『西山殿御返事』（二二五）

西山郷の地頭大内安清から金銭を供養された礼状です。『他受用御書』『高祖遺文録』に収録されます。人の心は移りやすいから、真言や禅、念仏に影響をうけて悪に染められ堕獄しないように留意されます。法華経に染められた信心は必ず仏になると述べます。雪と黒漆の例えで信心を強固にして成仏することを教えます。雪の喩えから本書は冬に書かれたといいます。（『日蓮聖人遺文辞典』歴史篇八五一頁）。

□『曽谷殿御返事』（二二六）

○境智二法の即身成仏

八月三日付けで教信に宛てた書状です。『延山本』に収録されます。内容から『成仏用心鈔』と称します。法華経の教えは境智の二法が一如であるとし、ここに即身成仏を説きます。つまり、「境智二法」が合わさったことが即身成仏とされ、この境智二法とは南無妙法蓮華経の五字と述べます。

「夫法華経第一方便品云諸仏智慧甚深無量〔云云〕。釈云境淵無辺故云甚深智水難測故云無量。抑此経釈の心は仏になる道は豈境智の二法にあらずや。されば境と云は万法の体を云、智と云は自体顕照の姿を云也。而るに境の淵ほとりなくふかき時は、智慧の水ながるゝ事つゝがなし。此境智合しぬれば即身成仏する也。法華以前の経は、境智各別にして、而も権教方便なるが故に成仏せず。今法華経にして境智一如なる間、開示悟入の四仏知見をさとりて成仏する也。此内証に声聞辟支仏更に及ばざるところを、次下に一切声聞辟支仏所不能知と説かるゝ也。此境智の二法は何物ぞ。但南無妙法蓮華経の五字也。此五字を地涌の大士を召出して結要付属せしめ給。是を本化付属の法門とは云也」（一一五三頁）

方便品の「諸仏智慧甚深無量」（『開結』八六頁）の文を挙げ、舎利弗などの二乗の智慧は諸仏に比べて劣り、釈尊はその諸仏の広大な智慧に導くべく法華経を説きます。仏の智慧には権実の二智があります。実智は随自意の法華経で方便品に十如実相と説きます。権智は随他意の爾前経になり方便の教えをもって九界の衆生を仏に成すことを目的とします。天台は百界千如三千世間に集約される諸法を所照の境とします。能照の智は仏智となります。諸法の実相を究める智慧は、仏と仏のみが究尽すると説かれ（「唯仏與仏乃能究尽」）、これを『法華玄義』に三法妙の中の仏法妙とします。

また、『四条金吾殿御返事』（六三五頁）に諸法実相を「此智慧とはなにものぞ、諸法実相十如果成の法体也。其法体とは又なにものぞ、南無妙法蓮華経是なり。釈云実相深理本有妙法蓮華経といへり。其諸法実相と云も釈迦多宝の二仏とならう（習）なり。諸法をば多宝に約し、実相をば釈迦に約す。是又境智二法也。多宝は境なり、釈迦は智なり。境智而二にしてしかも境智不二の内証なり。此等はゆゝしき大事の法門也。煩悩即菩提生死即涅槃と云もこれなり」と、諸法を多宝、実相を釈迦に約し多宝を境、釈尊を智に配して境智二法を述べます。この境智二法は境智而二であり境智不二の内証として成仏を述べます。

本書には諸仏の智慧が甚深・無量なのは『法華玄義』と『釈籤』の取意である「境淵無辺故云甚深、智水難測故云無量」を示します。境という客観的な淵が無辺に広いので甚深といい、智慧の水は深く測ることが難しいから無量という文を引き、仏になる道は境智の二つにあるとします。境は万法の実体のことで客観視した世界です。智は境である万法を認識する主観的な智慧（心作用）をいいます。この境である万法の本体を照らし出し、真理を顕すことを自体顕照といいます。つまり、妙法蓮華経の境に自身の智が一つになることが大事なのです。この境智の二法が合同するとき即身成仏すると述べます。つまり、権教は機根に応じて法を説いたので境智が各別で成仏はないとし、法華経は随自意の法であるから境智が一如であり、衆生も仏と同じく仏知見が具わって（蘊在）いることを悟り成仏すると述べます。

○「本化付属の法門」

そして、釈尊は「境智二法」の南無妙法蓮華経の五字を地涌の菩薩に結要付属されます。これを「本化付属の法門」と述べます。そして、付属に「総別の二義」（一二五四頁）があると述べます。総付属は属累品にて本化・迹化・他方に弘法を付属したことをいいます。地涌の結要付属が別付属になります。これは神力品に説かれ塔中別付属ともいいます。この別付属は聖人の教学において「上行付属」として重要な教えです。

大通仏に下種された舎利弗など声聞が釈尊を本師として成仏したと述べます。釈尊は主師親の三徳を具え父子の関係において種熟脱の三益が成立します。教信に対し特に師弟関係を教示されます。大通仏の下種を強調し弥陀などに従って成仏したのではないと「根源の師」の絆を示します。模範となる師とは、

「末世の僧等は仏法の道理をばしらずして、我慢に著して、師をいやしみ、檀那をへつらふなり。但正直にして少欲知足たらん僧こそ、真実の僧なるべけれ。文句一云既未発真慚（はじ）第一義天愧（はず）諸聖人。即是有羞僧。観慧若発即真実僧［云云］。涅槃経云若善比丘見壊法者置不呵責駆遣挙処当知是人仏法中怨。若能駆遣呵責挙処是我弟子真声聞也［云云］。此文の中に見壊法者の見と、置不呵責の置とを、能々心腑に可染也。法華経の敵を見ながら置てせめずんば、師檀ともに無間地獄は疑いなかるべし。南岳大師云与諸悪人倶堕地獄云云。謗法を責ずして成仏を願はば、火の中に水を求め、水の中に火を尋るが如なるべし。はかなしはかなし。何に法華経を信じ給とも、謗法あらば必地獄にをつべし。うるし（漆）千ばいに蟹の足一つ入たらんが如し。毒気深入失本心故は是也」（一二五四頁）

と、正直に釈尊の教えを学び世間の欲望を捨て仏道に精進する者を真実の僧とされます。『法華文句』に真理を悟らない者でも第一義の最勝真実の妙理を得た僧に、慙愧（ざんき）の心を抱く者は有羞（うしゅ）の僧とします。有羞とは羞恥の心を持ち仏道に精進する者です。反省の無いものを無慙の者といいます。観慧（一念三千の観心に基づく智慧）を発すれば真実の僧とされます。この第一義戒の文を引用されるのは、末法の衆生の修行は初心・初品の行であり、それは題目受持の一行にあることを説くためです。（『日蓮聖人遺文辞典』教学篇八〇七

頁)。

『涅槃経』の「仏法中怨」の文は諸処に引用されるように仏子の自覚を覚醒させます。「見壊法者」とは破法の者を見たら処断せよという文意です。聖人はこの文を重視して、法華経の敵、謗法の者を見て、そのままにして破折しなければ、師檀共に無間地獄に堕ちると南岳の「倶堕地獄」の文を引きます。つまり、謗法の者を破折しなければ火の中に水を求め水の中に火を尋ねるもので成仏できないと述べます。法華経を信じても謗法があれば堕獄すると訓示されます。そして、厳しい師弟関係と信仰のあり方を述べます。

「経云在在諸仏土常与師倶生。又云若親近法師速得菩薩道随順是師学得見恒沙仏。釈云本従此仏初発道心亦従此仏住不退地。又云初従此仏菩薩結縁還於此仏菩薩成就云云。返々(かえすがえす)も本従たがへ(違)ずして成仏せしめ給べし。釈尊は一切衆生の本従の師にて、而も主親の徳を備へ給。此法門を日蓮申故に、忠言耳に逆道理なるが故に、流罪せられ命にも及しなり。然どもいまだこりず候。法華経は種の如、仏はうへての如、衆生は田の如なり。若此等の義をたがへさせ給はば日蓮も後生は助け申すまじく候」(一二五五頁)

教信は以前、「迹門不読」を主張したことがあり、これについて常忍から質問が寄せられました。これに答えたのが『観心本尊得意鈔』(一一一九頁)です。「迹門不読」は「不相伝の僻見」(一一二〇頁)と語気を強めて、聖人の教えを曲解しないように訓戒されました。本書の冒頭に迹門の方便品を引き、成仏を論じたのも意味があったと言えます。正法に準拠して折伏下種の行動をされた聖人の原点が窺えます。

□『道妙禅門御書』（二二七）

○妙一尼の登詣

八月一〇日付け道妙禅門に宛てた書状です。『本満寺本』に比企谷尊栄坊の正筆を書写した識語があります。禅門という呼称は本書にしかありません。禅門とは禅定の門に入っている男性のことで、聖人は入道の呼び名を多く使われます。道妙禅門は桟敷妙一尼の親、兄弟、縁者とされます。妙一尼が身延に参詣した折りに、父親の病気平癒の祈祷を依頼された返事と思われます。身延にいた瀧王丸が妙一尼の住まいの改修のため鎌倉に帰り、それを終えて主人の妙一尼と登詣されました。

○顕祈冥祈と顕応冥応

病気平癒の祈念を承諾されます。祈祷には顕祈と冥祈があり、その効験にも顕応と冥応の二つがあるとして、顕祈顕応・顕祈冥応・冥祈冥応・冥祈顕応を説きます。祈祷の明らかな効験である顕応を感じなくても法身に冥応して効験があると述べます。冥祈顕応・冥祈冥応は過去の善根によって効験が分かるものと感じないことを述べます。『法華玄義』には顕機顕応と祈が機となっており、聖人は機根の機を祈祷の祈に換えています。これは信心を強調されたためです。（『日蓮聖人遺文辞典』教学篇二六五頁）。つまり、祈祷の肝要は法華経を信じることであり、強い信心により必ず所願が成就すると述べ、「法華第三云雖有魔及魔民皆護仏法。第七云病即消滅不老不死金言不可疑之」（一二五六頁）を文証とします。妙一尼に巻物一巻を差し上げたので披見するように述べます。

○御本尊（『御本尊鑑』第一七）八月一二日

「大学允（亮）重佐」に授与され縦一〇〇・八センチ、横四五・三センチ、絹本の御本尊が身延に所蔵されました。紙本一紙の御本尊（三八「三光瓔珞御本尊」）も同様に瓔珞が描かれますが、この御本尊は諸尊を多く書き入れます。『亭師目録』に第一長持の内の四函にある八幅の内の一幅とあります。

○御本尊（第三八～四〇。千葉氏）八月

幕府は筑前の海岸に石塁を築かせ蒙古襲来に備え、昨年八月に千葉氏第十世の頼胤の死後を継いだ長男の宗胤が九州警護に就きます。二男の胤宗が下総の本家を継ぎ第一一世となります。そのため八月一三日に胤宗（亀若）、宗胤（亀弥）に、また、同一四日に亀姫（胤宗の姉とされる）に護り曼荼羅を授与されます。同じ形式の曼荼羅御本尊三幅が染筆されます。一三日に染筆された第三八の御本尊は亀若に授与され、「病即消滅不老不死」の願文があり、「三光瓔珞本尊」として京都本満寺に伝来します。紙幅は縦四九・一センチ、横三〇・九センチ、一紙の御本尊です。もう一幅の第三九の御本尊は亀弥に揮毫され『日蓮聖人真蹟集成』などの資料から大阪市の某家に伝わります。

両御本尊ともに釈迦・多宝と四菩薩の間に十方分身諸仏と、現在十方仏のうち東方無憂国の善徳仏が書かれ、鬼子母神・十羅刹女、天照大神・正八幡宮と、右下に東方を守護する持国天と北方を守護する毘沙門天の二天、両脇に不動・愛染を書き入れます。讃文は右に病即消滅、左に不老不死を書きます。特徴として花押の中に「亀

若護也」の名前が包み込まれています。第三九の御本尊の花押の中に「亀弥護也」の授与名が書かれていたのを削損した跡があります。また、広目天と増長天が後人により加筆されます。第三八・四〇にはありません。（『御本尊集目録』五九頁）。亀若は当時まだ十歳にも満たなかったといいます。父の一周忌に家臣が身延に詣でて、三幅の曼荼羅を護り本尊として譲り受けたと思われます。

第四一の亀姫の御本尊も紙幅は縦五〇・九センチ、横三一・八センチの一紙の小型の御本尊です。横に十二面に細く折って保存されました。京都の立本寺に所蔵されます。千葉氏一族に法華信仰が浸透していたことを窺えます。九州小城に向かった長男の亀弥（宗胤）の子息が胤貞で、その猶子が中山三世の日祐です。

□『直垂御書』（一三三）

年月署名や宛先は不明の断片で端書き四行、本文一一行の一紙が京都本満寺に所蔵されます。『定遺』は文永一〇年としますが筆跡から建治二年とされます。（『日蓮聖人全集』第六巻二五八頁）。急報に接しての返書といい、端書きに内密にするよう念押しされますが内容は不明です。三人の童子に直垂と布小袖などを支度させるようにと依頼したものです。事欠け（不足）ているなら帷子でも良いと述べます。直垂とは武家の服装の一種で幕府出仕の公服となっており、布小袖は麻で織った袖口を狭くした長着のことで、肌着として用いて直垂の下に着用していました。三人の童子に着せる直垂とは中世後期には礼装として武家に用いられた上下一対の衣服のことです。大進阿闍梨に言い合わせて（話し合って決める）、直垂の良いものに裏地をつけない一重の衣服である帷子と、布小袖を三人で計り合わせて仕立てるように指示されます。（七五六頁）

この三人の童子については鎌倉にいて迫害にあった信者の子弟なのか、聖人は皆で支度をして上げるよう、それを鎌倉の町並みに詳しい大進阿闍梨に頼むように指示されます。細やかな信者への配慮を窺えます。なを、この三人の童子とは護り本尊を与えた亀若・亀弥・亀姫という説があります。（岡元錬城著『日蓮聖人遺文研究』第三巻七〇七頁）。弘安三年に宗仲より小袖一着、直垂と直垂の袴の腰（こし）三着が供養されました。小袖の料金は七貫文、直垂と直垂の袴の腰は一〇貫文、合わせて一七貫文に当たり高価な衣服でした。（一八五〇頁）

○御本尊（『御本尊鑑』第一八）八月二五日

横紙に書かれた御本尊です。紙幅は縦二四．五センチ、横三〇．七センチで広目天王と増長天王が梵名です。日朝の目録には記載されず日亭の『亭師目録』に記載されます。妙心尼の幼児に授与されたと思われます。

□『妙心尼御前御返事』（一九二）

八月二五日付けで妙心尼に供養のお礼と、幼児が病弱であったのかお守りを授けます。このお守りは法華経の肝心であり眼目である曼荼羅であるから、昼夜に諸天から守護されるので信用するように述べます。『日興本』に収録されます。片岡邦雄氏は建治二年とします。建治二年八月二五日のご染筆になる御本尊があり、授与者不明ですが本書の「御まほり」と思われます。（『御本尊鑑』第一八。三六頁）。

「をさなき人の御ために御まほり（守）さづけまいらせ候。この御まほりは、法華経のうちのかんじん、一切経のげんもく（眼目）にて候。たとへば、天には日月、地には大王、人には心、たからの中には如意宝珠のたま、いえにははしらのやうなる事にて候。このまんだら（曼荼羅）を身にたもちぬれば、王を武士のまほるがごとく、子ををやのあいするがごとく、いを（魚）の水をたのむがごとく、草木のあめをねがうがごとく、とりの木をたのむがごとく、一切の仏神等のあつまりまほり、昼夜にかげのごとくまほらせ給法にて候」（一一〇五頁）

○　御本尊（『御本尊鑑』第一九）九月

通常の讃文に、「以要言之如来一切所有之法、如来一切自在神力如来一切秘要之蔵、皆於此経宣示顕説」、「妙法華経皆是真実」、「四十余年未顕真実」、「世尊法久後要当説真実」、「諸仏所師所請法也、是故如来恭敬供養以法常故諸仏亦常」の経文を書き入れます。紙幅は縦一一八．四チセン、横九〇．五チセンの絹本の御本尊です。「華」の字体が通常の書き方と違っているのが特徴です。嘗て身延に所蔵されました。

□　『四条金吾殿御返事』（二二二八）

○　師檀不離の絆

九月六日付けにて頼基から主君との状況が知らされます。『平賀本』に伝えられます。頼基の主君に対する忠義の覚悟と、聖人と師檀不離の絆を述べます。頼基は聖人が身延に入山された文永一一年の九月に、主君に良観への信仰をやめ法華経に帰信することを諫言しました。（『主君耳入此法門免與同罪事』八三三頁）。しかし、光時の不興を招き併せて同輩から讒言され窮地に追い込まれます。翌一二年四月に鎌倉に大火が発生し、長谷にある邸宅も類焼して精神的な負担が蓄積されます。更に妻の日眼女が法華信仰に疑念を抱いたため孤立する事態となります。これに対応したのが建治二年四月に宛てた『王舎城事』です。ここでは夫婦ともに強い法華信仰を持つように訓戒され、外出する時も命を狙われないようにと注意されました。家臣からの誹謗中傷、同輩たちの讒言が続き、終に主君から伊豆にある所領を越後に所領換えという事態を迎えます。本書はこの状況において、主君への奉公と信仰の両立関係について聖人の指示を仰ぎました。

まず、正法を弘める者は智者に限るが、その智者の生命を援助する信者が必要と述べます。支える檀家が必要なのです。釈尊の天界の檀那は梵天・帝釈です。人界に生まれた時は摩伽陀国の阿闍世が檀那となるべきですが、父王を殺した悪人であり三逆罪を作り出仏身血を犯した提婆達多を師匠とします。つまり、二つの災いを持ったのです。そのため天神地神は怒り天変地夭を起こし他国から侵攻します。阿闍世は夢告と耆婆の説得により改心し、釈尊の御前にて怠報（たいほう）します。怠報とは関東地方の俗語で詫び言、謝罪のことです。（『日蓮聖人遺文全集講義』第一九巻二八頁）。怠慢であったことを懺悔したのです。それにより阿闍世王は病気が平癒し四十年の延命により国も平和になります。王舎城耆闍崛山に一千人の阿羅漢を集めて一切経を書写させ、法華経が伝えられたのは阿闍世の御恩と述べます。これは日々に二食を供養したことによります。つまり、阿闍世王の外護があって遺教（ゆいきょう）経が出来たのです。阿闍世が外護した故事を述べます。

そして、このとき釈尊が阿闍世に説いたことを代わって言えば、人々は作り話というであろうが、末法に法華経の行者を迫害すると天変地異が起き他国侵逼があるということで、これが、『守護国界主陀羅尼経』の阿闍世王受記品第十の文の意趣と述べます。阿闍世と提婆達多の故事を末法に転用し、聖人は法華経の行者であると述べます。頼基はその智人を支える檀那であると励まされたのです。

「日蓮をたすけんと志す人々少々ありといへども、或は心ざしうすし、或は心ざしはあつけれども身がうご（合期）せず、やうやう（様々）にをはするに、御辺は其一分なり。心ざし人にすぐれてをはする上、わづかの身命をさゝう（支）るも又御故なり。天もさだめてしろしめし、地もしらせ給ぬらん。殿いかなる事にもあはせ給ならば、ひとへに日蓮がいのちを天のたた（断）せ給なるべし」（一二五八頁）

聖人を助けようと志を起こす者がいても行動する者は少ない中で、頼基は勝れている者であり、頼基により命を支えることができていると賛辞します。故に頼基に危害をなすことは聖人の命を絶つのと同じと述べます。いかに頼基が大切な人であるかを伝えたのです。頼基は感激し自身の立場を弁えたことでしょう。

人の寿命は無常であり定業があるので、山・海・空・市の何れに逃げても定業からは逃避できないが、「定業亦能転」（一二五九頁）という経文があるように、定業を延べることができると述べ、蒙古が襲来するまで身辺を慎むように指示されます。そして、主君に対しての返答について次のように述べます。

「主の御返事をば申させ給べし。身に病ありては叶がたき上、世間すでにかうと見え候。それがしが身は時によりて憶病はいかんが候はんずらん。只今の心はいかなる事も出来候はば、入道殿の御前にして命をすてんと存候。若やの事候ならば、越後よりはせ上らんは、はるかなる上、不定なるべし。たとひ所領をめさるゝなりとも、今年はきみをはなれまいらせ候べからず。是より外はいかに仰せ蒙るとも、をそれまいらせ候べからず。是よりも大事なる事は日蓮の御房の御事と、過去に候父母の事なりと、の丶しらせ給へ。すてられまいらせ候とも命はまいらせ候べし。後世は日蓮の御房にまかせまいらせ候

と、高声にうちなのり居させ給へ」(一二五九頁)

所領を召されても主君を護るために側から離れず、命を捨てる覚悟であると意思表示するように述べます。幕府は三月に蒙古襲来に備えて博多の海岸に防塁を築き始め、八月には整備されていた状況下でした。もしもの時に遠国越後では主君に急事があっても奉公に間に合わない。所領を召し上げられたとしても、今年は主君の側からは離れないと言うことです。また、大事なことは聖人のことと父母の追善と高声に宣言し、自分は主君に捧げた身であるから、主君に捨てられても命は主君に奉じ、後生は聖人に任せてあると言上するように指示されます。蒙古の再襲に怯え門下に対する迫害が緩和されていた状況下でした。頼基は指導の通り返答し落着します。翌建治三年の春に頼基夫妻が身延に登詣し、これらの事件が好転したことを報告します。

□『九郎太郎殿御返事』(二二九)

九月一五日付けで時光の一族といわれる九郎太郎から里芋を供養された礼状です。「するがのいも」(一二六〇頁)とあることから駿河の住人と思われます。兵衛七郎の子息は七郎を冠していて九郎の冠称がないので、兵衛七郎の子息と断定はできません。時光の従兄弟とする説もあります。(『日蓮聖人遺文全集』別巻二七三頁)。四方を山に囲まれた草庵には里芋のような小さな石さえないと述べ、九郎太郎が「いかにめずらしからずとはあそばされて候ぞ」と謙虚な志に感謝されます。この志を法華経と釈尊に捧げ釈尊は納受されるから悦ぶようにと述べて厚志に応えます。そして、霊山浄土にて面奉されるように勧めます。信者を大切にする一端を窺えます。

○　誕生寺開創

上総興津の領主、佐久間重貞の外護により、重貞の弟の中老僧の寂日房日家と重貞の子の日保が、一〇月に生誕地に開創されます。聖人を開山とし二世に日家、三世に日保に継承されます。重貞は文永元年一〇月に帰依しました。寺宝に聖人の母親の蘇生本尊、他に曼荼羅・消息数片を格護されます。（『日蓮宗寺院大鑑』二四一頁）。一〇月に実時が五三歳で没します。実時は小侍所の別当として年少の時宗に、政治と実務など幅広い教育をした人で金沢文庫の創設者です。一遍は鹿児島神社など九州各地を念仏勧進します。

□　『種々御振舞御書』（一七六）

「去文永十一年二月十四日御赦免の状」（九七八頁）とあることから、翌々年の建治二年冬の著述とされます。（鈴木一成著『日蓮聖人遺文の文献学的研究』三三二頁）。また、「殊に今年は雪深くして人問ことなし」（九八六頁）の文から二度以上の冬を経験していることが分かります。時節は冬の終わりころ融雪して登詣しやすい時期と思います。小川泰堂居士は『種々御振舞御書』一九紙。『佐渡御勘気抄』二二紙。『阿弥陀堂法印祈雨事』一〇紙。『光日房御書』（末文）の四編の書状を、本来は一書であるとしてまとめたものです。（『日蓮聖人遺文辞典』歴史篇五一四頁）。真蹟は身延曽存です。本書の一部は日興の孫弟子である日道が『御伝土代』に引用され、『祐師目録』にも書名を載せています。安房の光日尼から書状が届いた返書です。清澄寺や安房の有縁の者が拝読されたと思います。

冒頭に文永五年後一月一八日の蒙古の牒状を提起して、『立正安国論』の二難の的中と、その後における竜口・佐渡流罪・身延入山に至る経過を述べます。聖人の生涯を知る大事な遺文です。受難などの大事な日には必ず年月日の他に干支を書きます。史的な事実として後世に伝える意識が窺えます。

「去文永五年後正月十八日、西戎大蒙古国より日本国ををそ（襲）うべきよし牒状をわたす。日蓮が去文応元年［太歳庚申］に勘たりし立正安国論すこしもたがわず符合しぬ。此書は白楽天が楽府にも越へ、仏の未来記にもをとらず。末代の不思議なに事かこれにすぎん。賢王聖主の御世ならば、日本第一之権状にもをこなわれ、現身に大師号もあるべし」（九五九頁）

と、『立正安国論』に予言した他国侵逼が蒙古の牒状として現れました。法華経の真実性を確証する出来事とされます。この観点に立ちますと現身に大師号を賜っても不思議ではないと自負されたのです。『立正安国論』奏進後に幕府や関係者から何らの尋問がなかったので、各所に十一通の書状を送って再考を募ったと述べます。しかし、何の取次ぎもなく返って悪口雑言されます。その後、文永八年に捕縛され悪口の罪状から斬首、流罪、鎌倉追放、また、弟子信徒にも所領没収、斬首、入牢、遠流など、さまざまな意見が出て、結果、評定は佐渡流罪と決まります。聖人はこの評決はもとより覚悟のことと述べます。〈鎌倉期三九八頁〉

この訴状を出した念仏者や良観たちは評議が長引くので焦ります。自分たちが直接法論しても負けるので、幕府の上層部の未亡人に泣きつきます。時頼と重時の二人は無間地獄に堕ちたと貶したことを評定所で確かめるように頼みます。狙いは現状では埒が明かないので、その悪口の咎をもって処断することでした。この件について九月一〇日に問注所から召喚されます。この時、聖人を流罪死罪にした後には自他二難があると諫暁されます。それを聞いていた頼綱は太政入道（平清盛）が狂ったように、辺りを憚からずに怒り狂ったとあります。清盛は天下を取って悪政をし特に興福寺と東大寺を焼亡して仏敵となります。清盛の独裁政治は自らの滅亡を招いたのです。聖人は頼綱も日本を滅亡に導く者とみたのです。敵対心の強い頼綱を相手にしていたのです。

続いて草庵で頼綱に捕縛されたときの状況、良観の祈雨など（九六三頁）、竜口刑場までの道中、八幡大菩薩、頼基との訣別など（九六五頁）、また、竜口首座と江ノ島の光りもの（九六七頁）、相模依智への道中（九六八頁）、鎌倉より立文が届いたこと（九六九頁）、ここ迄が本書の構成上の『種々御振舞御書』です。〈鎌倉期三七七頁〉

○『佐渡御勘気抄内』

次の、「追状（ついじょう）云、此人はとが（失）なき人なり」（九六九頁）から、『佐渡御勘気抄内』に入ります。内容の概略は幕府（時宗）より正式な書状である立文（竪文）が届き、刑の執行停止がなされます。その追状（追伸）には罪がなく程なく許されるから過ち（斬首）がないようにと念書されていました。ここから窺えるのは頼綱が時宗を凌ぐ権力を有していたことです。頼綱は父祖三代にわたり内管領を務めたといわれ、併せて侍所頭人（所司）でもあり、得宗被官（御内人）の筆頭格として軍事・警察に、御家人の統轄と権断の実権を掌握していたのです。聖人の斬首も頼綱の独断にて執行されようとしたことが分かります。

次に、一三日の夜の出来事を述べます。坊（屋敷）の庭にて月天に向かって自我偈を読誦し、仏前にて誓状を立てたことを責めると、明星のような大星が梅の木の枝に降臨したと述べます。星下りの奇瑞です。次に、一四日の出来事を述べます。一三日の夜八時から一〇時ころに時宗（守殿）の館に異変があったこと。依智に二十日ほど滞在し、その間に聖人の弟子が鎌倉に火をつけ、人を殺したという讒言があったことを記します。これは、聖人を謀反人として刑の執行の罪状とするためでした。飽くまでも亡き者にしたかったのです。そして、一〇月一〇日に佐渡流罪のため依智を発ち二八日に佐渡に着き、一一月一日に塚原の三昧堂に移されたと述べます。流罪は願っていたことと思います。その理由は法華経を色読する必要があったからです。「数々見擯出」の文は流罪を意味します。竜口にて斬首の危機がありましたが生きて流罪を祈ったと思います。その色読を成就し行者を証明してくれた頼綱は善知識となります。ですから、

「今日蓮は末法に生て妙法蓮華経の五字を弘てかゝるせめ（責）にあへり。仏滅度後二千二百余年が間、恐は天台智者大師も一切世間多怨難信の経文をば行じ給はず。数数見擯出の明文は但日蓮一人也。一句一偈我皆与授記は我也。阿耨多羅三藐三菩提は疑なし。相模守殿こそ善知識よ。平左衛門こそ提婆達多よ。念仏者は瞿伽利尊者、持斉等は善星比丘。在世は今にあり、今は在世なり。法華経の肝心は諸法実相ととかれて本末究竟等とのべられて候は是也」（九七一頁）

と、値難は法華経を弘通するからです。窃盗や殺人などの罪を犯したためではありません。「数々見擯出」の文を色読したのは聖人一人というのは地涌の菩薩を意味します。この現証を実現させたのは相模守殿（時宗）であり、平左衛門（頼綱）だったのです。法華経の弘通史からみますと釈尊が受けた値難と、聖人が受けている値難は法華経を弘めるために起きたことです。法華経の肝心は諸法実相である因縁・果報の道理が等しいことにあります。二度の流罪の因行は上行菩薩の立証の因果を証します。ここには因行果徳・一念三千の成仏に至る深い教えがあります。そして、三障四魔にふれ法華経の行者には強固な留難があり、釈尊には提婆達多が善知識であったように、聖人が正しい行者であることを示すために加勢してくれた方人（味方・仲間）は、景信・良観・道

隆・道阿弥陀仏（道教房念空）、頼綱・時宗と法悦の境地を述ます。

次に塚原問答（九七三頁）、重連に二月騒動の予言と助言にふれ、『開目抄』著述の由来（九七五頁）、二月騒動（自界叛逆）の的中（九七六頁）、念仏者の謀略と虚御教書（九七七頁）、赦免状到来と鎌倉打ち入り（九七八頁）と、四月八日に頼綱と対面し第三の諫暁を述べます（九七九頁）。

○『阿弥陀堂法印祈雨抄』

次から『阿弥陀堂法印祈雨抄』（九八〇頁）に入ります。内容は頼綱と対面を終えて帰ったところ、幕府は阿弥陀堂法印に四月一〇より祈雨の祈祷を依頼したことを聞きます。阿弥陀堂法印とは加賀法印定清のことで、真言宗小野流定清方の開祖です。父は後藤基清、兄は評定衆佐渡前司基綱です。大倉の阿弥陀堂の別当の定清法印の祈雨のこと、身延入山のこと（九八二頁）、蒙古襲来のこと、安房の謗僧のこと（九八三頁）、そして、行者を迫害する者の現罰である「頭破作七分」の解釈にふれます（九八四頁）。この疑問については『開目抄』（五九九頁）に提起しており、一闡提の謗法の者は堕獄することが決まっているので、現罰は現れないと述べました。文永一一年に常忍に宛てた『聖人知三世事』（八四三頁）には、日本国中の人が一同に頭を破られていると述べ、それは正嘉元年の大地震や文永元年の大彗星による天変地夭の苦悶、他国侵逼の蒙古の脅威の苦悩とされます。本書も同じく行者を謗った罪として把握されます。

「又頭破作七分と申事はいかなる事ぞ。刀をもてきるやうにわるるとしれるか。経文には如阿梨樹枝とこそとかれたれ。人の頭に七滴あり。七鬼神ありて一滴食へば頭をいたむ。三滴を食へば寿絶とす。七滴皆食へば死するなり。今の世の人々は皆頭阿梨樹の枝のごとくにわれたれども、悪業ふかくしてしらざるなり。例せばてを（手負）いたる人の、或は酒にゑひ、或はね（寝）いりぬれば、をぼえざるが如し。又頭破作七分と申は或心破作七分とも申して、頂の皮の底にある骨のひびたふ（響破）るなり。死る時はわるゝ事もあり。今の世の人々は去正嘉の大地震、文永の大彗星に皆頭われて候なり。其頭のわれし時ぜひぜひやみ（喘息）、五蔵の損ぜし時あかき腹（赤痢）をやみしなり。これは法華経の行者をそしりしゆへにあたりし罰とはしらずや」（九八五頁）

と、七鬼神がいて頭にある七滴を食して頭痛を起こし、頭骨にヒビが入り死ぬときにそれが割れます。そして、正嘉・文永の天変地夭に驚愕したことを当てます。具体的には喘息や内蔵を痛めた赤痢などの症状とします。当時はこれらの病状が流行っていたのです。因みに弘安元年の『日女御前御返事』（一五一〇頁）には、鬼神の中の善鬼が法華経の怨敵を食し大疫病がその現れと述べます。

○『光日房御書』の末文

次に、『光日房御書』の末文にて結びます。第六天の魔王は行者を妬み加害すると述べます。

「鹿は味ある故に人に殺され、亀は油ある故に命を害せらる。女人はみめ形よければ嫉む者多し。治国者は他国の恐れあり。有財者は命危し。法華経を持つ者は必成仏し候。故に第六天の魔王と申三界の主、此経を持つ人をば強に嫉み候也。此魔王、疫病の神の目にも見えずして人に付候やうに、古酒に人の酔候如く、国主・父母・妻子に付て法華経の行者を嫉むべしと見えて候。少も不違当時の世にて候。日蓮は南無妙法蓮華経と唱る故に、二十余年所を追はれ、二度まで御勘気を蒙り、最後には此山にこもる」（九八五頁）

法華弘通により「二十余年所を追われ」二度の流罪を被ったと述べます。そして、身延の草庵の周辺の様子を知らせます。最後に今年は雪が多く尋ねる者がいない寂しさの中の音信に感謝されます。

□『持妙尼御前御返事』（三四九）

一一月二日付けにて高橋六郎の妻持妙尼から、夫の供養のために僧膳料を送られてきた返書です。『校定』により系年を建治二年とします。高橋六郎は建治元年一〇月末ころに死去します。（『智慧亡国御書』一一三二頁）。持妙尼は建治三年一一月に幼少の娘と西山の由比家に帰り窪村に住み、そこから窪尼と称されます。本書の宛名が持妙尼であるので系年を建治と判断します。『興師本』に収録されます。

夫の一周忌の僧膳料を受け取り、命日が近いのに多忙にて忘れていたが、持妙尼は何があっても忘れることはないであろうと述べます。過去に夫婦別離の悲しみにあった蘇武・陳子・相思・松浦佐与姫の故事を引き、死別の悲しさの中でも夫婦の別れほど悲しいことはないと察します。

蘇武（紀元前一四〇〜六〇年頃）は武帝の使いで匈奴の単于王に捕虜交換に行きますが、内紛に巻き込まれ十九年間も抑留されます。妻は秋が来る度に夫の衣を礁の上で叩いていると、思いが通じて蘇武の耳に聞こえたと言う故事です。布に艶を出すため砧の上で槌を使って衣を叩くことを擣帛と言います。衣を擣つための板や敲く音を砧杵と言い仲秋から晩秋に行います。昭帝の代になって漢と匈奴の和睦が成立します。蘇武を還すよう要求しますが蘇武は死んでいると答えます。一計をもって仕留めた雁の足に帛を付け蘇武は大沢にいると書きます。これにより本国に帰ることができます。この故事により手紙を「雁書」と言います。（『妙心尼御前御返事』一七四七頁。に「ふるさとの妻と子とのこひしさに、雁の足につけしふみ」とあります）。

陳子（陳の国の人）夫婦は離れる時に鏡を割って一つずつ持っていましたが、お互いのことを忘れた時に鏡が鳥となって飛び去ったと言う故事です。また、唐時代の「本事詩」の「破鏡重円」の章に、陳の東宮侍従徐徳言と妻の話があります。徐徳言が妻との離別の時に鏡を破り半分を渡します。後に半鏡を捜し他人の妻となっていた妻と再び添い遂げたとあります。また、「今昔物語」巻一〇の「不信蘊規・破鏡与妻遠行語第十九」に、国王の使いで遠国に赴く夫は、別れに愛を誓って鏡を破って半片を分け合います。後に妻が他人と通じてしまった時に妻の持っていた鏡が夫の元に飛び来ったとあります。

相思という女性（未詳）は夫を恋しく思い、遂には墓に行って木となります。相思樹と言います。相思はお互いに相手のことを恋慕しても自由に会えないこと、両地相思は遠距離にて慕い合うことです。相愛はお互いに愛し合うことです。六朝の「捜神記」の「相思樹」の章に、宋の康王の侍従であった韓憑と妻何氏の故事があります。康王が韓憑の美人の妻を奪ったため韓憑は自殺します。それを知った妻も夫と一緒に埋めてくれるように言い身投げします。しかし、王は二人を別々の墓に埋めます。ところが二人の墓から梓の木が生え根と枝が交錯し始めます。これを見た人々は哀れに思いその木に相思樹と名を付けます。

そして、志賀の明神神社にふれ、松浦佐与姫が中国に渡った夫を恋い慕って神になったと言い、その島の姿は女人に似ているという故事を述べます。佐用姫は唐津（松浦郡）の長者の娘で美女でした。宣化天皇のころ戦のために任那に行く大伴狭手彦との別れを悲しんで、鏡山（領布振山）から衣の領布を振って見送ります。佐用姫は山を下って呼子の浦の加部島（東松浦半島）に渡り、海を見続けて石になったと言う伝説があります。（『肥前国風土記』・『古今著聞集』巻五）。聖人はこれらを引用して、昔から親子の別れや主従の別れなど、いずれも辛くない別れはないけれど男と女の別れほど辛いことはないと慰めたのです。末尾に古歌二首を引き、（「ちりしはなをちしこのみもさきむすぶなどかは人の返らざるらむ。こぞもうくことしもつらき月日かなおもひはいつもはなれぬものゆへ」一七〇七頁）、夫の成仏のために法華経の題目を唱えるように教えます。

□『事理供養御書』（二三〇）

○事の供養と理の供養

真蹟は一〇紙、富士大石寺に所蔵されます。後紙が失われているため年次・宛先は不明です。『定遺』は文脈と筆跡から建治二年、『御真蹟目録』（八四四頁）は弘安二年とします。宛先は大石寺に保存されることから時光と言います。（中村錬敬著『日蓮聖人と諸人供養』一四九頁）。観心の法門を説くことから知識のある信徒に宛てます。内容から裕福な人ではないと言います。（茂田井教亨著『本尊抄講讃』上巻八四頁）。『白米一俵御書』と称されます。

白米一俵、けいも（毛芋・里芋）一俵、こふのり（昆布と海苔『三澤鈔』一四四三頁）一籠を供養されます。衣と食の財のうち生命を維持する食物の大切なこと施食の供養の尊さを述べます。南無とは帰命ということで、最も大切な命を仏法のために惜しまないことと説明されます。これらは賢人聖人のできることで、凡夫には利屈で

分かっても実行はできないとします。しかし、

「凡夫は志ざしと申文字を心へて仏になり候なり。志ざしと申はなに事ぞと、委細にかんがへて候へば、観心の法門なり。観心の法門と申はなに事ぞとたづね候へば、たゞ一きて候衣を法華経にまいらせ候が、身のかわをはぐにて候ぞ。うへ（飢）たるよ（世）に、これはなしては、けう（今日）の命をつぐべき物もなきに、たゞひとつ候ごれう（御料）を仏にまいらせ候が、身命を仏にまいらせ候にて候ぞ。これは薬王のひぢをやき、雪山童子の身を鬼にたびて候にもあいをとらぬ功徳にて候へば、聖人の御ために は事供やう（養）、凡夫のためには理くやう。止観の第七の観心の檀ばら密と申法門なり。まことのみちは世間の事法にて候」（一二六二頁）

一枚しかない衣を供養し一つしかない食べ物を供養することが「観心の法門」と述べます。聖人の命を惜しまない弘教は事の供養であり、凡夫の志で行なう供養は理の供養と述べます。事の供養とは法華経を実践することで時には捨身供養を伴います。理の供養とは仏の教えに従い慳貪の心を捨てることです。不惜身命の志が重要なのです。これが『止観』第七の観心の檀波羅密で（対治助開）「世間の事法」と述べます。つまり、現実に即して仏教を理解することで、金光明経の「若深識世法即仏法」の文を引きます。また、涅槃経には一切世間外道経書皆是仏説非外道説」と説き、妙楽は法師功徳品の「諸所説法随其義趣皆与実相不相違背。若説俗間経書治世語言資生業等皆順正法」（『開結』四八三頁）の文に「一切世間治生産業皆与実相不相違背」と解釈されます。聖人は世間の法を仏法と関係させるのではなく、法華経はそのまま世間の法が仏法の全体であるとされます。

「彼々の二経は深心の経々なれども、彼の経々はいまだ心あさくして法華経に及ざれば、世間の法を仏法に依せてしらせて候。法華経はしからず。やがて世間の法が仏法の全体と釈せられて候。爾前の経々の心は、心より万法を生ず。譬へば心は大地のごとし、草木は万法のごとしと申。法華経はしからず。心すなはち大地、大地則草木なり。爾前経々の心は、心のすむは月のごとし、心のきよきは花のごとし。法華経はしからず。月こそ心よ、花こそ心よと申法門なり。此をもつてしろしめせ。白米は白米にはあらず。すなはち命なり」（一二六三頁）

自己が対照に入りそのものと一体となって生きることです。（『日蓮聖人遺文辞典』歴史篇五七四頁）。法華経は世法が自己の中に直接に感受する観心の境地を述べたと言えます。「観心の法門」を具体的に述べたのは、『観心本尊抄』（「観心者観我己心見十法界。是云観心也」七〇四頁）以来になります。即ち、供養された白米は食料としての物ではなく、供養をされた人の命そのものであり、供養を受けた聖人の命そのものと受け留めます。

末尾に飢饉が多く食の乏しいことを伝えます。その飢えを万里の道を歩むのに僅かな食だけで旅した者のように、また、子思と孔子が百日の間に九回だけ食事をしたほど貧しく食に耐えたことを挙げ、聖人はこれよりも耐え難い食糧難に「読経の音も絶ぬべし。観心の心をろそかなり」（一二六三頁）と心境を述べます。この供養により命を長らえる功徳を示し、釈尊の使いか過去の宿縁による供養かと感謝されます。

□『松野殿御返事』（一二三一）

○実相寺の日源上人

一二月九日付けで駿河松野（蓭原郡）の領主、松野六郎左衛門に宛てた供養の礼状です。松野六郎の娘は南条兵衛七郎の妻で時光の外祖父になります。次男が日持です。『朝師本』に収録されます。『日境目録』は建治三年とします。供養品は金銭一結・白米一駄・白小袖一枚です。一駄は馬借の一頭で二五貫ほどの荷物を積みます。身延は厳しい地形にあり参詣する者も少ない中で、松野氏はたびたび使者を遣わし供養されました。

実相寺の日源にふれます。日源は播磨法印智海といい、聖人が正嘉二年一月（『高祖年譜』）に実相寺に入蔵した時の学頭（『日朝本』）でした。『止観』の教えを受けて聖人に帰依し、日興・日持の二人を弟子に推挙したといいます。（『日蓮聖人遺文全集講義』第一九巻四九頁）。本書によれば実相寺の優秀な学生であり所領や弟子がいます。また、聖人に帰依したことにより、弟子や実相寺の檀那から見放され所領を奪われたことが窺えます。

そのような苦しい立場にありながらも聖人に帰依し、門弟たちに慈愛の心をもって供養する態度は、誠の求道者であり聖人であると褒めます。日興と共に実相寺や四十九院、賀島荘に弘教され松野氏たちを教化します。

「実相寺の学徒日源は日蓮に帰伏して所領を捨て、弟子檀那に放され御座て我身だにも置処なき由承り候に、日蓮を訪衆僧を哀みさせ給事、誠の道心也、聖人也。已に彼人は無双の学生ぞかし。然るに名聞名利を捨て某が弟子と成て、我身には我不愛身命の修行を致し、仏の御恩を報ぜんと面面までも教化申し、此の如く供養等まで捧げしめ給事不思議也。（中略）此学徒日源は学生なれば此文をや見させ給

けん。殊の外に僧衆を訪ひ顧み給事、誠に有難く覚え候」（一二六四頁）

○　法華経の心に背く題目には差別がある

唱える者によって題目の功徳に違いがあるのかを質問されます。聖人は愚者の持つ黄金も智者の持つ黄金も同じ価値であり、愚者が点す灯火も智者が点す灯火も同じように題目に勝劣はないと答えます。ただし、法華経の教説に背いて唱えるならば差別があると述べます。

「御文に云、此経を持申て後、退転なく十如是・自我偈を読奉り、題目を唱へ申候也。但し聖人の唱させ給題目の功徳と、我等が唱へ申題目の功徳と、何程の多少候べきやと[云云]。更に勝劣あるべからず候。其故は愚者の持たる金も智者の持たる金も、愚者の然せる火も智者の然せる火も、其差別なき也。但し此経の心に背て唱へば其差別有べき也」（一二六五頁）

違背とは謗法のことです。そのため譬喩品の「説不説」を示します。（「又舎利弗憍慢懈怠計我見者莫説此経、凡夫浅識深著五欲聞不能解亦勿為説、若人不信毀謗此経則断一切世間仏種、或復顰蹙而懐疑惑汝当聴説此人罪報若仏在世若滅度後其有誹謗　如斯経典見有読誦書持経者軽賤憎嫉而懐結恨此人罪報、汝今復聴其人命終入阿鼻獄」『開結』一六七頁）。つまり、「無智人中莫説此経、若有利根智慧明了、多聞強識求仏道者、如是之人乃可為説」（『開結』一七二頁）と説かれているように、「説不説」とは無智の者には説いてはならない、智者のために説くことです。なぜなら、無智の者は理解出来ずに信じないからです。不信は謗法で法華経に背く行為になるからです。
慈恩はこの具体的な行為として挙げたのが「十四謗法」です。即ち、憍慢（わかったと思いこみ憍り慢る）・懈怠（修行を怠たる）・計我（自分中心に考え誤る）・浅識（仏法の表面だけを見て内実が分からない）・著欲（欲に捕われる）・不解（仏法を理解しようとしない）・不信（法華経を信じない）・顰蹙（法華信者に反感する）・疑惑（法華経を疑う）・誹謗（法華経と信者を謗る）・軽善（法華信者を軽蔑する）・憎善（法華信者を憎む）・嫉善（法華信者を妬む）・恨善（法華信者を恨む）。この「十四謗法」は僧俗ともに同じ罪です。不軽菩薩は全ての人の仏性を礼拝したように、法華経の持者を毀謗してはならないと述べます。なぜなら堕獄の原因となるからです。

「法華経を持説者を一言にても毀る事あらば其罪多き事、釈迦仏を一劫の間、直に毀り奉る罪には勝たりと見へたり。或は若実若不実とも説れたり。以之思之、忘ても法華経を持つ者をば互に毀るべからざる歟。其故は法華経を持つ者は必皆仏也。仏を毀ては罪を得也。加様に心得て唱る題目の功徳は釈尊の御功徳と等しかるべし。釈云、阿鼻依正全処極聖自身毘盧身土不逾凡下一念［云云］。十四誹謗の心は文に任て推量あるべし」（一二六六頁）

ここには、法華経を持つ者は仏という前提があります。妙楽は『金錍論』に無間地獄の依報も仏の身に具わっており、毘盧遮那法身の仏界も凡夫の一念にあると解釈します。つまり、阿鼻地獄の依報である国土も正報である衆生も、倶に極聖の仏の心に在るということです。極聖とは五十二位の十地・等覚・妙覚の位にある者のことで、その聖位の究極を極聖といい仏界のことです。また、毘盧遮那仏の法身と衆生の国土も、凡夫の一念の中に存在するということです。仏と凡夫の互具を説きます。法華経を持つ者は必ず仏に成るから誹謗してはならない罪となるからです。題目を唱える功徳は釈尊と等しいという理由を述べたのです。

そして、賎しい者でも法門を知っているならば教えを受け、無知の者は法華経を説く者に師事して功徳を得ると述べます。世間体を憚らず知教者である聖人に帰依すべきなのです。そこで、本書を三位房に持たせて、三位房は下劣の者ではあるが、法華経の法門を知っているので、仏を敬うように教えを問い尋ねたらよいと薦めます。

「悪世の衆生は我慢偏執名聞名利に著して、彼が弟子と成べき歟、彼に物を習はば人にや賤く思はれんずらんと、不断悪念に住して悪道に堕すべしと見えて候。法師品には人有て八十億劫の間、無量の宝を尽して仏を供養し奉らん功徳よりも、法華経を説ん僧を供養して、後に須由の間も此経の法門を聴聞する事あらば、我大なる利益功徳を得べしと悦ぶべしと見えたり。無智の者は此経を説者に使れて功徳をうべし。何なる鬼畜なりとも、法華経の一偈一句をも説ん者をば、当起遠迎当如敬仏の道理なれば仏の如く互に敬べし。例ば宝塔品の時の釈迦多宝の如くなるべし。此三位房は下劣の者なれども、少分も法華経の法門を申者なれば、仏の如く敬て法門を御尋あるべし。依法不依人、此を思ふべし」（一二六七頁）

次に、『涅槃経』の雪山童子の故事を引き生死無常を示します。雪山童子は釈尊の因位の菩薩行です。雪山童子は無常を感じ修行していたとき、鬼神が「諸行無常是生滅法」の偈文を唱えます。その後半の偈文を聞くため代償として身肉を与え書き留めます。この文は「いろは歌」として伝わります。

いろはにほへと　ちりぬるを　（色は匂へど散りぬるを）　咲いている花もやがて散る　諸行無常
わかよたれそ　つねならむ　（我が世誰ぞ常ならむ）　この世に永遠のものはない　是生滅法
うゐのおくやま　けふこえて　（有為の奥山今日越えて）　世の迷いの山を今日越えて　生滅滅已
あさきゆめみし　ゑひもせすん　（浅き夢見じ酔ひもせず）　浅い夢を見ないので酔うこともない　寂滅為楽

鬼神は帝釈天です。『涅槃経』には捨身布施の功徳により十二劫の罪を滅したと説きます。聖人は雪山童子の故事に法華信者のあるべき姿勢を示されたのです。

「魚の子は多けれども魚となるは少なく、菴羅樹の花は多くさけども菓になるは少なし。人も又此の如し。菩提心を発す人は多けれども退せずして実の道に入者は少し。都て凡夫の菩提心は多く悪縁にたぼらかされ、事にふれて移りやすき物也。鎧を著たる兵者は多けれども、戦に恐をなさざるは少なきが如し。此人の意を行て試ばやと思て、帝釈、鬼神の形を現じ童子の側に立給。（中略）誠に我身貧にして布施すべき宝なくば我身命を捨て、仏法を得べき便あらば身命を捨てて仏法を学すべし」（一二六九頁）

そして、在家の信者は一心に南無妙法蓮華経と唱題し、僧侶を供養することが「肝心にて候」（一二七三頁）と述べ、如説の修行の弘教である「髄力演説」を勧め、霊山浄土に往詣する法悦を教えます。信心が弱ければ霊山浄土には行けないと訓誡されたのです。

□『道場神守護事』（一二三二）

○常忍の十羅刹女信仰

一二月一三日付けで常忍に宛てた礼状です。真蹟五紙四八行は法華経寺に所蔵され、『日常目録』に『道場神守行者事』と記録されます。聖人のもとに五貫文（銭五千枚、五千文のこと）が送られます。この布施は十羅刹女が常忍に託宣して、檀家の功徳を積ませたと述べます。常忍の強い十羅刹女信仰が窺えます。（『日蓮宗学全書』一巻一九〇頁）。『止観』（心是身主。同名同生天是能守護人。心固則強身神尚爾況道場神耶）と、『弘決』（雖常護人必仮心固神守則強）の文を引き、倶生神（同生・同名天）は生まれた時から身体から離れず守護し、信心が強くなるほど守護の力も増すと述べ、まして道場の守護神は信仰者を守護すると述べます。

また、『法華文句』の文を引いて仏・法・僧の三宝を信ずれば、罪科があっても大難を遁れると述べます。十羅刹女から託宣を受けたことは、「而今示給託宣之状兼知之。案之却難福先兆耳」（一二七四頁）と述べ、災禍が来ても福と転じる先兆とされます。その文証として妙の一字の功徳を竜樹の『大論』に「能変毒為薬」と説き、天台はこれを「今経得記即是変毒為薬」と二乗が法華経において記別を得たこととします。つまり、十羅刹女が前もって災禍があることを予告したことは、これに対応して災い転じて福となる証拠とされます。信心が強固ならば薪が火を盛んにし風が吹いて迦羅求羅という虫が増えるように守護されると述べます。帝釈堂を挙げ道場を守護する護法の善神が存在することを述べます。この託宣の内容は常忍のことか聖人のことかは不明です。ただ、このことは予知していたと窺えます。熱原の法難が教団にとって大きな試練となります。

「而今示給託宣之状兼知之。案之却難福来先兆耳。妙法蓮華経之妙一字龍樹菩薩大論釈云　能変毒為薬〔云云〕。天台大師云　今経得記即是変毒為薬〔云云〕。災来変為幸。何況十羅刹兼之歟。薪熾於火風益求羅是也。言紙上難尽。以心量之」（一二七四頁）

□『さだしげ殿御返事』（二三三）

一二月二〇日付けで「さだしげ」に宛てます。世間の学者は学問をして智慧を磨くが、「一大事」を知らずに年老いると述べます。「さだしげ」については不明です。本文に「さきざきに申しつるがごとし」とあることから、たびたび教えを受けていた信者と思われます。学問の目的は成仏にあること、法華経の信心をすることが大事と示されます。真蹟は断片一紙が京都頂妙寺に所蔵されます。筆跡により建治二年とされます。

□『本尊供養御書』（二三四）

○南条平七郎

一二月に南条平七郎に宛てた書状です。『日朝本』『本満寺本』に収録されます。日興の『弟子分帳』に「駿河国富士上方成出郷給主南条平七郎母尼越後房弟子也」とあります。上方は日弁の本拠熱原の近く富士大宮といいます。『龍門書』には上野賢人とあり南条氏の一族と思われます。（『日蓮聖人遺文全集講義』第一九巻七八頁）。『日蓮聖人遺文辞典』（歴史篇一〇五五頁）に平七郎というのは南条氏の出自が平氏であるので、南条平七郎は七郎次郎時光とあります。そうしますと、時光が法華経の曼荼羅本尊の供養の僧膳料として米一駄・蹲鴟（いえのいも、そんし、山芋）一駄を供養された礼状となります。蹲はうずくまる、鴟はふくろうのことで、蹲鴟はうずくまった梟（フクロウ）のような姿をした八つ頭芋のことをいいます。

文字即仏・変毒為薬の意訳を述べて、凡夫を仏と成す法華経の功徳を述べます。凡夫は法華経の六九三八四の文字を、ただの黒い文字としか見えないが、仏眼を具えた者は一つ一つの文字が金色に輝く仏に見えると述べます。例として金粟王が沙を金にしたこと、釈摩男が石を珠としたことを挙げます。金粟王については『善無畏三蔵鈔』（四七〇頁）に、善無畏が北天竺の乾陀羅城に入った時、国王の金粟王が帰依し供養法を問いました。そこで、金粟王の建てた塔に祈ると文殊の金字の供養法が空中に現れます。金粟王が沙を金とした由来は不明です。釈摩男は釈尊が成道して初めて教化を受けた五比丘の一人です。この摩訶男倶利は勝れた神通力により、瓦礫を宝とし毒を薬としたとあります（『摩訶止観』）。

続いて、玉泉に入った木は瑠璃となり、大海に入る水は塩辛くなる。須弥山に近づくと如何なる鳥も金色となり、阿伽陀薬は全ての毒を薬とするように、法華経の功徳もこのように不思議で凡夫を仏にすると譬えます。蕪は鶉となり山の芋は鰻となるように、予想外のことが時には起きて事物を変化させる不思議な経力を持つと述べます。これは煩悩即菩提、生死即涅槃に通じ現世は安穏に後生は善処に生ずることを示します。

次に、法華受持の功徳について例を挙げます。「犀の角を身に帯すれば大海に入るに水、身を去る事五尺」というのは、犀の角は『本草綱目』に夜露に濡れず薬に入れると神験新たかとあります。『抱朴子』には通天といって一尺以上の犀の角を魚の形に刻んで、歯や唇に銜え水の中に入ると水が三尺開くという伝説があります。また、『華厳経』（巻六十七）に摩羅耶山にある栴檀の香（牛頭）を身に塗れば、火中に入ても焼けないとあります。

この栴檀は白檀のことです。このような効用が法華経に備わっているとして、八寒地獄の水、八熱地獄の大火にも焼けない力があると述べ、薬王品「火不能焼水不能漂」（『開結』五二七頁）の文を引きます。

本書は前段で法華経の経力を述べ後段で受持の功徳を述べます。文末に「事多しと申せども年せまり御使急ぎ候へば筆を留候畢」（一二七六頁）と、年末で使いの者が急ぎ多くの事柄を書けなかったと伝えます。供養や書状を運搬する人の帰途の道中を配慮されます。

□『松野殿御消息』（一二三五）

松野行易に宛てた書状で『本満寺本』に収録されます。『悲華経』の説話を引用して、釈尊は娑婆と有縁であり主師親の三徳を備えていると述べます。珊提嵐国の大王である無諍念王と大臣の宝海梵志の話しです。無諍念王の千人の王子は国土の娑婆は重罪の者がいる獄舎のような所なので、娑婆の穢土を捨てて他国の浄土に移り住みます。この娑婆は梵語 sahā の音訳で漢訳では堪忍と訳され、十方の浄土から追放された極悪人が寄せ集まる所です。『法華文句』には『悲華経』の訳を引いて、この世界の人々は十悪を行っても反省することなく、一向に出離を願わない人が住む所とします。また、貪瞋痴の三毒や煩悩に悩まされながら耐え忍び、これらの人を救済しようとする者も迫害され衆苦に悩まされ、あらゆる苦難に堪え忍ぶことから堪忍土とします。ですから、千人の王子は娑婆での生活を耐えられないと考えたのです。

一方、宝海梵志はこれら十方世界から擯出された衆生を救済する誓願を立てます。釈尊の過去世の因位の菩薩行のことです。このときの無諍念王は阿弥陀仏で、王子は観音・勢至・普賢・文殊たちであり、娑婆の一切衆生を救済された宝海梵志とは釈尊と述べます。故に譬喩品の「唯我一人」とは娑婆の国主として極悪の衆生を救済する誓願を表します。

□『破良観等御書』（一二三六）

○良観の破僧罪

『延山録外』に収録されます。首尾が欠失して著作年次や宛先は不明ですが、本文に「故弥四郎殿は」（一二七九頁）とあり光日尼に宛てたことが分かります。本書は良観・道隆・悲願等が極楽・建長・寿福・普門寺等を建てて、叡山の円頓大戒を蔑如しているとし、これは破僧罪に当たると述べるところから始まります。

良観は長時の招きにより極楽寺の開山となります。道隆は中国の臨済宗の僧で時頼が建長寺を建て開山となります。悲願は臨済宗の僧で長楽寺を開創した栄朝の弟子です。寿福寺の悲願房朗誉といい普門寺の開基ともいいます。普門寺は延慶三（一三一〇）年に安誉院の失火により延焼して廃寺になります。大町の田代観音堂のこともいいます。（『日蓮大聖人御書講義』第二八巻八七頁）。

良観たちが開山となっていることは叡山の大乗戒を軽蔑することであり、提婆達多の三逆罪の一つ破僧罪としています。そして、念仏者が釈尊の入滅の日を阿弥陀仏の日とし、釈尊降誕の日を薬師仏の日としていること。真言師が釈尊を無明の仏と蔑視し、灌頂のときは釈迦仏の頭を踏んでいること。禅宗の法師は「教外別伝」、一切経は反古紙のようなものとして、釈尊より勝れていると思っていることは、三逆罪の中の「出仏身血」に当たると述べます。良観たちは高慢な大慢婆羅門の末流とし、また、「殺阿羅漢」は提婆達多が拳で蓮華比丘尼を殴り殺したことで、これは念仏者の所業に匹敵するとします。

「今の念仏者等が念仏と禅と律と真言とをせめられて、のぶるかたわなし、結句は檀那等をあひかたらひて、日蓮が弟子を殺させ、予が頭等にきずをつけ、ざんそう〈讒奏〉をなして二度まで流罪、あわせて頚をきらせんとくわだて、弟子等数十人をろう〈牢〉に申入のみならず、かまくら〈鎌倉〉内に火をつけて、日蓮が弟子の所為なりとふれまわして、一人もなく失とせしが如し」（一二七八頁）

と、念仏者は聖人より謬りを責められ答えることができず、聖人や信者を迫害したことを述べます。ここには、小松原法難において鏡忍房と工藤吉隆が殺害され、聖人は前頭部に刀傷を受け左腕を骨折されたこと。佐渡流罪と決めながらも頼綱の策により暗夜に竜口斬首の坐となります。竜口法難を知った時宗は聖人を放免しようとします。それを阻止するため良観は鎌倉市中に放火します。その犯人を聖人の門下として教団の壊滅を謀ります。つまり、この悪逆の行為を「殺阿羅漢」の罪と同じとされたのです。ところで、提婆達多の三逆罪について、

「而に提婆達多が三逆罪は仏の御身より血をいだせども爾前の仏、久遠実成の釈迦にはあらず。殺羅漢も爾前の羅漢、法華経の行者にはあらず。破和合僧爾前小乗の戒なり、法華円頓の大戒の僧にもあらず。大地われて無間地獄に入しかども、法華経の三逆ならざれば、いたう〈甚〉も深くあらざりけるかのゆへに、提婆法華経にして天王如来とならさせ給」（一二七九頁）

と、提婆達多の罪は重いけれど、釈尊が法華経を説く以前のことであるから、法華経に対しての三逆罪よりも罪は軽いとします。その証拠に法華経が説かれた会座において、天王如来の受記を得たと述べます。

この提婆達多と同じ三逆罪を作った良観たちに対しては、提婆達多よりも罪が深いと述べます。更に真言師・念仏者・禅・律の僧俗が、法華経と聖人を迫害するため、現世では蒙古の侵略を受け、後生には無間地獄に堕ちると述べます。良観の迫害は三逆罪と断定するほど卑劣でした。これに対し光日尼の子息の弥四郎は提婆のような大罪はなく、法華経を信じた者であるから成仏は疑いないと慰めます。

○　山門寺門の抗争

次に、三問答にて真言師の堕獄を述べます。まず、聖人への反論として真言師が無間地獄に堕ちると言うが、真言師の源である弘法・伝教・慈覚・智証は堕獄していないのに、何故そう断言できるかを問います。これに対し伝教の他の三大師が法華経を誹謗した原因により、真言師の堕獄が始まったとします。その邪義は善無畏・金剛智・不空にあり、その元祖である善無畏は頓死して閻魔の責めにあったことを証拠として挙げます。この閻魔の責めについては一行が筆録した『大日経疏』（巻五）にあります。善無畏が閻魔に責められ鉄縄七筋で縛られた理由は、法華経は大日経に劣るという邪義を立てたことです。日本国の人々を無間地獄に堕とす原因を作った、三大師の過失は此処にあるとします。

法華経と大日経の勝劣は、法華経の「於諸経中最在其上」の文を経証として、法華経こそが「一切経の頂上の法」「法華経は一切経の頂上の宝珠」（一二八一頁）として勝劣を述べます。天台宗の真言化は慈覚より始まり、この謗法堕獄の現われとして、弘法と聖覚の末孫が本寺と伝法院に別れて不和であり、慈覚・智証の末孫が叡山と園城寺と対立していると指摘します。聖覚は興教大師覚鑁（一〇九五～一一四三年）のことです。本寺の高野山金剛峯寺は、弘法が弘仁一〇（八一九）年に金堂を建てたのが始まりです。伝法院は天承元（一一三一）年に聖覚が鳥羽上皇の勅許を得て、高野山に大伝法院を建てたのが始まりですが、長承三（一一三四）年に金剛峯寺を兼任したため金剛峯寺衆と対立します。保延六（一一四〇）年に焼き打ちにあい根来山（現在の和歌山県岩出市根来）に逃れ円明寺を建てます。両者の抗争はその後、弘安九年、一〇年と続きます。聖覚の主著である『五輪九字明秘密釈』（『頓悟往生秘観』）は、聖人が「建長三年十一月廿四日卯時了。五条之坊門、富小路。坊門ヨリハ南。富小路ヨリハ西」（二八七五頁）にて書写されます。ここに密教の大日如来と浄土教の阿弥陀如来は同体異名としました。これは浄土教の影響が高野山に及び、覚鑁は浄土信仰に対処するため密教に浄土教を融合することを考えました。

叡山は智証と慈覚の二派に分かれ対立します。その原因は天台座主補任、寺門の戒壇建立問題にあります。延暦寺を「山門」（山法師）と称し、三井寺を「寺門」（寺法師）と称することから、両者の対立抗争を「山門寺門の抗争」と呼びます。聖人は延暦寺の山門派を天台宗とみています。（『金吾殿御返事』四五八頁）。智証の没後一世紀あまりを経た天元元（九八一）年に、山門の末流が座主となっていた法性寺の座主に、園城寺の余慶がなったため確執が表面化します。正暦四（九九三）年に慈覚派の僧が叡山内にあった智証派の山手院と房舎を破壊したため、両派の対立は決定的となります。智証派の一千余人は叡山を下りて三井寺を拠点とします。

以後、叡山宗徒による三井寺の焼き討ちは永保元（一〇八一）年に、堂宇二十、塔一基、経蔵五カ所、神社九カ所、僧房一八二、経巻二万余りが灰燼に帰します。（『日蓮大聖人御書講義』第二八巻一六二頁）。その後、中世末期までに大規模なものだけで十回、小規模なものまで含めると五十回に上るといいます。これらの両者の抗争の原因は慈覚の日輪を射落とした夢想と弘法の現身妄語とします。弘法の霊験譚は妄言があるといいます。弘仁九（八一八）年の春に疫病が流行したとき、般若経をもって祈願したところ疫病は止み、夜中に太陽が輝き出でたと言う『般若心経秘鍵』の文は歴史的な記録はないこと。また、『孔雀経音義』の面門俄に開いて金色毘盧遮那となったという弘法の即身成仏や（『報恩抄』一二三二頁）、三鈷杵のことなどを妄言とします。つまり、『涅槃経』に邪法が蔓延し正法を説く者は爪上の土よりも少ないと説く末法に符合していることを示されたのです。

○出家の動機と鎌倉弘教

そして、聖人自身の出家の動機と清澄寺での虚空蔵菩薩への誓願、諸国修学、立教開宗、鎌倉弘教、松葉ヶ谷夜討ち、伊豆流罪を述懐されます。〈鎌倉期一〇頁〉

「予はかつしろしめされて候がごとく、幼少の時より学文に心をかけし上、大虚空蔵菩薩の御宝前に願を立、日本第一の智者となし給へ。十二のとしより此願を立。其所願に子細あり。今くはしくのせがたし。其後、先浄土宗・禅宗をきく。其後、叡山・園城・高野・京中・田舎等処処に修行して自他宗の法門をならひしかども、我身の不審はれがたき上、本よりの願に、諸宗何の宗なりとも偏党執心あるべからず、いづれも仏説に証拠分明に道理現前ならんを用べし。論師・訳者・人師等にはよるべからず。専経文を詮とせん。又法門によりては、設王のせめなりともはばかるべからず。何況其已下の人をや。父母師兄等の教訓なりとも用べからず。人の信不信はしらず。ありのまゝに申べしと誓状を立しゆへに」（一二八三頁）

この「かつしろしめされて候がごとく」という文面から、光日尼は聖人を幼少から知っていたことが分かります。聖人は釈尊の真実の教を追求し成仏の直道を求めました。その基本は「依法不依人」でした。父母・師匠・兄などが反対しても、正直に申し述べると虚空蔵菩薩への誓いに従い三大師の邪義を正されました。伝教は『依憑集』に真言宗は天台の教義を大日経に盗み入れて理同としたことを説いているが、伝教はそれを詳しく説かなかったため、慈覚・智証は誤った解釈をしたと述べます。伝教は円頓の大乗別受戒の大戒壇建立を、優先しなければならなかったためです。（『報恩抄』一二一〇頁）そこで、立教開宗の頃は浄土宗と禅宗を破折し、その後に真言宗の邪義を破折したと述べます。過去の念仏批判は元凶の善導・道綽を対照としないで、法然の誤りだけを責めたこと、そして、権実論による勝劣を徹底しなかったことに弱点があったと指摘します。（一二八四頁）

聖人に責められて敗退した念仏者や禅僧は自宗の教えでは負けるので、苦肉の策として同じ法華経を依拠とする天台僧と聖人を戦わせます。それでも叶わないので、名ばかりの禅宗信者の武士や、浄土宗の面白半分の有力者を集めて数知れない暴力を振るい、密かに信徒に危害を加え、住居から追い払い所領を奪い勘当させたのです。そして、聖人を訴えたのです。（一二八五頁）

時頼は聖人を処罰しなかったため、重時などの権威を持つ権臣（きりもの）たちが寄り集まり、町人たちを扇動して夜中に殺そうとします。これは、文応元年八月二七日の松葉ヶ谷法難のことです。同年七月一六日に奏進した『立正安国論』の答えでもあったのです。十羅刹女の守護により命を護られ下総方面に逃れます。翌弘長元年に鎌倉に帰ると悪口の咎で五月一二日に伊豆流罪となります。執権の長時は重時の子息ですので、父が信奉する念仏者の讒言に従い政道を破ったのです。その重時は翌月に病に倒れ一一月に死去します。

時頼は一年九ヶ月後の弘長三年二月二二日に流罪は讒言として赦免します。聖人にとっては数少ない理解者であったのです。時頼は赦免の年の一一月一二日に三七歳にて死去したので動揺されます。弘教は困難として早くも山林に隠棲することも考えたのです。しかし、大難を覚悟で弘教する聖人を見る目は親の敵のように、また、妻が遊女（とわり）を見るように憎しみをもったと述べます。それは、不軽菩薩が威音王仏の末法に罵詈・毀辱され暴力的に迫害されたと同じと述べます。（一二八六頁）。

時頼の死去の翌文永元年八月に長時も三五歳にて死去し長老の政村が執権となります。文永五年正月に高麗の使節が、元の国書を持って大宰府に来訪します。蒙古への服属を求めるものでした。これを機に三月五日に執権職は政村から時宗に移ります。時宗は一八歳で第八代執権となります。本書はこのあとが欠損しますが、佐渡流罪・身延入山のことなど、故郷の叔母光日尼に内心の情感を吐露されたと思われます。

□『和漢王代記』図録二一

『定遺』は建治二年、『対照録』は文永七年とします。真蹟は一八紙のうち第一六紙が欠失し、一七紙を一巻として西山本門寺に所蔵されます。他筆にて振り仮名と送り仮名の大部分、それと、第二紙の「三教」（二三四四頁）のところ五行三一文字、第一二・一三紙の「女帝」（二三五二頁）が後人の加筆です。題号が示すように中国と日本の王代を列挙し、中国は三皇・五帝から宋の時代までを示し、仏教伝来以前から以後の仏教流伝と流布について示します。これに天台の釈を引き見解が示されます。日本の神代十二代から人王第一代神武天皇、第一四代仲哀天皇から第一六代応神天皇、そして、第三〇代欽明天皇から第五十三代淳和天皇までが示され、その間における仏教流伝について簡単に図示されます。弟子の教化に使用されました。

□『一代五時鶏図』図録二三

真蹟六紙が京都妙覚寺に所蔵されます。一代五時を図示し所依の経典と各宗の祖師を示します。主師親の三徳のうち親徳の部分が欠失します。師徳に「四依」の菩薩が図示され、「主師親の三徳」を締めくくるように、『涅槃経』の「一体之仏作主師親」(二三五九頁)を書き添え、教主釈尊の三徳具備を教示されます。また、大通仏の第九番目の王子である阿弥陀と、第一六番目の王子である釈迦を並べて、娑婆の衆生を教化されのは釈尊と示します。娑婆の国主は釈尊、有縁の教主も釈尊、、親徳は釈尊に限ることを示し若い弟子を教育されたのです。

第二節　建治三年以降　桑ヶ谷問答と頼基

◎五六歳　建治三年　一二七七年

幕府は建治二年に高麗出兵を計画し、併せて蒙古の再襲来に備えた石築地を築造させます。建治三年一月に防塁の一部が完成しますが、その後も延長し幕府滅亡の前年にあたる元弘二(一三三二)年まで行われます。武家領や本所一円地を問わずに、田一反あたりにつき一寸の割合で石築地役が賦課されます。(「大隅国石築地賦役文書」)。飢饉や疫病が流行り不安な世相が引き続きます。

□『法華経二十重勝諸教義』（二二三七）

一月二三日付けにて西山の大内安清に宛てた書状とされます。『本満寺本』に収録され最初と最後が欠失します。始めに妙楽の弟子智度の『東春』（『法華経疏義纉』）に、法華経は極楽極妙の経であるから妙法を誹謗すると極苦を受ける、の文を引き謗法の罪が無間地獄の原因となる四つの理由「初者謗極法及以尊人故受賎獣報。二者謗平等大慧之経故受愚獣報。三者仏有権実二教。執権而破実故得一目報。四謗法毀人之時心生瞋恚故受蛇身報」（二二八七頁）を示します。そして、どのような苦しみを受けるかの経文を引きます。

次に、妙楽の『文句記』の十雙歎二十重の文を引き、「一与二乗近記。二開如来遠本。三随喜歎第五十人。四聞益至一生補処。五釈迦指三逆調達為本師。六文殊以八歳龍女為所化。七凡聞一句咸与授記。八守護経名功不可量。九聞品受持永辞女質。十若聞読誦不老不死。十一五種法師現獲相似。十二四安楽行夢入銅輪。十三若悩乱者頭破七分。十四有供養者福過十号。十五況已今当一代所絶。十六歎其教法十喩称揚。十七従地涌出阿逸多不識一人。十八東方蓮華龍尊王未知相本。十九況迹化挙三千墨点。二十本成喩五百微塵。本迹事希諸教不説」の経文を挙げ、これらの十雙歎に説明を加え、法華経が諸経に比べて超勝している理由を述べます。本書と共に宛てたのが次の『西山殿御返事』とされます。

□『西山殿御返事』（二二三八）

同じ一月二三日付けで『法華経二十重勝諸教義』の内容を述べたとされます。（『日蓮聖人遺文辞典』歴史篇一〇二三頁）。真蹟は身延に一紙曾存しました。西山氏が後生を大切に思う日頃の信仰に対し、法門の「名目」を教えます。この「名目」とは先の「『東春』の謗法無間地獄」と、「十雙歎二十重」のことです。『法華経二十重勝諸教義』を、「同行どもにあらあらきこしめすべし。やすき事なれば智慧の入事にあらず」（一二九一頁）と述べます。西山氏の近辺に同信の者がおり、共に修学していたことが分かります。二月七日、幕府の公文所が焼けます。

○御本尊（四一）二月

○首題の「経」の字体に変化

二月付けの御本尊で紙幅は縦八九・一センチ、横四七センチの三枚継ぎです。京都京都本国寺に所蔵されます。この御本尊の特徴は第六天魔王の列座が始まることと、首題の「経」の字体に変化が見られることです。この建治三年の御本尊、第四一から第四六までは第二期の書体となります。『御本尊集目録』の第四四・五三・五四を除き、染筆の時期を「経」の字体をもって判断できるほど相違が認められます。書体・書式の相違により染筆された時期を四期に分けることができます。（『御本尊集目録』六二頁）

第一期　御本尊第一の文永八年一〇月九日より、第四〇の建治二年八月一四日まで。
第二期　御本尊第四一の建治三年二月より、第四六の建治三年一一月まで。
第三期　御本尊第四七の弘安元年三月一六日より、第七八の弘安三年三月まで。
第四期　御本尊第七九の弘安三年三月以降のすべて。

□『現世無間御書』（二三九）

二月一三日付けで宛先は不明です。『対照録』は建治四年とします。岡元錬城氏は宗仲宛とします。（『日蓮聖人遺文研究』第三巻七三五頁）。真蹟は最後の第一六・一七紙が現存し、京都の本能寺に所蔵されます。現存している本書の内容は、法華経の行者を迫害（竜口・佐渡流罪）することにより、釈尊の命により梵天・帝釈が他国侵逼をもたらすと述べ、「法華経の大怨敵」（一二九二頁）となった謗法の国と、無間地獄に堕獄する衆生の関係を示します。邪教による国家安泰の祈願は、祈るほどに悪い方向に進み亡国となると諫暁し、蒙古襲来の危機感のなかで法華経の信心を勧めていることが分かります。

○御本尊（四二）二月

二月一五日付け紙幅は縦八八・二センチ、横四五・五センチ、三枚継ぎの御本尊です。鷲津本興寺に所蔵されます。御本尊（四一）とほぼ同じ時期に染筆しますが、年月日の位置が増長天王の左右に書き分けています。草庵は寒かったと思われます。部屋を暖め弟子に墨を摺らし紙筆の準備を整えさせ、体調の良い時に染筆されたと思われます。用具の準備もあり数幅まとめて染筆されます。

○御本尊（四三）二月

年月日は損傷のため不明ですが御本尊（四一・四二）とほぼ同時期の書体です。現存の紙幅は縦八七・三センチ、横三八・八センチ、三枚継ぎの御本尊です。横幅は先の御本尊と最初は同じと思われます。京都の本能寺に所蔵され、寺伝に「焼残りの御本尊」と称されます。消失した部分は釈尊側の方で、巻かれた状態でなんらかの災厄にあったと思われます。戦乱にそなえて軸を巻いて保存されていたのかもしれません。

□『兵衛志殿女房御書』（二四〇）

○身延に使わした馬の功徳

三月二日付けで宗長の妻へ宛てた書状です。以前に仏器を奉納され、今回は尼御前（宗長の母）が登詣されるので大事な馬に乗せて身延へ参らせたことを褒め、宗長の女房の心遣いにも配慮されます。本書は真蹟がなく弘安三年の説（『境妙庵目録』）があり、鈴木一成氏は信仰上の争議にふれないことから解決後の書状とみます。（『日蓮聖人遺文の文献学的研究』三一五頁）。建治三年三月二日頃は最初の勘当が解け、再度の勘当（一一月）となる間です。

儒童菩薩と瞿夷（くい）の故事を引いて、宗長夫妻の深い結びつきにふれます。儒童菩薩は定光菩薩を供養するために、瞿夷という女性から五茎の蓮華を五百の金銭にて買い七日七夜供養します。瞿夷は残りの二本の茎を儒童菩薩に託して供養しました。このとき瞿夷は儒童菩薩と凡夫のときは生々世々に夫婦となり、仏に成るときも同時にと誓願を立てます。そして、九一劫ともに夫婦となります。そのときの儒童菩薩は釈尊であり瞿夷は耶輸多羅女でした。耶輸多羅は勧持品で具足千万光相如来の授記を得ます。

最後に馬の功徳を述べます。釈尊が去城したときに乗った金泥の馬は帝釈天の化身でした。摩騰迦・法蘭が経典を中国に運搬した白馬は十羅刹女の化身でした。身延に使わした馬は百二十年の人寿を全うした貴女を乗せて霊山浄土へ導くと伝えます。

□『六郎次郎殿御返事』（二四一）

三月一九日付けにて白米三斗・油一筒を供養された礼状です。『延山本』に収録され弘安元年の説（『境妙庵目録』）があります。宛名の六郎次郎と次郎兵衛は不明です。本文より旧来より供養をされた篤信の信者と窺えます。六郎次郎は実長の兄とする説、駿河の高橋六郎の子で六郎兵衛の弟（六郎次郎）とする説があります。次郎兵衛は加嶋の太田次郎兵衛との説があり、南部氏の一族か駿河に住む高橋・太田氏の一族とする説に分かれます。（『日蓮聖人遺文全集講義』第一九巻九九頁）。

本文には明日、弟子の三位房を使わすので、その折りに法門などを委細に聞くように伝えます。身延からは比較的に近い所に住んでいたと思われます。叡尊は三月に二回目の伊勢神宮へ参詣します。この時は般若心経三巻を納め蒙古の改心を祈願します。（宮家準著『神道と修験道』七〇頁）。

○　連署義政の遁世

義政は重時の五男で居住地は名越で重時流として特異な一面がありました。六代将軍宗尊親王に近侍し文永一〇年に時宗の連署となり、文永の役には時宗を補佐します。『建治三年記』によりますと四月に病のため突如連署を辞して四日に出家します。時宗（二七歳）は慰留しますが翌五月二八日に信濃善光寺に詣で塩田に住みます。時宗は義政の所帯を収公しますが寛大な処分といいます。これ以後、連署を置きませんでした。

これについて網野善彦氏は安達泰盛室が義政と同母であることから、頼綱との対立があったと推測します。また、建治元年九月に時宗は元の使者を処刑しますが、義政は和睦を求め対立します。或いは極楽寺流赤橋の義宗が評定衆になった人事から、得宗家の政治的排除ともいいます。聖人はこの事件について、「武蔵かう殿、両所をすてて入道になり、結句は多の所領・男女のきうたち御ぜん等をすてて御遁世と承る」（『四条金吾殿御返事』一三六二頁。建治三年七月）、「当時も武蔵入道、そこはくの所領・所従等をすて、遁世あり。（中略）極楽寺殿はいみじかりし人ぞかし。念仏者等にたぼらかされて日蓮をあだませ給しかば、我身といゐ其一門皆ほろびさせ給。ただいまはへちご（越後）の守殿一人計なり。両火房を御信用ある人はいみじきと御らむあるか」（『兵衛志殿御返事』一四〇三頁。建治三年一一月）と、重時の一門が滅びると良観を批判します。

□『四信五品鈔』（二一四二）

○常忍の「不審状」

四月一〇日付けにて常忍に宛てた書状です。真蹟一三紙が法華経寺に所蔵されます。日付と題名（「末代法華行者位並用心書也」）は常忍が記したことから、常忍に届けられたのが四月一〇日とします。本書の由来は自ら「三月二十三日、沙弥常忍判。進上弁公御房」と記していることから（『日蓮聖人全集』第四巻三八一頁）、三月二三日に日昭を通して修行の在り方を問う「不審状」（「常師聞書」法華経寺に現存。『宗全』第一巻一八〇頁）を提出します。常忍が六十歳を超え愚鈍な凡夫がいかに「戒定慧の三学」を基本として法華経の信仰をすべきかを問います。即ち門下の規範です。全文が漢文で問答体にて法門を示されます。

一、諸法を観ぜんとすれば心闇々とし読誦すれば忽劇極まりなし如何が修行して其の理を得べきや

一、肉食のこと、時刻を経ず行水を用い、仏経に向かい奉り読誦せしむること如何

一、一宿を経るの後、行水を用いず読誦せしむること如何

一、五辛を食するの後、行水せずして仏経に向かい奉ること如何
一、行水を用うと雖も不浄の時の衣服を著して道場に入ること如何
一、不浄の身たりと雖も毎日不退に経巻を読誦せしむべきか
一、一月に一度たりと雖も精進清浄にして読誦せしむべきか
一、不浄の身に袈裟を著くること如何
一、不浄の時の観念如何

常忍は不軽軽毀の衆生は信伏し随従したが、罪が深く千劫の長い間、阿鼻地獄に堕ちたことを提示します。法華経を信じると言っても聖人と離れているため、根性が暗鈍で先業の罪により教えを亡失してしまい、せめて温顔に接し教えを聞けば、理解はできなくても罪業を消し来世の功徳となると心情を吐露します。遠方地にての修行の指導を仰いだのです。最初の質問は三学の中の禅定と智慧になります。

第一番目の質問は心のあり方、信行の心得を問います。観念観法に徹底できないこと、読誦をしても忽ちに激しい動揺を覚えることについて、いかに悟りを得ていくのかを問います。観念において起きる煩悩を制止することができないのは、『大乗百法明門論』に随煩悩位に分類した小随煩悩とあります。また、肉や五辛（韮、大蒜、辣韮など）を食べた後すぐに読経唱題してもよいのか。水行により身を清めず道場に入堂してもよいのかを問います。日常の不浄な生活と袈裟を着して修行をする規律を質問します。つまり、日常生活における修行の心構えを述べたのです。当時の信者がどのような信行の生活をされていたのかが窺えます。常忍の問いは末代の者への同じ訓誡と言えましょう。

まず、金銭を布施されたお礼を簡潔に述べます。そして、直ちに「末代法華経の行者の位階と用心」について

の質問に答えます。内容は三段に分けることができます。（『日蓮聖人御遺文講義』第八巻三四六頁）。

第一段　法華経の修行者の位階を述べます
第二段　法華経の修行をする用心（心構え）を述べます
第三段　仏教と国家の興亡を述べます

○「在世の四信」と「滅後の五品」

第一段には諸宗の学者が法華経を修行するには、必ず三学を具えその一つを欠いても成じないと主張することにふれます。戒定慧の三学を軌範とするのは承知のことで、法華経はどのように説いているかを述べます。法華経の本迹二門のそれぞれの流通分を「明鏡」として求めます。迹門は法師品から安楽行品の五品です。本門は分別功徳品後半から最後の勧発品までの十一品半になります。迹本合わせて十六品半になり、この中に信行のあり方が分明に説かれていると述べます。この中でも『分別功徳品』に説く「在世の四信」と「滅後の五品」が、在世滅後における法華経の修行の大要と述べます。

「分別功徳品四信与五品、修行法華之大要在世滅後之亀鏡也。荊谿云、一念信解者即是本門立行之首［云云］。其中現在四信之初一念信解与滅後五品第一初随喜、此二処一同百界千如一念三千宝篋十方三世諸仏出門也。天台妙楽二聖賢定此二処位有三釈。所謂或相似十信鉄輪位。或観行五品初品位未断見思。或名字即位也。止観会其不定云、仏意難知赴機異説。借此開解何労苦諍［云云］等。予意云、三釈之中名字即者叶経文歟」（一二九五頁）

つまり、末法における戒定慧の三学の指針を四信五品に認めます。寿量品の久遠実成を信じる者は必ず仏になると説くからです。その修行する者の階級を釈尊在世の行者の四信と、滅後の行者の五品に分けて功徳を説きます。ここに「四信五品」を末法における大要であり亀鏡と位置づけます。

四信五品の四信とは釈尊ご在世（現在）の功徳でその信仰の程度（位）をいいます。「一念信解・略解言趣・広為他説・深信観成」を言い現在の四信と称します。五品は釈尊の滅後の信仰の程度（位）をいいます。「随喜・読誦・説法・兼行六度・正行六度」（『開結』四三八頁）をいい滅後の五品と言います。特に滅後の五品の第一の初随喜は在世の四信の初めの一念信解と同じであり、この「一念信解」に末法における三学の根拠があると述べます。

在世の四信とは「一念信解」―法華経の寿量品を聞いて一念でも信解の心を起こした初心の位。「略解言趣」―ほぼ寿量品の意味が分かり他人に法華経の説明ができる位。「広為他説」―さらに広く大勢の人に法華経寿量品の説明ができる位。「深信観成」―深い信行を通して観行（三昧の境地）を成就できる位。次に滅後の五品とは「（初）随喜品」― 法華経の寿量品を聞いて随喜の心を起こす位。「読誦品」― 法華経寿量品を読誦する位。「説法品」― 他人に法を説き聞かせる位。「兼行六度品」―兼ねて自他ともに救われるように六度（布施・持戒・忍辱・精進・禅定・智慧）を修行する位。「正行六度品」―正しく六度の修行をして自他ともに救われる位をいいます。

この中の四信の最初の「一念信解」と、滅後の五品の最初の「初随喜」が一念三千の宝の箱であり、十方三世の諸仏の出生の門とした妙楽の文を引き、一念信解・初随喜を重視します。初心の信心が要になります。

そして、この一念信解・初随喜の機根は、六即という機根の位階にあてると、相似即・観行即・名字即の三説があることを挙げ聖人は名字即の位とします。これは聖人の独自の解釈となります。（『日蓮聖人遺文辞典』教学篇三三四頁）。六即は天台が法華円教を行ずる菩薩の修行過程を六つの位に分けたものです。1．理即―理の上では仏性を具して仏に即する凡夫の位。しかし、円教に説く真如中道の教理や法華経の名字も聞いておらず生死輪廻している位（聞法信受の段階）。2．名字即―善知識に従って初めて法華経の名字を見聞し信順するに至った位。3．観行即―その教えを体得するために実践修行をし己心に仏性を観ずる位。『止観』に「心観明了にして理慧相応し、所行は所言の如く所言は所行の如くなるべし」とあり、理慧相応とは理は教の理、慧は自身の智慧で、聖人の如説修行はこれに当たります。4．相似即―見思・塵沙の二惑を断じ、仏と相似の中道の智慧を増した六根清浄の位（法師功徳品）。『止観』に「射を勤むるに的に隣づくが如きを相似の観慧と名く」とあり、修行により仏に相似してきた位。5．分真即―四十二品ある無明惑のうち、最後の元品の無明だけを残して全ての迷いを滅し、仏性を分々に現していく位。分段生死界での修道から変易生死界における証道に入り、分に無明を断じ分に仏慧の中道を証悟する位です。また、分真即とは所証を見たときをいい、分証即とするときは能証からの見方になります。6．究竟即―修行によって元品の無明を断尽して悟った円教究竟の極位をいいます（智慧円満の位）。その理由を次にように述べます。

「滅後五品初一品説云而不毀呰起随喜心。若此文渡相似五品而不毀呰言不便歟。就中寿量品失心・不失心等皆名字即也。涅槃経若信若不信乃至熈連。勘之。又一念信解四字之中信一字四信居初解一字被奪後故也。若爾者無解有信当四信初位。経説第二信云略解言趣［云云］。記九云、唯除初信無解故。随次下至随喜品上初随喜重分明之。五十人是皆展転劣也。至第五十人有二釈。一謂、第五十人初随喜内也。二謂、第五十人初随喜外也云者名字即也。教弥実位弥下云釈此意也。自四味三教円教摂機自爾前円教法華経摂機自迹門本門尽機也。教弥実位弥下六字留心可案」（一二九五頁）

つまり、四信の一番目の「一念信解」の四文字の中にある「信」は、四信の最初の信であること。「解」は四信の二番目に「略解言趣」と説きます。経文を理解することができない「無解有信」の者は、四信の最初の位になります。『日蓮宗事典』に「名字即は外凡以下で、まだ修道位にも入っておらず、分別功徳品所説の五品弟子位は観行即に編入されているが、日蓮聖人は『四信五品鈔』においてこの点を究明し、天台三大部をみると五品弟子位を相似即に配する釈と、観行即に配する釈と、名字即に配する釈と三釈があるが「予が意に云く、三釈の中、名字即は経文に叶う歟」として、以下七理由を示される。これによると五品の初の随喜品を名字即に配するのが宗意であるということになる。かくて聖人は唱題する者の位を初随喜品位、名字即位と定め、名字即の当処に成仏を決定する名字即成仏を提唱された」、と説明します。

滅後の五品の第一番目の「随喜」について、随喜功徳品の「五十展転」の喩により、五十番目に法を聞いた者の功徳と説きます。『法華玄義』の位妙では附傍別教の五十二位が説かれます。随喜とは教えを聞いて有り難く思う心です。この五十展転随喜の者の位について二説あります。それは、「一謂、第五十人初随喜内也。二謂、第五十人初随喜外也云者名字即也」と述べたところで、一は六即の観行即にあたり、二は名字即になります。聖人は「一念信解」「随喜」の「初心」「初随喜」を名字即と判断されました。そして、妙楽の『止観輔行』の、「教弥実位弥下」の六字の意味を理解するように述べます。

次に、六即と五十二位（附傍別教の円位）の関係は、理即（未断惑）―五品―外凡。名字即（未断惑）―十信―

内凡―凡位。観行即（伏惑）―十住。相似即（断見思塵沙）―十行。分真即（断無明）―十回向―聖位。究竟即―等覚という段階になります。天台は『四教義』に『瓔珞経』の五十二位説を、名義が整うとして採択します。天台教学では円教の行位として「六即」を説きます。つまり、発信してから悟りを得るまでの、修行の階位を五十二に細説したものです。聖人はこの五十二位の段階を経なくても、妙法蓮華経の五字を受持することにより即身成仏すると説きます。（『日蓮聖人遺文辞典』教学篇三一三頁）。即ち『観心本尊抄』（七一一頁）に述べた受持成仏（題目受持・自然譲与）です。

○「以信代慧」

初心の行者の三学の修行は四信五品を依拠として、一念信解・初随喜・名字即とされました。その上で、常忍が問題とした三学具足について問答形式を用いて答えます。ここでは、結論として末代の初心の行者は、戒・定の二つは制止して慧学を重視し、この智慧においても信心が智慧に代わるとします。即ち、

「問入末法初心行者必具円三学不。答曰此義為大事。故勘出経文送付貴辺。所謂五品之初二三品仏正制止戒定二法一向限慧一分。慧又不堪以信代慧。信一字為詮。不信一闡提謗法因信慧因名字即位也」（一二九六頁）

と、三学（戒・定・慧）の中の慧学を重視します。六度（布施・持戒・忍辱・精進・禅定・智慧）の中では智慧を重視して、この智慧は信心に収まるとします。これを「以信代慧」といいます。聖人の教学の大事なところです。

つまり、末代は法華経の信心を詮（肝要）とし、信心を智慧と同じとして名字即の位とされたのです。そして、大事なことは不信こそが謗法と断定したことです。この点において慈覚・智証は批判されます。理由は密教の邪義に心を遷した（「若値悪友則失本心」）ことです。末代の学者は弥陀の権教に心を惑わされ、結句、法華経の大乗から退いて小乗を取ってしまうため（「退大取小」）、三悪道に堕すと断言します。

その証拠として『止観』『弘決』の文を引き、法華以前の教えは方便教であるから、修行する者の位は高く説くが、法華経は実教であるから修行の位が低い者でも救済できると述べます。故に、天台宗は「教彌実位彌下」の勝れた法華経を差し置いて、なぜ権教である恵心の念仏を用いるのか、また、善無為などの真言師や慈覚・智証の義も同じとして、この「以信代慧」の法門は「一閻浮提第一大事」（一二九六頁）な教えと述べます。

そこで、初心の行者の注意（「制止」）すべきことを問います。末代の行者は六度の修行の中で檀・戒などの五度の修行を制止して、題目を唱えることが法華経の本意として一念信解・初随喜を述べます。

「問云。末代初心行者制止何物乎。答曰。制止檀戒等五度一向令称南無妙法蓮華経為。一念信解初随喜之気分也。是則此経本意也」（一二九六頁）

つまり、六度の中の智慧に焦点を当て「慧」（般若波羅蜜）を重視するのです。即ち「以信代慧」です。次に、この解釈は未聞として六度との関係を問います。ここにおいては分別功徳品の「不須為我復起塔寺及作僧坊以四事供養衆僧」（『開結』四四四頁）、「況復有人能持是経兼行布施持戒」（『開結』四四六頁）の文を示して、五度を必要としない証文とします。つまり、経文は明らかに初心の行者に、布施・持戒・忍辱・精進・禅定の修行を制止しているのです。しかし、この経文は寺塔と衆僧に供養することを制止したもので、持戒や禅定といった五度を制止したものではないと問答を深めます。

「疑云、汝所引経文但制止寺塔与衆僧計未及諸戒等歟。答曰、挙初略後。問曰何以知之。答曰次下第四品経文云　況復有人能持是経兼行布施持戒等［云云］。経文分明初二三品人制止檀戒等五度、至于第四品始許之。以後許知初制」（一二九七頁）

答えて言うには「兼行布施持戒」の文は第四品の者に許したことで、初品から第三品までの者は、五度を制止（とくに必要としない）していると述べます。あとで第四品の者に許したことは、始めに制止した理由があったのです。このように文証を示して証明します。

次に、人師や論師の解釈を問います。そこで、経文が明らかならば疏や釈を引くのは本体を離れて影を求めるもので、根本となる経文に相違する論釈は棄捨すべきと述べます。その上で『法華文句』の釈を示します。ここに「専持題目」（一二九七頁）の修行を第一とします。経文に持戒を勧めるのは初品の行者ではないと述べます。なぜなら、初心の行者が助縁の法（五度）を修行すると、正しい信行を妨げることになると天台は解説します。

「此釈云、縁者五度也。初心者兼行五度妨正業信也。譬如小船積財渡海与財倶没。云直専持此経者非亘一経専持題目不雑余文尚不許一経読誦何況五度。云廃事存理者捨戒等事専題目理［云云］。所益弘多者初心者諸行与題目並　行所益全失［云云］。文句云問若爾持経即是第一義戒。何故復言能持戒者。答此明初品。不応以後作難等〔云云〕。当世学者不見此釈以末代愚人同南岳天台二聖。悞中誤也。妙楽重明之云問若爾者若不須事塔及色身骨亦応不須持事戒乃至不須供養事僧耶等〔云云〕。伝教大師云二百五十戒忽捨畢。唯非限教大師一人鑑真弟子如宝・道忠並七大寺等一同捨了。又教大師誡未来云末法中有持戒者是怪異。如市有虎。此誰可信〔云云〕」（一二九七頁）

たとえば小さい船に多くの財宝を積んで海を渡ろうとすると、その重みで財宝と一緒に沈没するように、題目だけを持ちそれ以外のことは交えないことが利益になると述べます。当世の学者が誤るのはここの解釈として、伝教の『末法燈明記』の、「末法中有持戒者是怪異。如市有虎。此誰可信」の文を引きます。つまり、末代に持戒の者は稀有であり専持題目こそが末代の行者の修行と述べます。

○　但信口唱

末代は一念三千の観門を修行するよりも、題目を唱えることの意義を述べます。

「問汝何不勧進一念三千観門唯令唱題目許。答曰日本二字摂尽六十六国之人畜財一不残。月氏両字豈無七十箇国。妙楽云略挙経題玄収一部。又云略挙界如具摂三千。文殊師利菩薩・阿難尊者三会八年之間仏語挙之題妙法蓮華経　次下領解云如是我聞〔云云〕。問不知其義人唯唱南無妙法蓮華経具解義功徳不。答小児含乳不知其味自然益身。耆婆妙薬誰弁服之。水無心消火火焼物豈有覚。龍樹・天台皆此意也。重可示。問何故題目含万法。答章安云蓋序王者叙経玄意。経玄意述於文心。文心莫過迹本。妙楽云出法華文心弁諸教所以［云云］。濁水無心得月自清。草木得雨豈有覚花。妙法蓮華経五字非経文非其義唯一部意耳。初心行者不知其心而行之自然当意也」（一二九八頁）

無智の者が題目を唱えるだけで解義の功徳を得るのかと問います。南無妙法蓮華経の題目に法華経一部経のすべてが収まり、理解の能力がなくても唱題により解義の功徳を取得できると述べます。例えば小児が母親の乳を飲んで成長するように、また、耆婆という名医が処方した薬を服すれば、どのような病気でも治癒したと同じことと説明します。この理由は妙法蓮華経の五字に釈尊の全ての教え（万法）と功徳が具足しているからです。題目を唱えることにより法華一経の仏意を自然に体得したことになります。このように題目を受持し題目を唱える根本には、「以信代慧」の信心が大事です。これを「但信口唱」といいます。

そして、このように但信口唱する弟子の位階は、法華以前の四味三教の最高位の者や、爾前円教の者に超え、元祖である善無為・智儼・慈恩・吉蔵・道宣・達磨・善導よりもはるかに優れていると述べます。故に聖人の弟子を軽率に扱ってはならないと讃えます。その理由は随喜功徳品に説く過去に八十万億劫の長い間、大菩薩を供養し、『涅槃経』に説く熈連河の砂の数ほどの仏に師事し修行してきた者であると述べます。未来には八十年の布施を行った者にも勝れ、聞法随喜の功徳を備えた者となるから、天子や龍王の王子のように敬い軽蔑してはならないと述べます。

妙楽は『文句記』に法華経の行者を悩ます者は頭が七分に割れ、供養する者は十号の如来に勝ると述べたように、優陀延王は賓豆盧尊者を軽蔑したため、七年の内に命を落としたことを引き、その罪の現れとして時頼は聖人を流罪にしたため百日の内に兵乱が起き、時輔が殺害され明心と円智房は白癩の病気になり道阿弥は盲目となったことを挙げます。日本国中の人々が疫病に悩んでいるのは頭破七分の現罰と述べます。そして、護法の功徳により聖人の門下は福徳を得ると述べます。(「国中疫病頭破七分也。以罰推徳我門人等福過十号無疑者也」一二九九頁)。明心と円智房は清澄寺の学僧と言います。(『日蓮聖人御遺文講義』第八巻三九八頁)。

○　東寺・総持院・園城寺を禁止すべき

伝教が天台法華宗に統一し、王法と仏法も一つとなって国家に平和を将来した貢献を述べます。しかし、その後に三大師が法華経よりも真言密教を勝れるとして宗派を立てたことにふれ、三大師が「已今当の三説」に背き釈迦・多宝・十方諸仏の怨敵となったとし、これにより善神が日本国を捨去し人々は悪道に堕ちると述べます。これを解決すべく弘法の東寺、慈覚の総持院、智証の園城寺を禁止すべきと国主に諫暁したが用いられなかった愁嘆を伝えます。(「不禁止国土滅亡与衆生悪道無疑者歟。予粗勘此旨雖示国主敢無叙用。可悲可悲」一二九九頁)。総持院は東塔にある近江宝塔院の後身で、伝教が発願の法華経を納めた旧跡に円仁が総持院として建立し、密教関係の書籍を集積しました。(『撰時抄』一〇四二頁)。現在の阿弥陀堂の地が旧地と言われます。

□　『乗明聖人御返事』(二四三)

四月一二日付けにて乗明夫妻より銅銭二千枚を布施された礼状です。妻の於恒は聖人の親族です。銭二結とは一結が一千文ですので二貫文の布施です。真蹟は四紙が法華経寺に所蔵されます。

過去世に金珠女が金銭一文を木造の金箔として供養して金色の身となり、夫の迦葉も光明如来となった前生譚を引き、乗明妙日と妙蓮は金銭を法華経に供養されたことは、経法は諸仏の師であるから仏を供養するよりも勝れていると述べます。『涅槃経』の「諸仏所師所謂法也。乃至是故諸仏恭敬供養」の文と、法華経の薬王品の「若復有人以七宝満三千大千世界供養於仏。及大菩薩辟支仏。是人所得功徳不如受持此法華経。乃至一四句偈。其福最多」（『開結』五二二頁）の文を示します。夫妻の功徳は一生の内に仏位に入ると述べ、謗法者が法華経に供養しても功徳はないと述べます。他宗に迷わず純真に法華経を信ずるように訓戒されたのです。

□『是日尼御書』（二八四）

四月一二日付けにて佐渡の是日尼（国府尼）に宛てた書状です。系年を『定遺』は弘安三年とします。ここでは『対照録』の建治三年とします。「尼是日」の三字は別紙を貼り合わせ、この下の自署と花押は剪除していま す。是日尼は国府尼と世尊寺伝にあります（本間守拙法話集「興風林」三一頁）。千日尼には「尼ごぜん」「阿仏御房の尼ごぜん」（一〇六二頁）と呼ぶのに対し、国府尼には「尼ぎみの御功徳」（一四九四頁）「尼ごぜん並びに入道殿は」（一〇六三頁）、「さどの国のこうの尼御前」（一〇六四頁）と丁寧な言葉使いをされます。また、「こう入道殿」（一五四六頁）、「入道殿を」（九一三頁）と丁寧に呼びます。他に「中興入道殿女房」（一七一九頁）、「故次郎入道殿」（一七一八頁）、また、「阿仏房」（一五四六頁）、「阿仏御房」（一〇六二頁）、「さわの入道」（一五四七頁）と使い分けます。

御本尊を授与されたことを述べます。御本尊（四四）に相当すると思われ妙宣寺に所蔵されます。子供がいなかったので妙宣寺に納めたと思います。夫の国府入道が前年に続いて身延に登詣し、一ヶ月ほど滞在し給仕されました。三度目の登詣になります。（北川前肇著『日蓮聖人からの手紙』一六頁）。夫の給仕は妻の功徳に帰すとして曼荼羅本尊を授与されました。今生には会えないけれど霊山浄土にては必ずお会いしましょうと伝えます。是日尼夫妻については本書と断簡（二二三四）に見えます。

「さどの国より此甲州まで入道の来たりしかば、あらふしぎやとをもひしに、又今年来てな（菜）つみ、水くみ、たきぎこり。だん（檀）王の阿志仙人につかへしがごとくして一月に及ぬる不思議さよ。ふで（筆）をもちてつくしがたし。これひとへに又尼ぎみの御功徳なるべし。又御本尊一ふくかきてまいらせ候。霊山浄土にてはかならずゆきあひたてまつるべし」（一四九四頁）

○御本尊（四四）四月

卯月に顕示された御本尊で紙幅は縦八九・四センチ、横四四・五センチ、三枚継ぎにて妙宣寺に所蔵されます。御本尊を数枚認め授与のときに年月日を書き入れます。御本尊第四一からこの第四四は類似点が多く、特に第二期の「経」の書風はこの時期に限ることからも窺えます。『是日尼御書』に述べた御本尊授与の記述から是日尼に授与された御本尊とされます。御本尊は直接授けるときと、聖人の命を受けた弟子に持たせて授与される場合があります。遠方の信徒から招請された時は各地にて弘教している弟子たちが、身延を往来して授与されました。

□『中興政所女房御返事』は建治二年四月一二日とします。

□『四条金吾殿御返事』（二四五）

末尾が欠出のため系年は不明です。『対照録』は建治二年とします。岡元錬城氏は建治二年一一月から一二月とします。（『日蓮聖人遺文研究』第二巻一四四頁）。本書にしばらく音信がなく心配されていたことから『定遺』に従い建治三年とします。断片三行が京都妙覚寺に所蔵され身延に曾存しました。『本満寺本』に収録されます。『八風等真言破事』とも称します。供養を受けた礼状と思われ、また、「まほり（御守り）」の依頼に応えます。

○主君の恩義

頼基は昨年の建治二年九月（一二五七頁）に主君より越後への領地替えの一件があり、聖人の指示の通りに辞退しました。これについて近臣の者は主命軽視、縦横（我が儘）と異論を唱え、領地没収の声を強めました。頼基は訴訟を起こして対処すべきかを相談されます。聖人は主君の恩を説いて訴訟を起こさないように説得されます。その主君の恩義とは竜口・佐渡流罪の時に主君より咎めがなかったことです。

「日蓮が御かんきの時、日本一同ににくむ事なれば、弟子等も或は所領をを丶かたよりめされしかば、又方々の人々も或は御内々をいだし、或は所領ををい（追）なんどせしに、其御内になに事もなかりしは御身にはゆゆしき大恩と見へ候。このうへはたとひ一分の御恩なくとも、うらみまいらせ給べき主にはあらず」（一三〇二頁）

佐渡流罪のとき所領を召し上げられ追放された信者がいました。頼基は主君から咎めがなく親族も何事もなかったことを大恩とされたのです。恩恵がなくても恨まず、越後に所領を与えられたことを不服と思うのは心得違いと諭します。そして、法華信者の心得として、賢人は八風（利・衰・毀・誉・称・譏・苦・楽）に惑わされない者で、諸天善神はこのような人を護るから、訴訟を起こさないことにより護られることがあると説きます。

○ 師檀が一致して

頼基の他にも訴訟の相談がありました。訴えても叶わず、また、訴えなくても叶うのに却って訴えたために叶わないことがあるとして、「夜廻りの殿原」の件を述べます。夜廻りとは夜警のことで、殿原とは鎌倉荏柄の警護に当たっていた者といいます。（『日蓮大聖人御書講義』第二三巻三四七頁）。この夜警の者（頼基の兄弟たちも含む）は、屋敷などを没収されたので不憫であるが、聖人の約束を破って訴訟の準備をしているとのことなので、訴えは叶わないと思っていると述べます。

大学三郎や宗仲は指示に従ったので祈りが叶ったと述べます。実長は法門については従うが、訴訟については意見を用いないので注意したところ、多少効果はあったが結果的には聖人の言葉に従わなかったので、思うような効果はなかったと述べます。そして、大事なことは師僧と檀那が一つの心になることです。

「夜めぐりの殿原の訴訟は申すは叶ぬべきよしをかんがへて候しに、あながちになげかれし上、日蓮がゆへにめされて候へば、いかでか不便に候はざるべき。ただし訴訟だにも申給はずば、いのりてみ候はんと申せしかば、さうけ給候ぬと約束ありて、又をりかみ（折紙）をしきりにかき、人人訴訟ろんなんどありと申せし時に、此訴訟よも叶じとをもひ候しが、いま（今）までのびて候。だいがくどの（大学殿）ゑもんのたいうどの（右衛門大夫殿）の事どもは申まゝにて候あいだ、いのり叶たるやうにみえて候。はきりどの（波木井殿）の事は法門は御信用あるやうに候へども、此の訴訟は申まゝには御用なかりしかば、いかんがと存て候しほどに、さりとてはと申て候しゆへにや候けん、すこししるし候か。これにをもうほどなかりしゆへに又をもうほどなし。だんな（檀那）と師とをもひあわぬいのりは、水の上に火をたくがごとし。又だんなと師とをもひあひて候へども、大法を小法をもつてをか（犯）してとしひさし（年久）き人人の御いのりは叶候はぬ上、我身もだんなもほろび候也」（一三〇三頁）

聖人と信者の心が合致しない祈りは、水の上に火を焚いても燃えないように祈りが叶わないのです。また、心が合致していても長年にわたって小法（邪法）に固執して、大法（法華経）を謗ってきた者の祈りは叶わないばかりか、祈る人も信徒も共に滅びると述べます。

この師檀の悪例として真言師の祈祷を挙げます。叡山の妙雲座主は清盛のために源氏調伏の真言の大法を修したが、義仲に首を切られたこと。慈円等が後鳥羽上皇のため、義時を調伏しようとして失敗したように、真言師の祈祷が叶わないことが顕著であることに、なぜ気づかないのかと述べます。そして、今度で三度目として、「此は秘事なり。人にいはずして心に存知せさせ給へ」（一三〇五頁）と述べます。つまり、蒙古の調伏に真言師を採用しても、過去の事例のように祈りは叶わないと断言します。このことは秘事であるから他人に語ってはならないと述べます。

頼基に今般の領地替えについて訴訟を起こさないこと。主君を恨まず鎌倉にいて出仕を控えめにして仕えていれば祈りが叶うので、悪びれた態度を示さないように諭します。欲をむき出しにしたり名聞を求めたり瞋恚の心をもたない信心を教えます。以後は欠文です。

□『妙心尼御前御返事』（三六五）

妙心尼は窪尼のことです。妙心尼と呼ぶのは夫の一周忌までで以後は窪尼と呼びます。『定遺』は弘安三年五月四日としますが、夫の「故入道殿」の死去は建治二年五月四日（『衣食御書』一六一九頁。他）ですので、本書は建治三年の一周忌の書状とします。『録外御書』には「はわき殿」（一七四八頁）の記載はありませんが、日興を通して妙心尼からの種々の供養を感謝された礼状です。『興師本』に収録されます。本書は五月の農繁期に関わらず、さまざまな品を供養されたことに感謝され、故入道の後世を思う妻の心を察し、夫も娑婆に残した妻子を思う心は蘇武・安部仲麻呂の死別の情愛と変わらないと慰めます。

蘇武と仲麻呂の故事は佐渡にて鎌倉へ帰る心中や、飢餓に耐え忍ぶ文章に見えます。（『光日房御書』一一五二頁）。蘇武は匈奴に捕われ穴牢へ一九年間幽閉され雪を食べて生き抜きます。昭帝の時代に雁の足に付けた帛書により帰ることができます。阿倍仲麻呂は霊亀二（七一六）年に遣唐留学生になり玄宗皇帝に仕えます。三七年の後に帰国の途につきますが船は安南に流され唐に帰り一生を終えます。東に出る月を見て故郷を慕って詠じた和歌が「天の原ふりさけみれば春日なる三笠の山にいでし月かも」です。

そして、唱題することにより、妙法蓮華経の妙の一字が釈尊の御使者に身をかえ、あるいは文殊・普賢、上行菩薩、不軽菩薩となって、妙心尼のことを冥途にいる夫に知らせると述べます。その使者は中国の陳子が妻と分け合った鏡が鳥となって相手に知らせたように、また、蘇武の妻が捕らわれた夫を恋いて打つ砧の音が聞こえたように、娑婆世界のことを冥途の夫に伝えると述べます。また、妙の文字は花が咲いて後に果実となるように、唱題の功徳によって仏となると説きます。妙の文字は凡夫は愚眼であるから黒い文字にしか見えないが、種好を備えた釈迦牟尼仏の体そのものであり、一切の功徳を出す如意宝珠と譬えます。供養の志が夫に届いているので、法華経の功徳を信じ唱題に励むようにと日興に伝言を依頼します。

「又妙の文字は花のこのみとなるがごとく、半月の満月となるがごとく、変じて仏とならせ給文字也。されば経に云能持此経則持仏身。天台大師云一々文々是真仏等云云。妙の文字は三十二相八十種好円備せさせ給釈迦如来にておはしますを、我等が眼つたなくして文字とはみまいらせ候也。譬へば、はちす（蓮）の子の池の中に生て候がやうに候はちすの候を、としよりて候人は眼くらくしてみず。よるはかげの候を、やみにみざるがごとし。されども此妙字は仏にておはし候也。又、此妙の文字は月也、日也、星也、かゞみ也、衣也、食也、花也、大地也、大海也。一切の功徳を合て妙の文字とならせ給。又は如意宝珠のたま也」（一七四八頁）

□『上野殿御返事』（二四六）

○時光、伊豆の新田氏、駿河の沖津の某氏にも迫害

時光より五月一四日に芋一駄が供養され翌日の一五日付けの礼状です。供養の受取は当日に行います。芋頭は親芋ですので貴重でした。珠のような薬のように貴重な芋を農繁期の最中に送られ感謝されます。真蹟は五紙断

片が富士大石寺などに所蔵されます。『興師本』に収録されます。

時光から信条の質問があります。聖人に帰依すれば主君の抑圧を受けると友人から忠告されます。駿河国は得宗領で守護職も北条氏の家督に引き継がれ、幕府の専制を掌握した頼綱の圧力があるのは必定でした。信者への迫害が時光にも及びました。尹吉甫（いんきつぼ）と伯奇（はくき）の父子の故事（『文選』）と、頻婆沙羅王と釈尊の故事を引き、この二人の固い信頼関係を破ろうとして、さまざまな謀略を巡らしたことを教えます。中国周代の賢人の名の高かった尹吉甫の後妻は前妻の子供の伯奇を憎みます。父子の仲を違えさせるため懐に蜂を入れて伯奇に取らせ、自分に思いを抱いていると見せかけます。尹吉甫に責められた伯奇は河に身を投げます。尹吉甫は後妻の計略に嵌まり息子を自殺に追い込んだのです。また、賢王と言われた頻婆沙羅王も太子の阿闍世が提婆達多に唆されて殺害された例を引きます。つまり、賢人と言われる人でも謀略に惑わされることを示されたのです。

更に第六天の魔王の力が加わり釈尊も「九横の大難」に値い、まして、末法は濁世なので釈尊は「如来現在〜況滅度後」と説きます。天台と伝教は法華経の行者であるが大難はなかった。今末法に大難を受けることは、父母が生き返り憎い者が苦境に落ちるよりも嬉しいと例えます。時光にも回りの者が同様の画策をし、退転させようとしているから謀略に嵌らないように励ましたのです。大魔に憑依された少輔房・能登房・名越の尼などの事例を挙げ、時光が退転すれば多くの人を退転させ大罪を作ることになると述べます。

「殿もせめをとされさせ給ならば、するがにせうせう（少々）信ずるやうなる者も、又、信ぜんとおもふらん人々も、皆法華経をすつるべし。さればこの甲斐国にも少々信ぜんと申人々候へども、おぼろげならでは入まいらせ候はぬにて候。なかなかしき人の信ずるやうにて、なめり（乱語）て候へば、人の信心をもやぶりて候也。ただをかせ給へ」（一三〇九頁）

と、甲斐にも法華経を信じようとする者がいても、強い信心がなければ入門させなかった用心を述べます。また、法華経を信仰するのは親のためと述べます。親子の情愛があるから親の後世を弔うのであり、他人はそこ迄は関わらないと述べ、「郷一郷」と言って一郷を治めるならば半分は父親のため、半分は妻子や従者を養うと思って励むように勧めます。そして、時光の日常の心がけを指導されます。自分の命は一大事が起きたら主君に捧げる覚悟を持ち、普段は言葉を柔らかくし、信仰を動揺させる者が来たら自分を試していると思って逆に教訓するように述べます。その者に閻魔王に妻子が責められているのを見たら、時光に手を擦り合わせて助けてくれと懇願するだろうと、憎らしげに返答するように述べます。

「我命は事出きたらば上にまいらせ候べしと、ひとへにおもひきりて、何事につけても言をやわらげて、法華経の信をうすくなさんずるやうをたばかる人出来せば、我が信心をこゝろむるかとおぼして、各々これを御けうくんあるはうれしき事也。ただし、御身のけうくんせさせ給へ。上の御信用なき事はこれにもしりて候を、上をもておどさせ給こそをかしく候へ。参てけうくん申とおもひ候つるに、うわて（上手）うたれまいらせて候。閻魔王に、我身といとをしとおぼす御め（妻）と子とをひつぱられん時は、時光に手をやすらせ給候はんずらんと、にくげにうちいひておはすべし」（一三一〇頁）

また、伊豆（田方郡函南町畑毛）の新田氏や駿河の沖津（清水市興津）の某氏にも迫害があったと書きます。新田氏は時光の姉の夫五郎信綱です。信綱の本領は陸奥国登米郡（宮城県登米市）の上新田ですが、北条氏に仕え伊豆に領地を賜っていました。「沖津の事」とは興津の武士で三郎左衛門藤原時業（当時二〇歳）と同族の者、浄蓮坊を指すと言いますが内容は不明です。

本書から時光に対して上層部の者から信仰に対する威嚇があったことが窺えます。奇怪な者には大衆の眼前にて教訓するよりも、わが身を教訓すべきと喝破して座を立つようにと、毅然とした法華信者の態度を述べます。この経緯を一両日中に知らせるように述べます。六月に南宋の都、臨安が蒙古に陥落したことが、日本の商船により大宰府に伝えられました。この情報により幕府は蒙古の再来があると警戒を強めます。

□『さじき女房御返事』（一七九）

五月二五日付けで桟敷女房から帷子（単衣）を供養された礼状です。『定遺』は建治元年とありますが花押により『対照録』は建治三年とします。真蹟は二紙の断片があり多古の妙光寺に所蔵されます。

さじき女房（妙一尼）は日昭の兄印東祐信（兵衛の左衛門）の妻で、桟敷尼は日昭の母とされます。桟敷の名前は頼朝が由比ガ浜遠望を楽しむために山上に桟敷を設けました。その跡地の近くに居住していたことから桟敷尼と呼ばれました。桟敷女房は夫祐信の職務から鎌倉や京都の情報に通じ、経典などを収集し信徒の動向などを詳しく知る立場にあったようです。日昭も鎌倉にて信徒を掌握し指導する立場にあり、日昭と桟敷女房への書状に瀧王丸にふれる理由が分かります。

聖人は桟敷女房の夫を法華経の行者と褒めます。釈尊は女人は夫に随うから妻も同じ「法華経の女人」（九九七頁）と見ているると述べます。その女房から帷子を供養され喜ばれます。聖人を大事に慕う心が窺えます。法華経には二通りの行者がいて、楽法梵志のような聖は身の皮を剥いで紙とし経文を書き写します。凡夫は着ている一枚しかない帷子を供養すれば、仏は剥皮と等しく納受されると述べます。聖人を供養するのは法華弘通のために生命を長らえるためです。法華経は文字即仏であるから、六九三八四の仏に供養するのと同じと述べます。この功徳は父母や祖父母を始め無辺の衆生に届き、大事にされる夫も大きな功徳になると述べます。

「たとへばはるの野の千里ばかりにくさのみちて候はんに、すこしきの豆ばかりの火をくさ（草）ひとつにはなちたれば、一時に無量無辺の火となる。このかたびらも又かくのごとし。一のかたびらなれども法華経の一切の文字仏たてまつるべし。この功徳は父母・祖父母乃至無辺の衆生にもをよぼしてん。まして我いとをしとをもふをとこごは申に及ばずと、おぼしめすべし」（九九八頁）

□『下山御消息』（二四七）

因幡房日永が父下山兵庫五郎光基より聖人に帰依することを咎められ、聖人が日永に代わって弁明されたのが六月に著述した本書です。客観的に自身を述べます。真蹟は断片四二紙が誕生寺・本圀寺・妙満寺・藻原寺など三五の断片が二九ヶ所に散在します。本書に異本があり漢字の振り仮名は日永が付けたとされます。

光基は身延から約四キロほどの下山郷の領主で平泉寺という氏寺を持っていました。この平泉寺の住僧が日永でした。日永は天台宗の念仏僧として『阿弥陀経』を勤修していましたが、聖人に帰依して法華経を唱えたため光基と対立します。本書はこの関係を修復し法華経に帰信させるために、日永の名のもとに聖人が述作されました。光基はこの年の末に帰依し法重房日芳と名のります。このころ最蓮房が身延に登詣し叡山の同学であった日永と再会し、光基は寺を本国寺と改め最蓮房を開山としたといいます。最蓮房は身延の寺平に本因寺を建て聖人の墓参をしたといいます。（宮崎英修著『日蓮聖人研究』二一五頁）。

本書は『立正安国論』を奏進して以後の、松葉ヶ谷の草庵襲撃、小松原法難、良観との祈雨対決、竜口佐渡流罪を述べた貴重な遺文です。教学としては五義、寿量品の肝要南無妙法蓮華経、上行菩薩出現の時期などが述べられ光基に対しては浄土教を批判されます。

○ 身延の講義のようす

冒頭に日永が光基の持仏堂で毎日の例時や忌日には四～五年の間、阿弥陀経を読誦していたが、昨年の夏頃からは法華経を読誦していると述べ、その理由を身延に住まわれている聖人の教えに従ったと述べます。この中に身延の講義の様子にふれます。

「さるべき人々御法門可承之由候へども御制止ありて入れられず。おぼろげの強縁ならではかなひがたく候しに、（中略）関所より忍びて参り御庵室の後に隠れ、人々の御不審に付きてあらあら御法門とかせ給いき」（一三一二頁）

と、誰でもが気安く室内に入って聞くことができなかった様子を述べ聖人の教えの深さを暗示します。

特に建治二年五月ころに真言師との宗論が行われるとの風説があり、それに備えて経釈の書籍を蒐集していました。法論は筋道を立て論理的に進めますので論証の根拠が重要となります。これが相手側に知られると反証の準備をされます。文永六年に三位房に宛てた『法門可被申様之事』に、「此等大事を内々は存べし。此法門はいまだをし（教）えざりき」（四五三頁）と密かに口伝した論法がありました。また、時光に宛てた文永一二年二月の『神国王御書』に、「他門にきかせ給なよ。大事の事どもかきて候なり」（八九三頁）と口止めをされます。つまり、弟子や信徒の能力に応じた施教をされ、重要な法論の方策は内密にされます。

○上行菩薩の御出現の時剋

諸経と法華経の関係を五綱の視点から示します。鑑真・道宣、伝教が法華経を最高の経典として崇拝した理由を示して法華経の超勝性を述べます。そして、正像末の三時と四依の人師を示し、法華経にも迹門と本門の人師の違い付属の教法の違いを述べます。

「世尊、眼前に薬王菩薩等の迹化他方の大菩薩に、法華経の半分迹門十四品を譲給。これは又地涌の大菩薩、末法の初に出現せさせ給て、本門寿量品の肝心たる南無妙法蓮華経の五字を、一閻浮提の一切衆生に唱させ給べき先序のため也。所謂迹門弘通の衆は南岳・天台・妙楽・伝教等是也。今の時は世すでに上行菩薩等の御出現の時剋に相当れり。而に余愚眼を以てこれを見に、先相すでにあらはれたる歟。而諸宗所依の華厳・大日・阿みだ経等は其流布の時を論ずれば、正法一千年の内後五百年乃至像法の始の諍論の経々也」（一三二六頁）

と、本化地涌の上行菩薩が末法今時に法華経を説く、正に今はその時と強調されます。これは、教法弘通の時期は定められたことで、その根拠を平易に示されます。華厳・大日・阿弥陀経などは「五五百歳」でいえば、正法時の後半か像法時の前半に流布する教えとします。律宗はインドでは正法時の前半、日本では像法時の中頃に法華経・天台宗の流布する前段階に調機のために説かれた教えとします。

「例せば日出んとて明星前に立ち、雨下らむとて雲先おこるが如し。日出雨下後の星・雲はなにかせん。而に今は時過ぬ。又末法に入て之を修行せば、重病に軽薬を授け、大石を小船に載たり。偶々修行せば身は苦暇は入て験なく、花のみ開て菓なく、雷のみ鳴雨下じ」（一三二七頁）

と、律宗の戒律・戒壇は、伝教が叡山に円頓戒壇を建立したことにより無意味になったと述べます。外見だけを持戒に見せかけている法師は、公家や武家を騙す「天下第一の不実の者」（一三二八頁）と否定されます。これは、良観や泉涌寺の俊芿を指すことは明らかです。

○良観の非道

しかし、律僧は自宗を捏造して優位にし、逆に円頓の行者を破戒の者と見下し、それが、国主に採用されていました。国主は叡山に寄進されていた所領を取り上げて律宗の寺に譲り与え、更に民衆の帰依をも律宗の寺々に移すような状態と述べます。これを律宗の僧が「手づから火をつけざれども日本一国の大乗の寺を焼失、抜目鳥にあらざれども一切衆生の眼抜ぬ。仏の記給ふ阿羅漢に似る闡提是也」（一三二八頁）と批判し、『涅槃経』の

「我涅槃後無量百歳四道聖人悉復涅槃。正法滅後於像法中当有比丘似像持律少読誦経貪嗜飲食長養其身。乃至雖服袈裟猶如猟師細視徐行如猫伺鼠、外現賢善内懐貪嫉如受唖法婆羅門等実非沙門現沙門像邪見熾盛誹謗正法」の文を引証します。そして、良観（両火房）こそが釈尊に予言された「比丘似像」（一三一九頁）の悪僧とし、善神捨去・他国侵逼の元凶と強く呵責したと述べます。

そのため、良観は「両火房、内々諸方に讒言を企てて余が口を塞がんとはげみし也」（一三二〇頁）と聖人を迫害したのです。松葉ヶ谷法難・伊豆・竜口佐渡流罪を画策した張本人と指名します。良観は閻浮の中で大悪人という存在であり、勧持品に説かれた法華経の大怨敵の第三の強敵と断言します。その良観は人々のために授戒しようと誓願を立てたが、聖人が邪魔するので「日蓮が此の願の障となると」（一三二一頁）吹聴します。ここに、良観に帰依すれば国土も安穏ではないと述べたのです。

また、良観は祈雨の効験で知られていたので、祈雨の要請が幕府より発せられました。その時の文永八年六月一八日より二四日迄の祈請の経緯にふれます。聖人は相手が我執が強ければ論理的に解決することよりも、一つの方法として「現証に付て事を切ん」（一三二一頁）という、現実の事象による正邪の判断方法を用います。そこで、弟子を極楽寺に使わして、良観の祈雨は叶わないと告げさせたのです。〈鎌倉期三七七頁〉

「此に両火房祈雨あり。去文永八年六月十八日より二十四日也。此に使を極楽寺へ遣す。年来の御歎きこれなり。七日が間に若一雨も下ば、御弟子となりて二百五十戒具に持上に、念仏無間地獄と申事ひがよみなりけりと申べし。余だにも帰伏し奉ば、我弟子等をはじめて日本国大体かたぶき候なんと［云云］。七日が間に三度の使をつかはす。然どもいかんがしたりけむ、一雨も不下之上、頽風・颰風・旋

風・暴風等の八風十二時にやむ事なし。剰二七日まで一雨も不下。風もやむ事なし。されば此事は何事ぞ」（一三三二頁）

良観の祈雨は効験がありませんでした。八風は『弘決』に引用される『爾雅』（じが）の説で中国最古の類語辞典です。頽風（たいふう）は南方より上から下へ吹く風です。飈風（ひょうふう）は下から上に吹く風です。旋風は廻転する風で暴風は非常に強い風のことで、八風の中の四風を列記します。祈雨の現象について雨が降ったとしても、その雨の形貎（すがた）により祈る者が賢者か愚者かを知ることができると述べます。

「今の祈雨は都て一雨も下らさる上、二七日が間、前より遥に超過せる大旱魃・大悪風、十二時に止ることなし。両火房真の人ならば、忽に邪見をも翻し、跡をも山林に隠べきに、其義は無くて面を弟子檀那等にさらす上、剰讒言を企日蓮が頚をきらせまいらせんと申上、あづかる人の国まで状を申下て種をたゝんとする大悪人也。而を無智の檀那等、恃怙して現世には国をやぶり、後生には無間地獄に堕なん事の不便さよ」（一三三二頁）

祈雨に負けた良観は法華経に帰伏すべきですが、これを逆に憎んだ良観は聖人を流罪・処刑へと幕府に画策します。これにより、無知の者は謗法により破国・堕獄の苦を受けると述べます。長阿含経に含まれる『起世経』の文を引いて、邪見の者が祈雨を行えば、どのような結末になるかを示します。

「起世経云有諸衆生為放逸汚清浄行故天不下雨。又云有不如法慳貧嫉妬邪見顛倒故天則不下雨。又経律異相云有五事無雨。一二三［略之］四雨師婬乱五国王不理治雨師瞋故不雨［云云］。此等の経文の亀鏡をもつて両火房が身に指当てて見よ。少もくもりなからむ。一には名は持戒ときこゆれども、実には放逸なる歟。二には慳貧なる歟。三には嫉妬なる歟。四には邪見なる歟。五には婬乱なる歟。此五にはすぐべからず。又此経は両火房一人には不可限。昔をかがみ、今をもしれ」（一三三三頁）

ここには、清浄の行を汚す者、邪見の者には天が雨を降らせないとあります。つまり、良観が祈雨をしても雨が降らない理由は邪見の者だからです。これらの行為を法華経と『涅槃経』の「仏鏡」（一三三四頁）に照らし合わせれば、良観こそが第三の僭聖増上慢でなければ、釈尊は妄語の仏となり多宝仏は不実の証明をしたことになると述べます。そして、経文が真実ならば国主は善神に見捨てられ、国は他国から攻略され後生は堕獄すると述べます。その国主の考えは、聖人は阿弥陀仏の敵であるから、政道を曲げても阿弥陀仏の御心に叶い、天神も諒解すると思っていると述べます。しかし、国主の意に反して諸天善神は「隣国の聖人に仰付て」（一三三五頁）、日本国を治罰するように命じ、それにより「仏前の誓状」を果たそうとしたと述べます。

○比叡山は「真言山」となる

濁悪の時代になると小乗の教では験がなくなり、伝教が法華経の円頓の戒壇を建立して治世されます。日本に伝来していなかった真言宗を研究して顕密の勝劣を承知していたが、人々の疑問を払拭できなかったので入唐された上で天台が勝れることを定めたと述べます。それは『依憑天台集』に引いた『文句記』の巻第十下、「不空三蔵の改悔の言」です。（一二三六頁）。不空の弟子の含光が妙楽に真言宗は天台宗に及ばないと悔いた内容です。『宋高僧伝』の「含光伝」にあります。（『八宗違目鈔』五二九頁）。聖人は慈覚・智証の心は既に「東寺里中の塵にまじはり」（一二三八頁）、「諸仏の讎敵」となったと批判します。

そして、後白河法皇の御宇に明雲座主は叡山を「真言山」（一二三九頁）にし、これにより「一国乱れて他国に破らるべき序」としたと述べます。続いて、隠岐法皇の御宇に禅宗・念仏宗が法華経を粗末にしたため承久の乱が起きた顛末を述べます。真言師の祈祷が下克上の原因であったのにも関わらず、年を経て真言師が鎌倉に進出し、謗法の僧俗が充満する所となったとします。聖人が鎌倉で布教された同じ時期に、これら真言宗などの宗派が発展し、信徒も増え新たに寺が建立されました。時頼は建長寺、重時は極楽寺、長時は浄光明寺、師時は浄智寺を建立したことを挙げます。

○日蓮聖人の三徳

このため天神地神が憤慨して天変地異を起こしたとし、この原因は仏法の邪正に起因するとします。これを諌暁するために一切経を閲読し、その結果、『立正安国論』を時頼に奏進したと述べます。これにより聖人を殺害しようとしたこと、伊豆へ流罪されたことを述べ、加害者は同意の上での迫害であったから何の咎めもなく、御式目に違反しての政道を破る事件と明言されます。法華色読の自覚を持たれた聖人は、

「自讃には似れども本文に任て申。余は日本国の人々には上は天子より下は万民にいたるまで三の故あり。一には父母也、二には師匠也、三には主君の御使也。経云即如来使。又云眼目也。又云日月也。章

安大師云為彼除悪則是彼親等云云。而謗法一闡提国敵の法師原が讒言を用て、其義を不弁、左右なく大事たる政道を曲らるるは、わざとわざはひをまねかるゝ歟。無墓々々。然るに事しづまりぬれば、科なき事は恥かしき歟の故に、ほどなく召返されしかども、故最明寺の入道殿も又早かくれさせ給ぬ」(一三三一頁)

と、聖人自身の主師親の三徳義を標榜されます。その後、身延に入山される迄の小松原・竜口佐渡流罪にふれます。遠流は表面上のことで目的は斬首と分かっていたので、弟子には付法蔵の二六番目になる所願が叶い法悦であると述べたことを明かします。特に文永八年九月一二日に頼綱に向かい、「言をもおしまず已前にありし事、後に有べき事の様を平金吾に申含ぬ」(一三三二頁)と、過去の真言師の謗法、これから起きる謗法による国土の報いを、不軽菩薩に倣って諫言したと述べます。

重ねて『御成敗式目』の条文にふれ、讒人に召し合わせもせず一方的な讒言により斬首になったと述べます。公平な評定を定めた起請文に相違する政道を「第一大事」(一三三三頁)と糾弾します。聖人を憎む私的な迫害でした。たとえ国主が関与しなくても、法華経の大怨敵となった重科からは逃れられないと述べます。赦免後の四月八日に行われた頼綱との対談で理不尽な流罪と訴えます。(一三三四頁)。また、蒙古襲来の時期を年内と答え、真言師に祈祷を頼めば国が滅ぶと忠言します。しかし、聖人の言葉を用いないことは想定できたので、この三度の諫暁を終え身延に入山したことにふれるのです。

「日蓮をばわどのばら(和殿原)が用ぬ者なれば力及ばず。穴賢々々。真言師等に調伏行せ給べからす。

若行するほどならば、いよいよ悪かるべき由申付て、さて帰てありしに、上下共に先の如く用さりげに有上、本より存知せり、国恩を報ぜんがために三度までは諫暁すべし。用ずば山林に身を隠さんとおもひし也。又上古の本文にも、三度のいさめ用ずば去といふ。本文にまかせて且く山中に罷入ぬ。其上は国主の用給はざらんに其已下に法門申て何かせん。申たりとも国もたすかるまじ。人も又仏になるべしともおぼへず」（一二三五頁）

次に、光基は念仏の信者であったので無間地獄について述べます。釈尊の説法は法華経へ導くためのもので、念仏の法門も同じように、「大塔を立てて後に足代を切り捨つるがごとし」（一三三六頁）との判断を述べます。譬喩品の「其人命終入阿鼻獄」の文を引き、謗法堕獄について所見を述べます。聖人の堕獄観は法華不信そのものが原因であり、しかも法華行者を「恥辱」する迫害も堕獄の因と見なします。多宝仏・十方諸仏が、法華経の霊山虚空の会座に来集して証明し広長舌を出だした理由を述べます。

「観経・阿弥陀経・悲華経等に、法蔵比丘等の諸菩薩四十八願等を発て、凡夫を九品の浄土へ来迎せんと説事は、且く法華経已前のやすめ言也。実には彼々の経々の文の如く十方西方への来迎はあるべからず。実とおもふことなかれ。釈迦仏の今説給が如し。実には釈迦・多宝・十方諸仏、寿量品の肝要たる南無妙法蓮華経の五字を信ぜしめんが為也と出給広長舌也。我等と釈迦仏とは同程の仏也。釈迦仏は天月の如し、我等は水中の影月也。釈迦仏の本土は実には娑婆世界也。天月動給はずば我等もうつるべからず。此土に居住して法華経の行者を守護せん事、臣下が主上を仰奉らんが如く、父母の一子を愛する

が如くならんと出給舌也」（一三三七頁）

弥陀の脇士は観音・勢至菩薩です。弥陀と共に釈尊の娑婆に来たのは大集経の説時です。観音・勢至は法華経の会座にいて『無量義経』の「未顕真実」を聴聞します。観音は観音品を説いて法華経の超勝と行者を守護することを釈尊に誓い、補陀落山を賜ったと述べます。弥陀は弥勒の兜率天四十九院の一つを賜って、阿弥陀院としたと述べます。第三十五院の安養浄土院です。つまり、法華経が勝れている証拠とします。そして、『阿弥陀経』に二十数ヶ度も舎利弗の名前がでてくるが、華光如来と成ったのは法華経と述べます。道綽・善導・恵心・永観・法然の念仏の義に従って、法華経を捨・閉・閣・抛することは、主師親の三徳を具備する釈尊に背くとして謗法堕獄を重ねて述べてます。また、善導・善無為や禅宗の三階などの堕獄の様相を現証として挙げ、日本国の民衆も同じく無間地獄に堕すと論を詰めます。

聖人が予言した他国侵逼が現実となり、人々の気持ちが聖人に向いてきました。聖人を誹謗したため直ぐに帰依できない反面、蒙古再襲の葛藤があったと述べます。然し聖人を賤み謗法の寺僧を敬う法華経の強敵と述べます。仏・菩薩・諸天善神は大怨敵と見て、日本の国主を罰し日本国を滅亡させようとすることを知らないと述べます。頼綱に捕縛され竜口にて、釈尊より使命を受けた者を殺害しようとした罪の大きさを述べます。

「教主釈尊より大事なる行者を、法華経の第五巻を以て日蓮が頭を打、十巻共に引散て散々に害たりし大禍は、現当二世にのがれがたくこそ候はんずらめ。日本守護の天照太神・正八幡等もいかでかかゝる国をばたすけ給べき。いそぎいそぎ治罰を加て、自科を脱がれんとこそはげみ給らめ。をそ（遅）く科に行間、日本国の諸神ども四天大王にいましめられてやあるらん。難知事也。教大師云窃以菩薩国宝載法華経大乗利他摩訶衍説。弥天七難非大乗経以何為除。未然大災非菩薩僧豈得冥滅等云云」（一三四三頁）

釈尊より大事とした理由は、伝教の『学生式』最末の文に、やがて起きる大災は大乗の菩薩でなければ防ぐことはできないとの文に依ります。この文は譬喩品の「其国中以菩薩為大宝故」により、菩薩を国宝と認めたものです。つまり、末法に法華弘通を付属された地涌の菩薩が人々を救済するということです。大乗の菩薩である上行菩薩の出現を述べたのです。しかし、公家や幕府は日吉の社や東寺や天台宗の真言師を重用しているので、「此等の小法は大災を消べしや。還著於本人と成て国忽に亡なんとす」（一三四三頁）と、祈った方に呪詛の法が還って国が滅びると述べます。叡山の円頓戒についても迹門の大戒であるから、末法には適しないと述べます。いずれの蒙古調伏の修法も効験がなく、日本国が滅びることを不憫と思っていると述べます。

最後に日永は身分も賤しく愚かな者と前置きして、聖人の教えには真実の道理があると述べます。幕府が法華経を用いないこと、十分な詮議をしないで伊豆・佐渡と流罪することの不審。そして、聖人は日本国にただ一人しかいない高僧であり、世間の者が信じないから信用しないというのは愚かなことで、また、国主が信じたから自分も信じるというのは、法を信じたことにはならないと主張します。日永は『阿弥陀経』を読まない理由は父母のためと弁明します。子は親に従うのが道理と世間ではいうが、これは外典や内典を知らない者の邪推と述べます。釈尊は「閻浮第一の孝子」（一三四五頁）の例を引き、日永の孝心も同様と結びます。

○「桑ヶ谷問答」

建治三（一二七七）年六月九日に鎌倉の桑ヶ谷（くわがやつ）の愛染堂において、龍象房に対し三位房と頼基とに起きた法論を「桑ヶ谷問答」と言います。この法論により頼基と主君との間に問題が生じます。良観は予てより聖人と教団を排斥することを謀っていました。その一つが叡山の学僧であった龍象房を鎌倉に招き、法論で敗退させようとした行動です。龍象房は都訛りの弁舌が流暢で人気を得ていました。仏法に疑問があればこの場で即座に解決すると豪語したので、更に信望を得たと言います。釈尊の再来と称賛されました。しかし、聖人の教えを批判されたので代表として三位房が法論に臨みます。

六月九日、三位房は愛染堂に向かう途中に、頼基に同行を求めて家に寄りますが、留守であったため一人で向かいます。龍象房の説法が終わり、三位房と龍象房の法論が始まる頃に、頼基は公用を終えて愛染堂に着きます。その片隅で聞いていた問答は、三位房の数回の質疑で龍象房が閉口屈服します。龍象房はその日の内に鎌倉から逃げ去ります。問答の内容自体は問題がなかったのです。しかし、この行為が事件として波紋を起こしたのです。主君から頼基の許へ六月二三日付けの下文が二五日に届けられます。内容は、

一、問答は主君が尊敬している良観を批判することだから礼儀を逸する。

二、問答の折りに頼基が兵仗を帯び徒党を組んで悪口雑言したこと。

三、頼基は主君に従わない。

との理由で謹慎逼塞を命じます。且つ聖人との信者関係を断絶する祈請文を提出することを要請します。これを拒めば所領を没収し、御内から追放すると言う厳しいものでした。頼基が徒党を組み悪口した様子を人々が見たと言う一文は、頼基を嫉む同輩の計略であったのです。早速、問答の顛末と対策を聖人に相談します。これに

応えたのが『頼基陳状』です。

□『兵衛志殿御返事』（二四八）

六月一八日付けで宗長に宛てた書状です。真蹟一紙が京都本国寺に所蔵されます。弘安四年の説がありますが花押の形態から建治三年とします。聖人の書簡の中でも最も短いもので金銭の布施を受領し、題目を一唱されて恭しく御宝前に奉安する気持ちを伝えます。使者が気候や帰る時間等の事情で急いだため、早々に受け取りの礼状を書かれた様子が窺えます。「青鳬五貫文送給了。奉唱南無妙法蓮華経一返事。恐々」（一三四五頁）。頼基から桑ヶ谷法難の相談はありませんが、三位房は身延に登っていたので問答の報告はされていたはずです。

□『頼基陳状』（二四九）

系年は六月二五日になっていますが、これは頼基が主君の命令文書である下文を受け取り、早速、陳情を書いた意図で記されたものです。書状が身延に着いたのが二七日の酉刻（午後六時）です。経緯から『類纂』の七月の書簡と推定されます。（小松邦彰稿「日蓮遺文の系年と真偽の考証」『日蓮の思想とその展開』所収一〇六頁）。

前述のように六月九日に弟子の三位房が龍象房と問答しました。これにより頼基は連座したと言うことで、主君から法華経の信仰と聖人への帰依を止めなければ、二箇所の所領を没収すると改心を迫られます。祈請文を書かせて誓わせようとしました。同輩からすれば頼基の強信は竜口法難の経歴から承知のことで、問答の様子を捏造して左遷することが狙いでした。頼基は直ちに経緯と不退の信仰心を記して対処を求めました。頼基に代わって弁明の陳述を記したのが本書です。

真蹟はなく日興の写本二種が北山本門寺に所蔵され『三位房龍象房問答記』と称します。草案本と再治本の両書に長短があり比較対照する必要があります。(『日蓮聖人御遺文講義』第一〇巻三〇九頁)。草案本は未再治本と呼び、未再治本は重須談所の初代学頭である日澄（一二六二～一三一〇年）の書写とされます。再治本は日興の書写になります。注目されるのは上行自覚を闡明にされた再治本です。つまり、『頼基陳状』の草案を再治されたとき、「上行自覚」の文を敢えて書かれたと判断できるからです。ここに貴重な遺文と指摘されます。（菅原関道稿「重須本門寺所蔵の『頼基陳状』両写本について」『興風』第一五号一六三頁）。

◯　龍象房と良観

龍象房との「桑ヶ谷問答」は「良観は又一重の大科の者なれば」（『崇峻天皇御書』一三九一頁）とあるように良観の仕業でした。光時は寛元四（一二四六）年に時頼に対抗して宮騒動を起こし、伊豆の江間に流され幕府内の職を失いました。その弱みに付け込んだのです。龍象房は建治元年四月二七日に叡山の衆徒が東光寺に集会し、犬神人を遣わして住房を焼き払っていました。（三枝暁子著『比叡山と室町幕府』二五五頁）。叡山を追放された者だったのです。理由は人肉を食べることが発覚したからです。『秋元御書』によると、「龍象房が人を食ひしは万が一（ひとつ）顕れたる也。彼に習ひて人の肉を或は猪鹿に交え、或は魚長に切り雑へ、或はたたき加えすし（鮨）として売る。食する者不知数」（一七三五頁）と言う人物でした。当時の困窮が窺えますが、その後、鎌倉に入り巧みな弁舌で釈尊のように崇められたのです。（一三四六頁）。良観は龍象房の為に住房を造り、事件の準備を設え機会を待っていたのが「桑ヶ谷問答」です。本書の末文に良観は頼基を陥れたと述べます。

「今又龍象・良観が心に用意せさせ給いて、頼基に祈請を書かしめ御座さば、君又其罪に当らせ給はざるべしや。如此道理を不知故歟。又君をあだし奉らむと思故歟。頼基に事を寄せて大事出さむとたばかり候人等御尋あて可被召合候」（一三六〇頁）

と、良観を謀略者（「たばかり」）の主犯と見ます。頼基と敵対する同僚（「只頼基をそねみ候人」一三五二頁）を利用して、主君から勘当されるように謀略（「つくり事」）したのです。この同僚の憎悪については『四条金吾釈迦仏供養事』（一一八六頁）に述べており、頼基への心配が『四条金吾殿御返事』（一三〇一頁。一三六一頁）に見えます。

冒頭に、六月二五日に江間氏の家臣である島田入道と山城入道の二人が、御下文を届けたと記しています。この下文に龍象房の説法の場に徒党を組み兵仗を帯して臨んだとする文章があります。これについて虚言と弁明します。そして、進言した者と公場にて真偽を糾すことを願い出ます。

「去六月二十三日御下文。島田左衛門入道殿・山城民部入道殿両人の御承として同二十五日謹拝見仕候畢。右仰下之状云、龍象御房の御説法の所に被参候ける次第、をほかた穏便ならざる由、見聞の人遍一方ならず同口に申合候事驚入候。徒党仁其数帯兵杖出入云云。此條無跡形虚言也。所詮、誰人の申入候けるやらん、御哀憐を蒙て被召合実否を糾明せられ候はば可然事にて候」（一三四六頁）

龍象房が満座の聴衆に不審があるなら質問を受けようと言ったので、三位房が法門について質疑した経緯を述べます。頼基は公務のため同行できなかったが、法門と聞いたので公務を終えてからその場に行った。しかし、自分は在俗の者であり一言も発言しなかったので、悪口を放ったと言うことはあり得ないとします。

問答の内容にふれます。三位房は仏教は釈尊一仏の教えであるから、大事な教えは一経であり宗派も一宗に限られるのではないかと問います。それなのに弘法は大日経、慈恩は深密経、澄観は華厳経、嘉祥は般若経、善導と法然は念仏、禅宗は教外別伝として各宗の見解が違うと述べます。釈尊の教えでは「世尊法久後要当説真実」と法華経が真実であると説き、多宝仏は法華経が真実であると証明し、十方分身の諸仏も広長舌を出して法華経が真実であると証明されていると示します。法華経を戯論の法とした弘法と、捨閉閣抛とした善導と法然と、釈迦・多宝仏・十方諸仏の三仏の見解とは水火雲泥の違いがあるとして、どちらが真実であるのか。特に法蔵比丘の四十八願のうち、第十八番の「設我得仏唯除五逆誹謗正法」の文を挙げ、法華経を誹謗する者は堕獄すると譬喩品の説かれていることからして、善導・法然並びに今日に至る末弟達も、悪道に堕ちるのではないかと質問したのです。仏弟子ならば「依法不依人」の教えに従い人師の誤りを正すべきと述べたのです。

この質問によせて、三位房は聖人と共に竜口において斬首を覚悟し、法華経の為なら身命を惜しまない心構えを披露します。龍象房はこの迫力に怖じけたのです。返答に困窮している姿を見て、これ以上、法論すべき智者ではないと座を立ちます。聴衆は三位房に法門を説いてくれるよう留めますが、やがてその場から帰った事実を述べます。このように経緯を明かし悪口等の悪行は無いとして、その場には頼基を知っている者が多数いたので、それらの者にも証言を得て謀略した者を究明したいと重ねて願います。

次に、下文に指摘された「極楽寺の長老は世尊の出世と奉仰」（一三五二頁）とあることは承服できないと反論します。上行菩薩である聖人を竜口斬首・佐渡流罪に処したのは良観の所行であり、戒律を日夜に説く良観が殺罪を企てたことは、自語相違の天魔が入った者であるとします。

「其故は、日蓮聖人は御経にとかれてましますが如くば、久成如来の御使、上行菩薩の垂迹、法華本門の行者、後五百歳の大導師にて御座候聖人を、頚をはねらるべき由の申状を書て、殺罪に申行はれ候しが、いかが候けむ死罪を止て佐渡の島まで遠流せられ候しは、良観上人の所行に候はずや。其訴状は別紙に有之。抑生草をだに伐べからずと六斉日夜説法に被給ながら、法華正法を弘むる僧を断罪に可被行旨被申立者、自語相違に候はずや如何。此僧豈天魔の入れる僧に候はずや。但此事の起は良観房常の説法云、日本国の一切衆生を皆持斉になして八斉戒を持せて、国中の殺生、天下の酒を止めむとする処に、日蓮房が謗法に障られて此願難叶由歎給候間、日蓮聖人此由を聞給て、いかがして彼が誑惑の大慢心をたをして無間地獄の大苦をたすけむと仰ありしかば、頼基等は此仰法華経の御方人大慈悲の仰にては候へども、当時日本国別して武家鎌倉の世きらざる人にてをはしますを、たやすく仰ある事、いかがと弟子共同口に恐れ申候し程に」（一三五二頁）

良観を誑惑の僧、大慢心の僧と批判する見解が見えます。聖人は良観の堕獄の苦を救いたいと言われたが、鎌倉殿の帰依を受けている僧に軽々しく言ってはならないと異口同音に申し上げたとあります。

そして、文永八年六月の祈雨の対決にふれます。良観が雨乞いの祈請が叶わなかったのは聖人の法験に負けたことになります。この恥辱は訴状をもって聖人を死罪にしようと謀った一因と言えるからです。聖人は一丈の堀を越えれない者は二丈三丈の堀を越えることができないように、雨を降らす容易いことができない者が難しい往生成仏ができる訳がないとして、聖人に対する怨みや邪見を反省して帰依すれば、「雨ふらす法と仏になる道をしへ奉らむ」（一三五四頁）と勧誘されました。故に約束の通り弟子となるべきであるのに、還って讒言を増し殺罪を企てたのです。この事実から尊い僧とは言えないと主君に真実を伝えます。

○頼基父子の忠義

次に、「龍象房・極楽寺の長老、見参後は釈迦・弥陀とあをぎ奉る」（一三五五頁）とある下文の見解を述べます。龍象房は京都洛中において人肉を朝夕に食したことが露見し、叡山の衆徒が山王権現の法力によってこの「悪鬼」を退治すべく、龍象房の住居を焼却して誅罰しようとしましたが逃亡しました。鎌倉に人肉を食する悪鬼がいるとして、恐れられた人物こそ龍象房でした。その竜象房を仏のように崇める主君を諫言するのは家臣の忠誠心と述べます。家中の者の不忠の理由を詰問します。

次に、「是非につけて主親の所存には相随はんこそ、仏神の冥にも世間の礼にも手本と云々」（一三五五頁）と、主親の手本にふれます。『孝経』や伝教の『守護国界章』、法華経『涅槃経』、章安の『涅槃経疏』の文を挙げて、主君・父母に不義があれば諫言することが最も大事と述べます。悪を諫めないのは慈悲がなく怨と示します。このことを同僚は無礼と思うかも知れないが、耆婆が阿闍世王に反して釈尊を護ったように、主君を救済する心懸けは同じとして「三徳の仏」（一三五七頁）にふれ、弥陀を敬うことは不孝の所作であり堕獄の原因と述べます。主君に仕える家臣の上下はあっても主君を重んじることは同等であり、頼基も父子二代に亘って忠臣と述べます。寛元四年閏四月の宮騒動にて光時は流罪されます。その時に多くの家臣が心変わりしますが、頼基の父頼員は最後の一人として供奉して伊豆に随行した忠臣でした。頼基も文永九年二月の「時輔の乱」には伊豆から鎌倉の主君の身元に馳せ参じて、自害する八人の一人として忠義を護った家臣と述べます。父子二代に亘る忠臣として主君の現世並びに後世にも随従する忠誠を披瀝します。（一三五八頁）

そこで、後世の成仏に話題を転じます。多くの僧侶が成仏について説き、多くの教えを聴聞した中で、聖人は釈尊から使わされた上行菩薩であること（「釈迦如来の御使上行菩薩」一三五八頁）、それを説く法華経を信じていると述べます。そして、真言宗にふれます。慈覚・智証の浅見のため東寺の弘法に同意し、叡山に真言宗を立てたことは日本亡国の起因と批判します。後白河法皇の時に明雲が真言宗の者になったため、「頭破作七分」の現罰として義仲に殺されたと述べます。また、隠岐法皇の時に禅宗と念仏宗が流布したことにより、天照大神・八幡大菩薩の百王百代守護の誓いが破れ王法が尽きようとします。そのため義時に国務を任せたと述べます。しかし、その結果、鎌倉にも三宗が入り込み幕府要人も帰依しました。諸天善神が怒り前代未聞の天変地異を現じて諫めても改心しません。そのため隣国の王に命じて法華誹謗の者を治罰します。これには日本守護の天照大神も八幡大菩薩も力が及びません。これを知り諫暁しているのは聖人一人と述べます。

頼基は主君のために法華経が勝れていること、謗法の罪過の恐ろしさを弁明したのです。その頼基を讒言する者は不忠の者であり、頼基を罷免すれば主君は即刻に無間地獄に堕ちるとして、それでは頼基一人が成仏しても喜ばしいことではないと忠誠心を示されます。

○　起請文を書かない理由

主君が帰依している良観の戒律を批判します。富楼那が浄名居士から小乗の戒律は無意味と破折されたこと、文殊も小乗の空理を説こうとして、鴦掘摩羅から蚊や虻のように真空の義を知らないものと批判され、釈尊は小乗の戒を驢乳と蝦蟇に譬えたことを挙げます。伝教が小乗戒を批判すると、鑑真の末弟である護命は悪口と奏申したが、経文に説かれていたので南都の奏状は棄却され、叡山に大乗戒壇が建立された事実を述べます。つまり、良観が説く戒律は既に小乗戒として無用なことを示したのです。

「頼基が良観房を蚊・蚋・蝦蟆の法師也と申とも、経文分明に候はば御とがめあるべからず。剰へ起請に及べき由蒙仰之條、存外に歎入候。頼基不法時病にて起請を書候程ならば、君忽に法華経の御罰を蒙せ給べし。良観房が讒訴に依て釈迦如来の御使日蓮聖人を流罪奉しかば、聖人の申給しが如く百日が内に合戦出来て、若干の武者滅亡せし中に、名越の公達横死にあはせ給ぬ。是偏に良観房が失ひ奉たるに候はずや」（一三六〇頁）

祈請文を書くことは主君を法華誹謗の者として罰を受け堕獄することになるので、断じてその罪を受けさせることはできないと述べます。文永八年に良観が讒訴したことにより聖人は流罪に処せられました。これにより予言の通り自界反逆の難が百日の内に的中して「二月騒動」が起きます。鎌倉では光時の弟である時章や教時が横死に遭います。これらの騒動の元凶は良観が聖人を迫害したことと断言して主君を諫めます。良観の謀略に加担すれば主君も同罪となり、これを背後で姦計している者がいるので、それらの人物を捜し出し頼基と対面させて糾明することを切望して文を終えます。

本書から忠臣としての頼基の人間性が窺えます。良観を批判することは主君を重んじてのことであり、忠誠心は今生だけではなく死後においても続くことを強調します。理路整然と語る論調は説得力があり、聖人の巧みな論法を知ることができます。この『頼基陳状』を頼基の使いに持たせ帰らせ、主君に提出する機会を待っていましたが、逼塞中に主君が病気に罹り治療を頼まれることになります。病気が治癒した功績により勘気が解け、この陳状は主君に提出されることはありませんでした。

□『四条金吾殿御返事』（二五〇）

○頼基の決意を賞賛

頼基から下文の緊急の相談があり、その対処として『頼基陳状』を執筆した経緯を述べます。主君に提出する時期や日常の留意すべきことを指導されます。系年は七月とあります。『不可惜所領事』とも称し、真蹟は断片二紙が大分常明寺、野呂妙興寺に散在します。

頼基は祈請文を書かずに聖人に随う意思を示します。その態度を三千年に一度咲く優曇華の花が咲いたのを見たように、赤栴檀の双葉のように芳しいと伝えます。菩薩の証悟を得た舎利弗であっても、末法の大難は忍び難いと辞退したのであるから、頼基は末代には有り難き法華経の行者と賞賛されます。聖人自身は行者としての道を歩む覚悟はできているが、頼基のように家族をもつ在家の身としては忍び難いと案じます。

「設日蓮一人は杖木瓦礫悪口王難をもしのぶとも、妻子を帯せる無智の俗なんどは争か可叶。中中信ぜざらんはよかりなん。すへとをら（通）ず、しばし（暫時）ならば人にわらはれなんと不便にをもひ候しに、度々の難・二箇度の御勘気に心ざしをあらはし給だにも不思議なるに、かくをどさるるに二所の

所領をすてて、法華経を信じとをすべしと御起請候事、いかにとも申計なし」（一三六一頁）

法華経の信仰をしなければ良かったと思うのではないか。退転したなら人々から嘲笑されると心配されました。しかし、頼基は竜口首座に付き従った者でしたので、この度も二箇所の所領を捨てて聖人に随う決心をされます。その信心は上行菩薩が頼基の身に入れ替わったようであり、釈尊の計らいと思われたのです。もし、頼基が祈請文を書けば、これに乗じて良観一味は聖人の弟子や信徒に触れ回って攻め、教団が壊滅に追い込まれただろうと頼基の決意を高く評価されます。

「彼の御内の人人うちはびこつて、良観・龍象が計ひにてやぢやう（定）あるらん。起請をかかせ給なば、いよいよかつばら（彼奴原）をごり（驕）て、かたがたにふれ申さば、鎌倉内に日蓮が弟子等一人もなくせめうしなひなん。凡夫のならひ、身の上ははからひがたし」（一三六二頁）

頼基は子供（男子）がいないし頼みとする兄弟もいない。あるのは、わずか二か所の領地であるが、所領を没収されて乞食になっても法華経に傷をつけてはならないとして、陳状に書いた通りの行動を促します。十羅刹女の計らいと思って甘受するように諭します。

○禍が転じて福となる

聖人自身においても佐渡流罪の禍福について、流罪されずに鎌倉にいたならば二月騒動の内乱に紛れて、名越の時章や教時兄弟と同じく殺害される危険性があったと捉えます。頼基の今回の件も主君に近習していたら何等かの危害が考えられたので、釈尊がこのような下文を出させるように計らったと受けとめるように教えます。

「日蓮はながされずして、かまくら（鎌倉）にだにもありしかば、有しいくさに一定打殺されなん。此も又御内にてはあしかりぬべければ釈迦仏の御計にてやあるらむ」（一三六三頁）

陳情の原案を身延にいた三位房に持たせようとしたが、病気なので代わりの弟子（不明）を派遣したと伝えます。草案を大学三郎か滝の太郎、常忍の誰かに、時間に余裕がある時に浄書してもらうように指示されます。この陳状を差し出せば全てが解決するが、急がずに主君の様子を見ること。首謀者に騒がれて事が大きくなれば、事件が世間に知られ幕府にも通知されると指示されます。しかし、陳情の内容が世間に知られれば、頼基への讒言が謀略と証明され、讒言した者や良観・龍象房の恥が露見すると述べます。「わざはひ（災い）の幸はこれなり」（一三六三頁）、つまり、禍が転じて福となると励まされたのです。

奉行人から尋問があった時の留意を述べます。自分から主君と決別するとか所領を返上すると言ってはならないこと。領地を没収され追放されても、法華経に布施すると思えば幸いであると堂々と言い、奉行人に媚び諂う態度はしないこと。所領は主君の病気を治癒した貢献により賜ったものであるから、もし所領を没収するならば病気は再発するが、その時に謝罪しても知らないと言い切って帰るように助言します。

また、寄り合いに出席しないこと、夜中は用心し夜回りの者と親しくするように細心の注意を促します。主君の許しが出たら必ず同輩の者が嫉妬心から殺害を企てるので、決して法華経の信者として見苦しい死に方をしないようにと身辺を心配されます。本書から二ヶ月後の『崇峻天皇御書』に頼基の信頼が回復したと知らせます。後に新たに領地が与えられます。この頃、鎌倉では公場対決への働きを進め教域を拡張しています。

□『鼠入鹿事』（二五一）

建治三年頃の書簡とされます。二紙断簡で二紙目の後半が欠失して宛て先不明です。『常師目録』に載せることから常忍宛てとされます。日乾の由来書きがあり京都の立本寺に所蔵されます。常忍から金銭（銭一結）と三年以上貯蔵した熟成の古酒一筒（箇）を供養された礼状です。新たに『定遺』に収録されました。

長く寝かせた酒は貴重とされ高く取引きされました。一筒の量は分かりませんが甕や壷に貯蔵され熟成されました。御家人の酒の消費量が増え幕府の財政が逼迫することを防ぐため、害悪を引き起こすとして建長四年に鎌倉市中における酒の販売禁止。民家所有の酒壺約三万七千の内、一軒一個を残して総て破棄します。諸国の市酒（いちざけ）の停止（ちょうじ）という沽酒の禁を出します。破棄された酒壺の容量は武家屋敷から出土した酒壷から二升から四升とされます。

安房で鼠入鹿と言う大魚が捕獲され、その油を採って鎌倉の家々で使ったところ、異常な臭気がして耐えられなかったと伝えます。鼠入鹿の体長は一七～二〇尋（ひろ）とあります。一尋は約一八三センチなので三〇メートル以上になります。白長須鯨のことと言います。これに関して『扶桑略記』を引き、出羽国にて死んだ魚の遺骸により河、沼の水が堰き止められたこと。また、体長三〇メートル程の二匹の大蛇が海に流れ出て、それに連れて多くの小蛇も流失し、そのため川辺の稲は流され草木を腐らせた事例を挙げます。弘仁年中（八一〇～八二四年）には戦乱のため、墳墓の遺骸の汚水が山河を汚染した事例を挙げます。内典にはこのような悪臭が悪鬼を招く要因と述べます。

後半が欠失しますが、日本国に悪鬼が更に蔓延する危惧と、それに対処すべき警告を発して信心を勧めます。現実の出来事に注意をされ法華信仰を説きます。追って書きから以前にも書状があったことが分かります。七月一四日、後深草上皇の御所六条殿が焼けます。

□『上野殿御返事』（二五二）

「七月十六日」の肩に「建治三年」と日興の書入れがあります。『対照録』は日付けと花押の部分は別の遺文を張り合わせたと見て筆跡、料紙の違いを指摘します。真蹟は二紙完存ですが二紙目の末尾「諸仏を供養し」から磨滅し、大石寺と要法寺に所蔵されます。系年の判定は大宮の造営が建治か弘安の時によります。『対照録』は弘安二年五月頃、『校定』は建治元年とします。時光から麦一櫃、河海苔五條、はじかみ（生姜）六〇束を供養されます。いつもの供養ながらも世間は飢渇し特に大宮造営の費用の負担があり、また、物作りの耕作など幾十許（いくそばく）の自由がないにも関わらず、聖人の生活を案じる志に感謝されます。

そして、聖人の命を支える供養は三世の諸仏を供養することになり、後々には十方の一切衆生を救済する尊い行為と述べます。正法を伝える行者を供養し支えることの意義を窺えます。聖人の病は一二月三〇日に下痢が発症します。本書を同年としますと大量の生姜は薬用として用いたことになります。つまり、下痢の兆候があったことになります。七月二六日に興福寺の金堂・講堂などが落雷により消失しました。（『一代要記』）。

□『弥三郎殿御返事』（二五三）

○浄土宗との法論に備え

八月四日に沼津の斉藤弥三郎に与えた書状とされます。（『日蓮聖人遺文辞典』歴史篇一一四三頁）。『本満寺本』に収録されます。本文中に「所領を惜み」「地頭のもとに」とあることから、斉藤氏は多少の所領を持っていた武士と分かります。斉藤氏より浄土宗との法論に備え、どのように問答すべきかを尋ねられた返書です。故に冒頭に自分は無知の在家の者であるが聖人の教えを聞き尊く思ったことは、との前置きから教えます。

法論の主題を譬喩品の「今此三界皆是我有」の文を引き、釈尊のみが「主師親の三徳」を具えた仏と論じる事から進めます。一徳も持たない弥陀を信仰するのは謗法の罪を作ると述べます。同じ譬喩品の「其人命終入阿鼻獄」の文を引き、堕獄することは必定であると主張します。そして、この罪によって日本国が飢饉・疫病に苦しみ、他国より侵逼されようとしていると説き、これこそが眼前に見る無間地獄とします。

聖人は現実に具現している災難は善神の計らいと知り、仏勅を重んじて国主に諫言したと述べます。しかし、用いられず返って追放され弟子を殺され、自身も疵を蒙り斬罪になるような迫害を受けるのは、国主が法華経を信仰しないためとします。人々の罪が深いために今生には他国に侵略され、後生には無間地獄に堕ちることが決まっていると述べます。以上のことは経文に説かれているから信じるように諭すことを指導します。そして、聖人は住む所を追放され流罪にも耐えた行者であるから、天照大神や八幡大菩薩でさえも聖人を随わせることはできない。度重なる大難に攻められても、臆することなく威厳をもって弘通していると聞いている。このような道筋に沿って法論をしたらよいと教えます。（一三六八頁）

相手の僧侶が反論してきた時の対処を教えます。まず「釈尊三徳」の文が法華経にあるか無いかを問います。また「四十余年未顕真実」の文を挙げて、法華経が他経に勝れていることを説きます。相手が薬王品の「即往安楽世界阿弥陀仏」の文を出したら、釈尊三徳の義を承認させてから説明すること。薬王品の文は『文句記』に説くように法華経を如説に修行する者が往生するのであり、『阿弥陀経』による往生ではないこと。また、浄土は弥陀の西方浄土ではなく、この娑婆こそが浄土であると明かしたのが法華経と述べること。（『開結』五二六頁）

そして、強い信念を持って法論に臨むように指導されます。地頭に召喚されて法論になる事態を想定して、

「構へて所領を惜み、妻子を顧りみ、又人を憑てあやぶむ事無れ。但偏に思切べし。今年の世間を鏡とせよ。若干の人の死るに、今まで生て有つるは此事にあはん為也けり。此こそ宇治川を渡せし所よ。是こそ勢多を渡せし所よ。名を揚か名をくだすか也。人身難受法華経難信とは是也。釈迦多宝十方の仏来集して我身に入かはり、我を助け給へと観念せさせ給べし。地頭のもとに召る事あらば、先は此趣を能能申さるべく候」（一三六九頁）

と、法華経に身命を捨てる覚悟と、諸仏は我が身に入れ代わり、必ず守護することを強く信じるように述べます。過去の勇猛な武士が荒れた宇治川や勢田を渡り、都の戦に臨んだ心境に例えます。決して法華経に汚名を残さないように激励されます。武士の心構えに叶った例えでした。八月に安達泰盛は実朝の供養のために高野山に入ります。『請来目録』『大日経疏』を開版し金剛三昧院に寄進します。（『高野春秋』）。

第三節　池上兄弟と妻の信心

□『神国王御書』（一六八）

○神国日本

末紙が失われているため系年に『定遺』の文永一二年二月説、建治元年説（日諦）があります。ここでは『兵衛志殿御返事』（一三七一頁）に、「神国仏国となりし事ゑもんのたいう（右衛門大夫）殿の御文と引合て心へさせ給へ」と述べた文から、本書は同日に認めて使いの武蔵房円日に託したとする、岡元錬城氏の建治三年八月二一日に宗仲に宛てた説に従います。（『日蓮聖人遺文研究』第二巻一二六頁）。真蹟は四四紙（上巻二一紙、下巻二三紙）現存する長編の著述です。第二二紙の最後の六四文字（二三紙上）と末尾（四四紙）が欠失します。京都妙顕寺に所蔵され重要文化財に指定されます。

構成を三段とし内容を六段に分け、添え書き（別紙）を入れて七段に細分することができます。（『日蓮聖人遺文全集講義』第一七巻七八頁）。独自の国家・神祇観が注目される著述です。ここでは七段とします。

1、神国日本。冒頭に日本国の国名・領土とその国主について述べます。日本には五畿七道があり国主に天神七代・地神五代の神々があり、天皇を中心とした神国と述べます。欽明天皇の時に仏教が渡来したことを掲げ、歴史的な見地から仏教各宗の伝来と、伝教・弘法・円仁・円珍の四大師の宗旨を述べます。この主眼は円仁・円珍による真言化を指摘することにあります。

2、仏国土・神国の疑念。安徳天皇、承久の乱の三上皇の敗退にふれ、八幡大菩薩の百王守護の誓いの疑問を呈します。仏教に疑問を持ち顕密二道を研鑽された動機、出家の動機となった「承久の乱」の仏教的な見解を究明されます。そして、法華経の明鏡・神鏡から見ると、この元凶は真言宗の邪法・謗法とします。四天皇が真言師に帰依したため善神の怒りによる朝廷側の敗北とみます。

3、善神を諫暁。諸宗の謬りと正しい信仰を国主に説いても、逆に聖人を怨み朝敵のように配流したと述べます。謗法は亡国の原因であり蒙古襲来はその現証と述べます。法華経の行者を述べ法華経の文が真実なら善神は怠慢なく行者を守護すべきと厳格に規定します。

最初に、日本の古来の呼び方として水穂国・野馬壹・秋津嶋・扶桑を挙げます。水穂国は『古事記』に「豊葦原千秋長五百秋之水穂国」とある略称です。『日本書紀』には「豊葦原の千五百秋の瑞穂の国」とあり、稲が千年も五百年も長く美しく栄える国と言う意味から、真美穂国・豊葦原瑞穂国と言い神代の国名です。野馬壹は日本の古称で、最古の記事は陳寿（二三三～二九七年）の『魏志倭人伝』にある「邪馬台国」の記述です。『日本書紀』に「大日本（おほやまと）日本、此をば耶麻謄（やまと）と云う。下（しも）皆此に効（ならえ）」とあり、『続日本後紀』巻一九、嘉祥二（八四九）年三月庚辰の条に、「日本乃野馬壹」と野馬壹が古代では日本の別名であったことが分かります。文字は大和・日本・倭と書きます。

秋津島は『日本書紀』に神武天皇が大和国の山頂から国見をされた時、国の形状を蜻蛉（あきず。トンボ）の「あきつの臀呫（となめ）の如し」と表現されます。「あきつ」トンボ（蜻蛉）の別称で雌雄が互いに尾を含みあい、輪になって飛んでいる姿に似ていると見たのです。そこから「秋津洲」の名を得たと言います。また、『古事記』に雄略天皇の腕に乗ったアブ（虻）を食い殺したトンボの記述があり、「倭の国を蜻蛉島（あきつしま）と」呼んだとあります。また、「アキ」とは稲のことで、秋津州（あきつしま）は陸奥国から長門国迄の本島を指したと言います。「アキズ」は大和国葛上郡部室村（御所市室）の地名で、「シマ」は国や地方と同義であることから、大和国周辺から国全体を総称するようになったと言います。水穂国・野馬壹・秋津嶋に共通するのは稲の豊作を象徴していることです。「稲」（米）は大和朝廷の政治基盤であり、稲作を基盤とする社会体制を知ることができます。日本の神道は稲と深い関わりがあります。

扶桑は古代中国の伝説にある東方海上にある島国です。東方朔（前一五四～前九三年頃）の『十洲三島記』等に記述されます。東方朔は中国の前漢の文人で、唐代の詩人李白は「世人不識東方朔、大隠金門是謫仙」と称讃します。『山海経』には遠い東海上に立つ巨木であり、そこから太陽が昇るとあります。『梁書』以降は東海上の島国とされました。巨木伝承は桑の木が多く九州（九夷）が扶桑の生所で紫庭として憧れの地となります。中国から見て日が出る方向を指すことが加味され扶桑は日本の異名となります。（『扶桑略記』の標題）

そして、日本は六六ヶ国に壱岐・対馬を併せた六八ヶ国からなり、神代一二代以来、百代に及ぶ人王によって統治されます。神世十二代は天神七代と地神五代を言います。天神とは日本神話で天地開闢の初めに現れた七代の天神。日本書紀では、一、国常立尊（くにのとこたちのみこと）。二、国狭槌尊（くにのさつちのみこと）。三、豊斟渟尊（とよくむぬのみこと。以下は対偶神で二神で一代と数えます）。四、泥土煮尊（ういじにのみこと）・沙土煮尊（すいじにのみこと）。五、大戸之道尊（おおとのじのみこと）・大苫辺尊（おおとまべのみこと）。六、面足（垂）尊（おもだるのみこと）・惶根尊（かしこねのみこと）。七、伊弉諾尊（いざなぎのみこと）・伊弉冉尊（いざなみのみこと）の七代。地神五代は神武天皇以前に日本を治めた五柱の神を言います。一、天照大神。二、天忍穂耳尊（あまのおしほみみのみこと）。三、瓊瓊杵尊（ににぎのみこと）。四、彦火火出見尊（ひこほほでみのみこと）。五、鸕鷀草葺不合尊（うがやふきあえずのみこと）のことです。

人王とは天皇のことで初代の神武天皇から始まります。そして、欽明天皇の時に百済から伝わった仏教と天皇との関連を述べます。三四代推古天皇の時に三論宗が渡り仏教が盛んに広まったとし、三六代皇極天皇の時に禅宗、四〇代天武天皇の時に法相宗、四四代元正天皇の時に大日経、四五代聖武天皇の時に華厳宗、四六代孝謙女帝の時に律宗と法華宗が渡り、五〇代桓武天皇の時に伝教が南都六宗を法華宗に帰属させたと述べます。

弘法は伝教が入滅して一年後に、五二代嵯峨天皇より東寺を賜り護国教王院と名付けます。そして、慈覚・智証を加えた四大師を挙げ、日本に真言宗は八派あるとして、東寺の五派（弘法・常暁・円行・慧運・慧海）は弘法を元祖とし、天台の三派（伝教・円仁・円珍）は伝教を元祖とすることを述べます。この二つは東密と台密と呼ばれる日本真言密教の二派となります。ここ迄は仏教伝来と叡山が真言密教を取り入れたことを述べます。

○　仏国土・神国の疑念

4、神国日本の天皇が敗退した理由を究明します。ここには、国家は仏法に護られ天皇は高徳の賢人とする思想があります。この視点から出家の動機となった寿永・承久の乱にふれ、その原因とした「真言亡国」を述べます。まず、安徳天皇が頼朝に追撃され、三上皇が義時に攻められ配流されたことの疑念を述べます。

「此に日蓮大に疑云、仏と申は三界の国主、大梵王・第六天の魔王・帝釈・日・月・四天・転輪聖王・諸王の師也、主也、親也。三界の諸王は皆は此の釈迦仏より分ち給て、諸国の総領・別領等の主となし給へり。故に梵釈等は此の仏を或は木像、或は画像等にあがめ給。須臾も相背かば、梵王の高台もくづれ、帝釈の喜見もやぶれ、輪王もかほり（冠）落給べし。神と申は又国々の国主等の崩去し給るを生身のごとくあがめ給う。此又国王国人のための父母也、主君也、師匠也。片時もそむかば国安穏なるべからず。此を崇むれば国は三災を消し七難を払、人は病なく長寿を持ち、後生には人天と三乗と仏となり給べし」（八八一頁）

世界は三界の国主である釈尊に統治され、釈尊の命令を承けて梵天・帝釈・四天王・三光天子等の善神が国土を守護し日本国も守られます。国主が崩御された後に祭祀されたのが神で、国民にとって主師親の三徳を備えた神として尊崇します。国主に背けば国土は戦乱となり、神を尊崇すれば国土に三災七難は起こらず、国民は無病長命の人生を享受し、後生には仏果を得るのが常道と述べます。しかも日本国は一閻浮提の中でも、インドや中国に勝れた大乗の流布する国であり、天照大神や八幡大菩薩に守護された国ではないかと疑問を呈します。

○　諸天善神を諫暁

そこで、天照大神は内侍所（賢所）にある明鏡（八咫鏡）に御魂を宿し内裏（宮中）に祭祀され、八幡大菩薩は自身の宝殿を出て常に天王を守護すると大願を立てたことを挙げます。山王（日吉神社）を始めとした全ての神社も昼夜に日本国を守護し、朝夕に国家を見守ると述べます。ならば神武天皇より已来百王に至る迄は、如何なる事があっても天皇の玉体は安全で、王位が奪われることはないと神祇観を表白します。なぜなら叡山・七寺・東寺・園城等は天長地久・玉体安穏を祈り、四天王・天照大神、百王守護を誓った八幡大菩薩は天皇を護るからです。

「其上八幡大菩薩は殊に天王守護の大願あり。人王第四十八代に高野天皇の玉体に入給て云、我国家開闢以来以臣為君未有事也。天之日嗣必立皇緒等［云云］。又太神付行教云、我有百王守護誓等［云云］。されば神武天皇より已来百王にいたるまではいかなる事有とも玉体はつゝがあるべからず。王位を傾る者も有べからず。一生補処の菩薩は中夭なし。聖人は横死せずと申。いかにとして彼々の四王は王位をいをとされ、国をうばわるるのみならず、命を海にすて、身を嶋々に入給けるやらむ。天照太神は玉体に入かわり給はざりけるか。八幡大菩薩の百王の誓はいかにとなりぬるぞ」（八八三頁）

そして、叡山の座主が頼朝調伏の祈祷、北条氏調伏の祈祷をした大法を挙げます。しかし、結果として安徳と隠岐と阿波・佐渡等の天皇は、なぜ家来に殺され流罪にされたのか。これは聖人が幼少時から懐いてきた疑問でした。この疑問を解く鍵として仏法を選ばれたのです。

「而に日蓮此事を疑しゆへに、幼少の比より随分に顕密二道並に諸宗一切経を、或は人にならい、或は我と開見し、勘へ見て候へば、故の候けるぞ。我が面を見る事は明鏡によるべし。国土の盛衰を計ことは仏鏡にはすぐべからず。仁王経・金光明経・最勝王経・守護経・涅槃経・法華経等の諸大乗経を開見奉候に、仏法に付きて国も盛へ人の寿も長く、又仏法に付て国もほろび、人の寿も短かるべしとみへて候。譬へば水は能く舟をたすけ、水は能く舟をやぶる。五穀は人をやしない、人を損ず。小波小風は大船を損ずる事かたし。大波大風には小舟やぶれやすし。王法の曲は小波小風のごとし。大国と大人をば失がたし。仏法の失あるは大風大波の小舟をやぶるがごとし。国のやぶるゝ事疑なし」（八八五頁）

顕教・密教の教えの違いや諸宗の教義、一切経を研鑽した結果は、仏法に方便と真実があり、真実の法華経を信仰しないため国土や人々に盛衰が起きるという道理でした。それを「仏法の失」により破国すると述べます。その証文は仏記として『守護国界経』の阿闍世王受記品を引きます。ここに末代には悪法・悪僧が国を滅ぼすと説きます。具体的には漏尽通等の六神通を得た羅漢のように、三衣を皮のように身に纏い、鉄鉢を眉間まで持ち上げて生き仏のように敬われている僧が、実には正法を失うと説きます。悪法・悪僧が蔓延り「仏法の失」である謗法が生じた時は、梵釈日月四天が怒りを露わにし、その国に大天変・大地夭等を発して諫める。それでも法華経を信用しなければ国内に七難を起こし、父母兄弟王臣万民互に大怨敵と化して争乱し、他国よりその国を討伐すると説くことを挙げます。

この未来記である証文を明鏡に喩えるのは聖人の特徴です。明鏡の中でも法華経は過去・未来の人々の成仏や、国土の栄枯盛衰を明らかにする「神鏡」と表現します。この神鏡に日本国の盛衰が映し出されるのです。

「今日蓮一代聖教の明鏡をもつて日本国を浮見候に、此の鏡に浮で候人々は国敵仏敵たる事疑なし。一代聖教の中に法華経は明鏡の中の神鏡なり。銅鏡等は人の形をばうかぶれども、いまだ心をばうかべず。法華経は人の形を浮るのみならず、心をも浮べ給へり。心を浮るのみならず、先業をも未来をも鑑給事くもりなし」（八八六頁）

神力品の「於如来滅後知仏所説経因縁及次第随義如実説。如日月光明能除諸幽冥斯人行世間能滅衆生闇」の文を引き、末法に仏教の浅深・勝劣・次第を弁えた一人の智者が現われ、正しい教えを説くと解釈します。しかし、邪悪な僧侶は保身のため、その智者を国主に讒訴し人々を扇動して誹謗させると述べます。これは、聖人を迫害した頼綱や良観のことを指します。謗法の者が充満し行者を迫害した時に、善神が治罰の為に国を諫めると定論を述べます。この元凶は善無畏・金剛智・不空の邪見であり、日本では三大師が真言の邪教を用いたことが原因と指摘します。

そして、叡山五五代の明雲座主、八一代安徳天皇の時に叡山は完全に真言宗に同化したと述べます。六一代の顕真（一一三〇～九二年）は法然の専修念仏を信じて念仏三昧に耽ります。北条氏の調伏祈祷をした慈円は、六二・六五・六九・七一代の座主となりますが法華経を捨てたと述べます。このような謗法の者は諸仏の怨敵であり善神は必ず懲罰するとします。ここに、天照大神・八幡大菩薩の守護も破綻したと見ます。日本国を守護すべき天照大神も、百王守護を誓った八幡大菩薩も、真言の邪法の蔓延により守護を放棄したと見ます。これを「善神捨去」と言います。（八九〇頁）

5、聖人はこれを防ぐため諫暁しました。しかし、これに反して時頼や時宗は頼綱や良観の意見を聞き、正法を説く聖人を罪人として排斥したことを述べます。国主は一人の意見であっても賢明に真実を判断すべきなのです。その先例として天台・伝教が国主から庇護されたことを挙げ、自身は二度の流罪等の迫害を受けたことを比較したのです。行者を迫害すれば必ず他国侵逼と言う「現罰」（八九一頁）があると述べます。それがなければ聖人は法華経の行者ではないとして、自身こそが無間地獄に堕ちると述べます。「後五百歳広宣流布」の金言を忠実に実行して、法華経の行者であることが証明されるのは悦ばしいが、他国に侵逼されて国民が修羅道に苦しむことは悲しいと述べます。

6．そして、過去に受けた鎌倉市中を引き回しにあい流罪されたこと、松葉ケ谷草庵を襲撃された悲しい事実を述べます。

「此は教主釈尊・多宝・十方の仏の御使として世間には一分の失なき者を、一国の諸人にあだますのみならず、両度の流罪に当てゝ、日中に鎌倉の小路をわたす事朝敵のごとし。其外小菴には釈尊を本尊とし一切経を安置したりし其室を刎こぼちて、仏像経巻を諸人にふますのみならず、糞泥にふみ入れ、日蓮が懐中に法華経を入まいらせて候しをとりいだして頭をさんざんに打さいなむ。此事如何宿意もなし。当座の科もなし。ただ法華経を弘通する計の大科なり」（八九二頁）

草庵に押し入って釈尊像や法華経の経本を乱雑に扱い、聖人の頭をも何度も打ちつけたのです。これを指示したのは頼綱です。罪科があっての捕縛ではなく法華思想への抵抗であり、法華経を弘通することへの弾圧でした。迫害があることは法華経に予言され、覚悟を決めたことなので受難に耐えられたのです。忍難慈勝の精神がここにあります。しかし、行者を守護すると誓った善神は聖人を護らないで何をしているのかと問います。法華経の会座に連なる梵天・帝釈・日月・四天王・龍王・阿修羅と、欲界・色界の八番（八部衆）や無量の国土の善神が霊山に集まり、釈尊や多宝仏の御前にて宣誓したことは偽りであったのかを厳しく問います。八部衆とは序品に説かれている雑衆の中の、欲界天・色界天・龍王・緊那羅・乾闥婆・阿修羅王・迦楼羅・人王民衆を言います。このような筆致は『開目抄』の大きなテーマの一つでした。聖人の「一期の大事」（五六一頁）であったのです。

本書にも二処三会の会座において菩薩は法華弘通を誓い、善神は行者を守護すると誓った経文を挙げます。善神が聖人において善神の守護は釈尊との誓いであり、法を遵守すべき仏弟子としての責任感から述べます。この属「如世尊勅当具奉行」（『開結』五〇九頁）と誓言した約束を、釈尊の御前において問い糺されるのです。この属累累品の文は菩薩に法華弘通を付属したものです。しかも菩薩は釈尊より頂を撫でられての摩頂付属です。それに答えて菩薩が三度、誓った約束の言葉です。属累品に「十方無量分身諸仏坐宝樹下師子座上者及多宝仏並上行等無辺阿僧祇菩薩大衆舎利弗等声聞四衆及一切世間天人阿修羅等聞仏所説皆大歓喜」と説きます。

つまり、善神は菩薩の発誓を目の当たりに見聞し、弘教は出来ないが法華弘通の菩薩を守護すると誓ったのです。『開目抄』（五八二頁）は「五箇の鳳詔」を引きます。そして、「六難九易」を色読する認識に滅罪と不惜身命の行者を証明されます。本書にも諸天守護の追求は続いて行われているのです。善神の守護がなくても、それは今生の一時の嘆きに過ぎない、「日蓮がためには一旦のなげきなり」（八九三頁）と述べます。本当に嘆かわしいのは善神が誓いを破り天上界の果報を失うことと述べます。善神へ諌暁されたのです。

「なによりもなげかしき事は、梵と帝と日月と四天等の、南無妙法蓮華経の法華経の行者の大難に値をすてさせ給て、現身に天の果報も尽て花の大風に散がごとく、雨の空より下ごとく、其人命終入阿鼻獄と無間大城に堕給はん事こそ、あわれにはをぼへ候へ。設彼人々三世十方の諸仏をかたうどとして知ぬよしのべ申し給とも、日蓮は其人々には強かたきなり。若仏のへんぱをはせずば梵釈日月四天をば無間大城には必ずつけたてまつるべし。日蓮が眼と口とをそろしくばいそぎいそぎ仏前の誓をはたし給へ」（八九三頁）

と、行者を守護すると誓った善神に釈尊に造反した大罪を告げます。譬喩品に「其人命終入阿鼻獄」と説かれた堕獄は、「不信謗法」だけではなく、善神が誓言を不履行したことに向けます。その上で誓言を果たすようにと、善神への勧奨を強い言葉で述べます。

7、末尾が欠失しているため後は不明です。善神に要請されたことも不明ですが、時勢からして蒙古に関してのことと思われます。別紙の追い書きに供養の品（麦一櫃。銅銭二貫文。若布・搗布・みる一俵。干飯一袋・焼き米一袋、そのほか）への謝礼を述べます。「みる」は海藻で水松・海松と書き、奈良・飛鳥時代には租税として朝廷へ献納していました。善神諫暁等の大事な教えを書いているので他門に知られないようにと念記されます。この当時、頼基は主従の問題、宗仲は親子の問題を抱えていたので、外部の干渉に配慮されたと思います。

□『兵衛志殿御返事』（一二五四）

○蘇我氏滅亡と中臣・池上氏

八月二一日付けで宗長からの金銭を武蔵房円日が届けた礼状です。円日については『宗祖御遷化記録』にもなく、本書以外には名前が見えないので不明です。池上氏に近い人物と思われます。真蹟は四紙が京都立本寺に所蔵されます。無年号なため建治元年の説がありますが、『定遺』は花押の筆跡から建治三年とします。

皇極天皇の時代に蘇我入鹿が皇位を脅かす程の権威を掴んだので、大兄王子と軽王子が中臣鎌子に相談したところ、昔、馬子が物部守屋を成敗した時に、釈尊の像を造り祈願して成就したので、その例に倣って釈尊を造像したところ入鹿を成敗できたと言う故事を示します。天皇と臣下は共に釈尊の恩恵により権威を継続していること、神国であった日本国が仏国になったことも釈尊の御恩と強調します。蘇我一族が滅んだ例を挙げて、他国侵逼の危険に責められるのは釈尊を粗末にしているからであり、日本国守護の善神に護法の神威が顕われないのはこのためと述べます。

神国と仏国については、宗仲に宛てた書状（『神国王御書』）と、本状の意図を照らし合わせて理解するように述べます。宗仲の父は内面では信仰に和解できず、一一月二四日に再度の勘当となる緊張した時期でした。

○宗仲再勘当の予感

「各々二人はすでにとこそ人はみしかども、かくいみじくみへさせ給は、ひとへに釈迦仏・法華経の御力なりとをぼすらむ。又此にもをもひ候。後生のたのもしさ申ばかりなし。此より後もいかなる事ありとも、すこしもたゆむ事なかれ。いよいよはりあげてせむべし。たとい命に及とも、すこしもひるむ事なかれ」（一三七一頁）

勘当問題で兄弟の仲も破却すると人々は見ていただろうが、二人共に法華経の信仰に励まれることは、全て法華経と釈尊の御力と述べます。このことから後生の成仏は疑いのない嬉しさであり、向後も父親の改心に励み如何なる事態が起きても怯まないように諭します。康光の背後に良観がいるので、再び父子の信仰の対立が起きることを心配されます。それは一一月二〇日の『兵衛志殿御返事』（一四〇二頁）に現れます。

□『富木殿御書』（二五五）

八月二三日付けで常忍から金銭を布施された礼状です。真蹟八紙が法華経寺に所蔵されます。無年号のため建治元年・弘安元年の説があります。全体が漢文で書かれます。佐渡から常忍に宛てた書状は漢文が多く、身延からのものは半漢・半和文であることから、著作年時を文永一〇年とする説もあります。（『日蓮大聖人御書講義』第一六巻三五二頁）。ただし、本書に慈覚・智証を謗法と批判しており、台密批判が身延期になって本格化することから（『日蓮聖人遺文事典』歴史篇一二七頁）、本書著述は身延期とします。

冒頭に法華経を誹謗する罪により、永く阿鼻地獄に展転することを示します。故に謗法の者と交際してはいけないことから『不可親近謗法者事』と称されます。日本の八宗は謗法となり特に三大師にその罪があるとします。（『撰時抄』「大謗法の根源」一〇五二頁）

○謗法の重罪と「止暇断眠」

謗法の重罪について経論の証文を示します。謗法とは正しい教法に違背することです。法華経、『涅槃経』、賢慧菩薩の『法性論』、竜樹菩薩の『菩提資糧論』を引きます。法華経は譬喩品の「若人不信毀謗此経見有読誦書持経者軽賎憎嫉而懐結恨。其人命終入阿鼻獄乃至如是展転至無数劫」。不軽品の「千劫於阿鼻地獄」。化城諭品「三千塵点」。寿量品「五百塵点劫」の文を挙げて、法華誹謗の罪が永く堕獄の原因になることを示します。しかも無間地獄を免れた後も延々と苦報を受け、不軽軽毀の者は信伏したにも拘わらず、僅かに残った罪のため千劫の間、阿鼻獄に堕ちたことを強調します。五百塵点の久遠下種の時に退大取小した者が、大通結縁の時にも退転し今番の釈尊に至ったことを示します。『涅槃経』は「為悪象殺者不至三悪為悪友殺必至三悪」の文を挙げます。

悪友は正法を誹る者（悪知識）です。この悪知識との悪業により三悪道に赴くことを警戒した文です。

賢慧（堅慧）の『究竟一乗法性論』には、正法を信じないのは過去の謗法の障りによること。智者が謗法と悪知識を恐れる理由は堕獄の因であること。五逆罪は正法を受持することにより罪を脱れるが、誹謗正法による堕獄は無量劫に解脱できないと述べます。竜樹の『菩提資糧論』には、五逆罪による無間地獄の業を百集めても、一つの謗法に及ばないと説きます。これらの経論を挙げて謗法の罪の大きいこと、悪知識を避ける理由を述べます。

そして、賢人は危険なことを察知するように、謗法の罪の重さを知ることができるが、佞人（ねいじん）はできないとします。佞人とは邪見の者、愚人のことです。そして、賢人の天親・馬鳴・吉蔵・玄奘・不空・伝教は、経論章疏に説かれた教えを護って謗法罪を恐れたと述べます。天親（世親）は兄の無着に教化されて、大乗を謗法した罪を悔い舌を割って謝罪しようとしました。馬鳴は脇比丘に化度された時に頭を刎ねて欲しいと懇願しました。吉蔵は般若第一と論じましたが天台に帰伏し、背中に天台を負うて高座に昇らせました。玄奘は入竺して法を護り不空も天竺に法を求め、伝教も『止観』を求めて天台山に渡航されたと述べます。最も恐れることは法華経を戯論と下した謗法に気づかない三大師の末孫であり、持戒の高僧と称されている者と述べます。

次に、三大師を謗法としたことを詰問します。伝教の歴代の弟子や弘法の弟子を経由して四百年の間に、一人として法華経を戯論とすることに異論がなかったのに、なぜ聖人のみが謗法とするのかを問います。この質問を提示されて答えたのが、「以此等意案之我門家夜断眠昼止暇案之一生空過万歳勿悔」（一三七三頁）の文です。つまり、この問難に直接答えないのは、常忍は既に慈覚・智証の謗法（台密）を知っているからです。

聖人の謗法堕獄の問題意識は、幼少の時に見聞した念仏者の臨終時の悪相に始まります。『守護国家論』（九〇頁）には選択集の謗法の理由を論証し対治の方法を明確にすると述べました。本書には法滅の危機を自覚して「止暇断眠」の信仰を勧めたのです。追伸に常忍の近辺にいる教信・乗明などの信者が一箇所に集まって、この書簡を読むように指示されます。謗法堕獄の教えは信仰の肝要と示唆して、謗法の罪を作らないよう日夜、精進すべきと訓戒されます。教信等に一致した教学の理解と異体同心の団結を促されました。

□『日女御前御返事』（二五六）

○「未曾有の大曼荼羅」

八月二三日付け日女御前から本尊供養の布施と、白米一駄（二俵）、菓子（くだもの）等、たくさんの品物を供養された礼状です。『朝師本』に収録されます。日女御前は下総の平賀忠治の女で宗仲の妻とする説があります。供養の金額が五貫文と並外れて多額なこと、「御前」と呼称されることから、富木尼・上野母、領家新尼と同等な立場と窺えます。同名の遺文二書（別称『品々供養事』一九三弘安元年）から夫婦共に篤信で教養があったことが分かります。宗仲は八月二一日に『神国王御書』を受けていました。日女御前が宗仲の妻なら康光との確執の打開を祈った御本尊供養となります。

授与された御本尊は涌出品から属累品迄の、八品に開顕された文字の曼荼羅と述べます。また、「本門の本尊」（一三七四頁）と表現されます。末法に始めて図顕されることは、経文に明白に説示され天台・妙楽も内鑑していたと述べます。本尊である曼荼羅の描写について、

「多宝塔中大牟尼世尊・分身の諸仏すりかたぎ（摺形木）たる本尊也。されば首題の五字中央にかかり、四大天王は宝塔の四方に坐し、釈迦・多宝・本化の四菩薩肩を並べ、普賢・文殊等、舎利弗・目連等坐を屈し、日天・月天・第六天の魔王・龍王・阿修羅、其外不動・愛染は南北の二方に陣を取り、悪逆の達多・愚癡の龍女一座をはり、三千世界の人の寿命を奪ふ悪鬼たる鬼子母神・十羅刹女等、加之、日本国の守護神たる天照太神・八幡大菩薩・天神七代・地神五代の神神、総じて大小神祇等体の神つらなる、其余の用の神豈もるべきや、宝塔品云接諸大衆皆在虚空云云。此等の仏・菩薩・大聖等、総じて序品列坐の二界八番の雑衆等、一人ももれず。此御本尊の中に住し給、妙法五字の光明にてらされて本有の尊形となる。是を本尊とは申也」（一三七五頁）

曼荼羅は多宝塔の中に二仏並座された、霊山虚空会の説相を文字に書き顕したと述べます。大事なのは大衆が釈尊の神通力により虚空に在ることです。諸尊の配置は多宝塔を囲むようにして東西南北に四天王、不動愛染、仏界から地獄界の十界が虚空に集められます。十界の全ての者が中央の妙法蓮華経の五字の功徳によって、「本有の尊形」である仏界を具現することを顕示します。本有の尊形とは方便品の十如実相とし、十界が互具した尊形と述べます。妙楽の『金剛錍論』に十界は必ず身土の上に現れるとした、身土一念三千の尊形と述べます。故に未曽有の大曼荼羅と称します。末法に始めて開顕された曼荼羅本尊とされます。

「経云諸法実相是也。妙楽云実相必諸法諸法必十如乃至十界必身土云云。又云実相深理本有妙法蓮華経等云云。伝教大師云一念三千即自受用身自受用身者出尊形仏文。此故未曽有の大曼荼羅とは名付奉るな

り」(一三七五頁)

○「日蓮が弟子檀那の肝要」

この大事な御本尊を供養する功徳により、曼荼羅の諸尊が日女の周りを囲むように守護すると述べます。そして、信仰の心構えを遊女を家の側に寄せないように、謗法の者(悪知識)に干渉されず防禦するように述べます。この御本尊は南無妙法蓮華経と唱える身心に存在する、これを「九識心王真如の都」(一三七六頁)と説明し、信心による「以信得入」の境地を説きます。久遠より教化されている久遠仏の所証の境界を「九識心王真如の都」と表現します。第九識の阿摩羅識は如来蔵識と言い心の本体であるので心王と言います。仏界としての釈尊です。本門の本尊を一心に信じることにより、本有の尊形になると述べます。つまり、題目を唱えて仏になることです。

ただし、信心にも厚薄・浅深があることに留意しなければなりません。(一三七六頁)。孔子の教えでさえも信じることを一番としている、まして仏法の深理は尚更と言う『止観弘決』を引きます。この信心の一念の強さについて外典の故事を引きます。後漢の光武帝が武将のとき敗走して大河に阻まれます。臣下の王覇は船もないので渡れないと言えず河は凍っていると報告します。光武帝はその言葉を信じたとき河は氷結し無事に渡ることができたのです。また、武将の李広は虎に父を殺されました。草陰の岩を虎と思い弓を射たところ、その硬い石に矢が突き刺さった石虎将軍の例を引いて、必死に信じる一念の大切さを説きます。唱題に五種の修行を具足することを説きます。釈尊と我等と国土が一体となる成仏観です。「以信得入」により宝塔の中に参入し、釈迦・多宝仏の尊顔を拝謁できるのです。

□『四条金吾殿御返事』（二五七）

○仏法は勝負を第一とする

八月以降に頼基に宛てます。『朝師本』に収録されます。内容から『告誡書』『大法東漸書』と称します。主君より下文が届いたのは六月二五日でした。その祈請文の提出を求められていましたが、断固として拒絶し『頼基陳状』提出の時期を見計らっていました。冒頭に、

「御文あらあらうけ給て、長き夜のあけ、とを（遠）き道をかへりたるがごとし。夫仏法と申は勝負をさきとし、王法と申は賞罰を本とせり。故に仏をば世雄と号し、王をば自在となづけたり」（一三七八頁）

と、その後の動向を心配されていたので、信心が変わらない書状に安堵されます。仏法は勝負と言う表現は、頼基の決意が強ければ正しい法華経が勝つのは当然のことで、邪教に負けてはいけないことを意味します。釈尊のことを「世雄」と言うのは最も勇気のある人ということです。（化城諭品「世雄無等倫」『開結』二三六頁）

そして、仏法は王法よりも勝れているから必ず勝つことの事例を挙げます。欽明天皇の時に仏教が伝来した経緯と、蘇我氏と物部氏の崇仏と廃仏の確執にふれます。この時に疫病が流行したため蘇我氏が預かった仏像は、物部氏により壊されます。仏殿も焼かれ僧侶や尼も苔刑に処せられます。しかし、天変地異が起き内裏は焼け、王と蘇我氏物部氏も疫病に罹り、物部氏は苦しんで死去したと述べます。この事件より一九年の間、仏教は用い

られることはなく、敏達天皇、用明天皇の時、蘇我馬子・聖徳太子と物部守屋の戦いが起き、太子は四天王寺を建立することを誓って守屋を討った経緯を書き連ねます。戦勝した馬子は元興寺を建てて釈尊を崇重し、太子は釈尊の像を造って元興寺に祀り橘寺の本尊となります。この本尊が日本で始めて造像された釈尊像と述べます。太子が「十七条憲法」を制定したのが推古一二年四月、翌年の四月に鞍作鳥を仏造工として銅・繡の丈六像を造らせ、推古一四年四月に完成し元興寺金堂に安置します。この年より四月八日に灌仏会が行なわれます。

次に、中国に仏教が伝わった永平七年と同一四年の、道士と仏家の法験記事を引き、呂慧通等の六百人の道士が仏教に帰依し出家したことを述べます。そして、

「されば釈迦仏は賞罰ただしき仏也。上に挙る三代の帝並に二人の臣下、釈迦如来の敵とならせ給て、今生は空く、後生は悪道に堕ぬ。今代又これにかはるべからず。漢土の道士信・費等、日本の守屋等は、漢土日本の大小の神祇を信用して、教主釈尊の御敵となりしかば、神は仏に随奉り、行者は皆ほろびぬ。今代如此、上に挙る所の百済国の仏は教主釈尊也。名を阿弥陀仏と云て、日本国をたぼらかして釈尊を他仏にかへたり。神と仏と仏との差別こそあれども、釈尊をすつる心はただ一なり。されば今の代の滅せん事又疑なかるべし。是は未申法門也。可秘々々」（一三八二頁）

と、欽明・用明・敏達の三人の天皇と、守屋・中臣勝海の二人の臣下は仏敵となったので悪道に堕ち、中国に道士（褚善信・費叔才）と仏僧（摩騰迦・竺法蘭）の争いがあり仏教が勝利した故事を挙げます。仏法は勝負を先とし王法は賞罰を本とすると述べたことに呼応して、頼基も法華経の勝利に導かれることを示唆されたのです。

ところで善光寺の本尊は阿弥陀と言うのは誑惑で、欽明帝の時に百済から渡来した釈尊の銅像と述べます。物部氏が堀江（飛鳥川の西の入り江）に捨てた釈尊像を、信濃の善光が拾い自宅を寺として安置したことに始まります。本体が釈尊であるのに弥陀と偽ることは許されないことです。釈尊を捨てる行為であり国土が滅亡する原因と述べます。そして、聖人の信者も教えに違反すれば蘇我氏のようになると述べます。これは、蘇我稲目・馬子の父子は仏教に貢献はあったが、入鹿の代になり一門が繁栄し奢り高ぶったため、皇極天皇・中臣鎌子により一族が滅ぼされたことを例証とされたのです。また、少輔房・能登房のように、聖人に反して罪を被る事の無いように諭し、祈請文を書かないことを確認されたのです。

また、頼基の性格は短気なので誘導されないように注意します。情け深いので主君から優しい言葉をかけられて、同情し説き伏せられないようにと注意します。鍛えられていない刀は強い火に入れれば溶けてしまうように、、強い信念を鍛えるために前もって注意したと述べます。

「仏法と申は道理也。道理と申は主に勝物也。いかにいとを（愛）し、はな（離）れじと思め（妻）なれども、死しぬればかひなし。いかに所領ををしゝとをぼすとも死ては他人の物、すでにさかへ（栄）て年久し、すこしも惜む事なかれ。又さきざき申がごとく、さきざきよりも百千万億倍御用心あるべし。日蓮は少より今生のいのりなし。只仏にならんとをもふ計也。されども殿の御事をばひまなく法華経・釈迦仏・日天に申也。其故は法華経の命を継ぐ人なればと思也」（一三八四頁）

仏教は人間の生き方、信仰のあり方を説くから、仏教の教えに従えば主君に勝ると述べます。最愛の妻のことや所領を惜しんでも死ねばどうすることもできないとして、頼基はその幸せを充分に受けてきたから、行者としての道を歩むように諭します。鎌倉の信者からの情報により近辺に不穏な動きがあることを察します。身辺の警護を万全に備えるように指導します。聖人の道心は仏になる一念であるが、頼基の安穏を願うのは法華経の法脈を継ぐ大事な人と述べます。

更に、他人と争そわないこと。自宅以外では寄り合わないこと。頼基の兄弟の夜回りの者に力になる者はいないが、法華経の信仰のために屋敷を失った者達であるから、親しくしていれば日夜に守りとなると述べます。(『四条金吾殿御返事』一三六四頁。『崇峻天皇御書』一三九三頁)。多少の咎があっても見ないふり聞かないふりをして見逃すように述べます。主君から法門を乞われても喜んで出向かないように、その時は聖人の弟子に頼んでみましょうかと、温和に答えるように述べます。主君との直接な対話や嬉しそうな表情を見せてはいけないと厳しく指導されます。頼基の態度が高慢と取られることを心配します。周到に注意され不穏な事態になれば先に書いた陳情を呈するように述べ、最後にこの陳情が幕府に知られると騒動になることを覚悟するように述べます。

□『四条金吾殿御返事』(二五八)

真蹟は伝わっておらず系年も不明です。頼基からの本迹論の質問に答えます。迹門は始成仏の説法であるから方便が含まれます。本門は久成仏が開顕された真実教であるから、本迹を相対すると本門が勝れるが、本門と題目を相対すれば末法の機根には題目が勝れると述べます。これは『観心本尊抄』の寿量品の文底である題目五字を肝要としたもので、色心の留難を防ぐのは南無妙法蓮華経の唱題と述べます。

□『仏眼御書』（二五九）

系年と宛て先は不明ですが建治三年八月頃とされます。一紙七行の断片で個人（松平氏）の所蔵です。養珠院夫人感得の旨の日遠の裏書きがあります。釈尊の使いとして仏眼と仏耳を賜って、日本国と人々を救うために法華経を示したが、幕府が用いないため他国より破国に追い込められている。不信謗法の「白癩病」の者が多くいて真実を知る聖人を憎み迫害を続けるので、身延に隠棲（「一人のしる（知）人日蓮をにくみしかば、此山にかくれて候」一三八六頁）されたことを知らせます。

□『兵衛志殿御書』（二六〇）は弘安元年九月九日とします。

□『松野殿御返事』（二六一）

○「在家の御身は余念もなく」

九月九日付けで松野氏から金銭一貫文・油一升・衣一枚・筆十管を供養された礼状です。真蹟は現存せず中正日護の『三宝寺本』に収録されます。返書を急ぐため法門を書くことができないと謝します。在家の者は南無妙法蓮華経と日夜朝夕に唱えることが大事で、唱題の功徳により臨終して寂光の浄土に釈尊と同座できると安心を述べます。追伸に目連樹を十両ほど頂きたいとあります。「むくろじ」とも言い、葉は薄く黄色の花が咲き、実は円く黒色で固いため数珠に使うことがありました。

「在家の御身は余念もなく日夜朝夕南無妙法蓮華経と唱候て、最後臨終の時を見させ給へ。妙覚の山に走り登り四方を御覧ぜよ。法界寂光土にして瑠璃を以て地とし、金縄を以て八の道をさかひ、天より四種の花ふり、虚空に音楽聞え、諸仏菩薩は皆常楽我浄の風にそよめき給へば、我等も必ず其数に列ならん。法華経はかゝるいみじき御経にてをはしまいらせ候」（一三八九頁）

□『崇峻天皇御書』（二六二）

○江馬氏の病気

九月一一日付けで頼基から白小袖一枚・金銭と、常忍に預かった手紙、特に鎌倉の信徒から柿・梨・生ひじき・干ひじきなど様々な供養を受けた礼状です。真蹟の一〇紙断巻は身延曽存で『朝師本』に収録されます。

主君が病気となり治療を行うことになった報告があります。主君は直接には法華経の信仰はしていないが、主君の恩恵で生活をしているから、頼基の供養の功徳は主君の病気平癒の力になると説きます。頼基の信仰は主君に伝わると述べます。大木の下の小さな木や大河の辺の草は雨や水を得ることはないが、大木の露が滴って生きながらえ大河の水気を得て育つのと同じと例えます。また、阿闍世王は釈尊に敵対したが、臣下の耆婆は釈尊を慕い常に供養したので、その功徳を阿闍世王が受けたとして主君との関係を説明されます。

主君が病気になったのは好機とは言え、心を引きしめ短気から軽率な行動をとらないよう注意します。短気により身を滅ぼした崇峻天皇の故事を引くことから『崇峻天皇御書』と称されます。主君の病は頼基を助けるための善神の行いと見ます。「内薫外護」の現証として長患いしていると述べます。

○「内薫外護」

仏法の中に内薫外護という法門があります。衆生に内在している仏性が妄念を払い除けて顕現することを内薫と言います。同時に内薫に対応して外側から衆生に働きかけ、示教利喜することを外護と言います。つまり、衆生の仏性が薫発する内因と外縁の両面のことです。この相互薫習を認める天台・華厳宗と、認めない唯識法相宗との論争を「宗論」と述べます。(『日蓮聖人遺文事典』教学篇九〇八頁)。

不軽品には「我れ深く汝等を敬う」とあり、涅槃経には「一切の衆生は悉く仏性がある」とあり、馬鳴は「真如の法が常に薫習する故に妄心が即滅して法身が顕現する」と説き、弥勒も『瑜伽論』に同じことを説くと述べます。『守護国家論』(一二四頁)には妙楽の『止観弘決』の「内薫に非ざるよりは何ぞ能く悟りを生ぜん、故に知んぬ悟を生ずる力は真如に在り、故に冥薫を以て外護と為すなり」の文を引き、「内薫外護」「陰徳陽報」は十界互具にあると述べていました。本書においては隠れた内の信仰が外に徳となって顕現することを述べ頼基の常日頃の信心を褒めたのです。

「されば御内の人人には天魔ついて、前より此事を知て殿の此法門を供養するをさゝ(障)えんがために、今度の大妄語をば造り出したりしを、御信心深ければ十羅刹たすけ奉んがために、此病はをこれるか。上は我かたきとはをぼさねども、一たんかれらが申事を用給ぬるによりて、御しよらう(所労)の大事になりてながしら(長引)せ給か。彼等が柱とたのむ龍象すでにたうれぬ。和讒せし人も又其病にをかされぬ。良観は又一重の大科の者なれば、大事に値て大事をひきをこして、いかにもなり候はんずらん。よもただは候はじ」(一三九一頁)

同僚に天魔がついて頼基の信仰を妨げようと讒言したが、頼基の信仰心が強いので十羅刹女の計らいとして病が起きたとします。謹慎中の身ながら主君の治療に出仕し再び重用されます。確執は終息に向かったのです。頼基の信仰心を内薫とし十羅刹女の守護を外護に擬えたのです。龍象房も逃げ去り讒言した者も病気に犯され、良観も大罪を作って無事ではすまないと述べます。

○「殿の御身も危く」

頼基の身の危険を感じて重ねて注意を促します。「一定かたきにねらはれさせ給なん」と述べていますので、命に拘わる動きがあったのです。「良観は又一重の大科の者なれば、大事に値て大事をひきおこして」と、敵とは法華経を害する良観の支配にある者です。目的は頼基を退転させることです。聖人は対処策として弟達を大事にして近辺の警護を厳重にするように指示します。

盤双六の石は枡目に二つ並んでいると相手はそこへ進めない、車の輪も二つ揃っていれば道で傾かないように、敵も二人いる者は嫌がるものである。どのような過失があっても弟達を少しの間でも側から離さないように述べます。頼基は短気で激怒の様子が顔に現れるので、「腹あしき者をば天は守らせ給はぬと知せ給へ」と性格の改善を促します。同僚の胸中は燃えるように嫉妬していると思って、身分の高い者やどのような者に接しても、膝を屈め手を合わせて謙虚な態度をとり、質素な衣類を着るように教えます。勝利を確信しても些細なことで陥られたなら、櫓を漕いだ船が着岸する寸前に転覆するようなもの、食事の後に湯茶が用意されていないのと同じと述べます。主君から病気の治療を任されたとは言え、身辺の警護と高慢になることを戒めたのです。

また、屋敷への早晩の出仕、日暮れの帰宅の用心、自宅内の庭先や板敷きの下、天井裏にも留意し、心に合わないことがあっても、荏柄の夜廻りの弟たちと仲良くして、近辺の警護をしてもらう心懸けを述べます。頼基の兄は龍象房に加担していたので疎遠にしたことを咎めたのです。荏柄は鎌倉の二階堂にあり警護を担当します。頼朝が開府のとき鬼門を防ぐ守護社として長治元（一一〇四）年に荏柄天神社を創建しました。

その例として、義経と阿波民部重能（田口成良）を挙げます。重能は清盛に仕えた平家の有力家人でしたが、志度合戦で嫡子の教能（のりよし）が義経に生捕りされ、壇ノ浦の戦いの最中に源氏に内通しました。また、頼朝は平治の乱で父義朝を裏切り、その首を京の六波羅にいる清盛へ届けた長田忠致・景致父子に対し、平家討伐に功績を上げたら美濃と尾張の国を与えると利用し、松に磔け棒で突き殺します。土磔（つちはりつけ）ともいいます。頼基の兄弟は武力に長けています。特に四人の兄弟は聖人の為に命をかけ屋敷を没収された者であるから、自宅に通わせて姿を見せていれば、敵も親の敵ほど憎いわけではないから殺害には及ばないと諭します。この兄弟は竜口法難の時に馬の口に取りついて泣き悲しんだ者です。この咎により屋敷や財産を没収されたのです。ですから、この注意を無視して短気を起こせば、聖人の祈りも叶わないと厳しく諫めます。

主君から親のように慕われるのは、善神や法華経の守護と認識するように述べます。兄弟四人が仲よく親しむなら、頼基の守護を善神に強情に祈り、父母追善のことも釈尊に願うと述べます。そして、頼基に対する聖人の心情を竜口法難に回顧されます。

「返返今に忘れぬ事は頚切れんとせし時、殿はとも（供）して馬の口に付て、なきかなし（泣悲）み給しをば、いかなる世にか忘なん。設殿の罪ふかくして地獄に入給はば、日蓮をいかに仏になれと釈迦仏こしら（誘）へさせ給にも、用ひまいらせ候べからず。同地獄なるべし。日蓮と殿と共に地獄に入ならば、釈迦仏・法華経も地獄にこそをはしまさずらめ。暗に月の入がごとく、湯に水を入がごとく、氷に火をたくがごとく、日輪にやみ（暗）をなぐ（投）るが如くこそ候はんずれ。若すこしも此事をたがへさせ給ならば日蓮うらみさせ給な」（一三九四頁）

不惜身命の殉難の信心を誉めます。頼基が地獄に堕ちるなら同じように地獄に行くとまで強固な絆に結ばれていました。それ故に聖人の言葉に背かないように念を押します。疫病は頼基が言うように年を越して京方まで流行することは、十羅刹女の計らいと思われるので世間の様子を見るように述べます。また、世間が辛い等と口に出して慨嘆しないようにと叱咤されます。入道をするのは賢人のすることではなく、残された妻子が後に万一、夫の恥を話すようになるのは自分に責任があると述べます。爪の上の土よりも受けがたい人身、草の上の露よりも持ちがたい人身であるから、主君の為にも仏法の為にも世間から心根の良い人と誉められ、財産や地位名誉よりも法華経の行者としての功徳、「心の財」を積むことを勧めます。世間の欲に左右されることなく法華経の信心を貫き通すことを教えます。

「百二十まで持て名をくたし（腐）て死せんよりは、生きて一日なりとも名をあげん事こそ大切なれ。中務三郎左衛門尉は主の御ためにも、仏法の御ためにも、世間の心ね（根）もよ（吉）かりけりよかりけりと、鎌倉の人々の口にうたはれ給へ。穴賢穴賢。蔵の財よりも身の財すぐれたり。身の財より心の財第一なり。此御文を御覧あらんよりは心の財をつませ給べし」（一三九五頁）

○　崇峻天皇の短気な性格

三三代の崇峻天皇（長谷部若雀天皇）は短気の性格のため、不用意に語った一言で蘇我馬子に殺害されたことを示し、短気な発言をしないことを諭します。崇峻天皇は聖徳太子の伯父になります。太子から殺害される人相と言われ、それを脱れるために忍辱の行をしていましたが、ある日、猪の子が献上されます。『日本書記』（五九二年一〇月四日）に、天皇は笄刀（短刀）を抜いて猪の眼を突差し、いつかこの猪の首を斬るように憎い者を斬りたいと呟きます。この発言が馬子の耳に入り刺客の東漢駒に殺害されます。王位の身分であっても「思ふ事をばたやす（容易）く申さぬぞ」と訓戒されたのです。

また、孔子の九思一言の自重の心、周公旦の三握三吐（吐哺握髪）の例を挙げて、言葉や行いを慎み他人を疎かに扱わないようにと指導されます。周公旦は来客があれば入浴中でも濡れた髪を握ったまま、また、食事中には口の中の食べ物を吐き出して面会し、勝れた人材を逃さなかった故事を引きます。この行いこそが仏法であり法華経が教えることとして、不軽菩薩の仏性礼拝・但行礼拝の人を敬う姿勢を説き、釈尊はこのような信仰者の有るべき行動を教えたと述べます。事細かな法華信者の行いを教えていたことが窺えます。

□　『石本日仲聖人御返事』（二六三）

○　真言宗との宗論

九月二〇日付けで駿馬一匹を布施された厚志を謝した礼状です。宛名の石本（いわもと）日仲については、日興の文献にも名前が見えず不明です。石本は岩本の通音であることから、実相寺に関係する駿河の門弟と考えられます。一説に豊前公とも言います。(『御書辞典』五三頁)。本書の真蹟は前文がなく最末一紙の断簡が大石寺に所蔵されます。昭和四五年に刊行された『大石寺蔵日蓮大聖人御親筆聚』には載せられていません。

前文が欠失しているので詳細は分かりません。既に学問してきたように念仏者が妄語の説を立てて世間を誑惑しているので、早々に対策するように述べます。近隣に住み身延に登詣されていたようで、見参の時に駿馬の礼を述べるとし、追記に真言師との法論をする動きがあることを知らせます。本書から建治元年に強仁から申し込まれた宗論が立ち消えになっていたことが窺えます。逆に門下の方から、「又真言師等給奏問之由令風聞」(一三九八頁)と、真言の宗徒に宗論を申し込んでいたことが窺えます。

○御本尊(四五)一〇月

一〇月付け御本尊で四天王が梵名で書かれています。紙幅は縦九一・二㌢、横五〇・三㌢、三枚継ぎの御本尊です。京都本能寺に所蔵されます。

□『真間釈迦仏供養逐状』(七二)『定遺』は文永七年としますが、中尾堯氏は建治二年九月二六日とします。(『日蓮聖人のご真蹟』六六頁)。

□『兵衛志殿女房御返事』(二六四)

○宗長の妻の身延登詣

一一月七日付けで宗長の妻から銅器の仏具二個を布施された礼状です。『三寶寺本』に収録されます。この頃、宗長の妻が身延に登詣されます。聖人は兄の宗仲と父との対立が再び起きることを心配されていた時期でした。一一月二〇日頃（『兵衛志殿御返事』一四〇一頁）に現実となります。本書には触れていませんが、この間における宗長のとるべき行動を相談されたと思います。

○牧牛女の粥供養

牛飼いの女人が釈尊に粥を供養しようとしましたが容れる器がありません。そのとき四天王が鉢を一個ずつ用意します。女人はそれを重ねて一つにして粥を供養します。釈尊は苦行による解脱への修行を止め、尼連禅河に入って身を浄めていました。肉体は疲弊していた時の供養でした。正気を回復した釈尊は菩提樹下の金剛宝坐上にて無上菩提を得ます。この一二月八日を成道の日とします。この鉢には常に飯食が盛られていたと言います。後に馬鳴がその鉢を戦さに敗れた華氏王より迦弐志加王に献上して、報償金の三貫に当てたと言う故事を述べます。この御器二個を釈尊の御宝前に使用するならば同じ福を得ると述べます。

□『大田殿女房御返事』（二六五）

○八寒地獄

一一月一八日付けで乗明の妻於恒から柿色で青い裏地の絹の小袖と綿十両を供養された礼状です。『平賀本』に収録されます。玉沢妙法華寺の日宗・日通の相伝には、乗明の妻は下総の道野辺（道辺）右京の孫、聖人の外叔母とあります。帥（そつ）公日高の母となり乗明三六歳の時の子供です。建治三年は日高二一歳になります。

一一月になると寒さが増すので体を暖める小袖と綿を送りました。綿入れの小袖は肌に密着します。本書に熱地獄と寒地獄を説きます。特に寒地獄にふれ衣を供養する功徳を称えます。

熱地獄の火は鉄の溶けた熱湯のようで、罪人はこの中に紙を投げ入れ木の削り屑を入れるように焼かれると表現します。この地獄には「焼盗」と言って家屋を焼いて物を盗む者、放火して敵を攻める者、また、物を嫉んで胸を焦がす（心を苦しめ悩み悶える）女性が堕ちる地獄と述べます。

寒地獄は『涅槃経』に八種類の寒氷地獄（阿波波・阿吒吒・阿羅羅・阿婆婆・優鉢羅・波頭摩・拘物頭・芬陀利地獄）があり、この名称は寒さに責められる悲鳴や身体の色から付けたと述べます。諏訪湖が全面凍結し氷が轟音と共に裂け上がるような寒さや、越中の立山に吹きつける北風の寒冷。また、加賀の白山の雪中の山頂で鳥の羽が凍りつき、雉が豪雪に苦しめられる酷寒に例えます。夫を亡くした老女の着物の裾が冷え、雉が雪に責められてほろほろと鳴いている和歌をもって察するように述べます。他人の衣服を盗み寒さで苦しめた者や、父母・師匠が寒苦に悩まされても、自分だけは暖かにしている恩知らずの者が八寒地獄に堕ちると述べます。

商那和修や鮮白比丘尼は、過去に父母・主君・三宝の貴い人に衣服を与えた功徳をもって、生まれながらに衣服に不自由しなかったこと、また、憍曇弥とい言う女性は金色の衣を釈尊に供養した善根により、法華経の教えを聞いて一切衆生喜見仏となったと述べます。これは、於恒が小袖を供養された善根がいかに大きな功徳かを教え、今生には大難を除け後生には寒地獄から逃れられると述べます。この功徳は男女の子供にも衣に衣を重ね色に色を重ねるように徳が及ぶと述べます。

□『兵衛志殿御返事』（一二六六）

○宗仲の再度の勘当

一一月二〇日付けで宗長より方方（あれやこれや）の品物が人夫二人により運ばれた礼状です。真蹟一六紙は京都妙覚寺に所蔵されます。本書に義政（武蔵入道）が三六歳の若さで出家し遁世した近況の事件にふれます。これは建治三年四月のことです。また、極楽寺殿（重時）の一門が亡び越後守殿の一人だけになったとあります。重時は弘長元（一二六一）年一一月三日に六四歳にて死去します。長男為時は早世、次男長時は文永元年に死去、三男時茂も死去、五男の義政は出家遁世、残ったのが四男の業時で建治三年五月に越後守になりました。

父と兄弟との信仰問題は一度は解決し、兄宗仲の勘当が許されました。ところが、良観の懐柔により父は重ねて宗仲を勘当したのです。宗長に退転のないように「第一の大事」（一四〇一頁）を教えます。末法になると賢人は姿を消し我欲により主臣・親子・兄弟の争いが絶えまなく起きる。善神は国を捨去するから三災七難が興起し、結句は地獄となる道理を述べます。そして、親の悪事を戒めると孝養になることは、先の書状（『兄弟抄』等）に記したので常に自身を諫めるように述べます。宗仲が再び勘当されることは予測しており、それよりも宗長の心変わりが不安であるから、宗長の妻が身延に来た時に堅固な信心を持つように励ましたと述べます。宗長が父親に反抗できないこと家督を継ぐ欲心を心配されていたのです。

「ただしこのたびゑもん（右衛門）の志どのかさねて親のかんだう（勘当）あり。とのの御前にこれにて申せしがごとく、一定かんだうあるべし。ひやうへ（兵衛）の志殿をぼつかなし。ごぜん（御前）かまへて御心へあるべしと申て候しなり。今度はとのは一定をち給ぬとをぼうるなり。をち給はんをいかにと申事はゆめゆめ候はず。但地獄にて日蓮うらみ給事なかれ。しり候まじきなり。千年のかるかや（苅茅）も一時にはひ（灰）となる。百年の功も一言にやぶれ候は法のことわりなり」（一四〇二頁）

宗長が退転するのは本人の責任として、法華経の教えによれば地獄に堕ちるであろう、そのとき聖人を怨んではならない、救けることはないと慈悲心から突き放します。千年をかけて蓄えた苅茅も灰となる時は一瞬であり、百年をかけて積みあげた功績も一言で破棄されるのが道理と諭します。父の左衛門大夫（康光）は法華経の敵となるが、兄の宗仲は信仰を貫いて法華経の行者となると述べます。

目先に捕らわれて父に味方したら良観は喜ぶとして、孝養について平重盛の故事を挙げます。宗盛は父の清盛の悪事に随って篠原で頸を斬られ、長兄の重盛は随わないで先に死ぬが、どちらが孝養の人かを問います。宗長が法華経の敵である親に従い、行者である兄を捨てることは親の孝養となるのかを戒めます。そして、

「ひとすぢにをもひ切て、兄と同く仏道をなり（成）給へ。親父は妙荘厳王のごとし、兄弟は浄蔵・浄眼なるべし。昔と今はかわるとも、法華経のことわりたがうべからず。当時も武蔵入道そこばくの所領所従等をすてて遁世あり。ましてわどのばらがわづかの事をへつらひて、心うすくて悪道に堕て日蓮うらみさせ給な。かへすがへす今度とのは堕べしとをぼうるなり。此程心ざしありつるが、ひきかへて悪道に堕給はん事がふびんなれば申なり。百に一、千に一も日蓮が義につかんとをぼさば、親に向ていゐ切給。親なればいかにも順まいらせ候べきが、法華経の御かたきになり給へば、つきまいらせては不孝

の身となりぬべく候へば、すてまいらせて兄につき候なり。兄にすてられ候わば兄と一同とをぼすべし
と申切給へ。すこしもをそるゝ心なかれ」（一四〇三頁）

一筋に覚悟を決めて兄と同じように仏道を第一に考えるように勧めます。妙荘厳王品に説かれた父妙荘厳王に子供の浄蔵・浄眼が父王を信仰に導いたように、昔と今と時は違っても法華経の道理は同じと述べます。また、義政が四月に遁世したように僅かな所領に執着しないで、父親を恐れずに兄と同心して法華経の信心を貫くように重ねて諫めます。「三障四魔」により退転し成仏できない事を不安に思っていたところ、使いの者を特別に遣したことは、信仰心が残っている証拠なので書簡を認めていると伝えます。「もしやと申すなり」（一四〇四頁）と述べているように、供養品を送ってきた厚意に聖人に帰依する道心があると見たのです。

不軽品の「億億万劫至不可議時乃得聞是法華経。億億万劫至不可議諸仏世尊時説是経。是故行者於仏滅後聞如是経勿生疑惑」の文を引き、法華経を聞法できる不可思議な縁を疑わないように、この経文は宝塔湧現の多宝仏と釈尊の御前にて説かれた「殊に重きが中の重き」（一四〇四頁）教えと述べます。また、『涅槃経』「尽地草木為四寸籌以数父母亦不能尽」の文を引き、生々世々に父母に値うのは容易だが、法華経に縁を持つことは最も至難であると述べ、釈尊が悉達太子の時に親に背いて出家したが、悟りを開いて両親を成仏の道に導いたことを挙げ、親への孝養とは何かを考えさせたのです。

再度の勘当問題は良観や念仏者が、池上家の家庭内の問題を姦策し、兄弟を仲違いさせるために父親を利用しました。その背後にふれます。

「これはとによせかくによせてわどのばらを持斉念仏者等がつくりをとさんために、をやをすゝめをとすなり。両火房は百万反の念仏をすゝめて人々の内をせきて、法華経のたねをたゝんとはかるときくなり。極楽寺殿はいみじかりし人ぞかし。念仏者等にたぼらかされて日蓮をあだませ給しかば、我身といゐ其一門皆ほろびさせ給。ただいまはへちご（越後）の守殿一人計なり。両火房を御信用ある人はいみじきと御らむあるか。なごへの一門の善光寺・長楽寺・大仏殿立させ給て其一門のならせ給事をみよ。又守殿は日本国の主にてをはするが、一閻浮提のごとくなるかたきをへさせ給へり」（一四〇五頁）

両火房とは良観のことです。建治元年の三月二三日に鎌倉に火災があり極楽寺の堂舎が小規模ながらも消失したことに因みます。（『王舎城事』九一五頁）。良観は百万遍の念仏称名を勧めていました。その良観を信じた者が没落した事実を示して法華不信による堕獄を述べます。即ち義時の三男である重時の一門が滅びたこと。名越の一門とは義時の次男朝時の一門のことで、名越氏は念仏を信じて善光寺・長楽寺・大仏殿を建てたが、朝時の三人の子供は早死にし光時は隠居、時章と教時は文永九年に誅殺されたこと。これらを念仏信仰の現罰とします。そして、時宗は良観や念仏者を信じたため蒙古から侵逼されていると述べます。

この例から宗長が兄を捨てて家督を得ても子孫は繁栄せず、蒙古の攻めも予測できないと述べます。宗長の動向に不安がありこの書状が無駄になると思えば筆が進まないと心情を述べながらも、宗長やその妻を心配されます。この勘当は一二月中には解け康光は改心します。（『四条金吾殿御書』一四三七頁）

○御本尊（四六）一一月

一一月に染筆され通称「切鉑御本尊」と言い京都本国寺に所蔵されます。紙幅は縦九二・四センチ、横四五・八センチ、三枚継ぎの御本尊です。善徳仏の勧請は文永一一年六月の京都妙満寺の曼荼羅（『御本尊集』一一）に始まり、この御本尊までに限られます。弘安年間の曼荼羅には善徳仏・十方分身仏は見られなくなり、曼荼羅の図顕にも佐前・佐後の教学のように、弘安年間の曼荼羅を随自意とする見方があります。

□『曽谷入道殿御返事』（二六七）

○経題の「如是」

一一月二八日付け、教信から細字の法華一部経の写経の開眼供養のため、小袖二重ね金銭一〇貫、扇百本を布施された礼状です。『本満寺本』に収録されます。法華経一部を一巻に仕立てたことに因み、法華経の最初である「如是我聞」の「如是」について解説されます。続いて経典の肝心は題目に収まり、経典の中でも法華経は特出して勝れているので、妙法蓮華経の題目を弘めたと述べます。

まず、天台の『文句』と妙楽の『文句記』の「文句一云如是者挙所聞之法体。記一云若非超八之如是安為此経之所聞云云」（一四〇七頁）を引き、「如是」とは「所聞の法体」と示されます。つまり、阿難が聞法した法華経の理です。華厳経・般若経・大日経等の経題に置く「如是」とは、それぞれの経の法体である理と述べます。つまり、その経の肝心の法門は題目に表されます。阿含・般若・華厳・方等部の各々の理について、妙楽の『文句記』の文は経題の相違と勝劣を説いていると述べます。

「阿含経の題目は一経の所詮無常の理をおさめたり。外道の経の題目のあう（阿漚）の二字にすぐれたる事百千万倍也。九十五種の外道、阿含経の題目を聞てみな邪執を倒し、無常の正路におもむきぬ。般若経の題目を聞ては体空・但中・不但中の法門をさとり、華厳経の題目を聞人は但中・不但中のさとりあり。大日経・方等般若経の題目を聞人は或析空　或体空　或但空　或不但空　或但中不但中の理をばさとれども、いまだ十界互具・百界千如・三千世間の妙覚の功徳をばきかず。その詮を説ざれば法華経より外は理即の凡夫也。彼経経の仏菩薩はいまだ法華経の名字即に及ばず。何況題目をも唱へざれば観行即にいたるべしや」（一四〇七頁）

阿含経は無常の理を説きますが仏教の中では低い教えです。しかし、外道の阿漚の教えよりは勝れているとします。阿漚とは無と有のことです。外道の経は阿漚の二字にあります。意味は万法は「有無の二道」を出ないことです。これに対し仏典は始めに「如是」と置くのは、「如ならず是ならず」として外道の「有無の二道」の見解を否定するためです。（『法華文句』巻一）。仏教の理は無常・折空（蔵教）・但空・体空（通教）・不但空・但中（別教）・不但中（円教）の順で深まることを述べます。しかし、これら諸経は法華経の一念三千（十界互具・百界千如・三千世間）を説いていないので、六即の位階で比べても法華経より低いとします。

「妙楽大師記云若非超八之如是安為此経之所聞云云。彼彼の諸経の題目は八教の内也、網目の如。此経の題目は八教の網目に超て大綱と申物也。今妙法蓮華経と申す人人はその心をしらざれども、法華経の心をうるのみならず、一代の大綱を覚り給へり」（一四〇八頁）

そして、妙楽の『文句記』を引き、法華経は八教を超越した最高位の「如是」の法体であり、諸経は網目、法華経は大綱と解釈します。釈尊の四二年の教えを、天台は化法の四教と化儀の四教の八教を立てて教相判釈をしました。法華経はこの八教を超勝しているので「超八」と言います。つまり、教信が書写した細字法華経の功徳は、爾前経よりも勝れているると述べたのです。また、法華経の経題である妙法蓮華経を唱えることは、釈尊一代の大綱を悟ることと述べます。国政のことを知らない幼少の太子でも臣下が従うようなものであり、赤子が母の乳の栄養を知らなくても成長することに例えます。諸宗の学者はこの理を知らないで、法華経の王子を迫害して無間地獄に堕ちるのが現状と述べます。

題目の理を詳しく知らなくて、諸宗の智者から威嚇されようが退転してはならないと諫めます。その例えに始皇帝に仕えた趙高の故事を引きます。趙高は始皇帝の死後、長子の扶蘇を殺して末子の胡亥を二世皇帝とし権力を把握します。その胡亥をも殺して自ら王になろうとします。つまり、胡亥のように諸宗の者の言いなりになって退転しないように戒めたのです。

設問に釈尊の滅後の付法蔵の賢人や天台・妙楽・聖徳太子・伝教等の高位の学匠でさえも、南無妙法蓮華経と唱題を説かなかったのに、法華経の肝心は南無妙法蓮華経であると公言しても誰が信じるかと反論します。これに答えて、烏は卑しい鳥であるが鷲や熊鷹の知らない吉凶を知り、蛇は七日の内の洪水を知ることから、竜樹・天台が知らない法門であっても経文に説かれているならば、それを信じるべきで何も疑うことはないと答えます。聖人を卑下して題目を唱えないことは、小児が母の乳を疑って飲まず、病人が医者の薬を疑って服さないのと同じと例えます。

そして、仏教の流通には時と機根があると説き、竜樹・天親は時機未熟のため弘通しなかったが、末法に到来したら題目を広める好期と説きます。最後に章安の釈を引いて妙法蓮華経の五字は玄意であり、法華一経の心であるとして唱題の意義を述べます。

□『庵室修復書』（二六八）

冬頃に芋一駄を供養された礼状です。題号が示すように庵室（あじち・あんじち）が朽ちている状況を知らせます。真蹟は四紙断簡が身延に曾存（『日乾目録』）されました。『本満寺本』に収録されます。追伸は『九郎太郎殿御返事』（弘安元年一一月一日。一六〇二頁）の文と対応していることから、本書は南条七郎の子息九郎太郎へ宛てた書状と言います。（『日蓮聖人遺文辞典』歴史篇一四頁）。

だんだんと柱は朽ち壁も剥がれ落ちたが、特段の修理をしなかったため、四年を経た今年は一二本の柱が四方に傾き壁も落ちたとあります。夜は火を灯さなくても月の光で経典を読むことができ、自分で経本を巻かなくとも吹き込む風がもとのように巻き返してくれると述べます。庵室の内部には月光が入り外風も吹き入っていた状態でした。室内は川に近い為もあり湿気が強く太陽の光も入りません。そのため積雪により倒壊したと思われます。居住できない状態になったので弟子たちに修理させていました。

「やうやく四年がほど、はしら（柱）くち、かきかべ（牆壁）をち候へども、なを（直）す事なくて、よる（夜）ひ（火）をとぼさねども、月のひかりにて聖教をよみまいらせ、われと御経をまき（巻）まいらせ候はねども、風をのづからふきかへ（吹返）しまいらせ候しが、今年は十二のはしら（柱）四方にかふべ（頭）をな（投）げ、四方のかべは一そ（所）にたう（倒）れぬ。うだい（有待）たもちがたければ、月はす〈住〉め、雨はとどまれと、はげみ候つるほどに、人ぶ〈夫〉なくしてがくしやうども〈学生共〉をせめ、食なくしてゆき〈雪〉をもちて命をたすけて候ところに、さき〈前〉にうへのどの〈上野殿〉よりいも〈芋〉二駄これ一だはたま〈珠〉にもすぎ」（一四一〇頁）

肉体を持つ凡身なので衣食住に依存しなければなりません。月の明かりが雲で隠れないように、雨も降らないようと祈りながら弟子に工事をさせました。しかも、雪を食べるほど食料が乏しくなった時に、前に時光より芋二駄、今回は一駄を供養してもらい珠玉にも過ぎて有り難かったのです。冬の極寒に耐えていたのです。庵室が三間四面の壁塗りであったことが分かります。かきかべ〈牆壁〉とは墻壁（しょうへき）とも言い垣根と壁、囲いのことです。また、居住した弟子を学生（がくしょう）と呼称しているのは珍しいと言います。朝廷は宣旨を下して秋以来の疫病の除災のため法勝寺にて『仁王経』を転読させます。

□『大白牛車書』（二六九）

一二月一七日付け書状です。『録外御書』の目録には『庵室修復書』と合本になっていました。（『昭和新修日蓮聖人遺文全集』別巻二八八頁）。宛先を九郎太郎とする説があります。

譬喩品の「乗此宝乗直至道場」（『開結』一六四頁）の文を引き、建長五年四月二八日に始めて宝乗である「大白牛車の一乗法華の相伝を」（一四一一頁）宣顕した日と述べます。大白牛車とは一仏乗を説く法華経のことです。相伝とは別附属を言います。つまり、立教開宗のことです。そして、牛の両角を本迹二門の二乗作仏・久遠実成に例えます。蜂のように争起した真言・浄土・禅宗の者の曲説を治すことを牛の角の矯正に例え、牛を殺すように見えるが謗法を根治することと述べます。生死の火宅を輪廻する凡夫は、大白牛車である法華経を信じれば、安心して霊山浄土に参ると励まされます。牛の本体を我等の心とすれば、生死はその心に具わったものであり、十如は法華経の実相であり一心の観心に得脱があると説きます。

□『法華初心成仏鈔』（二七〇）

古来より真偽が問題となり日持の著作とする説があります。著作の年時は建治三年の他に弘安元年、弘安四年説があります。真偽が問題となるのは無知の者の「即身成仏」についての見解です。成仏について、智者は止観の座禅をし一念三千の観法により即身成仏するとします。この理観に対し、無智の凡夫の但信口唱は浄土に往生すると、「生十方仏前」と「即往安楽世界」の文を引いて説明します。つまり、智者は成仏、愚者は往生と区別することに疑義があります。（小松邦彰稿「日蓮遺文の系年と真偽の考証」『日蓮の思想とその展開』所収一〇七頁）。『観心本尊抄』の受持成仏・霊山往詣の教学と相違し、迹門付随の教学を説くことはあり得ないと言えましょう。

○御本尊（『御本尊鑑』第二〇）

「泥筆青蓮華御本尊」と称されるように、紺紙に金泥で書かれ首題の下に青蓮華座があり金筋の模様があったと記載します。紙幅は縦八四・三センチ、横五六・四センチ、年号は書かれていません。影山堯雄氏は弘安の書式としますが、花押が判然としないため建治末年に留めます。（『御本尊鑑』四〇頁）。聖人の下痢の病が一二月三〇日に起き、翌年の六月まで続きます。（『中務左衛門尉殿御返事』一五二四頁）

第四章　熱原法難

第一節　建治四年（弘安元年）以降　実相寺の紛争

◎五七歳　建治四年（弘安元年）一二七八年

□『実相寺御書』（二七一）

○尾張阿闍梨と弟子の確執

建治四年一月一六日付けで実相寺の豊前公日源に送った書状です。『興師本』に収録されます。日興の弟子の肥後公・豊前公と長老尾張阿闍梨とに論争が起きます。得宗領内における大寺院内部の確執です。豊前公から法門の問い合わせがあり、これに答えて尾張阿闍梨の圧力と、四十九院別当の抑圧に対しての処し方を指示し諸宗批判の論拠を教えます。

実相寺は久安年間（一一四五～五一年）に智印によって開創されます。智印は阿弥陀上人と呼ばれ、二代目の禅印は法然の弟子明善の弟子でしたので、天台浄土教の寺院とされます。三代目の道暁は頼朝の弟阿野全成の五男と言いますが、寺僧に反対され交替します。幕府から派遣された四代目の院主も悪行を重ねたため、文永五年八月に大衆は幕府へ愁状（日興筆）を提出します。（『富士市史』上巻三二〇頁）。その後、官命により聖人の弟子となっていた豊前公（智海・播磨法印）が五世となります。豊前公は筑前房の娘を妻として同居していました。

筑前房は高橋一族で日興と俗縁になります。建治二年一二月九日の『松野殿御返事』（一二六四頁）によると、聖人に帰依して実相寺より追放され所領を失います。その後の動静は不明です。

尾張阿闍梨は『法華玄義』第四巻に『涅槃経』を引用して、小乗をもって大乗を破し大乗をもって小乗を破すのは盲目の因という文により、聖人が法華経の実教をもって諸宗の権教を折伏することを批判しました。豊前公はこの文言が真実なのかを質問してきたのです。聖人を法華経の教えを理解しない盲目の者と言うのならば、弘法・慈覚・智証・善無為・金剛智・不空を盲目とするのかと反論するように述べます。問題の『法華玄義』とそれを解釈した『釈籤』を引き、尾張阿闍梨は文の意味を誤って解釈していると反論します。

「玄義四云、問法華開麤々皆入妙涅槃何意更明次第五行耶。答法華は為仏世人破権入実無復有麤教意整足。涅槃為末代凡夫見思病重定執一実誹謗方便雖服甘呂（露）不能即事而真傷命早夭故扶戒定慧顕大涅槃。得法華意者於涅槃不用次第行也。籤四云次料簡中言扶戒定慧者事戒・事定・前三教慧並為扶事法故。具如止観対治助開中説。今時行者或一向尚理則謂己均聖及執実謗権。或一向尚事則推功高位及謗実許権。既処末代不思聖旨其誰不堕斯之二失。得法華意則初後倶頓。請揣心撫臆自暁浮沈等云云。迷惑此釈者歟。此釈は所詮或一向尚理者等達磨宗也。及執実謗権者華厳宗・真言宗也。或一向尚事者浄土宗・律宗也。及謗実許権者法相宗也」（一四三四頁）

『法華玄義』に法華経は爾前で説いた麤法を開会して妙法に帰入させたのに、なぜ、『涅槃経』は爾前に説いた「次第の五行」を再説するのか。この次第五行とは菩薩の五種（聖行・梵行・天行・嬰児行・病行）の行法のことで、五行のそれぞれに順序があるので次第五行と言います。答として、法華経は権教の執着を破して実教に入れたから、それ以後は麤法はない。しかし、『涅槃経』に煩悩が強く実教に執着して方便の教えを蔑ろにするため、真理を悟ることができない。還って成仏の命を損ねるので釈尊はこれらの末代の衆生を救うため再び戒定慧を説いた。法華経の権即実の意が分かれば『涅槃経』の次第行は必要ないと釈します。

この文を解釈した『釈籤』に、戒律・禅定・蔵通別の三教に説かれた智慧は、『止観』に「対治助開」（助道対治）とあるように修行の助けになります。そして、今の行者は「一向尚理」として円融の理のみを尊んで我が身が仏であると言う禅宗。実教に執着して権教を謗る「執実謗権」の華厳宗と真言宗。「一向尚事」として現実の差別の事相を尊び、円教は高位の人に限るとする浄土宗や律宗。「謗実許権」と実教を謗って権教を許容する法相宗と述べます。尾張阿闍梨はこの「実に執し権を謗ず」とある文を誤って解釈したと指摘します。法華経の開会の法門や、『涅槃経』にて次第の五行を再説した理由を知らなければ、「一向尚理」「一向尚事」の二つの失に堕ちると述べます。ただし、法華経の権実不二を理解すれば、理を尊ぶ者も事相を尊ぶ者も成仏するので、このことを自ら思量して浮沈を明らかにすべきとの文を読み違えていると指摘します。

そして、妙の一字に相待妙と絶待妙の二義があると述べます。相待妙は法華以前の教えを麤法として破し妙法を顕します。絶待妙は法華以前の麤法を開会してそのまま妙法とすることです。ここで、法華以外の諸経には絶待妙の義はないとして、法華経のみが絶待開会の独自の法門と述べます（『日蓮聖人遺文辞典』教学篇七六〇頁）。他経の者は「破顕二妙」（破麤顕妙・開麤顕妙）の義があるとするのは、天台の教えを盗用したためと批判します。ここを尾張阿闍梨の解釈の誤りとします。自分が目まいしているのに山が回っていると思うように、自らの誤りを知らないと述べます。また、「以実破権」「絶権執入実」と言うのは、釈迦・多宝・十方諸仏の「常儀」（一四

三五頁）であり、これを盲目と言うならば、釈尊や天台・伝教も盲目の人師なのかと反論するように教えます

○　四十九院の動向

実相寺と共に四十九院（富士川町中之郷）の動向にふれます。四十九院の別当厳誉は無智のため、聖人を恐れて小田一房を使って迫害していると述べます。小田一房は四十九院にいた僧と思われます。『滝泉寺申状』（一六八一頁）にみるように、建治二年頃には熱原の滝泉寺の行智は、日禅・日秀・日弁の住房を奪い取りました。同じように四十九院にも危害が及びます。迫害の元である別当の所業が現れることは、「根あらわれば枝が枯れ、源が竭（つき）れば流れが尽きる」ように、邪法が滅亡する先兆と述べます。つまり、木の根が露出すると枯れ、水源が枯渇すると川の流れは消失します。そのように四百年のあいだ隠れていた弘法・慈覚などの謗法の大罪が暴かれ枯渇すると例えます。また、拘留外道が石となったのを数百年後に陳那菩薩に責められて水になったこと。尼犍外道が立てた塔を馬鳴菩薩の弟子が礼拝したら忽ち崩れたことや、臥している師子に手を触れれば怒るように、聖人を誹謗すれば邪見が現れ滅亡に向かうと述べます。

□　『松野尼御前御返事』（二七二）

は弘安四年一月二一日とします。

□　『四条金吾殿御書』（二七三）

○　七面がれの嶽

一月二五日付けで頼基から若布を供養され主従関係が修復された喜びを伝えた書状です。日意の真蹟対照本が

京都の妙伝寺に伝わります。『平賀本』に収録されます。

身延の山中に若布を捜してもどこにもない、若布は海でなければない山でなければ茸はないように、法華経でなければ成仏の道はないと供養に感謝されます。庵室周辺の山々を鷹取の嶽、身延の嶽、七面がれの嶽、飯谷（いいだに）と述べます。七面（なないた）の嶽は頂上に大きな崩崖（がれ）があったことが分かります。建治二年一二月九日の『松野殿御返事』に「七面と申す山峨々として白雪絶えず」（一二六四頁）と、七面山は険難な所と述べていますが、直接的に修験の霊峰とは述べていません。飯谷は不明ですが「おふや」と読むことから大野（おふや）とも言います。「いいだに」「いいさわ」と言うように谷を表します。（『日蓮聖人遺文辞典』歴史篇四一頁）。

○　頼基の勘気がとける

勘気が解けて江馬親時の出仕に随行する要人になったとの報告を受けます。宗仲も勘当されていたが主君の一言で許されたと述べます。頼基は昨年の冬頃には不安でしたが、魔事なく解決し気分も爽快になります。聖人も「いかなる事ぞ。ひとへに天の御計らい、法華経の御力にあらずや」（一四三七頁）と、善神の守護と法華経の経力の現われと悦びます。鎌倉にいる弟子の円教房が、頼基の出仕の姿が二五騎の中でも際立って立派であり、身長といい容姿といい性格も馬も下人までも一番であると、鎌倉中の人たちが噂していると述べます。重ねて近辺の用心に注意されます。『崇峻天皇御書』と同じく孔子の「九思一言」、周公旦の「吐哺握髪」の例を挙げて、暗殺されないように日常の行動を注意されます。腹巻（簡易な鎧である腹当て）を着用することや自宅の戸の脇、厠の裏等の暗い所を調べること、火事があっても慌てて火元に近寄らないこと、他人と酒を呑んではいけないこと等が綴られます。これらの注意は聖人自身が鎌倉の草庵や流罪中に経験されたことを基にしていると窺えます。舎弟には銭湯や草履を買う小遣いを与え、妹など女性には過失があっても怒らないことを『涅槃経』の「罪雖極重不及女人」（罪が極めて重いといっても女人には及ぼさない）の文を引き訓示します。また、

「我母心ぐるしくをもひて、臨終までも心にかけしいもうとどもなれば、失をめん（免）じて不便というならば、母の心やすみて孝養となるべしとふかくをぼすべし。他人をも不便というぞかしいわうやをとをと（弟）どもをや」（一四三九頁）

頼基の母は臨終まで妹の身の上を心配していたので、妹を大事にすれば母も安堵し孝養になると述べます。兄弟の情愛が頼基を護ることを双六の二つの石、鳥の両翼、将門や貞任などの勇将でも一人では何もできないことを例に引いて諭します。

京都の内裏、院の御所と鎌倉の御所が、正月と二月の一年の内に二度火災にあったことに、原因は真言師を重用したので法華経・十羅刹女の諫めと述べます。蒙古は侵略の準備をしているので世相に対しても賢明な判断をするよう注意されます。山・海・空・市に免れられるならば、今年は遠くに避難して過ごすように述べます。阿私陀仙人が釈尊の生まれたのを見て、長生きしようと命を惜しんだように、法華経が広まる前兆であるので命を大事にするよう伝えます。

□『松野殿御返事』（二七四）は弘安二年二月一二日とします。

□『三沢鈔』（二七五）

二月二三日に駿河の三沢（芝川町袖野）の領主三沢小次郎昌弘から、柑子蜜柑百個、昆布、海苔、於胡海苔等の生ものと、駿河庵原（いはら）郡の北東にある内房に住む、内房の尼御前から預かった小袖一枚の供養の礼状です。真蹟影写一八紙が京都妙覚寺に所蔵され、『興師本』に収録されます。弘法山三澤寺（さんたくじ）の寺伝には淡路から富士の大鹿村に移り住み、頼朝の御家人で地頭の三澤小次郎の孫とあります。富士十七騎の一人と言い造仏師と伝えます。三沢氏の信仰は摂受的で竜口法難後には幕府の嫌疑を憚って疎遠にしますが、聖人との絆は保たれています。内房の尼は内房女房の母親と言われ大中臣氏となります。本書は前半は法華経の行者としての行動を述べ、後半は内房の尼を通して法華経の信仰のあり方を述べます。

三沢氏からの書状には多くの質問がありました。まず、仏法を学ぶ者は多くても成仏する者は僅かと述べます。仏になる者は爪上の土のように少ないのは、「三障四魔」と言う七つの障害が、修行を遮るからと『涅槃経』を引きます。特に第七の天子魔は三界の一切衆生や国主を眷属として、正法を護持し穢土を浄土とする行者を阻害すると述べます。末法に法華経を広める者には、第六天の魔王が行者を迫害し、信心が強ければ弟子や信者の心に入れ替わって悩まし、その責め苦に忍耐できないことを経文に知ったと述べます。

釈尊在世の提婆・阿闍世王は第六天の魔王の仕業であり、まして、末法は「如来現在猶多怨嫉況滅度後」とて、凡夫には忍び難いと述べます。しかし、釈尊の大怨敵となり無間地獄に堕ちる罪科を考えれば、たとえ衣食に困り父母・兄弟・師匠・仲間に諫められ、国主や万民に脅されても、少しでも怯む心があってはならないと、立教開宗に至る葛藤と行者の使命感を述懐します。そして、経文の説く通りに大難に値ったが退転せず、法華経の行者の確信を得たので身延に入山したと述べます。

「一難二難には忍びけれども、大難次第につづき来りければ退しけるにや。今度いかなる大難にも退せぬ心ならば申し出すべしとて申し出て候しかば、経文にたがわず此の度々の大難にはあいて候しぞかし。今は一こうなり。いかなる大難にもこらへてん、我身に当て心みて候へば、不審なきゆへに此山林には栖候なり」（一四四六頁）

大難に堪え忍び法華経の行者として全うされての入山です。三沢氏が退転して法華経の信仰を捨てても、聖人の命を助けてくれた人々であるから、自身が退転せずに仏になれば必ず導くと約束されていました。鎌倉在中の初期から庇護されたと思います。在家として所領をもち妻子や家来がある身上であるから、信心を貫くことは困難と述べます。表面上には愚かな振りをして、立場上、法華経の信者ではない風貌でよいと許していたのでした。三沢氏に宛てた書簡は本書一篇のみですが絆の強さが分かります。最後まで見捨てないと言い伝えます。

「各々は又たといすてさせ給とも、一日かたときも我が身命をたすけし人々なれば、いかでか他人にはに（似）させ給べき。本より我一人いかにもなるべし。我いかにしなるとも心に退転なくして仏になるならば、とのばら（殿原）をば導たてまつらむとやくそく申て候き。各々は日蓮ほども仏法をば知せ給ざる上、俗なり、所領あり、妻子あり、所従あり。いかにも叶がたかるべし。只いつわりをろか（偽愚）にてをはせかしと申しゝぎこそ候べけれ。なに事につけてかすて（捨）まいらせ候べき。ゆめゆめをろか（疎）のぎ（儀）候べからず」（一四四六頁）

○佐渡以前の法門

この文言に続いての一文は日蓮教学において、佐前・佐後の教学の違いを判別する証文となります。佐渡流罪の以前と以後に違いがあることです。これは、本化上行の自覚から独自の本門を中心とした事一念三千論が展開されたためです。日導（一七二四～八九年）は佐前の立場は「附順天台」であったが、佐後は密教の三密を破り「本門の三秘」を顕したと評します。しかし、その教学は佐前にて既に確立されていました。発表されたのは佐渡在島中になるのは、一つには色読による証明が必要でした。

「法門の事はさど（佐渡）の国へながされ候し已前の法門は、ただ仏の爾前の経とをぼしめせ。此国の国主我をもたもつべくば、真言師等にも召合せ給はずらむ。爾時まことの大事をば申べし。弟子等にもなひなひ（内々）申ならばひろう（披露）してかれらしり（知）なんず。さらばよもあわ（合）じとをもひて各々にも申ざりしなり。而去文永八年九月十二日の夜、たつの口にて頚をはねられんとせし時よりのち（後）、ふびんなり、我につきたりし者どもにまことの事をいわ（言）ざりける、とをも（思）てさどの国より弟子どもに内々申法門あり」（一四四六頁）

また、幕府が日本国の安穏を願うならば、必ず真言宗との対論があると思われたのです。文永八年の竜口法難迄は、真言師との公場対決を待望しました。その大事な法論の前にこちらの教理を知ると対決を避けるから、弟子にも教えなかったと述べます。しかし、竜口首の座を経過してからは、大事な法門を教えなくては弟子が不憫と思い、佐渡より「内々申法門」を顕わして信徒に書き送ったのです。

この法門（大法）は末法に入らなければ説いてはいけない教えであり、この法門は世界中に広まる教えとし、この法門に深い契りがあることを尊く思うようにと述べます。法門の内容は詳しく書かれていませんが、『開目抄』『観心本尊抄』の両抄を指し、本門の本尊と題目を中心とした教学のことです。（『種々御振舞御書』九七五頁。『開目抄』五九〇頁。『観心本尊抄副状』七二一頁）。

○内房の尼、駿河の信者のこと

内房尼御前が身延へ登詣した折り会わずに帰らせたことにふれます。対岸の芝川町長貫とは長い吊り橋で行き来していました。三沢氏と内房尼とは親しい関係（縁戚）であったことが分かります。老齢の内房尼よりこの件を聞かされ事の是非を問うたのです。

「うつぶさの御事は御としよらせ給て御わたりありし、いたわし（痛）くをもひまいらせ候しかども、うぢがみ（氏神）へまいり（参）てあるついで（次）と候しかば、けざん（見参）に入るならば定てつみ（罪）ふかかるべし。其故は神は所従なり、法華経は主君なり。所従のついでに主君へけざんは世間にもをそれ候。其上尼の御身になり給てはまづ仏をさきとすべし。かたがたの御とが（失）ありしかば、けざんせず候。此又尼ごぜん一人にはかぎらず。其外の人々も、しもべ（下部）のゆのついでと中者を、あまたをひかへ（追返）して候。尼ごぜんはをや（親）のごとくの御としなり。御なげきいたわしく候しかども、此義をしら（知）せまいらせんためなり」（一四四七頁）

親のような年齢で登詣されたことは尊びながらも、立場上、仏主神従の大義を弟子信徒に知らせることが大事でした。また、謗法の罪を作らせないために行なったと述べます。尼の立場なら尚更の事でした。人情的には同情されています。下部の温泉に来た次いでに登詣した人が多くいたとあります。それらの人々にも会わずに帰らせたと述べます。このところを矢内原忠雄氏は『余の尊敬する人物』に、人情を犠牲にしても真理を教えることこそ尼御前に対し真の親切であると聖人は思ったと述べます。

次に、三沢氏の病気にふれます。一昨年（建治二年）に会見して後、病気になったと聞き、弟子を確認のために使わそうとしたが、幕府から不審に思われ不快な思いをさせてはいけないと思い控えていたと述べます。もし病気ならば実直な三沢氏から使いがあると思い、心配ながらも疎遠にしていたと述べます。去年今年と世間は異常なので、いつ会えるか寂しく思っていた時の音信を悦ばれます。これは熱原の信者への迫害が続いていたためと思われます。内房尼にも同じように心情を伝えてほしいと頼みます。

法門について細々説きたいが長くなるので筆を止めるとして、最後に真言宗が亡国の元凶で、八幡大菩薩の百王守護の誓いが破れたのも真言師が原因と述べます。昨今の疫病が流行しているのは、蒙古が攻め寄せてくる前兆であり、この戦いに負け亡びようとしていると述べます。追伸に駿河の人はみな同じ心で信仰していると伝えてほしいと書き送ります。三沢氏との特別な関係と化導の方法を知る書簡と言えましょう。

追伸の「かへすがへす。するが（駿河）の人々みな同御心と申せ給候へ」（一四四三頁）の文は、建治元年六月二七日の『浄蓮房御書』（一〇七八頁）の追伸と同文です。浄蓮房は庵原郡興津に住み、富士郡の高橋六郎と俗縁です。弘安二年の熱原法難の時に聖人を外護した信徒です。三沢氏との交流も窺えます。上野の南条氏、伊豆の新田氏、興津の藤原氏、西山の河合氏、熱原の信者は異体同心に助け合って信仰を貫くように指導されます。

□『上野殿御返事』（二七六）

○水のごとく信ずる

二月二五日付けで時光から蹲鴟（里芋）、串柿、焼き米、栗、筍、酢を入れた筒を供養された礼状です。『興師本』に収録されます。『蹲鴟御消息』とも言います。阿育大王は過去世に土の餅を仏に供養して大王と生まれた功徳を述べ、飢饉で困っている時に種々の供物を供養する功徳は大きいと述べます。この善行により釈尊・多宝仏・十羅刹女は必ず守護すると述べます。正しい信心とは水の流れるように不断に続けることと教えます。

「抑今の時、法華経を信ずる人あり。或は火のごとく信ずる人もあり。或は水のごとく信ずる人もあり。聴聞する時はもへたつ（燃立）ばかりをもへども、とをざかりぬればすつる心あり。水のごとくと申はいつもたいせず信ずる也。此はいかなる時もつねはたいせずとわせ給ば、水のごとく信ぜさせ給へる歟」（一四五一頁）

また、「いえの内にわづらひ」の煩いとは家庭内の心配です。家族に病人がいたとも思えますが、その原因は鬼神の所為ではなく、十羅刹女が信仰の強弱を試していると答えます。時光の姉と石河兵衛入道との子姫御前の病気もあります。法華経・釈尊の教えに虚言はないと深く信じて精進することを勧めます。

□『始聞仏乗義』（二七七）

二月二八日付けにて常忍から母親の三回忌法要の布施を受けた返書です。真蹟九紙が法華経寺に所蔵され重要文化財に指定されます。漢文の問答体にて書かれ、別名を『就類種相対法門事』と言うように、就類（じゅるい）種と相対種の二種開会の法門を述べます。そして、法華経の相対種の開会により末代凡夫の即身成仏を示し常忍の母の成仏を説きます。

始めに天台が説いた前代未聞の『止観』とは何かを問います。実践の修行として三種止観を説いている中の円頓止観を挙げ、法華三昧の異名であるから法華経の修行と述べます。そして、この法華三昧とは何かを問い、末代の凡夫が法華経を修行し仏果を開くことに、就類種と相対種の二つの開会があるとします。

「問、法華三味心如何。答、夫末代凡夫修行法華経意有二。一就類種開会、二相対種開会也。問此名出何。答、法華経第三薬草喩品云種相体性四字。其四字中第一種一字二。一就類種、二相対種」（一四五二頁）

この就類種・相対種は薬草喩品の「唯だ如来のみあって、此の衆生の種相体性、何の事を念じ何の事を思し何の事を修し云何に念じ云何に思し云何に修し何の法を以て念じ何の法を以て思し何の法を以て修し何の法を得ということを知れり」（『開結』二〇七頁）の、「種相体性」の「種」を解釈した『法華玄義』を引きます。

就類種は正因・了因・縁因の三種の開会を説き、この正・了・縁の三因仏性を開発して成仏を説きます。相対種は煩悩・業・苦の三道を、そのまま法身・般若・解脱の三徳に転ずると説きます。就類種の根拠は法華経にあるが、義は爾前経にも一分あるのに対し、相対種は法華経に限られた即身成仏の法門と述べます。これは信じ難いとして、例えば火から水は出ないし石から草は生じないと同じように、悪因は悪果を感じ、善因は善報を生ずるのは仏教の定めと問います。これに答えて「能以毒為薬」（変毒為薬）の釈を引いて示します。

「答汝難大道理也。我不弁此事。但付法蔵第十三天台大師高祖龍樹菩薩釈妙法之妙一字譬如大薬師能以毒為薬等云云。云毒者何物我等煩悩業苦三道也。薬者何物法身・般若・解脱也。能以毒為薬者何物。変三道為三徳耳。天台云妙名不可思議等云云。又云夫一心乃至不可思議境意在於此等云云。即身成仏申此是也」（一四五三頁）

「譬えば大薬師がよく毒を以って薬とするようなものである」の文は龍樹の『大智度論』です。毒と言うのは凡夫の煩悩・業・苦の三道のことで、薬とは法身・般若・解脱の三徳のことです。毒を以って薬とすることが、三道を転じて三徳とすることです。天台の釈は『法華玄義』の「妙とは不可思議と名づく」と言う文。『止観』の一心に十法界を具しているの文。「不可思議境意」の文を挙げて答えます。つまり、相対種は法華経の即身成仏の法門とするのです。そして、末代の凡夫には計り知れないことではあるが、法華経の二乗作仏は変毒為薬を示したことであり、これが秘密と釈されたことを信ずべきと述べ、このような相対種の開会の法門を知ることにより、始めて法華経を聞法したことになると述べます（『日蓮聖人遺文辞典』教学篇七八八頁）。そして、この「始聞法華経」により、

「以之案、法華経唯仏与仏乃能究尽者爾前灰身滅智二乗押煩悩業苦三道、説法身般若解脱二乗還作仏。菩薩凡夫亦如是釈也。故天台云、二乗根敗名之為毒。今経得記即是変毒為薬。論云、余経非秘密法華是秘密等云云。妙楽云、論云者大論也云云。問、如是聞之有何益乎。答云、始聞法華経也。妙楽云、若信三道即是三徳尚能度於二死之河。況三界耶云云。末代凡夫聞此法門唯我一人非成仏父母又即身成仏。此第一孝養也。為病身之故不委細。又々可申」（一四五四頁）

と、常忍が三回忌に『止観』の意義を質問して、この法門を聞くことは母親の即身成仏を促すことであり、第一の孝養であると褒めます。末尾に聖人が病身であることを伝えます。

□『弘安改元事』（二七八）

二月二九日に全国に疫病が蔓延したため、弘安と年号が変わったことを伝えます。一紙三行の前後を欠く断片で西山本門寺に所蔵されている新加の遺文です。

○　四十九院の紛争

一月一六日に起きた四十九院の紛争が三月に表面化します。厳誉は日興・日持ら四人に対し、法華経を「外道の大邪教」と批判します。そして、四十九院に在住する日興等の住房・田畑を奪いとり追放したのです。故に三月、日興はこの不当を訴え（『四十九院供僧日興等連著申状』）対決しました。「駿河の国蒲原の庄・四十九院の供僧等謹んで申す。寺務たる二位律師厳誉の為に日興並に日持承賢賢秀等の所学の法華宗を以て外道大邪教と称し往古の住坊並に田畠を奪い取て寺内を追い出せしむ謂れ無き子細の事」（原漢文『宗全』第二巻九三頁）と申し出ます。

この『四十九院申状』の案分は聖人が作成されたと言います。（菅原関道稿「弘安初頭における日蓮門弟と天台僧の論争」『興風』第一七号八四頁）。『断簡』（二〇九）の真蹟三行「法師申。為寺務二位律師厳譽雖無世間一分之科」（二九二八頁）が、多古町正覚寺に所蔵されます。終わりの署名は逆次に上がるので、承賢・賢秀・日持、日興の名前にて訴状が出されます。（堀日亨著『富士日興上人詳伝』上、一一八頁）。

まず、法華経を邪教と批判したこと。住坊や田畑を奪い寺内を追い出されたことを不当として幕府に訴えます。教義としては「已今当の三説」を挙げ、釈尊一代五十年の中において法華経のみが真実と述べます。諸宗は大小・権実の勝劣を知らず、師子相伝の口決を信じ秘密の法を行っているが効験はないと批判します。そして、王法は仏法の擁護によって国家の長久が得られるので、正否を正すため厳誉と召し合わせることを願い出ます。更に『立正安国論』の他国侵逼の的中にふれ、蒙古が再来しても法華経を信受するならば戦勝すると主張します。このことから日興等の弘教を窺うことができ、この頃より身延に往復していたと思われます。（池田令道稿「本圀寺蔵日興本『善無畏抄』の考察」『興風』第二七号三九二頁）。この訴状は後に熱原法難へと展開します。

○ 御本尊（四七）

三月一六日に顕示された御本尊です。通称「病即消滅御本尊」と言い中山の法宣院に所蔵されます。紙幅は縦六六・一センチ、横四三・四センチの一枚継ぎで右下に日親の自署花押があります。通称のように首題の横に釈迦・多宝、四菩薩を勧請し、その両横に「不老、此経即為閻浮提人病之良薬、不死、得聞是経病即消滅」の讃文があります。

ただし、四天王・不動愛染は勧請されません。また、この御本尊より「経」の字体が第三期に入ります。先に述べたように分身・善徳仏の勧請も見られなくなります。

○御本尊（正中山霊宝目録）三月一六日

御本尊（四七）と同じく「病即消滅」の御本尊です。相違点は三枚継ぎと記録していることです。或いは一紙にて本紙の地の一部に金の縁取り線があり装飾本尊とも言います。（寺尾英智著『日蓮聖人真蹟の形態と伝承』一二頁）。

□『立正安国論広本』（二七九）

三月（推定は春）に『立正安国論広本』を再治されます。その理由に公場対決に備えて浄書したことが考えられます。『定遺』は建治・弘安の頃とし、『対照録』は筆跡から弘安元年とします。真蹟は二四紙が京都本国寺に所蔵されます。『立正安国論広本』は聖人の手元に残り日朗に譲られ京都本国寺に現存します。

文応本の『立正安国論』に経文の引用と加筆し長文になってます。特に東密・台密批判に及び行者自覚が文章化されます。通常、『立正安国論』は文応本を指します。文応本を略本と呼ぶことはないので、本書を広本と呼ぶのは適切ではないとします。法華経寺の日祐が『本尊聖教録』に「再治本」と記していることに倣うべきと言います。（小松邦彰稿「日蓮遺文の系年と真偽の考証」『日蓮の思想とその展開』所収九六頁）。

□『諸人御返事』（二八〇）

○公場対決の知らせ

「宗論」があると言う「内内」の情報は、建治二年七月二六日の『報恩抄送文』（一二五〇頁）に見えました。その一年八ヶ月後の三月一九日付けにて、公場対決があるとの知らせが二一日の夜八時に届きます。同日の戌の時（午後八時）に日朗を中心とした門弟に回状を送ります。真蹟三紙が完存し平賀本土寺に所蔵されます。

頼基の主従関係と宗仲の親子関係が修復された報せが正月に届きました。（『四条金吾殿御書』一四三七頁）。どちらも良観が池上父子と江間氏に圧力をかけて画策したことでした。良観は策略が失敗した反動として、聖人が鎌倉に不在なので一月から三月にかけて宗論を行うと放言したのです。門弟はこれに乗じて幕府に働きかけ宗論の実現化を願い出ました。聖人に送られた真言と禅宗との宗論の知らせはこのような背景をもっていました。

立教開宗いらい公場対決を願い求めていました。（『三澤鈔』一四四七頁）。法論に勝つための論理の構成や、経論章疏の引用は相手に知られないように配慮されます。特に身延期は一部の弟子にしか教授しなかった天台密教の論述をします。佐前の段階においては真意を明かしませんでした。それほど用意周到に準備をされたのです。聖人が待ち望んできた宿願が実現し、これにより仏記が符契して「五五百歳」に法華経が広まると喜ばれます。意気揚々とした漢文体にて書かれます。

「三月十九日和風並飛鳥　同廿一日戌時到来。日蓮一生之間祈請並所願忽令成就歟。将又五々百歳仏記宛如符契。所詮召合真言禅宗等謗法諸人等令決是非、日本国一同為日蓮弟子檀那。我弟子等出家為主上

上皇師、在家列左右臣下。将又一閻浮提皆仰此法門。幸甚々々」（一四七九頁）

□『教行証御書』（二八一）

○聞法下種

『諸人御返事』と同日の三月二一日に三位房に宛てた書状です。『朝師本』に収録されます。本書は三位房から対論問答についての質問に答えたものです。桑ヶ谷問答の経験から宗論の責任者とされました。「宗論」（一四七九頁）に備え、諸宗との法論における法門や問答の心構えを指導されます。その法門として「教行証の三証」を教えます。末法は教のみあって行・証はないとし、機根が五逆・謗法の時には、妙法五字を下種とする「末法下種」を教示されます。

「されば正法には教行証の三倶に兼備せり。像法には有教行無証。今入末法有教無行証在世結縁者無一人。権実二機悉失せり。此時は濁悪たる当世の逆謗の二人に、初て本門の肝心寿量品の南無妙法蓮華経を以て為下種。是好良薬今留在此汝可取服勿憂不差是也」（一四八〇頁）

本門の肝心とする寿量品（「内証の寿量品」『観心本尊抄』七一五頁）は久遠実成を説きます。久成釈尊の因行果徳を妙法蓮華経の五字に収めました。妙法蓮華経は釈尊の因果の功徳です。ここに、寿量品の肝心は南無妙法蓮華経のこととして題目に下種を認めます。久成釈尊の「久種」（『観心本尊抄』七一五頁）が良薬として下種となります。

次に「末法下種」をする具体性として不軽菩薩の「聞法下種」を述べます。

「過去の威音王仏の像法に大乗を知る者一人も無りしに、不軽菩薩出現して教主説置給二十四字を向一切衆生令唱がごとし。聞彼二十四字者無一人亦値不軽大士得益。是則前聞法を下種とせし故也。今も亦如是。彼は像法、此は濁悪の末法。彼は初随喜の行者、此は名字の凡夫。彼は二十四字の下種、此は唯五字也。得道の時節雖異、成仏所詮は全体是同かるべし」（一四八〇頁）

不軽菩薩は威音王仏の像法に生まれます。聖人は釈尊滅後の末法に生まれ法華経の行者となります。その違いを不軽菩薩は初随喜の行者で聖人は名字の凡夫として、不軽菩薩は「我れ深く汝等を敬う」の二十四文字の法華経を弘め、聖人は妙法五字を弘教されたと比較されます。得道の違いはあっても目的である成仏は同じです。つまり、不軽下種と末法下種は得道の時節は異なっていても、同じ聞法下種による成仏と述べます。

そして、末法は行・証は無くなる時であるが、薬王品に「後五百歳広宣流布」と説かれているように、この時にこそ法華経は「末法万年」（一四八一頁）に広宣流布すると述べます。諸宗の学者は爾前権経に執着しているため、この「法華経の下種」を忘れ、「三五塵点の昔」と説かれた過去の謗法罪を知らないと述べます。今もまた衆生成仏の「純円妙経」（一四八一頁。「本門の肝心寿量品の南無妙法蓮華経」）を捨てていると述べます。

○三位房から法論についての質問

「状云難問云爾前当分之得道等云云。涅槃経第三善男子応当修習の文を可立。受之弘決第三所謂久遠必無大者と会して、爾前諸経にして得道せし者は、依久遠初業なるべしと云て一分の益無之事を治定して、其後滅後の弘経に於ても亦復如是、正像の得益証果の人は依在世結縁なるべし等云云」（一四八一頁）

三位房から質疑があった「爾前得道」について答えます。爾前得道とは法華経以前に成仏を認めるものですが、ここに『涅槃経』を引いたのは成仏の基となっているのは、久遠の過去に法華経の下種（「久遠の初業」）があり、在世に結縁があったからで、余経を下種とした成仏ではないことを強調します。『涅槃経』の巻三の文とは、「善男子、応当に仏・法及び僧を修習して常に想を作すべし。是の三法には異想有ること無く無常相無く変異想無かれ。若し三法に於いて異の想を修する者は、当に知るべし、是の輩は清浄の三帰、則ち依処無く所有の禁戒皆具足せず、終に声聞・縁覚・菩提の果を証すること能わず。若し能く不可思議に於いて常に想を修せば則ち帰処有り。善男子、譬えば樹に因りて則ち樹影有るが如し」の文です。つまり、仏法僧の三宝が一体となって本有常住を修得することにより、爾前の諸経における声聞・縁覚・菩薩の得道も可能になることです。『涅槃経』の文の意味は法華経の寿量品のことを説きます。寿量品を木に譬え爾前・迹門を影に譬えます。

そして、釈尊滅後の正像時に成仏の利益を得たのは、在世の結縁が成就したと教えます。爾前得道を執拗に問われたら、「未顕真実」の文により対処し、それよりも深い「正直捨方便」「世尊法久後」の文には触れないように指導します。『観経』の西方往生も方便の仮の浄土の教えであり、真実は法華経の下種であることを、「未顕真実」や方便品の「但以仮名字」の文、法師品の「已今当の三説」等を証文として出すように指示され、他に『法華玄義』『釈籤』の経釈をよく理解して、大事な時にだけ引用するように教えます。(「経釈能々料簡可秘」一四八二頁)。

次に、真言宗の質疑の論点を述べます。まず、弘法が法華経を戯論とし釈尊を無明の辺域としたのは何の経文によるのか。その経文を答えてきたら、大日如来は三世の諸仏のどこに位置する仏なのか。中国の善無畏と金剛智の偽りを知っているかと問い、善無畏が一行に大日経疏で真言が法華経に勝れるとの誤りを筆受させたことを糾明するように述べます。一念三千の法門は大日経には説かれていないこと、善無畏や金剛智が中国へ渡って一念三千の法門を習い理同事勝の邪義を立てたこと、最大の僻見は灌頂の時に壇上に曼荼羅を敷いて仏の頂を踏むことで、三世の諸仏はどこにそのようなことを説いているかを糾問する主な論点を示します。

その他のこととして、常日ごろ教えている通りに問答対論をするように述べます。法論の順序や問答の方法については常に指導していたことが分かります。また、相手が何宗であっても真言の法門を主張したなら、真言の誤りを糾明するように指示されます。これは真言の教えが禅宗など諸宗に取り入れられていたためです。

次に、念仏者との法論を述べます。まず、念仏の基本となる教えについて、曇鸞の立てた難行道・易行道。道綽が立てた聖道門・浄土門。善導が立てた雑行・正行。法然が立てた捨閉閣抛について、その依拠となる確かな経・論はあるのかを糾明すること。その経論を提示したとしても、経に権実の違い論に通申別申の違いがあり、仏説による白論、仏説に依らない黒論があるので慎重に判断すべきと述べます。そして、邪義が露見したなら譬喩品の通り、誹謗の罪により堕獄することを説き示し、周りにいて聴聞している人々にも解らせることが大事と述べます。法論においては第三者にも聞かせて納得させることを教えます。最も重視することは、諸経の勝劣を判断するのは成仏の有無にあることです。全ては現証にあるとされ善無畏や一行、弘法・慈覚の臨終の悪相を証拠とします。死相による成仏の判断は幼少からの課題でした。来世に続く救済を求めていたからです。臨終の悪相は謗法の罪科の現れとして、正法を受持する行者にはあり得ないとします。

問答の態度は柔らかな中にも強い意思をもって論じ、両眼を細目に開いて面相に威厳を称え静かに言上するようにと、顔の表情や口調を指示されます。徒弟教育を細やかに指導されていたこと分かります。

「一切は現証には不如。善無畏・一行が横難横死、弘法・慈覚が死去の有様、実に正法の行者如是有べく候乎。観仏相海経等の諸経、並に龍樹菩薩の論文如何が候や。一行禅師の筆受の妄語、善無畏のたばかり、弘法の戯論、慈覚の理同事勝、曇鸞・導綽が余行非機、如是人々の所見、権経権宗の虚妄の仏法の習にてや候らん。それほどに浦山敷もなき死去にて候ぞやと、和かに又強く、両眼を細めに見、眼貌に色を調へて閑に言上すべし」（一四八四頁）

次に、法華経と余経の「得益」についての質義に答えます。これは相手が諸経の利益を設問した時の対応で、諸経の得益では不足と答えるように述べます。諸宗の依経に釈尊・多宝・十方分身諸仏の三仏の証明があるか否かが要点となります。続いて「六難九易」「五百塵点の顕本」「二乗の成不成、龍畜下賎の即身成仏」は法華経に限ることにふれ、「十法界の開会」「草木成仏」を示します。また、法華経は「二十の大事」の勝れた法門があり、その中でも五百塵点劫の本地を顕した寿量品は、「無作本覚（有）の三身と成し」（一四八五頁）た一念三千の極理と述べて、諸経を論破するように指示されます。ただし、公場対決の場を離れた所では軽率にこれらの法門を吹聴してはならないと厳命し、「日蓮已証」（一四八五頁）と言う意味はここにあると述べます。

聴衆に向かって法華経が尊いからこそ多宝仏は遠方より来て証明され、分身来集の三仏も御舌を梵天につけ虚妄ではないと証明したことを是認させ、末法弘通を八十万億那由佗の菩薩の発誓を止めて地涌の菩薩に別付嘱されたと論を進めること。相手は必ず文証を提示させるから、その時にこの湧出品の地涌別付属の文や、『法華文句』『文句記』に、迹化他方の菩薩を止めた理由の三義と、本化の菩薩を召し出した理由の三義を解釈した「止召三義」の釈を用いるように述べます。「止召三義」は「前三後三六釈」と言い『法華文句』に示されます。「下方を召すの三義」の法門は、末法の行者が不惜身命の弘通をする核心です。ゆえに、「但日蓮之門家（一門）の大事不如之」（一四八六頁）と最重要な法門とされます。

しかし、この別付属の解釈に対し、聖人の他宗折伏を批判するため、竜樹の『大智度論』「自法愛染不免堕悪道」（「自法の愛染の故に他人の法を呰毀せば、持戒の行人と雖も地獄の苦を脱せず」）を証文として反論されると述べます。この文は外道の出家者が自らの法を賛美して、他人の法を罵ることを戒めたものです。諸宗はこの文を用いて聖人の他宗批判を問責したのです。これに備えて龍樹は権教に執着して実教である法華経を誹謗する「執権謗実」の罪を知らない訳がないと述べます。故に同じ『大智度論』にある「余経は秘密に非ず法華是れ秘密」の文を引き、同じく大薬師の譬えである「変毒為薬」の文を挙げて、法華経こそが二乗作仏を説く真実の教えであると明確にすることを指示します。法華経の秘密とは「成仏の種子」と定めたことです。逆に竜樹は弘法や曇鸞、そして、質問者こそが悪道に堕すと指摘された謗法者と答えるように教えます。

次に、嘗て良観が時宗（法光寺殿）に訴状を提出したことを挙げます。これは竜口法難の前に提出した訴状のことです。ここには聖人が律宗の斎戒は堕獄と批判する論拠を示せ、及び念仏は無間地獄の業と批判する証文を問い質す等の六ヶ条を掲げた訴状でした。（「行敏初度の難状」『行敏御返事』（四九六頁）。聖人は常に経論を証文として法論を行うので、良観の一方的な告発は悪印象を与えるためです。今回も宗論を持ち上げて聖人を愚弄するなら、幕府へ目安（陳情）を提出して良観に次のように言明するように指示します。

「是体の爾前得道の有無の法門六箇條云云。然るに推知するに極楽寺良観が如已前日蓮に相値て可有宗論由訇る事有之者上目安対極楽寺可申。某師にて候者は去る文永八年に蒙御勘気佐州へ披遷給て後、同文永十一年正月の比、蒙御免許帰鎌倉。其後対平金吾様々の次第申し含せ給て、甲斐国の深山に閉篭らせ給て後は、何なる主上女院の御意たりと云ども、出山内諸宗の学者に法門あるべからざる由仰せ候。随て其弟子に若輩のものにて候へども、師の日蓮の法門九牛が一毛をも学及ばず候といへども、付法華経有不審と仰らるる人わたらせ給はば存候、なんど云て、其後は随問而答の法門可申」（一四八七頁）

と、師匠の聖人は佐渡赦免の後に頼綱と対面して、種々の事を申し含めて身延に閉篭し、天子や皇后が召喚されても身延を出て宗論はしないことを述べ、三位房が代わって宗論に立ち会うことを宣言するように指示します。「日蓮が弟子等は臆病にては不可叶」（一四八七頁）と弟子としての自信と善神の守護の確信をもって法論に臨む心がけを促します。

戒律について、律宗は破戒により無間地獄に堕ちること、これに対し法華経を受持することが持戒（「是名持戒行頭陀者」）であり、聖人の戒律は肝心の妙法五字を受持する「妙戒」（一四八八頁）と述べます。妙法五字は三世諸仏の万行万善の功徳を集めたものであるから、妙法五字には万戒の功徳が納まっているとします。この妙戒を一度でも持てば、後に破ろうとしても破れない金剛宝器戒と論じるように指示します。三世の諸仏は妙法五字を受持して三身ともに無始無終の仏に成られたことを、「諸教の中に於いて之を秘して伝えず」と天台が説いたと述べます。爾前・迹門の戒は一分の功徳もないので一日の斎戒も無用とします。また、この「本門の戒」を弘通することにより、前代未聞の大瑞が起きるとして、正嘉の地動・文永の長星を挙げます。

そして、釈尊滅後いらい本門の本尊と戒壇を広めた者はいないとして、今、聖人が法華経を日本国に広めたことにより、一切の衆生が成仏できると述べます。妙法蓮華経の題目受持と、本門の本尊仏、本門の戒壇が述べられ、この前代未聞の大法が広まる時とします。

末法は釈尊在世と同じように教行証の三証が具備していると述べます。その理由は既に地涌の上首である上行菩薩が出現されていること。それ故に釈尊から結要付属された大法である妙法五字の題目が広まると述べます。この大法は釈尊在世の四十二年、並びに法華経の迹門十四品にも秘して説かれなかったのを、本門の正宗分に至って始めて説き顕わされたと述べます。金輪聖王の出現の先兆と同じ優曇華に巡り会ったと喩えます。

最後に、聖人が身延に入ったままなので、良観は宗論をして不審を払うから即刻、鎌倉に上れと自讃毀他しているが、この行為は日頃、戒法を重視している律僧の教えなのかを強いて問うように述べます。佐渡から鎌倉に帰った時は、極楽寺の門戸を閉じて中へ入らせないようにし、良観は風邪と仮病してまで対決を避けたと述べます。律宗国賊の主張は聖人と同じと述べ、正論を主張する言葉使いに注意し自惚れた風体を見せてはならないと注意します。法論は正邪を正すことが目的なので、身口意の三業を整え相手を貶すような卑しい態度を見せないように注意し本書を結びます。三位房の性格から対論の態度を教えます。

□『上野殿御返事』（二八二）

○姫御前の「臨終正念」

四月一日付けにて時光から白米一斗、芋一駄、蒟蒻五枚を供養された礼状です。『興師本』に収録されます。石河兵衛に嫁した姉（重須殿女房）の娘の死去が知らされました。姫御前とは貴人の娘の敬称で若い未婚の女性のことです。窪尼に宛てた書簡にも「ひめ御前」（一六四五頁）とあり娘のことを指します。石河兵衛は重須郷の地頭である石河新兵衛のことで入道して道念日実と名乗ります。書簡を通して教示を受けました。娘も信心が深く聖人に度々手紙を送っていたことが本書より分かります。

姫御前より病のない人でも疫病で年を越せないように見え、もともと病身である自分の症状が悪くなってきたので、これが最後になると死を覚悟して書いた手紙が、三月一四日の夜分に届いていたと述べます。前年の建治三年の秋頃から全国に疫病が流行しました。気にかけていた姫御前が死去したことを悼む書状です。臨終に南無妙法蓮華経と唱えた宿善と、法華経の教えを信じ「臨終正念」（一四九二頁）して成仏したと諭します。

釈尊が阿弥陀経等を説いたのは小乗教の教えを方便と打破するためであり、法華経を説いた後は爾前経は方便として捨てよと説きます。その法華経の真実は多宝仏や十方分身の諸仏が証明され明らかと述べます。しかし、善無畏や禅宗等の開祖は将門や貞任に騙されたように釈尊に背き、日本国の人々を大怨敵とさせてしまい、聖人を迫害したため善神の責めを受けたと述べます。臨終正念であったのは、法華経の教えが正しいという証拠であると述べ姫御前の信仰を褒めます。

弟子の中には法門を理解できない者がいると述べます。末法には法華経の肝心である南無妙法蓮華経を唱題することが、聖人が教える法門と述べます。姫御前はこの教えを護って死を迎えたことを尊びます。この一文は末法の修行は唱題が正行であることを教示します。

「此尼御前は日蓮が法門だにひが事に候はば、よも臨終には正念には住し候はじ。又日蓮が弟子等の中になかなか法門しりたりげに候人々はあしく候げに候。（中略）。末法に入ぬれば余経も法華経もせん（詮）なし。但南無妙法蓮華経なるべし。かう申出て候もわたくし（私）の計にはあらず。釈迦・多宝・十方諸仏・地涌千界の御計也。此南無妙法蓮華経に余事をまじ（交）へば、ゆゆしきひ（僻）が事也。日出ぬればとぼしび（灯）せん（詮）なし。雨のふるに露なにのせんかあるべき。嬰児に乳より外のものをやしなうべき歟。良薬に又薬を加ぬる事なし。此女人はなにとなけれども、自然に此義にあたりてしをせるなり。たうとしたうとし」（一四九一頁）

□『檀越某御返事』（二八三）

○宗論の動きと停止

宗論の兆しは建治元年の暮れに発し真言師が運動を起こす情報が入っていました。良観は身延在山の聖人に対して宗論をするから早く鎌倉に上れと誘引していました。（『教行証御書』一四八九頁）。このような良観の態度が宗論の実現に向かったのです。これを受けて聖人は三位房に良観と法論をするよう指示します。

・宗論・公場対決の経過

建治二年一月一一日　真言師が蜂起した　『清澄寺大衆中』（一一三二頁）
七月　実現に向かうが八月に立ち消え　『報恩抄送文』（一二五〇頁）
弘安元年三月一九日　再び宗論の気配が出る　『諸人御返事』『教行証御書』（一四七九頁）
四月一一日　宗論中止　流罪の噂　『檀越某御返事』（一四九三頁）

しかし、三月二一日付け『諸人御返事』（一四七九頁）の急使から二〇日ほど経過した四月一一日に、公場対決の中止（沙汰止み）の書状が鎌倉から届きます。これが『檀越某御返事』です。四月一一日付けにて宛名はありませんが、「宮仕い」とあることから頼基に宛てたとされます。後代の写本には「四条金吾」とあり、頼基が鎌倉のこれらの情報を隠密に伝えていたと思われます。真蹟四紙が法華経寺に所蔵されます。弟子が動揺していたのか、他筆による丁附けが第二紙と三紙が倒錯しています。

○三度目の流罪

宗論の首謀は真言律宗の良観にあったので、教団の分裂を策略して頼基や宗仲に圧力をかけました。聖人が鎌倉から遠くに隠棲しても脅威だったのです。宗論を利用して処断しようと画策したとも言えます。しかし、教団は冷静な対決姿勢を布いたので騒動は起きませんでした。不利と見た真言師は宗論を中止します。この急転は良観と頼綱が三度目の流罪の発令を陰謀したのではないかと言います。（岡元錬城著『日蓮聖人　久遠の唱導師』五二四頁）。後に虚御教書と分かる三度目の流罪の噂が広まったのです。宗論ではなく一気に流罪の方向に傾いたのです。頼綱は騒動に言寄せて聖人を流罪にする狙いがありました。

これを知らされた聖人は流罪を甘受します。佐渡に流罪した時には災害が起きました。行者を迫害すれば善神の罰を被るのは既知のはずとして、事実ならば幕府滅亡の兆しとの考えを述べます。また、これが真実であり現実となれば、行者として百千万億倍の幸せであると気概を述べます。

「今度ぞ三度になり候。法華経もよも日蓮をばゆるき行者とわをぼせじ。釈迦・多宝・十方の諸仏地涌千界の御利生、今度みはて（見果）候はん。あわれあわれさる事の候へかし。雪山童子の跡ををひ、不軽菩薩の身になり候はん。いたづらにやくびやう（疫病）にやをかされ候はんずらむ。をいじに（老死）にや死候はんずらむ。あらあさましあらあさまし。願は法華経のゆへに国主にあだまれて今度生死をはなれ候ばや。天照大神・正八幡・日月・帝釈・梵天等の仏前の御ちかい、今度心み候ばや」（一四九三頁）

疫病や老病で死ぬよりも、過去の雪山童子（施身聞偈）や「不軽菩薩の跡」を継ぐ不惜身命の覚悟を披瀝します。流罪の御教書は頼綱が仕組んだ偽物だったのです。時宗はこれを阻止したので流罪はありませんでした。（『窪尼御前御返事』一五〇二頁）。聖人は前年の一二月三〇日より下痢に苦しみます。頼基は聖人を心配されて出家の意思を伝えます。しかし、頼基達の身の安全は善神に守護を祈願するので、奉公を「御みやづかい（仕官）を法華経とをぼしめせ」と、これまで通りに出仕するように指示し、法師功徳品の文を引き「一切世間治生産業皆与実相不相違背は此なり」と、日常の生活を法華経の修行と思い昼夜に励むように諭します。

□『是日尼御書』は建治三年四月一二日とします。

□『南條殿御返事』（四三九）

弘安元年卯月一四日付け、いも・はじかみを供養された時光への礼状です。宮城県妙教寺に所蔵されます。本文は他筆ですが花押は自署されます。「をりふしそうそう（折節匆匆）なる事候し間、委細の御返事に不及由候ところに候」（三〇二一頁）と返礼が遅れたと述べます。これは実相寺との対決や四十九院の不当を主張していた時期のことです。聖人も対策に当たって慌ただしくされていたことが分かります。

○御本尊（四八）四月

四月二一日付け「優婆塞日専」に授与されます。紙幅は縦六八・八センチ、横四四・九センチ、二枚継ぎの御本尊で京都立本寺に所蔵されます。

□『太田左衛門尉殿御返事』（二八五）

○太刀一

四月二三日付けで乗明から金銭十貫文・太刀一振り・五明（おうぎ・扇）一本・焼香二十両を布施された礼状です。『朝師本』に収録されます。乗明の書簡は一八日に下総から出され二三日の昼に着きました。「軈」（やがて）とあり、体調が整わなかったのか、暫く時間が経過してから封を開いて読みました。乗明の大厄と正月の下旬から身心に苦労が多く、病気気味と書かれていたので早速、返書されました。

○乗明の厄年

まず、「十二因縁」にふれ煩悩・業・苦の三道の生死を述べ五七歳の大厄に答えます。十二因縁は人間が苦や迷いを感ずる原因を分析したもので、無明より始まり老死で終わる因果の理法を言います。倶舎論に説かれた縁覚の観門です。この十二因縁を過去・現在、未来の三世に当てます。

「十二因縁と申法門あり。意は我等が身は以諸苦為体。されば先世に業を造る故に諸苦を受け、先世の集煩悩が諸苦を招き集め候。過去の二因・現在の五果・現在の三因・未来の両果とて三世次第して一切の苦果を感ずる也。在世の二乗が此等の諸苦を失はんとて、沈空理灰身滅智して、菩薩の勤行精進の志を忘れ、空理を証得せん事を真極と思也。仏方等の時、此等の心地を弾呵し給し也。然るに生を受此三界者離苦者あらんや。羅漢の応供猶如此。況底下の凡夫をや。さてこそいぞぎ生死を離るべしと勧め申候へ」（一四九五頁）

無明・行は過去の二因で、これが因となって識・名色・六入・触・受の現在の五果ができます。愛・取・有は現在の三因で、これが因となって生・老死の二果が決まります。この十二の因縁により六道を輪廻します。また十二因縁には流転門と環滅門があります。無明によって行を生じ行によって識を生じ、最後に生によって老死を生ずることを流転の十二因縁と言います。逆に無明を滅することにより行を滅し、行を滅して識を滅し老死を滅することを環滅の十二因縁と言います。化城諭品に説かれます。（『開結』二五三頁）。釈尊の在世の二乗はこの憂い悲しみ苦しみ悩み（憂悲苦悩）を離れるため灰身滅智を望みましたが、それは空理であって根本的な苦を免れることはできません。それよりも衆生を救済する菩薩行の必要性を説きます。つまり、人身は諸苦を体としていることを説いて化他行を促したのです。

次に、厄年の説の起源について八卦を挙げます。伏義の時代に黄河から不思議な亀が発見されます。この亀の甲羅に八卦の絵文字が書かれていました。易学では河の中から現われた龍馬の背中にあった模様と伝承され河図（かと）と呼びます。この亀卜には人の一生の厄年の凶相が記されていたのです。

「厄年の人の危き事は、少水に住む魚を鴟鵲なんどが伺ひ、燈の辺に住める夏の虫の火中に入んとするが如くあやうし。鬼神や、もすれば此人の神を伺ひなやまさんとす。神内と申す時は諸の神在身万事叶心。神外と申時は諸神識の家を出て万事を見聞するなり。当年は御辺は神外と申て諸神他国へ遊行すれば慎て除災得楽を祈り給べし。又木性の人にて渡せ給へば、今年は大厄なりとも春夏の程は何事か渡らせ給べき。至門性経云木遇金抑揚火得水光滅土値木時痩金入火消失水遇土不行等云云。指て引申べき経文にはあらざれども、予が法門は四悉檀を心に懸て申なれば、強て成仏の理に不違者且世間普通の義を可用歟」（一四九六頁）

と、厄年の危険なことを述べ災を除き楽を得る信心を勧めます。伏羲は中国古代の伝説上の神農・黄帝と共に三皇の一人とされ、伏羲と神農の二人を羲農と称して羲農の世を立正安国の理想社会とされます。また、陰陽五行説を用いて乗明は木性であるから春と夏の頃は何事もないと述べます。

聖人はこれらの道理を成仏の根本問題に違背しなければ採用されます。これを「四悉檀」の教えに準じるとします。世間一般の道理に順応するのは世界悉檀です。日常生活の中に古来からの道理を用いて解決するのが四悉檀です。更に深く心身の病気を治癒する良薬が法華経として薬王品を引きます。乗明の厄除けの為に方便品と寿量品を書写したので、これを大切に重ね包んで肌身に離さないようにと授けます。そして、方便品の十界互具（十界の衆生の成仏）と、寿量品に明かされた久遠実成の一念三千の要旨を書き連ねます。法華経を信仰できることは過去に聴聞した縁があると明かします。

そして、華厳・真言師が一念三千の法門を盗取したことを説き、この一念三千の宝珠を妙法五字の金剛不壊の袋に入れて、末代の衆生の為に留め置かれたと述べます。この表現は『観心本尊抄』の「不識一念三千者仏起大慈悲五字内裹此珠令懸末代幼稚頚。」（七二〇頁）と同じ筆致です。方便・寿量品の本迹二門の教義の重要性と、特に事一念三千の本門の教義は地涌の菩薩である聖人が始めて宣顕したと述べます。迹化の菩薩と本化の菩薩の違いを明確にします。

そして、乗明に授けた御守りは法華経の秘法が籠められており、信心を強く深めれば必ず善神が守護されるから、厄年でも心配しないようにと諭します。鎌倉に在った時にはお会いして、細々と教えを話すことができたが、身延とは離れているため使者や書簡でなければ意思を伝えられないのが嘆きと述べます。信徒の一人一人にお会いして、法華経の法門や近況をお話しされたかったことでしょう。末筆に厄を逃れたら諸仏が法華経に約束したことは真実であるかを判断するように述べます。

「彼天台大師は迹化の衆也。此日蓮は本化の一分なれば盛に本門の事の分を弘むべし。（中略）。さては鎌倉に候し時は細細申承候しかども、今は遠国に居住候に依て期面謁事更になし。されば心中に含たる事も使者玉章にあらざれば不及申。歎かし歎かし。当年の大厄をば日蓮に任せ給へ。釈迦・多宝・十方分身の諸仏の法華経の御約束の実不実は是にて量るべき也。又又可申候」（一四九八頁）

□『華果成就御書』（二八六）

○道善房三回忌

四月に浄顕房・義浄房に宛てた書簡です。『与浄義二子書』と称します。『朝師本』に収録されます。この頃には浄顕房が師跡を継ぎ山主でした。（『日蓮聖人遺文辞典』歴史篇一〇五五頁）。逝去の折『報恩抄』二巻を嵩が森で読み上げた感謝を述べます。弘安元年は三回忌に当たり師恩を述べて近況を伺います。法華経の行者となれたのは道善房の恩と述べます。師匠は大地であり弟子は草木、また、華と果実と例えます。

「たとへば根ふかきときんば枝葉かれず、源に水あれば流かはかず。火はたきぎかく（欠）ればたへぬ。草木は大地なくして生長する事あるべからず。日蓮法華経の行者となつて、善悪につけて日蓮房日蓮房とうたはるる此御恩、さながら故師匠道善房の故にあらずや。日蓮は草木の如く師匠は大地の如し」（一五〇〇頁）

末法には地涌の上首である上行菩薩が出現すると経文にあり、上行菩薩が出現するならば安立行菩薩も必ず出現すると、道善房を安立行菩薩の応現と受け取れる文言があります。この文言に考究の余地を述べる説がありま す。(『日蓮聖人遺文全集講義』第二一巻一五四頁)。本書の冒頭に「其後なに事もうちたへ不申承候。さては建治の比」(一五〇〇頁)とあることから、建治二年の『報恩抄』以来、この弘安元年まで音信がなかったことになります。著作年時も考究すべきと言います。(『日蓮聖人遺文全集』別巻三〇〇頁)。

本文に刈り取った稲の根から再び芽が再生するように、法華経を広める功徳は道善房に戻ることを述べ、「師弟仏果」を説きます。兄弟子にも霊山浄土への往詣を促します。浄顕房、義浄房は清澄寺にいる立場であるので、五百弟子授記品の「内に菩薩の行を秘し外に是れ声聞なりと現ず。少欲にして生死を厭へども実には自ら仏土を浄む。衆に三毒ありと示し又邪見の相を現ず。我が弟子是の如く方便して衆生を度す」(『開結』二八三頁)の文を伝えます。外面には貧瞋癡の三毒の煩悩をもつ姿、邪見の姿を見せながら衆生を救う方法があると言う文です。「如前前申御心得あるべく候」(一五〇一頁)と述べているように、周囲の情勢から敢えて二人には、改宗転衣をさせず清澄寺の中にいることを指示されていたのです。

□『松野殿御返事』(二八七)

五月一日付けで妙法尼から干飯一斗・古酒一筒・ちまき・青ざし(青麦を煎り臼で引いて糸のようによった菓子)・筍を供養された礼状です。『朝師本』に『干飯御書』とあり妙法尼に宛て添え書きがありません。これと本文が同じ『松野殿御返事』があります。小川泰堂居士は本書は松野殿に宛てた書状と、妙法尼に宛てた書状の二通を一つに合わせたと言います。(『日蓮聖人遺文全集講義』第二一巻一六一頁)。

妙法尼は駿河の岡宮(房総の説があります)の信者と言われ、『妙法尼御前御返事』とすべきと言う説、また、松野氏の妻で日持の母とも言います。（『日蓮聖人遺文辞典』歴史篇一〇七一頁）。松野氏の身辺に妙法尼と言われる女性がいたと推測されます。女性宛の書状なのに男性宛になっている不審があります。袖書きの四一字は『朝師本』にはありません。妙法尼から「民のほねをくだける白米、人の血をしぼれるが如くなるふるさけ（古酒）」を供養され、この功徳により必ず「霊鷲山に参らざるはなし」（一五〇一頁）、「女人の成仏得道疑べしや」（一五〇二頁）と、霊山往詣に直結した信心を讃えます。古酒は十年以上熟成した酒ともいい赤系統の色もあります。この五月に疾疫が流行します。朝廷は五月一八日に疫病の流行を防止するため、興福寺に観音像を造立して祈祷させます。五月に三井寺の円城寺金堂供養のことで、延暦寺衆徒が強訴します。

□『窪尼御前御返事』（二八八）は弘安三年五月三日とします。

□『霖雨（りんう）御書』（二八九）

五月二二日付け返書で宛先は不明です。真蹟一紙が京都妙満寺に所蔵されます。縦二一・七センチ、横四七・六センチ、一二行の短文で、先の『筍御書』（一一七七頁）と同じく、覚性房に託された人物への消息です。文中に「えんどう（豌豆）かしこまりて給候了」（一五〇四頁）とあり豌豆の供養を受けた礼状です。霖雨とは例年の長雨のことです。『対照録』は『筍御書』（『定遺』建治二年）と本書を建治三年とします。

□『南条殿女房御返事』（二九〇）

五月二四日付けにて時光の妻から八木（米）二俵を供養された礼状です。『興師本』に収録されます。時光の妻の志を水は寒さが積もれば氷となり、深山に積もる雪は年を重ねれば水精になるように、人の行為も悪業が積もれば地獄に堕ち、善徳を積めば仏となると褒めます。また、女性は嫉妬心が重なれば毒蛇のようになるが、法華経を供養する功徳が重なれば、提婆品の竜女のように必ず成仏すると説きます。強固な信仰を持つことを教えます。供養の品を届けた労を謝します。

身延への道中は山を越え河を渡ります。米を負う馬や曳き手の顔馴染みの下人に対しても、艱難な道中のことに感謝されます。本書に「御所労の人の臨終正念、霊山浄土疑なかるべし」（一五〇四頁）とあり所労とは病気のことです。石河兵衛の娘の四十九日忌の供養でもあり、姫御前は龍女のように必ず霊山往詣されると慰めます。

□『兵衛志殿御返事』（二九一）は同年の秋の書状とします。朝廷はこの五月六月に興福寺や諸神社に疫病を退散させる祈願をします。

□『阿仏房御返事』（二九二）

○聖人の病「死ぬこと疑いなし」

六月三日付けで佐渡の阿仏房に宛てた書状です。系年に建治三年説がありますが、下痢の病が「正月至今月六月一日」の文章から弘安元年とされます。『本満寺本』に収録されます。阿仏房から手紙を受け取り、その内容について了解したことを伝えます。聖人の身体が今年の正月から、この書簡を書いている六月一日に至るまで「やせやまい」（一五〇七頁）が続いていると知らせます。

「御状旨委細承候畢。大覚世尊説曰生老病死生住異滅等云云。既受生齢及六旬。老又無疑。只所残病死二句而巳。然而自正月至今月六月一日連連此病無息。死事無疑者歟。経云生滅滅巳寂滅為楽云云。今棄毒身後受金身豈可歎乎」（一五〇八頁）

聖人の病は昨年の建治三年一二月三〇に発病し、この六月頃まで臨終を覚悟する程でした。「痩せ病」と言われます。一説には甲州特有の微生物による風土病とも言います。和歌山県の大台ヶ原と身延一帯が本州で最も雨量の多い所で、水量により森林が微生物の繁殖を促進させます。病は一〇月の頼基の投薬まで続きます。

生老病死の四苦のうち残っているのは病死の二苦と述べその見解を述べます。涅槃経の「諸行無常是生滅法生滅滅已寂滅爲樂」の諸行無常偈を引きます。釈尊が前世に雪山童子として後の半偈を聞くために羅刹に捨身供養したことから雪山偈と言います。病苦に悩まされながらも人身は生滅の肉体であるから、この生と滅とを滅し終わって寂滅の楽とする心境が窺えます。この病によって死の覚悟をされていたのです。

□『日女御前御返事』（二九三）

六月二五日付け日女御前から銭七貫文を布施された礼状です。真蹟は六紙断片が散在して所蔵されます。内容から『日女品々供養抄』と言います。日女は平賀忠治の娘で宗仲の妻とされます。日女には建治三年八月二三日と本書の二通が伝わります。

布施の受領を記してすぐに属累品の説明をされます。一説にはこの前に神力品までの説明が存在したのではないかと言います。（『日蓮聖人遺文全集講義』第二一巻一七九頁）。また、宮崎英修氏は本文を欠失したのではなく別本が存していたと言います。（『日蓮聖人遺文辞典』頁）八六三頁）。本書は属累品から順次に勧発品迄の大意を解説します。法華経の二十八品毎に供養を行なう「品々供養」をされ、末代の女人には尊いと褒めます。宝塔品の会座に十方の諸仏菩薩が来集したように、日女の胸中に宝塔品の儀相が具現されると説きます。

「かゝる法華経を末代の女人、二十八品を品品ごとに供養せばやとおぼしめす、但事にはあらず。宝塔品の御時は多宝如来・釈迦如来・十方の諸仏・一切の菩薩あつまらせ給ぬ。此宝塔品はいづれのところにか只今ましますらんとかんがへ候へば、日女御前の御胸の間、八葉の心蓮華の内におはしますと日蓮は見まいらせて候。（中略）釈迦・多宝・十方の諸仏は御らんあり。日蓮又此をすい（推）す。あらたうとしたうとし」（一五一五頁）

と、「品々供養」の功徳と胸中の「心蓮華」について述べます。この「八葉心蓮華」思想は真言密教に近い思想で、依拠とする『蓮華三昧経』は智証の『講演法華儀』により偽作されたので、聖人は採用されないと言います。教理的には自然本覚思想に堕することから、この部分は考究すべきです。（『日蓮聖人遺文全集講義』第二一巻二一六頁）。凡夫には見えないが釈迦・多宝・十方の諸仏は守護されているように、供養の功徳は大きいと述べます。周の文王が老人を大切にした徳により、末裔には悪政の時もあったが、文王の功績により周王朝は三七代、八百年間の繁栄が続いたこと。阿闍世王は悪虐を作したが、父の頻婆沙羅王が釈尊を供養した功徳により、九十年間の位を持つことができたと例えます。

日本国は義時（権大夫）・泰時（武蔵前司）の善政により当分は続くが、謗法により長く続かないと述べます。念仏者が自分達も法華経を信じていると聖人を念仏の敵と批難することに対し、念仏者が言うことが真実ならば疫病・飢饉・兵乱はなぜ起きているのか、また、公場対決をせずに二度まで法華経の行者を流罪にしたのは、法華謗法の大科ではないかと反論します。そして、日女は難信難解な法華経を信じ、法華経の法灯を継ぐ人は閻浮提の中にも数が少ないと絶賛されます。なを、本書状より花押の字体が変化します。

○花押の変化

花押は弘安元年五月以前は金剛界大日如来の種子を表すバン字であり、六月以降は一字金輪仏頂尊の種子を表すボロン字に変わったと言います。（山川智応著『日蓮聖人研究』第二巻二三九頁）。聖人は御本尊や書状には必ず花押を書き本物であることを示します。特徴は悉曇文字を用いることです。真言僧に多く見られます。また、音を表す空点の書き方が鍵手の形から蕨手に変わります。鍵手の変化は二期、蕨手の変化は三期あると言います。（鈴木一成著『日蓮聖人遺文の文献学的研究』二一三頁）。

□『富木入道殿御返事』（『治病抄』）（二九四）

六月二六日付けにて常忍に宛てた書状です。真蹟は一三紙が法華経寺に所蔵されます。『常師目録』は『治病大小権実違目』と題し『治病抄』と略称します。頼基が身延に供養品を届けるので常忍等から帷子等の供養を預かります。頼基から漢方薬、宗長から味噌が供養されました。常忍の書状に疫病が流行している深刻な事態を知らされ、その祈祷を要請された返書です。同じく頼基へ宛てたのが、『中務左衛門尉殿御返事』（二九五）です。建治三年から弘安元年にかけて流行した疾病の恐ろしさを伝えた文面から弘安元年とします。（鈴木一成著『日蓮聖人遺文の文献学的研究』三七五頁）。

疫病興盛との書簡を見て心身の病気には身に四百四病、心に三毒ないし八万四千の病があると述べ、身の病は仏教によらなくても治水・流水・耆婆・扁鵲等の良医が治癒できるが、心病は賢人や神農の薬でも治せないと述べます。心病には浅深勝劣があり、仏教の大小・権実の勝劣を心得て治病すべきとします。自分の宗が勝れているとする偏見の「劣謂勝見」（一五一八頁）を制止し、国主がこの僻見を持てば最勝の法華経でも治癒できず、還って病いを倍増すると述べます。行者が僻見の者となったからです。

次に「心の病」を治す法華経について迹門と本門の違いを述べます。

「法華経に又二経あり。所謂迹門と本門となり。本迹の相違は水火天地の違目也。例せば爾前と法華経との違目よりも猶相違あり。爾前と迹門とは相違ありといへども相似の辺も有ぬべし。所説に八教あり。爾前の円と迹門の円相似せり。爾前の仏と迹門の仏は劣応・勝応・報身・法身異ども始成の辺同ぞかし。今本門と迹門とは教主すでに久始のかわりめ、百歳のをきなと一歳の幼子のごとし。弟子又水火也。土の先後いうばかりなし。而を本迹を混合すれば水火を弁ざる者也」（一五一八頁）

本迹の相違・勝劣は既に『開目抄』『観心本尊抄』に述べています。聖人の教学は本門の久遠実成に立脚しているのが特徴です。迹門の釈尊は始成正覚の仏で本門の久成仏と異なるのが本迹の相違です。始成正覚の仏身の立場からすると、爾前経と迹門は相似すると指摘します。本門の久遠実成が開顕されると、まず師弟の関係は始成の弟子と久遠の弟子と判別されます。娑婆においても穢土と寂光土の相違があります。天台と伝教の二人だけがこれを知っていたが、本門の「円戒」である題目受持については、「止召三義」を堅守して伝えなかったとし、末法に入った今は地涌の菩薩が本門法華経を広める時と述べます。伝教が説いたのは円頓戒ですが聖人はこれを、「彼円頓戒も迹門の大戒なれば今の時の機にあらず」（『下山御消息』一三四四頁）と、伝教は迹門の安楽行品によって大乗円頓戒壇を立てたが、末法においては無益とします。本門戒としての円戒と分別されます。仏教の教えに迷妄する諸宗であり、それらを庇護する国主は愚痴のため行者を賤しむ。そのため「先代未聞の三災七難起るべし。所謂去今年、去正嘉等の疫病等也」（一五一九頁）と、善神の罰国の表れと述べます。

○弟子の疫病死

「善神治罰」の表れとして疫病が流行し、その疫病で聖人の弟子達が死去するのはなぜかと問答体をとります。弟子に疫病で亡くなった者がいたと思われます。これについて、爾前経の善悪は等覚までで妙覚の仏位は善のみで悪はないと説くのに対し、法華経は妙覚の位にも性悪があると説きます。爾前経と法華経の相違です。妙覚の仏にも善悪が具わり極悪の一闡提も性善を断壊しないのです。しかし、仏には修悪はなく一闡提に修善はないとするのが一念三千の性悪の法門です。ここでは、元品の法性である性善が依報の上に顕れれば諸天善神の守護となり、元品の無明である性悪が顕れれば第六天の魔王が顕れます。

「法華宗の心は一念三千、性悪性善妙覚の位に猶備れり。元品法性は梵天・帝釈等と顕れ、元品の無明は第六天の魔王と顕たり。（中略）。善神は悪人をあだむ、悪鬼は善人をあだむ。末法に入ぬれば自然に悪鬼は国中に充満せり。瓦石草木の並び滋がごとし。善鬼は天下に少し。聖賢まれなる故也」（一五二〇頁）

弟子たちが疫病に罹り死去することについて、十界互具の範疇から善神と悪鬼の存在を示します。善神は悪人を退治するが、悪鬼は善人に危害を加え信仰を退転させると述べます。末法悪世は邪法が繁栄するため白法隠没し、悪鬼が便りを得て瓦石や雑草のように蔓延すると説きます。それに反して善鬼は正法を持つ賢人がいないため少なくなると説き、今は悪鬼が充満し疫病を念仏者・真言師・禅宗・律宗の僧よりも、聖人の弟子達に羅病させ死亡に至らしめる筈とします。法華経を弘めようとする者に迫害を加えるからです。しかし、聖人の弟子は邪宗の者よりも羅病する者も死者も少ないのは、信心が強盛なためであると反詰します。

次に、日本における疫病流行の歴史と仏教の関係にふれます。神武天皇から十代目の崇神天皇の御世に疫病が流行り、国の半分近くの人が死去します。この時に始めて天照大神を国々に祭り疫病が止んだことを挙げます。崇神天皇と尊称されるのはこの由来によります。この時は仏教伝来以前のことです。敏達・用命・崇峻天皇の三代は、神に祈ったが疱瘡と疫病で崩御します。続いて、この前の欽明天皇の時に仏教が伝来したことにふれます。いわゆる「庚寅の法難」、そして、推古天皇の御世の聖徳太子の「乙巳の法難」にふれ、仏教伝来から三五年の間、年々に三災七難・疫病が流行ったが、聖徳太子の仏教庇護により災難から回避できたと述べます。

この後に起きた三災七難の原因は仏教の邪正にあると指摘し、神の祟りや謗法、国民の嘆きから起きたと指摘します。しかし、立教開宗し法華経を弘通した後の三災七難の原因は、神の祟りや国民の嘆きではなく、一重に聖人を誹謗するための怒りとします。この怒りは「前代未聞の大瞋恚」であり、「見思未断の凡夫の元品の無明を起す事此れ始めなり」（一五二二頁）と、聖人に敵対する日本国中の反感を受けたことが原因と述べます。この災難を回避する方法は、本門を付属された聖人以外に解決できる者はいないとし、それには公場対決をして国民の前に法華経が正しいことを認知させ、題目を受持することと述べます。

○「大難又色まさる」

天台は『止観』に一念三千の観法である十境十乗を説いたが行う者はなく、妙楽・伝教の時は少し行ずる者がいたが、それを迫害する者がいなかったので何事もなく経過したと述べます。この『止観』に説く「三障四魔」とは、法華経を弘通する者に敵対する障害であり、今、聖人が迫害を受けることがその現われと述べます。故に、受難として身読している三類の強敵は三障四魔の具現であり、天台・伝教の受難を超絶します。教学的には理事一念三千の相違であり、受難の浅深を比較すれば観念を超越した大難で天地のように異なると述べます。

「止観の十境十乗の観法は天台大師説給て後、行ずる人無し。妙楽・伝教の御時少行といへども敵人ゆわきゆへにさてすぎぬ。止観に三障四魔と申は権経を行ずる行人の障にはあらず。今日蓮が時具に起れり。又天台伝教等の時の三障四魔よりも、いまひとしをまさりたり。一念三千観法に二あり。一理、二事なり。天台・伝教等の御時には理也。今は事也。観念すでに勝る故、大難又色まさる。彼は迹門の一念三千、此は本門一念三千也。天地はるかに殊也こと也と、御臨終の御時は御心へ有るべく候」（一五二二頁）

このように法華弘通の色読は思考や観念を超えたもので、「事一念三千」を説く聖人教学の大事なところです。常忍に臨終の時には事一念三千を心得て、時機相応の正観の題目を唱えることを教えます。追伸に、頼基から常忍からの帷子を頂いたこと、新たに入信した方々の供養の品も受領したと述べます。乗明の方々からの供物も常忍の書き付け通り拝受したと伝えます。この『富木入道殿御返事』(『治病抄』)に書いた法門の半分は、頼基に与えた書状に書き加えているので借用して披見するように述べます。

□『中務左衛門尉殿御返事』(二九五)

○聖人の病気の推移と頼基の調剤

六月二六日付け頼基への書状で常忍に宛てた『治病抄』と関連します。『二病抄』と称し真蹟は六紙が京都立本寺に所蔵されます。始めに身心の病気について述べ、流行している疫病は身病ではないので仙人も治し難く、仏教においても爾前の八万四千の病でもないので、諸宗の僧が祈っても治癒できないとします。『治病抄』とほぼ同じ内容で疫病は年々に増加し、謗国の咎を逃れるような大事が起きるまで続くと言う見解を、法華経・『涅槃経』と妙楽の『文句記』を引いて述べます。法華経の引用は譬喩品の「若修医道順方治病更増他疾或復致死而復増劇」(『開結』一七〇頁)の文です。謗法の罪は世法の投薬では完治できず還って重病を招くのです。『涅槃経』梵行品の阿闍世王の瘡病は、法華経でなければ治癒することはできず、蔓延している疫病は謗法により流行したのであり、治療できる良薬は法華経と述べます。

聖人の下痢の症状は昨年の一二月三〇日いらい、今年の六月三日、四日まで日々に悪化して定業かと思う程でした。頼基が調合した良薬を服してからは、日々月々に回復して百分の一程になったと述べます。「教主釈尊の入かわりまいらせて日蓮を扶け給か」（一五二四頁）、地涌の菩薩から妙法五字の良薬を授与されたと悦びを伝えます。詳しい病状や近況については日朗から知らせると伝えます。庵室の環境と生活は身体的に衰弱させ心労も重なっていました。病状は一旦、小康を得ますが秋頃に大事に至り、これを繰り返し弘安四年には心身共に衰弱したことを知らせます。慢性の胃腸疾患で不食気となります。

追伸に頼基からの書状は二五日の戌の刻（午後八時）に届き、多くの供養も届けられ有難いと感謝されます。「きくせん」とは頼基の使いの名前と言います。使いの者が二五日午後八時頃、供養の品々を届けました。（寺尾英智著『日蓮信仰の歴史を探る』八一頁）。供膳の供物を運んだ人達、或いは「種種の物かずへつくしがたし」とあることから、「菊箋」（菊重ねの札）とも言えます。木や厚紙などに供養の品名と施主の名前が記入されていたと思います。常忍へは直接礼状を送ると述べます。また、日眼女の祖父の死去を悲しく思っていると伝言します。祖父とは旧知の間柄と思われます。

―日蓮聖人の病気―

建治三年一二月三〇日	下痢発病～慢性化して持病となる～	『中務左衛門尉殿御返事』一五二四頁
建治四年二月二八日	病身のため執筆も容易でない	『始聞仏乗義』一五四五頁
弘安元年四月一四日	本文は他筆、花押だけ自署	『南條殿御返事』三〇二一頁
四月二三日	やがて拝見された	『大田左衛門尉御返事』一四九五頁
五月頃	痩せ病のため衰弱	『兵衛志殿御返事』一五〇七頁
六月三、四日	日々月々に倍増	『中務左衛門尉殿御返事』一五二四頁

	六月二六日	悪化したが頼基の投薬で小康	『兵衛志殿御返事』一五二四頁
	一〇月頃	再発して重体となる	『兵衛志殿御返事』一六〇六頁
	一一月頃迄	快癒しないが治まる	『四条金吾殿御返事』一六〇〇頁
弘安二年四月		御本尊を顕示	六一番～六三番
	五月二日	風邪にて身が苦しい	『新池殿御消息』一六四四頁
	五月一七日	不調ながらも小康　きらきらしからず	『四菩薩造立鈔』一六五〇頁
	七月二七日	力強い筆跡	『乗明聖人御返事』一六五二頁
弘安四年一月～		再発し食欲不振と老衰	『八幡宮造営事』一八六七頁
	五月二六日	完全に再発　重病化	『八幡宮造営事』一八六七頁
	十月二二日	「老病」「不食気」	『富城入道殿御返事』一八八六頁
	一二月八日	絶食安静期	『上野殿母尼御前御返事』一八九六頁
弘安五年二月一七日～		ほとんど病床にあった	『桟敷女房御返事』一八六〇頁
	七月	鎌倉にての養生を勧めた。	『本化別頭仏祖統紀』

□『兵衛志殿御返事』（二九六）

六月二六日付けにて宗長から味噌一桶を供養された礼状です。真蹟は一紙が福井の妙勧寺に所蔵されます。本書も『治病抄』『二病抄』と同日に頼基の使いが身延から発ちます。下痢の症状が頼基の施薬により緩和し、味噌を食して心地よくなったとあります。池上一族の安泰を祈願していると知らせ信仰を勧奨します。

□『窪尼御前御返事』（二九七）

六月二七日付け窪尼への書状です。『興師本』に収録されます。窪尼から種々の供養（供養品については記入がありません）が届けられます。法華信者に大風が吹いて草を靡かし突然、雷が鳴り響いて驚かすような迫害があり、皆々が念仏・真言師の教えを信じている世の中に、困難を恐れずに法華経を信じ聖人を供養することは不思議とされます。木の根が深ければ葉は枯れない、泉に玉があれば水は絶えないように、窪尼は「御信心のねのふかく、いさぎよき玉の心のうちにわたらせ給歟。たうとしたうとし」（一五二五頁）と純真な信仰心を尊ばれます。

□『妙法尼御前御返事』（二九八）

七月三日付け妙法尼への書簡です。『本満寺本』に収録されます。妙法尼については頼基の母、中興入道の母、新田重綱の母の説がありますが、本書は尾張次郎の妹の岡宮の妙法尼です。同月に夫に先立たれます。

妙法尼より南無妙法蓮華経と題目を唱えるだけで成仏できるのかと質問が寄せられました。末尾に「委しくは見参に入り候て申すべく候と申させ給え」とあることから、病床の夫からの問いでした。この質問を大善根であると喜び法師品の「六難九易」を挙げます。妙法尼の質問はこの六難の中の五番目、「我が滅後に於いて此の経を聴受して、其の義趣を問はん是れ則ち難しとす」（『開結』三四〇頁）の文に当たります。法華経を受持する者は即身成仏すると説き質問に答えます。題目は一切経の肝要であり法華経の骨髄であり人の魂であるから、題目を唱えることは法華一部経を読誦することと同じと説きます。

「法華経一部の肝心は南無妙法蓮華経の題目にて候。朝夕御唱候はば正く法華経一部を真読にあそばすにて候。二返唱は二部、乃至百返は百部、千返は千部、加様に不退に御唱候はば不退に法華経を読人にて候べく候。天台六十巻と申文には此やうを釈せられて候」（一五二七頁）

題目を唱える功徳を説き、釈尊は受持・信行しやすい法華経を末法の一切衆生に留め置かれたと述べます。夫の過去の信仰によるもの、また、武士として戦における殺生の罪意識があったらしく、しかし、この教えに迷い邪教を弘める者は堕獄すると述べます。

「をもはざるに法華経の敵、釈迦仏の怨とならせ給て、今生には祈る所願も虚く、命もみじかく、後生には無間大城をすみかとすべしと正く経文に見えて候。さて此経の題目は習読事なくして大なる善根にて候。悪人も女人も畜生も地獄の衆生も十界ともに即身成仏と説れて候は、水の底なる石に火のあるが如く、百千万年くらき所にも燈を入ぬればあか（明）くなる。世間のあだなるものすら尚加様に不思議あり」（一五二八頁）

と、謗法の罪科を説き但信口唱の唱題の功徳を述べ、法華経の信毀・罪福の両方にふれます。そして、法華経の「妙なる御法の御力」の善根とは、三因仏性の因により法報応の三身と顕われ、龍女の即身成仏を示して信心を勧奨します。本書には難信難解の法華経を信仰する女性の篤信を褒め、即身成仏を質問したことに対し、龍女の女人成仏を示し唱題成仏を説きました。詳しいことは再会の折りにお話しすると伝言して結びます。

○　御本尊（四九）七月

紙幅は縦三二センチ、横二三・九センチ、一紙の御本尊で岩本実相寺に所蔵されます。讃文は薬王品の「此経即為閻浮提人病之良薬若人有病得聞是経病即消滅不老不死」の文が書かれ祈祷本尊と言えます。四天王は書かれず、この御本尊からは天照大神・八幡大菩薩を首題の下部両側に定めて書きます。花押の変化が弘安元年六月二五日付の『日女品々供養』より見られ、この御本尊も同じく花押の変化が見られます。

○　御本尊（五〇）七月五日

七月五日付けの御本尊が二幅あります。『御本尊集目録』（七五頁）の第五〇と五一です。第五〇の授与者は「沙門日門」とあり、通称「若宮御本尊・竹内御本尊」と言い頂妙寺の所蔵です。紙幅は縦九四・九センチ、横五三センチの三枚継ぎです。この御本尊から讃文の「仏滅度後二千二百二十余年之間、一閻浮提之内未曾有大漫荼羅也」の文が定型となります。先に述べたように「二十余年」「三十余年」の両方の書き方を併用されます。「竹内御本尊」の由来は、頂妙寺開山の日祝が法華経寺第六世日薩と、文明五年春に若宮の法華堂に参詣したとき、一尊四菩薩像の前に竹筒があり、その中にこの御本尊が在中したことによります。法華経寺に所蔵される御書類は門外不出が常忍の遺誡でしたので、この御本尊の発見は異例なことでした。「若宮御本尊」の由来も若宮の法華堂に因むものです。法華堂は若宮の奥之院から法華経寺に移転されました。

○　御本尊（五一）七月五日

通称「輪宝御本尊」と言います。由来は表装した裂地の紋様にあり、御本尊第五六も同じく紋様に由来します。

授与者名は削損します。紙幅は縦一二〇・六センチ、横六四・五センチ、の三枚継ぎで京都本国寺所蔵です。

○ 御本尊（五二）

年月日を削損した跡があります。下部に「比丘日賢」の授与名があります。紙幅は縦一二六・一センチ、横六六・一センチ、三枚継ぎの御本尊です。御本尊第五一と筆跡や形体が同一なので、同じ時期に染筆されたと思われます。佐賀の勝妙寺に所蔵されます。

○ 阿仏房三度目の登詣

七月六日に年齢九〇歳の阿佛房が千日尼の亡父一三回忌のため佐渡を発ち、二七日に三度目の身延登詣となります。（『千日尼御前御返事』「大地よりもあつく大海よりもふかき御心ざしぞかし」一五四六頁）

□ 『種種物御消息』（二九九）

七月七日付けにて種々の品（「種種物」すずもの）を供養された礼状です。宛名は不明ですが『高祖遺文録』には「松野殿御返事」とあります。また、南条平七郎へ宛てた書状とも言います。日興の『本尊分与帳』に「駿河国富士上方成出郷給主南条平七郎母尼者越後房弟子也」、とあることから給田をもつ武士とされます。（『日蓮大聖人御書講義』第三七巻）。文中に「するが（駿河）とかい（甲斐）とのさかい（境）は」と、駿河の地名が書かれているので施主の住居が窺えます。そこから窪尼とも言います。（茂田井教亨著『日蓮聖人御消息文講話』一一二三頁）。真蹟は三紙断片が岩本実相寺・堀之内妙法寺・川崎国真寺に所蔵されます。

まず、謗法の堕獄について、父母を殺生する罪よりも出仏身血のほうが罪が深く、末法には善人であっても法華経に背信する謗法は当然のこと、「法華不信の大罪」によって無間地獄に堕ちると述べます。漁師・猟師のように日々に魚鹿を殺生する者や、源平の合戦で兵士を殺しあった者でも、父母を殺したのではないから無間地獄には堕ちることなく、縁があって法華経を信じ成仏する者もいると述べます。そして、仏教を専門として人々を救済すべき僧尼の方が謗法の罪によって堕獄すると説きます。

「今の天台座主・東寺・御室・七大寺検校・園城寺の長吏等の真言師並禅宗・念仏者・律宗等は、眼前には法華経を信じよむににたれども、其根本をたづぬれば弘法大師・慈覚大師・智証大師・善導・法然等弟子也。源にごりぬれば流きよからず。天くもれば地くらし。父母謀反をおこせば妻子ほろぶ。山くづるれば草木たふるならひなれば、日本六十六ケ国の比丘比丘尼等の善人等皆無間地獄に堕べき也。されば今の代に地獄に堕ものは悪人よりも善人、善人よりも僧尼、僧尼よりも持戒にて智慧かしこき人々の阿鼻地獄へは堕候也」（一五三〇頁）

天台座主は法華経を信じるように見えるが、その根本は弘法・慈覚・善導の邪義によるから、源が濁っていれば清い流れとはならず、天が曇っていれば地上も暗いのと同じと例えます。この謗法堕獄の原理を究明したのは聖人一人であり、これを表明するのが仏子の責任であるが、不軽菩薩や天台・伝教のように人々から嘲笑されると述べます。しかし、これらの法華経の行者は人々から憎まれはしたが、国主から憎まれ迫害にあった訳ではないとして、自身の受難の厳しさと忍難の強さを述べます。国主からも父母の仇のように憎まれている聖人を供養するのは、過去の父母の生まれ変わりか前世の深い宿習であると、供養の志に感謝されます。

特に身延近辺は三ヶ月もの長雨が続き気候が不安定なため、駿河からの道中の辛苦と、困窮する時の法華経の命を継ぐ供養の功徳は計り知れないと述べます。身延へ通じる路は険しい山岳地帯でした。大雨による洪水や山崩れなどで通行止めになります。この時は九〇日の間も交通が寸断され食料の確保が困難でした。この供養により体力を快復し読経の声となり教えを説く声となって法華経の教えを継ぐのです。

「其上雨ふり、かぜふき、人のせい（制）するにこそ心ざしはあらわれ候へ。此も又かくのごとし。ただなる時だにも、するが（駿河）とかい（甲斐）とのさかいは山たかく、河はふかく、石をゝく、みちせばし。いわうやたうじ（当時）はあめはしの（篠）をたてゝ三月にをよび、かわゝまさりて九十日。やまくづれ、みちふさがり、人もかよはず、かつて（糧）もたへて、いのちかうにて候つるに、このすゞの物たまわりて法華経の御こへ（声）をもつぎ、釈迦仏の御いのちをもたすけまいらせさせ給ぬる御功徳、たゞをしはからせ給べし」（一五三二頁）

□『時光殿御返事』（三〇〇）

○　はじかみは健胃薬

七月八日付けにて時光から白く搗いた麦一駄・はじかみ（生姜）を供養された礼状です。『興師本』に収録されます。はじかみは腹痛や止痢などの健胃薬でもあり駿河地方が産地でした。八月から一一月まで送り届けています。（宮崎英修稿「日蓮聖人晩年の健康をめぐって」『大崎学報』所収九頁）。聖人の病状が偲ばれます。

まず、阿那律の故事を引き供養の功徳を述べます。阿那律は天眼第一と言われ普明如来の授記を得ます。太子として富豪の徳を持った因縁を述べます。過去世に猟師として生まれ、飢饉のとき一人の修行僧に一杯の稗を供養します。この善根によって福徳を取得します。迦葉は過去世に麦飯を修行僧に供養します。この功徳により富裕の家に生まれ、夫婦共に発心して光明如来の授記を得たとして時光の供養の果徳を述べます。

聖人は国主に憎まれて妨害され、信者は聖人を尋ねただけで危害を加え、所領を没収し追放されたと述べます。国主に仕える者は信心があっても仕打ちを警戒しました。特に今年は疫病により死者が多数出ていたこと。（『上野殿御返事』一五九六頁）。加えて飢饉のため参詣する者が少なく、飢え死にしそうな折の麦の供養でした。この功徳は故父の霊山浄土へ導く左右の羽となり、この羽によって時光を護ると述べ感謝されます。

「たとひ心ざしあるらん人々もとふ事なし。此事事ふりぬ。なかにも今年は疫病と申、飢渇と申、とひくる人々もすくなし。たとひやまひ（病）なくとも飢て死事うたがひなかるべきに、麦の御とぶら（訪）ひ金にもすぎ、珠にもこえたり」（一五三四頁）

□『妙法尼御前御返事』（三〇一）

七月一四日付けにて妙法尼の夫の臨終を受けた返書です。七月三日付け書状（一五二八頁）から一一日後となります。本書と同様に「委は見参の時申べく候」（一五三七頁）と取次ぎの人物の存在が窺えます。真蹟は断片で第一紙と三紙から七紙迄は池上本門寺、第二紙の一行が千葉福生寺に所蔵され、第八・九紙は欠失です。

○「幼少より仏法を学ぶが」

夫が朝夕に法華経を読経し臨終の時には題目を力強く唱えたこと、生前よりも肌の色が白く姿も整然としていたと知らされました。臨終の相による死後の成仏不成仏について、『法華経』『大論』『止観』を引き、臨終の時に肌が黒くなるのは地獄の相、堕獄に十五相、餓鬼に八種相、畜生に五種の相があると述べます。

「日蓮幼少の時より仏法を学び候しが念願すらく、人の寿命は無常也。出る気は入る気を待事なし。風の前の露、尚譬にあらず。かしこきも、はかなきも、老たるも、若きも定め無き習也。されば先臨終の事を習て後に他事を習べしと思て、一代聖教の論師・人師の書釈あらあらかんがへあつめ（勘集）て、此を明鏡として、一切の諸人の死する時と並に臨終の後とに引向てみ候へば、すこしもくもりなし。此人は地獄に堕ぬ乃至人天とはみへて候を、世間の人々或は師匠父母等の臨終の相をかくして西方浄土往生とのみ申候」（一五三五頁）

幼少からの成仏観を述べ、夫の肌の色が白かったことは天上界に生まれ変わる善相であること、天台・玄奘の死相も白かったことを挙げます。文証・現証から夫の「後生善処」を確信します。臨終に当り題目を二度唱えたことは、釈尊から地涌の菩薩へ付嘱された題目を受持したことであり、神力品の「是人於仏道決定無有疑」の文を引き、疑いなく仏道を成就したと述べます。『止観』に「身の黒色は地獄の陰に譬う」（一五三五頁）と、臨終に地獄に堕ちる人の死相は黒色になるとあります。（『千日尼御前御返事』一五九九頁）。

法華経は釈尊の実語の中の実語であり真実の中の真実と述べます。（一五三六頁）。題目の力によって黒業の大罪も白業の大善となると述べます。そして、金色の善根により天上界に詣で、無始の悪業も仏種になると即身成仏を説きます。妙法尼も妻として女人成仏は疑いないと述べます。これが妄語ならば釈迦・多宝・十方分身諸仏の妄語であるとして、逆説的に仏説の真実を説いて夫婦成仏を諭して安心とします。

「須弥山に近づく衆色は皆金色なり。法華経の名号を持人は、一生乃至過去遠々劫の黒業の漆変じて白業の大善となる。いわうや無始の善根皆変じて金色となり候なり。しかれば故聖霊、最後臨終に南無妙法蓮華経ととなへさせ給しかば、一生乃至無始の悪業変じて仏の種となり給。煩悩即菩提、生死即涅槃、即身成仏と申法門なり。かゝる人の縁の夫妻にならせ給へば又女人成仏も疑なかるべし」（一五三七頁）

○蘭渓道隆没

七月二四日に建長寺の蘭渓道隆が六六歳で没します。時頼が南宋から招いて帰依し時宗も幼少から帰依しました。主に蒙古政策の相談役となります。大覚禅師と勅謚され諡号「禅師」の初めになります。時宗が執権に就いたのは文永五（一二六八）年三月の一八歳の時です。道隆の辞世の偈は「用翳晴術三十余年打翻筋斗地転天旋」（陰陽術を用いて三十年あまり天地が打翻（ひっくり返る）筋斗（宙返り）する目まぐるしい世相であった）です。

道隆の禅は陰陽道や道教の教えを継いだと指摘されます。時宗は一二月二三日に道隆の衣鉢を継ぐ名僧を求め、弟子の無及徳詮と傑翁宗英を宋に派遣します。（『円覚寺文書』）。環渓惟一（かんけいいいつ）を要請しますが、天童寺の首座を務めていた無学祖元（五四歳）を推挙します。蒙古再来に備え蒙古の情報が必要でした。弘安の役の翌弘安五年に円覚寺を建て祖元を開山とします。極楽寺の良観は宝塔を椎尾山に建てます。

○御本尊（正中山霊宝目録）七月一六日

「同日三幅」と称される三枚継ぎの御本尊が三幅記載され、一幅は「経女」に授与されます。弘安に再度乗明の妻に授与されたと考えられます。七月は体調が回復されたようで曼荼羅本尊をまとめて染筆されます。

□『千日尼御前御返事』（三〇二）

○阿仏房の登詣

七月二八日付けで佐渡の千日尼に宛てた書状です。真蹟の二四紙は佐渡妙宣寺に所蔵されます。夫の阿佛房（九〇歳）は七月六日に佐渡より出立し三度目の登詣となります。千日尼は順徳上皇の妃の右衛門佐局に仕えた侍女と言いますが生没年も不詳です。二十七日に身延に到着し二十八日に本書を携えて下山します。阿仏房の参詣と千日尼の配慮に感謝を述べます。千日尼の書簡に「女人の罪障」「女人の成仏」（一五三八頁）についての問い合わせがありました。法華経を説いた釈尊と法華経が中国から日本へ伝法されたことにふれます。今は二二三〇余年を経て国々により人心や言語、仏教の理解に違いがあると指摘します。その上で経文の文字は同じであるから、経典を基準に法華経を説きます。法華経は「明鏡」であることを、

「此御経を開見まいらせ候へば明なる鏡をもつて我が面を見るがごとし。日出て草木の色を弁るにに（似）たり。序品の無量義経を見まいらせ候へば、四十余年未顕真実と中経文あり」（一五四〇頁）

と、無量義経と方便・宝塔・神力・薬王品を引いて、十方諸仏が評定し二乗天上界の神々から諸菩薩も見聞した真実と述べ、法華経の明鏡に一切経の中で最勝と写し出されていると譬へます。方便品に始めて二乗作仏を説き、提婆品に龍女の女人成仏が現実として教示されたことは第一の「肝心」（一五四一頁）であり、法華経にしか説かれないと述べます。伝教・天台の釈を証文として即身成仏の問いに答えます。

四恩にふれ特に悲母の大恩は、内典五千七千巻の中でも、法華経のみが悲母の成仏を可能にする報恩経と述べ、聖人は悲母の報恩のために一切の女人に題目を唱えさせる誓願を立てたと述懐します。それに反して弥陀の念仏を信じることは、無間地獄の業であり法華経の大善を破るとします。そして、将門や安陪貞任が朝敵となったように、各宗の僧侶は「五逆にすぎたる謀反」（一五四三頁）を起こし、「大怨敵」（一五四四頁）となったと責めます。これが誤りならば善神はその是非を示すべきであり、正しければ善神は仏前の誓状を破っていると強く諌暁したので疫病が流行したと述べます。他国侵逼により大勢の国民が命を失うことを避けるため、疫病により謗法

の者の手足を切るように治罰し、王臣などの要職にある者を覚醒させようとしたと述べます。そして、法華経の弘通を行なうことによって大難を回避していると述べます。

○　法華経十巻を千日尼に与える

良観が虚御教書を捏造して聖人の殺害を企てたことにふれます。地頭や念仏者が昼夜に庵室を囲み、聖人に給仕する者を脅したことを述懐します。

「天の御計はさてをきぬ、地頭々々等念仏者々々々等日蓮が庵室に昼夜に立そいてかよ（通）う人あるをまどわさんとせめしに、阿仏房にひつ（櫃）をしをわせ、夜中に度々御わたりありし事、いつの世にかわすらむ。只悲母の佐渡国に生かわりて有か。漢土に沛公と申せし人、王相有とて秦始皇の勅宣下云、沛公打てまいらせん者には不次の賞を行べし。沛公は里中には隠れがたくして山に入て七日二七日なんど有しなり。其時命すでにをわりぬべかりしに、沛公の妻女呂公と申せし人こそ山中を尋て時時命をたすけしが、彼は妻なればなさけすてがたし。此は後世をぼせずばなにしにかかくはをはすべき。又其故に或は所をい、或はくわれう（科料）をひき、或は宅をとられなんどせしに、ついにとをらせ給ぬ。法華経には過去に十万億の仏を供養せる人こそ今生には退せぬとわみへて候へ。されば十万億供養の女人なり」（一五四五頁）

佐渡在島中における阿仏房夫妻の給仕の様子が窺えます。また、阿仏房が所領を奪われ過料を徴収されていたことが分かります。「十万億供養の女人」と賛嘆される理由がここにあります。文永一一年に身延に入山し五年を経ても不変の信仰を続け、「佐渡の国より三度まで夫をつかわす。大地よりもあつく大海よりもふかき御心ざしぞかし」（一五四六頁）と、夫の阿仏房を三度まで給仕に使わす心に謝意を伝えます。

千日尼の書簡には岳父の一三回忌が八月一一日なので、供養の銭一貫文を添えた旨が書かれていました。親を慕う孝養を愛でて大事にされていた法華経十巻を与えます。この経本は妙宣寺に秘蔵されていると言います。学乗房から経文の意味などを教えてもらい、後生にはこの御経を証拠（しるし）として、霊山浄土にて再会することを約束されます。疫病が流行していたので法華経を読誦して祈願をしていたけれど、顔を見ないので心配していたが、二七日の午後四時に阿仏房と再会し、皆々の健康なことを聞いて安心したと述べます。国府入道も同道しましたが途中、交通状況が悪く引き返します。国府入道には子供がいないため早稲の刈り入れに合わせたのです。疫病で死ぬ者が多いなか弟子信徒は守護されていると知らせます。

○　一谷入道の死去について

一谷入道が死去されたことについて悲しみを妻に伝えてほしいと述べ、入道宅の廊下で命を度々助けていただいたことを回顧されます。入道は退転して阿弥陀仏を信じたので後生は悪道に堕ちると懸念され、学乗房に入道の墓前で恩があるので供養するように指示します。尼から便りがないので嘆息していると述べます。学乗房（一三〇一年没）は日静のことと言います。

「さわ（谷）の入道の事なげくよし尼ごぜんへ申つたへさせ給。ただし入道の事は申切り候しかばをもひ合せ給らむ。いかに念仏堂ありとも阿弥陀仏は法華経のかたきをばたすけ給べからず。かへりて阿弥陀仏の御かたきなり。後生悪道に堕てくいられ候らむ事あさまし。ただし入道の堂のらう（廊）にていのちをたびたびたすけられたりし事こそ、いかにすべしともをぼへ候はね。学乗房をもつてはか（墓）につねづね法華経をよませ給とかたらせ給」（一五四七頁）

□『彌源太入道殿御消息』（三〇三）

○道隆の舎利

八月一日付けで彌源太へ与えた書状です。彌源太から道隆が七月二四日に死去した知らせがあります。道隆の焼骨が五色の「舎利」（一五四八頁）となり、荼毘の煙が触れた樹木にも舎利が輝き連なったと知らされます。この風評について批判をされます。

釈尊は九十五種のバラモンの全てが地獄へ堕ちたと説いた時、五天竺の国王と大臣は釈尊を信用せず、バラモンの弟子も師匠の悪口を言われたので悪心を持ち、竹杖外道が目連を殺害した要因と述べます。釈尊は苦道外道が七日の内に死亡して食吐餓鬼になると説いたところ、外道は憤慨したが予言の通りになったので、その事実を隠して覚者の真骨を買おうとした故事を挙げます。つまり、道隆の死去もこれと類似した弟子たちの虚偽と指弾します。人々は幕府の権威が恐ろしく道隆や建長寺の言い分に黙しているだけで、内心では疎んでいると述べます。仏法の邪正は分からなくても道隆の行いの是非は眼前に分かっていると述べ、舎利においても金剛の金槌で打てば真の舎利なら砕けないとして、ことの真実を見分けるのは容易と述べます。

　建長寺の僧の中に所領を取られ四十から六十歳になった放浪者が逃げ込んでいると述べます。道隆がこれらの人々を救済したのかも知れませんが、僧としては修行ができていない迷妄の者ばかりと糾弾します。建長寺の内部はこれらの無能な衆の集まりと捉えます。つまり、道隆の死が取るに足らないことを隠すための虚偽の風評とみます。また、道隆は良観と共に聖人を最も迫害した人物でした。故に聖人を卑下する意図があると述べます。いずれ真実が露見するから成り行きを静観するように述べます。なを、本書の冒頭に彌源太が帰路の気掛かりがあるのに使者を遣わしてくれたことを悦びます。他の用事については日興に持たせた書状に書いたと伝えます。彌源太との仲介を日興が行なっていたことが分かります。

○　御本尊（五三）八月　弘安期に再度授与

　この御本尊は日頂に授与され、日興の添え書きに日頂の舎弟である日澄に付属されたとあります。日乾の記録には、文永一一年一一月に大本門寺の重宝として日澄に授与された御本尊があります。身延の大火により消失しましたが、日澄に二幅の御本尊が授与されたことになります。『御本尊集目録』（八一頁）に類例として日昭に建治二年卯月（御本尊第三七）と弘安三年一一月（御本尊一〇一）の二幅と、明確ではないとして日向に建治二年卯月（御本尊三五）と弘安二年四月（御本尊六一）を挙げ、弘安期に再度、授与されたことに着目します。これは、弘安年間に入った御本尊を聖人の正意として受容する見方に窺えましょう。

　この御本尊と次の第五四の御本尊の「経」の字体は第四期の書体となります。また、先師に章安大師が付加され阿闍世王が勧請されます。紙幅は縦九四・五センチ、横五二・四センチの三枚継ぎで清水市海長寺に所蔵されます。讃文は「有供養者福過十号若悩乱者頭破七分謗者開罪於無間讃者積福於安明」とあり、法華経を供養する者の福徳と誹謗する者の罪業を示し法華信者の行者意識を顕示されます。

○御本尊（五四）八月

第五三の御本尊と同じ讃文です。右下にあった授与者名を削損した跡があることから、退転者から返納されたと思われます。紙幅は縦九五・五センチ、横五三センチ、三枚継ぎで京都の本能寺に所蔵されます。

○御本尊（『御本尊鑑』第二二）八月一四日

日亨の筆跡にて優婆塞「妙一」に授与された三枚継ぎの御本尊です。嘗て法華経寺に所蔵されました。

□『芋一駄御書』（三〇四）

『定遺』は花押から弘安元年八月一四日とします。系年に建治元年（『校定』）・三年（宮崎英修氏）の説があります。真蹟は二紙が大石寺に所蔵されます。宛先は書かれておらず女性信者への返書（『日蓮聖人遺文全集講義』第二七巻二二五頁）、時光への返書（『日蓮聖人遺文辞典』歴史篇七四頁）とします。通例のように冒頭に供養の芋一駄・はじかみ（生姜）五〇把を書き上げ、身延の四方の風光に因んで供物の謝辞を述べます。

届けられた芋は石に似ているが石よりも柔らかであり、生姜も草に似ているが草よりも味があり、身延の、「みね（峰）にはせび（蝉）のこへ、たに（谷）にはさる（猿）のさけ（叫）び、木はあしのごとし、くさはあめににたり」（一五五〇頁）と、蝉や猿はいるが芋や生姜のない山中に住むと述べます。この志を釈尊は納受されていると感謝されます。生姜は薬用です。「身延霊山」を説かないので弘安二年以前とします。

八月二八日に曹洞宗の第二祖、孤雲懐奘（道光普照国師。一一九八〜一二八〇年）が『光明蔵三昧』を撰します。孤雲は九条為通の子として生まれ、建長五年に道元の没後に永平寺を継ぎます。永平寺は道元の教えを固守する保守派と、道元が不要とした法式を取り入れた開放派とが対立しました。その多くが日本達磨宗に属していました。懐奘はこれらの紛争の調和に務め、文永四年四月に法弟である徹通義介に後任を譲ります。しかし、両派の対立が激しくなり（三代相論）、文永九年二月に再び入山しました。弘安元年に西大寺別当乗範が叡尊に西大寺の検断職以下の諸権限を寄進し、西大寺律宗の基礎となります。（大石雅章稿「中世南都律宗寺院と七大寺祈祷」『古代中世の社会と国家』所収五三四頁）。元が日本商船の交易を許可します。

□『妙法比丘尼御返事』（三〇五）

○商那和修

九月六日付けにて岡宮の妙法尼（房州の人という）から兄の尾張次郎が六月二二日に死去し、兄嫁から太布帷（単衣）を預かり供養された返書です。写本に『日朝本』と『平賀本』があります。太布（たふ）はシナノノキ・コウゾ・カジキなどの樹皮を原料とします。細美（一〇七二頁）より皺の太い手触りが荒い布のことです。

太布の単衣を供養されたことに因み、付法蔵経（不法蔵因縁伝）に説かれた正法時の使者を挙げ、その中でも商那和修にふれます。釈尊は仏教を絶やさないために、正法一千年の間に二三人（二四人）の弟子を出世させたと述べます。最初は迦葉、二番目が阿難、三番目が商那和修で二三人目が獅子尊者です。商那和修は瀕死の辟支仏へ衣を供養した善根により、生まれた時に商那衣という絹の衣を身に纏っていました。梵語で麻の衣を着た人という意味です。この衣は身体の成長と共に大きくなり、出家した時には袈裟となったと述べます。そして、二〇年間、無量の衆生を教化したことも商那衣の功徳にあるとして、兄嫁が帷子を供養した功徳を説きます。

○「民の家より出でて頭をそり袈裟をきたり」

「而に日蓮は日本国安房国と中国に生て候しが、民の家より出でて頭をそり袈裟をきたり。此度いかにもして仏種をもう（植）へ、生死を離るる身とならんと思て候し程に、皆人の願せ給事なれば、阿弥陀仏をたのみ奉り、幼少より名号を唱候し程に、いさゝかの事ありて、此事を疑し故に一の願をおこす。日本国に渡れる処の仏経並に菩薩の論と人師の釈を習見候はばや。又倶舎宗・成実宗・律宗・法相宗・三論宗・華厳宗・真言宗・法華天台宗と申宗どもあまた有ときく上に、禅宗・浄土宗と申宗も候なり。此等の宗々枝葉をばこまかに習はずとも、所詮肝要を知る身とならばやと思し故に、随分にはしりまはり、十二・十六の年より三十二に至まで二十余年が間、鎌倉・京・叡山・園城寺・高野・天王寺等の国々寺々あらあら習回り候」（一五五三頁）

聖人の降誕・出家の動機・修学について記します。安房の国の民の出自であること。幼少の頃は阿弥陀仏を念じていたこと。幼少時の疑問であった生死の問題と成仏の問題。仏教においても様々な宗派があり異なった教義があることを知り、智者となり真実を極める誓願を立て諸国に遊学したこと。そして、仏教を信じても無間地獄に堕す宗派があり、それは謗法と言う罪によることを学んだと述べます。

「一の不思議あり。我等がはかなき心に推するに仏法は唯一味なるべし。いづれもいづれも心に入て習ひ願はば、生死を離るべしとこそ思て候に、仏法の中に入て悪く習候ぬれば、謗法と申す大なる穴に堕入て、（中略）謗法と申罪をば、我もしらず、人も失とも思はず。但仏法をならへば貴しとのみ思て候程に、此人も又此人にしたがふ弟子檀那等も、無間地獄に堕る事あり。所謂勝意比丘・苦岸比丘なんど申せし僧は二百五十戒をかたく持ち、三千の威儀を一もかけずありし人なれども、無間大城に堕て出る期見へず。又彼比丘に近づきて弟子となり檀那となる人々、存の外に大地微塵の数よりも多く地獄に堕て、師とともに苦を受しぞかし」（一五五三頁）

勝意・苦岸比丘は戒律を持ったが弟子や檀那は無間地獄に堕ちたと述べます。この謗法による堕獄が「一の不思議あり」と言うことです。謗法堕獄について分かり易く説明します。経論章疏から学んだ末法の様相は、今の日本国と同じと述べます。日本は仏教国であるから仏教によって国が治まる筈なのに、国は衰微し人心も悪道に堕ちたのは、浄土教の阿弥陀崇拝、慈覚・智証の台密真言、禅宗の流行にあると述べます。そして、国土にもたらす天変地夭・三災七難の原因は、仏記によれば法華謗法にあると断言します。三徳具備の釈尊の敵人となり弥陀を本尊として信じることが謗法であり、これにより日本国の守護神が怒ったと述べます。また、同じく真言師・禅宗を信じることも謗法で、これにより承久の動乱が起きたとします。

「是偏に真言と念仏等をもてなして法華経・釈迦仏の大怨敵となりし故に、天照大神・正八幡等の天神地祇十方の三宝にすてられ奉て、現身には我所従等にせめられ後生には地獄に堕候ぬ。而に又代東にうつりて年をふるまゝに、彼国主を失し真言宗等の人人鎌倉に下り、相州の足下にくぐり入て、やうやうにたばかる故に、本は上臘なればとて、すかされて鎌倉諸堂の別当となせり。又念仏者をば善知識とたのみて大仏・長楽寺・極楽寺等とあがめ、禅宗をば寿福寺・建長寺等とあがめをく。隠岐法皇の果報の尽給し失より百千万億倍すぎたる大科、鎌倉に出来せり」（一五五九頁）

その後、権力は朝廷から幕府に移り、時を経て謗法の僧たちが幕府の庇護を得たのは承久の乱よりも大咎と述べます。その原因は幕府が朝廷に対抗意識を持ったからです。これらは大仏・長楽寺・極楽寺・寿福寺・建長寺と糾弾します。大仏殿は鎌倉七大寺の一つとされ、始めは木造の大仏であったのを建長四（一二五二）年に、金銅の大仏を深沢に鋳造します。真偽未決の「十一通御書」に『与大仏殿別当御書』（四三三頁）とあり別当は不明です。長楽寺は隆寛の弟子、南無房智慶が隆寛の没後に創建したと思われ廃寺になります。智慶に帰依した信者が多く有力な寺院でした。極楽寺は真言律宗西大寺に属し、重時が創建し弘長元年に長時が良観を開山とします。建治元年に灰燼に帰し再建します。寿福寺は鎌倉五山の三位で臨済宗の栄西が入ります。聖人が鎌倉で布教されていた頃は、三世の朗誉、続いて了心・道隆・正念のいずれかと言われます。

建長寺は臨済禅鎌倉五山の一位で、建長三年（建長五年に竣工）に時頼が寿福寺に住持していた道隆を開山とします。文永元年から二年迄は兀庵普寧が住持し次に無学祖元が継ぎます。聖人は主に道隆を禅の代表と見ています。文永八年の法難の折りに頼綱に向かい法華経の行者の首を刎ねるならば、謗法である建長寺等の寺塔を焼き払い、住持の首を刎ねるべきと訴えた（『報恩抄』一〇五三頁）のは道隆を中心としました。

謗法が充満したため善神の治罰の現われとして他国侵逼があると述べます。そして、愚王の治世であるから不惜身命の覚悟をもって立教開宗した経緯を述べます。続いて『立正安国論』の奏進、伊豆・佐渡流罪、小松原法難、竜口首座、身延入山を述べます。身延は辺鄙な所で参詣する者は少ないと述べ、妙法比丘が預かった帷子の供養が、どれほど有難いかを表現されます。生まれた国や流罪地の佐渡からも離れて、身延に隠棲した心境は李如暹将軍（りじょせん）に似ていると述べます。どこにも妻子はいないので嘆くことはないが、父母の墓参と親しい人々に再会できないことが心に掛かると述べます。しかし、法華経の行者としては宇治勢田を渡した足利忠綱・佐々木高綱のように、死して名を後代に残すことは法悦と伝えます。

○良観・道隆の嫉み

「今又日蓮にあだをせさせ給日本国の人人も如此。此は彼には似るべくもなし。彼は罵打しかども国主の流罪はなし。杖木瓦石はありしかども疵をかほり頚までには及ず。是は悪口杖木は二十余年が間ひまなし。疵をかほり、流罪、頚に及ぶ。弟子等は或は所領を召され、或はろう（牢）に入れ、或は遠流し、或は其内を出し、或は田畠を奪ひなんどする事、夜打・強盗・海賊・山賊・謀反等の者よりもはげしく行はる。此又偏に真言・念仏者・禅宗等の大僧等の訴なり」（一五六六頁）

不軽の礼拝行と不軽の成仏、不軽を軽毀した者の大罪と堕獄にふれ聖人の身に当てます。不軽軽毀の人々は後に改心し随従しますが、軽毀の罪により千劫という長い間、無間地獄に堕ちました。聖人を迫害した者は改心どころか増々信徒を迫害します。故に各宗の者の罪は不軽軽毀の四衆の罪とは比較にならないほど大きいのです。この迫害は仏滅後二二二七年を過ぎて、インド・中国・日本において前代未聞のことと喝破します。良観や道隆の妬みから発したのです。要人に讒訴した様子を、

「一国の智人並に万民等の心より起れる大悪心なり。譬ば女人物をねためば胸の内に大火もゆる故に、身変じて赤く、身の毛さかさまにたち、五体ふるひ、面に炎あがり、かほは朱をさしたるが如し。眼まろになりて、ねこ（猫）の眼のねづみをみるが如し。手わななきて、かしわ（柏）の葉を風の吹に似たり。かたはらの人是を見れば大鬼神に異ならず。日本国の国主・諸僧・比丘・比丘尼等も又如是。たのむところの弥陀念仏をば、日蓮が無間地獄の業と云を聞き、真言は亡国の法と云を聞き、持斉は天魔の所為と云を聞て、念珠をくりながら歯をくひちがへ、鈴をふるにくび（頚）をどりおり、戒を持ながら悪心をいだく。極楽寺の生仏の良観聖人、折紙をさゝげて上へ訴へ、建長寺の道隆聖人は輿に乗て奉行人にひざまづく。諸の五百戒の尼御前等ははく（帛）をつかひて、てんそう（伝奏）をなす」（一五六七頁）

と、女人が嫉妬から大鬼神になり怒りを募らせたと表現します。良観は幕府へ訴状を出し道隆は奉行人に訴えます。尼御前達は進物を捧げて処罰を訴えたとあります。良観の行為は持斎者としての破戒であり、道隆が輿に乗ることも自体も律に反する破戒の行為であると指弾し、尼御前達も出家の立場でありながら、「はく」（帛）を使う

とあります。「はく」とは金銀など賄ろとしての進物や、身分がある立場を利用した巧言令色なことです。つまり、権威を持つもの同士が画策して聖人の抹殺を企てた事実を述べたのです。

『涅槃経』にはこれら謗法の者は必ず堕獄し、法華経を信じて成仏する者は「爪上の土」と説きます。届けられた帷子は「爪上の土」の篤信の表れであり、同じ『涅槃経』に説く「芥子投針」、厳王品の「一眼之亀」の譬えを引いて宿縁の深さを述べます。釈尊が御身に入れ替わり発心すると経文に説かれ、龍女が御身に入れ替わったのかと悦びます。気がかりに思っていたことは良観らの迫害と思われます。

兄の尾張次郎と見参したことを回想して、女房が法華経を信仰しているので聖人に反抗せず法華経を誹謗しない人物であった印象を述べます。しかし、法華経に背反する念仏信者であったので、後生善処に疑いがあると率直に述べます。最後に夫に先立たれた悲しみを慰め、霊山浄土に往詣することを願う信心を勧めます。

□『兵衛志殿御書』（二一六〇）

○宗仲親子の和解と入信

無年号なので『定遺』は建治三年としますが、小松邦彰氏は本書の内容から弘安元年とします。（「日蓮遺文の系年と真偽の考証」『日蓮の思想とその展開』所収九五頁）。日付は九月九日となっています。真蹟は一紙断片が池上本門寺に所蔵され二行が札幌光徳寺に所蔵されます。

建治三年一一月二〇日の『兵衛志殿御返事』（一四〇二頁）に、この直前に再勘当され、建治四年一月二五日付け『四条金吾殿御書』（一四三七頁）に建治三年一二月中頃に勘当が解けた記載があります。宗仲の最初の勘当は

『兄弟抄』の系年から文永一二年説がありますが、建治二年四月一六日直前とされ同年中に許されます。再度の勘当は建治三年一一月二〇日頃で同年一二月中に和解し父が帰依します。この池上家の問題は教団全体の問題でもあったので日昭が聖人の指導のもとにに対処しました。(『弁殿御消息』一一九〇頁)。宗仲の妻は身延に聖人を尋ねて指導を受けました。

——宗仲の勘当——

最初の勘当　建治二年四月一六日の直前、同年中に許されます。(『兄弟鈔』九二九頁)

再度の勘当　建治三年一一月二〇日の直前、同年一二月中頃に許され父が帰依。(『兵衛志殿御返事』(一四〇二頁)。『四条金吾殿御書』一四三七頁。『兵衛志殿御書』一三八七頁)

六月二六日の味噌桶の供養(『兵衛志殿御返事』一五二五頁)以来の二ヶ月半ほど音信がなかったので、その後の状況を案じています。供養の礼状ではないことから思いあまって書状を送ったことが、「久うけ給候はねばよくおぼつかなく候」と、「よくおぼつかなく」とは甚だ気掛かりに思っていたことを言います。「あはれにふしぎなる事」(一三八七頁)とは、兄弟が共に信仰を貫き父を入信させたことです。「あはれ」とは「あっぱれ」に近い表現で、感嘆や賞美の情を込めます。何よりも尊いと思われたのです。

末代の世になると賢人はいなくなり、嘘を言って人を陥れ(讒人)、人に媚び諂い(佞人)、拗けた二心をもって悪口し(和讒)、間違った道理を主張する(曲理)者ばかりになる。例えば水が少なくなれば池の魚が騒がしくなり、風が吹くと大海の波が穏やかではないように、国土に旱魃や疫病、大雨大風により災害が重なり、そのため心の広い人も狭くなり、道心のある人も邪見の者となると述べます。これらは他人のことであるが、父母、夫婦、兄弟等の肉親が争う姿は猟師と鹿と、猫と鼠、鷹と雉とが敵対するようなものと述べます。

良観は康光に二人の子供を改信させるため圧力をかけました。宗仲は熱心な信者ですので信仰上において親子の関係は背離しました。良観の狙いはこの親子関係を断絶させ宗仲を窮地に貶めることでした。こういう状況の中で宗長が兄と協力して父を法華信仰に導く姿を褒めたのです。そして、真実の教法である法華経は、末世騒乱の時こそ賢人が出現して広めると述べます。賢人は世の中が乱れた時に出現すると例えます。松は霜にも枯れず、菊は他の草花が終わる寒い時期に花を咲かせるので仙草と言います。頼綱・時宗が賢人である聖人の言葉を聞き入れていたなら、建治元年九月七日に蒙古の使者五人を斬首して、蒙古の敵対心を増長させることなく、侵逼の国難を回避できたと後悔するだろうと憂慮されます。

「良観等の天魔法師らが親父左衛門大夫殿をすかし、わどの（和殿）ばら二人を失はんとせしに、殿の御心賢くして日蓮がいさめを御もちゐ有しゆへに、二のわ（輪）の車をたすけ二の足の人をになへるが如く、二の羽のとぶが如く、日月の一切衆生を助くるが如く、兄弟の御力にて親父を法華経に入まいらせさせ給ぬる御計、偏に貴辺の御身にあり。又真実の経の御ことはりを代末になりて仏法あながちにみだれば大聖人世に出べしと見へて候。喩へば松のしも（霜）の後に木の王と見へ、菊は草の後に仙草と見へて候。代のおさまれるには賢人不見。代の乱たるにこそ聖人愚人は顕候へ。あはれ平左衛門殿・さがみ殿日蓮をだに用られて候しかば、すぎにし蒙古国の朝使のくびはよも切せまいらせ候はじ。くやしくおはすならん」（一三八七頁）

次に、安徳・明雲と承久の乱を挙げ、三大師の真言の悪法を用いたため、逆に「還著於本人」の経文のように自分たちが負け、しかも国を滅ぼし無間地獄の業を作ったと述べます。そして、幕府が蒙古調伏を真言師に任せたのは三度目であり、過去の事実からして日本が負けることは自明のこととします。この理由は釈尊の使いである聖人を二度の流罪に処し、弟子を殺害・追放した罪科とします。また、白癩などの重病を患う人々が多くなるとして、法華経の行者としての覚悟を定めて弘通するよう促します。

追伸に書状は宗長に宛てているが、門下一同にも読ませるようにと伝えます。ただし、「他人に聞せ給な」と公言しないように警告します。『神国王御書』に「他門にきかせ給なよ。大事の事どもかきて候なり」（八九三頁）と同じく幕府の蒙古対策の批判、真言亡国を今の時期に言えば危険が伴うとみて他言を禁止したのです。

○　御本尊（名古屋聖運寺）

九月一五日付けにて治部卿に授与されます。（日蓮宗新聞。昭和六〇年二月一日号）。縦九八・四チ《セン》、横四九・八チ《セン》の三枚継ぎの御本尊です。ただし類型が異なると言います。（寺尾英智著『日蓮聖人真蹟の形態と伝承』二一二頁）。

□　『上野殿御返事』（三〇六）

九月一九日付けにて時光から塩一駄・生姜を供養された礼状です。延徳年間（一四八九～九二年）の古写本が京都妙蓮寺に所蔵されます。身延は正月から雨が多く七月に入ってからは大雨になりました。南に波木井河、北に早河、東は富士河があり大雨のため河が氾濫して舟止めになっている状況と、西は深山で山が崩れ土砂や岩石が道を防いでいる状況を知らせます。道は閉鎖し食料などの物資が流通せず、七月には塩一升を銭百貫文と交換し、その塩五合を麦一斗と交換しました。今は金銭よりも価値がある塩もなくなり、品物と交換する手立てがなく味噌も絶えて生活に不安を抱いていた時の供養でした。

「小児のち（乳）をしのぶがごとし。か丶るところにこのしほを一駄給て候。御志大地よりもあつく、虚空よりもひろし。予が言は力及ぶべからず。ただ法華経と釈迦仏とにゆづりまいらせ候」（一五七二頁）

□『本尊問答抄』（三〇七）

○浄顕房へ法華経の題目本尊

九月二〇日付けにて浄顕房から御本尊授与の依頼を受け本尊の疑問に答えます。『興師本』に収録され中老日源の写本が岩本実相寺に所蔵されます。『常修院本尊聖教事』の御書箱に「本尊問答抄一帖」とあります。古来より「法本尊」の根拠となる文言があり、『開目抄』『観心本尊抄』『報恩抄』の「人本尊」と見解を異にして疑義があります。直弟の日興・日源の写本が存在するので疑うべきではないとします。（『日蓮聖人遺文辞典』歴史篇一〇五五頁）。浄顕・義浄房の立場を考え、大日や弥陀もこの南無妙法蓮華経から生まれたと説きます。題目の能生を示す教化と言います。特に真言師には題目本尊を説いたと言います。（茂田井教亨著『本尊抄講讃』中巻五九〇頁）。曼荼羅本尊の類似性に題目の意義を説いたと思います。田中智学氏は法本尊は対外門、仏本尊は

対内門と言う解説をします。（『妙宗式目』）。本書は問答体より始まります。冒頭に、

「問云、末代悪世の凡夫は何物を以て本尊と定べきや。答云、法華経の題目を以て本尊とすべし」（一五七三頁）

と、法華経の題目を本尊と規定し、いわゆる題目本尊を示します。文証として法師品と『涅槃経』、天台の『法華三昧懺儀』の文を引きます。法師品は経巻所住の所に塔を建てることを説き、舎利を安置することは必要ないという文です。『涅槃経』の如来性品の文は諸仏が師とするのは法と説きます。天台の文は法華三昧の行法の道場には法華経一部のみを安置して、仏像や舎利、余経を安置してはならないとします。法華経を本尊とすることは普賢経の二文を引用します。両文は三世十方の諸仏は法華経によって成仏できたことを明かします。

「問云、然者汝云何釈迦を以て本尊とせずして、法華経の題目を本尊とするや。答、上に挙るところの経釈を見給へ。私の義にはあらず。釈尊と天台とは法華経を本尊と定給へり。末代今の日蓮も仏と天台との如く、法華経を以て本尊とする也。其故は法華経は釈尊の父母、諸仏の眼目也。釈迦大日総十方諸仏は法華経より出生し給へり。故に今能生を以て本尊とする也。問、其証拠如何。答、普賢経云此大乗経典諸仏宝蔵。十方三世諸仏眼目。出生三世諸如来種等云云。又云此方等経此諸仏眼。諸仏因是得具五眼。仏三種身従方等生。是大法印印涅槃海。如此海中能生三種仏清浄身。此三種身人天福田応供中最等云云。此等の経文、仏は所生・法華経は能生、仏は身也、法華経は神也」（一五七四頁）

法華経を本尊とする理由は、普賢経に十方の諸仏は法華経より出生されたとの文にあります。故に能生の法である法華経を本尊とします。そして、この論理から木画の開眼は法華経に限ると説きます。

次に、法華経本尊と大日本尊の勝劣を述べます。ここからは真言宗を破折されます。法師品の「已今当の三説」を文証として法華経本尊が勝れているとします。しかし、三大師の教義は大日経が勝れていると説くことを挙げ、問難において三大師の修学を述べます。天台宗が真言化したのは慈覚の謗法が根源と述べます。

「慈覚大師は下野国人、広智菩薩の弟子也。大同三年御歳十五にして伝教大師の御弟子となりて叡山に登て十五年之間、六宗を習、法華・真言の二宗を習伝、承和五年御入唐、漢土の会昌天子御宇也。法全・元政・義真・法月・宗叡・志遠等の天台・真言の碩学に値奉て、顕密の二道を習極給。其上殊に真言秘教は十年之間、功を尽給。大日如来よりは九代也。嘉祥元年仁明天皇の御師也。仁寿・斉衡に金剛頂経・蘇悉地経二経の疏を造、叡山に総持院を建立して、第三の座主となり給。天台の真言これよりはじまる」（一五七七頁）

答文に中国仏教・日本仏教史における真言宗を概観し、伝教は帰国後、大日経は法華経に劣ること、大日経の疏は天台の理論を真言宗に取り入れたと述べます。聖人は弘法が伝教より真言を法華経に劣ると判じられたことを遺恨に思ったと見ます。故に真言を取り入れた、「慈覚・智証、叡山・園城にこの義をゆるさずば、弘法大師の僻見は日本国にひろまらざらまし」（一五七九頁）と批判されるのです。両大師は華厳と法華の勝劣は堅持したが、弘法の邪義を天台宗に取り入れた為に、日本国中の僧も寺社も真言宗となって開祖伝教の教えに背いた「大怨敵」（一五七九頁）とします。

○「片海の海人が子」

聖人は各宗の教えを究明された経緯を述べます。清澄寺にて出家して虚空蔵菩薩に日本第一の智者となり、仏教の真実の教えは何かを知るための祈願をされます。しかし、学問的な寺ではなかったので、最高の学府である鎌倉・叡山等にて修学したことを述べます。

「然に日蓮は東海道十五ケ国内、第十二に相当安房国長狭郡東條郷片海の海人が子也。生年十二同郷の内清澄寺と申山にまかりて、遠国なるうへ、寺とはなづけて候へども修学人なし。然而随分諸国を修行して学問し候しほどに我身は不肖也、人はおしへず、十宗の元起勝劣たやすくわきまへがたきところに、たまたま仏菩薩に祈請して、一切経論を勘て十宗に合せたるに」（一五八〇頁）

そして、倶舎・成実・律・法相・三論・華厳・浄土・禅・真言宗の教義を概観します。この中でも真言宗の教えは全てが大妄語であり、その根源を隠す巧みな論理に誑惑したと述べます。鎌倉の遊学から帰山した仁治三年の『戒体即身成仏義』には真言の密教を勝れていると受容されました。その後、叡山一二年の遊学において真言の教えを邪義と究めます。「先天竺に真言宗と申宗なし。然有と云云」（一五八二頁）、つまり、インドにはもとより真言宗という宗派はなかったと根本的な誤りを指摘します。真言宗はそれを否定したので大妄語の宗と述べたのです。

密教は大日如来より金剛薩埵・竜猛・竜智・金剛智・不空に伝授したと言うが、史実としても虚偽と述べます。例えるならば、劉聡が下劣の身分でありながら、西晋の愍帝を捕らえて出獄のとき馬の轡をとらせて先導役をさせた悪態や、超高は民の身分でありながら皇帝を殺害して帝位につこうとした悪逆と同じとします。また、南インドの摩臘婆国の大慢婆羅門が赤栴檀の椅子を作る時、その四本の足を大自在天や釈尊等の像として座しました。今の真言師も釈尊よりも上位であると慢心を起こしたと述べます。

○『立正安国論』著述の理由

釈尊を卑下することは亡国を招くと述べます。天変地夭や飢饉疫病の災難が興起する根源は、邪教を信じた謗法にあると諫暁された『立正安国論』著述の縁由にふれます。謗法を制止しなければ経文に予言されているように自界叛逆・他国侵逼の二難が起きると時頼に諫暁したと述べます。

「如是仏法の邪正乱しかば王法も漸く尽ぬ。結句は此国他国にやぶられて亡国となるべきなり。此事日蓮独勘へ知れる故に、仏法のため王法のため、諸経の要文を集て一巻の書を造る。仍故最明寺入道殿に奉る。立正安国論と名けき。其書にくはしく申たれども愚人は難知」（一五八二頁）

この謗法による国難の証拠として「承久の乱」を挙げます。『立正安国論』は法然の浄土教の批判を中心に諫暁しますが、本書に見るように真言の破折も含まれることが分かります。念仏・禅の破折は真言破折の序分と言えます。（『日蓮聖人全集』第二巻五五七頁）。承久三（一二二一）年五月一四日に後鳥羽上皇は、倒幕のため京都守護の伊賀光季と大江親近の二人を召集します。光季は応じず挙兵の動きを幕府に急報します。そのため上皇軍に高辻京極にあった宿舎を襲撃され子の光綱と共に誅殺されます。上皇は義時追討の院宣を五畿七道の諸国に下します。聖人は乱の発端となった伊賀光季の誅殺から述べます。朝廷が敗北した理由は天台・真言の密教を用いて、北条一門を調伏（一五八三頁）した為とします。ここに「真言亡国」の理由を述べます。

聖人が幼少の時に疑問を持ったのが承久乱の天皇の敗北でした。その真言師が行ったのが「十五壇の秘法」です。（『祈祷鈔』六八一頁）。これは国敵王敵となる者を降伏して、命を召取て其魂を密厳浄土へ送ると言う怖い修法です。しかも、五月一五日に戦が起き六月一四日に幕府軍は瀬田・宇治の防衛線を突破して決着がつきます。わずか三〇日程での敗北でした。これを、「所謂彼真言邪法の故也」（一五八四頁）、つまり、真言密教は邪法であるから祈祷は無力であり亡国の原因と述べます。

これら過去の真言師の謗法と国土の災難の由来を述べ、謗法の者が鎌倉に再来して諸寺の別当や供僧となっていることを指弾するのです。また、鎌倉のみではなく叡山・東寺・園城寺も幕府に取り入り、日本国は過去の隠岐法皇のように法華経の怨敵となって善神より治罰を受けているとし、後鳥羽上皇の敗北と平家の滅亡に続き、今度は三度目の現証と断言します。蒙古調伏を真言師に任せれば、「還著於本人」として現罰の具現として国が滅ぶのは確かで、反対に頼朝が勝ったのは法華経を信仰していた利益と述べます。

浄顕房に仏教の道理を体得できたのは父母と師匠の恩であるが、道善房は世間の欲から地頭を恐れ弥陀を信仰したので、中有に漂浪していると心配されます。本尊を授与するに当たり、景信に迫害された時に義浄房と共に清澄寺を離れて庇護してくれた恩を述べます。これを法華経の奉公と存知して生死を離れるように伝えます。この本尊は釈尊滅後に未曾有の本尊と述べます。神力品に上行菩薩が生まれて法華経を弘めると予言され、自分は先駆として弘通したと述べます。父母・師匠・一切衆生の後生善処を祈請したと述べます。折伏逆化による弘通は一切衆生の救済にあります。その一期の功徳を本尊に込めて授与されたのです。浄顕房の後生も本尊に祈念すべきと勧め、義浄房達にもこれらのことを伝えてほしいと述べます。

「此御本尊は世尊説おかせ給後、二千二百三十余年が間、一閻浮提の内にいまだひろめたる人候はず。漢土の天台・日本の伝教ほぼしろしめして、いさゝかひろめさせ給はず。当時こそひろまらせ給べき時にあたりて候へ。経には上行・無辺行等こそ出でてひろめさせ給べしと見へて候へども、いまだ見へさせ給はず。日蓮は其人には候はねどもほぼこゝろえて候へば、地涌の菩薩の出させ給までの口ずさみに、あらあら申て況滅度後のほこさきに当候也。願は此功徳を以て父母と師匠と一切衆生に回向し奉と祈請仕候。其旨をしらせまいらせむがために御不審を書おくりまいらせ候に、他事をすてて此御本尊の御前にして一向に後世をもいのらせ給候へ。又これより申さんと存候。いかにも御房たちはからい申させ給へ」（一五八六頁）

□『太田殿女房御返事』（三〇八）

○金色王の布施

九月二四日付けにて於恒（経）から米一石と十合の穀類（『日蓮聖人遺文全集講義』第二二巻二一九頁）を供養さ

れた礼状です。『平賀本』に収録されます。「現世安穏後生善処」と「霊山往詣」を説きます。

米の供養に『金色王経』を引き、釈尊が過去世に金色王のとき国を平安に治めていたが、十二年間、雨が降らず旱魃します。国中の穀物を集めて国民に与えます。しかし、一一年を過ぎて終に貯蔵した財物も尽き五升の飯だけになります。僅かな一日分の食を衆僧に供養し、王を始め万民が餓死する覚悟をします。そのとき雲が起こり天より飲食が雨のように降り、国が富貴になったことを教えます。於恒の米の供養も現世には福徳に恵まれ、後生には必ず「霊山浄土」に往詣して成仏は疑いないと述べます。

□『十月分時料御書』（三〇九）

上包付箋に他筆で弘安元年とあります。『対照録』は弘安三年とします。真蹟は一紙七行が京都立本寺に所蔵されます。本紙に一の番附けがあります。十月分か十ヶ月分（『大田殿女房御返事』一七五四頁）の時料三貫文、他に「大口一」に相当する三貫五〇文が送られます。或いは「大口一」とは大口袴一着と言います。裾の大きく開いた下袴のことで衣の下に着用します。（『太夫志殿御返事』一八五〇頁）。時料とは斎料のことで僧侶の食費に当てた金銭です。四季折々に要する費用と思われます。常忍から送り届けられていたのです。（『富城殿御返事』「来年三月料分銭三貫文・米二斗」一七一〇頁）また、中山近辺の信徒も捻出されたと窺えます。本書には『摩訶麻耶経』の中から馬鳴・竜樹、『付法蔵経』からも馬鳴・竜樹を挙げて、付法蔵の伝道について教示したと思います。

□『富木入道殿御返事』（『稟権出界抄』）（三一〇）

○「下総宗論」

一〇月一日付けにて常忍へ宛てた書状です。真蹟一〇紙は法華経寺に所蔵されます。系年に『縮遺』の建治三年説、『対照録』の弘安二年説があります。山川智応氏と山中喜八氏は筆跡と花押から弘安二年とします。弘安元年とする理由は大進房が再び教団に帰信した記述によります。弘安二年の同日となる『聖人御難事』に、大進房は落馬したとあるからです。つまり、本書を弘安二年とすると同日となる両書に違いが生じます。（鈴木一成著『日蓮聖人遺文の文献学的研究』三七九頁）。中尾堯氏も『定遺』の弘安元年とします。（『日蓮聖人のご真蹟』六一頁）。内容から『稟権出界抄』と称します。常忍は了性と宗論（訴訟）を行い論破します。この結果を伝える書簡が三〇日に届き翌一〇月一日付けにて返書されます。

注目されることは、このころ四十九院の追放問題と、三月に公場対決の噂があり四月には三度目の流罪の噂が立ちました。そして、滝泉寺の日秀・日弁の布教が熱原の信者を形成したことです。宗論を主催したのは千葉胤宗（一二六八～一三一二年）で一一歳です。この訴訟を仕組んだ中に頼綱に近い長崎次郎がいます。太田親昌や大進房、滝泉寺の本院主の動向を気にした理由もここにあります。

九月二八日に天台宗の学頭である了性・思念房と常忍との間に、下総の守護所で宗論が行われます。宗論は公の場で主君の面前にて行ない立ち会い人も同座します。この場に乗明と教信も出廷したと言います。（中尾堯著『日蓮聖人のご真蹟』七三頁）。この書状は宗論の記録のような内容と言われ、宛名を書いていませんが常忍・乗明・教信を始めとした下総の信者と言います。宗論は従来、天台宗の学林があった真間山弘法寺で行われたことから「真間問答」としましたが、「下総宗論」と改称されました。

了性房信尊（一二一三〜）は武蔵足立郡に生まれ、太田庄天台宗鷲の宮談林学頭義了房幸範について出家得度します。俊範の弟子燈明院承瑜より恵心流の相承を受けます。律師として土佐竪者の称号を得ます。武蔵河田谷泉福寺に住み河田谷上人とも言います。了性房や円頓房尊海によって関東天台は興隆を極め、真間天台宗談林に赴き化主となります。聖人が「広学多聞の人」と評するように関東天台の学匠です。この折りに起きた宗論で常忍は了性・思念を論破します。真間の御堂は建治三年（『真間釈迦仏供養逐状』）に釈尊像を造立し日頂が開眼し常忍が管理していました。常忍に屈伏されてからは完全に退出し真間談所は真間山弘法寺となります。

○「稟権出界名為虚出」の文

了性は法華経に絶対開会が説かれたので、爾前の権教もそれにより実教に帰入し融会（成仏）するとします。即ち「権実不二」の論を立てます。そこで常忍は妙楽の『文句記』に、「稟権出界名為虚出」の文があるとして、法華経以前の四十余年の方便権教を稟（う）けて信行し、六道三界を出離し成仏するのは虚妄の出離と反論します。『文句記』の「稟権出界」を巡っての論争でした。稟（ほん）とは受ける授かるという意味です。つまり、法華以前の教えを受けて成仏すると説くのは、虚妄で真実ではないと反論したのです。「爾前無得道」です。これに対し了性は妙楽の『文句記』にそのような釈文はないと返答したのです。聖人は常忍が言うように釈文は『文句記』第九に確かにあります。即ち、

「寿量品云諸善男子如来見諸衆生楽於小法徳薄垢重者乃至以諸衆生乃至未曽暫廃云云。此経の文を承天

台妙楽釈也。此経文者初成道華厳別円乃至法華経迹門十四品或云小法或徳薄垢重或虚出等説る経文也」（一五八九頁）

と、寿量品を釈した文と述べます。法華経の迹門も虚出と教示します。爾前の権教は法華経の寿量品を説くための方便であるから出離は虚妄の説と言うことです。寿量品により出離が真実となります。故に華厳経を依経とする華厳宗、同じく深密経の法相宗、般若経の三論宗、大日経の真言宗、観経の浄土宗、楞伽経の禅宗等の諸経と諸宗は、いくら読誦し修行しても依経の教えの範囲を超えないので成仏はないとします。

浄土宗の「千中無一」、真言宗の「理深解微」等の説による成仏は方便（虚妄）の出離となります。しかし、天台・妙楽の解釈は爾前の頓漸二法・七方便を虚出としますが、迹門を虚出とはしません。これに対し聖人は寿量品以前を虚出としたことに相違があります。教学的には天台・妙楽は迹化の立場から迹面本裏、聖人は本化の立場から本面迹裏として台当の相違を論じるところです。この迹門・本門の相違は寿量品の久遠実成にあります。『涅槃経』の「一体三法」の文を引き次のように述べます。

「今日蓮粗勘之法華経之此文重て演涅槃経云若於三法修異想者当知是輩清浄三帰則無依処所有禁戒皆不具足。終不能証声聞縁覚菩薩之果等云云。此経文正顕説法華経寿量品也。寿量品は譬木、爾前迹門をば譬影之文なり。経文に又有之。五時八教・当分跨節・大小益如影本門の法門は如木云云。又寿量品已前之在世之益は闇中木影也。過去に聞寿量品者事也等云云」（一五八九頁）

つまり、寿量品の教え（久遠実成）によらなければ、声聞・縁覚・菩薩の証果はないと『涅槃経』に重ねて説いているのです。譬えとして寿量品は樹木の本体であり、爾前経や迹門はその木の影とします。本門の教えは樹木であり五時八教・当分跨節・大乗小乗の教えの証果は木の影と譬えます。寿量品以前に説く在世の得道は「闇中木影」とします。闇の中では木陰が見えないように、寿量品がなければ無意味であると本門教学を述べます。

また、法華以前の爾前の得道や迹門の二乗作仏は、過去の寿量品の聞法下種にあります。『観心本尊抄』（七〇六頁）においても二機根を挙げ、「法華得道」「教外得道」を十界互具論から述べました。『小乗大乗分別鈔』（七七五頁）もこの根拠に「化導始終不始終相」、「下種」（久遠下種）を説いて説明します。つまり、「毒発不定」と言う爾前・迹門の得道の源は寿量品の久遠下種にあるのです。

次に、「不信謗法」の見解を述べます。まず法華不信は謗法ではないという意見と、不信でも堕獄することはないとする意見に答えます。聖人の立場は不信の者は謗法であり、これは直ちに「謗法堕獄」と看做します。その文証として提婆品の「生疑不信者則当堕悪道」の文を挙げます。

○「第三の法門」

そして、勝劣浅深を判断するときに当分と跨節の見方があります。当分とはそのままの解釈ですが、跨節は節を跨（また）ぐという意味です。つまり、円教の立場から蔵・通・別教の内容を理解することです。広い視野に立ち全体的な解釈をすることです。そこに三通りの解釈の方法があります。「根性の融不融の相」（衆生の理解力が統一されているかどうか）、「化導の始終不始終の相」（仏の教化が完了しているかどうか）、「師弟の遠近不遠近の相」（仏と衆生が永遠の教化という関係にあるのかどうか）と言う視点から考察することです。聖人の教えはこの中の「第三の法門」を主軸とした教学と心得るように述べます。

「又不信非謗法申事。又云不信者不堕地獄云云。五巻云生疑不信者則当堕悪道云云。惣御心へ候へ。法華経与爾前引向判勝劣浅深当分跨節の事有三様。日蓮が法門は第三の法門也。世間粗如夢一二をば申ども、第三不申候。第三法門は天台・妙楽・伝教も粗示之未事了。所詮譲与末法之今也。五々百歳は是也。但此法門御論談は余は不承候。彼は広学多聞の者也。はばかりはばかりみ（見）たみたと候しかば、此方のまけなんども申つけられなばいかんがし候べき。但彼法師等が彼の釈を知候はぬはさてをき候ぬ。六十巻になしなんど申は天のせめなり。謗法の科の法華経の御使に値て顕れ候なり」（一五八九頁）

天台・妙楽は「第三の法門」は末法に譲られた法門とします。「三種教相」の第三「師弟の遠近不遠近」を言います。（『日蓮聖人遺文辞典』歴史篇八一七頁）。釈尊の久遠実成と地涌の菩薩も久遠の本師と本弟子の関係を問題とします。「第三の法門」について異説があります。その一つに天台の「根性の融不融の相」と「化導の始終不始終の相」は第一法門（権実相対）、「師弟の遠近不遠近の相」は第二法門（本迹相対）に過ぎないとし、脱益を当分、下種を跨節とする種脱相対を「第三の法門」とする解釈があります。（『日蓮大聖人御書講義』第一七巻九九頁）。

そして、了性は博識の学僧であるから強引に常忍が負けたと吹聴することを危惧します。成り行きでは負けと判定されることを考えたのです。寿量品に「皆実不虚」と説かれているからです。ただ、了性が天台・妙楽の『三大部』六〇巻の中に、この「稟権出界」の釈文を知らなかったことは天罰（天のせめ）であり、「謗法の科」

が法華経の使いである常忍によって露見したと賛辞します。

○ 宗論の沙汰

「又此沙汰の事も定てゆへありて出来せり。かしま（賀島）の大田次郎兵衛・大進房、又本院主もいかにとや申ぞ。よくよくきかせ給候へ。此等は経文に子細ある事なり。法華経の行者をば第六天の魔王の必障べきにて候。十境の中の魔境此也。魔の習は善を障て悪を造しむるをば悦事に候」（一五九〇頁）

次に、内容が変わり大進房等の動向を尋ねます。この「沙汰の事」に二つの見方があります。一にはこの宗論の判決のこと。二には大進房が改心した通知のことです。沙汰には処置・手配・裁断・訴訟・噂・報告などの意味があります。この場合、文脈から主君からの命令・指図・裁断と思われます。（『古語大辞典』七〇五頁）。つまり、宗論にて勝訴となった判決も深い理由があって起きたものと解釈します。

ここに冨士郡の加島の大田次郎（親昌）・大進房・本院主と三名の名があります。宗論の頃は教団から背離しそうな気配で、熱原法難を扇動したと思われます。後の『四菩薩造立鈔』に大田方の人々が迹門無得道を主張したとあり、この大田方の人とは大田親昌のことと言います。『聖人御難事』にも「太田親昌・長崎次郎兵衛尉時綱・大進房が落馬」（一六七三頁）と名を列記しています。大進阿闍梨は弘安二年八月以前に死去しますので大進房とは別人です。（『曽谷殿御返事』一六六四頁）。また、長崎次郎時綱は頼綱の伯父になり頼綱と長崎氏は同族でした。（佐藤進一著『鎌倉幕府訴訟制度の研究』一〇九頁）。頼綱は長崎氏の惣領であり、時綱は長崎氏権力の中の人物で、熱原法難の執行者の一人でした。（細川重男著『鎌倉政権得宗専制論』一七五頁）。常忍に「いかにとや申ぞ。よくよくきかせ給候へ」と催促したことから、太田親昌・大進房は常忍の近く下総にいたと思われます。ここから大田親昌は乗明の一族、大進房は曽谷氏の一族と誤解されました。本院主については『健鈔』に了性とありますが、これを否定して思念・談所の主・真間の主とします。（『本化聖典大辞林』上六五七頁）。

宗論の場に同座していた人物は誰でしょうか。こちら側には常忍・乗明・教信の三名とされます。相手側には了性・思念がいました。この宗論の立ち会い人として大田親昌・大進房・本院主がいたと思われます。この宗論の判決が大田親昌と大進房の改心の契機になります。判決の通知があったのは九月二八日とされますので、宗論はこれ以前になります。末文からこの間に大進房は改心の旨を常忍に告げます。そして、敗訴した本院主はどのように弁明しているか、その後の動向を尋ねたのです。（『日蓮聖人遺文全集講義』第二〇巻二五四頁）。ただし、本院主は了性ではないとして、この三人が改悔したとする解釈もあります。（『日蓮聖人御遺文講義』第一七巻三九二頁）。

続いて、了性は『止観』の二十五方便の始に「持戒清浄」とあることから、『止観』の行者は持戒と問難した時は、分別功徳品の「四信五品」の解釈を引き反論します。『文句記』には初随喜にも利根・鈍根があり、鈍根の者には持戒を制止していることを教えます。更に正像末三時の不同、摂受・折伏の異なりがあること、伝教が『末法灯明記』に末法の持戒は「市の虎」と解釈したことを思惟するように述べます。

常忍には了性・思念を論破したことで充分なので、宗論と常忍の価値を下げないため下総での宗論を控えるよう誡めます。了性と思念が聖人を批判するのは愚かなことで、天台法華宗の者であるなら、本来は南無妙法蓮華経と唱え念仏は成仏の教えではないと説くべきを、題目を唱えないばかりではなく、法華経を広める者に迫害を加えることは奇怪なことと述べます。

最後に大進房はこれを機に改心の兆しがあるが、以前に書き送ったように厳しく指導するように強く述べます。常忍とは近い距離にいて親しい関係であったことが分かります。

「大進房が事。さきざきかきつかわして候やうに、つよづよとかき上申させ給候へ。大進房には十羅刹のつかせ給て引かへしせさせ給とをぼへ候ぞ。又魔王の使者なんどがつきて候けるが、はなれて候とをぼへ候ぞ。悪鬼入其身はよもそら事にては候はじ。事々重候へども此使いそぎ候へばよる（夜）かきて候ぞ」（一五九一頁）

十羅刹女の守護の力で魔王の使者が離れたと述べ、常忍からの使者が帰路を急ぐので夜中に返書を認めたと結びます。しかし、翌年九月に大田親昌・長崎時綱・大進房は離団し、熱原法難に加担するのです。一〇月一三日に二条内裏が焼亡します。

□『初穂御書』（三一一）

一〇月二一日付け宛先は不明の書状です。文中の「法華経の御宝前」（一五九二頁）という語例は、弘安期以降の一三例にしか見られないこと、花押の形態から弘安元年とします。山中喜八氏は弘安三年とします。真蹟は末尾一紙一四行の断片が大石寺に伝えられます。

本書は「御所」（おんもと・みもと）から供養された礼状です。「御所」とは相手を親しみをもって呼ぶ時と、

『沙石集』の用例から親王・執権など高貴な人の屋敷を含めて、そこに住む人を敬っていう言葉です。法華経の御宝前に恭しく供えたことを伝えるよう述べます。文中の「はつお」は初穂のことで、中世近世はハツオと発音しました。その年に最初に収穫した稲の穂のことですが、後に穀物や野菜・果物・金銭も初穂と呼ぶようになります。本書の初穂は本年の最初に実った稲と思われ、丁重に謝辞を述べ「御所御返事」とあることから、身分のある人からの供養でした。「かしこまり申よし。けさん（見参）に入させ給候へ」（一五九二頁）と、畏まりと言うのは相手からの言動を有り難くもったいないと思うことです。（『古語大辞典』三五三頁）。即ち敬虔な心で取り次ぎをお願いし、見参（げんざん）とは対面のことですから、お目に掛かるようにと配慮します。信者にこのような謙譲の形式を用いたことはありません。（鈴木一成著『日蓮聖人遺文の文献学的研究』三八四頁）。

□『四条金吾殿御返事』（三一二）

○佐渡井箇田の所領

一〇月付けにて頼基から金銭一貫文を送られた礼状です。『平賀本』に収録されます。主君より新たに佐渡に三箇郷の所領を給わったと知らされました。別称『所領給書』と言います。法華信者として世間からは疎まれていたが、主君から容認されたことは存外の喜びでした。同僚の者、数十人から訴えられ兄弟からも捨てられたとありきます。兄弟仲よくするようにと再三、頼基に諭していたのも信仰を通してのことで、これらの悪条件の中で報奨を得た恩を忘れないようにと述べます。

新たな所領は佐渡の井箇田でした。以前に領していた信濃国下伊那伊賀良村の殿岡（飯田市）よりも三倍の領地でした。しかし、頼基は佐渡の辺鄙な田畑が少ない所なので不満をもちます。ですから、身延にいる佐渡の弟子が、三箇郷の中で年貢にしても井箇田が一番良い所と言っているので、殿岡よりも劣っていても以前の三倍もの土地なのであるから、愚痴を言わず有難いと感謝するように諭します。

阿闍世王は殺父の大罪を犯したが、父王の積善の功徳と後に法華経を庇護した功徳により成仏したことを例に挙げ、頼基も同僚や兄弟など多くの人から疎まれたが、竜口法難の折りには共に行者となった功徳により、善神から守護されていると述べます。成仏は疑いないとして強盛な信心を勧めます。

「との（殿）も又かくのごとし。兄弟にもすてられ、同れいにもあだまれ、きうだちにもそば（窄）められ、日本国の人にもにくまれ給つれども、去文永八年の九月十二日の子丑の時、日蓮が御勘気をかほりし時、馬の口にとりつきて鎌倉を出て、さがみ（相模）のえち（依智）に御ともありしが、一閻浮提第一の法華経の御かたうどにて有しかば、梵天・帝釈もすてかねさせ給へるか。仏にならせ給はん事もかくのごとし。いかなる大科ありとも、法華経をそむかせ給はず候し、御とものほうこう（奉公）にて、仏にならせ給べし。例せば有徳国王の、覚徳比丘の命にかはりて釈迦仏とならせ給がごとし。法華経はいのり（祈）とはなり候けるぞ。あなかしこあなかしこ。いよいよ道心堅固にして今度仏になり給へ」（一五九四頁）

終わりに頼基の一門の出家や在家の者も喜んでいると述べ、これは欲の喜びではあるが法華経の奉公となる欲は、菩提になる善因であると教えます。『普賢経』の「煩悩を断ぜず五欲を離れず」、『止観』の「煩悩はそのまま菩提となる」、『大論』の「大薬師のよく毒を変じて薬となすがごとし」の文を引きます。

□『兵衛志殿御返事』（二九一）

『定遺』は五月頃としますが『対照録』は秋頃とします。ここでは一〇月末頃とします。五月と一〇月の見解の違いは、本文に「たうじはのうどき（農時）にて」（一五〇五頁）とあり、農時は田植えの春か稲苅りの秋になります。身延へ向かう国府入道が思わぬ日数がかかり、「わせ（早稲）」の時期も重なり諦めて引き返します。（『千日尼御前御返事』一五四六頁）。この時期は七月になります。他に夏頃（『日蓮聖人御遺文講義』第一六巻二一一頁）、『類纂』は弘安四年とします。真蹟は七紙が京都妙覚寺に所蔵されます。前文が欠失し磨滅が多く目立ちます。

宗長から金銭や様々なものが供養されたことの礼状です。大貳阿闍梨は本書のみの記載です。大貳とは令制で帥（そつ）の下、少貳の上位になります。阿闍梨号をもつ天台僧で池上氏と有縁の人と思われます。武蔵房円日も同じ立場と思われます。面識があり教学の理解も深いので使者とされます。

病床にあった聖人は、宗長の書簡と登詣した大弐阿闍梨から、金銭や種々の供養品を用意していたが、「のうどき（農時）にて□□人もひきたらぬよし」と、農繁期で人手が不足して長引いた事情を知ります。「兵衛志殿の御との□□□御夫馬にても」と宗長自身が供養の物を運ぼうとしたが、代わりに大貳阿闍梨が歩馬を牽いて身延へ届けたと聞きます。百済から日本に仏教が伝わったが、車がなければ都へは運べなかったように、たとへ鎌倉に居て財物を所有しても、舎人と馬がなければ届けられないのと同じと述べます。また、供養を運んだ歩馬は、釈尊が出家する時に乗った御馬であった金泥駒となり、舎人は釈尊の御者であった車匿のように、法華経への給仕の功徳により成仏すると述べます。池上親子の入信と合わせて殊更に嬉しかったのです。

親子兄弟が同心に信仰しなければ、過去の摩訶羅王と善友・悪友太子が、今の浄飯王・釈尊・提婆の関係となって敵対し、片方は仏となり片方は無間地獄に堕ちたのと同じになったと述べます。日本においても後白河院と崇徳院（讃岐院）は兄弟であったが、位を争って敵となり共に地獄に堕ちたと述べます。頼朝は弟の義経一族を滅ぼしたことにより滅亡した例を挙げ、親子・兄弟が結束して信仰を貫くように諭します。

三人の功徳は父母の親類をも成仏へ導くと述べ、子孫も末永く繁栄すると述べます。経文を引きこの功徳については百千枚書いても尽きないと褒めます。宗仲は勘当中の住まいを母方に借りていました。（高木豊著『日蓮とその門弟』二二九頁）。「やせやまい」の聖人が兄弟を心配されて書簡を認めたのです。再会の機会があれば語り尽きないと伝え、宗長の妻の安堵のことを同じく喜んでいると結びます。

「又との、御子息等もすへの代はさかうべしとをぼしめせ。此事は一代聖教をも引て百千まいにかくとも、つくべしとはをもわねども、やせやまいと申、身もくるしく候へば、事々申ず。あわれあわれいつかけさん（見参）に入て申候はん。又むかいまいらせ候ぬれば、あまりのうれしさに、かたられ候はず候へば、あらあら申。よろづは心にすいしはからせ給。女房の御事、同くよろこぶと申せ給へ」（一五〇七頁）

□『上野殿御返事』（三一四）

閏一〇月一三日付けにて時光から里芋一駄、柑子密柑一籠、金銭六百文の代わりの莫蓙十枚の供養を受けた礼状です。莫蓙（御座）の筵は藺草（いぐさ）の茎を織って筵状に作った敷物のことで、畳が普及する以前は屋内の敷物として使用しました。聖人の書斎や弟子の部屋などに暖房のために使用されます。『興師本』に収録され弘安元年に書簡が到来したと記入します。

去年今年と疫病が流行したと記します。八月九月の大雨大風のため作物が熟さず、生きて越冬できるか困難な状況を知らせます。疫病と飢饉の苦しみは寛喜・正嘉年間を越え、「民の心不孝にして父母を見事他人のごとく」（一五九六頁）に疲弊していると述べます。一〇月に京都に大風が吹き天災が続きます。盗賊が充満し蒙古再来に備え異国警護番役が強化され、人々は心労を増していました。このような世相であるから善神は国を守護せず、三宝も国を捨てると述べます。一旦は疫病が止んだが、鬼神が再来して四方から疫病に苦しんでいる悲報を述べ、このような国も人心も乱れた時に過去の宿善による供養の温情に感謝されます。

○御本尊（五六）後一〇月一九日

後一〇月一九日付け御本尊で授与者の名前はありません。通称、第五一の御本尊と同じく表装の裂地文様から「鴛鴦御本尊」と称します。紙幅は縦五〇・二センチ、横三一・五センチ、一紙にて京都本国寺に所蔵されます。

□『不孝御書』（三一三）の続きが『陰徳陽報御書』（三三一）となり、弘安二年四月二三日付けの書状となります。

□『千日尼御前御返事』（三一五）は建治二年閏六月の書状とします。

□『四条金吾殿御返事』（三一六）

○頼基の身延登詣

頼基は鎌倉より聖人を尋ねます。所領を賜ったことの報告と何よりも病気を心配されての登詣でした。幾日か滞在し薬などを調剤して下山します。身延から険阻な箱根路を騎馬にて鎌倉に帰ります。その後、一ヶ月して鎌倉に帰ったことの報せがあり、閏一〇月二二日付けにて頼基に宛てます。『本満寺本』に収録されます。『必假心固神守則強書』と別称します。頼基の新たな所領となった信濃から、金銭三貫文、白米一俵、餅五〇枚、酒の大筒一、小筒一、串柿五把、柘榴一〇箇が届きます。本書はその謝礼と身延にて施薬看護をされた薬効により、衰弱した体力が回復したことを伝えます。

「日蓮は他人にことなる上、山林の栖、就中、今年は疫癘飢渴に春夏は過越し、秋冬は又前にも過たり。又身に当て所労大事になりて候つるを、かたがたの御薬と申し、小袖、彼しなじなの御治法にやうやう験候て、今所労平愈し、本よりもいさぎよくなりて候。弥勒菩薩の瑜伽論・龍樹菩薩の大論を見候へば、定業の者は薬変じて毒となる。法華経は毒変じて薬となると見えて候。日蓮不肖の身に法華経を弘めんとし候へば、天魔競ひて食をうばはんとする歟と思て不歎候つるに、今度の命たすかり候は、偏に釈迦仏の貴辺の身に入替らせ給て御たすけ候歟」（一六〇〇頁）

山中における生活の不便の上に、この年は疫癘飢渴が増し厳しくなったこと、頼基の治療により以前よりも元気になったと述べます。定業の者は薬も毒となるが、法華経は毒変じて薬となると病気を甘受します。天魔は法華経を弘める者の食を奪い、命を断ずるものなので歎きはしなかったと述べます。しかし、頼基の施薬により命長らえたことに、釈尊が頼基の身に入り替って治癒されたと安堵されます。

また、主君の勘気が解けたとは言え、同僚や他宗徒の迫害を心配されて頼基の帰路道中のことを案じていました。頼基にとっても気の重い帰路となりました。

「今度の御返りは神を失て歎候つるに、事故なく鎌倉に御帰候事、悦いくそばくぞ。余りの覚束なさに鎌倉より来る者ごとに問候つれば、或人は湯本にて行合せ給と云、或人はこふづ（国府津）にと、或人は鎌倉にと申候しにこそ心落居て候へ。是より後はおぼろげならずは御渡りあるべからず。大事の御事候はば御使にて承り候べし。返返今度の道はあまりにおぼつかなく候つる也。敵と申者はわすれさせて、ねらふ（狙）ものなり。是より後に若やの御旅には御馬をおしませ給ふべからず。よき馬にのらせ給へ。又共の者ども、せん（詮）にあひぬべからんもの、又どうまろ（胴丸）もちあげぬべからん御馬にのり給べし」（一六〇一頁）

と、無事に鎌倉に帰ったかを身延に来る人毎に尋ねます。湯本（箱根）・国府津（小田原市の東部、森戸川の河口付近）などで頼基に出会ったと言う地名が書かれ、聖人の元に尋ねて来た人も多かったことが分かります。また、格別なとき以外は訪ねてはならないとし、大事な場合でも本人ではなく使いの者を身延に参らすように述べます。敵は油断させて隙を狙うと細心の注意を促します。遠出の場合には甲冑を着け力の強い駿馬に乗るように、供の者は役に立つ者を連れるようにと細かく指導をします。

次に、『止観』に信心強固な者には必ず善神が守護するとの文を引きます。そして、法華経は利剣と同じであるが、切れ味は使う人により違うという喩をもって信心のあり方を説きます。末法の弘通を地涌の菩薩に付属されたのは信心が堅固である故と述べます。石虎将軍の故事を引き地涌の一人として信心を強固に持つならば、大難も消滅すると結びます。

□『九郎太郎殿御返事』（三一七）

一一月一日付けにて九郎太郎から芋一駄、栗、やきごめ（焼米）、はじかみ（生姜）を供養された礼状です。『対照録』は文永一一年とします。『本満寺本』に日乾と思われる筆跡にて「弘安」と注記されることから弘安元年とします。（小松邦彰稿「日蓮遺文の系年と真偽の考証」『日蓮の思想とその展開』所収九八頁）。追伸の部分は『本満寺本』の『庵室修復書』（建治三年冬。一四一一頁）とほとんど同文ですが、『定遺』の『庵室修復書』には載せておらず、本書『九郎太郎殿御返事』に載せます。真蹟は二紙断片が身延に所蔵されます。九郎太郎は南条氏一門の者であることは間違いなく、本書にあるように南条七郎の子息とされます。九郎太郎宛の書状は他に一通あるのみで、父の信仰を受け継ぎ純真な信仰をしていたことが窺えます。

身延の山中にはない供養品の有り難さを述べます。また、周辺には里芋を作る人はいないが、作ったとしても聖人を憎んでいるので農産物を供養してくれる人はいないと述べます。山は高い頂から下へ降っていき、海は沖にいけば深くなるように、末法は山に曲がった木だけが残るように人の心も曲がり、低い草ばかりのように智人が少なく邪法が蔓延すると例えます。念仏を称え形ばかりの戒を持って往生を願う人は多いが、法華経を信ずる人は少ないことを、いくら星は多くても大海を照らせないように、草はたくさんあっても宮殿の太い柱にはならないと譬えます。つまり、念仏を称えても浄土へ参る種にはならないのです。そして、南無妙法蓮華経の七字を唱えることこそが仏になる種と教えます。題目に仏種を認め唱題に成仏を説かれました。

「但南無妙法蓮華経の七字のみこそ仏になる種には候へ。此を申せば人はそねみて用ひざりしを故上野殿信じ給しによりて仏に成せ給ぬ。各々は其末にて此御志をとげ給歟。龍馬につきぬるだには千里をとぶ。松にかゝれるつたは千尋をよづと申は是歟」（一六〇三頁）

と、題目こそが成仏の仏種であると述べ、故上野氏はこのことを信じた篤信の者と讃えます。竜馬についている壁蝨は千里を飛び、松にかかる蔦は千尋をよじ登るとの例えを挙げて、その子である九郎太郎も信心を継承して成仏の志を遂げるように勧奨します。（「立正安国論」「蒼蝿驥尾に附して万里を渡り碧蘿松頭に懸りて千尋を延ぶ」）。九郎太郎の供養は徳勝童子が土の餅を釈尊に供養した功徳と同じであり、今生には利生をうけ後生も成仏はまちがいないと述べます。九郎太郎は下人を持たない貧しい身の上で、厳しい山路を越えて供養の品を運ぶのは難儀なことでした。志はあっても実行できないのが常ですが、供養を届けたことに感謝され、鬼子母尊神・十羅刹女が守護されるであろうと褒めます。

○御本尊（五七）一一月二一日

紙幅が縦二四三・九センチ、横一二四・九センチ、大小二十八枚継の大幅の御本尊です。現存する御本尊の紙幅の大きさでは随一です。二番目は玉沢妙法華寺の「伝法御本尊」（『御本尊集目録』第一〇一）、三番目が平賀本土寺の「二十枚継御本尊」（『御本尊集目録』第一八）となります。これに次ぐのが身延旧蔵の『御本尊鑑』（第三二）で、紙幅は縦一八二・六センチ、横一一五・六センチとなります。「優婆塞、藤太夫日長」である甲州南津留郡小立村の渡邊藤太夫に授与されたものです。同村の妙法寺に護持されましたが、後に沼津光長寺に移蔵されます。また、この讃文は同寺所蔵の弘安二年七月に日法に授与された御本尊第六五と全く同じです。

讃文は法華経の持経者を供養する功徳が大きいことと、逆に持経者に悪言をし悩乱させたときの罪業の深さを示す文を書き入れます。即ち「若於一劫中常懐不善心作色而罵仏獲無量重罪、其有読誦持是法花経者須臾加悪言其罪復過彼。有人求仏道而於一劫中合掌在我前以無数偈讃由是讃仏故得無量功徳、歎美持経者其福復過彼。有供養者福過十号、若悩乱者頭破七分。讃者福安明謗者開罪於無間」の文が両横に書き入れられます。これは、法師品（『開結』三二一頁）と陀羅尼品（『開結』五七一頁）の文と『文句記』の釈文です。

○御本尊（五八）

年月日は不明です。紙幅縦八三・六センチ、横四〇・三センチの絹本に書かれ京都の要法寺に所蔵されます。

□『観心本尊得意抄』（一九九）

○教信から迹門不読についての質問

一一月二三日付けで常忍から金銭一貫文と厚綿の白小袖、他に筆十管、墨五丁を供養された礼状です。『平賀本』に収録されますが、常忍の目録に載っていないことと文体に不審があるといいます。（『日蓮聖人遺文辞典』歴史篇二一一頁）。古来より中山第三世日祐の作との説があります。（『昭和新修日蓮聖人遺文全集』別巻二五九頁）。宮崎英修氏は日通の弘安元年説を支持します。吹雪が激しく降積の深い草庵の極寒の生活を述べます。厚綿の小袖はその寒苦を和らげたのです。商那和修が過去に病気の比丘に衣を布施した功徳を示して小袖の功徳を示します。

本書は常忍が、『観心本尊抄』に示された教学の解釈を質問されます。教信が『観心本尊抄』に、「自一品二半之外名小乗教・邪教・未得道教・覆相教。論其機徳薄垢重幼稚貧窮孤露同禽獣也。爾前迹門円教尚非仏因」（七一四頁）と、一品二半の他は「未得道」の教えとあることから、迹門の方便品は読誦しないという考えを持ったことにつき、聖人に迹門不読についての真意を質問します。これについて、

「教信御房観心本尊鈔未得等付文字迹門をよまじと疑心の候なる事、不相伝の僻見にて候歟。去文永年中に此書の相伝は整足して貴辺仁奉候しが、其通を以可有御教訓候。所詮、在在処処仁迹門を捨よと書て候事は、今我等が読所の迹門にては候はず。叡山天台宗の過時の迹を破候也。設如天台・伝教法のまゝありとも、今至末法者去年の暦如。何況自慈覚已来迷大小権実大謗法同をや。然間像法時の利益無之。増於末法耶」（一二一九頁）

と、迹門不読は僻見と明瞭に述べます。では、聖人がいう迹門とは何かというと、叡山が立てる過去の法華経の解釈を指します。末法においては天台・伝教が説いた通りに修行しても、古い暦を読むと同じく利益がないとし

ます。それは末法における弘教は、本門寿量品の肝心である妙法五字を下種することにあるからです。

同じく『観心本尊抄』に「天台等出現以迹門為面以本門為裏百界千如一念三千尽其義。但論理具事行南無妙法蓮華経五字並本門本尊未広行之」（七一九頁）と述べた事行の南無妙法蓮華経とは、この下種の弘通を指し、寿量品の久遠実成の本仏釈尊を、本門の本尊と宣顕することにあるからです。本書の題号の「観心本尊得意」とは『観心本尊抄』の大事な法門は本門にあることを示します。ましてて慈覚以後の天台宗は謗法となり利益がないとします。慈覚は真言密教を取り入れ「理同事勝」を説きます。師匠の伝教に背いたのです。ここには叡山の天台宗と、聖人が説く法華経の勝劣が峻別されていることが分かります。この旨を教信に教訓するように指示されます。

次に、北方（ぼっけ）にいる長老が聖人は爾前経を「未顕真実」といいながら、『立正安国論』に爾前経を引用するのは、自語相違と批判された疑問を挙げます。北方に天台宗の談義所があったと思われます。これについて仏教を判別する方法に「大綱」と「綱目」があると述べます。

「北方の能化難云、爾前の経をば未顕真実と乍捨、安国論には爾前経を引、文証とする事自語相違と不審事、前前申せし如し。総じて一代聖教を大仁分て為二。一大綱二綱目也。初の大綱者成仏得道の教也。成仏教者法華経也。次綱目者法華已前諸経也。彼諸経等は不成仏教也。成仏得道文言雖説之但有名字其実義法華有之。伝教大師決権実論云権智所作唯有名無有実義［云云］。但於権教成仏得道の外説相不可空。為法華網目なるが故仁。所詮、成仏大綱を法華仁説之、其余の網目は衆典明。為法華網目なるが故仁法華の証文引之可用也。其上、法華経にて可有実義を、爾前の経仁して名字計の、しる事、全為法華

也。然間、尤法華の証文となるべし」（一一二〇頁）

仏教は成仏を究極の目的としますので、この成仏の方法や論理・現証を説いたのは法華経のみとします。これを大綱といいます。綱目とは法華経以前の経で不成仏の教えです。しかし、法華経に説かれた成仏へ導くための方便の教えを指します。この観点からすれば全ての経は法華経の真実へ導くための教えとなります。ここに、諸経を引用する理由があります。爾前経の引用について大綱と綱目に分類し、大綱は成仏の教えで法華経を指し、綱目は而前経のことで成仏に関すること以外は虚言ではないとして、『立正安国論』に引用する爾前経は法華経のための綱目であるから、証文として引用しても構わないと述べます。更に文証の一部を常忍に示されます。

「問、法華を大綱とする証如何。答、天台当知此経唯論如来説教大綱不委細網目也。問、爾前を網目とする証如何。答、妙楽云皮膚毛綵出在衆典［云云］。問、成仏限法華云証如何。答、経云唯有一乗法無二亦無三［文］。問、爾前為法華証如何。答、経云雖示種種道其実為仏乗」（一一二〇頁）

天台の文は『法華玄義』第十、妙楽の文は『釈籤』第十九『文句記』第十、『法華経』の文は方便品（『開結』一〇七・一一五頁）。です。これらの文を証拠として自語相違とする批判に答え、大綱・綱目の教えを中山周辺の信徒に教示するように述べます。そして、委細を詳しく説明したいが心地違例しているので省略すると述べます。心地とは戒を心の地に譬えたもので違例とは体調が平常と違うことで病気のことを言います。教信から迹門不読の解釈が起きたことに、心持ちを悪くされたと解釈するのは誤りと思います。

追伸に日高が下総に目連樹という木があるというので、その木の根を掘って十両（二十本）ほど送ってほしいと依頼します。木槵子のことで実が黒色で固いので数珠玉に用いますが、黄色染料や目薬にも使用されます。その根の両方を焼いて紙に厚く包み、風にあてて品質を落とさないようにと細かな指示をし、大夫次郎のついでの時に届けてほしいと頼みます。大夫次郎は常に身延と中山を往来していた家臣とされます。

□『兵衛志殿御返事』（三一八）

○供養の功徳に勝劣浅深がある

一一月二九日付けにて宗長から金銭六貫文の布施と、白の厚綿の小袖一領が届いた礼状です。そのうちの一貫文は次郎とあり、家族か親戚と考えられ詳細は不明です。真蹟は六紙断片が大津本長寺などに伝わります。四季にわたり三宝に供養することは功徳になると述べ、同じ功徳でも時に従って重宝とされる供養の品があること、また、四季に関わらず有り難い品々があると述べます。

「但時に随て勝劣浅深わかれて候。うへたる人には衣をあたへたるよりも、食をあたへて候はいますこし功徳まさる。こゞへたる人には食をあたへて候よりも、衣は又まさる。春夏に小袖をあたへて候よりも、秋冬にあたへぬれば又功徳一倍なり。これをもつて一切はしりぬべし。たゞし此事にをいては四季を論ぜず、日月をたゞさず、ぜに・こめ・かたびら・きぬこそで、日々、月々にひまなし」（一六〇四頁）

食料に困っている人は衣服よりも食物を頂くほうが有り難いです。その功徳にも浅深があると述べます。寒苦に凍える者には食物よりも衣服のほうが身を助けます。また、夏の暑い時に厚綿の小袖を頂くよりも、冬の寒さの厳しい時の方が功徳は大きいと述べます。時に応じた勝劣があるのです。池上兄弟は四季や月日を問わず、常に銭・米・帷子・衣小袖などを供養されていたようです。頻婆娑羅王が釈尊に毎日、五百輌の車に品物を積んで供養したこと、阿育王が十億の沙金を鶏頭摩寺に布施したことよりも勝れると述べます。

○　波木井地方の大雪

この年の身延は特に寒さが厳しく、周辺の「八十・九十・一百になる者の物語候は、すべていにしへこれほどさむき事候はず」（一六〇五頁）と、長老も経験をしたことがない寒波と知らせます。厚綿の小袖は身を暖め心を温めるほど有り難かったのです。近辺（波木井）は積雪が一丈二丈も積もった所があり、少なくても五尺は積雪があると述べます。閏一〇月三〇日に降雪があり一旦は融け、一一月一一日午前八時から降り始めた雪が一四日まで降り続けて大雪となり、その後、雨となったため雪が締まり寒波のため金剛のように固くなったと述べ堂内の様子を知らせます。

寒さのため酒は石のように凍り油も金のようになり、鍋・釜に貯まった水があれば割れてしまう程でした。薄い衣服に食物も乏しく、草庵は半作の建物であったので風雪も吹き抜けました。薪も絶え火を焚いていない生活です。肌色が大紅蓮のようになった者や、八寒地獄にいるような叫び声をだす者がいました。手足は切れ裂け在家の者の髭は息が凍って瓔珞を吊したようになり、僧の鼻は鈴を貫ねていると表現します。

昨年末の病いが今年の春過ぎに悪化しましたが、頼基の施薬により小康を持っていました。しかし、この寒さのため下痢の症状が起きたと述べます。このような時に暖かい小袖を着用しなければ凍えていたと述べます。この小袖は綿が四〇両（約一・五㌔㌘）も入っているのに夏の帷子のように軽くて着やすいと述べます。食料も送られて命を繋いでいると感謝されます。同じく宗仲や右近尉からも食料が届いていたと知らせます。

○身延在山の門弟

そして、草案に居住している人数を、「人はなき時は四十人、ある時は六十人」（一六〇六頁）と草庵に住する門弟が膨らんでいました。同居している者の兄弟と言って入門を願うので、冷たく断ることができなかったのです。体調が優れなかったので、何事にも労せず心静かに小法師と二人だけで読経する生活を望むこともあったのです。年が明けたらどこかへ逃げたいと言う心情に窺えます。身延に参詣する信徒や弟子が多くいて、頼基と湯本などで会ったという情報は、これらの者の連携にあったのです。最後に兄弟・親子の信仰問題が円満に解決され、親子の心情も良く主君からの信望も良いとの悦びは、対面しなければ心情を語り尽くせないと結ばれます。この一一月に元の世祖は日本商船に交易を許可します。

□『出雲尼御前御書』（四四〇）

弘安元年一二月一日付けにて安房の出雲尼へ宛てた書状の末文になります。川崎市匡真寺に所蔵されます。出雲尼の道中について「をぼつか（覚束）なし」と、気がかりと述べています。本書に対する疑義があります。（若江賢三稿「御書の系年研究（その7）」）。

□『食物三徳御書』（三一九）

真蹟は四紙断片のみで前半と後半が欠失し大石寺に所蔵されます。平かなが多用され大石寺に伝来することから、南条氏関係の信者へ宛てた書状とされます。内容は供養の品に因んで食物の三徳を、「一には命をつぎ、二にはいろ（色）をまし、三には力をそう」（一六〇七頁）と述べ、人に物を施すことは自身の功徳と教えます。例えば他人のために灯を点せば自分の前も明るくなるように、供養の因果応報の功徳を述べます。ただし、悪人に供養すると悪事を増長させるのみで、施主はかえって気力や体力を失い悪果を招くと説きます。善人に供養することが大事なのです。また、一切経の文字の一つ一つは「釈迦如来の生気」（一六〇八頁）と述べ、この正気には九界と仏界の二つの気があるとして以後は欠失します。

□『獅子王御書』（三二〇）

真蹟は七紙（一一～一七）断片にて前後が欠失し大石寺に所蔵されます。（『日蓮聖人遺文辞典』歴史篇四四五頁に、真蹟六紙、真蹟は不明とします）。長編の著述と思われ月日、宛先は不明ですが門弟全体に宛てた内容です。書き出しの文字から『閻浮提中御書』とも称します。

前文は欠けて、閻浮提の中の飢餓や疫病の原因は釈尊を蔑ろにしていると述べます。聖明王のとき仏教が伝えられたが、欽明・敏達・用明の三天皇が採用しなかったので仏罰を受け、長野の善光寺の仏像は本来は釈尊であるのを阿弥陀仏として隠蔽したことを挙げます。同じく法華経の行者に仇をなすために災厄にあうとして譬喩品や勧発品の文を引きます。そして、三大師の真言密教を用いた国主も皇法も滅んだと述べ、その仏罰の現証として「承久の乱」と明雲座主の例を挙げ、「願は我弟子等師子王の子となりて群猿に笑る事なかれ」（一六〇九頁）

と獅子王のごとき信念をもって布教すべきと門弟を誡めます。

聖人のように「身命をすてて強敵の科を顕す師には値がたかるべし」と、法華経の行者には会い難いとし、国主の弾圧よりも来世で閻魔王の責めに会うほうが恐ろしいと述べます。迫害を恐れずに信仰を貫くことを教えます。『涅槃経』を引用して仏教を信じて人生の苦悩から解脱しようとする者が、怠慢になっているのを気づかせるために、仏が疫病を与え励ますことに本意があると述べます。罹患した者がいたと思われます。

聖人は凡夫であるが八宗十宗の邪正、インド・中国の論師人師の勝劣、八万法蔵・十二部経の趣旨を学び、日本国の危機を知ることができたのは「法華経の御力」（一六一〇頁）と述べます。自他二難の予言を指します。この後は欠失します。いかなる法難にも退転しない信条に言及されると思います。

□『随自意御書』（三二一）

前文と末尾が欠失しているため系年や宛名は不明です。建治三年の説があります。真蹟第一紙～二七紙迄が大石寺に所蔵され、冒頭の書き出しから『衆生身心御書』とも称します。

内容は釈尊の教え（仏説）には随他意と随自意の二説があり、爾前経は随他意方便の権教、法華経は釈尊の御心のままに説かれた随自意の実教と述べます。法華経の説き方にも機根・時代・国土により違いがあります。爾前経は衆生の心に合わせて説いたと述べます。酒を飲まない親でも子供が酒好きならば、「父母も酒をこのむよしをするなり。しかるをはかなき子は父母も酒をこのみ給とをもへり」（一六一〇頁）と、好きなような素振りをして心を引き寄せるという例をもって、爾前の教えを説いた釈尊の御心を述べます。提謂経は提謂・波利の二長者のために人間界と天上界の五戒十善を説き、阿含経は声聞と縁覚の二乗のために四諦の法門と十二因縁を説き、華厳経は菩薩のために六波羅蜜を説きます。これらの教えは方便の施教となります。釈尊の真実の御心を説いた法華経は利益があると述べます。この法華経を受持する功徳について、「麻の中のよもぎ・つゝ(筒)の中のくちなは(蛇)・よき人にむつぶもの、なにとなけれども心もふるまひ(振舞)も言もなを(直)しくなるなり」(一六一一頁)と、無解の者でも法華経の徳に導かれて身心が仏のように得脱し、釈尊から褒められると述べます。法華経も機・時・国・人師により弘教の方法が異なることを、等覚の菩薩でも認識できないと述べます。

そして、「人のつかひ(使い)に三人あり」(一六一一頁)として、インドの四依・中国の人師・日本の末代の凡夫の三種の使いの例えを挙げます。この弘教の人師について、正法・像法における仏教史を概観し、法華経がどのように認識されたかを述べます。像法に天台が法華経を最勝としたが、玄奘は法相宗を第一として天台宗と水火の異なりを説きます。則天皇后は華厳宗を第一として天台宗を格下げしました。玄宗皇帝の時代に善無為等が印・真言を中国に伝え真言宗を第一とし、妙楽は天台の後の法相宗・華厳宗・真言宗と法華経の勝劣を論じたが、公場対決ではなかったので完璧に破折することができなかったと述べます。

次に、仏教が伝来した欽明から桓武天皇時の伝教へ進みます。伝教は天台・真言の二宗を日本に弘めたが、二宗の勝劣は「内心に此を存て人に向かってと(説)かざるか」(一六一五頁)と内秘したと述べます。同じ時代に弘法が真言宗を立て、天台宗の慈覚・智証がこの真言を法華経と同等としたことを批判します。中国・日本のいかなる知者でも、三大師の教義を破折することはできないとします。人はこの教えによって成仏し、国主もこの教えを尊崇することにより国土安穏であると、誰しもが許容するであろうが、聖人は同意しないと述べます。法華経以外に「諸経の中に於いて最も其の上に在り」の法華最勝の文を破った文はないことから、真言劣・法華勝の立場を述べます。しかも、朝廷の宣旨を添えて威厳を持たせたのは、確かな経文がない証拠と言えます。宣旨については両方の主張を確かめて明らかな証文を記載して下されるべきと批判します。
そして、「已今当」の経文を知らなければ罪がないように見えるが、この経文を立てて法華経を弘める行者が出現した時は大事が起きると述べます。この行者を迫害すれば善神は行者を守り、終には国土も民も滅びると述べます。自他二難の的中です。弟子信者に迫害が及ぶ仏説に符契したことになります。行者を善神は守護すること、また、悪人に供養すれば大悪になってしまうが、法華経の行者を供養する功徳は甚大と述べます。結びに動乱の時に孟宗筍を供養され、涙が止まらないほど嬉しいと述べます。

「まことならぬ事を供養すれば、大悪とはなれども善とならず。設心をろかにすこしきの物なれども、まことの人に供養すればこう大なり。何況心ざしありてまことの法を供養せん人々をや。其上当世は世みだれて民の力よわし。いとまなき時なれども心ざしのゆくところ、山中の法華経へまうそう（孟宗）がたかんな（笋）ををくらせ給。福田によきたねを下させ給か。なみだもとゞまらず」（一六一八頁）

福田は供養により福徳を生み出す田と言うことで、その心が私達に具わっていることです。三福田とは仏や僧を恭敬する敬田、父母や師僧の恩に報いる恩田、老病や貧苦の人に憐愍心を持つ悲田があります。孟宗竹の由来は呉の孟宗（～二七一年）の母は筍を好んでいたので食べさせようとしたが、ある冬の朝、竹林に入ったけれど地が凍りつき筍を得ることができず哀嘆したところ、筍が生えて母に食べさせる事ができた故事によります。

□『大学三郎御書』（三二二）

真蹟一紙一五行の断片が能登の妙成寺に所蔵されます。本書の断片に一九の丁付があり長編の書簡となります。『対照録』は本書断片（第一九紙）・『断簡一九七』（二五三九頁。第二一紙後半一〇行）・『大尼御前御返事』一七九五頁。末尾第二一紙）を同一の書状とし、高木豊氏はこれを支持します。（『日蓮聖人遺文辞典』歴史篇六七〇頁）。また、『断簡一九七』（二五三九頁）は『大尼御前御返事』へ続くと見られます。そうしますと大学三郎に宛てたのではなく『大尼御前御返事』とするのが正しくなります。（岡本錬城著『日蓮聖人遺文研究』第一巻一一二頁）。しかし、本書は紙背に書かれた書簡であり、『大尼御前御返事』は通常の料紙に書かれていることから、別の遺文と見るのが妥当とします。（小松邦彰稿「日蓮遺文の系年と真偽の考証」『日蓮の思想とその展開』所収一〇一頁）。著作年時に弘安三年説があります。蒙古の再来に備え降伏の祈願を命じ鎮西警護に緊迫した時とすると弘安三年説が近くなります。

大学三郎は比企能員の末子で「承久の乱」のとき順徳天皇の佐渡島配流に同行します。（異説あります）。後に四代将軍頼経の御台所となった姪の竹御所の計らいにより鎌倉に戻ります。本書に秋田城介安達泰盛が大学三郎を仲介として、何らかの祈願を依頼されたと述べます。直接の依頼は泰盛になります。しかし、大学三郎の依頼であってもその祈願は叶わないと告げます。

「いのりなんどの仰かうほるべしとをぼへ候はざりつるに、をほせたびて候事のかたじけなさ。かつはしなり、かつは弟子なり、かつはだんななり。御ためにはくびもきられ、遠流にもなり候へ。かわる事ならばいかでかかわらざるべき。されども此事は叶まじきにて候ぞ」（一六一九頁）

泰盛より祈願を依頼されるとは思ってもいませんでした。大学三郎は聖人にとって『立正安国論』の添削指導を受けたように師匠でもありました。仏門にあっては弟子であり檀越であるから、代わりに斬首されようとも遠流に処せられても、その祈願は叶わないと伝えます。つまり、祈願を断ったのです。その祈願とは異国調伏のことであり、ここに、頼綱と泰盛の敵対関係があったと推測されます。（菅原関道稿「中山法華経寺聖教に見える異筆文書の考察」『興風』第一六号二〇六頁）。また、大川善男氏は金沢実時が病気であったので子顕時が泰盛を介して快癒を願ったが、律宗称名寺の大檀那であったので断ったと言います。また、「かつはしなり」は「か川ハし累な里」（かつは知るなり）と読みます。（『日蓮遺文と教団関係史の研究』一一頁）。一方では聖人の理解者であると解釈できますので意は同じと思います。大学三郎は能書家であった縁により景盛と親交がありました。文永八年の竜口首座の折りには泰盛に助命嘆願をした篤信の信徒でした。

「大がくと申人は、ふつうの人にはにず、日蓮が御かんきの時身をすて丶かたうどして候し人なり。此仰は城殿の御計なり。城殿と大がく殿は知音にてをはし候。其故は大がく殿は坂東第一の御てかき、城介殿は御てをこのまる丶人也」（一六一九頁）

また、頼基が主君より勘気を受けたとき、陳状の清書を大学三郎に依頼するように指示しました。（『四条金吾殿御返事』一三六三頁）。鎌倉の教団において重要な信者でした。父能員の法号長興と母の法号妙本をもって比企谷に長興山妙本寺と命名して開堂供養を行います。一二月二三日に時宗は蘭渓の後の師事を求め、禅僧招来のため徳詮と宋英を入宋させます。（『円覚寺文書』）。

□『衣食御書』（三二三）・『断簡』（三一二）・『女人某御返事』（九九）・『断簡』（一〇三・三二七）は建治二年とします。

□『十字御書』（三二四）は弘安三年一二月二一日とします。

第二節　弘安二年以降　熱原浅間神社祭礼の事件

◎五八歳　弘安二年　一二七九年

□『上野殿御返事』（三二五）

一月三日午後二時に付けにて、時光から元旦の供養として餅九〇枚、山芋五本が身延の洞（ほら）に届いた礼状です。真蹟は四紙断片が広島の妙頂寺ほか京都妙覚寺、本法寺等に所蔵されます。

昨年の七月から飢饉が続き一一月には大雪のため路が閉ざされました。登詣者も少なく食料が乏しくなっていました。海辺の者は木を財とし山中に住む者は塩を宝とするように有り難いと述べます。国王は民を親のように大事にし、民は生活を支える食物を天と尊びます。国王は国民の生命を補償することが大事です。しかし、この二、三年の間に疫病により人口の半分の人が死に、遠方の里市に行って食料を買うことができない者や、山中に居住する僧侶は食料不足のため存命が危ぶまれると近況を述べます。更に法華誹謗の国に生まれ、国中から怨まれて衣食に乏しい生活をしているので、粗末な布でも錦のように貴く、雑草の葉でも甘露のように美味しいと述べます。そのうえ厳しい積雪のため心情の厚い者でなければ訪れる者はいないと心細く過ごしていました。正月の三箇日の内に届いた蒸し餅は、満月のように心を明るくし生死の闇も晴れたと感歎します。これも「こうへの どの（故上野殿）をこそ、いろあるをとこと人は申せし」（一六二一頁）と、情愛の深い親父の恩徳と喜ばれます。

そして、時光は父の篤い信仰心を受け継ぎ、「くれない（紅）のこき（濃）よしをつたへ給るか。あい（藍）よりもあを（青）く、水よりもつめたき氷かな」と共に情けの深い人と述べます。『荀子』勧学篇に「青は之を藍より取りて而も藍より青し。氷は水之を為りて而も水より寒し。（青取之於藍、而青於藍。冰水爲之、而寒於水）」とあります。青と氷を時光、藍と水を父に例えたのです。「青は藍より出て藍より青し」の元となり出藍の誉とも言います。この数年の間の疫病や飢饉については『沙石集』等に記載されています。そのため仁王経を読誦し薬師仏や観音像を建てて調伏します。そのような社会状況に一遍が踊り念仏を始めます。

□『越後公御房御返事』（四三七）

一月八日付けにて越後房から供養を受けた礼状です。真蹟は二紙一一行完にて敦賀本妙寺に所蔵されます。越後公は竜泉寺の大衆で日弁と名乗り日秀と熱原の弘通をします。『本尊分与帳』によると弘安年間に日興より離れ、後に下総に妙興寺、上総に鷲山寺を草創します。内容は大餅五枚、太い暑預（しょよ）一本。これは長芋のことで『日本書記』の武烈天皇の記事に「暑預（うも）を掘らしむ」とあります。それに、里芋一俵が届きました。去年からの飢饉と疫病に加え、三災（刀兵・疾病・飢饉の災難）の戦乱が起きるようであると述べ、主食の芋頭を山中に届けたことに感謝します。（一八七四頁）。

□『上野郷主等御返事』（三二六）は弘安五年とします。（寺尾英智稿「『上野郷主等御返事』の形木について」）。

□『日眼女釈迦仏供養事』（三二七）は弘安三年二月二日とします。

□『松野殿御返事』（二七四）

二月一三日付けにて雪中に松野氏から種々の供養を受けた礼状です。真蹟は二紙断片が大阪清普寺・京都本能寺等に所蔵されます。『涅槃経』と法華経を引いて人命に限りがあること、命終して三日目には水や塵となり煙となって消滅する身体と述べ、財物だけを蓄えるような儚い人生の無意義を述べます。日本中が飢饉のため衣食が欠乏し（『上野殿御返事』一六二二頁）、畜類を食べつくして死人や小児・病人の肉を裂き取り魚肉に混ぜて売り買いしていることが記されます。このような邪悪な日本を「大悪鬼」と表現します。

「但当世の体こそ哀れに候へ。日本国数年の間、打続きけかちゆき、て衣食たへ、畜るひをば食つくし、結句人をくらう者出来して、或は死人・或は小児・或は病人等の肉を裂取て、魚鹿等に加へて売しかば人是を買くへり。此国存の外に大悪鬼となれり。又去年の春より今年の二月中旬まで疫病国に充満す」（一四四一頁）

疾病が国中に充満し半分程の人が病で死に生きている者も家族を失って心苦を味わっていました。法華経には行者を怨み迫害する者は、阿鼻地獄に堕ちると説かれ、聖人は如何なる大咎があっても法華経の行者であると述べます。勧持品には三類の強敵が流罪に落とし込むと説かれ、これを色読した聖人は法華経の経文に符号したと述べます。更に未来に成仏することは疑いないと書き送ります。

□『孝子御書』（三二八）

○池上康光の死去

二月頃に宗仲の父が没したことを聞き二月二八日付けで宗長に宛てた書状です。真蹟は四紙断片が京都頂妙寺などに散在します。弘安元年に康光は帰信（『兵衛志殿御返事』一六〇七頁）しました。康光は建久元（一一九〇）年の生れ逝去の時は九〇歳となります。兄弟が浄蔵・浄限のように父を帰信させた孝心を褒め、父亡き後も異体同心に精進するよう、その旨を宗仲にも書状を送っているので、互いに協力して弘通するよう励まされます。

○御本尊（五九）二月

中山の浄光院に所蔵され「妙心」に授与され、紙幅は縦八八・八センチ、横四八・五センチの三枚継ぎです。讃文に「有供養者福過十号」と「若悩乱者頭破七分」の文が首題下部の左右に記入します。

○御本尊（六〇）二月

同じ二月の染筆で「釈子日目」に授与され、紙幅は縦九四・九センチ、横五二・七センチの三枚継ぎの御本尊です。桑名の寿量寺に所蔵されます。讃文は「有供養者福過十号」と「若悩乱者頭破七分」に、「讃者積福安明謗者開罪於無間」が加えられ、四天王に大の字が冠されることが第五九の御本尊との違いです。日興の添え書きがあったのを削損した跡があります。広目天王の王の字の中に「日興」の二字が残っていると言います。この御本尊より再び提婆達多の列座が見られ、「龍王女」を書かれているのはこの御本尊だけです。

○ 御本尊（『御本尊鑑』一三）二月

「優婆塞日載」に授与され紙幅は縦六九・八センチ、横四一・一センチの絹本の御本尊です。御本尊（五九・六〇）との違いは広目天王と増長天王が梵名で書かれ、年月の位置が花押と毘楼博叉天王との間にあることです。

○ 南宋滅亡

二月、南宋が滅亡します。海軍の将師であった夏貴や范文虎らの武将が蒙古（元）に降伏します。最後の皇帝である衛王も入水し宋は完全に滅亡します。このとき元は直ちに日本への攻撃の準備を始めます。

○ 阿佛房逝去

三月二一日に阿佛房が死亡しました。（『千日尼御返事』一七六二頁）

□ 『松野殿後家尼御前御返事』（三二九）

三月二六日付けにて松野六郎の後家尼に宛てた書状です。『朝師本』に収録されます。夫は弘安元年の一一月に没します。聖人との面識はありませんが度々の供養をします。一眼の亀の浮木に値えるように尊い志と褒めます。安楽行品の「文殊師利比（是）法華経於無量国中乃至名字不可得聞」（『開結』三八三頁）の文を引き、人間に生を受けても法華経の教えには会い難いことを、「盲亀浮木」（一六二九頁）の譬えを挙げ題目にも会い難いと述べます。

三国に未だ広まらなかった法華経と唱題の信仰を述べ、建長五年からの値難の生涯を振り返り、経文の通り刀杖・流罪などの迫害にあい、行者として貫徹した法悦を述べます。そして、このような日本国中の人々から疎まれた聖人を供養することを感謝されます。身延の苦しい生活が窺えます。蘇武が胡国に捕えられた時の例や、首陽山に隠棲した伯夷・叔斉の例をもって飢餓の心中を伝えます。稀少な供養の功徳を述べます。

「父母にあらざれば誰か問べき。三宝の御助にあらずんばいかでか一日片時も持つべき。未だ見参にも入ず候人の、かやうに度々御をとづれのはんべるはいかなる事にや、あやしくこそ候へ。法華経の第四巻には、釈迦仏　凡夫の身にいりかはらせ給て、法華経の行者をば供養すべきよしを説れて候。釈迦仏御身に入らせ給候歟。又過去の善根のもよをしか。龍女と申女人は法華経にて仏に成りて候へば、末代に此経をまいらせん女人をまほらせ給べきよし誓せ給し、其御ゆかりにて候か貴し貴し」（一六三一頁）

○　熱原浅間神社の神事と刀傷事件

四月八日、浅間神社の神事（流鏑馬）の最中に行智と共謀した冨士下方の政所代が、雑踏を利用して信者の熱原四郎に刀傷を負わせる事件が起きます。（『滝泉寺申状』）。これは仕組まれた行智の下知による弾圧でした。（『鷹岡町史』四四五頁）。下方の政所は北条氏の在地である冨士地方を支配するための機構です。熱原は得宗家の所領でした。行智は得宗領の利権を得ようとしました。つまり、この事件の背後に幕府の力があったのです。その人物とは九月二一日の「刈田狼藉」・熱原法難にて頼綱と分かります。また、この時には大進房が背反したと言います。

○御本尊（六一）四月八日

釈尊の生誕の四月八日付けにて「日向法師授与之」と書かれます。讃文は陀羅尼品の「若悩乱者頭破七分」と「有供養者福過十号」「讃者積福於安明謗者開罪於無間」の文を両横に書かれ、法華不信の福徳と罪業を示されます。紙幅は縦八九・四センチ、横四七・六センチ、三枚継ぎ中型の御本尊で藻原寺に所蔵されます。四月付けの御本尊は他に四幅確認されます。『本化高祖年譜』には同じ四月八日付けにて日朗にも授与されたと記載します。藻原寺に伝わる曼荼羅の方が先に染筆されたようです。全体的に筆の勢いがよく二幅目には疲れが見えると言います。精魂を傾けて染筆されるので、一日に二幅の曼荼羅を染筆されるのが限度と言います。（中尾尭文著『日蓮』一九一頁）。第六二・六三の御本尊には経文を書き入れた讃文はありません。

○御本尊（六二）四月八日

「優婆塞日田」に授与され玉沢妙法華寺に所蔵されます。紙幅は縦九七・三センチ、横五一・五センチ、三枚継ぎの御本尊で、不動愛染の梵字の起筆の部分に変化が見られ、七月付けの御本尊第六五より本格的に宝珠型となります。

○御本尊（『御本尊鑑』第二四）四月八日

日亭の筆跡にて「法蓮」に授与され、嘗て法華経寺に所蔵されたとあります。三枚継ぎの御本尊で「沙弥法蓮」と堀之内妙法寺の『御本尊鑑広本』に記録されます。

○御本尊（六三）四月

「比丘日弁」の授与者名が記され、滝泉寺に寄宿して行智と対立していた日弁に与えられました。日興より日弁に渡されましたが、後に背反して日忍に渡り中山の日祐に伝来したと言います。紙幅縦一〇〇センチ、横五三センチ、三枚継ぎの御本尊で多古町の妙興寺に所蔵されます。

○御本尊（『御本尊鑑』第二五）四月

日乾の記録に加治左馬助へ与えた三幅の内とあります。後に加治左馬助の遺言により返納されたと記載されます。紙幅は縦八三・七センチ、横三六・三センチの御本尊です。

□『上野殿御返事』（三三〇）

○龍口の頚の座と東條の難にはすぎず

四月二〇日付になっていますが『朝師本』には月日は記入されません。本書の内容から『竹杖書』『杖木書』の異称があり時光に宛てた書状です。

冒頭に竜口と小松原の刀難が最大難と述懐します。生命に関わる法難でした。罵られ杖木瓦石に責められて住居を追われたこと、無実なのに流罪されたこと、経本をもって顔面を叩かれたことなどは、この大難に比べれば小さな迫害と述べます。刀剣による身体的な迫害、悪口や讒言などの精神的な迫害、つまり、色心の両方から加害された者は日本国の中では一人しかいないと述べます。

「抑日蓮種々の大難の中には、龍口の頚の座と東條の難にはすぎず。其故は諸難の中には命をすつる程の大難はなきなり。或はのり、せめ、或は処をおわれ、無実を云つけられ、或は面をうたれしなどは物のかずならず。されば色心の二法よりをこりて、そしられたる者は日本国の中には日蓮一人也」（一六三二頁）

○少輔房の逆縁

その中でも忘れられないとして、松葉ヶ谷の草庵にて少輔房により顔面を打たれたことに言及します。頼綱は武装した兵士を引き連れ捕縛します。このとき同行した郎従の少輔房が、法華経第五の巻を持って顔面を叩いたのです。これを、「三毒よりをこる処のちやうちやく（打擲）なり」（一六三三頁）と述べます。三毒とは貪瞋癡の欲です。この三毒について勧持品に末法の衆生は三毒が強いため、法華経の行者は三類の強敵に加害されるとあります。打擲とは人を叩き殴ることですが、「手にした杖ではげしく打擲する」と言うように、棒などで強く打ち叩くことです。つまり、「刀杖の難」のうち杖の難を挙げたのです。

ここで、天竺における「嫉妬の女人」の例を述べます。インドに嫉妬深い女性がおり、嫉妬のため姿は青鬼・赤鬼のようになり家の中の物を悉く壊し、しかも、夫が大事に読誦していた法華経の第五の巻を取り出して両足で散々に踏みつけます。この女性は死後に地獄に堕ちますが、不思議にその両足だけは堕獄を免れます。その理由は法華経を足で踏んだ逆縁の功徳にあったのです。少輔房の行為も同じでした。しかし、女人は夫を憎んだが法華経を憎んだ訳ではありません。少輔房は聖人と法華経の両者を憎んだとします。ですから、女人とは違い譬喩品の「其人命終入阿鼻獄」の文の通り無間地獄に堕ちると述べます。堕獄することは不憫であるが、不軽上慢の四衆のように仏果を受ると逆縁成仏にふれます。これは、不軽菩薩の逆縁成仏を聖人の折伏逆化に移して少輔房の未来の成仏を述べたのです。

そして、この第五の巻に納められている中の提婆品・勧持品・湧出品にふれます。まず提婆達多の悪人成仏と竜女の女人成仏にふれます。

「夫第五巻は一経第一の肝心なり。龍女が即身成仏あきらかなり。提婆はこゝろの成仏をあらはし、龍女は身の成仏をあらはす。一代に分絶たる法門也。さてこそ伝教大師は法華経の一切経に超過して勝れたる事を十あつめ給たる中に、即身成仏化導勝とは此事也。此法門は天台宗の最要にして即身成仏義と申て文句の義科也。真言・天台の両宗の相論なり。龍女が成仏も法華経の功力也。文殊師利菩薩は唯常宣説妙法華経とこそかたらせ給へ。唯常の二字八字の中の肝要也。菩提心論の唯真言法中の唯の字と、今の唯の字といづれを本とすべきや。彼の唯の字はをそらくはあやまり也。無量義経云四十余年未顕真実。法華経云世尊法久後要当説真実。多宝仏は皆是真実とて、法華経にかぎりて即身成仏ありとさだめ給へり。爾前経にいかやうに成仏ありともとけ、権宗の人々無量にいひくるふ（言狂）とも、たゞほうろく（焙烙）千につち（槌）一なるべし。法華折伏破権門理とはこれなり。尤もいみじく秘奥なる法門也」（一六三四頁）

と、提婆・龍女の成仏は法華経の肝心として即身成仏を説きます。慈覚以来、天台の『三大部』を用いて説を立てても、法華経の題目が成仏の直道と述べます。これに反する者は仏説であっても用いるべきではなく、まして人師が説く教義を信用すべきではないとして、それを権教は焙烙のようで実教の一つの槌に打たれれば全ての焙烙は悉く粉砕されると例えます。提婆・龍女の成仏について次のように解釈を加えます。、

「爰に日蓮思ふやう、提婆品を案ずるに提婆は釈迦如来の昔の師なり。昔の師は今の弟子なり。今の弟子はむかしの師なり。古今能所不二にして法華の深意をあらはす。されば悪逆の達多には慈悲の釈迦如来、師となり、愚癡の龍女には智慧の文殊、師となり、文殊・釈迦如来にも日蓮をと（劣）り奉るべからざる歟。日本国の男は提婆がごとく、女は龍女にあひにたり。逆順ともに成仏を期すべきなり。是提婆品の意なり」（一六三五頁）

聖人は釈尊や文殊のように慈悲と智慧は劣らないと述べます。日本国の男は提婆達多のようであり女は竜女と似て、謗法による逆縁の衆生も順縁の者も共に成仏することを説いたのが提婆品の大事なところです。

次に、勧持品の二十行の偈文を色読したのは聖人一人と述べます。三国において刀難にあった行者は皆無であ

るとして、刀杖の二字の難を予言した法華経は「不思議なる未来記の経文」（一六三六頁）と受容されます。その加害者である少輔房に対し、心の中では跳ね返し杖を奪おうと思ったが、その杖は法華経の経典であり、しかも第五巻であったと表現されます。この巻の中に忍難弘教を説いた勧持品があります。少輔房が打った杖は法華経第五の巻であり、増上慢の人に打擲されると説くのが第五の巻でした。「未来記の経文」と覚知したのです。

○ 槻木の卒塔婆

槻（つぎ）の木の卒塔婆の故事にふれます。これは子供のために親が厳しく育てた話です。この親は学問に励まない子を槻の木の弓で打って誡めます。槻は強靭で狂いが少ない欅のことです。子供は父を情のないものと思い槻の木を憎んだのです。時を経て修学も進み人格を備え人を教化する立場になります。この時、父親が槻弓で怠惰な心を正してくれた情愛に気づきます。亡き父親に感謝して槻木で卒搭婆を作り供養しました。つまり、仏果を得たことを思えば、その時は辛かったが少輔房の恩の賜物であると述べたのです。まして、第五の巻であったことの恩の深さを思うと、「日蓮仏果をえむに争かせうばうが恩をすつべきや。何況法華経の御恩の杖をや」（一六三六頁）と、感涙を抑えることができないと述べます。

次に、涌出品は「日蓮がためにはすこしよしみある品也」（一六三六頁）と述べ、その縁故とは上行菩薩が出現して法華経を弘通することと解釈します。そして、「しかるに先日蓮一人出来す」と、地涌六万の菩薩から賞賛される法悦観を述べます。聖人がその上行菩薩であることを示唆されます。

時光に法華経に身心を預け他人にも法華経の縁を結ぶように述べ、その功徳を父母の成仏に参らせるよう勧めます。時光の臨終の時には必ず迎えに行くことを約束され、生死について次のように説きます。

「相かまへて相かまへて、自他生死はしらねども、御臨終のきざみ、生死の中間に、日蓮かならずむかいにまいり候べし。三世の諸仏の成道は、ねうし（子丑）のをわり、とらのきざみ（寅刻）の成道也。仏法の住処鬼門の方に三国ともにたつなり。此等は相承の法門なるべし」（一六三七頁）

子丑は午前零時から二時。寅の刻は四時迄です。生死の境を丑寅とするのは丑は陰の極として死を表し、寅は陽の首として生の始まりを表すことに起因します。丑寅は陰の終りと陽の始めで陰陽の中間となります。ここから死の終り生の始めとして生死の中間の時とみます。また、諸仏が成道する時刻をここに認めることも、諸仏が有為の生死を滅却して真浄の涅槃を証得することの事由によります。仏法の住処は王城の鬼門の方に立つことはインド・中国・日本の三国ともに同じであるとして、これらは相承の法門と述べます。霊鷲山は王舎城の丑寅になり、天台山は漢陽宮の丑寅になり、叡山は平安城の丑寅の方向にあります。これらは鎮護国家のために造立されました。つまり、鬼門の思想の一端にふれて悪事を防ぐ必要性を述べたのです。結びに、

「かつへて食をねがひ、渇して水をしたうがごとく、恋て人を見たきがごとく、病にくすりをたのむがごとく、みめかたちよき人、べに（紅）しろいもの（白物）をつくるがごとく、法華経には信心をいたさせ給へ。さなくしては後悔あるべし云云」（一六三七頁）

と、信心のありようは飢餓の時に食を欲し、喉が渇いた時に水を欲し、病気で苦しむ時に良薬を欲するように、美しい人が紅や白粉をつけるのと同じように、他心なく真剣に求めることを教訓されます。信心の篤い時光に更

に信心の基本となる心のあり方を教えていることは感慨深いことです。

□『不孝御書』（三一三）

本書は弘安二年四月二三日付けの頼基に宛てた『陰徳陽報御書』に続くことが、立正安国会の調査によって解明されました。（『日蓮聖人遺文辞典』歴史篇九六五頁）。真蹟は一紙一四行の断簡にて京都妙覚寺に所蔵されます。長文の書状とみられ本書は第一〇紙になります。（鈴木一成著『日蓮聖人遺文の文献学的研究』三八五頁）。

本書の前文一～九紙の内容は不明です。頼基の兄弟が信仰を捨て離れたことが記されています。兄とはもともと信仰の違いがありました。（『崇峻天皇御書』一三九四頁）。弟たちは竜口首座のとき同心であったのが信仰を捨てて頼基から離れたのです。このことを不孝の者になったと述べます。離反した理由の一つに頼基の直情径行、一徹短慮の性格にあると指摘します。（鈴木一成著『日蓮聖人遺文の文献学的研究』三八九頁）。

「なによりも人には不孝がをそろしき事に候ぞ。との丶あに（兄）をと丶（弟）はわれと法華経のかたきになりて、とのをはなれぬれば、かれこそ不孝のもの、との丶み（身）にはとがなし。をうなるい（女類）どもこそ、との丶はぐ丶み給はずは一定不孝にならせ給はんずらんとをぼへ候。所領もひろくなりて候わば我りやうえも下なんどして一身すぐるほどはぐ丶ませ給。さだにも候わば過去の父母定でまほり給べし。日蓮がきせい（祈請）も」（一五九五頁）「いよいよかない候べし」（一六三八頁）

新加の『不孝御書』の内容は、頼基の兄と弟が離反したことについて、兄たちは不孝の者であるが、頼基の責任ではないと伝えます。そして、妹たちを可愛がり大切に養育することを勧めます。所領を受けた時は妹にも分け与えて充分に配慮することが大事と述べます。その心が父母に感応して守護されるとします。(『四条金吾殿御書』一四三九頁)。聖人の祈請の意図はここにあるとして『陰徳陽報御書』に接続し、その祈請が叶うと述べます。ここ迄が『不孝御書』です。なを、兄弟の背反行為を「不孝」の「失」であるとしたのは、本書の前半に釈尊の三徳と「不孝謗法の失」についての記述があったことを窺うことができます。

□『陰徳陽報御書』(三三二)

四月二三日付けにて真蹟は二紙断片が京都妙顕寺に所蔵されます。本書の内容が弘安二年九月一五日に頼基に宛てた『四条金吾殿御返事』(三四〇)の主君と同僚についての記事と類似することから、頼基に宛てた書状とします。同年の一〇月に所領が加増されました。なを、第一一紙と一二紙の二紙が残存し、『不孝御書』の第一〇紙目一四行が、『陰徳陽報御書』の第一〇紙になります。従って『不孝御書』の続きが本書です。

重ねて妹や夫人に優しくするように注意されます。妹にどのような悪事があっても知らない振りをすること。同僚の悪口にも動転せずに今迄のように聖人の指示に従っていれば、更に主君から所領などを賜ることができ、人々からも信用が増すと述べます。また、先々に「陰徳あれば陽報あり」(一六三八頁)と教えたように、主君のために「現世安穏後生善処」の法華経を勧めた行為を褒めます。正直な真意と数年にわたる忍耐が主君に通じて利生を受けたのであり、これは物事の始まりで大果報はまたこれから来るとします。「陰徳あれば陽報あり」の出典は漢の『准南子』人間訓です。原文は「夫有陰徳者必有陽報有陰行者必有昭名(それ陰徳ある者は必ず陽報あり。陰行ある者は必ず昭らかなる名あり)」とあります。昭名とは明らかな誉れのことです。つまり、人に知られなくても善を行うことを陰徳と言い、その陰徳が必ず現れることを陽報と言います。主君には一度、諫言したので以後は不本意であっても自重するように指示します。他宗の者とはどのようなことがあっても、見ず聞かず言わずして温厚に交際するように指示されます。このことは聖人の私言ではなく外典・内典の肝心と教えます。

□『新池殿御消息』（三三二）

五月二日付けにて新池左衛門の子供が逝去し追善に米三石（三百キロ）を供養した返書です。新池氏は遠江国磐田新池に住む幕府直参の武士と言います。聖人の父重忠が領していた貫名と同じ山名郡になります。同族とも考えられます。（『遠江國風土記伝』三五七頁）。妻が新池尼で日興は熱原法難の時に同家に滞在します。（『日蓮大聖人御書講義』第三二巻）。『平賀本』に「にいけ左衛門」と記されます。

始に法華経の「小善成仏」を説いて、子供の供養の功徳と成仏を示されます。最愛の子供のために法華経の御寶前において、南無妙法蓮華経と一遍唱えました。霊山浄土へ疑いなく送り参らせるためと報じます。両親は安堵に涙を流されたことでしょう。

「抑因果のことはりは華と果との如し。千里の野の枯たる草に、螢火の如なる火を一つ付ぬれば、須臾に一草二草十百千万草につきわたりてもゆれば、十町二十町の草木一時にやけつきぬ。龍は一滴の水を手に入て天に昇ぬれば、三千世界に雨をふらし候。小善なれども、法華経に供養しまいらせ給ぬれば功徳此の如し」（一六三九頁）

供養について因果は華と果のようなものと譬えます。供養の功徳について、千里の野の枯れ草に螢火のような小さな火をつけると忽ちに燃え広がって焼き尽くしてしまう。竜は一滴の水があれば天に昇り三千世界に雨を降らすことができるように、小善ではあるけれども法華経に供養するならば、このように大きく広がると述べます。法華経への供養は小さな因でも大きな果とし報いられる「小善成仏」を説きます。その例として阿育大王と阿那律の故事を挙げます。阿育大王の因位の功徳は土の餅を釈尊に供養したことと、阿那律が御器（食器）を持って生まれ食事に困らなかったのは、飢餓の時に修行者に稗の飯を供養した功徳によると述べます。そして、末代に行者を供養する功徳は無量無辺の仏を供養する功徳よりも勝れると教えます。

○　踊り念仏

次に、日本国と仏教伝来にふれ、各宗の「諍論」（一六四〇頁）を挙げて法華経こそが最第一であり随自意と説きます。阿弥陀仏を本尊として踊り念仏を唱えた者を、「愚なる人々実と思て、物狂はしく金拍子をたたき、おど（躍）りはねて念仏を申し、親の国をばいとひ出ぬ」（一六四一頁）と述べます。主師親三徳を備えた実父の釈尊を捨て、それを知らずに弥陀が来迎すると思って踊り念仏などに狂奔していると述べます。そして、正しい信仰を説いても人々は覚醒するところではなく、還って住居を追い払い流罪に追い込んだため堕獄するのを不憫と述べます。法華経が真実なのは釈尊の金言と述べます。

「しかるに如来の聖教に随他意・随自意と申事あり。譬ば子の心に親の随をば随他意と申。親の心に子の随をば随自意と申。諸経は随他意也、仏、一切衆生の心に随ひ給ふ故に。法華経は随自意也、一切衆生を仏心に随へたり。諸経は仏説なれども、是を信ずれば衆生の心にて永く仏にならず。法華経は仏説也、仏智也、一字一点も是を深く信ずれば我身即仏となる。譬ば白紙を墨に染れば黒くなり、黒漆に白物を入れば白くなるが如し。毒薬変じて薬となり、衆生変じて仏となる、故に妙法と申す」（一六四二頁）

この観点から釈尊を軽率に扱う者は、「不孝の失」の罪を受け謗法の者とします。これを主張したので遺恨に思われたと回想します。日本に謀反を起こした者が二六人おり、武士などの謀反人は人々から恨まれ殺されそうになったが、同じ謀反人でも法師や尼僧には穏便であったと述べます。これに反して聖人は人々から遺恨を受け殺害されそうになったと述べ、三類の強敵を示して熾烈な迫害であったと述べます。僧尼からの迫害は渡世の名誉や欲得のためと指弾します。強敵に迫害を受けた者は天神七代地神五代から人王九十余代の現在まで、聖人より他にはいないと述べ、日本国の上下万人一同から憎まれた聖人を訪ね供養することに対し、

「此まで御渡り候し事おぼろげの縁にはあらず。宿世の父母歟、昔の兄弟にておはしける故に思付せ給歟。又過去に法華経の縁深して、今度仏にならせ給べきたねの熟せるかの故に、在俗の身として世間ひまなき人の公事のひまに思出させ給けるやらん。其上遠江国より甲州波木井の郷身延山へは道三百余里に及べり」（一六四三頁）

と、前世の父母なのか昔の兄弟であったから供養されたのか。法華経との縁が深く仏果を成就する種が熟したた

めなのか。多忙な公務の間に供養されたことを感謝され善因の宿縁を愛でます。

遠江国より甲州波木井の身延へは三百余里もあると述べます。道中の宿々は恐ろしく嶺に登れば天に届くように高く、谷へ下れば底知れない深い穴に入るかと思われる。河の水は矢を射るように早く大石が流れて人馬は渡ることに恐れてしまう。船も紙を水に侵したように難破してしまう。身延へ来る男は樵夫、女は山姥のようであり、道は縄のように細長く、大木は草のように茂って心細い処と表現されます。このような難儀な身延に尋ねた宿縁を尊び、釈尊や帝釈・梵天・日月などの善神が道案内として守られたと悦ばれます。最後に、「此程風おこりて身苦しく候間、留候畢」（一六四四頁）と、風邪の病により体調が良くないと述べます。

□『上野殿御返事』（一七七）

時光から石のように乾いた芋一駄を供養された五月三日付けの礼状です。系年は大宮造営の記載から、建治二年と弘安二年の五月とする説があります。（『日蓮聖人遺文全集講義』第一四巻四四五頁）。『興師本』に収録されます。

天眼通を得た阿那律（阿奴律陀）の過去世の積徳にふれ供養の功徳を説きます。弗沙仏の末法に飢饉があり、飢えた利吒という僻支仏（尊者）に猟師が稗の飯を供養します。猟師はこの功徳により富豪の者となり、死後も九十一刧という長い間、人間界と天上界に生まれて幸福な人生を送ります。そして、斛飯王の太子として生まれた阿那律がその漁師という故事です。阿那律は如意と名づけられ願いが叶う福徳を持ちます。法華経の会座にて普明如来の確約を得ます。妙楽の解釈を引き稗飯は安価だが、全ての財産を供養した勝報を述べたのです。身延には石は多くあるが芋はないとして、食糧に困窮した時に稗を供養された勝報を説いたのです。

夏は人々も忙しく、かつ、大宮浅間宮の造営で多忙中の心がけに感謝されます。この供養は故父を思ってのことと察します。梵天などの諸天善神は孝子の家に住み守護すると誓っているので、主君から信仰を捨てるように強要され迫害された時に、諸天善神の守護を試されたらよいと述べます。強い信心ならば父の精霊は成仏し時光を護ると述べ、「かへすがへす人のせいし（制止）あらば、心にうれしくおぼすべし」（九八八頁）と、信仰を遮られることがあれば法悦と感じて励まれることを勧めます。熱原の信者が加圧されている状況が窺えます。

□『窪尼御前御返事』（三三三）

五月四日付けにて久保村の高橋六郎の後家窪尼（持妙尼）への書状で、書付（目録）の数量通りの品を受領したと記します。五月の田植え時期に加え富士大宮の造営で多忙な時に、幾種類もの供養に感謝されます。真蹟は三行の断片が甲州妙了寺に所蔵され、『興師本』に収録されます。『宝軽法重事』に「大宮つくり」（一一八〇頁）とあることから弘安二年とされます。（『昭和新修日蓮聖人遺文全集』別巻二四九頁）。

阿育大王が過去に五歳の徳勝童子であった時、沙の餅を釈尊に供養して大王と生まれた故事を引き、子供の遊び心で行ったが、釈尊は尊い仏なので少しのことでも大功徳となったと述べます。ここでは仏より法の方が勝れているとします。この功徳により亡夫は成仏し一人の娘（「ひめ御前」一六四五頁）も長命に幸福を得、人々から褒められる女性になると述べます。中国の西施という女性が若菜を摘み、老いた母を養っていたのを越王に見出され后となった故事を引きます。父母に孝養を尽くすことは最上の善根であり、善神も仏も加護されると述べ、法華経を信仰することは金の器に容れた浄水が漏れないように全てが功徳になると愛でます。

□『宝軽法重事』（二一七）

○「人軽法重」

五月一一日付けにて西山氏から筍百本と芋一駄（あるいは、「又二十本追給畢」『日蓮大聖人御書講義』第三四巻一一五頁）を供養された礼状です。冨士大宮の造営から系年を弘安二年とします。（『昭和新修日蓮聖人遺文全集』別巻二四九頁）。真蹟の八紙は富士大石寺に所蔵されます。西山氏は大内安清といい北条氏に仕えた西山郷の地頭です。後に日興の弟子の日代に仕え西山本門寺を建立します。

薬王品と『法華文句』『法華文句記』を引き、末法は法華経の一偈一句を受持することが、仏に三千世界の財宝を供養するよりも勝れると述べます。「宝軽法重」は『法華文句』の「人軽法重」から称されます。この法とは法華経であり法華経の行者も華厳や真言の行者よりも勝れると述べます。薬王品「若復有人以七宝満三千大千世界供養於仏及大菩薩辟支仏阿羅漢。是人所得功徳不如受持此法華経乃至一四句偈其福最多」（『開結』五二二頁）の文は、四聖（仏・菩薩・辟支仏・阿羅漢）に供養するよりも、法華経の一偈を持つ方が功徳が大きいと説きます。その理由を『法華文句』の「七宝奉四聖不如持一偈法是聖師、能生能養能成能栄莫過於法、故人軽法重也」の文を引き、法は四聖の師匠として「生・養・成・栄」の四護をするので法を重視します。

この「生・養・成・栄」は『文句記』に「如父母必以四護護子、今発心由法為生、始終随逐為養、令満極果為成、能応法界為栄、雖四不同以法為本」と解釈します。父母が子供を護り育てるのと同じように、法を聞いて発心するのでここに信心の生を認めます。そして、法に随い信心を養い仏果を成じ、最終的に衆生を救済することが栄です。つまり、

「経並天台妙楽の心は、一切衆生を供養せんと、阿羅漢供養せんと、乃至一切の仏を尽して七宝の財を三千大千世界にもりみて丶供養せんよりは、法華経を一偈、或は受持し、或は護持せんすぐれたりと」（一一七八頁）

と、四聖に供養するよりも、末法は法華経を受持することが勝れた行とします。そして、人（仏）よりも法を重視します。行者自身の生命よりも教法の存続を重視し法は大切と教えます。これを「人軽法重」といい法とは法華経のことです。法華経と諸経の違いはここにあると述べます。

「人軽と申は仏を人と申。法重と申は法華経なり。夫法華已前諸経並に諸論は、仏の功徳をほめて候。仏のごとし。此法華経は経の功徳をほめたり、仏の父母のごとし」（一一七九頁）

法華以前の経論は仏の徳を讃歎するが、法華経は経典の徳を讃歎するところに違いがあるとして、法華以前は仏そのものであり、法華経はその仏を出生する父母と述べます。つまり、法華経は諸仏を出生して、成道させる功徳を持っているということです。『無量義経』に「諸仏国王是経夫人和合共生是菩薩子」（『開結』三七頁）の文と、『観普賢菩薩行法経』に「出生三世諸如来種～汝行大乗不断仏（法）種」（『開結』六一五頁）の文があります。この国王と夫人の譬えは法華経を持つ者は父王である諸仏と、母である法華経から生まれた菩薩とみます。つまり、仏（父）と経（母）が和合して菩薩の子を産むということです。法華経は父母の義を具えているのです。同じように法華経の行者は華厳や真言師よりも勝れていると強調します。

伝教の死後に流行した真言宗の邪義を打破した者はいなかったが、聖人が法華経の行者として破折する者とし、その結果、密教を取り入れた叡山の座主や東寺・御室仁和寺などは、太陽に照らされて露が蒸発し地に落ちると同じと述べます。天台と伝教は時と機根が整わなかったため法華経を広めなかったが、今は法華経を広める時と定めたのです。その教は弟子や信徒は容易に知ることができると述べ、信仰の肝心である「寿量品の釈迦仏」（一一八〇頁）を堂塔に祀って本尊とすべきと述べます。この「堂塔」を身延の草庵と解釈できます。筍を供養された西山氏の志の重さに応えて「人軽法重」の教えを説いたのです。この時期は農繁期であり、且つ浅間神社の造営で農民も忙しい時でした。法華経の利益も顕れると感謝されます。

□『一大事御書』（三三四）

○身の上の一大事

五月一三日付け断簡で真蹟は一紙五行と日付け花押のみで東京の常泉寺に所蔵されます。残存された文章からは宛先や内容は不明です。簡潔な文章と口調から熱原に関して弟子（日興と日昭）に宛てたと思われます。四月八日に熱原浅間神社の神事に合わせて、行智は下方の政所と謀って四郎を刃傷します。この事件の重大性とこれからの展開に備えて、「あながちに申させ給へ。日蓮が身のうへの一大事なり。あなかしこあなかしこ」（一六四六頁）と、聖人の主張を屈せずに申し立てることを命じます。当面した信徒への殺害は教団の危機であると伝えます。

□『四菩薩造立鈔』（三三五）

○「一尊四菩薩」造立

五月一七日付けにて常忍より小袖一枚、薄墨染めの本衣一枚と同色の袈裟一帖、金銭一貫文を供養された礼状です。『本満寺本』に収録されます。変わらぬ志の有難さを言い尽くせないと述べ、対面した時に朦朧とある心中を語り披瀝したいと吐露します。聖人の教学と教団の結束と思われます。最大の外護者であり理解者であったことが窺えます。また、着用されていた本衣、袈裟は薄墨色であったことが分かります。

書簡に二つの質問があります。最初は「一尊四菩薩」の尊像を造立する時期についてです。

「一　御状云、本門久成の教主釈尊奉造、脇士には久成地涌の四菩薩を造立し奉るべしと兼て聴聞仕候き。然れば如聴聞者何の時乎云云」（一六四七頁）

「一尊四菩薩」は本門の釈尊を表したもので、脇士を地涌の四菩薩とするところに、久遠実成の本仏釈尊が証明されます。ここに脇士を「久成地涌の四菩薩」と記しています。地涌の菩薩も久遠からの脇士なのです。本化の四大菩薩については既に『開目抄』に述べています。そして、「一尊四菩薩」を造立する本尊形式と、十界曼荼羅の関係についての問題があります。『観心本尊抄』は文永一〇年四月二五日の著述になり、七月八日に曼荼羅を図顕されます。これを始顕本尊と称します。本書は造像に視点があります。

常忍に視点を当てますと、竜口後の文永八年一一月二三日に宛てた『富木入道殿御返事』（九三）に、「一大事の秘法を此の国に初めて弘之。日蓮豈非其人乎」と述べ、「経云。有四導師一名上行」（五一六頁）の文を引きます。本書に「兼て聴聞仕候き。然れば如聴聞者」と聖人から教授されていたことが分かります。開本両抄を基本として、「一尊四菩薩」を造立する重要性を把握すべきで、『開目抄』以後においては「一尊四菩薩」を造立する論理が成り立ち、『観心本尊抄』（「此時地涌千界出現本門釈尊為脇士、一閻浮提第一本尊可立此国」七二〇頁）に明確にされました。常忍が「一尊四菩薩」を造立する時期を尋ねたのは、「一尊四菩薩」の本尊形式が未曾有のため、広く門下に周知させる目的があった言えます。

「夫仏、世を去せ給て二千余年に成ぬ。其間月氏・漢土・日本国・一閻浮提の内に仏法の流布する事、僧は稲麻のごとく法は竹葦の如し。然るにいまだ本門の教主釈尊並に本化の菩薩を造り奉りたる寺は一処も無し。三朝の間に未聞。日本国に数万の寺々を建立せし人々も、本門の教主・脇士を造るべき事を不知」（一六四七頁）

日本仏教の歴史の中で「一尊四菩薩」を造立した寺はないと述べ、法華経を尊重した聖徳太子や伝教が造立しなかった理由は、正像時代には造立を禁止した「仏の禁を重ずる故」であり、「上行菩薩の出させ給て造り給べき故」と未来に造立する者が現れるからなのです。また、インド・中国の竜樹・天親・天台などの論師・人師も同じで、釈尊から付属を受けていないという理由を挙げ造立する時期は末法であり、それを開顕する者は地涌の菩薩と示します。

「此等の論師人師は霊山にして、迹化の衆は末法に入ざらんに、正像二千年の論師人師本門久成の教主釈尊並久成の脇士地涌上行等の四菩薩を影ほども申出すべからずと御禁ありし故ぞかし。今末法に入れば尤仏金言の如きんば、造るべき時なれば本仏本脇士造り奉るべき時也。当時は其時に相当れば、地涌の菩薩やがて出させ給はんずらん。先其程四菩薩を建立し奉るべし。尤今は然るべき時也と云云」（一六四八頁）

ここには末法に入ってから法華経を弘通するという末法正意論や、それを広める者は釈尊より別付属された上行菩薩であるという地涌付属論が存します。聖人が感激されたのは「時」にありました。

「日蓮は世間には日本第一の貧者なれども、以仏法論ずれば一閻浮提第一の富者也。是、時の然らしむる故也と思へば喜び身にあまり、感涙難押、教主釈尊の御恩報じ奉り難し。恐くは付法蔵の人々も日蓮には果報は劣らせ給たり。天台智者大師・伝教大師等も及給べからず。最四菩薩を建立すべき時也云云」（一六四九頁）

と、社会的には貧者であるが、仏教者としては天台・伝教よりも果報者と自負されます。この根底に本化上行として法華経を弘通し「一尊四菩薩」の本尊を造立することができた法悦感を窺うことができます。四大菩薩を造立する証文は湧出品（「有四導師一名上行二名無辺行三名浄行四名安立行」）にあり、その目的は薬王品の「我滅度後後五百歳中　広宣流布於閻浮提　無令断絶」の文を引き法華経を断絶してはいけないということです。

○ 教信の「迹門無得道」

次に、大田氏近辺の者が「迹門無得道」と理解していることを強く批判します。大田方とは先に述べた大田次郎親房たちを指します。(『富木入道殿御返事』「かしまの大田次郎兵衛・大進房」一五九〇頁)。

「是は以の外の謬也。御得意候へ。本迹二門の浅深・勝劣・与奪・傍正は時と機とに依べし。一代聖教を弘むべき時に三あり。機もて爾也。仏滅後正法の始の五百年は一向小乗、後の五百年は権大乗、像法一千年は法華経の迹門等也。末法の始には一向に本門也。一向に本門の時なればとて迹門を捨べきにあらず。於法華経一部前十四品を捨べき経文無之。本迹の所判は一代聖教を三重に配当する時、爾前迹門は正法像法、或は末法は本門の弘らせ給べき時也。今の時は正には本門、傍には迹門也。迹門無得道と云て、迹門を捨てゝ一向本門に心を入させ給人々は、いまだ日蓮が本意の法門を習はせ給はざるにこそ。以の外の僻見也。私ならざる法門を僻案せん人は、偏に天魔波旬の其身に入替て、人をして自身ともに無間大城に墜べきにて候つたなしつたなし。此法門は年来貴辺に申含たる様に人々にも披露あるべき者也」(一六四九頁)

仏教流布の時期は正像末の三時において相違すること(『撰時抄』一〇一〇頁)、その教えも三重(爾前経・法華経の迹門・法華経の本門)に配当されると述べます。結論は迹門であっても無得道ではなく、本門のみを選択して捨去すべきではないと断言します。本門のみを重視して迹門を無得道とすることは、聖人の本意の法門を習得していない者と強く教諭します。これに関しては既に建治元年一一月二三日の『観心本尊得意抄』に、教信が

『観心本尊抄』に一品二半以外は小乗教・未得道教とある文により、迹門による得脱はないので迹門不読についての質疑がありました。聖人は「不相伝の僻見」（一一一九頁）であり、聖人が説く迹門とは「叡山天台宗の過時の迹を破候也」と明かしました。「強て成仏の理に不違者且世間普通の義を可用歟」（『大田左衛門尉御返事』一四九六頁）と、成仏を論じるときは本門に限るという基本に立ちます。

本迹の勝劣・傍正の主旨を徹底すべきことを厳命し、「総じて日蓮が弟子と云て法華経を修行せん人々は日蓮が如くにし候へ」（一六五〇頁）と、弟子と名乗る者は師匠の教えを遵守することが当然であり、聖人の本意の如くに修行してこそ善神に守護されると説きます。大田方の人が何故このような見解を持ったのか、その心中は分からないと不安が滲みます。

○　三位房日行の死去

最後に三位房が死去したことを哀れに思い、霊山浄土に往詣できるように回向したと述べます。宗論に備え門下の英才と言われた三位房を代理に考え、『教行証御書』を与えて指導されました。鎌倉における後継者として期待しました。一説に三位房は不惜身命の折伏義には同調しなかったと言います。望んでいた宗論が中止になり、建治の末か弘安の始めに駿河方面に遣わされます。そして、熱原弘教にて日興と対立し夏に落馬して死去したと言います。（『日蓮聖人遺文辞典』歴史篇四二六頁）。聖人は三位房の相手を卑下し自惚れる態度を注意されました。（『教行証御書』一四八九頁）。聖人が三位房の出世を嫉んでいたという風聞があり聖人の悲しみが伝わります。身体が不調と伝え擱筆します。

□『松野殿女房御返事』（三三六）

六月二〇日付けにて松野六郎の子息行成の妻に宛てた書状です。六月三日に麦一箱、里芋一籠などを供養され、返礼が長引いたことを詫びます。五月一七日付けの常忍宛の書状に体調が不良と述べました。真蹟は断片一紙が敦賀本勝寺に所蔵されます。

○月の中に兎あり

身延の山々は清浄の地と述べ、昼夜に法華経を読誦し朝暮に『止観』を論談しているので、天竺の霊山や天台山と同じ聖地と称えます。凡夫の身体であるので衣服を着用しなければ寒風が身にしみ、食事をとらなければ生命を継ぐことができないと述べます。病状が偲ばれます。「命続がたく、つぐべき力絶ては、或は一日乃至五日、既に法華経読誦の音も絶ぬべし、止観のまど（窻）の前には草しげりなん」（一六五一頁）と、食料が絶えると肉体の力も失せて、それが五日も続くと法華読誦の声も絶えてしまい、『止観』の修行にも障害が出ると述べます。この惨状をどうして気付かれたかと志に感謝されます。

そして、兎が正法を修行する者を供養するため自身の肉体を焼いたことを述べ、それを見た帝釈が兎を憐れんで月の中に住まわせた故事を述べます。

「兎は経行の者を供養せしかば、天帝哀みをなして月の中にをかせ給ぬ。今天を仰見るに月の中に兎あり。されば女人の御身として、か丶る濁世末代に、法華経を供養しましませば、梵王も天眼を以て御覧じ、帝釈は手を合せてをがませ給ひ、地神は御足をいただきて喜び、釈迦仏は霊山より御手をのべて御

頂をなでさせ給らん」（一六五一頁）

この因縁により天を仰ぎ見ると月の中に兎がいるとして、女房の供養もこれと同じように尊いことだから、梵天・帝釈・地神も釈尊も守ると感謝されます。なを、「月中の兎」の故事は『大唐西域記』にあります。物語は『今昔物語集』月の兎「三獣行菩薩通兎焼く身語」にありますが、もとは本生説話です。ここに、「兎と狐と猿の三匹が誠の信心から菩薩道を修行していた。わが身を忘れて他を哀れむ彼らの行いは誠に立派と見えた。それを見た帝釈天が彼らの本心を試すべく、老人に化して助けを乞うた。三匹は老人を手厚くもてなした。猿は木に登って木の実を集め、里に出ては野菜や穀物を手に入れて持って来た。狐は墓小屋に行って人の供えた飯や魚を取って来た。しかし何の特技もなく弱い兎は何も手に入れることができない。思いつめた兎は火を焚いてくれと頼み、やがて「私を食べて下さい」と言い残して火中に身を投げたのである。その時、帝釈天はもとの姿に戻り、自己犠牲と利他の菩薩道に殉じた兎の姿を普く人に見せるため、兎を月の中に移した。月に兎がいると言うのは、この兎の姿なのである」、とあります。

兎の話は『六度集経仏説四姓経』『撰集百縁経出世菩薩品』に見えますが月については説かれていません。

○　御本尊（六四）六月

「比丘尼日符」に授与され中山の法宣院に所蔵されます。紙幅は縦九四・九センチ、横五三・二センチ、三枚継ぎです。

○　**御本尊（『御本尊鑑』第二六）六月**

二枚継ぎにて天蓋に瓔珞、二仏と経の下に青蓮華の台座を描きます。惣地に金神切りの薄地を施して装丁していたとあります。「正中山霊宝目録」に記録があり曽ては法華経寺に所蔵されました。

○　**御本尊（正中山霊宝目録）六月**

「釈子日家」（寂日房）に授与された三枚継ぎの御本尊です。「御判ノ下ニ波ニ蓮華アリ大漫荼羅也ノ也ノ字ノ蓮ノ巻葉ニ遊候」と記録します。

○　**無学祖元の来日**

弘安二年に時宗の使者の宗英と徳詮が天童山の環渓に招聘状を届けます。環渓は老体を理由に固辞し無学祖元（臨済宗破庵派。一二二六～八六年）を推挙し門弟の鏡堂覚円を随持させます。祖元は五月二六日に出立し六月二日に乗船します。そして、六月二五日ころに鏡堂覚円と博多に着岸します。（虎関師錬著『元亨釈書』）。聖福寺の無象静照が港に迎え鎌倉の建長寺の法座についたのが八月二一日です。時宗は礼を尽くして迎え、徳詮を通訳として参禅します。（『日本仏教史辞典』一〇〇一頁）。

祖元は許伯済の子、母は陳氏で中国明州慶元府（浙江省寧波市）の出身です。一三歳のとき父を失い俗兄の仲挙懐徳に従い浄慈寺にて受戒します。一二三九年に径山の無準師範に学び、一二六九年に台州真如寺に赴任します。宋の弱体により一二七五年、元（蒙古）軍が南宋に侵入した時、温州の能仁寺に避難していた祖元は元軍に包囲されます。この時「臨刃（剣）偈」に「乾坤孤筇（こきょう）を卓（た）つるも地なし。喜び得たり人空にして法もまた空なることを。珍重す大元三尺の剣。電光影裏に春風を斬らん」と、魂までも切ることはできないと言ったのです。元軍は黙って去ったと伝えます。一二七二年に天童山に入り環渓惟一のもとで首座となります。

○　元使周福来日

六月二六日に蒙古の使者として范文虎の部下の周福が対馬に来ます。この知らせは大宰府から幕府に通報され、京都には七月に知らされます。国書の内容は前回と同様な文面であったので幕府は対戦の構えに入ります。この件に関しての日本側の史料は少ないと言います。（川添昭二氏『日蓮宗勧学院中央研修会議事録』第一八号九三頁）。

○　阿佛房納骨

七月二日に阿佛房の子、藤九郎盛綱が遺骨を納めに参詣します。盛綱は入道して「後阿佛房」と称します。父が亡くなった後に自邸を寺としたのが妙宣寺の始まりです。もとは金井町新保にありました。蓮華王山妙宣寺が正式名ですが、一般に阿佛房妙宣寺と親しまれます。宝物に一八枚継ぎの縦一五七㌢、横幅一〇三㌢の曼荼羅が格護されます。他に千日尼に宛てた書状や聖人が着用された袈裟があり、境内には佐渡唯一の五重の塔が聳えています。盛綱の孫で阿佛房の曾孫になるのが佐渡阿闍梨日満です。

□　『盂蘭盆御書』（三七四）

七月一三日付けにて治部房の祖母（妙位尼）から、米一俵・焼き米・うり・なすび等を供養された礼状です。盂蘭盆に当たり祖先供養の品々を送り盆の由来を尋ねます。目連尊者の母救済の由来を述べて、法華信仰の功徳と治部房出家の功徳を述べます。真蹟一七紙は京都妙覚寺に所蔵されます。『対照録』に従い弘安二年とします。重要文化財になっています。治部房（一二五七〜一三一八年）は中老の一人で日位のことです。庵原郡の南条七郎の子息とされます。蒲原四十九院の住侶で日持の教化により弘安元年に帰依し、『大聖人御葬送日記』を伝えます。後に静岡県池田の本覚寺を開創し、清水市村松の海長寺を改宗して開山となります。

題号が示すように、目連が神通力を得て母の没後の様子を見ると餓鬼道に堕ちて苦しんでいました。施餓鬼と僧侶を供養する盂蘭盆の意義を述べます。母の青提女が餓鬼道に堕ちたのは「慳貪の科」（一七七一頁）でした。十方の僧を集めて飲食供養し苦しみが一劫、滅じたと『盂蘭盆経』に説きます。続いて目連と言う聖人でも母を救えず、まして今の戒律を持つと吹聴して人を騙す僧は、母親の一苦をも救えないと述べます。明らかに良観達を指すと思われます。目連が母を救えなかった理由は、「小乗の法を信じて二百五十戒と申持斉にてありしゆへ（故）」（一七七三頁）と小乗に固執したためで、その意識を浄名（維摩）居士の故事を挙げて説明します。目連は法華経の会座に来て自身が仏に成り父母を救えたと述べます。

「法華経と申経にて正直捨方便とて、小乗の二百五十戒立どころになげすて、南無妙法蓮華経と申せしかば、やがて仏になりて名号をば多摩羅跋栴檀香仏と申。此時こそ父母も仏になり給へ。故法華経に云我願既満衆望亦足云云。目連が色心は父母の遺体なり。目連が色心仏になりしかば父母の身も又仏になりぬ」（一七七四頁）

そして、清盛が慢心により東大寺・興福寺を焼却し僧侶を殺した罪により、熱病に罹り苦しみ狂死したことを挙げます。（南都焼討）。清盛の罪は自身のみならず、宗盛・知盛・重衡等の平氏一族が滅亡した事例を挙げ、悪業の因縁は子供や孫も被ることを示します。法華信仰の大善も同じように祖先七代、子孫七代に及ぶとして、化城喩品の「願以此功徳」の文を引き成仏の得果を教えます。このことを前提に日位は未熟な僧であるが法華持経の孫により祖母の妙位尼は無上の宝珠を得たと讃えます。

日位は無戒であり智慧も劣っているが、釈迦仏・法華経を信じることは、蛇が珠を握っているようであり、竜が法身の舎利を戴いているようなものと譬えます。藤の弦は松に掛かって千尋の谷をよじ登り、鶴は羽を頼りに万里もの遠くを飛ぶと述べます。法華経の羽により寂光の空を飛ぶことができ、この羽は父母・祖父母から七代の子孫の菩提を弔うと述べます。孫の日位は尊い宝物と悦ばれたのです。提婆品の竜女は宝珠を釈尊に捧げて成仏したように、姥御前は孫を法華経の行者とされ、その孫に導かれて成仏すると諭します。末筆に、「事々そうそう（怱々）にて候へばくはしくは申さず」（一七七五頁）と、苅田狼藉に至る前の匆匆であった状況が窺えます。

□『乗明上人御返事』（三三七）

七月二七日付けにて乗明から米一石を供養された礼状です。自署と花押の形態から弘安二年とされます。真蹟は一紙三行の完存で大阪長久寺に所蔵され、力強く流暢な筆跡から体調は小康と窺えます。乗明は建治元年一一月三日（『大田入道殿御返事』）に病気の相談をします。この頃に入道したと思われ建治三年四月一二日には「乗明聖人」「乗明法師妙日」（『乗明聖人御返事』一三〇〇頁）と呼ばれます。

貴重な米を一石供養され、この功徳は「福過十号」と徳を称えます。（『法蓮抄』九三七頁）。「福過十号」とは法師品（『開結』三一二頁）に「持経者を歎美せんは其の福また彼れに過ぎん」、薬王品（『開結』五二二頁）に法華経を受持する功徳について、七宝を三千世界に満つるほど仏に供養するよりも、法華経の一句でも受持する功徳の方が多いと説きます。この文を妙楽は『文句記』十双歎第七双に、法華経を供養する人の功徳は十号の福徳を具えた仏を供養するよりも勝れると解説しました。乗明の多大な功徳を示されたのです。常忍から大田方の「迹門無得道」についての相談がありました。乗明は関連しませんがこの問題に絡んでの供養とも窺えます。

○　御本尊（六五）七月

「沙門日法」に授与され岡宮光長寺に所蔵されます。紙幅は縦一〇四．五センチ、横五四．五センチ、三枚継ぎです。この御本尊から不動愛染の梵字の起筆部分が宝珠型に造形されます。讃文に多くの経文を引用されます。同じ光長寺に所蔵される弘安元年一一月二一日の御本尊（五七）と同じ引用で、「若於一劫中常懐不善心作色而罵仏獲無量重罪、其有読誦持是法花経者須臾加悪言其罪復過彼、有人求仏道而於一劫中合掌在我前以無数偈讃由是讃仏故得無量功徳歎美持経者其福復過彼、若悩乱者頭破七分有供養者福過十号、讃者積福於安明謗者開罪於無間」の文を書き入れて、法華経の行者を護り供養する功徳を示します。

○　御本尊（『御本尊鑑』第二七）七月

「沙門日春」に授与され紙幅は縦一一八．四センチ、横五四．九センチです。（『鎌倉遺文』第一八巻一九〇頁）。弘安四年四月五日付けの御本尊（一〇五）にも「僧日春」授与とあり同一人物かは不明です。「沙門日法」と「比丘日法」のように同名異人の例があります。（『御本尊集目録』一四九頁）。六月七月に曼荼羅をまとめて染筆されていることから聖人の体調が良かったと思われます。

○元使を斬首

六月に筑紫に来着した元使でしたが、幕府は七月二九日に筑紫博多で蒙古の使者周福を斬首しました。これは、日本の意思は対戦に応じるとの表示ですので、フビライは日本遠征の計画を実行の段階に進めます。使者斬殺について聖人は批判します。（『兵衛志殿御書』一三八八頁）。謗法の根源である念仏や真言の僧は放置して、罪のない蒙古の使者を斬首することは道義に反するという考えです。この時代に斬首すべきではないと言明したのは聖人しかいなかったと言います。（川添昭二氏『日蓮宗勧学院中央研修会議事録』第一八号八九頁）。

□『上野殿御返事』（三三八）

○焼種・生種

八月八日付けにて時光から金銭一貫文、塩一俵、蹲鴟（八頭・里芋）一俵、生姜少々を供養された礼状です。『興師本』に収録されます。生姜少々とあることから聖人の体調が落ち着いていたことが窺えます。

暑い時には水が貴重であり寒い時には火、飢饉の時には米、戦乱の時には武器が財宝となり、海には船、山には馬が宝物であるように、山中にあっては芋や塩が宝と述べます。たくさんの山菜を採るが、食する時に塩がなければ味は土を食むようなものと、塩一俵の有難いことを伝えます。米を手に入れるために塩と交換したので、調理や食材の保存の他にも重宝されました。

金銭の布施についても身分の上下に関わらず金銭は価値があり、米などの食用のように生命を継ぐために必要と述べます。食用品や什器備品など生活のためや仏事には金銭が必要なことから、「銭」はさまざまに活用ができ重宝と述べます。銭は中国の銅山にて製造されましたので、三千里の海を渡ってきた一文は宝石のように貴重でした。その玉のような銭が法華経のために布施されたと伝えたのです。
五比丘の一人で釈尊の叔父と言う釈摩男は手にとった石を珠に変え、北インド健駄羅国に大法塔を建てた金粟王は砂を黄金に変えたことを挙げます。それと同じように法華経は心のない草木までも仏とする、まして心のある人は必ず成仏すると述べ草木と闡提の成仏を教示します。

「法華経は草木を仏となし給。いわうや心あらん人をや。法華経は焼種の二乗を仏となし給。いわうや生種の人をや。法華経は一闡提を仏となし給。いわうや信ずるものをや。事々つくしがたく候。又々申べし」（一六五三頁）

と、法華経の功徳は一念三千の成仏を説くので草木も成仏すると述べます。成仏できないとされた二乗の者が、焼種から芽が出たように成仏できると説いた二乗作仏を説きます。また、極悪非道で謗法の闡提も成仏できると述べます。時光はこれらの草木や焼種の二乗や一闡提と呼ばれる謗法とは違い、順縁の法華経の信者であるから成仏は間違いないと述べたのです。使者が帰りを心配するので早急に返書を認めました。

○弥四郎の斬首事件

四月に浅間神社の流鏑馬の最中に狼藉があり、続いて八月に熱原では「弥四郎男」の頸が切られる事件があり、その犯人は日秀らとされました。しかし、噂のもとは行智と組んで弾圧した下方政所の武士と分かります。（『鷹岡町史』四四六頁)。この迫害者の中に曽ては鎌倉にて教団を支えた大進房が再び背いて加担したのです。大進房は乗馬して馳せ周りながら指揮します。この八月一七日以前に落馬して死去します。この事件が九～一〇月の熱原法難に展開します。熱原法難は頼綱と安達泰盛とが締結してのことであり、聖人はそれを危惧されていました。

□『曽谷殿御返事』(三三九)

○法華経は五味の主

八月一七日付け曽谷道宗宛の書状です。『朝師本』に収録されます。道崇は教信(二郎法蓮)の長子、山城守直秀のことです。宛名に「曽谷の道宗」(一六六四頁)とあり入道して始めに典崇と名乗り後に道崇と改名します。深い信解があったと言います。野呂の妙興寺(建治元年)の開基となります。開山は中老日合、道崇の一字を受け長崇山と言います。旧地の八反目台貝塚付近に歴代の墓所が残っています。

道崇の父教信は孝養心が深く(『法蓮鈔』)、母の蓮華比丘尼も篤信の女性信徒です。本書は道崇から祖父の一七回忌供養として焼き米二俵を受け取った返書です。焼き米とは新米を籾のまま炒り搗いて殻を取った米(炒米)のことです。『日本書紀』には湯や水に浸して食べたとあります。人の命は世界の宝を持っても代え難いことから、命を継ぐ米を供養されたことに感謝します。米を油に喩えて、

「米は命を継物也。譬ば米は油の如く、命は燈の如し。法華経は燈の如く、行者は油の如し。檀那は油の如く、行者は燈の如し」(一六五四頁)

と、命と米、法華経と行者、行者と檀家の共に助け合う関係を教えます。

次に、『涅槃経』の五味にふれます。五味とは牛の乳の乳味から酪味・生蘇味・熟蘇味・醍醐味に次第に熟成された成分のことです。そして。華厳時を乳味、阿含時を酪味、方等時を生蘇味、般若時を熟蘇味、法華時を醍醐味として、教えと衆生の機根が成熟することに譬えます。法華・涅槃は同じ醍醐味でも、法華経は五味の主であり最勝の経と述べます。この相違を示すために妙楽の『弘決』を引いて、

「妙楽大師云若論教旨法華唯以開権顕遠為教正主。独得妙名意在於此云云。又云故知法華為醍醐正主等云云。此釈は正く法華経は五味の中にはあらず。此釈の心は五味は寿命をやしなふ、寿命は五味の主也」（一六五五頁）

と、法華経は開権顕実と開近顕遠を説くので『涅槃経』とは違い醍醐の「正主」と解釈します。つまり、涅槃経を醍醐味とした場合には、法華経はその醍醐味をも超えた主体と説きます。故に法華経のみが妙と名付けられると説明します。顕遠は本門の久遠実成のことで顕本遠寿とも言います。故に、「諸経は五味、法華経は五味の主と申法門は本門の法門也」（一六五五頁）と述べます。この五味は教えの内容の浅深ですので目的は法華経に到達することです。法華経の命を養育する過程と言えます。「寿命は五味の主」「法華経は五味の主」と言うのは五味に養われた寿量品の顕本遠寿を指します。

ところで、天台宗では五味の解釈に二説あると述べます。第一には華厳より法華迄は同じ醍醐味とすること。第二は爾前経を前四味とし法華経を醍醐味とする説です。第一の場合は爾前経と法華経を相似とします。前四味

と法華経を同じ醍醐味とするのは、開会と未開会の異なりはあっても同じ円融相即を説く（円教）ので同一とします。これは約教釈で約教当分の与釈と言います。聖人はこれを迹門の論理とします。天台の学者は法華経を五味の主とする教義を知らないから、諸宗との勝劣を判断できずに誑かされていると述べます。これに対し爾前の諸経は五味で法華経は五味の主とするのは法華経の「本門の法門」と述べます。そして、妙楽の『弘決』「若し教旨を論ずれば」との教旨とは法華経の「題目」と解釈します。

「法華経の題目を教旨とはかゝれて候。開権と申は五字の中の華の一字也。顕遠とかゝれて候は五字の中の蓮の一字也。独得妙名とかゝれて候は妙の一字也。意在於此とかゝれて候は法華経を一代の意と申は題目なりとかゝれて候ぞ。此を以て知べし。法華経の題目は一切経の神、一切経の眼目也」（一六五五頁）

妙楽は法華経の教旨は迹門と本門の開権顕遠にあるとしますが、聖人は題目を教旨とします。「開権」を華とするのは一仏乗の実経を示すためであり、「顕遠」を蓮とするのは久遠の本果を譬えました。つまり、法華経の題目は一切経を集約した神（たましい）の最勝の経であること、一切経の眼目であると述べます。これに関連して開眼供養は法華経に限るとし、大日経をもって木画の仏を開眼すれば、心は仏界ではなく九界の衆生の心であるから、魂のない偶像に過ぎないから祈祷の効験もなく、国家の費用を浪費するから国民の害となり国難の根源と批判します。（一六五五頁）。この根底には聖人の第六天魔王の魔観があり、久成釈尊でなければ真実の仏像とはならないという論理があるのです。これを『観心本尊抄』には、「天台学者等或同自宗悦、或貴遠蔑近或捨旧取新魔心愚心出来。雖然所詮非一念三千仏種者有情成仏木画二像之本尊有名無実也」（七一一頁）と、一念三千の仏種である南無妙法蓮華経の題目でなければ、有情の成仏も木画二像の本尊も名ばかりのものと述べました。

次に、法華経が諸経に超勝することにふれます。ここで輪陀王と馬鳴菩薩の故事を引きます。過去世に輪陀王という閻浮の王がおり、白馬が高い声で嘶くのを聞いて国を治めました。白鳥を見て嘶く馬でしたから白鳥が消えると声を出さなくなり、王の威厳も損なわれ旱魃・飢餓・疫病が流行ります。このとき馬鳴を召し仏神に祈らせます。馬鳴は外道の邪教を止め仏法を弘通したところ、たちまちに白鳥が飛来し白馬も嘶きます。これにより王も国家も安泰になったと言う故事です。

政治もこれと同じと述べます。神代の時代には神々の先世の戒力と福力との徳によって無難に国家や国民が安泰であったが、人王の世代となり二九代に至る間に、先世の徳が薄くなり三災七難が起き始めます。この時は中国から三皇五帝の書物が渡来したので、これに準じて天地の神を崇拝し災難を鎮め治世ができます。三〇代欽明天皇の時代になると、先世の戒・福が薄くなり人民も悪人が多くなり、外典の書物では防災できず仏教をもって治世したと述べます。このとき百八十神を崇める守屋と、釈尊を本尊とし法華経を崇める聖徳太子との勝負があり、太子が勝って日本国は神国から仏国となったと述べます。

続いて欽明から桓武天皇に至る二六〇余年には、仏を大王、神を臣下として主従の礼儀を重んじていたが国は正しく治まらなかった。このとき伝教は諸宗・諸経の中にも大王と臣下のように勝劣があり、仏教の本末転倒した過失による国難、法華経を喪失した大過により善神の力が弱くなったと解明します。そして、「法華最第一の経文初て此国に顕れ給、能窃為一人説法華経の如来の使初て此国に入給ぬ」（一六六一頁）と、仏使として遂に叡山に円頓の戒壇を建立したと述べます。

これにより桓武・平城・嵯峨の三代の天皇、二〇余年の間は日本国が天台宗に帰依して法華経の行者であったと述べます。しかし、栴檀の香ばしさを伊蘭の悪臭が邪魔をし、釈尊の教化を提婆が阻害したように、伝教が遷化したのを機に弘法により真言の邪法が蔓延し国難が多発したと指摘します。

伝教が弘仁一三（八二二）年六月四日に遷化すると、弘法は待っていたかの如く翌年正月一九日に真言宗を第一とし、法華経を第三の戯論の教え無明の辺域、天台宗は盗人と立て、嵯峨天皇が弘法を東寺長者とし、これにより永く東寺を賜り真言密教が急速に発展します。『秘蔵宝鑰』『十住心論』は淳和天皇の時に書き終えますが、嵯峨天皇に「申しかすめたてまつりて」（一六六一頁）と、嵯峨天皇の許しを得たと偽って真言宗を七宗に加えたと見ます。慈覚はこれ迄に無かった『金剛頂経』と『蘇悉地経』の疏を作り、大日経を第一、法華経を第二とします。前唐院という五間三面の寺を建て、唐より持ち帰った典籍や図像を安置し平生は禅座していました。智証も園城寺を建立して真言を弘通します。勢力を拡大し戒壇勅許により叡山と対立し七回も焼き討ちに遭います。高倉の宮を篭城させ戦乱を起こしたように、「国のわざはい（禍）とみゆる寺是也」（一六六二頁）と指弾されます。（『報恩抄』一二二〇頁）。慈覚・智証の二人がいなければ叡山に真言の悪法は起きなかったと述べます。

八一代の高倉天皇以後の五人の天皇が位を奪われたのも真言の邪見にあります。更に禅宗の大邪法、念仏宗の小邪法、真言の大悪法が流布し、正法が失われ王法も福徳を喪失したと述べます。故に天照大神や八幡大菩薩の威力が失墜し、終には蒙古に攻め奪われる危惧を述べます。

聖人は『涅槃経』の「仏法中怨」「倶堕地獄」の責めを恐れ、仏使として幕府に諌暁したため大怨敵になったと述懐します。末法は三災七難が起き人心の三毒により飢渇・疫病・合戦が起きると述べ、行者を迫害することにより国難が激化したと述べ、輪陀王と白馬の関係を次のように解釈します。

「梵天・帝釈・日月・四天・天照大神・八幡大菩薩、日本国の三千一百三十二社の大小のじんぎは過去の輪陀王のごとし。白馬は日蓮なり。白鳥は我らが一門なり。白馬のなくは我等が南無妙法蓮華経のこえなり。此声をきかせ給梵天・帝釈・日月・四天等いかでか色をまし、ひかりをさかんになし給はざるべき。いかでか我等を守護し給はざるべきと、つよづよとをぼしめすべし」（一六六三頁）

と、善神は輪陀王であり白馬は聖人、白鳥は弟子信徒と述べます。白馬の嘶きは一門の南無妙法蓮華経の題目の声であるとし、題目を唱えることにより善神が威光を増し我等を守護すると教えます。

三月に道崇から仏事供養料として多額の金銭を布施されます。六〇人から増えていた（『兵衛志殿御返事』一六〇六頁）、百名程の弟子たちを養育できました。体調が勝れなくても多くの者と寝食を共にし養育されたのです。三月の仏事とは祖父の一七回忌の法事と思われます。建治元年四月に教信は父の一三回忌を行っています。（『法蓮抄』九四五頁）。法門を談義していることを祖父は喜んでいるとして閻浮第一の仏事と述べます。釈尊は孝養の人を世尊と名付けたので、道崇もまた世尊と言えるほど孝養心が深いと褒めます。

○　大進阿闍梨の死去

道崇の叔父の大進阿闍梨の死去にふれます。大進は竜口法難の折りには、鎌倉を中心に門下の連絡にあたり教団の結束に奔走した人物です。死去は悲しいことであるが法華経が広まる因縁となると諭します。諸々のことは命を長らえたならば申し上げると擱筆します。

○無学祖元を建長寺住持に

祖元は八月二〇日に建長寺に住持として入り翌二一日に着任します。日本に帰化して無学派（仏光派）の祖となります。諡号は仏光国師と言い臨済宗に影響を与えました。時宗は進んで参禅し精神的支柱とします。指導は懇切なことから老婆禅と呼ばれ、多くの鎌倉武士が参禅します。弘安四年から天童寺を模して円覚寺を造作します。弘安五年に蒙古との戦乱の死没者を供養するため建長寺と円覚寺を兼住します。蒙古対策においては積極的であり、弘安四年の襲来の一ヶ月前に元軍の再来を予知し、時宗に「莫煩悩」（煩い悩む莫かれ）の書を与えます。在日八年目の弘安九年九月三日に没し建長寺後山に埋葬されます。幕府の祈願所として尾張国富田荘・上総国畔蒜荘の二荘を寄進します。時宗は伽藍の完成を見ることなく弘安七（一二八四）年に他界します。弟子に高峰顕日（夢窓疎石の師匠）・規庵祖円（南禅寺二世）がいます。

□『四条金吾殿御返事』（三四〇）

○頼基は領地を賜る

熱原法難の渦中の九月一五日付けにて頼基から一貫文を布施された礼状です。真蹟は八紙断簡が身延に曾存しました。本文中に大進阿闍梨の死去（弘安二年八月）と領地の加増についての記載があることから、弘安二年九月一五日とします。（鈴木一成著『日蓮聖人遺文の文献学的研究』四〇一頁）。

頼基が主君より新たに領地を賜ったことを悦びます。賢人でも優れている人に嫉妬を起こす心理を述べます。漢の文帝の后、王昭君は美女のため三千人の宮女に嫉まれ、帝釈天の九十九億那由佗の無数の后たちは、夫人の憍尸迦女を嫉んだこと。日本では前の中書王である醍醐天皇の皇子兼明親王を、小野の宮の大臣藤原実頼が妬んだこと。北野の天神である菅原道真は、左大臣藤原時平に妬まれ筑紫の太宰府に流されたことを挙げます。中書王とは親王で中務省の長官中務卿になった人です。頼基にも同僚の嫉妬があるので注意を促されます。

主君の広かった領地は公達が多く家来も増え分与して減少します。池の水が少なくなれば魚が騒ぎ、秋風が立てば小鳥が梢を争うように嫉妬が激しくなると述べます。主君の仰せに添わない代わりに所領を返上し鎌倉に居住していました。反感を持たれながらも所領を賜わったのです。これ程の不思議はないと述べ、これは陰徳があれば必ず陽報があるという証拠で、偏に主君に法華経を信じさせようと勧めた深い真心にあると称賛します。阿闍世王は釈尊に敵対したが、耆婆大臣の勧めにより法華経を信じ天下を治めた。妙荘厳王は二人の王子の勧めによって邪見を改めたように、頼基の勧めに主君も心を和らげたと述べます。

根が深ければ枝は栄え、源が遠ければ流が長いという文を引いて、法華経は必ず栄えると天台が説いたと示します。しかし、現実には法華経を信じた者は多くいたが、公私に危害が重なると一年二年後には退転し、還って敵となり矢を射るように反逆した者がいました。また、形だけは信仰しているように見せかけるが実は信仰のない者、信じていても世間を恐れて退転した者がいました。竜口法難の時がそうでした。法華経の信仰は他者の迫害や脅迫があるので難信難解なのです。釈尊は王宮を捨て出家し檀特山にて一二年の修行をします。伴った五人の者も同じく修行に入ります。五人のうち拘鄰と十力迦葉は母の親類になり、頞鞞（あび）・跋提・拘利太子は父の親類です。六年の難行の時に二人は去り、後の苦行を捨てた六年の時に三人も釈尊を捨て去ります。つまり、釈尊の従者であっても最後まで支えた者はいない例を挙げます。

それは釈尊在世よりも厳しい迫害があるからです。今は正に末法「五五百歳」と述べ、日で言うと五月十五日の夏至、月では八月十五日の中秋の夜と例えます。天台・伝教の時は尚早、今から後では残党が敗走するようなもの、大陣は既に破られたから正しく法華経を広める時と強調します。釈尊の予言が正しければ閻浮に聖人が出現しているとして、その証拠を閻浮第一の合戦と述べます。即ち蒙古襲来を指します。麒麟が現れたのを見て孔子が聖人と知ったのは、『礼記』に国王が仁のある政治を行うと現れる神獣とあります。鯉社は神祠のことで聖人が現れる前に鳴るとされます。仏が生まれる前に栴檀の木が生いて伊蘭の悪臭を消します。これにより聖人と知るといいます。老子は足の裏に二と五の文字が書かれていたので聖人と知ったと言います。これらの伝説を挙げ蒙古襲来を上行菩薩が生まれている証拠とします。では、その人は誰かを判断する方法を述べます。

「末代の法華経の聖人をば何を用てかしるべき。経云能説此経能持此経の人、則如来の使なり。八巻一巻一品一偈の人乃至題目を唱る人、如来の使なり。始中終すてずして大難をとをす人、如来の使なり。日蓮が心は全く如来の使にはあらず、凡夫なる故也。但三類の大怨敵にあだまれて、二度の流難に値へば、如来の御使に似たり。心は三毒ふかく、一身凡夫にて候へども、口に南無妙法蓮華経と申ば如来の使に似たり。過去を尋れば不軽菩薩に似たり。現在をとぶらうに加刀杖瓦石にたがう事なし。未来は当詣道場疑なからん歟。これをやしなはせ給人々は豈同居浄土の人にあらずや。事多と申せどもとどめ候。心をもて計らせ給べし」（一六六八頁）

題目を唱える者、最後まで大難を耐えて法華経を説く者こそ仏使と述べます。換言しますと聖人こそが上行菩薩であることを、三類の強敵、「数々見擯出」の色読をもって証拠とします。過去の不軽菩薩に準え色読の必然性と行者の一致を説きます。そして、「当詣道場」にふれ、行者を供養する者も霊山浄土に往詣すると述べます。最後に子供の具合が良くなったことを喜ばれます。病気平癒を依頼していたのです。（『陰徳陽報御書』一六三八頁）

○　大進阿闍梨の事

また、大進阿闍梨が死去したことについて、末代の耆婆と称される頼基の推察が的中し人々は舌を巻いていたという風聞、三位房やそう四郎のことも符契を合わせたように的中したと言い合っていると述べます。そして、「日蓮が死生をばまかせまいらせて候。全く他のくすし（医師）をば用まじく候なり」（一六六八頁）と、聖人の病気の治療は頼基一人を信頼し一任していると述べ閣筆されます。この書簡を受けとった感動が伝わります。

□　『寂日房御書』（三四一）

○　父母は大果報の人

九月一六日付けにて寂日房日家に宛てた書状です。古来、『他受用御書』に載録されました。寂日房は上総興津の領主佐久間重吉の第三子です。貫名重忠の猶子となり聖人の義弟になります。誕生寺を開創して房総の教団の基盤を築きます。後に自邸を妙覚寺とし第二祖に甥の美作房日保、第三祖に日家が継ぎます。二人は叔父と甥の関係ですが文永二年に出家した時は共に七歳でした。重吉の子重貞の妹が光日房妙向で重忠の弟小林実信の子男金実長の妻となります。貫名氏と佐久間氏は親戚です。寂日房から上総の女性信者の求めに応じて、本尊の授与を懇請されてきた返書です。

使いの者を身延まで訪問させたことを謝し、人間に生まれる難しさと生まれても法華経の題目に値い難いと述べます。そして、「題目の行者となれり」（一六六九頁）と、法華経を身読した誇りを述べます。この徳は過去に十万億の諸仏を供養した功徳と等しいとし（法師品『開結』三〇六頁）、勧持品の二十行の偈文を色読した唯一の行者と強調されます。そして、聖人を生んだ父母は大果報の人と恩徳を述べます。

ここには不思議な前世からの宿習があり、聖人が釈尊の御使であるならば、その父母も釈尊の御使とも言えます。例として厳王品に説かれた浄蔵・浄眼の二子と浄徳夫人が王を仏道に導いたことを挙げます。また、釈迦・多宝の二仏が父母として生まれかわったのか。法華経の会座において弘教を誓った八十万億那由佗の菩薩の生まれかわりなのか。地涌の四大菩薩の垂迹であろうかと父母の恩徳に感謝されます。

「不思議の日蓮をうみ出せし父母は日本国の一切衆生の中には大果報の人也。父母となり其子となるも必宿習なり。若日蓮が法華経・釈迦如来の御使ならば父母あに其故なからんや。例せば妙荘厳王・浄徳夫人・浄蔵・浄眼の如し。釈迦・多宝の二仏、日蓮が父母と変じ給歟。然らずんば八十万億の菩薩の生れかわり給歟。又上行菩薩等の四菩薩の中の垂迹歟。不思議に覚え候」（一六六九頁）

○日蓮と名乗ることは自解仏乗

「日蓮となのる事自解仏乗とも云つべし。かやうに申せば利口げに聞えたれども、道理のさすところさもやあらん。経云如日月光明能除諸幽冥斯人行世間能滅衆生闇と此文の心よくよく案じさせ給へ。斯人行世間の五の文字は、上行菩薩末法の始の五百年に出現して、南無妙法蓮華経の五字の光明をさしいだして、無明煩悩の闇をてらすべしと云事也」（一六六九頁）

父母に頂いた名前（善日麿）は得度のとき是聖房蓮長と改名し、立教開宗を決意されたとき「日蓮」と名乗ります。天台が五重玄義の初めに名玄義を説いたように名の由来は大切であるとして、「日蓮」と名乗ったのは「自解仏乗」と述べます。これは、天台が師伝を受けずに自ら法華三昧を証得したことを賛嘆した文で、『法華玄義』の「私記縁起」にあります。自らの境智を悟ったのです。『妙密上人御消息』に「聖人と申すは師無して我と覚れる人也。仏滅後、月氏・漢土・日本国に二人の聖人あり。所謂天台・伝教の二人也。此二人をば聖人とも云べし、又賢人とも云べし。天台大師は南岳に伝たり。是は賢人也。道場にして自解仏乗し給ぬ」（一一六七頁）と述べています。つまり、師匠より伝法されるのではなく自らが開拓して得た境地です。世間の人は揶揄するであろうが、道理の確証があるとして経文を挙げたのです。

名前の由来は神力品と涌出品にあります。本書はその神力品のみを抄出し、特に「斯人行世間」の「人」である上行菩薩に視点をあてます。これは、本化上行の自覚に立つもので、信者も共に行者自覚を促します。法華信者の一体感と行者の実感を述べます。

そして、退転することは後世の恥辱と述べます。樊噲や張良、将門や藤原純友は武士の名聞を汚すことを今生の恥として臆しませんでした。退転を恥とする信心のあり方を説きます。今生の恥は世間体の見方であるが後生の恥は謗法堕獄の恥とします。三途の河にて獄卒や奪衣婆・懸衣翁の二人から衣装を剥ぎ取られることを恐れて、そうならない信仰をし法華経の浄土（道場）に参るべしと述べます。そして、法華経は後生の恥をかくす衣として、薬王品の「裸なる者の衣を得たるが如く」の文を引きます。つまり、この恥である罪を隠し消す衣装が法華経であり、その求めに応じて本尊を授与し後生善処を祈られたのです。

「此御本尊こそ冥途のいしやう（衣装）なれ。よくよく信じ給べし。をとこ（男）のはだへ（膚）をかくさざる女あるべしや。子のさむさをあわれまざるをや（親）あるべしや。釈迦仏・法華経はめ（妻）とをやとの如くましまし候ぞ。日蓮をたすけ給事、今生の恥をかくし給人也。後生は又日蓮御身のはぢをかくし申べし。昨日は人の上、今日は我身の上なり。花さけばこのみなり、よめ（嫁）のしうとめ（姑）になる事候ぞ。信心をこたらずして南無妙法蓮華経と唱給べし。度々の御音信申つくしがたく候ぞ。此事寂日房くわしくかたり給へ」（一六七〇頁）

冥途にて身を護る衣装として御本尊を授与されました。夫や子供が寒がっている時に衣装を着せない妻や親はいないように、釈尊や法華経も同じく護ると述べます。題目を唱え信仰に励むように勧めます。本文に「日蓮をたすけ給事」「度々の御音信申つくしがたく候ぞ」と述べていることから、古くからの恩人と思われます。日家から詳しく伝えるようにとされた婦人は聖人と縁故の深い佐久間氏の人と思われます。該当されるのは重貞の妻、日保の母親と思われます。この文面から小湊近辺の有縁の人との交信が継続されていたこと、弟子たちの各地における教線拡張の実態を知ることができます。

○御本尊（六六）　九月

「日仰優婆塞」に授与され和歌山県の蓮心寺に所蔵されます。自署と花押が剪除されており、紙幅は不明の一紙の御本尊です。首題に釈迦・多宝、四菩薩のみの勧請ですが、下部に右から左に「今此三界皆是我有、其中衆生悉是吾子、而今此処多諸患難唯我一人能為救護」の主師親の三徳の文を書き入れます。

第三節　日興の弘教と『滝泉寺申状』

□『伯耆殿御書』（三四二）

苅田狼藉の前日、九月二〇日付けにて伯耆殿（日興）に宛てた書状です。『興師本』の末文が北山本門寺に所蔵されます。日付は日興の記入によるもので年号の「弘安二年」は他筆です。

身延から熱原までは四〇数キロの距離で、富士川に沿う険しい道を急いで一日です。苅田狼藉の前日の書状です。

ただし、「不受余経一偈」の引用が一〇月付け『滝泉寺申状』（一六八〇頁）にあることから日付に疑義があります。また、一〇月一二日付け『伯耆殿御返事』（一六七六頁）の前文という説もあります。（『日蓮聖人遺文辞典』歴史篇一〇〇五頁）。また、『変毒為薬御書』の奥書（一六八四頁）は本書の奥書とする説があります。（大谷吾道稿「北山本門寺蔵・日興上人筆「日興賜書写本掛物」について」『興風』第一一号二七七頁）。前半が欠失しているので詳細は不明ですが、『滝泉寺申状』との関連から、明らかに行智と日興の法論における指示です。

「不受余経一偈」の経釈を引文して対応すべきと命じます。この証文は法華経と諸経との勝劣を論じる時に引用されます。天台の『法華三昧懺儀』の「形像舎利並余経典唯置法華経一部」の文。『法華文句』の「直専持此経則上供養」の文です。両方共に諸経（余経）よりも法華経を安置することが最上という証文です。そして、諸経とは小乗経のことだけかと問われれば、妙楽の『五百問論』の「況彼華厳但以福比、不同此経以法化之。故云乃至不受余経一偈」の文を引くこと。つまり、大乗の『華厳経』は過去世からの菩薩を教化しているので、諸経と比べると勝れてはいるが、方便の施教であって法華経の真実の教法とは違うことです。故に「余経の一偈をも受けざれ」を文証とします。

岡元錬城氏は日興と行智の間に論議が設定されており、本書はその指示を仰いだものとみます。九月二一日、熱原で「刈田狼藉」が起き、その犯人として百姓二〇名が捕縛されます。つまり、行智は論断をするように見せかけて、頼綱と入念に苅田狼藉の策謀をしていたと推測します。（『日蓮聖人遺文研究』第一巻五一一頁）。

○「熱原法難」の推移

九月二一日、行智たちによる苅田狼藉が起きます。行智の主張は日秀たちが弓箭を帯し院主の坊内に討ち入り、紀次郎が点札を立て作毛を刈り取り日秀の房に持ち帰ったと訴えます。これにより熱原の百姓たち二〇名が捕縛され起訴されます。

日興は時光の姉妹の嫁ぎ先である重須の石川氏や伊豆の新田氏を教化します。日興の母方は大宅氏の出身で下方の高橋・由比・石川氏や西山氏（河合）を教化しました。（高木豊著『日蓮とその門弟』二〇三頁）。南条氏から日目・日道・日行が輩出します。また、実相寺に隣接する四十九院の住僧として住坊と田畠を持っていたので、供僧の日持・賢秀・承賢を弟子として教化の拠点としました。実相寺にては肥後・筑前・豊前公を教化し尾張阿闍梨と対抗しました。更に滝泉寺には日秀・日弁・日禅・頼円の弟子がいました。

富士郡には神四郎・弥五郎・弥六郎と言う名字を持たない農民層の信者が連なりました。日興を中心とした教団の形成が熱原に広がったのです。次第に改宗する寺院が出ます。また、天台僧の中には経済的な基盤として寺院に止住し、ここを本拠として弘通した者もいました。幕府としては特に得宗領における在地統制の強化をしなければなりません。得宗被官・侍所所司の立場にある頼綱の処断の厳しさはここにありました。従って得宗領を侵害したとする罪科は重くならざるを得なかったと指摘されます。（高木豊著『日蓮とその門弟』二一四頁）。更に平良観と共謀して迫害してきた延長でした。聖人は教団全体の大難と受け止めます。（『聖人御難事』「一定として平等も城等もいかりて此一門をさんざんとなす事も出来せば」一六七四頁）。教団壊滅の危機意識を高めて異体同心の結束を促したのです。熱原法難は得宗権力と聖人の御家人の信者との対抗関係に展開します。

＝法難の推移＝

文永五年　　―日興上人の布教―

一月一八日。蒙古来朝。
八月。実相寺の衆徒は日興を中心に幕府に「実相寺衆徒愁状」を呈します。院主の非法五十一ヶ条を挙げて幕府の補任した院主の解任を請い、院主は住僧中から撰補すると願います。（高木豊著『日蓮とその門弟』一九四頁）。
幕府の教団弾圧の意を含む院主の作為的行為が四十九院・滝泉寺へ展開した。（『鷹岡町史』四三三頁）
文永六年
一二月八日。日興は「実相寺住僧等申状」を呈します。
文永一一年　―天台系寺院を中核とした駿河の門弟が形成された―
日興は聖人が身延に入山された初秋より、幼少より宿縁深い駿河・富士地方へ弘教されます。実相寺・四十九院・滝泉寺の住僧が日興の弟子となります。実相寺は蒲原の四十九院とは富士川を挟んで五キロの距離です。滝泉寺とは三キロほどの近接した距離でした。滝泉寺の日秀・日弁が弟子となり日秀らも熱原の農民を信者にします。
　実相寺　肥後公・筑前公（興師と俗縁高橋一族）・豊前公日源（妻は筑前公の娘）・日仲
　四十九院　日持上人・賢秀（治部房日位）・承賢
　龍泉寺　下野房日秀・越後房日弁・少輔房日禅・三河房頼円・大進房
　日秀の弟子――熱原六郎吉守・熱原新福地神主・三郎太郎
　日弁の弟子――江美弥次郎・太郎大夫入道と子弥太郎、弟又次郎、弥四郎入道、田中弥三郎
一一月五日。元の使者

文永一二年　建治元年　―熱原法難の萌芽―
一月。日興は駿河一帯に弟子・信徒を養成します。
六月二二日。西山氏に「善知識」（『三三蔵祈雨事』一〇六五頁）を教えます。得宗領なので弾圧に注意された。
六月二七日。「返返、駿河の人々みな同御心と申させ給候へ」（『浄蓮房御書』一〇七二頁）と激励します。実相寺・四十九院の上層部と対立します。熱原でも行智が反発し日弁・日秀と対立します。
七月二日。時光に所領替えの弾圧があっても不退の信心を勧めます。（『南条殿御返事』一〇八〇頁）
七月一二日。高橋入道と持妙尼に信心を勧奨します。日興と覚乗坊は賀島の高橋家を拠点として弘教されます。（『高橋入道殿御返事』一〇八九頁）
八月。熱原に日向を遣わします。
九月七日。元使杜世忠らを竜の口で斬首
建治二年　　―滝泉寺の対立―
三月。日興は時光邸にて布教されます。（『南條殿御返事』一一四七頁）
行智は日弁・日秀に法華信仰を止め念仏信仰をする誓状を強要します。その結果、罷免され住房を奪われます。日禅は河合に離散します。日秀・日弁は罷免されても寺に寄宿し信者を獲得します。行智は在地有力者として非法を行い、得宗の政所代と連絡して農民を挑発して傷害事件を起こさせます。
七月二一日。『報恩抄』著述。日向は清澄寺に向かいます。（『報恩抄送状』一二五一頁）
一二月。三位房を駿河の松野氏に遣わします。（『松野殿御返事』一二六七頁）。実相寺の日源はこれ以前に所領を失い追放されます。（『松野殿御返事』一二六四頁）。大進房を賀島に遣わします。

建治三年　　―信徒への圧迫が起き結束を促す―
一月二三日。西山氏へ弟子から教えを聞くように伝えます。（『西山殿御返事』一二九一頁）
三月。三位房を賀島の高橋六郎氏に遣わします。（『六郎次郎殿御返事』一二九四頁）
五月一五日。時光は友人から聖人に帰依すると主君の抑圧を招くと忠告されます。新田家・石川家や興津の信者（浄蓮房）も弾圧されます。（『上野殿御返事』一三〇九頁）
六月。『下山御消息』を宛てます。
六月二五日。『頼基陳状』（一三四六頁）。三位房は鎌倉にいて「桑ヶ谷問答」にて竜象房を論服します。
建治四・弘安元年　　―実相寺・四十九院・滝泉寺との抗争と門下への迫害―
一月一六日。実相寺の尾張阿闍梨と肥後・筑前・豊前公に論争（絶対開会の解釈）が起きます。尾張阿闍梨は豊前公らの諸宗批判を非難します。聖人は一月に批判の論拠を教えます。（『実相寺御書』一四三三頁）。同じ一月、四十九院の別当小田一房との論争（東密台密の真言破）にふれます。四十九院の厳誉は日興・日持・賢秀・承賢の住坊・田畑を奪い取り寺内から追放します。
二月二三日。駿河の信者を励まします。（「駿河の人々みな同御心と申せ給候へ」『三澤鈔』一四四三頁）。熱原の神四郎・弥五郎・弥六郎が入信し、滝泉寺の日秀・日弁・日禅の指導を受けます。（『弟子分本尊目録』）
三月。日興は「四十九院申状」を上申して、厳誉の不当を主張し召し合わせを願い対決します。最終的には追放されます。（本間俊文著『初期日興門流史研究』三六頁）
一〇月一日。常忍は了性房と問答をします。この下総宗論にて常忍に大田親昌・大進房・本院主の動向を問います。（『稟権出界抄』一五九〇頁）

弘安二年　　―下方政所は頼綱と結託して弾圧―

一月八日。日弁から供養が届く。（『越後公御房御返事』一八七四頁）

四月。熱原浅間神社の神事の最中に行智は下方の政所と謀って、日秀の信徒四郎の子に刀傷沙汰を仕向けます。（「四郎男」『滝泉寺申状』一六八一頁）

五月一三日。事件が深まり「日蓮が身の上の一大事」と告げます。（『一大事御書』一六四六頁）

六月二六日。元使周福らを筑紫にて斬首

七月一三日。『盂蘭盆御書』（一七七六頁）を日位の祖母に宛て孫を褒め熱原の事態が慌ただしいと伝えます。

八月。日秀に見立てて弥四郎の子が斬首されます。（最初の殉教者。『滝泉寺申状』一六八一頁）。迫害者の中に大進房が再び背いて加担し落馬して死去します。（『聖人御難事』一六七三頁）

九月二〇日。窪尼（持妙尼）の館を本拠とした日興に教授し指導されます。（『伯耆殿御書』一六七一頁）

○苅田狼藉と神四郎たちが捕縛

九月二一日。行智が日秀の信者紀次郎の田を勝手に刈り取り農民と乱闘になります。行智は法華衆の者が自坊に弓矢を持って立ち入り、日秀が紀次郎に作毛を刈り取らせ持ち帰ったと捏造します。苅田狼藉の濡れ衣を着せて行智と結託した役人が神四郎ら二十人を捕らえます。弥藤次（神四郎の兄）が訴人となり幕府に提訴し鎌倉に拘引されます。日興は捕縛されたことを聖人に知らせ鎌倉に向かいます。聖人は弟子を派遣し指示を与えます。

九月二三日。神四郎達は鎌倉に入獄します。頼綱は私邸で蟇目の箭を射る拷問を行います。日興・日秀もこの日か二四日に鎌倉に入ります。即刻、聖人に指示を仰ぎます。
九月二六日。聖人は陳状などの指示をします。(『伯耆殿並諸人御中』一八七四頁)
九月二八日。書状は鎌倉に届き常忍も鎌倉にいて対処されます。
一〇月一日。頼基に神四郎達を救出するよう指令し弾圧が全門弟に及ぶと結束を促します。(『聖人御難事』一六七四頁)
一〇月四日頃。若宮にいた常忍は書状を受け取り鎌倉の千葉邸に入ります。日秀の訴状を協議します。大田親昌・長崎時綱・大進房の落馬は現罰と誡めます。(『聖人御難事』一六七三頁)
一〇月一〇日。常忍が代表して陳状の草稿を聖人に送り指示を仰ぎます。神四郎達は信仰を貫く覚悟をします。
一〇月一二日。聖人は陳状の添削をし、問注の具体的な指示と不当を弁明して釈放を要求します。(『伯耆殿御返事』一六七六頁)。しかし、審理に当たった頼綱は処断を決めていました。
一〇月一五日。頼綱は神四郎・弥五郎・弥次郎を首謀者として斬首し一七人を禁獄します。(『変毒為薬御書』一六八三頁)。日興は斬首の処断を聖人に知らせます。(『弟子分本尊目録』)
一〇月一七日。午後六時に書簡が届き、午後八時に淡路房を鎌倉へ急行させ、問注を指示し信者を激励します。頼綱に現罰を忠告するよう日興に命じます。(『変毒為薬御書』一六八三頁)
一〇月一九日。淡路房は鎌倉に到着し日興は指示通り浄書し『滝泉寺申状』を上申します。
一〇月二三日。頼基が危害に遭います。(『四条金吾殿御返事』一六八四頁)。以降曼荼羅に変容がみえます。

○勝訴釈放
―一一月六日以前に勝訴した一七人が釈放されます―

一一月六日。時光の助力を感謝されます。(『上野殿御返事』一七〇九頁)。一七人が釈放された時期や経過は不明です。問注が功を奏し時宗の上聞に達し頼綱の抑圧が緩みます。(『窪尼御前御返事』一五〇二頁)

弘安三年

三月。熱原の信者たちに御本尊を授与されます。

五月三日。窪尼から供養が届き熱原の信心を褒めます。(『窪尼御前御返事』一五〇三頁)日興が引き続き教化されます。(『妙心尼御前御返事』一七四八頁)

七月二日。時光は日秀の弟子の神主を保護しました。(『上野殿御返事』一七六六頁)

八月六日。熱原の信者に結束を呼びかけ蒙古襲来の危惧を伝えます。(『異体同心事』八二九頁)

一一月二五日。常忍に日秀・日弁を預けます。(『富城殿女房尼御前御書』一七一〇頁)。苅田狼藉の首謀者とされた二人が処罰されないことに事件の策謀がみえます。このあとも迫害は続きます。

一二月二七日。時光は多額の課税をされ困窮します。(『上野殿御返事』一八二九頁)

弘安四年

三月一八日。時光に神主は身延に居ることを知らせます。(『上野殿御返事』一八六一頁)

さて、熱原法難は教団が始めて受けた弾圧です。権力の優位を認めず仏法為先を主張したことに、在地統制の強化を進めていた頼綱の厳しい処罰があったと言います。(『日蓮辞典』五頁)

□「断簡追加」『断簡』（一五八）『伯耆殿並諸人御中』（四三八）

まず、『伯耆殿並諸人御中』は九月二六日付けの書状です。真蹟は丁付けより第一九紙目と分かる八行が、和歌山市了法寺（天台宗）に所蔵されます。日付の上に異筆（日興）にて「弘安二年」と書かれています。裏書きに元文二年九月に法華経寺第一四、頂妙寺二三世の日遂の證判があります。また、「三」の丁付けがある「断簡追加」（その七。二九四二頁。東京都國土安穏寺所蔵）と、「七」の丁がある『断簡』（一五八。二五二七頁、頂妙寺所蔵）が本書の第三紙と第七紙です。その理由は第七紙と一九紙の紙背の継目の裏にある花押（日興）から判断されました。墨跡の大小長短、枯渇も同じ書状とされます。末紙の第一九紙に日興が二一枚花押と記したのは上書き等を含めた為です。（坂井法曄稿「伯耆殿並諸人御中御書の原形について」『興風』第一七号一一一頁所収）。

九月二一日に苅田狼藉の濡れ衣を着せて、大田親昌・長崎時綱が神四郎等二十人を捕らえ即刻鎌倉に拘引します。事件の謀者として行智から日秀たちに訴状が出ます。二三日に神四郎達は頼綱による取り調べが始まります。頼綱は私邸で子息の飯沼判官資宗に命じて蟇目矢を射り拷問を行います。この知らせを受けた聖人は日興に指示を与えます。熱原法難に言及された最初の書状です。現存するのは次のところです。

・第三紙（「断簡新加」その七）

「刄傷し百姓をを（追）いいだ（出）したる臨終は（現証か）重科のがれがたければ百姓□□て」（二九四二頁）

・第七紙（『断簡』一五八）

「とかくべし。阿弥陀経等の例時をよまずと申は、此又心へられず。阿弥陀経等は星のごとし。法花経は月のごとし、日のごとし。勝たる経をよみ候を、劣る経の者がせいし（制止）こそ心えられ候はねかけ。恒例のつた（と）めと申はなにの恒例ぞ。仏の恒例は法華経なり。仏は但楽受持等とて真の法華経の行者、阿弥陀経等の小経をばよむべからずとこそとかせ給て候へとつめ、かきにかけ」（二五二七頁）

・第一九紙（『伯耆殿並諸人御中』四三八）

「此事はすでに梵天・帝釈・日月等に申入て候ぞ。あへてたがえさせ給べからず。各々の御はからいとをぼすべし。恐々謹言」（二八七四頁）

まず、熱原の農民を刀傷して追い出したことの重い罪を述べ、次に、行智が阿弥陀経を読めと命じたが、釈尊は法華経を受持し小経は読むことを制止された教学的な見解があります。これは『滝泉寺申状』と同じ内容です。最後に善神に祈願をしていること、法華経に背反する行動を厳戒します。異体同心の覚悟で対処するよう促します。天の計らいと述べたのは大田親昌・長崎時綱・大進房の落馬のことと思われます。（『全篇解説日蓮聖人遺文』二七五頁）。そして、頼綱の動向に心配して具体的に指示したのが『聖人御難事』です。

□『聖人御難事』（三四三）

○「今に二十七年」

一〇月一日付けにて弟子・信徒（「人々御中」一六七六頁）に宛てます。真蹟の全一二紙は法華経寺に所蔵されます。直接には頼基に宛て鎌倉にての対応と本書の管理を任せます。「三郎左衛門」の左衛門尉は官位の名称で唐ではこれを金吾校尉と称しました。四条（南条・北条・上条・中条）金吾の名称はここにあります。入牢していた熱原の信者との面会を赦されていたと思われ、日興・常忍と共に中心的な役割を果たします。

神四郎たちの法難に聖人の二七年間にわたる不惜身命の弘通を述べ、命に関わる大難にあってきたが、諸天善神の威力により守られたと述べます。捕縛されている熱原の信徒たちにも、師子王のような不退の信心を貫くことを求め、門下全般に対し動揺しないことを説諭されます。

冒頭に開宗の時と場所を述べ法華経の行者として色読した事実を明かします。伊豆流罪・小松原法難・佐渡流罪・竜口法難を挙げ松葉ヶ谷法難にはふれません。四大法難を定めるときに松葉ヶ谷法難を加えない理由はこの文にあります。弟子を殺され斬られたのは小松原法難です。土地や住居を追放され過料を課せられたのは多々ありました。色読は釈尊の予言を証明します。これを示したのは聖人一人と強調されます。

「去建長五年［太歳癸丑］四月二十八日に、安房国長狭郡之内東條の郷、今は郡也。天照大神の御くりや（厨）、右大将家の立始給日本第二のみくりや、今は日本第一なり。此郡の内清澄寺と申寺諸仏坊の持仏堂の南面にして、午時に此法門申はじめて今に二十七年、弘安二年［太歳己卯］なり。（中略）。其間の大難は各々かつ（且）しろしめせり。（中略）。弘長元年［辛酉］五月十二日には伊豆国へ流罪。文永元年甲子十一月十一日頭にきず（疵）をかほり左の手を打をらる。同文永八年［辛未］九月十二日佐渡の国へ配流、又頭の座に望。其外に弟子を殺れ、切れ、追出、くわれう（過料）等かずをしらず。仏の大難には及か勝たるか其は知ず。龍樹・天親・天台・伝教は余に肩を並がたし。日蓮末法に出ずば仏は大妄語人、多宝十方の諸仏は大妄語の証明なり。仏滅後二千二百二十余年が間、一閻浮提の内に仏の御言を助たる人但日蓮一人なり」（一六七二頁）

○大進房の落馬は現罰

そして、聖人を迫害した者に始めは罰がないように見えるが、経年してみると滅亡の道を辿っていると述べます。聖人も始めは験がないように思えたが、二十七年の間に守護しなければ虚妄罪になるので、堕獄を恐れて今では力を注いで守護していると述べます。謗法罪の現世における顕在化が現罰です。故に「大田親昌・長崎次郎兵衛尉時縄（綱）・大進房が落馬等は法華経の罰のあらわる、か」（一六七三頁）と、落馬して非業の最期を遂げたと言明します。罰には惣罰・別罰・顕罰・冥罰の四罰があり、疫病・飢渇・同士討ち・蒙古襲来は惣罰であり、疫病は冥罰、加島の大田や四十九院の大進房の落馬死は顕罰であり別罰と断言します。そして、獅子王の信心を確立して如何なる迫害があっても退転しないよう強く促します。佐渡に流罪されたが後に時頼・時宗に赦免されたのは無実が判明されたと述べ、他人の讒言に動揺しないで善神の守護を信じて日々に精進するように伝えます。少しでも弛む心があれば悪魔魔民の攻めに負けると説諭します。

また、必ず頼綱や泰盛は怒り徹底的に迫害することを覚悟するように述べます。頼綱は聖人を憎んで弾圧しました。それを抑えていたのが泰盛でした。その泰盛も得宗領内における熱原の事件においては激怒し、厳罰に処すとした風聞があったのでしょう。（『本化聖典大辞林』上七六頁）。幕府の権力は時宗を超えてこの二人にありました。両者と敵対すれば教団に大打撃があると想定したのです。蒙古襲来に備えて筑紫に戦いに派遣されようとしている人、また、征伐に向かっている者、戦地にいる者の心境を推し量るように述べます。

「我等凡夫のつたなさは経論に有事と遠き事はをそるゝ心なし。一定として平等も城等もいかりて此一門をさんざんとなす事も出来せば、眼をひさい（塞）で観念せよ。当時の人々のつくし（筑紫）へかさゝれんずらむ。又ゆく人、又かしこに向る人々を、我が身にひきあてよ。当時までは此一門に此なげきなし。彼等はげん（現）はかくのごとし。殺ば又地獄へゆくべし。我等現には此大難に値とも後生は仏になりなん」（一六七四頁）

これまで聖人に対しての迫害は熾烈でも、門下には命に及ぶ悲しみはなかったと述べ、筑紫に向かう武士は現実に死の苦しみがあると述べます。熱原の者が死罪に及ぶ懸念を持たれていたのです。武士たちは殺害されれば地獄に堕ちるが、門下は殺害にあっても必ず成仏すると安心を与え励まします。我々の苦しみは例えば灸治のようなもので、その時は痛いが後には治癒するから嘆くことはないと述べます。ここに熱原法難が門下に大きな打撃を与えた情況が窺えます。

○　捕縛された熱原の信者

入牢している熱原の信者と接見できたと思われます。ですから、彼らはこの事態に動揺しているので、法華経の功徳を説いて励ますよう、決して畏怖させないように指導します。

「彼のあつわら（熱原）の愚癡の者どもいゐはげま（言励）してをどす事なかれ。彼等には、ただ一えん（円）にをもい切れ、よ（善）からんは不思議、わる（悪）からんは一定とをもへ。ひだるしとをもわば餓鬼道ををしへよ。さむしといわば八かん（寒）地獄ををしへよ。をそろしゝといわばたか（鷹）にあへるきじ（雉）、ねこにあへるねずみを他人とをもう事なかれ」（一六七四頁）

「愚癡の者ども」とは物事の是非を判断する力がない暗愚な者ではなく、仏法における智者に対しての愚者とされます。つまり、教学的には未熟な者であるが強い信仰心を持っている者と解釈できます。（『本化聖典大辞林』上七五頁）。法難に恐れているであろうから、行者として強い信仰を持つように言い励ますことを勧めたのです。威嚇するような言葉使いで恐れさせてはいけない。一筋に思い切ることを決心させなさいと述べます。赦されることは奇蹟であり、罪に問われることがあれば確定していたことと教えること。飢えてひもじいと言えば餓鬼道の苦しみはこれ以上であると教え、寒いと言えば八寒地獄の凍えはこれ以上であると教えるように。刑罰が恐しいと言ったら鷹にあった雉、猫にあった鼠を自分の身にあてて思うようにと伝えます。殉教者の覚悟を教えられた心中を思うと推察の限界を超えます。

このように受難に対しての覚悟を細々と書いたのは、日々常々に教訓していても退転した者がいたからです。それは名越尼・少輔房・能登房・三位房です。これらの者は臆病で法華経を理解できないこと、欲が深く疑い深い者には根気よく教化しても無駄であったからです。それを、「ぬれる（塗）うるし（漆）に水をかけ、そら（空）をきり（切）たるように候ぞ」（一六七五頁）と、塗られた漆に水をかけても流れてしまい、空を刀で切っても切れないように空虚なことと述べます。

○ 三位房日行の死去について

三位房の死去について今まで語らなかった理由を述べます。三位房を日興のもとで弘教を命じたのは、三位房の学徳に嫉妬していると思われないためと述べます。聖人は三位房が悪心（「はらぐろ（佞心）となりて」）を持ったため大罰を被ったとします。もし、「なかなかさんざんとだにも申せしかばたすかるへんもや候なん」と、遠慮せずに言い聞かせ誡めていたならば救済できたかもしれないが、一連の出来事が不思議であったため今まで弁解をしなかった心境を述べます。また、真意を聞いても愚かな者は死去した者のことを邪推して批判すると述べます。しかし、後々のために真実を写す鏡として書き置くことを言い添えます。門下の末弟まで教えが浸透していなかったのも事実と思われます。

最後に聖人に造反した者は恐れていると述べます。武装した者を門下に差し向けて騒動を起こす者がいたら即刻、連絡をするように指示します。自重を命じ冷静に行動する姿勢を貫きます。ここに、逼迫した鎌倉の状況が窺えます。一〇月八日に藻原寺において延年の舞が行われます。（『茂原市史』九〇六頁）。

□『伯耆殿御返事』（三四四）

一〇月一二日付けにて、熱原法難にて不当に捕縛された農民二〇余名の信徒の無罪を主張するため、鎌倉にいた日興・日秀・日弁に宛てた書状です。日興は陳状案『滝泉寺申状』の返事を待っていました。申状とは下位の者が上位の者に差し出す上申の文書様式のことです。正しくは申状（訴状）ではなく得宗公文所への陳状となります。（川添昭二著『日蓮と鎌倉文化』一三二頁）。本書は『滝泉寺申状』に添えた注意書きです。『興師本』に収録されます。

①まず、熱原の百姓たちが釈放（安堵）された時は問注の必要はないとします。②次に、大進房と彌藤次入道の狼藉は当方が仕組んだことではなく、行智が策動した殺害・刃傷事件と主張すること。③そして、問注所から狼藉を認めた起請文を書くように命じられても、決して提出してはならいと注意します。なぜなら、こちらが被害者であるのに無実の罪を認める事になります。行智の重罪は明らかと述べます。このことを心得て裁判になった時は、この主旨を強く主張すれば幕府の中枢にも知れわたり解決策が出てくると述べます。（「定可及上聞歟」一六七六頁）。時宗は知らなかったと思われます。（岡元錬城著『日蓮聖人遺文研究』第一巻五〇九頁）。

また、行智が狼藉の証人を立てたら、その証人こそが行智と結託して狼藉を起こした者と反論すること。証文を出したら偽文書と主張するよう指示します。彼らが熱原の農民を殺害・刃傷した事だけを訴えることを念押しされます。これに背く者は聖人の門家ではないと強く訓戒されます。

『変毒為薬御書』の奥書は本書の奥書とされます。この奥書の前文に「返々いままであげざりける事しんへうしんへう」の二一字が入ります。（菅原関道稿「中山法華経寺聖教に見える異筆文書の考察」『興風』第一六号二九二頁）。

「返々いままであげざりける事しんへうしんへう。この事のぶるならば、此方にはとがなりと、みな人申べし。又大進房が落馬あらわるべし。あらはれば、人々ことにおづべし。天の御計也。各々もおづる事なかれ。内よりもてゆかば、定て子細いできぬとおぼふる也。今度の使にはあわぢ房を遣べし」（一六八四頁）

となります。奥書の追而書は「返々」で始まるのが普通です。行智から起請文を提出するように命じられたが、拒否したことを褒めます。「しんへう」は「しんべう」（神妙）との見解があります。（大谷吾道稿「北山本門寺蔵・日興上人筆「日興賜書写本掛物」について」『興風』第一一号二八一頁）。神妙とは普通の人にはできないほど感心なことです。

行智らの悪行を申し述べたら策謀が判明し、当方に罪がないことが明らかになると述べます。また、大進房が落馬した理由も分かり現罰の恐怖に落ちるであろう、しかし、善神の決めたことであり皆は恐れることはないと述べます。いよいよ守護があることを信じて不惜身命の覚悟で対処すれば、結果的に当方の言い分が聞き入れられると指導されます。次回に事態を知らせる時には淡路房を使わすように指名します。淡路房の詳細は不明ですが、日興の『身延山久遠寺輪番帳』に三月の輪番として越後房と共にあり、輪番十八人の一人になります。日興の法系で日持の弟子となり、駿河国安東村出身で西部に住み熱原法難に関係したとされます。『本化別頭仏祖統紀』には静岡村松海長寺二世の日賢と言います。

□『滝泉寺申状』（三四五）

行智が日秀・日弁を訴えた訴状に対し弁明の陳状を提出しなければなりません。その陳状（申状）の草案である土代・案文が本書です。正式には『滝泉寺申状案』となります。真蹟は一一紙が法華経寺に所蔵されます。聖人が添削される前は四紙程と言います。（中尾堯著『日蓮聖人の御真蹟』二三八頁）。鎌倉にいる日興に宛て問注所に提出したのは一〇月一四日以降とされます。

聖人が書き改めた文章は第一紙から第七紙の切断された半ば迄です。第一紙端裏書に「大体可有此状様歟。但熱原沙汰之趣其子細出来歟」（一六七七頁。おおよそ、この書状の内容と形式にされたらよい。ただし、熱原法難の裁決でさまざまな事件が起きると思われます）と追而書があります。裏に書いたのはこの草案が問注所に提出されることを考慮されたためと言います。（庵谷行亨稿「滝泉寺申状の「法主聖人」をめぐって」『印度学仏教学研究』第四五巻第一号二一一頁所収）。前半一～七紙七行迄（「此等之子細相貽御」）は聖人の自筆で下書きと繋げて書き入れます。ここまで書き改めました。

後半の第八紙（「不審者被召合高僧等可被決是非歟」）から第一〇紙はもとの原稿になります。この異筆三紙の筆者については日秀か日興と言われましたが、菅原関道氏は筆跡の鑑定から常忍とします。（「中山法華経寺聖教に見える異筆文書の考察」『興風』第一六号八九頁）。後半にも所々に聖人の加筆・削除が見られます。第一〇紙の六行は他筆でこの後の四行が聖人の自筆で第九紙の裏になります。第一一紙は第一〇紙裏書き九行を相剥ぎしました。第一二紙の三行は第九紙の裏に貼付され全一一紙となります。第一紙は五センチほど切り取られて、そのまま貼ってあります。これは第一紙の裏に書かれたものです。第一紙の始めの袖の所は追而書のために空白にします。陳状案を書き終え最後に巻いた所に「大体はこのような書式にして」と指導された文章になります。（中尾堯著『日蓮聖人のご真蹟』二四〇頁。『興風』第一六号八二頁。菅原関道氏稿を参照）。料紙は一〇紙まで継ぎ合わされ本文が継ぎ目を渡っていることから、最初から継ぎ紙に書いていたことが分かります。丁付けは後世の加筆（他筆）です。（中尾堯著『日蓮聖人のご真筆を観る』「法華」第八一巻第九号所収二三頁）。

本書は陳状となります。訴訟を起こす原告を訴人、被告を論人と言います。訴人・論人それぞれの主張を注記することを問注と言います。訴状とは訴人の言い分を記した文書のことで引付に提出します。論人はこれに対し反論します。これを陳状と言います。問注所では賦奉行が訴状を受理し引付が決められます。そして、本奉行により訴訟手続きが進められます。

①「訴状」は論人の許に送られます。（「問状」回答命令書）。訴状に対する反論を文書にすることが論人に求められます。論人はその「陳状」を裁判所に提出します。裁判所は「陳状」を訴人に送ります。②訴人は陳状に対する反論をまとめた二番目の訴状を提出します。論人は二番目の陳状を提出します。これを三回まで行うので三問三答と言います。（初問状・二問状・三問状　初答状・二・三答状）。訴状をいう場合は「もん状」、裁判所の回答命令書は「といじょう」と区別します。③三問三答が進むと両者に出頭を命じます。これを「召文」と言います。引付が口頭で質問し回答させます。引付は勘録を作成します。勘録が上程される評定は引付評定と言います。そして、「評定沙汰落居」として決着します。

そこで、行智の訴状をみますと、まず、差し出し人である論人の書き出し文言を記します。続いて内容の趣旨である事書となります。

「駿河国富士下方滝泉寺大衆　越後房日弁・下野房日秀等謹弁言。当寺院主代平左近入道行智、為塞條々自科遮　致不実濫訴無謂事」（一六七七頁）

滝泉寺の大衆としての身分を持つ日弁・日秀達は、謹んで訴状に対し弁明するとあります。滝泉寺のある富士下方は「今泉・原田・吉原・伝法・鷹岡」など一帯を言います。上方は「大宮町・白糸・芝富・上野・上井出・北山・富丘」一帯を指します。まず、行智は自分の罪や悪行を隠すために訴訟を起こしたと述べます。正当な理由がないのに不当に訴えられたと陳状します。その一つに、「訴状云日秀・日弁号日蓮房之弟子、自法華経外余経或真言行人者、皆以今世後世不可叶之由申之云云」(取意)。つまり、日秀や日弁が聖人の弟子と名乗って、法華経以外の諸経や真言の行者の修行は、現世においての得脱、後世における成仏はないと他宗を批判していると訴えます。

聖人の門下が「現世安穏後生善処」の教えを忠実に布教していたことが分かります。行智の狙いは日弁達を追放することでした。これに対する弁明は、一、『立正安国論』に述べた法華経の信仰による国土の安穏について。二、阿弥陀経を読まず題目を唱える理由。そして、三、日秀・日弁や熱原の農民が不当な仕打ちを蒙っていることを訴えます。

まず、一、聖人の勘文『立正安国論』に準じて主張したと言う筋を立てます。論拠の責任者を聖人に置いて反論を組み立てます。即ち『立正安国論』を奏進した理由である天変地異の起きる原因と、そこに予言した自界反逆・他国侵逼の二難が的中したことを挙げます。注目されるのは行智が「日蓮房」と呼ぶことに対し、聖人自身が改行して「日蓮聖人」と称されていることです。これは本書だけに見られることです。

また、蒙古襲来について注目される文章があります。通常ですと蒙古が謗法治罰のために日本国を滅ぼすと述べますが、本書には、

「外書云　知未萠聖人也。内典云　智人知起蛇自知蛇云云。以之思之　本師豈非聖人哉。巧匠在内国宝不可求外。外書云　隣国有聖人敵国之憂也云云。内経云国有聖人天必守護云云。外書云世必有聖智之君而復有賢明之臣云云。見此本文　聖人在国　日本国之大喜蒙古国之大憂也。駈催諸龍　敵舟沈海　仰付梵釈召取蒙王。君既在賢人　豈不用聖人　徒憂他国之逼」(一六七八頁)

と、法華経を弘通する聖者がいる国は蒙古から攻められても護られると述べます。外書は『文選』、内典は法華経の湧出品の『文句記』です。外書の引用に出典の未詳のものがあります。「駈催諸龍敵舟沈海」(聖人の威徳により八代龍王を動かし蒙古の敵船を沈める)の文章は文永の役と弘安の役に当てることができます。続いて天台・妙楽・伝教、法華経の文を証拠として、『立正安国論』の未来記が符号したのは末法の導師である「法主聖人」であると論じます。庵谷行亨氏は「法主聖人」の表記は特異なものであるが、日興が法主聖人と尊称されていたことであり、敢えてこの表記を用いたことに陳状の意義があるとします。また、「日蓮聖人」「法主聖人」「聖人」の文字を表記するたびに、次行の冒頭から書く平出(改行)の書式を用いることに、熱原法難における強い指導力を指摘されます。(庵谷行亨著『日蓮聖人教学の基調』三一一頁)。

その「法主聖人」は日本国の安穏のために法華経を説き、末法の大導師との尊厳性を主張します。しかし、信用されず逆に讒言されて、小松原法難にては頭に刀傷を負い左手を打ち折られ、伊豆と佐渡に流罪されたこと。弟子や信徒も射殺・切殺・殺害・刀傷・禁獄・流罪・打擲・擯出・罵詈などの迫害を受けた事実を挙げます。そのため国は法華経の怨敵となり人々も謗法となり、天神は国を捨去し地神も辞所して見捨て天下が乱れる原因を示します。これが師匠より教えられたことであり、自分はその身分ではないとして言上の意図を述べます。儒教に「心の邪な権力者が政治を行なえば賢人は用いられない」とあり、『涅槃経』にも「正法を壊る者を見て責めない者は還って仏法を壊す怨敵となる」と説かれたことを示します。そして、蒙古調伏のため諸宗の高僧に祈祷を依頼すると悪い結果になると指摘します。安徳天皇や後鳥羽上皇が叡山・東寺の真言師に修法を行わせ、その結果は高僧も現罰を受け天皇も敗退したことを引例します。聖人が身延山中にて心を痛めていると述べます。

次に、二、行智が阿弥陀経を読経するように要求したことに答えます。(「次以阿弥陀経可為例時勤之由事」一六七九頁)。この教義は権実論にて『阿弥陀経』『無量寿経』二巻『観無量寿経』の計四巻と法華経の勝劣を述べます。証文として法華経の開経である『無量義経』の「四十余年未顕真実」(『開結』二〇頁)の文を挙げます。この前置きとして仏法は時に応じて取捨があると述べます。花を愛でるのも月を眺めるのも時があってのことです。また、水や火を使うのも時に応じて用いるものです。過去の先例に従わなくてもよいと言うことです。つまり、行智が用いる『阿弥陀経』等は「未顕真実」の分限であり、その小経に執着しているとします。

その証拠として舎利弗の成仏にふれます。智慧第一の舎利弗は長い間、『阿弥陀経』を読誦したが得脱できませんでした。『阿弥陀経』を離れ法華経を信ずることにより華光如来となります。まして、末代の凡夫が弥陀の名号を称えても来世に順次に往生できるだろうかと疑義を呈します。そこで、方便品の「正直捨方便但説無上道」(『開結』一二〇頁)を引きます。『阿弥陀経』等は方便の教えであるから、これを捨てて正しい法華経を受持するように説かれたと論証します。『涅槃経』にも虚妄の説があると説くのはこのこととします。

また、譬喩品の「但楽受持大乗経典乃至不受余経一偈」(『開結』一七四頁)の文を挙げます。実大乗である法華経を持ち他の経の一偈でも持ってはならないと説きます。これを妙楽は『五百問論』に「況彼華厳但以福比。不同此経以法化之。故云乃至不受余経一偈」と解説します。『華厳経』にも法師品と同じような「六難九易」を説きます。しかし、『華厳経』は宿世に根が成熟した大菩薩を教化したので、そこに諸経と比較して勝れると説きました。全ての衆生に法を説いた法華経とは違います。福を比較したのであり法華経のように法を比較してはいないとして、法華経に「不受余経一偈」と説く理由を示します。つまり、絶対開会による権実不二の考えから弥陀信仰を許容する誤りを示します。

続いて、法華経が最も優れると述べます。寂滅道場は尼連禅河畔の伽耶城の南の菩提樹下を言います。『華厳経』は釈尊が悟りを開き最初に説法をされた教えです。その教えは「法界唯心」の法門です。世界の全てのもの（一切諸法）は自己の心（一切心）によって造られたとします。竜宮の『華厳経』は三本あり数多くの品や偈があったとされ、現在は一切経蔵には新訳八十巻、旧訳は六十巻、四十巻の三本があるだけと数を提示します。そして、その他の方等経（維摩経・金光明経・勝鬘経など）・般若経・大日経・金剛頂経などの顕密の大乗経を、釈尊は「未顕真実」と説きました。それ故に仏に成ることはできないので「多留難故」（「其有衆生不得聞者 当知是等為失大利 過無量無辺 不可思議阿僧祇劫 終不得成無上菩提 所以者何 不知菩提大直道故 行於険逕 多留難故」『開結』三〇頁）と説きます。留難が多いのは法華経の教えによらなければ、いかに仏道を歩んでも困難な険しい道を行くと言うことです。また、法然の『選択集』に「捨閉閣抛」と言った文を引用して、逆に「門閇或抛」（門を閉じ抛てよ）と示し、法華経以外の諸経は捨てよと釈尊は説いたとします。以上から、行智が言う『阿弥陀経』は法華経と比べると、大きな山と蟻の作った砂山のどちらが高いかを争い、師子王と狐や菟とが角力をして力比べをするように無益なこととします。

日秀らが『阿弥陀経』を捨てて法華経を読誦し、人々に南無妙法蓮華経と唱えることを勧めることは、釈尊への忠義と主張します。なを不審ならば諸宗の高僧たちと召し合わせて、正邪を決するべく公場対決を望むと述べます。国主が仏法の勝劣を明らかにすることは、インド・中国そして日本でも、繰り返し論議されてきた先例があると述べます。先例とは阿闍世王が仏教徒と外道とを対決させたこと、陳隋の王が天台と南三北七の高僧と対決させたこと、そして、日本では桓武天皇が伝教と南都六宗の高僧と対決させて、法華経が他経を屈服させた事実を示します。これにより、今更、対決する迄もなく法華経が勝れていると述べます。

そして、三、訴状の核心である熱原の苅田狼藉について行智の訴えの不当を主張します。

「訴状云　今月二十一日催数多人勢帯弓箭打入院主分之御坊内。下野房乗馬相具　熱原百姓紀次郎男立
点札苅取作毛取入日秀住房畢云云」（一六八〇頁）

苅田狼藉とは他人の田畠の作物を奪い取ることです。麦畑を苅ると苅麦狼藉と言います。即ち九月二一日に、多数の法華信者が弓矢を身につけ院主の坊内（滝泉寺領）に乱入したこと。日秀は武装して馬に乗り紀次郎に点札を立てさせ、寺領の稲を苅り取り日秀の住房に運び入れたと言うのが訴状の大要です。紀次郎は農民ですが生没年は不明です。点札は問題の生じた土地・家屋や農作物などの田地に札を立て、解決する迄は立ち入りを禁止したものです。また年貢未進の時に田地に点札して、年貢を完済する迄その土地を差し押さえることです。点定とも言います。

そこで訴状は虚誕と弁明します。その理由として日秀は行智からさまざまな被害をうけ不安な日々を暮らしており、そのような身分の者の言葉を聞いて点札を立てる者はいないこと。弱い農民達が日秀に雇われる訳がなく資金もないこと。そして、武装して狼藉したなら行智や下方政所の役人がその場で弓矢を奪い取り、それを証拠として召し捕らえて訴え出なかったのか。つまり、行智の訴えは矯飾（偽り飾る）と賢察を促します。

そして、行智の非法について六項目を提起します。①、日秀・日弁は滝泉寺代々の住僧として修行（行法）を積み、天長地久の祈祷を行ってきたので批判される理由はないこと。行智は院主代でありながら住僧である頼円や日禅・日秀・日弁に対して、法華経の読誦を停止し念仏を唱える起請文を要求したこと。滝泉寺は天台宗として天長地久の祈祷を行う勤めがあるので、法華経の読誦を止めさせ念仏のみを強制することはできないのです。それなのに起請文を提出すれば寺内に住むことを認めると命令（下知）したのです。

頼円は命令に随って起請文を書き居住を認められます。日禅は拒否したため任じられた住房を奪われ、実家の冨士郡河合へ移ります。日秀・日弁は頼る所がないので四年の程は縁故の人を頼み滝泉寺の中で寄宿していたのです。しかし、遂に日秀らが所職とする住房を奪い取り法華経による祈祷を禁止しました。それも飽き足らず法華経の行者を一掃するために謀略を計画して、さまざまな偽りを人々に言いふらしたのです。その姿は釈尊在世の提婆達多のようであると述べます。

続いて、行智の悪行を列挙して公平な判断を図りますが、これより先に日秀は行智の悪事を幕府に訴えようとしました。それを察した行智が先手をうったのが事件の発端と思われます。その悪行とは、

「凡行智之所行以法華三昧供僧和泉房蓮海作法華経於柿紙彫紺形為堂舎修治。日弁給御書下所構置之上葺榑一万二千寸内八千寸令私用之。勤下方之政所代。去四月御神事之最中法華経信心之行人令刀傷四郎男。去八月令切弥四郎男之頚。（日秀等擬刎頭事此中書入の一一字は日蓮聖人の加筆）。以無知無才之盗人兵部房静印取過料称器量仁令補当寺之供僧。或催寺内之百姓等取鶉狩狸殺狼落之鹿於別当坊食之　或入毒物於仏前之池殺若干魚類出村里売之。見聞之人莫不驚耳目。仏法破滅之基悲而有余。如此之不善悪行日々相積之間日秀等愁歎之余依欲驚上聞。行智為塞條條自科廻種々秘計相語近隣之輩遮申付無跡形不実擬令損亡日秀等條言語道断之次第也。付頭付頚□無戒御沙汰哉」（一六八一頁）

②、法華三昧供僧の和泉房蓮海に法華経の経典を解かせ、何枚も重ねて厚くして柿紙（柿渋をひいて作った紙）とし、必要な分だけ切り取った型紙（紺形）を建物の修理に使ったこと。③、日弁が書き下し状により用意した

屋根の葺榑（上葺きの板材）一万二千枚のうち、八千枚を行智が私用に使ったことを挙げます。この柿紙の件について、「堂舎の修理をした」を、第一〇紙の最後に「重い罪のうえ謗法にあたる」と訂正し「仏法怨敵」と批判されます。（「法華三昧供僧和泉房蓮海〜」一六八二頁）。また、④、政所代を誘い四月の浅間神社の神事中に紛れて四郎男を切ったこと。そして、八月には弥四郎を殺害したことを挙げます。聖人はこの文に行智は日秀が二人を殺害したように偽装工作をしたと書き入れるようにと加筆指示されます。（「日秀等擬刎頭事此中書入」一六八一頁）。殺害の犯人は行智側であるのを日秀とした不当を挙げたのです。

また、⑤、無知の盗人の兵部房静印から内密に罰金（過料）を取って罪を許し、有徳の僧と偽って供僧に採用したこと。⑥、寺内の農民を動員して鶉や狸を狩る殺生を行い、狼を捕獲するために好物の鹿を殺し別当の坊にて食べたこと。仏前の池に毒を入れて魚を捕り村里にて売ったこと。つまり、農民は獣狩りの悪事に苦しめられ、行智は仏法を破滅させる元凶と反論したのです。在地の有力者である行智と農民との対抗関係が根付いていたのです。（高木豊著『日蓮とその門弟』二二二頁）。日秀は行智の悪事を幕府へ訴えようとしたが、（「愁歎之余」一六八二頁。聖人の加筆）。これを察知し罪状を隠す秘計を廻らしたのです。これが「言語道断」の理由です。つまり、事件は行智の策謀であると傍証したのです。

最後に行智の処罰を要求します。仏法の権実（邪正）や訴訟の真相を追求すること。そして、真実（誠諦之金言）を説いた法華経と御成敗式目の条文によって行智の悪行を禁遏（とどめて止めさせる）するなら、守護の善神は銷変（天変地異を消）し擁護の善神は喜ぶとします。罷免することを要求します。また、この重罪を免れることはできないとします。日秀達が復帰するなら堂舎を修繕し天長地久の祈祷に励むと弁明し結びます。

「然則被改易不善悪行之院主代行智将又本主難脱此重科。何例如実相寺。任不誤之道理日秀・日弁等蒙安堵之御成敗令修理堂舎欲抽天長地久御祈祷之忠勤矣。仍勒状被陳。言上如件」（一六八二頁）

ここに、「将又本主難脱此重科。何例如実相寺」（はたまた本主この重科を脱れがたからん。何ぞ実相寺に例如せん）の一五字は聖人の加筆です。『日蓮聖人全集』（第五巻三一六頁）には、行智らの悪行が実相寺の事件と一つに取り扱われるのを不当とします。これは、実相寺の別当厳誉は日興・日持・日源を寺内から追放したが、厳誉は行智のような謀略を廻らした殺害などの悪行はなかったので、本件と実相寺とでは事件の内容が違うとする解釈です。また、実相寺の事件の判決において院主（慈遍）は無罪となったとする解釈があります。（堀日亨著『富士日興上人詳伝』上、一五一頁）。これに対し行智を罷免しなければ本院主も重罪となり、実相寺の院主のように解任されるとする解釈があります。文永五年に提出した「実相寺衆徒愁状」は、実相寺の院主が更迭された想定によります。（石附敏幸稿「日蓮と中世寺院社会─『実相寺衆徒愁状』の考察を中心に─」『興風』第二七号一三二頁）。最後の「沙門　日秀・日弁等上」はもと「僧　日秀・日弁等上」となっていたのを訂正します。

○　十月一五日、熱原の三人が斬首される

一二日付けの日興に宛てた『伯耆殿御返事』は一五日には鎌倉に届いたと思われます。投獄された信者は頼綱に糾問され、念仏を唱えれば許すと強要されますが、屈しなかったため蟇目の矢を射て拷問します。蟇目は桐材を矢尻とした鏑矢で、拷問の役割と矢が当たると体内に潜む悪魔が退散するとも言います。（堀慈淋著『熱原法難史』一二八頁）。しかし、子資宗に命じて蟇目矢を散々に浴びせて威嚇するのが目的です。その結果、首謀者とし

て神四郎、弥五郎、弥六郎の三人は斬首されたのです。（『鷹岡町史』四五〇頁）。

苅田狼藉の係争は田地の管理と年貢の徴収の所務や、境界や所領地の争いにみられ中間狼藉も多々ありました。この場合は米獲得を目的とする窃盗行為になります。裁判では苅り取った現物の帰属が争われます。文永六年に苅田面積の百倍以上を相手側に引き渡した判例があります。鎌倉末期には追放や私領没収などの刑を課す傾向が見られます。（『国史大辞典』三巻六七三頁）。斬首の刑罰について仮に苅田狼藉の事実があったとしても過去の例からして過酷すぎます。（高木豊著『日蓮とその門弟』二二〇頁）。通常は追放や所領没収でした。

得宗領における裁判は得宗家公文所にて審理されたことからも、頼綱の個人的な感情による裁決と言えます。頼綱の独裁的な横暴を指摘されるところです。（佐藤進一著『鎌倉幕府訴訟制度の研究』一〇五頁）。故に苅田狼藉の罪ではなく聖人の教団に対する弾圧と言えましょう。頼綱の後ろ盾には後家尼御前がいます。重時の長女であり時頼の妻、時宗の母です。重時と同じく西大寺流律宗に帰依し良観の信奉者でした。葛西谷（小町）に居を構えたことから葛西殿（葛西禅尼）と呼ばれ、得宗領などを支配し元との貿易に関わり権力を有しました。文永八年の竜口・佐渡流罪にも関与し事件の策謀が窺えます。（『高橋入道殿御返事』一〇八九頁）。また、頼綱の同族の長崎時綱は得宗家公文所の重鎮として後家尼御前が領する下方政所を仕切っていたのです。日興はこの残忍な報せを一五日の夕刻（午後六時頃）に急使をもって知らせます。

□『変毒為薬御書』（三四六）

一〇月一七日付けにて「聖人等御返事」（一六八四頁）と書かれたように、日興達を法華経の聖、行者と認めた書状です。『興師本』に収録されます。日興は熱原の三人が斬首されたことを一五日の午後六時頃に知らせます。

聖人に渡ったのが二日後の一七日の午後六時です。日興は『本尊分与帳』に次のように記録します。「次在家人弟子分。一、富士下方熱原郷住人神四郎〔兄〕。一、富士下方同郷住人弥五郎〔弟〕。一、富士下方熱原住人弥次郎。此の三人は越後房・下野房の弟子廿人の内なり、弘安元年奉信じ始め奉るところ、舎兄弥藤次入道の訴に依りて鎌倉に召し上げられ、終に頸を切られ畢ぬ。平ノ左衛門入道の沙汰なり。子息飯沼判官〔十三歳〕ひきめを以て散々に射て、念仏申すべきの旨、再三之を責むと雖も廿人更に以て之を申さざる間、張本三人お召し禁めて斬罪せしむる所なり。枝葉十七人は禁獄せしむと雖も終に放たれ畢ぬ」（『宗全』二巻一一六頁）。

熱原の信者は拷問に耐えて題目を唱えたことに、十羅刹女が頼綱に入って信心を試し、雪山童子や尸毘王のように行者を試したのか、勧持品のように悪鬼がその身に入って行者を試したのかと、不退の信心を称賛します。そして、「五五百歳」に善神が守護すると誓った証を見せるのは今と述べます。『大論』と天台が説いた妙の一字を解釈した「変毒為薬」の文を引き、行者を悩ます毒は変じて法華流布の薬となって広まると述べます。法華経は現証の賞罰を顕すから、受難の信者は仏果の功徳を受け、謗法の者は現罰を受けると述べます。日興に問注の時はこの旨を存して弁明するように指示します。注目されるのは「聖人仰」とあることです。「伯耆房等深存此旨可遂問註。平金吾可申様去文永之御勘気之時乃聖人仰忘給歟。其殃未畢。重招取十羅刹罰歟。最後申付」（一六八三頁）。これは文永八年の法難の時に、国の滅亡と謗法堕獄を頼綱に諫言したことです。その罪が現れないうちに更に十羅刹女の罰を招き寄せたいのかと、問注の最後に申し伝えるように厳命します。奥書は前述のように『伯耆殿御返事』の奥書とされます。

なを、実相寺の厳誉との問題は、弘安八年に厳誉の悪行が露見して失踪します。これにより日興の所管となり、日持・日源・日底と続きます。（富谷旭霑著『熱原法難史談』二二二頁）。また、頼綱は熱原法難の一四年後の正応六

（一二九三）年四月二二日に、九代執権貞時により経師谷の邸において一族九〇余人と共に一朝にして滅ぼされます。これを「平禅門の乱」と言います。日興は『本尊分与帳』に、「其の後十四年を経て平ノ入道、判官父子、謀反を発して誅せられ畢ぬ、父子これただ事にあらず法華の現罰を蒙れり」（『宗全』二巻一一六頁）と記します。

□『四条金吾殿御返事』（三四七）

○摩利支天

頼基から「先度強敵とりあひ（取合）について御文給き」（一六八四頁）と、仇敵に命を狙われたが無事に難を逃れたと知らせがあり、一〇月二三日付けにて返書されました。『本満寺本』に収録されます。別名に『剣形鈔』と称します。「前々の用心といひ、又けなげといひ、又法華経の信心つよき故に、難なく存命せさせ給、目出たし目出たし」と、頼基の日頃の用心と健気な信心により護られたと喜ばれ、福運と果報が蓄積され善神に守護されたと述べます。行者守護について属累品の誓状を挙げ、摩利支天については序品の「万天子」（『開結』五七頁）の中の摩利支天にふれます。そして、頼基が守護されたのは摩利支天の力と述べ、摩利支天は頼基に「剣形」を与え、聖人は「首題の五字」を授けたことによる善神の守護と述べます。

○「臨兵闘者皆陳列在前」

「臨兵闘者皆陳列在前」という道教（『抱朴子』）の六甲秘術の文は、法華経の「若説俗間経書治世語言資生業等皆順正法」（『開結』四八三頁）の道理にあると述べます。気を緩めないで強盛に大信力を持ち、たとえ「我が運命つきて、諸天守護なしとうらむる事あるべからず」との覚悟を持たせます。法華経を信仰する心が大切なので、どんな兵法があっても「諸余怨敵皆悉摧滅」（『開結』五二八頁）の秘法を唱えること。「兵法剣形の大事」（一六八六頁）も妙法より開出していると述べ、臆病にならずに深い信心を心懸けるよう諭します。神四郎たちの処刑があり不穏な動きと動揺があったのです。日秀達の陳状が提出され時宗の上聞に達し、捕縛されていた信者一七名は釈放されます。（『日蓮聖人御遺文講義』第一二巻三〇六頁）。その月日については不明です。神四郎の邸跡に建立されたのが厚原（持栄）山本照寺で「加島法難遺跡」があります（『鷹岡町の史蹟と傳説』鷹岡町教育委員会。二二二頁）。

○御本尊（六七）一〇月

○墨田時光と徳丸の父子が身延に登詣

通称「子安御本尊」と称し沙弥「日徳」に授与されます。紙幅縦九一・二センチ、横四九・一センチ、三枚継ぎの御本尊で戸田の妙顕寺に所蔵されます。讃文は磨耗していますが、引用される経文から「若悩乱者頭破七分有供養者福過十号、讃者積福於安明、謗者開罪於無間」と認められます。この御本尊より以降は四天王を漢名を用い「大」の字を冠せられます。また、「華」の字の書風が異例なことを特徴とします。

「子安御本尊」の由来は佐渡流罪の道中に、武州新倉（埼玉県和光市）の城主、墨（隅）田時光の妻の難産を助たことにあります。墨田時光は高橋氏と称し上総の豪族です。立教開宗の折に笠森観音にて教化を受け、血縁と言われる茂原領主の斉藤兼綱と共に信者となりました。鎌倉街道を護送される途上、越後路を少し迂回して安産の祈願をされます。墨田時光の地位が高かったことが分かります。これにより無事に男子（徳丸）を出産します。この一〇月に父子は身延に登詣し日徳・日堅の法号を授かります。この折りに御本尊を授与されます。（佐久間珖甫稿「上総における初唱の檀越墨田氏とその性格」『棲神』第三七号所収六八頁）。翌年に新倉に戻り後に自邸を寺としたのが長誓山妙顕寺で開山は日向です。

□『三世諸仏総勘文教相廃立』（三四八）

本書の成立について浅井要麟氏は偽書としての一考を述べています。（『日蓮聖人教学の研究』二八一頁）。理由は「心性本覚」（一六九〇頁）「無作三身」（一六八八頁）「五大体大」（一六九七頁）の思想があることです。「三如是の本覚三身如来」（一六九〇頁）の本理を覚知すれば即身成仏と説くのは中古天台と同じ解釈とします。久遠本仏論や唱題成仏論を説かないので偽書と判断します。

□『持妙尼御前御返事』（三四九）は建治二年一一月二日とします。

□『大田入道殿御返事』（一九七）

○乗明の病気

本書は元は真間弘法寺に所蔵されていましたが、日満（一三五六～九三年）が、法華経寺の第四世日尊と法服問題を起こします。起因は日尊が埴谷妙宣寺の開堂式を勤めた折に、七条の袈裟を着用したことにあります。日満は身延第七世日叡に訴えたことから、身延と中山の軋轢となり日満は明徳元（一三九〇）年に真間を退出します。（『日蓮聖人御遺文講義』第一八巻九三頁）。その時に本書を持ち出し後に市河村で焼失したと所伝されました。大正・昭和の宗宝調査により断片一一紙が、鶴崎法心寺・本国寺など七ヶ所に発見されました。系年は『定遺』は建治元年一一月三日としますが、弘安元年四月二三日付け『大田左衞門尉御返事』（一四九五頁）に五七歳の大厄に太刀を奉納し身体の不調を知らせます。本書はそれから一年七ヶ月を経て悪瘡となった病状を知らせと思われることから、『対照録』に従い弘安二年とします。

冒頭に乗明の書簡により病気と知り、この病は歎きではあるがもう一つには悦びと諭します。法華経を信仰すると過去の謗法の重罪を現在に受けるが、法華経の功徳により罪を軽く受けるという、「転重軽受」の法門を教えます。『維摩経』（弟子品・文殊師利問疾品）などの経釈を引いて病気の起因・病相・治病を述べます。

『維摩経』　維摩詰が病の床に着いたので、釈尊は文殊に見舞いに行かせ、その病状を問わせます。
　　　　　　維摩詰は衆生を哀れむために病を現じたと慈悲を説きます。

『涅槃経』　釈尊は衆生を調伏するために右脇を下にして伏し病人のようにされます。
　　　　　（調和制伏とは己の心身を修め、外からの悪を教化して成道に至る障害を取り除くこと）
　　　　　　仏には真実の病はないと説きます。

『法華経』　地涌の菩薩が釈尊に少病少悩に安楽に法を説いていますかと問います。
　　　　　　釈尊は安楽にして少なく病み少なく悩むと答えます。

天台は維摩詰が毘耶梨城の自宅に病に伏している姿を見せ菩薩の化他行を説いたように、釈尊も肉身の入滅が近い姿を見せて法身常住を示し、病によって功徳力を説いたと解釈します。（『摩訶止観』第八）。聖人はこの文を引いて病気について解説されます。「生老病死」の認識が窺えます。

『止観』の病気の六原因を挙げます。一、四大不順（体を構成している骨や筋肉の地大。血液の水大。体温の火大。呼吸の風大が調和を乱すと病気になる）。二、飲食不節（飲食の過不足により病気が起こる）。三、坐禅不調（生活の摂生、身体の姿勢、心の怠慢を乱すと病気になる）。四、鬼病（悪鬼が人の隙を窺って体の四大・五臓に入り病気を起こす）。五、魔病（天魔が人の心に入り病気を起こす）。六、業病（過去世の罪業に因って起きる病気）。

初めの三つの病気は医者や薬で治せます。後の三つは法華経を信仰することによってのみ治すことができます。六番目の「業起故病」とは前世の悪業が今世に現れる病気です。そして、『涅槃経』に謗大乗、五逆罪、一闡提による病は重く最も治療し難い病と説きます。しかし、同じ『涅槃経』に今世に悪業を作れば必ず地獄に堕ちるが、三宝を供養すれば地獄に堕ちず現世に果報を得ると説きます。『止観』には重罪を今世に償えば悪業を消滅させるため病気になるが、それを軽く受けて償うとあります。「転重軽受」を説いた文です。

龍樹の『大論』を引き、法華経は秘密の法で「変毒為薬」の効力を示します。天台・妙楽の釈を引き助証し、法華経の「此経則為閻浮提人病之良薬」の文を引き、法華経こそが難病を退治する良薬と述べます。業病にも軽重があり法華誹謗の罪が最大の重病と述べます。この業病は神農・黄帝・華他・扁鵲という名医でも手を拱き、持水・流水・耆婆・維摩という名医も口を閉じて治せないのです。釈尊のみが法華経の良薬にて治療できるとします。そして、

「但限釈尊一仏妙経良薬治之。法華経云　如上。大涅槃経指法華経云　若有毀謗是正法能自改悔還帰於正法　乃至　除此正法更無救護。是故応当還帰正法［云云］。荊谿大師云　大経自指法華為極［云云］。又云　如人倒地還従地起。故以正謗接於邪堕」（一一一六頁）

と、『涅槃経』と妙楽の『文句記』「因謗堕悪必由得益。如人倒地還従地起。故以正謗接於邪堕」の文を引きます。これは折伏下種の証文となります。つまり、謗法の罪があっても改悔し、法華経に帰信することにより救治できるのです。聖人は法華経の功徳力の大きいことを述べます。そして、この文のように邪教を離れ、法華経に帰信して滅罪した世親・馬鳴・吉蔵の実例を挙げます。ここまで経論を引き、法華経は釈迦・多宝・十方分身諸仏の三聖の金言であり、諸経の最上にあると述べ真言宗と比較します。

『大日経』『金剛頂経』『蘇悉地経』などを多年にわたり研究したが、「法華最上」、已今当の「三説超過」を破る経文はなかったと述べます。真言宗が法華経に勝れるというのは、善無畏などの三三蔵の曲解による誤りであり、三大師はこの誑惑した相承を受けて帰朝し、これにより末葉の弟子も曲解し亡国へ導いたと述べます。

乗明は真言の正嫡ではないが檀那であり従者であったので、その謗法の罪は大山が崩れ大海の潮が乾くことがあっても消え難いと述べます。しかし、聖人と出会い法華経を信仰し改悔の心を起こしたので、未来の罪業を軽く受けて軽い瘡病となり、この軽瘡を癒して長寿を得ることができると、阿闍世王が五逆・謗法の滅罪した例を引きます。もし効験が現われなかったら、法華経を綺語と公言されたくなければ世尊は験を表わし、諸賢聖は誓いを守るならば守護すべしと、声を出して叫喚しなさいと述べます。この書状を受けた乗明は法華経の真実と、諸天の守護を確信したことでしょう。聖人の信仰の姿が窺えます。なを、本書に乗明を「禅門」と称します。建治三年四月一二日付け『乗明聖人御返事』には「乗明法師妙日」「乗明聖人」（一三〇〇頁）と呼称されます。

「此罪難消歟。雖然宿縁所催又今生慈悲所薫存外値遇貧道発起改悔故償未来苦現在軽瘡出現歟。彼闍王身瘡五逆謗法二罪所招。仏入月愛三昧照其身悪瘡忽消延三七日短寿保四十年宝算兼又屈請千人羅漢書顕一代金言流布正・像・末。此禅門悪瘡但謗法一科。所持妙法超過月愛。豈不愈軽瘡招長寿。此語無徴発声叫喚一切世間眼大妄語人　一乗妙経綺語典惜名世尊験顕恐誓諸賢聖来護云爾」（一一一八頁）

□『上野殿御返事』（三五〇）

○時光への熱原法難の圧迫

「此はあつわら（熱原）の事のありがたさに申す御返事なり」（一七〇九頁）

真蹟の五紙は大石寺に所蔵されます。一一月六日付けにて熱原の農民を保護した時光に感謝された書状です。時光は得宗被官として鎌倉に一族がいましたので自身にも危害が及びました。その熱原法難の渦中にいても退転せずに信仰を続けたこと、神四郎の遺族を援助し日弁の信者である浅間神社の神主たちを自邸に匿いました。その咎で公事責め（課税）に遭います。（『本化聖典大辞林』上七七頁）。これら如説の行動が「上野賢人殿」（一七〇九頁）と呼称された所以です。「賢」は「聖」を改めて書かれたものです。「ありがたさに申す」と賞賛される働きがありました。この影響は翌弘安三年の一二月二七日『上野殿御返事』（一八二九頁）に、乗る馬もなく妻（乙鶴）子も着る衣服に不自由します。本書は行者としての態度を褒めます。

聖人は日秀・日弁を日頂に指導させ、下総の常忍の許に避難させます（『富城殿女房尼御前御書』一七一一頁）。

身延期における大難です。信者は教団の危機を乗り越えることに懸命でした。その一端が本書に窺えます。冒頭に龍門の滝の故事（『史書』の登竜門。『後漢書』李膺伝）と、身分が低い地下の者（平氏）は昇殿が許されないように、成仏も難しいと喩えます。龍門は夏朝の皇帝禹が治水のため黄河上流にある竜門山を切り開いてできた急流のことです。登龍門とは成功への道が不可能な難関を突破した諺です。鮒（鯉）が滝を上り龍となるには諸々の障害があるように、不惜身命の信心を貫いて成仏することも至難のことを例えます。

「或ははやきせ（急瀬）にかへり、或ははし（鷲）・たか・とび・ふくろうにくらわれ、或は十丁のたきの左右に漁人どもつらなりゐて、或はあみをかけ、或はくみとり、或はいてとるものもあり。いをのりうとなる事かくのごとし」（一七〇七頁）

源氏と平氏は天皇の御所を警護し地方の謀反を平定する役目を担います。身分は山人（猟師や木樵）のように低いものでした。地下の者と言うのは、清涼殿・殿上の間に昇ることを許されない者です。朝廷内の序列である位階や家格によって定められました。昇殿を認められた者を殿上人・堂上と称し認められない者を地下と言います。そこで、「平氏の中に貞盛と申せし者、将門を打てありしかども、昇でんをゆるされず」（一七〇八頁）と、地下の身分であった貞盛が朱雀天皇に対抗して、新皇を自称し朝敵となった将門を討ちますが（九四〇年。承平天慶の乱）、清盛が保元の乱・平治の乱で源氏を破り、仁安二（一一六七）年に従一位太政大臣となり平氏政権を樹立するまで二二七年を経過します。登龍門と同じように退転しないで大願を成就する難しさを述べたのです。

仏道を歩む者として舎利弗の例を引きます。（『開目抄』六〇一頁）。舎利弗が六十劫のあいだ布施の菩薩行を修していた時バラモンより眼を乞われます。片方の眼を与えますが汚らわしいとして地に投げ捨て足で踏みつけます。この仕打ちにより菩薩行を止め、自己が満足する二乗の道に進みました。また、大通結縁の三千塵点、久遠下種の五百塵点の退転を挙げて、長いあいだ生死流転したと述べます。つまり、法華経の信心はいかに難信難解なのかを示されたのです。

そして、舎利弗が退転した理由を、「第六天の魔王」（一七〇八頁）が国主などの身心に入って障りをなしたと述べます。（『兄弟鈔』九二二頁）。今は聖人の門下が魔王に攻められていると述べます。明らかに熱原法難を「第六天の魔王」の仕業と受容されます。頼綱や行智に魔が入ったと受けとめ、大願を起こして信心を貫くことを命じます。近年の厄病（伝染病など）にては死ななかったが、蒙古が襲撃して来れば死を免れることはできないと述べ、死を迎えた時の嘆きは今うけている苦しさと同じであり、同じ死を選ぶなら「かり（仮）にも」法華経の弘通に身命を奉るように諭します。

「願くは我弟子等、大願ををこせ。去年去々年のやくびやうに死し人々のかずにも入ず。又当時蒙古のせめにまぬかるべしともみへず。とにかくに死は一定なり。其時のなげきはたうじ（当時）のごとし。をなじくはかりにも法華経のゆへに命をすてよ。つゆを大海にあつらへ、ちりを大地にうづむとをもへ。法華経第三云願以此功徳普及於一切我等与衆生皆共成仏道云々」（一七〇九頁）

命は露や塵のような微少なものであるが、法華経の広大な大海に一滴の露を入れ、大地に一塵の塵を埋めることの重要性を教えます。化城諭品（『開結』二五二頁）の文は、法華経に命を奉る功徳は大勢の者へ巡らされると説きます。共に仏道を成就し功徳は未来までも失われないと述べます。最後に端書きとして、熱原法難に当たり献身的に教団を外護した法悦に認めたとあります。なを、『治部房御返事』（一八八二頁）より日位（承賢）も熱原法難に寄与していたことが分かります。（山上弘道稿「日蓮大聖人の思想（六）」『興風』第一六号二二六頁）。この月に無学祖元が時宗の招きで建長寺に住します。無住一円は『沙石集』を起稿します。

□『富城入道殿御返事』（三五一）、□『富城殿女房尼御前御書』（三五二）、□『兵衛志殿女房御返事』（三五三）は弘安三年一一月二五日とします。

□『中興入道御消息』（三五四）

○中興入道の登詣。「遠国の者、民が子」

一一月三〇日付けにて金銭一貫文を布施され、「妙法蓮華経の御宝前」（一七一二頁）に報告したと伝えます。卒塔婆供養の記載から中興入道の娘の一三回忌の供養を兼ねての登詣でした。『平賀本』に収録されます。本書は聖人の自伝を多く述べています。主な内容は日本への仏教の伝来と行者としての意識を明かします。佐渡での故次郎入道の恩義にふれ法華信仰による霊山往詣の功徳を説きます。

まず、日本国は須弥山から見て南に位置し、欽明天皇の時に百済から仏教が伝わり、用命天皇の時に聖徳太子が法華経を定着させたと述べます。今は七百年を経過し天皇は六〇余代に及び、諸宗も国中に広まり特に念仏が隆盛したと述べます。弥陀信仰が受け入れ易かったのは、阿弥陀仏の名前を称すれば母親のように困った時には必ず救うと説いたので、人々はそれを信じて念仏を唱えたと述べます。

そして、聖人は「遠国の者、民が子」（一七一四頁）の身分と述べます。「遠国の者」とは『本尊問答抄』に、「日蓮は東海道十五ヶ国内、第十二に相当安房の国、長狭の郡、東条の郷、片海の海人が子也」（一五八〇頁）とあるように、都から遠く離れた辺境の地を指します。『延喜式』による税の貢納は安房国から都（平安京）迄は往路三四日、帰路一七日と定めます。調庸物が中央に届けられる期限が近国は一〇月三〇日、中国は一一月三〇日、遠国は一二月三〇日となっていました。（『千葉県の歴史』資料編考古3。三三一頁）。

聖人は誰も唱えなかった南無妙法蓮華経を唱え、しかも、阿弥陀仏を信じ念仏を称えれば無間地獄に堕ちると説きました。同じく千日尼にも、「弥陀念仏は女人たすくる法にあらず。必地獄に堕給べし」（『千日尼御前御返事』一五四三頁）と述べます。念仏の信徒は激怒します。その様子を食べ物に石を混ぜて炊き、石につまずいて馬が跳ね上がり、航海中に台風が来たように、村落に大火事が起き、とつぜん敵が攻めてきたように、そして、分不相応の女（とわり）が身分の高い貴人の后になったように驚き怨嫉を持ったと表現されます。しかし、立教開宗より二七年に至るまで退転せずに唱えてきたと述べます。

「はじめは日蓮只一人唱へ候しほどに、見人・値人・聞人耳をふさぎ、眼をいからかし、口をひそめ、手をにぎり、はをかみ、父母・兄弟・師匠・ぜんう（善友）もかたきとなる。後には所の地頭・領家かたきとなる。後には一国さはぎ、後には万人をどろくほどに、或は人の口まねをして南無妙法蓮華経ととなへ、或は悪口のためにとなへ、或は信ずるに似て唱へ、或はそしるに似て唱へなんどする程に、すでに日本国十分が一分は一向南無妙法蓮華経、のこりの九分は或は両方、或はうたがひ、或は一向念仏者なる者は父母のかたき、主君のかたき、宿世のかたきのやうにのゝしる。村主・郷主・国主等は謀反

の者のごとくあだまれたり」（一七一四頁）

そのため、親しい人からも謀反人のように憎まれます。大海に浮かぶ木片が風の吹かれるままに漂い、柔らかい軽毛が空中に上がったり下がったりして定まらないように、国中から追われた漂泊の思いを述べます。ある時は打擲され捕縛され殺傷にあい弟子を殺されました。そして、竜口首座と佐渡流罪の経緯を述べます。

「去文永八年九月十二日には御かんき（勘気）をかほりて、北国佐渡の島にうつされて候しなり。世間には一分のとがもなかりし身なれども、故最明寺入道殿・極楽寺入道殿を地獄に墜たりと申法師なれば、謀叛の者にもすぎたりとて、相州鎌倉龍口と申処にて頚を切んとし候しが、科は大科なれども、法華経の行者なれば左右なくうしなひなば、いかんがとやをもはれけん。又遠国の島にすてをき（捨置）たるならば、いかにもなれかし。上ににくまれたる上、万民も父母のかたきのやうにおもひたれば、道にても又国にても、若はころすか、若はかつえしぬ（餓死）るかにならんずらん、とあてがはれて有しに」（一七一五頁）

佐渡にて殺害されるか餓死することを想定して流罪したと述べます。しかし、十羅刹女などの善神の守護により次郎入道の外護を得たと述べます。賢人で尊敬される次郎入道が聖人を信頼したので、子息も下人も敵対しないで幕府の指示の通りにしました。幕府内に反対もあったが時宗の裁量により赦免となり鎌倉に帰ったと述べます。赦免の理由は『立正安国論』を著述した九年後の文永五年に蒙古の牒状が渡り、他国侵逼の予言が的中したことでした。時宗は蒙古に敏感になっていたのです。日本国にとっては「第一の忠の者」（一七一六頁）との意識を持ちます。「忠」とは釈尊の意思を不惜身命に弘通することです。仏国土を実現する強い意志と言えます。

嘗て時頼に『立正安国論』を奏進し自他二難を予言した時は、念仏者、真言師は嘲笑しました。九年を経て的中します。そのとき念仏者達は自分の立場に執着し聖人を怨み殺害を企てました。その様子は楊貴妃が皇帝の寵愛を独り占めにするため、偽の宣旨を出して宮中の美官の父母兄弟を流罪・殺害し、美官女を上陽宮に移し四十年ものあいだ牢に閉じ込めて苦しめたことを述べます。

「日蓮が勘文あらわれて、大蒙古国を調伏し、日本国かつならば、此法師は日本第一の僧となりなん。我等が威徳をとろうべしと思かのゆへに、讒言をなすをばしろしめさずして、彼等がことばを用て、国を亡さんとせらるゝなり」（一七一七頁）

しかし、幕府は法華経の敵である真言師・禅宗・律僧・持斎・念仏者を信用し、聖人を流罪したため国を亡ぼすことになったと述べます。秦の胡亥（前二二九～前二〇七年）は、趙高の讒言を信じて李斯を殺し即位したが、その趙高に殺されます。日本でも醍醐天皇は左大臣藤原時平の讒言を信じて、菅原道真を左遷したため地獄へ堕ちたと述べます。同じように、法華経の敵を信じ迫害したので善神は行者を守護し法敵を罰したと述べます。賤しくても釈迦・多宝仏を始め善神は、人が眼を大事にするように帝釈天を敬うように、母親がわが子を慈愛するように守り重んじると述べます。故に経説に従い善神は行者を迫害した者を、父母の敵よりも朝敵よりも重い大科の現罰に処すと述べます。ここに法華持経の福徳と謗者の罪業を説きます。

そして、故父の信仰を女房も共に受け継ぎ年々に夫を遣わしたと褒めます。年々に千里の道を送り迎へたと述べます。建治元年八月、建治二年四月に続く三度目の登詣でした。佐渡から身延までは凡そ三八〇キロで二〇日ほどの旅になります。海山を越えての道中に夫の身を思う妻の姿を見たのです。中興入道一人の登詣でした。

また、幼くして死去した娘の十三回忌にあたり塔婆を建立した功徳を説きます。塔婆建立により精霊は浄土に成仏し、父母も後生には娘と同じ霊山浄土に往詣すると諭します。この功徳は法界の万霊に回向されると述べます。亡き父母たちは空の日月のように浄土への道を照らします。入道の子や妻たちも命を長らえると現世安穏を説きます。題目の功徳は水が澄めば月がはっきりと映り、鼓を打てば響くように真実と再説して、卒塔婆に題目を書いて法界に顕すように勧めます。佐渡の信徒との深い繋がりが窺えます。

○ 御本尊（六八）一一月

「優婆塞日安」に授与され縦七八・五センチ、横四六・一センチの三枚継ぎの御本尊で、沼津の妙海寺に所蔵されます。

○ 御本尊　一一月

『日蓮聖人門下歴代大曼荼羅本尊集成』（一二）に、縦五九・八センチ、横四〇・八センチの御本尊が掲載されます。多宝仏側に鬼子母神、その外側に天台大師、釈迦仏側に十羅刹女、その外側に伝教大師が勧請されます。筆勢は御本尊（六八）・（六九）と同じです。小田原浄永寺に所蔵されます。（「解説」二一六頁）。

○御本尊（六九）一一月

「沙門日永」に授与され紙幅は縦六八・八センチ、横四五・二センチ、二枚継ぎの御本尊です。京都の立本寺に所蔵されます。日興の『本尊分与帳』に下山の因幡房日永は日興の弟子であったので御本尊を授与したが、今は背信したと記します。（『宗全』第二巻一一三頁）。

○御本尊（七〇）一一月

「優婆塞日久」に授与され、紙幅は縦四五・一センチ、横三〇センチ、一紙の御本尊です。「四天王画像御本尊」と称します。伊豆韮山の江川吉久に授与された御本尊を、画工の大蔵に依頼して上方に瓔珞と毘沙門天・持国天、下方に華台と広目天・増長天を絹本に極彩色で描画させます。明治初年に京都の村上重信家に渡り現在は随喜文庫（立正安国会）に所蔵されます。また、一二月に本紙の上部（天）に瓔珞の装飾がされた一紙の本尊が鎌倉妙本寺に所蔵されると言います。（寺尾英智著『日蓮聖人真蹟の形態と伝承』一二二頁）。

□『右衛門太夫殿御返事』（三五五）

宗仲より久しぶりに書簡が届き、青い裏地の小袖一枚、帽子一個、帯一篠、金銭一貫文、栗一籠を供養された、一二月三日付けの礼状です。『本満寺本』に収録されます。父康光は二月に逝去し（『孝子御書』一六二七頁）、その後は宗仲が家督を継ぎ兄弟そろって作事奉行の任に当たりました。

上行菩薩が末法に生まれ南無妙法蓮華経の「五字」を弘通することは、法華経に明白に説き明かされていると述べます。そのため流罪・死罪に処せられることも経文に明白とし、その受難の説示と自身の色読と一致することから上行自覚を暗示します。これを神力品を引いて経証とし、特に「斯人行世間」の中に「人」とあるのは誰かを問い、上行菩薩の再誕の「人」、即ち聖人に他ならないと言う文脈になります。再誕の人である行者は仏道に誤りのない人であり、弘める法華経も疑いのないことを示します。そして、池上父子が帰信したのは宗仲の信仰の強さでしたので、上行菩薩の弘通（化儀）を支えるのは宗仲と述べ信仰を褒めます。

「当今は末法の始の五百年に当りて候。かゝる時刻に上行菩薩御出現あつて、南無妙法蓮華経の五字を日本国の一切衆生にさづけ給べきよし経文分明也。又流罪死罪に行るべきよし明かなり。日蓮は上行菩薩の御使にも似たり。此法門を弘る故に、神力品云如日月光明能除諸幽冥斯人行世間能滅衆生闇等云云。此経文に斯人行世間の五の文字の中の人の文字をば誰とか思食す。上行菩薩の再誕の人なるべしと覚えたり。経云於我滅度後応受持此経是人於仏道決定無有疑云云。貴辺も上行菩薩の化儀をたすくる人なるべし」（一七一九頁）

□『窪尼御前御返事』（三五六）

一二月二七日付けにて窪尼から正月を迎え、蒸し餅（十字）五〇枚、串柿一連、飴桶一個を供養された礼状です。『興師本』に収録されます。夫の死後由井家に帰り窪（久保村）に住したことから窪尼と称されます。夫の没後（建治元年一〇月末頃）に折にふれて供養します。その志しの深さについては筆が摺り減り指もくたびれてしまう程、書き尽くしたと言い表わされます。三千世界に七日間も降る雨の粒を数え、十方世界の大地の塵を数えることができても、「法華経一字供養」（一七二〇頁）の功徳は数えられないほど大きいと釈尊は説いたと述べます。聖人を支えた篤信の女性であったことが分かります。

□『上野殿御返事』（三五七）

○「春は花、秋は月」

一二月二七日付け時光への礼状です。真蹟は四紙完存にて大石寺に所蔵されます。食料に困窮していた時に白米一駄の供養がありました。一駄は馬一頭に背負わせた荷物の量で二俵は背負ったと言います。

「一切の事は時による事に候か。春は花、秋は月と申事も時なり」（一七二一頁）と、困っていた時の供養の有り難さを述べ弘教にも適時があると教えます。春は梅や桜の花が咲き秋は夜の月が美しく心に残ります。道元は「春は花夏ほとゝぎす秋は月、冬雪きえですずしかりけり」と詠んでいます。これは宝治元（一二四七）年に時頼の招きにより鎌倉に下った時に、北の方（毛利季光の娘か）から求められて詠んだ十余首の内の一首です。天地自然の無常と人間の生死とを凝視し修行の意義を追求します。四季の移り変わりを詠むのは王朝和歌の形式です。聖人は「春は花、秋は月」と純粋に四季の実相を表現されます。釈尊は法華経を説く「時」を四十余年待っていました。方便品の「説時未至故今正是其時決定説大乗」（『開結』一〇六頁）を文証として、法華経が随自意・真実の教えであると示します。それには「時」が重要になります。

冬は薄い着物より厚綿の着物、飢えてる時は金銭よりも食べ物を欲しがると同じように、弘教も時に適うことを述べます。釈尊に食べれない土の餅を供養しても、その功徳により徳勝・無勝童子は成仏します。しかし、高価な宝石を供養したのにも拘わらず地獄に堕ちた者もいるとして、「時」に叶うことが大事と述べます。即ち末法に法華弘通の意義を説いた末法正意論の教えです。

聖人は人を騙したり他人の物を盗んだりせず、末代の僧侶としては罪科が少ない者と自己を見つめます。しかし、白法隠没の末代においては重用されず、還って憎まれて身延に入山したと邂逅します。そして、身延には五尺の積雪と寒苦に責められ、訪う人がいないので食料もなくなり、将に絶命かと思われたところに白米を戴き、嬉しさも嘆きもあり、餓死を覚悟していたので灯火に油を注がれた状態ながらも供養に感謝されます。法華経を弘通できることは尊いと喜ばれ、釈尊と法華経の加護に深い意義を感じます。

「日蓮は日本国に生てわゝく（誑惑）せず、ぬすみせず、かたがたのとがなし。末代の法師にはとがうすき身なれども、文をこのむ王に武のすてられ、いろをこのむ人に正直物のにくまるゝがごとく、念仏と禅と真言と律とを信ずる代に値て法華経をひろむれば、王臣万民ににくまれて、結句は山中に候へば天いかんが計せ給らむ。五尺のゆき（雪）ふりて本よりもかよわぬ山道ふさがり、といくる人もなし。衣もうすくてかん（寒）ふせぎがたし。食たへて命すでにをはりなんとす。かゝるきざみ（刻）にいのちさまたげの御とぶらい、かつはよろこびかつはなげかし。一度にをもい切てうへし（餓死）なんとあんじ切て候つるに、わづかのともしびにあぶら（油）を入そへられたるがごとし。あわれあわれたうとくめでたき御心かな。釈迦仏法華経定て御計候はんか」（一七二二頁）

□『本門戒体抄』（三五八）

『朝師本』『平賀本』に収録されますが偽書とされます。冒頭に「大乗戒並小乗戒事」（一七二二頁）と小題があることから『大乗戒並小乗戒事』、内容から『大小戒事本門戒体抄』と称します。十箇条の戒を挙げ、寿量品の久遠の本門戒を持てば成仏するとします。（一七二五頁）。これは『梵網経』の十重禁戒を法華経の本門戒の戒条に当て変えたものです。聖人は法華受持を持戒としますので内容に疑いがあります。（『日蓮聖人遺文辞典』歴史篇一〇六一頁）。分別功徳品（『開結』四三八頁）の「現在の四信」の第一「一念信解」と、「滅後の五品」の第一「随喜品」を依拠として、「以信代慧」「信心為本」の修行を立てます。凡夫の一念の信と喜びの心に成仏を認めます。そして、戒定慧の三学の中の慧を重視します。同じように六波羅蜜も最後の智慧を重視します。つまり、末法においては三学の戒・定を慧に収めます。六波羅蜜では五波羅蜜を差し置き智慧に集約します。その智慧も「信」を大事とします。この信は智慧に代わるとしたのが「以信代慧」です。この信心は南無妙法蓮華経と唱題することにあります。この一念信解・初随喜を法華経の本意と述べます。（『四信五品鈔』一二九六頁）。つまり、但信口唱の信心為本を修行とした、滅後における法華弘通を主体的に説きます。ここに本書との相違を指摘できます。

○『断簡』「須弥山」○十喩

弘安二年とされる断簡で彦根蓮華寺に所蔵されます。「須弥山の諸山にすぐれ、月輪の衆星にこえ、日輪の燈炬等に」（『対照録』下巻三九二頁）とあり、法華経は諸経に勝れると述べます。聖人が十喩（『開結』五二二頁）の全てを引用されたのは、弘安元年の『秀句十勝鈔』（『法華秀句』下の「仏説十喩校量勝」の文）に見られるだけで、

二、三の喩を挙げて他を省略します。ここには、「日蓮云、迹門譬月本門譬日歟。九喩如何」（二一三六八頁）と、本迹の勝劣を述べます。

また、十喩を引用されるとき、法の勝劣と人の勝劣と言う二つの視点があります。通例は法（法華経）の超勝を証明されるときに引用しますが、人（行者）の勝劣を比較するときにも引用します。それは第八喩の「有能受持是経典者亦復如是於一切衆生中亦為第一」の文を根拠として、法華経の行者は真言師などの行者よりも勝れていると述べるときです。初見は文永九年の『真言諸宗違目』「依教定人勝劣。先不知経勝劣何論人高下乎」（六四〇頁）にみられ佐渡流罪を契機に多く述べるようになります。

□『一代五時鶏図』（二一四）

『一代五時鶏図』（二二三八四頁）は弘安元年、二年の説があります。聖人は釈尊一代の教えを五時に配当して図示され初学の弟子に教えます。身延にても自ら書き示して指導されています。真蹟八紙は京都本満寺に所蔵されます。年代不明の図録も多数伝わり天台の基礎教学を習得させたことが窺えます。

第五章　身延山妙法華院久遠寺

第一節　弘安三年以降　熱原法難の余波

◎五九歳　弘安三年　一二八〇年

○　妙了日仏の登詣

一月五日に相股村史薩華正左衛門の妻が児を懐いて登詣します。鎌倉より身延へ入る道中の相又村で、薩花夫妻と出会い粟飯の供養を受けました。身延で最初の信者と言います。庄左衛門の妻は難産に苦しんでいましたが、安産の祈願を頼み無事出産しました。その翌年に夫が死去したため安産のお礼と夫の菩提を弔うために登詣しました。仏門への願いを受け入れ高峯院妙了日仏、その子を是好麿と名付けます。下之坊の地を賜り弘安五年に下山するまで衣食の世話をします。粟冠の姥と呼ばれ八役給仕の誠を奉じたと称されます。自筆のご本尊を二幅授与されます。下之坊は文永一一年九月八日に建てられ、弟子や信者の宿舎としての役割を持ちました。

フビライは日本侵略のために征東行省を設け、船舶や兵糧の準備を始めました。この情報は商船によって日本に伝わり、朝廷・幕府は社寺に敵国降伏の祈祷を命じます。武士は鎮西ため上洛します。（『帝王編年記』）。

□『上野殿御返事』（三五九）

○元三の奉納

一月一一日付けにて時光から正月の元三に当り、蒸し餅六〇枚、清酒一筒、山芋五〇本、柑子二〇個、串柿一連を供養され、法華経の御宝前に供えたと知らせた礼状です。花は咲いて果実を結び月は一夜ごとに満ちます。灯に油を足せば明るさを増します。草木は雨が降ると勢いよく伸びます。善根を行うと人生が栄えると述べます。元旦（元一）にも供物を届けました。

□『秋元御書』（三六〇）

○器の四失と与同罪

一月二七日付けにて秋元太郎から漆塗りの竹筒形の御器一具三〇個と、盃（皿）六〇枚を送られた礼状です。筒御器は水や酒、油、酢を入れる容器です。盃も奉納されますので神仏に供えるため、また、参詣者を労う御酒に用いたと思います。『筒御器鈔』とも称し『朝師本』に収録されます。

秋元太郎は下総の印旛郡白井荘に住み藤原勝光、後に太郎左衛門と称します。松葉ヶ谷法難（文応元年八月二七日）を逃れ常忍の元にて百日百座の説法をした折りに入信したと言います。若宮の奥之院は常忍の居宅の跡で初転法輪の道場と称します。秋元太郎と常忍、乗明、教信と親しいことは『秋元殿御返事』（四〇六頁）、『慈覚大師事』（一七四一頁）に見えます。

本書は謗法を黙視することは与同罪であり、不惜身命の覚悟をもって訶責する信心を教えます。受領した漆塗りの（「漆浄く候へば」一七三一頁）御器に因んで、器は大地の窪み水が溜まると池のようになり、月を映すのは我等の肉親に法華経の功徳が入るのと同じと譬えます。逆に器は四つの欠点として覆・漏・汙・雑の四失を挙げます。覆とは伏せたり蓋をしていること、漏とは水が漏れること、汙は汚れていること、雑とは飯に砂や土が入っていることを言います。つまり、器として役に立たないことで、これを成仏を妨げる理由とします。

「器は我等が身心を表す。我等が心は器の如し。口も器、耳も器なり。法華経と申は、仏の智慧の法水を我等が心に入ぬれば、或は打返し、或は耳に聞じと左右の手を二の耳に覆ひ、或は口に唱へじと吐出しぬ。譬ば器を覆するが如し。或は少し信ずる様なれども又悪縁に値て信心うすくなり、或は打捨、或は信ずる日はあれども捨る月もあり。是は水の漏が如し。或は法華経を行ずる人の、一口は南無妙法蓮華経、一口は南無阿弥陀仏なんど申は、飯に糞を雑へ沙石を入たるが如し」（一七三〇頁）

覆した器のように法華経を信じようとせず、聞くことも口に唱えようとしない者を譬えました。漏とは少し信じても悪縁によって捨て去ることを言います。汙とは邪教により汚れていることです。雑とは念仏信仰を捨てずに題目を唱えることで飯に砂を混ぜる信仰を言います。つまり、法華経を信じない行為を器が用をなさない四失に譬えたのです。譬喩品（『開結』一七四頁）の「但楽受持大乗経典乃至不受余経一偈」の文は、他経を混ぜてはいけないことです。特に種塾脱の下種にふれ法華経の大事な肝心と述べます。

「世間の学匠は法華経に余行を雑ても苦しからずと思へり。日蓮もさこそ思候へども、経文は不爾。譬ば后の大王の種子を孕めるが、又民ととつげば王種と民種と雑て、天の加護と氏神の守護とに被捨、其国破る、縁となる。父二人出来れば王にもあらず、民にもあらず、人非人也。法華経の大事と申は是也。種・熟・脱の法門法華経の肝心也。三世十方の仏は必妙法蓮華経の五字を種として仏に成給へり。南無阿弥陀仏は仏種にはあらず。真言五戒等も種ならず。能々此事を習給べし。是は雑也」（一七三〇頁）

と、妙法蓮華経の五字でなければ仏種とならないとします。法華経の大事はここにあると述べ、その他は雑種と排斥します。完器である五字を受持することは「平等大慧教菩薩法仏所護念」（宝塔品）と説いた釈尊の平等の智水は枯れないのです。この御器は特別に固く厚く漆も清く施されており、秋元太郎の信心も堅固で清浄と褒めます。この功徳は毘沙門天や浄徳夫人の供養心と同じように成仏も疑いないと述べます。

次に、日本国に十の名前があることと男女の人数を挙げ、聖人は男の中でも国中から憎まれた第一と述べます。また、日本に二六人の謀反人がいたが、これらの罪人でも聖人よりも憎まれた人はいないと述べます。その理由は四箇格言を標榜したためで、それにより自身の流罪のみではなく信者も所領を剥奪され過料を徴収され、しかも、信者を殺害した者に褒美を与えたと暴露します。

「而を日蓮一人、阿弥陀仏は無間の業、禅宗は天魔の所為、真言は亡国の悪法、律宗持斉等は国賊也と申故に、自上一人至下万民父母の敵・宿世の敵・謀叛・夜打・強盗よりも、或は畏、或は瞋、或は罵、或は打。是を讐者には所領を与へ、是を讃る者をば其内を出し、或は過料を引せ、殺害したる者をば褒

美なんどせらるゝ上、両度まで御勘気を蒙れり」（一七三二頁）

次に、法華経を修学する心得に三義あるとして謗法の人・家・国を挙げます。法華経の教えに背反すると謗法になると教えます。謗人は戒律を持っていたが、大乗を誹謗して無間地獄に堕ちた勝意比丘・苦岸比丘・無垢論師・大慢婆羅門を指します。また、三大師も法華経を誹謗したから、讎敵となって無間地獄に堕ちたとします。ここで法華誹謗の者を破折しなければならないと述べます。それが仏使としての責務であり、その活動をしないと謗法の人となり大怨敵になると述べます。

「法華経第一と披説候に、是を一二三等と読ん人を聞て、恐人恐国不申、即是彼怨と申て、一切衆生の大怨敵なるべき由、経と釈とにのせられて候へば申候也。不恐人不憚代云事我不愛身命但惜無上道と申は是也。不軽菩薩の悪口杖石も非他事。非不恐世間唯法華経の責の苦なれば也。例せば祐成・時宗が大将殿の陣の内を箇ざりしは、敵の恋しく恥の悲しかりし故ぞかし。此は謗人也」（一七三四頁）

不軽菩薩が軽毀されても世間を恐れずに弘教したのは、謗法の罪の責めを恐れるためと述べます。例えとして、曾我祐成と時致の兄弟が、安元二（一一七六）年に父河津祐泰が工藤祐経に殺された事件があります。長じて建久四（一一九三）年に、頼朝の富士野の狩場で祐経を襲い敵討ちを果たします。しかし、頼朝がいる陣内ですから祐経の家臣の仁田忠常に殺されます。死を覚悟で襲撃したのは信念を果たせないことが恥であり辛かったからです。祐成は母が曾我祐信に再嫁したので曾我の姓を名のりました。討たれた工藤祐経の娘は日昭の母となり、曽我兄弟とは同族です。

次に、謗法の教えを信仰している家に生まれても無間地獄に堕ちると述べます。正法を誹謗した勝意比丘や苦岸比丘の家に生まれたり、その弟子や檀那になると、謗法の認識がなくても同罪で堕獄すると述べます。その例として頼朝に仕えた侍所の初代別当の和田義盛が、三浦義時に滅ぼされた和田合戦を挙げます。合戦後に固瀬川（境川）に梟された和田一族の首級は二三四と言われ、一族は追及処罰され滅亡します。胎内にある子供も腹を裂かれたと言います。この和田一族の悲惨な例を挙げて、謗法の寺の信徒も連座して堕獄すると述べます。法華経と釈尊を卑下する叡山や東寺などは謗法の寺（家）となります。譬喩品の「若人不信毀謗此経則断一切世間仏種（中略）其人命終入阿鼻獄」（『開結』一六七頁）の文の通りならば、三大師の邪義を継ぐ諸寺の僧侶や檀那も堕獄すると述べたのです。

謗国とは国内に謗法の者が住んでいれば、その一国が謗法の無間大城の国になると述べます。大海へ全ての水が集まるように禍も集まると譬えます。まさに『立正安国論』（二〇九頁）に「この災難の原因は世の中の全ての人びとが正しい教えに背いて悪法邪法に帰依したため、国を護る諸天善神はこの国を捨てて天上に去り、正法を広める聖人も去って還ってこないから、その隙に乗じて悪魔や悪鬼が押しよせてきて、次々に災難が起こる」（『日蓮聖人全集』第一巻一五六頁）と述べた謗法による三災七難の悪国のことです。

例えば国に飢渇が充満すれば国は餓鬼道となり、疫病が重なれば地獄道の国となり、戦乱が起きれば修羅道の国に変わると述べます。死んでから三悪道に堕ちるのではなく現身に四悪趣の謗国となるとします。大荘厳仏の弟子の普事菩薩を迫害した苦岸比丘が堕獄したこと、獅子音王仏の滅後に喜根菩薩を誹謗した勝意比丘が堕獄したことを挙げます。この人々と同じで結果は無間地獄に堕ちると述べます。『報恩経』には父母兄弟の死体のみならず、生きている人間を殺して肉を食べたとあるように、今の日本も同じと述べ、その原因は真言の邪法にあるとします。『頼基陳状』に述べたように龍象房がその例です。人肉を他の肉に交えて売り、すし（鮨）として食べていた者が大勢いたのです。この理由は「善神捨去」により、結局は自他二難により国土が無間地獄になると述べます。この謗国を予見して『立正安国論』を奏進しました。ここには「与同罪の失」「仏の呵責」「知恩報恩の為」に国家諫暁をされた理由を示されます。

そして、不殺生戒にふれます。殺生は内外典に禁断し重戒であるが、法華経を阻害する敵は殺生を認めていると説きます。謗法断罪を認めたことになります。この論拠を仙予国王・覚徳比丘・阿育大王の殺生を示して、法華経の怨敵を退けることは「第一の功徳」と述べます。

「蟻子を殺者尚地獄に堕つ。況魚鳥等をや。青草を切者猶地獄に堕。況死骸を切者をや。如是重戒なれども、法華経の敵に成れば此を害するは第一の功徳と説給也。況や供養を可展哉。故に仙予国王は五百人之法師を殺し、覚徳比丘は殺無量之謗法者阿育大王は十万八千の外道を殺し給き。此等の国王・比丘等は閻浮第一之賢王、持戒第一之智者也。仙予国王は釈迦仏、覚徳比丘は迦葉仏、阿育大王は得道の仁也。今日本国も又如是。持戒・破戒・無戒、王臣・万民を不論、一向の法華経誹謗之国也」（一七三六頁）

釈尊が過去世に仙予国王であった時、バラモンが大乗を誹謗したので即座にその命を断ったが、この功徳により地獄に堕ちなかったと『涅槃経』の文にあります。同じく『涅槃経』に覚徳比丘が謗法の比丘から殺害されようとした時、有徳王が悪比丘と戦って助けます。王は全身に傷を受け絶命します。この護法の功徳で阿閦仏の国に生まれて第一の弟子となり、覚徳比丘は第二の弟子となります。その王とは釈迦仏と説かれます。阿育大王は残虐阿育と呼ばれるほど残虐で、十万八千人の外道を殺害します。後に仏教を尊崇し法による支配を根本としました。八万四千の塔を造り仏舎利を供養します。今の日本もこの時と同じと述べます。

謗国であるため楽法梵志のように身の皮を剥いで法華経を書写しても、雪山童子のように肉を積んで法華経に供養しても効験はないと述べます。亡国と堕獄を逃れる方法は、謗法を禁じ法華経に帰依することです。しかも、法華経を根本とする天台宗の高僧が真言宗を褒め讃え、念仏・禅・律宗に与同していると批判します。例えとして田口成良（成能）と三浦義村と同じと述べます。成良は壇ノ浦の戦において平氏を裏切り三百艘の軍船を率いて源氏側に付きます。義村は従兄弟の和田義盛を裏切って北条義時に付きます。

また、法華経を讃め讃えても、誤って理解しても堕地獄の因となるとして、慈恩（窺基）・嘉祥（吉蔵）を挙げます。法華経を唯識論・三論宗の立場から解釈したからです。慈覚は座主を真言師としたため叡山の学僧も従ってしまいます。弘法は伝教が教化した嵯峨天皇を真言の信者とし、承和元（八三四）年に天皇の住居の宮中（内裏）に道場を置くことを許され、真言院と呼ばれる内道場を造りました。これを認めた天台宗を批判したのです。

真言の邪義による亡国の例として、安徳天皇と後鳥羽上皇を挙げます。源平合戦で安徳帝を奉じた平氏は、叡山の明雲に頼朝調伏の祈禱を命じます。明雲は一山三千人の法師を率いて五壇の祈禱を行います。しかし、明雲は義仲の軍に殺され、安徳帝は壇ノ浦の決戦で平氏一門と共に入水します。後鳥羽上皇（尊成王）は承久の乱にて幕府を倒すべく内裏に大壇を立てて、天台の座主慈円、真言東寺の座主親厳、仁和寺の御室道助法親王、園城寺常住院・良導等の高僧四一人、伴僧三百余人が、十五壇の秘法を修しましたが敗戦します。

聖人は源平合戦と承久の乱は、法華経を捨て真言宗を依拠としたことが敗因とします。この史実を先例として蒙古再襲の国難に真言師を重用していることは、日本滅亡の兆しと述べます。この謗身・謗家・謗国の三失を逃れるには、父母兄弟に法華経を説き国主に諫暁することを促します。

「悲哉、我等誹謗正法の国に生て大苦に値はん事よ。設謗身は脱ると云とも、謗家謗国の失如何せん。謗家の失を脱んと思はば、父母兄弟等に此事を語申せ。或は被悪歟、或は信ぜさせまいらする歟。謗国之失を脱れんと思はば、国主を諫暁し奉て、死罪歟流罪歟に可被行也。我不愛身命但惜無上道と被説、身軽法重死身弘法と被釈是也。過去遠々劫より今に仏に成らざりける事は、加様の事に恐て云出さざりける故也」（一七三七頁）

法華経を信じ謗身の失は脱れても謗家と謗国は個人の力では叶いません。謗国に生まれた因縁として飢饉や他国侵逼に遭う総罰の苦があるのです。謗家を逃れるには父母や兄弟に法華経の教えを説くことです。それにより憎まれるかも知れません。謗国を回避するには国主を諫暁することです。それにより死罪・流罪は覚悟しなければならないと述べます。破邪顕正を勧め不惜身命の信心を説くのは聖人の行者意識に発します。秋元太郎の親族に弘教の意義を示したのです。

しかし、迫害を恐れて行う者はいないと述べます。今に至るまで仏にならないことが証拠であり未来も変わらないと述べます。それは命を惜しむことにあります。

「今日蓮が身に当てつみ知れて候。設此事を知る弟子等の中にも、当世の責のおそろしさと申、露の身難消依て、或は落、或は心計は信じ、或はとかうす。御経の文に難信難解と被説候が身に当て貴く覚え候ぞ。謗ずる人は大地微塵の如し。信ずる人は爪上の土の如し。謗ずる人は大海、進む人は一滞」（一七三八頁）

三千塵点・五百億の塵点経歴と同じく、謗法を糾弾しなければ未来も成仏は叶わないとして、断固、「死身弘法」を勧め、これこそが「難信難解」と説きます。しかし、法華経の行者となる者は爪上の土（『守護国家論』一二〇頁）、大海の一滞（一滴）のように極めて少ないのです。これを龍門の滝の例えを引き、法華経を弘める難しさはこれよりも過大と述べます。（『上野殿御返事』一七〇七頁）。釈尊の禁戒である『涅槃経』には如何に戒律を持ち智慧が深くても、謗法者を黙視する者は「仏法中怨」として無間地獄に堕すと説きます。（『開目抄』六〇七頁）。

○「与同罪」と身延入山

秋元太郎は武士なので重ねて与同罪を述べます。自分は謀反を起こさなくても、謀反の者を知りながら国主に言わなければ同罪と見なされます。南岳の『安楽行義』に法華経の敵を見て呵責しない者は無間地獄の上に堕ち、見て言わない智者は無間地獄の底に堕ちて出ることはないの文を挙げます。聖人はこの戒めにより謗法を責め流罪・死罪にあったと述べます。「今は罪も消え過も脱なんと思て鎌倉を去て此山に入て七年也」（一七三九頁）と、滅罪と責務を果たしたので身延に入山されたと述べます。

そして、「四山四河」の中に手の広さ程の平らな所に草庵があると知らせます。飯野（大野）、御牧、波木井の三郷は実長の領地で身延は波木井郡に属します。北は身延、南は鷹取、西は七面、東は天子と四方四山と、富士河、早河、波木井河、身延河の四河に囲まれます。東海道一五箇国とは常陸・安房・上総・下総・武蔵・相模・伊豆・駿河・遠江・三河・尾張・伊勢・伊賀・志摩・甲斐を言います。弘安二年の一一月から降り出した雪が、庵室七尺（約二一〇センチ）の建物よりも高い一丈（三〇〇センチ）も積もり、八寒地獄を身に受けていると表現します。身延への道は途絶え人の往来も閉じます。寒さで頭髪を剃らないので毛が生い乱れ鶉の羽のように茫茫となり、衣は鴦鴛の羽が氷ついたように体に密着していると譬えます。薄着の衣を重ねて着衣されていたのです。正月に送られた御器に雪を盛り飯と思い、水を飲んで漿（おもゆ）と思う心境を述べて結びます。

「爰に庵室を結で天雨を脱れ、木の皮をはぎて四壁とし、自死の鹿の皮を衣とし、春は蕨を折て身を養ひ、秋は果を拾て命を支へ候つる程に、去年十一月より雪降り積て、改年の正月今に絶る事なし。庵室は七尺、雪は一丈。四壁は冰を壁とし、軒のつらゝは道場荘厳の瓔珞の玉に似たり。内には雪を米と積む。本より人も来らぬ上、雪深して道塞がり、問人もなき処なれば、現在に八寒地獄の業を身につぐのへり。生ながら仏には成ずして、又寒苦鳥と申鳥にも相似たり。頭は剃事なければうづら（鶉）の如し。衣は冰にとぢられて鴦鴛の羽を冰の結べるが如し。かゝる処へは古へ昵びし人も不問、弟子等にも捨られて候つるに、是御器を給て、雪を盛て飯と観じ、水を飲てこんず（漿）と思。志のゆく所思遣せ給へ。又々可申候」（一七三九頁）

□『慈覚大師事』（三六一）

一月二七日付けにて乗明から金銭三貫、袈裟一帖を奉納された礼状です。真蹟は一三紙完存にて法華経寺に格護されます。『秋元御書』（三六〇）と同日です。冒頭に「法門事秋元太郎兵衛尉殿御返事少々注て候。御覧有べく候」（一七四一頁）と、秋元太郎への書状に法門を説いているので借用して学ぶように指示されることから、秋元太郎と乗明の供養が一緒に届けられたことが分かります。また、両氏の親しさから姻戚関係も窺え、本書の系年も『秋元御書』と同日とする根拠になります。『対照録』は本文中に「自一歳及六十」（一七四一頁）とあることから翌弘安四年とします。

受け難い人間に生を受け会い難い仏法に出会い、六十歳に及ぶ間に多くの物を見てきたが、その中で最も悦ばしいことは「法華最第一」の経文を拝見したことと述べます。逆に最も卑下すべきことは慈覚が法華経を差し置いて『金剛頂経』を最勝としたことでした。法華経の頭（頂）を切り取り真言の頭に付けたもので、鶴の首を蛙の首に付け替えたのと同じと表現します。

その張本人の慈覚の墓がどこにあるか不明であるが、頭は出羽国の立石寺にあるとの伝聞（山門建立秘訣』四丁）から、頭と身体が切り離され別の所にあると対比します。『羅山詩集』（六ノ九丁）には「日光紀行」を引いて、慈覚が死去した時に叡山と慈恩寺の僧徒が遺体を奪い合い首と身が引き裂かれたとあります。立石寺には入定窟があり平安後期には霊窟とされました。重要文化財になっている岩上の如法経所碑から分かります。昭和二四（一九四九）年に棺内に収められている遺骨を調査したところ、慈覚の遺骨が埋葬されている可能性が高いと判明しました。（『日本仏教史辞典』一〇五九頁）。

同じように明雲も頼朝を調伏したことにより義仲に殺され、首を六条河原に曝されたことを挙げます。叡山はこの明雲が真言を最勝とし真言の座主となったとします。故に叡山は釈迦・多宝・十方諸仏の大怨敵であり、梵釈四天の善神の讎敵となります。この道理を心得て法門を考察するようにと結びます。

○御本尊（七四）正月

「日佛」尼に授与され山梨県妙了寺に所蔵されます。紙幅は縦四四．三センチ、横三〇．六センチの一紙の御本尊で、四天王・諸天善神・先師が省略されます。二月から四月へかけてまとめて染筆されます。

○御本尊（七一）二月一日

「俗日頼」（頼基）に授与され縦八七．三センチ、横四六．四センチの三枚継ぎの御本尊で堺妙国寺に所蔵されます。

○御本尊（七二）二月

「日眼女」（頼基の妻）に授与され頼基と同じ一日に染筆されたと思います。紙幅は縦四六．一センチ、横三〇センチの一紙の御本尊です。四天王と梵天・釈提桓因が省略され、東京長元寺に所蔵されます。

□『日眼女釈迦仏供養事』（三二七）

二月二日付けにて頼基の妻日眼女に宛てた書状です。真蹟は身延曾存で『平賀本』に収録されます。日眼女は三七歳の厄年に当たり釈尊一体三寸の木像を造立して除厄祈願をします。冒頭に厄除けの御守りを染筆したことを述べ、前回は二貫文、今回は開眼供養の一貫文の布施があったことを記します。

寿量品の「六或示現」の文を引き一切の諸仏菩薩・善神は釈尊の垂迹であり、天照大神・八幡大菩薩も本地は三界の主である教主釈尊と述べます。釈尊一体を造立する人は十方世界の諸仏を造立することになると述べ、頭を振れば髪もゆれ心が働けば身体もそれに従って動くことに譬えます。また、大風が吹けば草木が揺れ、大地が振動すれば大海も波立つように、釈尊が動けば一切の諸仏菩薩・善神は釈尊の垂迹として動くと譬えます。釈尊が諸仏を統一する本師と教えます。そして、日眼女の三七歳の厄年に当たり、

「今の日眼女は三十七のやく（厄）と［云云］。やくと申は譬ばさい（釆）にはかど、ます（升）にはすみ、人にはつぎふし（関節）、方には四維の如し。風は方よりふけばよはく、角より吹ばつよし。病は肉より起れば治しやすし、節より起れば治しがたし。家にはかきなければ盗人いる、人にはとがあれば敵便をうく。やくと申はふしぶしの如し。家にかきなく、人に科あるがごとし。よきひやうし（兵士）を以てまほらすれば、盗人をからめとる。ふしの病をかねて治すれば命ながし」（一六二三頁）

厄は体の節々の病いで治癒し難いが、それを知って早くから対処すれば災厄を逃れると述べます。釈尊像を建立する功徳によって善神は守護すると述べます。優填大王が造立した釈尊像を礼拝するために、大梵天王や日天月天が来臨した時、木像は造立の功徳主である大王を供養するようにと説諭します。日眼女の功徳も同じとして女人成仏にふれます。法華経は女人成仏を説いた唯一の経典であり、天台・妙楽も法華以外の教えでは女人は成仏できないと説き、天照大神も女人の神であると示して、日眼女の功徳は今生の厄を除くのみではなく後生の成仏も疑いないとして、日本の「二十九億九万四千八百三十人の女人の中の第一也とをぼしめすべし」（一六二四

頁）と、女性の中で第一の果報者と褒めます。

○御本尊（七三）二月彼岸第六番

「藤原清正」に授与され京都妙覚寺に所蔵されます。紙幅は縦九〇センチ、横五三・六センチの三枚継ぎの御本尊です。

○御本尊（『御本尊鑑』第二八）二月

「童男福満」に授与され紙幅は縦八八・四センチ、横五五・八センチの三枚継ぎの御本尊です。身延曽存です。

○御本尊（七五）二月

折り畳まれた跡があり、「俗□□」の授与者名が截落されます。紙幅は縦五一・二センチ、横三一・八センチの一紙の御本尊で四天王は書き入れません。真間の弘法寺に所蔵されます。

○御本尊（七六）二月

「優婆塞日安」に授与されます。日安は富士下方、熱原六郎吉守です。『本尊分与帳』から日秀の弟子と分かります。日興の添え書きが右下に残されます。紙幅は縦六三・六センチ、横四一・二センチの二枚継ぎの御本尊です。四天王の書き入れはありません。京都妙覚寺に所蔵されます。

○　御本尊（七七）二月

「俗吉清」に授与され、紙幅は縦五三・九センチセンチ、横三四センチの一紙の御本尊です。浜松の妙恩寺に所蔵されます。四大天王の書入れがあります。

□『日住禅門御返事』（三六二）

三月三日付けにて日住禅門に宛てた書状です。『本満寺本』『三宝寺本』に収録されます。日住禅門についてはは不明です。内房殿、妙一尼の家臣道妙の子供とする説がありますが信憑性に欠けます。（『日蓮聖人遺文辞典』歴史篇八六一頁）。冒頭の「委細示給候條無是非候」（一七四三頁）の文から、祖父妙厳の遺言を伝えたと窺えます。それは霊山浄土への往詣と思われます。祖父の願いの通り菩提を懇ろに供養していると応えます。神力品の最後の「是人於仏道決定無有疑」を引き、この経文を絶えず唱えて成仏を願うように教えます。法華経の行者は決して三悪道（三悪趣）に堕ちることはないと安心を与えます。

□『上野殿御返事』（三六三）

○　孝養の功徳

時光は故父七郎の一六回目の忌日（文永二年没）に僧膳料として米一俵を供養されます。仏前に供え自我偈一巻を読誦し回向する旨を伝えた三月八日付け書状です。『本満寺本』に収録されます。

孝養とはどのようなことかを不孝と対比して説明されます。酉夢は中国の伝説上の人物で、自分の父を打った報いにより雷に討たれ身を裂かれたと言います。出典は未詳です。『宝物集』巻一には「西夢母を罵詈しかば天雷其身を裂く」と母を罵詈したことになっています。班婦は母を悪し様に言った報いにより毒蛇に飲まれたと言います。出典は未詳です。阿闍世王は提婆達多と結託して父頻婆娑羅王を獄死させ悪瘡の病に罹ります。波瑠璃王は父波斯匿王や釈迦族を殺戮したため、舟上に火災が起き火に焼かれて死にます。（『大唐西域記』）。このように親不孝の罪により現身に地獄に堕ちた実例を挙げます。

他人を殺してもこれ程の悪報はないとして、逆に孝養の功徳が大きいことを述べます。儒教や道教は孝養を説くことは仏教と同じです。ただし、外典の教えは現世に限られ後生の成仏を説きません。仏教においても爾前経は真実の孝養を説かないので「孝が中の不孝」（一七四四頁）の経とします。その理由を目連は母青提女を餓鬼道から救ったが、人天界へ救い上げたに過ぎず仏界の成仏へ導いていないとします。釈尊も成道後まもなく父浄飯王を化導し、三八歳の時に母摩耶夫人を救ったが、これらは阿羅漢果にされただけと述べます。つまり、爾前経の教えでは永不成仏なのです。このままでは不孝の失を免れないのです。それを釈尊は「若以小乗化乃至於一人我則堕慳貪此事為不可」（『開結』一〇七頁）と説きます。釈尊自身が慳貪の罪に堕ちると説いたのです。

釈尊は法華経を説いたので、生死の迷いを超越し悟りの境地（滅度・涅槃）に入った二乗も、それぞれの国土で法華経を聞くことができます。（「是人雖生滅度之想」『開結』二六一頁）。また、釈尊は父母の孝養のために法華経を説かれたので、多宝仏も十方諸仏も来集して孝養第一の仏と証明したと述べます。

「譬へば太子を凡下の者となし、王女を匹夫にあはせたるが如し。されば仏説云我則堕慳貪此事為不可云云。仏は父母に甘露をおしみて麦飯を与へたる人、清酒をおしみて濁酒をのませたる不孝第一の人也。

波瑠璃王のごとく現身に無間大城におち、阿闍世王の如く即身に白癩病をもつきぬべかりしが、四十二年と申せしに法華経を説給て、是人雖生滅度之想入於涅槃而於彼土求仏智慧得聞是経と、父母の御孝養のために法華経を説給しかば、宝浄世界の多宝仏も実の孝養の仏なりとほめ給、十方の諸仏もあつまりて一切諸仏の中には孝養第一の仏也と定め奉りき」（一七四五頁）

そして、日本国の人は法華経を信仰しないので皆不孝の人とします。『涅槃経』の迦葉品には法華不信の者は大地微塵よりも多いので天地の善神が怒りを起こすと説きます。陰陽師が天変地夭が頻繁に起きると奏上するのはこの現れで、大海の上に小船を浮かべたような恐ろしさに、小児は驚いて魄を失い女人は苦しんで血を吐くという症状が頻発したのです。精神的に困憊したのです。このような世情に亡父の供養を行った時光は日本第一の孝養の人であるから、梵天・帝釈や四方の地神は護って下さると結びます。三月一四日に大和長谷寺が焼失します。（『一代要記』）。

□『富城入道殿御返事』（三六四）は弘安四年とします。

□『妙心尼御前御返事』（三六五）は建治三年五月四日とします。

○　御本尊（七八）三月

授与された「日□上人」の日号の下を剪除したのは日伝が上京の折り勝劣問題があったので、妙顕寺は切り取って附興されたとあります。（『御本尊集目録』一一六頁）。紙幅は縦五六・一センチ、横三六・四センチ、一紙の御本尊で玉沢妙法華寺に所蔵されます。御本尊（七八・七九・八〇）共に四天王の書き入れはありません。

○ 御本尊（七九）三月

「沙弥妙識」に授けられ鷲津本興寺に所蔵されます。この御本尊より「経」の文字が第四期の書体となります。紙幅は縦五六・一センチ、横三六・四センチ、一紙の御本尊です。

○ 御本尊（八〇）三月

「日安女」に授与されたもので随喜文庫に所蔵されます。紙幅は縦五三・九センチ、横三四・二センチの一紙です。

○ 臨滅度時の曼荼羅（御本尊八一）三月

三六歳になる日朗に与えられます。入寂の池上にて御床頭に奉懸された御本尊です。（西山日代師『御本尊集目録』一一九頁）。「臨滅度時の御本尊」と称され宗定本尊とされます。題目の書風から「蛇形の御本尊」と別称され（『本化別頭仏祖統紀』）、鎌倉の妙本寺に所蔵されます。裏側下に小判形の貼り紙があり日朗の名が揮毫されます。状態が良いことから日朗は巻いて保存し特別な講会がある時に掲げたとされます。紙幅は縦一六一・五センチ、横一〇二・七センチ、十枚継ぎの大きな御本尊です。題目は御廟に奉掲されます。

○ 御本尊（八二）三月

右下隅に存した授與名は截落され、沙弥日戴授与の御本尊は当本尊を模写したと言います。（『御本尊集目録』一二一頁）。紙幅は不明ですが三枚継ぎとされます。四大天王を勧請されます。

○内房女房の登詣

四月の初旬頃に内房女房が父の病気平癒と霊山往詣を願って身延に登詣されます。父はこれより一ヶ月後の五月二日に没します。百か日の供養を八月一四日付けの『内房女房御返事』（一七八四頁）に述べます。

○御本尊（八三）四月一〇日

四月に染筆された御本尊が九幅伝えられます。二月より順次にまとめて書かれたことから、体調が良かったこと要望が多かったことが窺えます。「尼日實」に授与され、紙幅が縦一〇四・三センチ、横五四・二センチ、三枚継ぎの御本尊です。鎌倉の妙本寺に所蔵されます。

○御本尊（八四）四月

右下隅の授与名が削損されます。縦五九・一センチ、横四〇・六センチの一紙の御本尊で京都の妙覚寺に所蔵されます。

○御本尊（八五）四月

「俗□□」の授与者名は表具をし直した時に截落したと言います。紙幅は縦六〇・九センチ、横三八・二センチ、一紙の御本尊です。大村市の本経寺に所蔵されます。

○御本尊（八六）四月

「日妙」に授与され縦五九・四センチ、横四〇・四センチの一紙の御本尊です。近江八幡の妙感寺に所蔵されます。

○御本尊（八七）四月

右下隅に授与者名があったのを削損した跡があります。紙幅は縦六一・八センチ、横四〇・九センチ、一紙の御本尊です。本阿弥家に伝来され昭和一〇年に加治さき子氏の寄贈により身延久遠寺に所蔵されます。

○御本尊（八八）四月

「優婆塞藤原広宗」に授与され縦六〇・九センチ、横四〇センチ、一紙の御本尊です。京都の本法寺に所蔵されます。

○御本尊（八九）四月

「尼日厳」に授与され高橋六郎の縁者、実相寺の日源の母とする説があります。縦九三・九センチ、横五一・五センチ、三枚継ぎの御本尊で京都妙顕寺に所蔵されます。

○御本尊「今此三界御本尊」（九〇）

年月日は書かれておらず、「今此三界御本尊」と称され京都の本国寺に所蔵されます。縦二九・七センチ、横三二・七センチ、一紙を横に長くして用います。中央左に首題と譬喩品の主師親三徳の文を書き入れ、その右下に自署花押を書き入れます。御本尊（二八）の経一丸に授けた「玄旨伝法御本尊」と同じ譬喩品の讃文であり、同じように妙法広布を委託して授与されたと思われます。

○御本尊（九二）四月一三日

四月一二日に香取社造営の宣旨が下り、このあと千葉胤宗が造営を命じられます。この御本尊は「盲目乗蓮」に授与されます。乗蓮とは然阿良忠の弟子の行敏と言います。行敏は文永八年に良観の指示により聖人に訴状を送った人物です。行敏は後に帰依したことが、この御本尊を授与された経緯と思われます。紙幅は縦六〇センチ、横三七．九センチ、一紙で京都本国寺に所蔵されます。

○身延期の御本尊

身延期に多くの曼荼羅本尊が染筆され弟子や信者に与えられます。曼荼羅や著書には菜種油を原料にした油煙墨が使用され、書状には松材を原料にした筆の走りが良い松煙墨を用いる傾向があります。（中尾堯著『日蓮聖人の法華曼荼羅』三九頁）。始顕本尊を揮毫されてから弘安五年迄の九年間に現存と写本の曼荼羅は約一五〇幅あり、実際には数多くあったと思います。大きさは料紙の二紙や三紙、多くなりますと二八紙になります。また、中央の首題と釈迦・多宝、四菩薩は定位置に勧請されますが、菩薩・天神、人師や讃文は異なります。それは授与者への意図が表されていると理解できます。

書き進め方は題目・釈迦牟尼仏・多宝仏・諸尊・四天王・不動愛染・讃文・花押の順で書かれます。臨滅度時の曼荼羅のように大きなものは最初に南無の二文字を書き左右の釈迦多宝を書き、次第に妙法・蓮華・経と書き進められたようです。光明点と呼ばれる長い線も、点画・筆継ぎを見ますと後から補筆されます。擦れた部分は聖人を偲んで手で触れた信者の指の跡です。

弘安期の顕示は元年が一二幅、二年が一二幅、三年が三一幅、四年が一五幅。そして、寂年の弘安五年は一月に三幅、四月に二幅、六月に二幅が伝えら、更に発見されて十幅ほど増えています。高木豊氏は曼荼羅は一二四幅中一一四幅が身延で図顕されたとします。(『日蓮の生涯と思想』五五頁)。曼荼羅の授与者の内訳については、弟子一七幅、檀越四七幅、無記五七幅、不明三幅とします。平成一六年五月二八日に、三条市本成寺に所蔵された曼荼羅が真筆と発表されました。中尾堯氏は文永一〇年末から一一年にかけて佐渡の信者に与えたとされます。

□『かわいどの御返事』(四四一)

○河合氏と熱原法難の余波

四月一九日付けの末尾一紙の断簡です。(三〇二二頁) 日興の実家である河合氏に宛てます。東京都孔泰容氏が所蔵されます。熱原法難の余波が河合氏にも及びました。会いたくない人でも会うことがあれば話をし、本心ではなくても柔らかな態度を保つようにと述べます。現状を維持するために百日から三年のあいだ辛抱すれば、御内(得宗)も鎮まるから、言動に注意するように訓戒されます。問題を起こせば過料などの処罰(「来たらぬ果報」)があるから、嘲笑されないよう留意させます。また、嫌がらせがあったと言います。(山上弘道稿「日蓮大聖人の思想(十六)」『興風』第一六号二二九頁)。

□『窪尼御前御返事』（二八八）

○千日酒

『定遺』は弘安元年とありますが、本文に「あつわらの事」（一五〇二頁）とあり、弘安二年九月の熱原法難を指せば弘安三年の書状となります。『対照録』『校定』に従い弘安三年とします。

五月三日付けにて窪尼から粽五把・筍一〇本・千日（酒）一筒の供養があった礼状です。千日の由来は酒造りの名人である狄希が造った「千日酒」は、人を千日酔わせると言われ、事実、劉玄石と言う酒好きが、その酒を飲んで一千日のあいだ酔って寝ていたと言う「一酔千日」の故事によります。五月五日の節句のために供養されたと思います。夫に先立たれ一人娘を育てながら信仰されます。真蹟は四紙断簡が保田妙本寺に所蔵され、後半の文章は『興師本』から判明されます。

○窪尼と熱原法難の余波

例年のように長雨（梅雨）が続く蒸し暑い時期に、山深く草が生い茂った悪路の中を、時鳥の鳴き声に誘われたような供養を感謝されます。そして、熱原法難と偽御教書にふれます。

「さてはあつわらの事。こんど（今度）をもつてをぼしめせ。さきもそら事なり。かうのとの（守殿）は人のいゐしにつけて、くはしくもたづねずして、此御房をながしける事あさましとをぼして、ゆるさせ給てののちは、させるとが（科）もなくては、いかんが又あだ（怨）せらるべき。すへ（末）の人々の法華経を心にはあだめども、うへにそしらばいかんがとをもひて、事にかづけて人をあだむほどに、かへりてさきざきのそら事のあらわれ候ぞ。これはそらみげうそ（虚御教書）と申事はみ（見）ぬさきよりすい（推）して候。さどの国にてもそらみげうそを三度までつくりて候しぞ。これにつけても上と国との御ためあはれなり。木のしたなるむし（虫）の木をくらひたうし、師子の中のむしの師子を食うしなふやうに、守殿の御をんにてすぐる人々が、守殿の御威をかりて一切の人々ををどし、なやまし、わづらはし候うへ、上の仰とて法華経を失て、国もやぶれ、主をも失て、返て各々が身をほろぼさんあさましさよ」（一五〇二頁）

日興の教化により滝泉寺や他宗徒から弾圧を受け御教書が発令されました。「さきもそら事なり」とは弘安元年四月三日の三度目の流罪の虚御教書のことです。過去に時宗（守殿）は讒言を鵜呑みにして佐渡流罪に処したが、このことを後悔して赦免した人であるから、明確な罪がないのに処分はしないと述べます。側近の者（頼綱）は聖人を憎んでいても、時宗に聖人の悪口を言うことは不利と思い、根拠のない熱原事件に置き換えて迫害したので、還って前々の虚偽が露見したと述べます。今回も御教書を出すことはないと確信していたと述べます。佐渡においても三度の虚御教書があったことから推測できたのです。家臣の中に師子身中の虫のような背信の者がいることは、国家も自分をも破滅に追い込むと述べます。法華経を信じる者には善神が守護すると説かれ、法華経に敵対する者は現罰があると述べます。窪尼は熱原の事件に当たっても退転せずに信心を深めたことを賛辞します。

ところで、熱原の農民一七名が釈放された時機について、本書の虚御教書の文面より弘安三年の五月三日以前、四月の下旬頃と言います。（山上弘道稿「日蓮大聖人の思想（六）」『興風』第一六号二三一頁）。苅田狼藉は無実の事件であったことが認められたのです。

□『妙心尼御前御返事』（三六五）は建治三年とします。

○御本尊（九二）五月八日

「沙門日華」に授与され日興の添え書きに「大本門寺重宝也」とあります。甲斐の蓮華寺住僧寂日房は日興の弟子であるので授与された由縁が記されます。紙幅は縦九五・一チセン、横五八・八チセンの三枚継ぎの御本尊で京都本能寺に所蔵されます。

○御本尊（九三）五月八日

右下に書かれた授与者名は削損されます。御本尊（九二）と同じ五月八日に染筆され、紙幅は縦九九・一チセン、横五四・二チセンの三枚継ぎの御本尊で沼津妙海寺に所蔵されます。

○御本尊（『御本尊鑑』第二九）五月一八日

「沙門日命」に授与され、紙幅は縦一一八・七チセン、横六二チセンの御本尊です。讃文に「若悩乱者頭破七分」（『法華文句記』陀羅尼品の取意・『開結』五七一頁）。「有供養者福過十号」（『法華文句記』薬王品の取意。『開結』五二三頁）。「讃者積福於安明謗者開罪於無間」（伝教『依憑天台集』）の文が追記されます。身延に曽存されました。

□『妙一尼御前御返事』（三六六）

五月一八日付けにて妙一尼に宛てた書状です。『録外御書』に収められます。『境妙庵目録』は弘安四年とし、『祖書目次』『高祖年譜』は弘安三年とします。妙一尼は桟敷の女房です。印東裕信の妻で日昭の義姉です。

いつもの恩情に感謝され信仰を励まされたと思われ、信心は夫婦や親子の情愛のように釈迦・多宝仏を信じ、南無妙法蓮華経と唱えることと教えます。そして、「正直捨方便」（方便品『開結』一二〇頁）。「不受余経一偈」（譬喩品『開結』一七四頁）の文を引き、法華経の信仰の心構えを述べます。

「信心と申は別にはこれなく候。妻のをとこ（夫）をおしむが如く、をとこの妻に命をすつるが如く、親の子をすてざるが如く、子の母にはなれざるが如くに、法華経・釈迦・多宝・十方の諸仏菩薩・諸天善神等に信を入奉て、南無妙法蓮華経と唱へたてまつるを信心とは申候也」（一七四九頁）

□『諸経興法華経難易事』（三六七）

○難信難解と随自意

五月二六日付けにて常忍から難信難解の解釈を問われた返書です。仮名交じり漢文体（和漢混合体）で、真蹟は一〇紙一〇四行完存にて法華経寺に格護されます。四問答を用いて法華経は釈尊が真実を説いた随自意の経であるから難信難解と論じます。そして、随自意の法華経を信じることにより成仏し、仏法（法華経）は体、世間は影と説きます。『難信難解書』とも称します。

第一の問いに法師品の「難信難解」について質問を設けます。仏滅後の千二百年（二八六年）に竺法護が『正法華経』を中国に伝えます。これは鳩摩羅什の『妙法蓮華経』の以前に翻訳されました。羅什以前の訳経を古訳と言い、竺法護の訳経は古訳経典の中心となります。その後、二六五年を経て欽明帝の一三年（五五二年）に日本に伝来します。それから鎌倉時代に至るまで七百年になります。この間に経文の意義を悟ったのは、竜樹・天台・伝教の三人と答えます。この三人の難信難解の解釈を挙げます。竜樹―「譬如大薬師能以毒為薬」（『大智度論』）。天台―「已今当説最為難信難解」（『法華玄義』）。伝教―「法華経最為難信難解。随自意故」（『法華秀句』）。

第二の問答は「随自意」を論じ諸経と比較して勝劣を判断します。随他意は釈尊が方便を用いて指導した教えです。機根に応じて説きますので易信易解です。随自意は釈尊の「正直捨方便但説無上道」の真実の説法です。機根に関係なく本意を説くので理解できない者がいて難信難解となります。そこで、この随他意と随自意を比較します。弘法は法華経は顕教の中では難信難解だが、密教と比べれば易信易解とします。慈覚・智証は法華経と大日経は諸経と比べれば共に難信難解であるが、両経を比べると大日経は法華経以上に難信難解（「最為難信難解」）とします。聖人は大日経は法華経に劣る経であり、しかも方等部に入り般若経と比べても易信易解とします。

更に般若と華厳経、華厳と涅槃経、涅槃と法華経の難易があります。これは蔵痛別円の四教により教相を比較（教相判釈）します。法華経も迹門と本門とに重々（七重）の難易があり、久遠実成の人法を明かす本門が難信難解です。この本門にも文上と文底があり、文上は教相、文底は観心として、本門寿量品の文底観心の法門こそが難信難解と述べます。（『日蓮聖人遺文全集講義』第二四巻二二二頁）。

第三の問いは随自意・難信難解の教えの必要性を述べます。それは生死の長夜を照す大燈明と、元品の無明を切る利剣の法門を判明することと述べます。生死の長夜とは唯識論に「未だ真覚を得ず恒に夢中に処る。故に仏説いて生死の長夜と為す」とあり、真実の覚りを得ていないことを言います。爾前・迹門の仏は久遠実成を顕していないので夢中の虚仏です。また、爾前・迹門の仏は未だ元品の無明を断じていない惑者とします。迷いながら生死の流転を繰り返す苦しみを長い闇夜に譬えたのです。その迷いの根本を元品の無明と言います。釈尊の随自意・真実の教えを知ることは迷いを転じ成仏に繋がると述べます。即ち本門寿量品の一念三千の成仏に展開する教えとなります。本書には詳説せず随他意についての見解を述べます。

「随他意者真言宗・華厳宗等は随他意易信易解。仏随九界衆生意楽所説経々随他意という。譬へば賢父が如随愚子。仏随仏界所説経随自意という。譬へば聖父が愚子如随。日蓮付此義大日経・華厳経・涅槃経等勘見候に、皆随他意経々也」（一七五一頁）

つまり、法華経以外の諸経は九界の衆生の意に応じて説いた方便の施説です。賢父が幼い子供を養育することです。これに対し法華経は子供に言い聞かせて随わせることとです。この観点から諸経は随他意とします。

その証拠を挙げて論証するのが次の問いです。ここに『勝鬘経』と法華経の法師品（『開結』三〇五頁）を引きます。『勝鬘経』に「非法のみを行ずる衆生には人間や天上に生まれる善根を説き」と、因果・是非が分からない者には、人界や天上界の善根である五戒・十善を教えて能力を育てると説きます。つまり、華厳経・大日経・般若経・涅槃経等の諸経は、衆生の機根に応じて法を説いた随他意・易信易解である証文として勝鬘経を引きました。

法華経には聴衆の善神・竜神・夜叉（薬叉・夜乞叉。暴悪と訳し羅刹と並び人を傷つけ人肉を食う悪鬼）・乾闥婆（香を好む神）・阿修羅（闘争を好む悪魔の通称）・迦楼羅（竜をえさとする鳥形の神）・緊那羅（美しい声で歌舞する神）・摩睺羅伽（人身蛇首の神）・八部衆の人と非人、及び僧・尼・在俗の男女の信徒の声聞を求むる者・辟支仏（縁覚）を求むる者・仏道を求むる者達が、仏の御前において妙法華経の一偈一句を聞いて、ほんの一念でも随喜するならば、必ず仏になれると説きます。（授記）。つまり、法華経は機根に関係なく直ちに法華経を説くことを示します。

「如諸経者人五戒天十善梵慈悲喜捨魔王には一無遮比丘二百五十　比丘尼五百戒　声聞四諦　縁覚十二因縁　菩薩六度。譬へば水随器方円　象随敵出力ごとし。法華経は不爾八部四衆皆一同演説法華経。譬へば定木削曲師子王不嫌剛弱出大力がごとし。以此明鏡見聞一切経大日三部・浄土三部等無隠。而をいかにやしけん、弘法・慈覚・智証の御義を本としける程に此義すでに隠没日本国四百余年なり。珠をもつて石にかへ、栴檀を凡木にうれり。仏法やうやく顛倒しければ世間又濁乱せり。仏法は体のごとし、世間はかげのごとし、体曲ば影なゝめなり。幸我一門随仏意自然流入薩般若海。苦世間学者信随他意沈苦海」（一七五一頁）

諸経は随他意ですから、人間界には五戒、天上界には十善、梵王には慈悲喜捨、魔王には一無遮（出家者に等しく施すこと）、そして、声聞には四諦、縁覚には十二因縁、菩薩には六波羅蜜と、機根に応じて教えを説き分けています。例えば水が器の形によって変わり、象が敵の強弱に応じて力を使い分けているようなものとします。法華経は違います。八部・四衆の全てに同じく法華経を説きます。ですから随自意です。例えば定木が曲がっている所を削って平にし、師子が相手の強弱に拘わらず全力を尽くすようなものと述べます。

これを明鏡として諸経と比べると、真言や浄土の三部経は明確に随他意方便の教えとなります。それなのに三大師がこれを隠匿したため四百年を経過した責任を問います。宝石（法華経）を石ころ（大日経）と交換し、高価な栴檀の香木をただの木片として売るような状態になったと嘆かれます。

真実の教えが失われると人の心も乱れ社会も濁ると述べます。即ち仏法は肝心な本体であり、世間の状況はその影が反映したものとします。本体が曲がれば影も斜めになる（『止観』）と同じように、仏法と世間（国家・国土）の同一的な因果を述べます。仏教を湾曲したことにより日本国は他国侵逼に遭うことになります。しかし、聖人の門下は随自意真実の仏意を信じているから、自然に一切智を証得して薩婆若海に流入し成仏すると説きます。この智慧は無明を断じ涅槃の海に入ることを意味します。反対に随他意の他経を依拠として成仏を願っても、謗法堕獄の苦界に沈むと表現されます。世間は法華経の不信と聖人門下への反感を持っています。それは法華経を信仰することの難信難解な現れでした。そこに、「我が一門」の真実性を強調し不退の信心を勧奨されます。

□『新田殿御書』（三六八）

五月二九に付けにて新田夫妻の供養に感謝された書状です。新田氏は伊豆仁田郡の畠村に住む四郎信綱のことで、妻が時光の姉、子は大石寺第二世の日目です。信綱の父は重綱その妻は南条一門の蓮阿尼です。宛名に新田殿と「並女房御方」（一七五三頁）と併記するのは特異なことで、これは夫とは別に妻自身の所有する財物を供養したことを表します。（『日蓮聖人遺文辞典』歴史篇八四六頁）。漢文体から識字能力のある人物と分かります。真蹟の一紙一一行は大石寺に所蔵されます。

新田夫妻から祈願を依頼され、法華経・釈尊・法華経行者の法・仏・僧の「三事」（三宝）相応することにより、所願が必ず成就すると述べます。ここに、本門の本法・本仏・本僧の三宝を立て本僧は法華経の行者とします。行者とは聖人であるとの認識は信者にも敷衍していたのです。この月に清澄寺に六十六部経が奉納されます。

○御本尊（九四）六月

「俗日円」に授与され小濱長源寺に所蔵されます。紙幅は縦四六．一センチ、横三〇．三世、一紙の御本尊です。六月に授与された御本尊は三幅伝えられており、三幅共に四大天王の書き入れはありません。

○御本尊（九五）六月

「俗藤原国貞、法名日十」に授与され、縦六五．八センチ、横四〇センチ二枚継ぎにて京都本法寺に所蔵されます。

○御本尊（九六）六月

「俗日肝」に授与され縦六〇．三世センチ、横三八．五センチ一紙の御本尊で、愛知県の実成寺に所蔵されます。

○時光は弟五郎と身延に登詣

六月一五日に時光が一六歳になる弟の七郎五郎と登詣しました。また、時光の二子誕生を控え命名を依頼されます。時光は熱原法難における神主を自邸に匿い、これによる幕府からの悪影響が出始めます。

六月二四日、叡山の衆徒は金堂供養勅願の噂（勅会）に怒り園城寺を攻め北院を焼きます。

□『窪尼御前御返事』（三六九）

六月二七日付けにて窪尼から早い出来の粟（粟のわさごめ）が届けられた礼状です。阿那律の前世の善因を引いて、供養の功徳による成仏を述べます。『興師本』に収録されます。阿那律は弗沙仏の末法飢餓の世に、修行僧に稗の飯を供養した功徳により天眼第一となり普明如来となります。『法蓮鈔』（九三八頁）に見えます。窪尼の供養もこれと同じように大きな果報となることを示されました。

○遠藤守綱登詣

七月一日に佐渡の遠藤藤九郎守（盛）綱が二度目の登詣をします。父阿仏房日得の一周忌の墓参と供養をします。ある程度の地位を持ち妙宣寺の開山となります。この度の登詣について千日尼に宛てたのが、七月二日付けの『千日尼御前御返事』（三七一）です。

□『太田殿女房御返事』（三七〇）

七月二日付けにて、於恒から八月分の供米一石を供養された礼状です。真蹟は二一紙完存にて法華経寺に格護されます。系年に健治元年の説がありますが、鈴木一成氏は花押の形がボロン字の蕨手後期郡に属することから弘安三年とします。日通（中山一四世）が指摘するように三通を書き足したように見えます。丁附が一〜八、次の第九紙目が一から始まり第一三紙で終わります。全二一紙です。第一二紙目に丁附付けはありません。末尾に「恐々」と書き終えますが最後の第一三に入ります。多年に亘る厚恩に筆が止まらず書き進めた心情が窺えます。

即身成仏の教えは諸大乗経に説かれているが、現実に可能なのは法華経のみと述べます。この内容から『即身成仏抄』と別称します。即身成仏を説くため『文句記』の寿量品釈にある「二増上慢」にふれます。この文は常住不滅を説いたところです。諸大乗経の即身成仏はこれに当たります。二つの上慢とは教えを聞いて慢心を起こす二者のことです。これを理智・法身報身に分けます。理法身に迷う場合と、智報身に迷って慢心を起こす場合です。理に迷うとは衆生と仏は本来、平等一如との理論により即身成仏すると思う慢心が起き修行を怠ることです。智に迷うとは煩悩即菩提であるから修行をしなくても即身成仏すると思う慢心です。どちらもそのまま仏になると聞けば、善根を積み慢心を改めようとしなくなります。つまり、即身成仏ではないということです。

「諸大乗経の煩悩即菩提・生死即涅槃の即身成仏の法門は、いみじくをそたかきやうなれども、此はあえて即身成仏の法門にはあらず。其心は二乗と申者は鹿苑にして見思を断じて、いまだ塵沙・無明をば断ぜざる者が、我は已に煩悩を尽たり。無余に入て灰身滅智の者となれり。灰身なれば即身にあらず。滅智なれば成仏の義なし。されば凡夫は煩悩・業もあり、苦果の依身も失事なければ、煩悩・業を種として報身・応身ともなりなん。苦果あれば生死即涅槃とて、法身如来ともなりなんと、二乗をこそ弾呵せさせ給しか。さればとて煩悩・業・苦が三身の種はなり候はず。今法華経にして、有余・無余の二乗が無き煩悩・業・苦をとり出て、即身成仏と説給時、二乗の即身成仏するのみならず、凡夫も即身成仏する也。此法門をだにもくはしく案ほどかせ給わば、華厳・真言等の人々の即身成仏と申候は、依経に

文は候へども、其義はあへてなき事なり。僻事の起此也」（一七五四頁）

これは二乗は永不成仏とした爾前経の立場です。即ち二乗は鹿野苑で仏の教え（小乗・阿含経・三蔵経）を聞いて、見惑と思惑の煩悩を断じますが、根本の塵沙と無明惑の煩悩を断じていません。ところが煩悩を断じ尽くして涅槃に入った灰身滅智の者と思い込みます。身を灰とすることは生きた身体そのままの即身成仏ではなく、また、智慧を滅すると成仏はできません。これに対し凡夫は煩悩と前世の業を種として報身・応身となることができ、煩悩に苦しむ身があるから生死即涅槃として、そのまま法身如来になると説きます。釈尊はこのことを二乗に説いたのです。しかし、まだ煩悩・業・苦が法身・報身・応身の種とはなりません。そこで、法華経において有余（不完全な涅槃）と無余涅槃に達したとする二乗の煩悩・業・苦を転じて、そのまま即身成仏すると説きます。このとき二乗が即身成仏しただけでなく凡夫も即身成仏できることになります。

この法門を理解するならば、華厳・真言宗に即身成仏の実義はないことが判明し、諸宗の誤りの根本の原因はここにあると指摘します。釈迦・多宝仏などの諸仏や天台・伝教が、法華経こそが成仏の教えであると断言していることを確信するように述べます。

次に、法華経を解釈した論師・人師の中で竜樹のみが正しく法華経を解釈したとします。『大論』にある「譬如大薬師能以毒為薬」の文に着目するのが聖人の特徴です。

「毒と申は苦集二諦生死の因果毒の中の毒にて候ぞかし。此毒を生死即涅槃、煩悩即菩提となし候を、妙の極とは申けるなり。良薬と申は毒の変じて薬となりけるを良薬とは申候けり。此龍樹菩薩は大論と中文の一百の巻に、華厳般若等は妙にあらず、法華経こそ妙にて候へと中釈也」（一七五五頁）と、生死の毒を涅槃とし煩悩の毒を菩提と転換するのは良薬の妙法蓮華経と述べます。天台もこの竜樹の『大論』を依拠として、南三北七の教説に勝ったと述べます。それを不空が竜樹の論として伝えた『菩提心論』に、「唯真言法中即身成仏」と誤釈したため、真言宗の教えが基本から誤った原因とします。聖人は『菩提心論』は竜樹の論説ではなく、不空の論とする争論を挙げ、『大論』と『菩提心論』との自語相違の即身成仏論の立場から、『菩提心論』は竜樹の説ではない黒論とします。また、訳者の解釈の違いと見做します。

インドから中国へ経論を伝えた一七五人の釈者の中でも、羅什のみが釈尊の真実の言葉の通りに訳したとします。羅什を火葬した時に舌は焼けなかった故事を引用します。道宣の『律相感通伝』に、羅什は「絶後光前」（「後を絶ち前をてらす」一七五七頁）の立派な人との文を引き、羅什以前の一六四人、並びに羅什以後の善無為等の一一人は解釈に誤りがあるとします。法華経に限定された即身成仏を、唯真言のみに限るとした説は、天下第一の僻見であり人の正しい道を踏み外した「修羅根性法門」（一七五七頁）と責めます。

そして、天台の『法華文句』「寿量品心釈云仏於三世等有三身。於諸経中秘之不伝」（法華経いがいの諸経には仏の三身をかくして伝えていない）の文こそが即身成仏の明文であり、栴檀（千旦）の香りが他の雑香を随従させない程の存在と述べます。釈尊は過去・現在・未来の三世に亘って、常に法身・報身・応身の三身を具えているが、法華経以外の諸経には説いていないこと。三身は爾前の諸経にも説かれているが、この三身を一身に具えた久遠本仏を明かされたのは寿量品です。つまり、三世常住・三身即一身を顕したところに即身成仏を認めたのです。不空はこれを竜樹の説として引用したと批判します。不空の即身成仏は生身得忍とする華厳経の菩薩の悟りの境地に似ているが、寿量品の即身成仏には及ばないとします。不空は即身成仏の義に到達できなかったとします。なぜなら即身成仏は二乗作仏・久遠実成を説いた法華経に限られるからです。

追記に亡国の原因を述べます。儒教には為政者が悪政を行うと世が乱れ濁悪になるとあり、仏教も邪教を尊ぶことにより濁世になると明かしていると述べます。今の世は外典にも仏教の教えにも相違しているため、自他の二難が興起したと述べます。これにより日本が滅ぶことは不憫と述べます。

□『千日尼御返事』（三七一）

○阿仏房の聖霊

七月二日付けにて阿仏房の一周忌に登詣した守綱に託して千日尼に宛てた書状です。真蹟は二三紙完存にて佐渡妙宣寺に所蔵されます。守綱は母より預かった金銭一貫五百文・のり・わかめ・ほしい（干飯）等を持参しました。第一紙は七行、第二紙は十行と大きめな文字で書き進めます。第十九紙の安足王が人を馬にした譬の所は他筆にて文章を補います。これは読み易くするためと思われ一四ヶ所みられます。日付、花押の後に「故阿仏房尼御前御返事」と書かれます。

阿仏房の成仏と孝行な子供に恵まれたことを述べ千日尼の心を慰めます。始めに方便品の「若有聞法者無一不成仏」（『開結』一一四頁）、を引きます。この経文は十文字であるが、妙楽が『釈籤』に「若弘（依）法華凡消一義皆混一代窮其始末」と解釈したように、法華経の一句を読んだだけで一切経の全てを読んだのと同じ功徳があり、「此の経をきく人は一人もかけず仏になると申文なり」（一七六〇頁）と、法華読誦（受持）の成仏を説きます。

日本の二文字に全国を収め、鏡は小さくても人の姿や大きな山を映すように、法華経の明鏡は一人も欠けずに映ることを例えにして「無一不成仏」を説きます。(『維摩疏』「小則容大如尺面之鏡大像亦現」)。九界六道の者の顔が違い好みや価値観は違うけれど、法華経の信仰に入れば全ての人は同じ仏になると述べます。多くの川の水が大海に入ると同じ塩味となり、多くの鳥が須弥山に近づけば金色の一色に光るのと同じである(『大智度論』)と例えます。また、法華経には悪逆の提婆達多も十大弟子の羅睺羅も同じく仏となりました。邪見を持っていた妙荘厳王も智慧第一の舎利弗も同じように成仏が保証されました。法華経は成仏を実証した教えなのです。そして、千日尼と阿仏房はもと念仏の信者であったので、弥陀信仰では成仏できないことを諭します。

「阿弥陀経等には舎利弗が七日の百万反大善根ととかれしかども、未顕真実ときらわれしかば七日ゆ(湯)をわかして大海になげたるがごとし。ゐ(韋)提希観経をよみて無生忍を得しかども、正直捨方便とすてられしかば法華経を信ぜずば返て本の女人なり。大善も用事なし。法華経に値ずばなにせん。大悪もなげく事なかれ。一乗を修行せば提婆が跡をもつぎなん。此等皆無一不成仏の経文のむなしからざるゆへぞかし」(一七六〇頁)

千日尼は長年のあいだ念仏を称え大善の功徳を積み重ねたと思いました。聖人は爾前経は方便の教えであるから大善を修めても無益とします。しかし、謗法の大悪を犯しても嘆かずに法華経を信仰すれば、提婆達多のように成仏できると教えます。そして、阿仏房の聖霊はどこにいるかの疑問に答えます。

「されば故阿仏房の聖霊は今いづくむにかをはすらんと人は疑とも、法華経の明鏡をもつて其の影をうかべて候へば、霊鷲山の山の中に多宝仏の宝搭の内に、東むきにをはすと日蓮は見まいらせて候」（一七六一頁）

阿仏房は釈尊・多宝仏・十方諸仏と同じ霊山浄土の多宝仏の宝搭の内にいると述べます。釈尊は霊山においては東面して法華経を説きました。インドでは東を尊い方向としました。多宝仏は東方宝浄世界より涌現します。このとき多宝塔は東に在り西を向きます。宝塔内の釈迦・多宝の二仏は東に並座します。阿仏房はこの宝塔内に対座されていると述べ、霊山浄土に往詣した姿を「寂光の浄土」にいると述べます。もし虚妄ならば十方の諸仏は大妄語の罪により無間地獄に堕ちるとまで述べます。

そして、「をとこは柱のごとし女は桁のごとし」（一七六二頁）と、夫への渇仰の思いを綴ります。夫を失い魂が抜け公事の心労を心配されます。春や秋の季節は変わらずに巡って来るのに、どうして阿仏房は千日尼のもとに戻らないのか。天も恨めしく地も歎かわしく思っていることでしょう。ですから急ぎ急ぎ法華経を旅の食糧とされ霊山浄土へ行き阿仏房に会われるとよいと慰め、浄土にて再会することを勧めたのです。

「ちりし花も又さきぬ。をちし菓も又なりぬ。春の風もかわらず、秋のけしきもこぞのごとし。いかにこの一事のみかわりゆきて、本のごとくなかるらむ。月は入て又いでぬ。雲はきへて又来る。この人の出で丶かへらぬ事こそ天もうらめしく、地もなげかしく候へとこそをぼすらめ。いそぎいそぎ法華経をらうれう（粮料）とたのみまいらせさせ給て、りやうぜん浄土へまいらせ給て、みまいらせ給べし」

（一七六二頁）

次に子供は仇とする経文と子供は宝（財）と言う経文を引きます。千日尼の子供は孝養心の深いことを知らせるためです。『心地観経』の「世の人は子のために多くの罪を造り、三悪道に落ちて長く苦しみを受ける」の文を引きます。鵰（熊鷹）や鷲の親は雛を可愛がりますが、育った子は還って親を食物とします。梟鳥も生まれると母を食する例を挙げます。人の中にも畜生と同じ親不孝な者がいるとして、インドの玻瑠璃王が強引に父波斯匿王の位を奪い取ったこと。阿闍世王が父の頻婆沙羅王を殺したことを挙げます。中国の安禄山と言う逆臣は養母の楊貴妃を殺し大燕国皇帝と自称します。しかし、その子の安慶緒により殺されます。その安慶緒も子の史師明に殺され、その史子明はまた史朝義という子に殺されます。釈尊の前生の子善星比丘は、苦得外道と計略を廻らし父の釈尊を殺そうとした例を挙げます。子は敵である例を挙げました。

また、子は財となることを、『心地観経』に「その男女追いて福を修すれば大光明有りて地獄を照らし、その父母に信心を発さしむ」の文を引きます。これは、追善供養の功徳により大光明が地獄を照らし、その人の父母を仏道に導いたと説く経文です。

世間にも孝養の深い例があるとして安足王が人を馬にした伝説を述べます。王は馬を愛好して遂には人を馬としました。他国の商人をも馬とします。故国ではその商人の一子が父を捜すため旅の仕度をします。母は一人になると嘆きますが安足国まで尋ね行きます。小さな家に宿を借りると馬にされた商人が馬屋に繋がれている話しを聞きます。その馬は栗毛で肩に白い斑があると聞きます。子は王宮に入り葉の広い薬草を馬になった父に食べさせ元に戻します。これを知った大王は子の孝養心に感動して人を馬とすることを止めたと言う話です。本当に親思いの子だから危険な他国まで父を探しに行ったのです。また、目連尊者は餓鬼道に落ちた母の苦しみを救い、浄蔵・浄眼の兄弟は父妙荘厳王の邪見を改めさせたことを挙げて子は財宝と示されます。阿仏房も孝養の深い子供を持ったと述べ同じ法華経の行者と褒めます。守綱は入道して後阿仏房と呼ばれます。

「而に故阿仏聖霊は日本国北海の島のえびすのみ（身）なりしかども、後生をそれて出家して後生を願しが、流人日蓮に値て法華経を持、去年の春仏になりぬ。尸陀山の野干は仏法に値て、生をいとひ死を願て帝釈と生たり。阿仏上人は濁世の身を厭て仏になり給ぬ。其子藤九郎守綱は此の跡をつぎて一向法華経の行者となりて、去年は七月二日、父の舎利を頸に懸、一千里の山海を経て甲州波木井身延山に登て法華経の道場に此をおさめ、今年は又七月一日身延山に登て慈父のはかを拝見す。子にすぎたる財なし子にすぎたる財なし」（一七六五頁）

追伸に絹の袈裟を一領送られたとあります。この「宗祖常用の袈裟」（宗宝）は阿仏房妙宣寺に格護されており、千日尼に生き形見として与えたとされます。（『日蓮宗寺院大鑑』六二七頁）。豊後房は千日尼の近辺にいて佐渡・北陸の門下を統率し指導しました。その豊後房に北陸道の教化をするには学問が足らないので、九月一五日迄に急いで登詣するように命じます。台密に対応した教えや三大秘法等の深い教義を教えるためと思われます。丹波房は同地近隣から経典類の収集のため身延から派遣されており、記録した聖教を急いで遣わすように指示します。丹波房は日秀と言い上総墨田郷の高橋次郎時忠の第二子です。『本化別頭仏祖統紀』に上総妙満寺の開山とあります。山伏房は流罪中の弟子で修験僧と言います。聖人が望む方法で身延へ呼びます。千日尼から手厚い庇護を受けていたことを感謝されます。

追伸は二三紙の本文に書かれ、余白とその上下に弟子への指令があります。「こう入道の尼ごぜんの事」の本文四行は第一紙の端書になります。是日尼の逝去が窺えます。夫の国府入道に聖人が嘆き悲しんでいると伝えるよう依頼します。（北川前肇著『日蓮聖人からの手紙―身の財より、心の財第一なり』所収六七頁）。阿仏房夫妻と国府入道夫妻は聖人を命がけで護った人です。夫は身延の聖人を訪ねた人でした。特に国府夫妻には子供がいないので、老後には身延に来て暮らすようにと案じていました。（『こう入道殿御返事』九一四頁）。

□『上野殿御返事』（三七二）

○熱原新福地社の神主

七月二日付けにて時光に宛てた書状です。真蹟は初めの三紙と追い書き一行の断片が大石寺に所蔵されます。六月一五日に時光の参詣を悦ばれます。時光は前年九月の熱原法難より神主を自邸に保護しましたが、匿いきれなければ身延へ避難させるよう指示します。時光は今後の対策を相談されたのです。神主とは日興の『本尊分与帳』にある、「冨士下方熱原新福地」社である熱原浅間社の神職のことです。

「かうぬし（神主）等が事、いまゝでかゝへをかせ給て候事ありがたくをぼへ候。たゞし、ないないは法華経をあだませ給にては候へども、うへにはたの事によせて事かづけ、にくまるゝかのゆへに、あつわら（熱原）のものに事よせて、かしこゝをもせかれ候こそ候めれ。さればとて上に事をよせてせかれ候はんに、御もちゐ候はずは、物をぼへぬ人にならせ給べし。をかせ給てあしかりぬべきやうにて候わば、しばらくかうぬし等をばこれへとをほせ候べし。めこ（妻子）なんどはそれに候とも、よも御たづねは候はじ。事のしづまるまで、それにをかせ給て候わば、よろしく候なんとをぼへ候」（一七六六頁）

行智や政所から弾圧されていたことが分かります。行智の行為を正当化する意図もあります。（『鷹岡町史』四六九頁）。幕府は監視を続け頼綱は信者を排除すべく陰険に企てます。時宗の意に反するため露骨にできないのです。時光は仁田氏、松野氏、高橋氏など方々の信者の頭領と目されており、厳しい弾圧が及ぶことを心配されます。聖人は国権に責められた時には無闇に抵抗するのは物事を知らないことで、世渡りの下手な人の仲間入りをすると警告します。弾圧に対する処世の仕方を教えます。神主の妻子には危害が及ばないであろうから、事件が沈静するまで時光の所に預かって欲しいと依頼します。

世間は身分の上下に拘わらず誰しもが悲しみや苦しみを持っていると諭します。雉が鷹を恐れ餓鬼が毘沙門を頼みとするが、その鷹も鷲に襲われ毘沙門も修羅に攻められるように、誰もが安心できない世情を例えます。幕府の高官が蒙古の襲来に怯えるのもその一つとします。蒙古の噂を聞くと羊が虎の吠える声を聞いて恐怖を抱くようなもの。九州へ派遣される武士の皮を剥ぎ身を破るような妻子との別離、蒙古の強い軍隊や兵器に襲われたなら、蛇の前の蛙のように竦み俎上に乗せられた鯉鮒のように簡単に攻め滅ぼされると述べます。

そして、弾圧する者は今は権力を行使しているが、死後に一三六の地獄に堕ち永遠の苦しみに彷徨うと述べます。一三六の地獄とは八大地獄にそれぞれ一六の小地獄があり一二八となります。それに八大地獄を加えたのが一三六地獄です。これは最も罪の重い者が堕ちる地獄です。それに比べれば法華経の信者は今生の小苦は後生善処の楽しみになると励まします。追伸に神主のことは他人に知らせないで内密に伝えるように指示されます。熱原法難の弾圧は続いていました。

「我等は法華経をたのみまいらせて候へば、あさきふちに魚のすむが、天くもりて雨のふらんとするを、魚のよろこぶがごとし。しばらくの苦こそ候とも、ついにはたのしかるべし。国王一人の太子のごとし、いかでか位につかざらんとおぼしめし候へ。（中略）人にしらせずして、ひそかにをほせ候べし」（一七六七頁）

□『浄蔵浄眼御消息』（三七三）

七月七日付けにて生米一俵・瓜籠一個・根芋等の供物を奉納された礼状です。『三宝寺本』に収録されます。甲斐公（日持）の名前があることと、「御君達の御仏にならせ給て父母を導かん」（一七六九頁）と述べることから、兄夫妻の松野六郎左衛門と妙一女に宛てた書状と思われます。

楽徳長者と使用人の往事を述べます。酷使された使用人は後に他国の関白となり自国を討ち取ります。長者は過去を恐れて財物を献上し命乞いします。これを第六天の魔王と私達の関係に置き換えて説明します。第六天の魔王の「相伝の者」（一七六八頁）が法華経を信じ「仏の御子」となれば梵天帝釈が守ります。魔王は法華経・釈尊を恐れて供養をすることに例えます。相伝の者とは六道の迷いから抜け出せない者です。魔王は六道の衆生を何としても法華経を信じないように画策します。このように魔王が邪魔をしているのに、幾たびも供養することは釈尊が松野氏の身体に入れ替わったように尊いと述べます。

また、親より先立つ子息が父母を導くため心に入ったと述べます。妙荘厳仏は浄蔵と浄限の二人の子供に導かれて入信したことを重ね合わせます。日持が言うには容姿も性格も智慧も人より勝れていたと言い、深く考えれば亡き子息が母を入信させ、父を追善供養を大切に志す後世者とし、しかも人々が憎む法華経を信仰できたのは、父母の身に添っていたと悲しんでいたことを伝えます。

これ迄の供養は儀礼的なことと思っていたが深い信心を知ったと述べます。心の籠もった志を感じたのでしょう。二人に不測の事が起きたら、闇夜に月が出たように妙法蓮華経の五字が月となって周りを照らし、その月の中には釈迦仏や十方の諸仏と子息も現れ、霊山浄土に導くと慰めます。

□『盂蘭盆御書』（三七四）は弘安二年七月一三日とします。

□『妙一女御返事』（三七五）

○法華経と真言の即身成仏

七月一四日付けにて妙一女に宛てた書状です。『朝師本』に収録されます。『境妙庵目録』に『松野女房抄』とあります。七月七日付け『浄蔵浄眼御消息』（一七六九頁）に子息が逝去された弔書を宛て、その供養の生米が届けられました。母親から子息の成仏を問われたのが本書となります。同年一〇月五日に更に深く即身成仏について述べます。経文や釈文を多く引用し台密の即身成仏を追求します。

即身成仏について、伝教は法華経に限るとし弘法は真言とするのは、どちらが正しいかを問答の形にて論じます。伝教は入唐して真言密教の両界を順暁に学び、同じく弘法は慧果に師事したことを述べ、順暁・慧果は不空の弟子と確認します。弘法が真言を選択した依拠は、竜樹の『菩提心論』と『金剛頂経』『大日経』です。それは「この三昧を修する者は現に仏菩提を證す」の文。「この身を捨てずして神境通を逮得し大空位に遊歩して身秘密を成す」の文。また、「我本より不生なるを覚る」、「諸法は本より不生なり」の文です。この経文の意味を次のように解釈します。

「難云此等の経文は大日経・金剛頂経の文也。雖然経文は或は大日如来の成正覚の文、或は真言行者の現身得五通の文、或は十回向菩薩現身に歓喜地を証得する文にして、猶非生身得忍。何況即身成仏をや。但し菩提心論は一には経に非ず。論を本とせば背上向下の科、相違依法不依人之仏説」（一七七八頁）

この経文は大日如来が正覚を成就した文。真言の行者が五つの通力を得るとする文。十回向の菩薩が歓喜地を証得する文であること。大日如来は法身仏であるので正覚を成じたとしても、凡夫の生身得忍には及ばないと反論します。故に即身成仏の文証にはならないと断言します。つまり、大日経・金剛頂経には即身成仏を説いていないのです。そして、『菩提心論』は人師である竜樹が説いた論であるので文証として採用できないとします。これを用いるならば背上向下となり、「依法不依人」の仏説に背くとします。弘法が依拠とした『菩提心論』は経典ではないこと、『金剛頂経』『大日経』には文証がないとして、弘法の真言の邪義を根底から批判したのです。これに対して真言師が聖人を批判した文言を二説挙げます。第一は、

「東寺真言師悪口日蓮云汝は凡夫也。弘法大師は三地の菩薩也。汝未非生身得忍。弘法大師は帝眼前に現即身成仏。汝未承勅宣大師にあらず。日本国師にあらず等云云是一」(一七七八頁)

聖人は凡夫で生身得忍の者ではないが弘法は菩薩であり即身成仏したこと。また、天皇から勅宣を受けていないので大師でも日本国の師でもないと批判します。第二は叡山の先師を傍証とします。

「慈覚大師は伝教・義真の御弟子、智証大師は義真・慈覚の御弟子、安然和尚は安慧和尚の御弟子也。此三人云法華天台宗は理秘密の即身成仏真言宗は事理倶密の即身成仏云云。伝教・弘法の両大師何れもをろ(愚)かならねども聖人は偏頗なきゆへに、慈覚・智証・安然の三師は伝教の山に栖といへども、其義は弘法東寺の心也。随て日本国四百余年は異義なし。汝不肖の身としていかんが此悪義を存するや是二」(一七七九頁)

慈覚・智証・安然は天台宗を理秘密の即身成仏、真言宗は事理倶密の即身成仏とします。聖人はこの三師は叡山に籍は置いても、教義は弘法の東寺にあると批判しました。これに対し四百余年の間は異義を立てる者はいなかったのに、聖人は不肖の身でありながら悪義を立てたと批判を受けたことです。聖人はこれに答えます。先ず慈覚・智証は漢土に渡り元政・法全の言葉を信じ、伝教の法華教義を捨てたと指摘します。心は既に真言に堕落し叡山の教義を継ぐ者ではないと反論します。即身成仏論は提婆品に「我於海中」とあるように、現実に即身成仏した人(龍女)がいない経を用いてはならないとします。真言の依経は兼・但・対・帯が明らかであり、二乗の成仏もなく久遠実成を説いていません。つまり、純円の教えではないこと。二乗作仏・久遠実成を明かしていないので真実ではない有名無実の即身成仏と述べます。

次に、慈覚は伝教より直に教えを受けているので、四百年もの年月を経た聖人よりは信頼できるとの意見に答えます。経文よりも口伝を信じてよいのか、父母の遺言状を捨てて口伝えの言葉を信じてよいのかと反論します。つまり、伝教の教えは無用で慈覚のほうが正しいのかと反論したのです。そこで伝教の『秀句』「当知此文問所成仏人顕此経威勢也乃至当知他宗所依経都無即身入等」の文を引きます。この文は法華最勝の文証となる龍女の成仏を指します。他宗の依拠とする経典は全て即身成仏の義はないと注釈します。これは法華経が勝れた理由を十挙げた中の第八番目の「即身成仏化導勝」の文です。

更に、『菩提心論』に「唯真言法の中にのみ即身成仏する」の「唯」の文証を問題とします。聖人は『法華秀句』に「能化所化倶に歴劫無く妙法経力即身成仏す」の文により、伝教は『菩提心論』の即身成仏を否定したと判断します。『大田殿女房御返事』に『菩提心論』は竜樹の説ではない「黒論」、また、訳者の解釈の違いと述べました。「されば此の菩提心論の唯の文字は設い竜樹の論なりとも不空の私の言なり」（一七五七頁）と指摘します。ここに大日経に即身成仏を認めた三大師は謗法とします。そして、聖人の説を批判するならば権門を利用しないで、証文を示すように求めます。日月・帝釈・梵天が味方し証人となると述べます。

「寄事於権門日蓮ををど（脅）さんより但正文を出せ。汝は人をかたうど（方人）、せり。日蓮は日月・帝釈・梵天をかたうど、せん。日月天眼を開て御覧あるべし」（一七八二頁）

逆に聖人の教えが正しいならば善神は速やかに守護すべきと諫言します。真言を信じる国中の人が「無眼の報い」に堕ちるのを憐れと思わないのか、二度の流罪と竜口にて斬首に及んだことは、釈迦・多宝・十方の諸仏の頚を切るのと同じと述べます。善神は法華経の法味を頂いて勢力を増すのに、その力を奪う敵を罰しないで寿命と衣食を与えて養うのは何故かと詰め寄ります。真言師の身に入って誹謗させているのか。彼等と対決させて正邪を明らかにすべきと述べます。

「彼三大師の御弟子等が法華経を誹謗するは、偏に日月の御心を入させ給て謗ぜさせ給か。其義なくして日蓮がひが事ならば、日天もしめし、彼等にもめしあは（召合）せ、其理にまけ（負）てありとも、其心ひるがへらずば天寿をもめしとれかし。其義はなくして、たゞ理不尽に彼等にさる（猨）の子を犬にあづけ、ねづみの子を猫にたふ（与）やうに、うちあづけて、さんざんにせめさせ給て、彼等を罰し給はぬ事、心へられず。日蓮は日月の御ためには、をそらくは大事の御かたきなり。教主釈尊の御前にて、かならずうた（訴）へ申べし。其時うらみさせ給なよ。日月にあらずとも、地神も海神もきかれよ、日本の守護神もきかるべし。あへて日蓮が曲意はなきなり。いそぎいそぎ御計あるべし。ちゝ（遅々）せさせ給て日蓮うらみさせ給なよ」（一七八二頁）

これ迄は猿の子を犬に預け鼠の子を猫に与えるように彼等に扱われたとし、真言師を罰しない善神の責任を問います。釈尊の御前にて約束を破った神と訴えると述べ、急いで正邪の判決をを顕すよう進言します。熱原法難後の逼迫された状況が窺えます。七月一五日頃から各地の弟子を集めて講義に集中します。

□『異体同心事』（一五〇）

本書は『平賀本』に収録されます（八月六日の日付けはありません）。系年に諸説があります。『定遺』は熱原法難の逼迫と蒙古襲来が近づいたという記述から文永一一年とします。（『日蓮聖人遺文辞典』歴史篇五〇頁）。『校定』は弘安二年とします。弘安三年説は熱原法難（弘安二年四月～一〇月頃）の収束した後の著述とします。（『日蓮聖人御遺文講義』第一八巻三六頁。『本化聖典大辞林』上一七六頁）。月日について厚綿の小袖が供養されているので秋頃とも言えます。宛先は頼基と思われます。（川崎弘志稿「『異体同心事』に関する文献学的考察」『法華仏教研究』第25号所収四三頁）。その理由は頼基が熱原に捕縛された者の釈放に奔走されていたこと。（『聖人御難事』「さぶろうざえもん殿のもとに、とどめらるべし」一六七六頁）。本書に鎌倉の日昭にふれていることです。

頼基から白小袖、厚綿の小袖と金子一貫文が日興より届けられます。日興・日向等の熱原の信者への誠意に対し、同信の者が結束すれば少ない人数でも万難を廃して法華経が広まると述べます。

「日蓮が一類は異体同心なれば、人人すくなく候へども大事を成じて、一定法華経ひろまりなんと覚へ候。悪は多けれども一善にかつ事なし。譬へば多火あつまれども一水にはきゑぬ。此一門又かくのごとし。其上、貴辺は多年としつもりて奉公法華経にあつくをはする上、今度はいかにもすぐれて御心ざし見えさせ給よし、人人も申候。又かれらも申候。一一に承て、日天にも大神にも申上て候ぞ。御文はいそぎ御返事申べく候ひつれども、たしかなるびんぎ候はで、いままで申候はず。べんあさり（弁阿闍梨）がびんぎ、あまりそうそうにてかきあへず候き」（八二九頁）

頼基は鎌倉にて長年に亘り不断の信仰を貫き、熱原法難を通して教団の結束のため尽力します。その行動を周囲の者や熱原の当事者が称賛していると聞き、日天や天照大神に報告したと述べます。この書状を早く出すべきであったが、確実な便宜がなかったので出し遅れたと述べます。鎌倉の日昭に便宜があったが、急々のことで返事を持たせれなかったと伝えます。ここから逼迫した状況ではなかったことが分かります。また、前半は既に認めていた書状で後半は後で書き足した文章とも思われます。

続いて、蒙古の襲来が近づいていると述べます。本書は二通の書状が接合されたと見るのは、この後半の蒙古襲来の文章にあります。系年と宛先に異説が生じます。（岡元錬城著『日蓮聖人遺文研究』第三巻七一三頁）。他国侵逼の予言について皆が何時のことかと疑念をもっていただろうが、いよいよ蒙古の襲来が近いと述べます。国が滅びることは悲しいが、日本国の人々の堕獄と謗法を防ぐためには、灸や針治療のように後には回復して悦びとなると述べます。そして、「法華経の御使」（八三〇頁）の立場から、聖人を迫害するので懲罰のために襲来すると述べます。また、阿闍世王のように現身に改悔するならば災害から逃れることができると述べます。

八月一日に第六代将軍の宗尊親王が三三歳にて崩御されます。歌人として知られ『柳葉和歌集』『瓊玉和歌集』があります。無学祖元は博多に到着していたといいます。

□『内房女房御返事』（三七六）

○百箇日の願文

八月一四日付けにて内房女房より父の百箇日供養の布施十貫文と、願文を受け取り法門を述べた書状です。

『本満寺本』に収録されます。内房女房は内房尼と母子関係といいます。内房尼は『三澤抄』によると、富士の氏神参詣のついでに尼の身でありながら身延に詣でたことで対面せずに帰した老女です。内房尼の夫の供養です。内房女房は「御願文状」（一七八四頁）に「女弟子大中臣氏敬白」とあります。中臣氏は天児屋命の末裔とされ、天孫降臨にて瓊瓊杵尊に随伴し、古代日本において天皇家の神事・祭祀を司る氏族でした。そのため、父は神祇に関した人で十貫文を布施できる裕福な身分の人と言います。

内房女房の手紙には父の百ヶ日に当たり霊山往詣を願って、妙法蓮華経一部、方便寿量品三〇巻、自我偈三百巻、五万遍の題目を唱えたと示されます。また、父が四月の始めに身延に詣でたことが分かります。

「同状云伏惟先考幽霊生存之時　弟子遥陵千里山河　親受妙法題名　然後不経三十日永告一生之終等云云。又云嗚呼閻浮露庭白骨仮成塵土霊山界上亡魂定開覚蕊。又云弘安三年女弟子大中臣氏敬白等云云」（一七八四頁）

そして、亡き父が題目を唱えた大きな功徳により、願文の通り即身に成仏し霊山浄土に往詣できると述べます。法華経を読誦する者の先例はあるが、題目を五万遍唱えた者の先例はないとして、妙法蓮華経の五字の内に法華経一部八巻二十八品の功徳が収まることを、「如意宝珠の玉に万の宝を収たるが如し。一塵に三千を尽す法門是也」（一七八五頁）と教えます。ここに、『観心本尊抄』の自然譲与段の因果具足論、事一念三千について簡潔に述べます。「南無」の二字は妙法蓮華経を敬い随う心であると明かします。南無とは擬音文字でインドでは帰命・敬礼・帰敬と訳されます。一般的に「帰依」と解釈されます。

次に、多聞第一の阿難が釈尊入滅の六〇日後に、王舎城外の大閣講堂にて結集したことにふれます。文殊が下座にて南無妙法蓮華経と唱えた時に、阿難が「如是我聞」と答えたのは、法華一部経の功徳が妙法五字に収まっている証拠と述べます。続いて、天台・妙楽・伝教は法華経を最勝としたことを挙げ、三大師はこれに反して真言を第一としたのは、大王に反逆する所従の「下克上、背上向下、破上下乱」（一七八七頁）と述べます。重ねて、妙法蓮華経の功徳を「毒薬変じて薬となる。妙法蓮華経の五字は悪変じて善となる。玉泉と申泉は石を玉となす。此五字は凡夫を仏となす」（一七八八頁）と、妙法蓮華経は「変毒為薬」「凡夫即仏」との肝要を述べ、父親に題目を口唱させたことは妙荘厳仏の二人の子供の善知識（『開結』五八一頁）と同じに孝養の至極と賛嘆します。

そして、輪陀王と馬鳴菩薩の故事を引きます。馬鳴は途絶えた白鳥を呼び寄せ白馬は元のように鳴きます。それにより輪陀王が力を回復し国も栄えた故事です。また、日本国は神代の国であったが、世が末になり人の三毒も強まり悪国化したため善神の威光が失せます。伝教は法華経を鎮護国家の経典と定め再び国が栄えたと述べます。しかし、仏教において三大師の邪義が蔓延したため、下克上の世となり承久の乱を引き起こしたと述べます。国のために邪教を諫暁する聖人は排斥されたと述べます。

そして、輪陀王の故事に習い内房女房の孝養の功徳を述べます。輪陀は内房女房の亡父、女房は馬鳴菩薩、白鳥を法華経、白馬を聖人として題目を白馬の鳴く声とします。輪陀王が白馬の鳴く声を聞いて力を増したように、亡き父は女房が南無妙法蓮華経と唱える声を聞いて成仏すると述べ孝養の行いを褒めます。

□『上野殿御返事』（三七七）

○日若御前

八月二六日付け書状です。『興師本』に収録されます。時光に男の子供が産まれた報告があり、命名を願ったので日若御前とし女の子に続き男子が生まれたことを喜ばれます。女子と男子のどちらも家門を継ぐものであり、子供は宝と述べます。男子は右衛門太郎、姉は新田頼綱に嫁ぎます

「女子は門をひらく、男子は家をつぐ。日本国を知ても子なくば誰にかつがすべき。財を大千にみてても子なくば誰にかゆづるべき。されば外典三千余巻には子ある人を長者といふ。内典五千余巻には子なき人を貧人といふ。女子一人、男子一人、たとへば天には日月のごとし。地には東西にかたどれり。鳥の二のはね、車の二のわ（輪）なり」（一七九一頁）

○御本尊（九七）八月

「俗日重」に授与され岡宮の光長寺に所蔵されます。紙幅は縦五三・九センチ、横三四・二センチ、一紙の御本尊です。この御本尊以降は讃文に「仏滅度後二千二百三十余年之間、一閻浮提之内未曾有大漫荼羅也」と、「三十余年」を書き入れます。

□『松野殿女房御返事』（三七八）

九月一日付けにて行成の女房から、白米一斗・梨一籠・茗荷・はじかみ（生姜）・枝大豆・えびね（山わさび）等の供養の礼状です。供養の志と篤信を称え、法華経を持つ女人は濁りのない澄んだ水に月が映るように、女房の心にも釈尊と言う月が映ると譬えます。題目を心に固く信じ唱えれば、釈尊を体に感じることができると述べます。信仰を継続することは困難であるのに、退転なく継続されていることを褒めます。結びに詳細な教学や聖人の心情を子息の日持から聴聞するように述べます。

「濁れる水には月住ず。枯たる木には鳥なし。心なき女人の身には仏住給はず。法華経を持つ女人は澄る水の如し。釈迦仏の月宿らせ給。譬へば女人の懐み始めたるには、吾身には覚えねども、月漸く重なり、日も屡過れば、初にはさかんと疑ひ、後には一定と思ふ。心ある女人はをのこご（男子）をんな（女）をも知也。法華経の法門も亦かくの如し。南無妙法蓮華経と心に信じぬれば、心を宿として釈迦仏懐まれ給。始はしらねども、漸く月重なれば心の仏、夢に見え、悦こばしき心漸く出来し候べし。法門多しといへども止候。法華経は初は信ずる様なれども後遂る事かたし。譬へば水の風にうごき、花の色の露に移るが如し。何として今までは持たせ給ぞ。是偏へに前生の功力の上、釈迦仏の護給歟」（一七九二頁）

○御本尊（九八）九月三日

「俗日目」に授与されます。日興の添え書きに「富士上方上野弥三郎重満（光）」に与え、正和元年に出家した左近入道と記録し、上野家の家人と『本尊分与帳』に記されます。紙幅は縦四七センチ、横三一・五センチ、一紙で京都の妙蓮寺に所蔵されます。左下隅の添書は損傷しています。

□『上野殿後家尼御前御書』（三七九）

○南条七郎五郎の死去

九月五日に南条七郎五郎が死去します。九月六日付けにて一六歳の若さで夭死した時光の弟の死を嘆き、母親の悲しみは計り知れないことを切々と綴ります。真蹟は三紙完存にて大石寺に所蔵されます。

「人は生て死するならいとは、智者も愚者も上下一同に知て候へば、始てなげくべしをどろくべしとわをぼへぬよし、我も存、人にもをしへ候へども、時にあたりてゆめかまぼろしか、いまだわきまへがたく候。まして母のいかんがなげかれ候らむ。父母にも兄弟にもをくれはて、いとをしきをとこ（夫）にすぎわかれたりしかども、子どもあまたをはしませば、心なぐさみてこそをはし候らむ。いとをしきてこご（子）、しかもをのこご、みめかたちも人にすぐれ、心もかいがいしくみへしかば、よその人々もすずしくこそみ候しに、あやなくつぼめる花の風にしぼみ、満月のにわかに失たるがごとくこそをぼすらめ。まこととともをぼへ候はねば、かきつくるそらもをぼへ候はず」（一七九三頁）

追伸に六月一五日に身延に登詣した七郎五郎の勇姿を述べ、今は法華信仰の功徳により臨終も穏やかに、また、霊山浄土にて父親と手を取り合って喜ばれていると述べながらも、早死にした悔いと後に残された親兄弟の悲しみを思うと、悔やまれ悲しいと嘆息されます。

□『南条殿御返事』（三八〇）

九月付けにて時光から白米一袋・芋一駄が七郎五郎の供養として届きました。書状を見て七郎五郎の死去を今以て信じられないと述べます。真蹟は一紙一〇行の断片が大石寺に所蔵されます。

○御本尊（五五）九月

日興の添書に因幡の富城寂仙房日澄の母尼（富木尼）に九月に授与されたとあります。本門寺の重宝とすべき遺誡を記されます。紙幅は縦五八・二センチ、横四〇・六センチ、二枚継ぎの御本尊で京都妙覚寺に所蔵されます。

○御本尊（九九）九月八日

「優婆夷源日教」に授与され紙幅は縦四六・一センチ、横三〇・九センチ、一紙です。身延所蔵と日乾の記録にあります。日奠の記録に日省の挿記として、波木井日教に授与された当御本尊を、身延の三大檀那である水戸宰相に進上したとあります。日亭の『西土蔵物録』に「波木井日長授与」と記載され、波木井氏に縁のある女性信者でした。水戸家旧蔵の御本尊は横浜の某家に所蔵されます。

□『光日尼御返事』（三八一）

九月一九日付けにて小湊の光日尼に宛てます。一紙断簡が富士久遠寺に所蔵されます。本紙右肩に二の丁付があることから二紙の書状と分かります。第一紙には安房の海産物などの供養が届けられ、故郷や父母を想う返礼の文が存したと思われます。第二紙の始めには三従の綱と五障の煩わしさ（「三従五障」）から開放され、「心の月くもりなく、身のあかきへはてぬ。即身の仏なり。たうとしたうとし」（一七九五頁）と、即身成仏の尊い体であると述べます。即身成仏の法門については、これ迄に書状を送った時にほぼ書き足りているので、それらを読み直して信仰を深めるように述べます。これに該当する書簡は建治二年三月の『光日房御書』（一一五二頁）と思われます。しかし、本書に至る五年の間に数通の書簡が送り届けられていたことは十分に推測されます。日向の母であり教団の拠点とされたことは確かです。

□『断簡』一九七　□『大尼御前御返事』（三八二）

断簡は『大尼御前御返事』（三八二）の前文（第二一丁後半）とされる一紙一〇行です。日向市定善寺に所蔵されます。九月二〇日付けにて安房の大尼に宛てた長文の書簡です。真蹟は末尾の一紙（第二三紙目）が京都頂妙寺に伝えられます。第一紙が伝わらないため供養品や依頼の内容は不明です。断片から地頭との間に訴訟問題が起き、その解決を依頼されたと思われます。

「あるべからずの御ちかいとだにも候わば、法華経・釈迦仏・天照大神・大日天と大かくのじようどのに申べく候、これをそむかせ給わば、他のをほせはかほるとも、此事は叶がたく候。我力の及ぬ事に候へば御うらみも有べからず。地頭がいかんかいわすらむ、うたへすらむとの御をくびやうは、地頭だにもをそろし。まして」(二五三九頁)。「ごくそつ(獄卒)えんま(閻魔)王の長は十丁ばかり、面はす(朱)をさし、眼は日月のごとく、歯はまんぐわのねのやうに、くぶしは大石のごとく、大地は舟を海にうかべたるやうにうごき、声はらい(雷)のごとく、はたはたとなりわたらむには、よも南無妙法蓮華経とはをほせ候はじ。日蓮が弟子にてはをはせず。よくよく内をしたためてをほせをかほり候はん。なづき(頭脳)をわり、み(身)をせめていのりてみ候はん。ただきのいのりとをぼしめせ。これより後はのちの事をよくよく御かため候へ」(一七九五頁)

信仰のない大尼から突然の依頼を受け、当惑しながらも善神に祈願し大学允にも力になるよう頼むと述べます。しかし、こちらの指示に背けば願いは叶わず力が及ばないから恨まないようにと忠告します。大学允と大学三郎は別人ですが近親者とされます。(『日蓮聖人遺文辞典』歴史篇六七〇頁)。大尼と比企氏の繋がりが窺えます。東条の地頭から訴えると恫喝されて怖じ恐れているが、それよりも閻魔王の方が何倍も恐ろしいと述べたのです。地獄の閻魔王の身丈は十丁、顔面は朱、両眼は日月、歩くときは大地が振動し海に船を浮かべたように揺れると喩え、その時は恐ろしくて題目さえ唱えられないだろうと述べます。そして、大尼は退転した者であり弟子ではないが、心の中を整えて決断したならば身体を責めてでも祈願すると述べます。ただし、聖人が祈願することは後生のこととします。年老いた大尼への思いやりから今後は後生のため信仰に励むことを勧めたのです。

□『妙一女御返事』（三八三）

○真言と法華の即身成仏の違い

一〇月五日付けにて妙一女に宛て『三宝寺本』に収録されます。同年の七月一四日にも書状を送り（『妙一女御返事』一七七七頁）、即身成仏につき真言との相違を教示されました。本書は更に真言以外の諸経との勝劣を質問され、法華経においても迹門と本門とは相違することを論じた重要な遺文です。即身成仏は諸宗においても大事な法門としているが、聖人においてはこの「一事」こそが最重要と述べます。

「就中、予が門弟は万事をさしをきて此一事に可留心也。建長五年より今弘安三年に至るまで二十七年の間、在々処々にして申宣たる法門繁多なりといへども、所詮は只此の一途也」（一七九六頁）

立教開宗以来もっとも力を注いだのは即身成仏の教えと述べます。重ねて真言の即身成仏は「生身得忍」にもならないと述べ、「法華経の即身成仏の法門は龍女を証拠とすべし」と提婆品の龍女の成仏を証拠とします。文証は「於須臾頃便成正覚」（『開結』三五二頁）「変成男子」「即往南方無垢世界」（『開結』三五四頁）、伝教の『法華秀句』「能化龍女無歴劫行所化衆生亦無歴劫能化所化倶無歴劫妙法経力即身成仏」の文を挙げます。そして、迹門と本門の相違を説きます。

「法華経の即身成仏二種あり。迹門は理具の即身成仏、本門は事の即身成仏也。今本門の即身成仏は当位即妙、本有不改と断ずるなれば、肉身を其まゝ本有無作の三身如来と云る是也。此法門は一代聖教の中に無之。文句云於諸経中秘之不伝等云云」（一七九八頁）

迹門における即身成仏は理具であり、本門は事具の即身成仏とします。本門は久遠実成が開顕され仏界所具の九界を可能とします。仏界を具えるために必要なのは題目を受持することです。この受持の信行に事具の即身成仏を述べます。受持成仏とは当為即妙の成仏であり、凡夫の身そのままの即身成仏を言います。また、「無作三身」についての記述があります。「無作三身」は中古天台で言う密教の大日法身のことで、聖人の仏身論においては一考される用例です。ただし、浅井円道氏は寿量品の仏や南無妙法蓮華経と唱える弟子信徒を「無作三身」と呼ぶが、取捨するところなく凡夫の全てを指して「無作三身」と言うことはないと言います。（『日蓮聖人遺文辞典』教学篇一一〇六頁）。本有不改、事の即身成仏を述べたのです。

次に、法華経が広まる時は在世と末法の二回であり、修行の仕方も二通りあると述べます。在世は純円の機根なので直ちに授記されます。末法は五逆誹謗の機根が集中するので下種としての広布です。この本門思想は末法下種論にあります。『観心本尊抄』に「彼脱此種」「彼一品二半此但題目」（七一五頁）と述べました。

「日蓮は今、時を得たり。豈此所嘱の本門を弘めざらんや。本迹二門は機も法も時も遥に各別也。問云日蓮計知此事乎。答云天親龍樹内鑑冷然等云云。天台大師云後五百歳遠沾妙道。伝教大師云正像稍過已末法太有近法華一乗機今正是其時。何以得知安楽行品云末世法滅時云云。此等論師人師末法闘諍堅固時地涌出現し給て本門の肝心南無妙法蓮華経の弘らせ給べき時を知て、恋させ給て如是釈を設させ給ぬ」

（一七九八頁）

天台・伝教が本門を弘通しなかった理由と、末法に地涌の菩薩が付属により出現して法華経を広める付法蔵の規定と、経文の証拠を示して法華弘通の意義を述べます。即ち本門の肝心である南無妙法蓮華経を広める時であり、その使命を持った地涌の菩薩は聖人であると明かされたのです。更に本迹の相違を述べます。

「尚尚即身成仏者迹門は能入の門、本門は即身成仏の所詮の実義也。迹門にして得道せる人々、種類種、相対種の成仏、何れも其実義は本門寿量品に限れば常にかく観念し給へ。正観なるべし。然るにさばかりの上代の人々だにも即身成仏には取煩はせ給しに、女人の身として度度如此法門を尋させ給事は偏に只事にあらず。教主釈尊御身に入替らせ給にや。龍女が跡を継給歟。又憍曇弥女二度来れる歟。不知、御身は忽に五障の雲晴て、寂光の覚月を詠給べし」（一七九八頁）

と、迹門は能入、本門は所詮とします。迹門において得道した者や、前世に小善を持つ種類種（熟類種）の得道である「小善成仏」や、不成仏とされる悪機根の相対種の成仏も、その実義は本門寿量品に限ると述べます。久遠実成の法華開会による成仏こそが正観と述べます。上代の者も煩瑣とした法門を妙一女が再度に亘り質疑されたことを希有とします。龍女が五障を克服して成仏し、釈尊の育ての母であり最初の比丘尼となった憍曇弥が記別を受けた例を挙げ、妙一女の成仏も疑いないと褒めます。日持の指導が窺えます。

□『四条金吾殿御返事』（三八四）

○身延霊山

一〇月八日付けにて七月に頼基から信州殿岡（飯田市）から送られた米の礼を認めた書状です。殿岡は主君より新たに受領した土地です。『本満寺本』『御伝土代』に収録されます。

供米は身延に盂蘭盆法要のために参集した僧侶のみではなく、霊山会上の聴衆や仏陀、善神が納受し随喜されたと述べます。自恣とは安居の最後の日に修行僧たちが罪を告白し、懺悔して許しを乞うことです。盂蘭盆の供養は精霊だけではなく修行僧や諸仏・善神への供養となります。「尽せぬ志、連々の御訪、言を以て尽しがたし」（一七九九頁）と、頼基の変わらぬ奉仕の志に感謝し、後生の菩提は疑いないと述べます。そして、文永八年の竜口法難の不惜身命を身読した功績と、佐渡の流罪地へ慰問した嬉しさを回顧します。

「何事よりも文永八年の御勘気の時、既に相模国龍口にて頚切れんとせし時にも、殿は馬の口に付て足歩赤足にて泣悲み給事、実にならば腹きらんとの気色なりしをば、いつの世にか思忘るべき。それのみならず、佐渡の島に放たれ、北海の雪の下に埋れ、北山の嶺の山下風に、命助かるべしともをぼへず。年来の同朋にも捨られ、故郷へ帰らん事は、大海の底のちびきの石の思ひして、さすがに凡夫なれば古郷の人々も恋しきに、在俗の宮仕隙なき身に、此経を信ずる事こそ希有なるに、山河を陵き、蒼海を経て遥に尋来給志、香城に骨を砕き、雪嶺に身を投し人々にも争か劣り給べき」（一八〇〇頁）

頼基の何事にも換えられない外護を、常啼菩薩が曇無竭菩薩を供養するため、妙香城において自身の骨を砕いて捨身の行をしたこと。雪山童子が鬼神から法を聞くために、雪嶺の雪山で身体を鬼神に捧げた故事を挙げ褒めます。また、赦免後に三度の諫暁をし使命を遵守した法悦を述べ身延入山の心中を伝えます。

「同十一年の春の比、赦免せられて鎌倉に帰り上りけむ。倩事の情を案ずるに、今は我身に過あらじ。或は命に及ばんとし、弘長には伊豆国、文永には佐渡の島、諫暁再三に及べば留難重畳せり。仏法中怨の誡責をも身にははや免れぬらん。然るに今山林に世を遁れ、道を進んと思しに、人々の語様々なりしかども、旁存ずる旨ありしに依て、当国当山に入て已に七年の春秋を送る」（一八〇〇頁）

三度目の諫暁は頼綱など数名の者と対面しました。頼綱の目的は蒙古の情報と戦勝祈願をさせることでした。聖人にとっては不本意な対面となり鎌倉を退出する決意を固めます。このとき諸処から誘いがありますが、身を寄せたのが身延でした。当時は飢饉のこともあり幾らかの時を過ごして新たな行動を考えていたと述べます。次第に弟子や信徒が往来します。老化の病に熱原の問題が起き七年の時を経過します。しかし、この間の布教は綿密に行われ拠点として定着したのです。

「我身法華経の行者ならば、霊山の教主釈迦・宝浄世界の多宝如来・十方分身の諸仏・本化の大士・迹化の大菩薩・梵・釈・龍神・十羅刹女も、定て此砌におはしますらん。水あれば魚すむ、林あれば鳥来る、蓬莱山には玉多く、摩黎山には栴檀生ず。麗水の山には金あり。今此所も如此。仏菩薩の住給功徳聚之砌也。多くの月日を送り、読誦し奉る所の法華経の功徳は虚空にも余りぬべし。然るを毎年度々の御参詣には、無始の罪障も定て今生一世に消滅すべきか。弥はげむべし、はげむべし」（一八〇一頁）

と、身延は諸仏菩薩善神が来集する功徳聚の霊地（身延霊山）であり、七ヵ年の間、法華経を読誦し修行した功徳は虚空に満ち溢れると強調します。このような聖域に参詣し供養することにより、無始の罪障は今生に消滅すると讃え弛まぬ信心を励まします。

○円爾弁円寂

一〇月一七日に臨済宗の円爾が七九歳にて没します。東福寺を開山し花園天皇から諡号され聖一国師を称します。東福寺の開基は四代将軍頼経の父九条道家です。比企能本の姉若狭局は頼家に嫁し、その子の竹の御所が頼経の夫人となります。「日蓮柱」は有名です。鎌倉の信者と聖人の繋がりが看取できます。

晩年は母親の実家が駿河の栃沢にあり約四七キロ離れた蕨野に医王山回春院を開き禅を説きます。酒皮饅頭や宋から持ち帰った茶の実を薬草として栽培し、静岡茶（本山茶）の始祖と称されます。自筆の遺偈は「利生方便七十九年、欲知端的佛祖不伝。弘安三年十月十七日。東福老珍重」（利生方便すること七十九年。端的に知を欲せんとすれば仏祖は伝えず）です。（『鎌倉遺文』第一九巻一〇七頁）。

□『両人御中御書』（三八五）

○故大進阿闍梨の坊

一〇月二〇日に日朗と宗仲の二人に、大進阿闍梨の坊舎の始末を差配されます。真蹟は二紙二一行、第一紙の始めの行の間に一二字の追書があります。日付、宛名、自著花押があり完存にて京都妙顕寺に所蔵されます。鈴木一成氏は大進阿闍梨の死去が弘安二年八月なので、坊舎を放置して一年以上を経過したと見ます。また、花押が弘安三年七月二日以後の蕨手後期の形として弘安三年とします。（『日蓮聖人遺文の文献学的研究』四一四頁）。

大進阿闍梨の坊舎が放置されたままでした。調べると日昭に譲っていたことが分かり、早々に解体し日昭の所へ運ぶように指示します。日昭の坊は狭く雨漏りし修理が必要であったので、建材を運び坊を広くして参詣に適した状態にするように配慮されたのです。冬は火災が多く消失したら損害となり恥になるので、両三日のうちに決めて返事をするよう強く述べます。

「ゆづり状をたがうべからず。大国阿闍梨・ゑもんのたいう志殿等に申。故大進阿闍梨の坊は各々の御計に有べきかと存候に、今に人も住せずなんど候なるは、いかなる事ぞ。ゆづり状のなくばこそ、人々も計候はめ。くはしくうけ給候へば、べん（弁）の阿闍梨にゆづられて候よしうけ給候き。又いぎ（違義）あるべしともをぼへず候。それに御用なきは別の子細の候か。其子細なくば大国阿闍梨・大夫殿の御計として弁阿闍梨の坊へこぼ（毀）ちわたさせ給候へ。心けん（賢）なる人に候へば、いかんがとこそをもい候らめ。弁の阿闍梨の坊をすり（修理）して、ひろ（広）く、もら（漏）ずば、諸人の御ために御たからにてこそ候はんずらむめ。ふゆはせうまう（焼亡）しげし。もしやけ（焼）なばそむ（損）と申、人もわらいなん。このふみ（文書）ついて両三日が内に事切て各々の御返事給候はん」（一八〇二頁）

□『刑部左衛門尉女房御書』（三八六）

○乳の値

一〇月二一日付けにて刑部左衛門の妻から、母親の一三回忌供養の金銭二〇貫文を受領された返書です。刑部氏は左衛門府の武官と言われ、尾張高木郡に住む篤信の信徒です。『朝師本』に収録されます。

母の供養を願った夫人の孝養に感激し母の恩を述べます。父母の孝養は法華経を読誦することと述べます。地神は不孝の者を大地に戴くことを嫌い不孝者の住所を揺らすと説かれていること、提婆は不孝であったので大地が割けて無間地獄に落ちたと述べます。『涅槃経』に末法はこれに過ぎた不孝者が大地微塵よりも多く生まれ、孝養の者は「爪上の土」よりも少ないと説きます。そして、母親が体に子供を受胎し九ヶ月に及ぶ苦しさ、出産してからの養育の恩を示します。その乳の値を米や稲に換えて貴重なことを譬えます。

「母の乳をのむ事、一百八十斛三升五合也。此乳のあたひは一合なりとも三千大千世界にかへぬべし。されば乳一升のあたひを撿へて候へば、米に当れば一万一千八百五十斛五升、稲には二万一千七百束に

余り、布には三千三百七十段也。何況一百八十斛三升五合のあたひをや」（一八〇五頁）

ここに、聖人の見識の深いことが分かります。特に数学的に正確に把握されることに注目されます。それは、聖人の父親の職業、つまり、大尼の所領の荘官をされていた証拠となるからです。年貢の徴収や土地などの訴訟に対処したと思われます。聖人は天津御厨に収める漁業生産物などの経済体系の中に育ったこと。故に正確な数字を把握できたのです。更に領家と景信の所領争いに関与されたのは、父親の荘官としての役職を継いだためと思います。（『清澄寺大衆中』一一三五頁）。

母が子を育てる大恩は忘れ難いことであり、親は子供をわが身より大切にするが、子供は父母を粗末にするのが通常であり、まして、後生の末迄も父母に孝養を尽くす者は少ないと述べます。

「親は十人の子をば養へども、子は一人の母を養ふことなし。あたゝかなる夫をば懐て臥ども、こゞへたる母の足をあたゝむる女房はなし。給狐独園の金鳥は子の為に火に入り、憍尸迦夫人は夫の為に父を殺す。仏の云、父母は常に子を念へども、子は父母を念はず等云云。影現王の云、父は子を念ふといえども、子は父を念はず等是也。設ひ又今生には父母に孝養をいたす様なれども、後生のゆくへまで問人はなし」（一八〇五頁）

そして、外典の孝経は今生の孝養を教えるが後生の成仏を知らないこと、内典の中にも人天や二乗となる教えは、成仏を説かないので孝養ではないとします。ここに、目連や釈尊は本当に孝養の人と言えるかを問います。

目連が母を救いきれなかったこと、釈尊が父母を二乗の分限に留め「永不成仏」としたことを追求します。つまり、諸経は阿羅漢・声聞に到達しますが成仏ではありません。目連の故事は法華経に入る前のことです。維摩居士から「六師外道が弟子」と揶揄され、これを機に法華経へ進みます。釈尊は直ちに父母を仏にする法華経を説きませんでした。ですから、釈尊自らが「我則堕慳貪此事為不可」（一八〇七頁）と説きます。ここには法華経以外の諸経では成仏できないという前提があります。法華経を説かなければ「本誓」に違背し、全ての人を不孝の罪に堕とすことになります。

そこで、釈尊は本願を満足するため法華経を説きます。この会座に父母はいませんので父母の滅後であっても、方便土にいる父母のために法華経を贈ったと述べます。文証として化城諭品の「是人雖生滅度之想入於涅槃而於彼土求仏智慧得聞是経」（『開結』二六一頁）を引きます。これにより父母の成仏を叶え釈尊の孝養の事実としたのです。聖人が出家した目的の一つは父母の成仏でした。故に心の中で第一とする法門と述べたのです。そして、殊更に父母の孝養を問い糾すのは後悔があったのです。

「日蓮が心中に第一と思ふ法門也。父母に御孝養の意あらん人々は法華経を贈り給べし。教主釈尊の父母の御孝養には法華経を贈給て候。日蓮が母存生してをはせしに、仰せ候し事をもあまりにそむきまいらせて候しかば、今をくれまいらせて候があながちにくや（悔）しく覚へて候へば、一代聖教を撿（かんが）へて母の孝養を仕らんと存候間、母の御訪申させ給人々をば我身の様に思ひまいらせ候へば、あまりにうれしく思ひまいらせ候間、あらあらかきつけて申候也」（一八〇八頁）

聖人は父母が生存中に上行自覚の立場から、題目の意義を教え諭したかったと思います。出家として親から離れ世間的には不孝に思えることが多かったのです。父母を慕う聖人の心情と刑部左衛門の女房の孝養心が重なり霊山往詣を述べます。弟子達から教えを聞き学ぶように伝えます。

□『大豆御書』（三八七）

一〇月二三日付けにて「御所」から、大豆一石（一八〇リットル）を供養された礼状です。真蹟は一紙一九行にて身延曾存です。供養主は不明です。「御所」とは親王・執権の住居や、そこに住む人を敬う呼称と言います。大豆を「かしこまって拝領」（一八〇九頁）と述べることは、御所や幕府に仕えている身分の高い方の供養であったと思われます。大豆一石はかなりの量になります。味噌のように工夫されたか常食かは不明です。弘安期は食料不足でしたので僧膳の食料として貴重でした。「法華経の御宝前に申上候」という語例は、弘安期以降に見られ、著述年次を確定する要因となります。

一滴の水であっても大海の中に入れば、火災にあっても消失することはない。花は五浄居天に入れば劫火にあっても枯れないとの譬えを引き、一粒の豆であっても法華経の中に供養されれば、この国土が蓮華のような清浄の仏国土となると述べます。『法華玄義』に「妙報国土を以て蓮華と為すなり」とあり、一石もの大豆を奉納され、その一粒の豆の尊さは妙法蓮華の因果倶時のように仏果に到達すると述べます。

□『上野殿母尼御前御返事』（三八八）

○故五郎の四十九日

一〇月二四日付けにて、時光の母より九月五日に先立った五郎の四十九日に当り、金銭二結、白米一駄、芋一駄、摺り豆腐、こんにゃく、柿一籠、柚子五〇個等を供養された返書です。三ヶ月前の六月一五日に時光と登詣しました。その五郎は夫の忘れ形見で一六歳という若さの別れでした。本書には釈尊の教えの中で法華経が最も尊いこと、法華経を信仰した五郎は必ず霊山浄土に参ると述べます。母尼の悲しさ歎きに寄り添います。真蹟は全二九紙のうち第二六・二八・二九紙が、愛知県長存寺・富士久遠寺・重須本門寺に保存されます。『朝師本』『本満寺本』『三宝寺本』、金川の『妙覚寺本』に収録されます。

母尼の手紙に供養のために、法華一部経・自我偈を読誦し題目を数多く唱えたと書かれていました。方便品に「唯仏與仏」とある文から、凡夫には法華経の尊さが分かりにくいが、信じることにより仏になったと述べます。法華第一を方便品・法師品・安楽行品・薬王品を引き教えます。諸経が法華経よりも勝れていると言うのは、民が国王よりも勝れていると言うことと同じで、勝劣を弁えないと罪科になり、師匠・弟子・檀家の全てが悪道に堕ちるのは矢を射るように早いと述べます。

これとは違い、法華経は勝れていると陳べる大きな功徳を、無量義経の「四十余年未顕真実」の文を引きます。この文は大王を警護する将軍のように、敵に対しては大弓で射て追い払い太刀で切り捨てるような「利剣の勅宣」と述べます。それを安倍貞任を義家が攻め、清盛を頼朝が打ち滅ぼしたようなものと例えます。つまり、法華経は諸経の中の最上の教えと述べます。また、「四十余年未顕真実」の文は、不動明王が悪魔を撃退するために使う剣や索のようであり、愛染明王が悪鬼を退治する弓箭であると例えます。不動明王が持つ剣は悪鬼や魔を退治し羂策は煩悩や罪業を縛るものです。同じく愛染明王の持つ弓と箭は障魔を打ち破り煩悩や罪業を射るとされます。法華経を読誦する者を善神が守護すると述べます。

「故南條五郎殿の死出の山三途の河を越給時、煩悩の山賊・罪業の海賊を静めて、事故なく霊山浄土へ参らせ給べき御供の兵者は、無量義経の四十余年未顕真実の文ぞかし」（一八一一頁）

死出の山とは秦広王の所に行く初七日迄の険しい山のことです。三途の河は初江王の所へ行く二七日にある河を言います。この死出の重山を煩悩即菩提として越え、三途の大河を生死即涅槃として渡るのが法華経の信心です。五郎の煩悩や罪業が深く行く先に迷っても、三途の道中を護るのは法華経であり、信心が定まっていれば必ず霊山浄土に往詣すると述べます。方便品（要當説真実・但説無上道）と安楽行品（髻中明珠）の文を引き、日本国に伝わった一切経は七千三百九十九巻あるが、これらの経々は法華経の眷属と述べます。「例せば日本国の男女の数四十九億九万四千八百二十八人候へども、皆一人の国王の家人たるが如し」（一八一二頁）と例えます。七千三百九十九巻と言うのは日本に渡来した経巻のことで、『貞元釈教録』によると思われます。一切経の中において法華経は主格であり諸経は眷属と表現されました。四十九億九万四千八百二十八人と言うのは、約五〇〇万人のことで当時の人口と思われます。これら全ての経巻は法華経に従うものであり、日本の国民の全てが一人の国王の家来と同じと例えます。武士の妻への内容と分かります。

更に「足代」の例えをもって説明します。足代は一切経で大塔の法華経を説くためと述べ、大塔が建立されれば足代を必要としないことが、方便品の「正直捨方便」の文の意味と述べます。

「たとへば大塔をくみ候には先材木より外に足代と申て多の小木を集め、一丈二丈計ゆひあげ候也。かくゆひあげて、材木を以て大塔をくみあげ候つれば、返て足代を切捨て大塔は候なり。足代と申は一切経也、大塔と申は法華経也。仏一切経を説給事は法華経を説せ給はんための足代也」（一八一二頁）

五郎は父親の信仰を受け継ぎ、若年にして法華経の題目を唱えた者であるから成仏は疑いないと述べます。先立つ子供を恋しく思うならば、題目を唱えて父親と同じ所に生まれるよう願うように述べます。同じ題目の種を心に持つならば、亡夫と子供と自分も「妙法蓮華経の国」（一八一三頁）に生まれかわり、三人が再会できるから、その時の喜びを楽しみに信心に励むようにと癒します。経文は真実であるから四十九日には、霊山浄土にて諸仏に護念され悦びを享受していると述べます。仏は法華経に命を宿していることを心得るよう信心を勧めます。次いで馬鳴が法華経に七日間、祈念して白鳥を飛び寄せたことを述べます。多宝仏も釈尊が法華経を説いたので証明のため出現したと述べます。このように法華経は不思議な徳を内在しているので、受持の者を天照大神・八幡大菩薩、氏神の富士千眼大菩薩（浅間神社の古名）は守護すると述べます。逆に法華経を誹謗し行者を迫害する国があれば七難が起きると述べ、蒙古より日本が攻撃されるのは法華経に敵対しているためと述べます。四十九日に当たり老いた母親の悲しさを切々と語ります。五郎が信じた法華経を同じく信じたら、霊山浄土にて会えると述べます。父親は霊山浄土にいて母親は娑婆に留まり、両親の中間にいる五郎の心中もさぞ辛く悲しいであろうと述べます。幾重にも母親の心中を察している上野氏一族との親密さが窺えます。

「今年九月五日、月を雲にかくされ、花を風にふかせて、ゆめ（夢）かゆめならざるか、あわれひさしきゆめかなとなげきをり候へば、うつゝにてすでに四十九日はせすぎぬ。まことならばいかんがせんいかんがせん。さける花はちらずして、つぼめる花のかれたる。をいたる母はとどまりて、わかきこはさりぬ。なさけなかりける無常かな無常かな。かゝるなさけなき国をばいとゐすてさせ給て、故五郎殿の御信用ありし法華経につかせ給て、常住不壊のりやう山浄土へとくまいらせさせ給へ。ちゝはりやうぜんにましまます。母は娑婆にとどまれり。二人の中間にをはします故五郎殿の心こそをもいやられてあわれにをぼへ候へ」（一八一七頁）

○ 八幡宮の火災

一〇月二八日に鎌倉に大火災があります。中の下馬橋付近から火災が起き、八幡宮の東側の頼朝の廟所と、そこから近い義時の墓も類焼します。鎌倉の中心部に起きた火災でした。八幡宮では神宮寺と千体堂で済みました。ところが一一月一四日亥の刻（午後九時から一一時までの間）に火災が起きます。これにより八幡宮の上宮・下宮が消失します。「火本は大學厨子、三ヶ度の炎上に大略残る所無し」（『鎌倉年代記』）とあります。将軍の御所は火災を逃れましたが、頼朝の廟所と承久の乱後の武家政権を創った墓所が焼けたことに人々は動揺しました。そこへ幕府の守護神を祀った鶴岡八幡宮が炎上したことは、蒙古の日本進攻の不安と重なり人々の動揺は大きくなります。朝廷は引き続き蒙古退治の祈願を命じます。

□『上野尼御前御返事』（四一五）

一一月二五日付けにて上野尼より白米一駄（四斗）、洗い芋一俵を供養された礼状です。南無妙法蓮華経と唱えて仏祖三宝に報告したことを伝えます。真蹟は末尾の一紙が京都本禅寺に所蔵されます。『本満寺本』に収録されます。『対照録』に従い弘安三年とします。上野尼の父松野六郎の三回忌の返書とみます。

妙法蓮華経は蓮に譬えられると述べ、天上界には摩訶曼荼羅華、人間界には桜の花が目出度い花とするが、釈尊は法華経の譬えには引用されないと述べます。蓮華を法華経に譬える理由は華果同時（因果倶時）にあるとします。即ち受持即成仏を説きます。一切経と法華経の違いはここにあると説明されます。

「蓮華と申花は菓と花と同時也。一切経の功徳は先に善根を作て後に仏とは成と説。かゝる故に不定也。法華経と申は手に取ば其手やがて仏に成、口に唱ふれば其口即仏也。譬ば天月の東の山の端に出れば、其時即水に影の浮が如く、音とひびきとの同時なるが如し。故に経云若有聞法者無一不成仏云云。文の心は此経を持人は百人は百人ながら、千人は千人ながら、一人もかけず仏に成と申文也」（一八九〇頁）

と、法華経は手に取ればその手がたちまちに仏に成り、口に唱えればその口がそのまま仏であると述べます。これを即身成仏に喩えました。

弘安元年一一月一五日に死去した父松野六郎の三回忌の供養を依頼されます。烏龍は小野道風、藤原行成のような能筆家と述べ、烏龍と遺龍親子の故事（『法連鈔』九四六頁）を挙げて法華経書写の功徳を述べます。この故事は法華経を書写したことは親の遺言に背いたことであるが、書写の功徳により地獄の苦しみから救うことができたと説きます。そして、父と子の五郎は追善の功徳により、兜率天の内院に招かれて成仏していると諭します。当位即妙・不改本位（一八九三頁）とは凡身のままで仏に成ることです。日興に詳しく聞くように述べます。

□『富城入道殿御返事』（三五一）

○富木尼の病気の経過

一一月二五日付けにて常忍に宛てた書状です。来年三月料分の「不断法華経」（一七一〇頁）の布施三貫文と米二斗を受け取ったことを記します。真蹟は二紙完存にて平賀本土寺に所蔵されます。『定遺』は「富城入道」の表記は弘安二年以前の書状には見えないこと、本文中に富木尼の病にふれていること、そして、花押の形態から弘安二年とします。『対照録』は本書と『富城殿女房尼御前御書』（三五二）・『兵衛志殿女房御返事』（三五三）・『太夫志殿御返事』（三九六）の四通を、弘安三年一一月二五日の同日の書状とします。（岡元錬城著『日蓮聖人の御手紙』第三巻二〇一頁）。ここでは『対照録』に従います。

弘安二年一〇月一五日は熱原の三人が斬首された日です。本書を弘安二年とすると、それから四〇日程で日弁と日秀を常忍の元に送ったことになります。一七名が釈放され熱原に帰郷したのを一一月初旬として、直ぐに下総へ逃避したことになります。苅田狼藉の首謀者とされた二人は無実を知らせるため残留したと思います。事件後の翌弘安三年七月迄、時光は神主を保護します。（『上野殿御返事』一七六六頁）。一二月には多額の課税に困窮していたことからも、弘安三年の一一月に熱原近辺を離れたと思われます。

法華経不断読誦会は一例に日時（正月三ヶ日）を決めて七二時間、法華経を読誦することを言います。常忍の妻は文永一二年頃より体調を崩しました（『可延定業御書』八六一頁）。妻の長寿を善神に祈願したことを、尼御前に伝言するように述べます。「不断法華経」の供養が絶え間なく届けられていたことが分かります。降雪にて身延への道が閉ざされることを考えて、早めの送金であったと思われます。

―富木尼の病気―

文永一一年一〇月頃に病気となり、文永一二年一月頃悪化。建治二年三月末まで延引した。

『可延定業御書』（八六一頁）　文永一二年二月　「病軽重事」（『常師目録』）
『富木尼御前御書』（一一四八頁）　建治二年三月
『富城入道殿御返事』（一七一〇頁）　弘安三年一一月二五日（『定遺』弘安二年）「尼公所労祈于天由」
『富城殿女房尼御前御書』（一七一〇頁）　弘安三年一一月二五日（『定遺』弘安二年）「可置越後房下野房由事」
『富城入道殿御返事』（一七四六頁）　弘安四年四月一〇日（『定遺』弘安三年）「尼公所労御歎由事」
『富木殿御返事』（一八一八頁）　弘安四年一一月二九日（『定遺』弘安三年）「尼公所労伊予棒令祈由事」
不明　「尼公延命事」

□『富城殿女房尼御前御書』（三五二）

○日弁と日秀を中山へ退避

前書と同じ一一月二五日付けにて日頂に持たせて母の富木尼に宛てた書状です。鈴木一成氏は花押の空点を示す蕨手の書き方が、弘安三年七月二日から同五年二月二八日迄の後期とします。（『日蓮聖人遺文の文献学的研究』

四〇三頁）。真蹟は二紙が完存にて小湊誕生寺に所蔵されます。日頂（二八歳）が学徳を備えた学生になったことを知らせ、日頂を師匠として法門を聞くように述べます。

書状二通を日頂が持参して下総に帰省します。滝泉寺にいた越後房日弁と下野房日秀を、下総方面における布教のために同行させます。これについて、「しばらくふびんにあたらせ給へと、とき殿には申させ給」（一七一一頁）と、富木尼の口から夫の常忍にお願いして欲しいと頼みます。富木尼も病体であり常忍の負担にもなります。日頂との再会は快復の力になったと思われます。これを直接伝えたいことから、同日ながら別々に与えたのです。日秀はまもなく日興の許に帰ります。（堀慈琳著『熱原法難史』一一七頁）。

○「むかしはことにわびしく候し時より、やしなわれまいらせて候」

「はるかにみまいらせ候はねば、をぼつかなく候。たうじ（当時）とてもたのしき事は候はねども、むかしはことにわびしく候し時より、やしなわれまいらせて候へば、ことにをん（恩）をもくをもひまいらせ候」（一七一〇頁）

富木尼とは久しく対面していないと述べ病気の体を心配されます。そして、富木家の恩義を述べます。常忍夫妻は文永一一年の夏頃に身延に登詣したと思われます。久しく会わない年数は本書を弘安三年として七年になります。富木尼が病身であったことは『可延定業御書』に述べていました。ことに病気を心配されたのは、昔より恩義を受けてきた重恩があることでした。この「むかし」とは何時のことなのでしょうか。富木尼が常忍に再嫁したのは早くても日澄の生まれた弘長二（一二六二）年です。聖人は伊豆流罪中の四一歳です。富木尼からの恩義としますと二〇年に満ちません。聖人が重恩と思うのは、建治二年二月に没した下総局いらいの恩義と考えられます。それは聖人の母妙蓮の生家大野家との地縁より引き続くと思います。ぬきなの御局との関係も考えられます。（拙稿「日蓮聖人の親族と教団の形成について」『日蓮教学をめぐる諸問題』所収一頁）。

「養う」とは普通は子供や老人を養うための費用で、扶養料や養育費のことを言います。この恩が富木尼からなのか、常忍の母下総局なのかに解釈の違いがあります。年齢から見ると母尼と思われます。幼少の頃より資金等の援助を受けていたと解釈できます。確かに母尼は身延にも衣類等を送り保護されます。富木尼に「いのちはつるかめのごとく、さいわいは月のまさり、しを（潮）のみつがごとく」（一七一〇頁）と、法華経の功徳を述べ励まされます。嘉元元（一三〇三）年一一月一日まで長寿を得ます。（重須正林寺の寺伝）。

○日弁のその後

日秀と日弁は日興の元にて布教をし、聖人の遺物を配分され御廟所の輪番を担当します。後に日弁は日興に背いたと言います。（『宗全』二巻「本尊分与帳」）。日弁の著とされる『円極実義抄（下）』に本迹勝劣の立論があります。永仁元（一二九三）年に諸宗との対決を望む申状を書き折伏の弘教をします。上総茂原に教線を進め鷲巣の鷲山寺を草創し鷲栖門徒と呼ばれます。その後、奥州に進出します。宮城県角田市に法光山妙立寺があります。もとは白坂にあり創立は正安元（一二九九）年三月二八日と伝えます。開基は実長の後室妙円院日儀尼、夫の実長を開山とします。（『日蓮宗寺院大鑑』一〇四七頁）。ここより六キロ離れた佐倉地区に日弁の殉難祈念碑があり、応長元（一三一一）年閏六月二六日、暴徒に襲われ死去します。折伏弘教による殉死と思われます。（『日本仏教史辞典』八一八頁)。遺骸は常陸に運ばれ高萩市赤浜にて荼毘に臥され埋葬されます。(市川浩史著『日蓮と鎌倉』六八頁)。

□『大夫志殿御返事』(三九六)

宗仲より小袖一着、直垂と袴の上下腰が三組ずつ贈られてきました。(『日蓮聖人全集』第六巻二九九頁)。小袖の料金は七貫文、直垂と腰は合わせて一〇貫文に相当するとし、高価な衣服を奉納されたことに感謝されます。供養品を金銭に換えて述べたのは珍しいことです。この荷物の中に宗長の妻からの片裏染めの絹布がありました。(『兵衛志殿女房御返事』一七一一頁)。真蹟五紙断片が京都妙覚寺・鎌倉妙本寺・埼玉県新曽妙顕寺・貞松蓮永寺・巣鴨本妙寺に所蔵され、全てを合わせて一一行です。『本満寺本』にて全文を補います。

『対照録』は一二月とし岡元錬城氏は一一月二五日とします。また『兵衛志殿女房御返事』(三五三)等の四通は同日の書状とし、日頂と日弁・日秀の三人は中山の常忍の元へ向かい、「此御房たち」と言う宗長の使いは池上に向かったと推測します。(岡元錬城著『日蓮聖人遺文研究』第二巻二八一頁)。写本に日付と自署がなく花押のみですが、『兵衛志殿女房御返事』は自署と花押、月日、宛名があります。両書を同日と見ると整合性があります。天台の徳を論究していることから、「大師講」の一一月二四日に合わせた供養と推察されます。(『日蓮聖人遺文全集講義』第二五巻二七六頁)。ここでは一一月二五日付けの書状とします。

まず、章安は天台の位を六即では観行即の位。分別功徳品の第五品(正行六度)に当たるの文を引きます。伝教は法師品に説かれた「如来使」とは天台とし、中国にも天台より秀でた者はいないと賛嘆した文を引きます。次に、付法蔵の二四人は小乗・権大乗を弘める仏の使いであって法華経の使いではないとします。三論宗では道朗・吉蔵、法相宗は玄奘・慈恩、華厳宗は法蔵・澄観、真言宗は善無畏・金剛智・不空・慧果・弘法を仏の使いと言うが、「日蓮勘之云全非仏使。全非大小乗使。供養之招災謗之至福」（一八五一頁）と、付法蔵以外の者は全く仏使ではないと反論します。仏使ではない者を供養すれば災いを招き、逆に謗法の者を断罪する者は福徳を得ると述べます。

そして、東西南北の四方と一の須弥山と六欲天・梵天を合わせて一つの四天下とします。この一四天下を百億集めたのを小千世界と言います。この小千世界を千集めたものを中千世界、さらに、中千世界を千集めたものを大千世界または三千大千世界と言います。この三千大千世界を一つと数えて、四百万億那由佗もある国の六道の衆生を八〇年間養ったとします。その衆生に法華経以外の教えを説いて、阿羅漢や辟支仏や等覚の菩薩とした一人の施主の功徳と、少しも施さずただ法華経の一字一句一偈を持った人の功徳を比較すると、法華経の行者の功徳のほうが百千万億倍も勝れると述べます。しかも天台を供養することはこれより五倍も勝れていると述べます。伝教が『依憑天台集』に徳の高い天台を供養すると、須弥山の高さのように福徳を積むことができると説いたことを、女房に伝えるようにと述べます。

□『兵衛志殿女房御返事』（三五三）

一一月二五日付にて宗長の妻から片裏染めの絹布を供養された礼状です。一紙一二行の短文です。真蹟一紙は京都田中平兵衛氏が所蔵されます。鈴木一成氏は花押と本文中に「法華経の御寶前」とあることから弘安二年とします。（『日蓮聖人遺文の文献学的研究』）。『対照録』は弘安三年とし岡元錬城氏は『太夫志殿御返事』（三九六）と同日の書状とします。理由は書き出しに「兵衛志殿女房、絹片裏給候了」と名前を特記していること。「此御房たちの」とあり二人以上で供養品を運んで来たことを挙げます。（『日蓮聖人遺文研究』第二巻二七一頁）。ここでは弘安三年とします。池上氏とふれ合いが多いのは大弐阿闍梨と武蔵坊円日の二人がいます。

供養の志を法華経の御宝前に言上したことを報告します。そして、「まこと丶はをぼへ候はねども」（一七一一頁）と、本当のこととは思えないがと前置きし、供養品を持参した者から、子供が多いため苦しいながらも辛うじて生活していると聞き、嘆かわしく思ったと述べます。確かに世間は難渋しているが、法華経の信者は心機一転して、信仰による法悦を楽しみにするように諭します。飢饉や疫病が充満し蒙古の不安を抱えた社会状況を考慮しなければなりません。法華経に奉仕できることを有り難く思うことを教えました。宗長の妻は文永一二年春から建治四年に至る宗仲の勘当問題では、身延に訪ねて教示を仰ぎます。宗長を支え兄宗仲との信仰の絆を強めた信仰の強い女性です。

□『異体同心事』（一五〇）の前半はこの秋冬とする説があります。（「あつわたの小袖」八二八頁）

□『富木殿御返事』（三八九）は弘安四年とします。

○御本尊（『御本尊鑑』第三〇）一〇月

「俗日用」に授与され、紙幅は横六〇・五センチ、縦は一一五センチ前後とされます。身延に曽存です。

○御本尊（一〇〇）一一月

「比丘日法」に授与されます。日興の添え書きに「紀伊国切目刑部左衛門入道相伝之」とあり、右下隅に「子息沙弥日然譲与之」と伝えます。紙幅は縦五九・一センチ、横三九・四センチの一紙で佐渡の世尊寺に所蔵されます。

○御本尊「伝法御本尊」（一〇一）一一月

○日昭の法華堂に勧請

「釈子日昭伝之」と日昭に授与されます。「伝之」とあることから「伝法御本尊」と別称されます。このように書かれたのは当御本尊のみです。日昭には建治二年に八枚継ぎの本尊（三七）を授与されました。僅か四年後に再び授与されたのは、『両人御中御書』に命じた大進阿闍梨の坊舎を移築し拡張された法華堂に勧請するためです。（高木豊著『日蓮とその門弟』五六頁）。このことは日昭が鎌倉の教団の中心となることを示します。（渡邉宝陽稿「大曼荼羅と法華堂」『研究年報日蓮とその教団』第一集所収）。また、深い教学の理解力が窺えます。紙幅は縦一九七．六センチ、横一〇八．八センチの一二枚継ぎの大幅の御本尊です。玉沢妙法華寺に所蔵されます。

□『日厳尼御前御返事』（三九〇）

○叶う叶はぬは信心により

一一月二九日付けにて日厳尼へ宛てた礼状で『本満寺本』に収録されます。日厳尼は高橋六郎と有縁の人、また、実相寺の日源の母と言いますが不詳です。（堀日亨著『御書全集下巻弟子檀那列伝』二一頁）。本年四月に本尊（第八九）を授与されます。一一月八日に何かの祈願をされ、その成就を願って金銭一貫文と楮の樹皮で織った太布帷子一著を供養されます。その立願の心構えを教え　祈願が叶うか叶わないかは信心によるもので、法華経や聖人に責任があるのではないと教えます。これを月と水、風と木の関係をもって信仰の基本を示します。

「法華経の御宝前並に日月天に申上候畢。其上は私に計申に及ばず候。叶ひ叶はぬは御信心により候べし。全日蓮がとがにあらず。水すめば月うつる、風ふけば木ゆるぐごとく、みなの御心は水のごとし。信のよは（弱）きはにご（濁）るがごとし。信心のいさぎよきはすめ（澄）るがごとし。木は道理のごとし、風のゆるがすは経文をよむがごとしとをぼしめせ」（一八一九頁）

□『南条殿御返事』（三九一）□　断簡（三二三）□『上野殿御書』（四〇六）

○故五郎の百ヶ日

五郎の百箇日供養のため白米（礱牙しらげごめ）二石と芋一駄を供養されます。末尾は欠失しますが内容から弘安三年一二月二三日とします。真蹟は二紙断片が京都本満寺に所蔵されます。『対照録』は二つの遺文を貼り合わせたとします。第一紙一一行の最後の「阿修羅王」までが一書とします。その後半の「凡夫にて」から最後の「大梵天に」迄は別の断簡となります。二書の真蹟が本満寺にあり一書にされたと推測します。後半の断簡は宛先や年次も不明ですが『対照録』は弘安元年とします。前半の続きとなるのは『断簡』（三二三）の第六紙後半九行と、『上野殿御書』（一八七〇頁）の第七紙一一行となります。（『日蓮聖人遺文辞典』歴史篇八三七頁）。『断簡』（三二三）は京都妙蓮寺、『上野殿御書』は京都妙伝寺に所蔵されます。

薬王品の「海為第一」の経文を引き、法華経は大海のように諸経に勝れた経と示します。その大海の中に阿修羅王が住んでいる所から欠失します。『断簡（三二三）』には同じ一滴でも江河は一水、一雨であるが、法華経の一滴は四天下の水が集まった一滴であり、一河の一滴は金であるならば、大海の一滴は如意宝珠のように尊いと述べます。次に、『上野殿御書』に釈尊一代の教えは五味に分類されるが、全てを収めるのは法華経の大海に譬えます。大海の一滯は数万の薬味を一つの丸薬にしている。南無阿弥陀仏と唱えることは一河の一滴であり、南無妙法蓮華経と唱えることは大海の一滴と勝劣の違いを例えます。

五郎の一六年間の罪は小河の一滴のように軽く、今生に須臾の間に唱えた題目の功徳は大海の一滯と述べます。花は蕾が咲いて果となるように親は死んで子供に懇ろに弔うてもらうのが自然の次第と述べ、この後が欠損します。子を先立たせた親の悲しみに寄り添った言葉を書き綴られたと思います。

本書に貼り合わせた後半は、釈尊が凡夫の時に不妄語戒を無量劫の間、持って仏になったと述べます。その釈尊が「無一不成仏」と説いたのだから、題目を一遍でも唱えれば誰でもが仏になると述べます。釈尊の言葉を疑うべきではなく、十方の諸仏の前にて虚妄を説くことはないと述べます。神力品に「舌相至梵天」と釈尊・十方諸仏が同時に不妄語を示して、法華経の教説の真実を証明した文を引きます。この後の文章が欠失します。幕府は一二月に蒙古の襲来が近いと警報を発し、九州等の守護に沿岸警備と石塀の防護体制の徹底を命じます。

□『四条金吾許御文』（三九二）

○八幡大菩薩は釈迦如来

一二月一六日付けにて日眼女から白小袖一著と綿十両を供養された礼状です。内容から『八幡抄』（『平賀目録』）と称します。『朝師本』に収録されます。

身延山中の寒さと粗末な庵室のようすを述べ、日眼女から送られた小袖を直ぐにでも着用し体を暖めたいが、新年の悦びの初め（「明年の一日」一八二二頁）に着てほしいとあるので、迦葉尊者が鶏足山に入定して弥勒出現までの五六億七千万歳を待つような心境のように待ち遠しいと喜ばれます。椎地四郎から頼基が主君の前にて法華経の教えを説いたと聞き爽快な気持ちを伝えます。『本化別頭仏祖統紀』には四条氏の若党とあり、常忍とも親しい関係にあります。頼基の手紙や供物を送り届け葬送の時に「御腹巻」を捧持しました。

頼基の法勲の褒美として大事な法門を教授するとして八幡大菩薩について述べます。一一月一四日に八幡宮が炎上したことに関連します。八幡神は農耕の神ですが豊前の宇佐に祀られてからは銅産出の神として勧請されます。東大寺の大仏建立に当たり手向山に祀られ、神仏習合し朝廷から大菩薩号を贈られます。貞観元（八五九）年に山科国の石清水に勧請され、応神天皇の本地は釈尊との説が広まりました。その後、源氏の氏神とされ武士の守護神となります。八幡大菩薩は阿弥陀仏の化身という風説がありました。念仏者が赤い石を黄金と思うようなものと述べ、八幡大菩薩は釈尊であることを姶良郡の大隅正八幡大隅国にある石体にふれます。

その石体は二つに割れ一つの石には「八幡」の二字、片方には「昔、霊鷲山に於て妙法蓮華経を説き、今、正宮の中に在りて大菩薩と示現す」とあったことを挙げ、「是釈迦仏と申第一の証文也」（一八二二頁）と、八幡大菩薩の本地は釈迦仏である証拠とします。「石體銘」と言う石文御託宣です。臨済宗の南浦文之（一五五五～一六二〇年）の『南浦文集』にも記載され、この文に続き正八幡大菩薩は釈迦牟尼世尊の分身なりとあります。（『日蓮聖人遺文辞典』歴史篇六一五頁）。

これよりも確実な事例があるとして、仲哀天皇・神功皇后の子、応神天皇出生の故事を挙げます。即ち、八幡大菩薩は第十四代の仲哀天皇を父とし、第十五代の神功皇后を母とした第十六代応神天皇と述べます。父の仲哀天皇は天照大神の命をうけて、新羅国を攻めたが打ち破られ博多で崩御されます。そこで后の神功皇后は王の仇を討つため太子を御懐妊していたが新羅国へ向かいます。ところが海上の船中で産気の気配があります。神功皇后は胎内にある子に、もし皇子ならば今は生れないで軍の大将となり父の仇を打つことを語ります。そして、石の帯で胎を冷やしながら新羅を打ち従え、豊前の宇佐の宮にて皇子を産みます。この皇子が応神天皇であり、男山の主神であり日本国の守護神として霊験新たかな今の八幡大菩薩と述べます。

さて、仲哀天皇（足仲彦尊）は日本武尊の第二子で母は両道入姫命です。日本書紀によりますと天皇は九州の熊襲を討とうとしますが、天照大神は妃の神功皇后に新羅を討つよう命じます。天皇は西の海を見て新羅と言う国はないと放言したので、神の怒りにふれ亡くなります。神功皇后は気長足姫尊また息長帯比売命と言います。天皇崩御の後、喪を秘し男装して熊襲を平定し新羅を征服します。凱旋の途中に皇子を生み後の応神天皇となります。応神天皇は誉田別尊また品陀和気尊と言います。明治以降に神功皇后は代数に含めなくなります。男山の主とは宇佐八幡宮の祭神を、清和天皇の貞観元（八五九）年に八幡市の男山に勧請しました。旧称を男山八幡宮と言い伊勢神宮とを二所宗廟と称します。以来、日本神道の中心神社とされました。

本書の記述には古事記や日本書紀と相違するところがあります。仲哀天皇が新羅征伐に行ったこと。応神天皇が神功皇后の胎内にあった期間を三年六ヵ月三日とすることです。日本書紀は一六ヵ月とします。応神天皇の誕生と没年についても、日本書紀は庚辰の年一二月誕生、甲午或いは庚午の年二月二五日崩御とします。聖人は「若宮八幡日記」の説を用いたとも言います。（『日蓮大聖人御書講義』第二四巻）。

重ねて釈尊と八幡大菩薩は生没月日が同じと述べます。八幡大菩薩はインドにては「正直捨方便」と、真実の教えを説いた釈尊であり、日本国にては正直の者を守護すると誓った神なのに、なぜ、一一月一四日に八幡宮を炎上させ国を去ったのかを問い質します。「正直の人の頂の候はねば居処なき故に栖なくして天にのぼり給ける也」（一八二三頁）と、正直の人を守護する誓いを放棄した現証が宮殿を炎上することならば、今の日本に正直者はいない証拠として「神天上」を展開します。その理由は「本地垂迹」（一八二四頁）の釈尊を捨て、無縁の弥陀を崇めることです。本地を偽り釈尊を捨てたこと、この誤りを説く聖人を迫害したため力が及ばず日本を離れた「善神捨去」を述べます。

ただし、百王守護は果たせなくても草の葉に残る一滴の露にも月が写るように、僅かに残る正直の者には守護があると述べます。しかし、安徳・後鳥羽・土御門・順徳天皇は流罪され、仲恭天皇（東一条）が譲位したのは諂曲の人だから守護しなかったと述べます。逆に臣下であった頼朝・義時は正直であったからその頂に宿り守護したと見ます。故に正直の法華経を信ずる者を釈尊は守るので、その垂迹である八幡大菩薩が法華経の信者を守らない筈がないと述べます。綺麗に澄んでいる水でも濁れば月が映らなくなり、糞水でも澄めば月は影を映すと述べます。水が濁るのは持戒者と言うが実には破戒者で法華経に背くことで、糞水は戒律を持もたず三毒に塗れた愚人でも一心に法華経を信じていることを譬えます。

『涅槃経』には法華経によって成仏したものに蜣蜋の虫、まむし、さそりと糞虫を挙げていること。竜樹は法華経の不思議の力は糞虫を仏にすると説きます。また、法華経にて仏になれない者は、阿羅漢や大菩薩に見せかけた一闡提の者と説きます。これは濁った水は清くても月を映さないのと同じと述べます。つまり、謗法の者は仏になれないが、三毒に汚れた凡夫でも法華経を信じる者は仏に成ると述べたのです。八幡大菩薩は不正直を見て「神天上」したが、法華経の行者を見たならば身命を惜しまずに守護の力を示すので、これを疑わずに信心に励むように述べます。

「されば八幡大菩薩は不正直をにくみて天にのぼり給とも、法華経の行者を見ては争か其影をばをしみ給べき。我一門は深く此心を信ぜさせ給べし。八幡大菩薩は此にわたらせ給也。疑給事なかれ」(一八二五頁)

□『智妙房御返事』(三九二)

一二月一八日付けにて智妙房から一貫文の布施が届いた礼状です。八幡宮が焼失した報告をしていることから鎌倉在住の弟子、或いは本書の真蹟七紙が法華経寺に完存していることから、下総近辺に住む乗明に近い僧と推測されます。(鈴木一成著『日蓮聖人遺文の文献学的研究』一九頁)。『祐師目録』に乗明が本書の真蹟(『八幡大菩薩事』)を所持したとあります。(岡元錬城著『日蓮聖人の御手紙』第二巻一六七頁)。また、『常師目録』に智妙房が聖人より賜った『法華経二十八品科文』(『定遺』二七三二頁)が収録されていることから、常忍と有縁の僧とも言います。(山上弘道稿「日蓮大聖人の思想(六)」『興風』第一六号二四五頁)。

八幡大宮の焼亡にふれます。「なによりも故右大将家の御廟と故権の太夫殿の御墓とのやけて候由承てなげき候へば、又八幡大菩薩並若宮のやけさせ給事、いかんが人のなげき候らむ」(一八二六頁)と、頼朝の廟所と義時の墓所が焼け八幡宮(若宮)と、ご神体が消失し嘆き悲しむ人々を心配されます。八幡大菩薩を弥陀の化身とした誤りを述べます。「神天上」は『四条金吾許御文』(一八二一頁)と同じ内容です。釈尊を棄捨し弥陀を崇めて謗法となったこと。これを正そうとする聖人を二八年の間、迫害したため今回の炎上が起きたと述べます。この中には熱原法難にて斬首された信者も含まれます。そして、『立正安国論』に予言した他国侵逼が現実となり、日本国が滅亡すると述べます。堕獄は不憫であるから罪が軽くなるよう邪宗を誡めることを述べます。

「日蓮が一るいを二十八年が間せめ候しむくいに、或はいころ（射殺）し、切ころし、或はいけどり、或は他方へわたされ、宗盛がなわつきてさらされしやうに、すせんまんの人々のなわつきて、せめられんふびんさよ。しかれども日本国の一切衆生は皆五逆罪の者なれば、かくせめられんをば天も悦、仏もゆるし給はじ。あわれあわれはぢ（恥）みぬさきに、阿闍世王の提婆をいましめしやうに、真言師・念仏者・禅宗の者どもをいましめて、すこしつみをゆるせさせ給かし」（一八二七頁）

□『十字御書』（三二四）

一二月二一日付けにて真蹟一紙が村雲瑞龍寺に所蔵されます。『対照録』の弘安三年に従います。縦一七・九センチ、横三八・八センチです。通常用いた料紙の半分となります。『筍御書』（一一七七頁）と同じように半分に折った片方には何も書かず、供養品が届けられ近辺にあった料紙に急いで謝状を記したと思われます。折紙の上の部分が表装されて伝わりました。

ほりの内殿から十字（蒸し餅）三〇枚、炭二俵を供養された礼状です。（一六二〇頁）蒸し餅は中華風の蒸した饅頭のことで、中に野菜や餡が入ります。六と四でむし、字はちと読み「むしもち」となります。これを蒸し食べ易くするために、真ん中から十の字に割って食べることから「十字」と当て字されました。蒸餅は饅頭の異名と『和漢三才図会』にあります。十字を「満月の如し」（一六二一頁）と形容しているので、平たく丸い形だったことが分かります。語源は『晋書』の列伝第三巻の「蒸餅の上に十字を作し坼さざれば食せず」に由来します。饅頭に朱点を打つのは、十字の遺風と言います（『嬉遊笑覧』）。御宝前に積み重ねて供えました。

頼朝が建久四（一一九三）年五月に富士山麓で巻狩を行った際、頼家が鹿を射ったことを祝い、参加した将士に「十字」を配ります。また、武士は身につけて戦場に行軍したと言います。身延近辺の住民が炭焼き仕事や、木樵などの山仕事に携帯した食料でした。冬の山仕事に炭焼きをする者が多く、良質の木炭二俵を使者に背負わせて運ばせたのでしょう。炭は暖房のためや食事の支度に使用されます。宛名の「ほりの内殿」は本書にしか見られず、甲斐・駿河在住の土豪とされます。また、殿と敬称されるのは、その地の領主と言います。周囲に堀を廻らした館に住むと言います。この所から堀之内殿とか御館殿と呼ばれます。蒸し餅と炭俵を供養されたことから、近隣に館を構えた波木井氏と同じ南部氏の信者と言います。（中尾堯著『日蓮聖人のご真蹟』一五四頁）。

□『上野殿御返事』（三九四）

一二月二七日付けにて時光から年末にあたり一貫文を布施された礼状です。『興師本』に収録されます。時光は弾圧により困窮しながらも布施をしたので、金色王、須達長者の故事を引いて功徳を称えます。仏になるのは自分の命より法華経の命を継ぐことにあると教えます。また、熱原法難にて罪人とされた家族の人達を匿い保護されたことを尊いことと褒めます。始めに時光に信仰心があるから、成仏についての法門を教えるのであって、聖人を欲の深い僧と思わないようにと念をおし、仏に簡単になれる方法を述べます。

「御心ざしの候へば申候ぞ。よく（慾）ふかき御房とおぼしめす事なかれ。仏にやすやすとなる事の候ぞ。をしへまいらせ候はん。人のものをゝしふると申は、車のおも（重）けれども油をぬればまわり、ふね（船）を水にうかべてゆきやすきやうにをしへ候なり。仏になりやすき事は別のやう候はず。旱魃にかわ（渇）けるものに水をあたへ、寒氷にこゞへ（凍）たるものに火をあたふるがごとし。又、二なき物を人にあたへ、命のたゆるに人のせ（施）にあふがごとし」（一八二八頁）

成仏の例として金色王と須達長者が万民の為に布施供養した故事を引きます。金色王の故事は乗明の妻に宛てて述べていました。（『大田殿女房御返事』一五八七頁）。須達長者は祇園精舎を建立した舎衛城の富豪のことです。釈尊は二〇年の間この精舎にて説法をします。須達は善施と訳します。貧しい孤独な人に衣食を与えたことから給孤独長者とも呼ばれました。この故事は夫婦二人の糧が五日分となった時、乞食に来た迦葉・舎利弗・阿難・羅睺羅、そして釈尊の五人に五升の米を供養します。これにより須達はインド第一の長者となり祇園精舎を建立したと言う積善を説きます。この捨身布施の事例をもって万事を心得るように述べます。熱原法難において神官などを匿ったことを、他人は承平年間の将門や天喜年間の安倍貞任のように、主君に叛く者と見るかも知れないが、法華経は不惜身命の行者と認め、主君に叛く人とは善神も見ないと述べます。熱原法難による幕府の弾圧は続きました。少ない領地に不当の年貢以外の雑税や夫役を課せられ、乗る馬もなく妻子は着る衣服もない程でした。

「貴辺はすでに法華経の行者に似させ給へる事、さる（猨）の人に似、もちゐ（餅）の月に似たるがごとし。あつはら（熱原）のものどものかくをしませ給へる事は、承平の将門、天喜の貞任のやうに、此国のものどもはおもひて候ぞ。これひとへに法華経に命をすつるゆへ也。またく主君にそむく人とは、天御覧あらじ。其上わづかの小郷にをほくの公事せめにあてられて、わが身はのるべき馬なし、妻子はひきかくべき衣なし。かゝる身なれども、法華経の行者の山中の雪にせめられ、食ともしかるらんとおもひやらせ給て、ぜに一貫をく（送）らせ給へるは、貧女がめおとこ二人して一の衣をきたりしを乞食にあたへ、りだ（利吒）が合子の中なりしひえ（稗）を、辟支仏にあたへたりしがごとし。たうとしたうとし。くはしくは又々申べし」（一八三〇頁）

そして、貧しい女が夫婦二人で一つしかない衣で暮らしていたのを乞食に与えた貧女のこと。また、利吒は自分の命を継ぐわずかに器の中にあった稗を辟支仏に与えた故事を挙げます。利吒は阿那律の過去世の兄です。『雑宝蔵経』巻四によりますと長者に利吒・阿利吒の二人の兄弟がいました。父からは二人で協力するように言われましたが、別々に暮らすことになります。最初は兄が富裕で弟が貧しく暮らしていましたが後に逆になります。兄は出家して辟支仏になります。やがて弟も貧困になり薪を売りながら生活をするようになります。そうしたおり城中にいた辟支仏の鉢が空なのを知り、兄とは知らずに一食を供養したことが説かれます。つまり、貧しい夫婦のように、また、命を繋ぐわずかな稗を辟支仏に供養した阿利吒のように、時光の一貫文は尊い供養と述べたのです。苦しい生活状況の中でも聖人を供養する善行を褒めたのです。

□『諫暁八幡抄』（三九五）

一二月付け著述とされます。真蹟は全四七紙或いは五〇紙と言われ、現存している第一六紙から四七紙は大石寺に所蔵されます。『日乾目録』には第一紙から第二五紙まで曾存され表裏記載とあります。両者に文章の違いや訂正・補筆があることから本書の草案と言います。（『日蓮聖人遺文辞典』歴史篇二〇二頁）。日乾書写本と大石寺本の違いについて、前者は大石寺本に先立つ草稿や手控えと言います。（寺尾英智稿「日蓮遺文『諫暁八幡抄』の曽存真蹟」『日蓮とその教団』所収六一頁）。文末に「各々我弟子等」と門下全体に宛てました。別称に頼基や妻の日眼女の名が見られ、また、時光に宛てたとする見解もあり、南條家と縁がある日道から大石寺に所蔵されたとも言います。（山上弘道稿「日蓮大聖人の思想（六）」『興風』第一六号二四九頁）。

本書の特徴は『四条金吾許御文』や『智妙房御返事』が、八幡大菩薩を「神天上」と述べるのに対し、徹底して法華経の行者を守護しなかった咎を追求します。そのため八幡宮が炎上したのは善神の責めと述べます。始めに「天神」の威光について、成劫の時は果報が勝れた衆生が生まれるので威光は強いが、住劫になると下劣な衆生が増え天神の威光も弱くなることを若馬と老馬に例えます。このような時に釈尊が生まれ仏教を説いて天神の威光を成劫のように増長したと述べます。在世の衆生も威光を増したが、末法になると天神も衆生も衰えるので、五味の教えを与えても老人には粗末な食事となり、身分の高い人に麦飯をあげたように滋養にならないと譬えます。この仏教の勝劣を弁えない学者は、古来の慣習により善神に経を読み護持僧に奉仕させるが、老人に粗食を与え子供の口に固い飯を与えるのと同じと述べます。

また、インドから中国へ仏教を伝えた翻訳者一八七人のうち、羅什以外の者は私言を混入しているので、純粋な乳に水を加え薬に毒を入れた者と述べます。魔王に欺かれた者を信じ終には罪になると述べます。その根本の原因は三大師にあるとします。法華経が最第一の醍醐であるのを大日経を第一として私見の水を加えたのです。これは『涅槃経』の「一切倶失」（一八三三頁）の大罪になります。醍醐でも水でもない得体の知れないものにしたのです。如来性品の「如牧牛女為欲売乳貪多利故加二分水。乃至此乳多水」等の文を引き、弘法等は「悪比丘是魔伴侶」（一八三四頁）とします。つまり、仏教は曲解されたので利益がないと述べたのです。

○八幡大菩薩の大科

これより本題に入ります。八幡大菩薩は氏子を護り法華経の行者に迫害を加える者を退治しなかったので、梵天・帝釈・四天王により治罰されたと述べます。

「謗法の国にて候を、氏神なればとて大科をいましめずして守護し候へば、仏前の起請を毀神也。しかれども氏子なれば、愛子の失のやうにすてずして守護し給ぬる程に、法華経の行者をあだむ国主国人等を対治を加ずして、守護する失に依て、梵釈等のためには八幡等は罰せられ給ぬるか。此事は一大事也可秘可秘」（一八三四頁）

八幡大菩薩は釈尊との約束を護らなかったから治罰された。その証拠は宮殿を焼かれたことです。氏子の過ちを見逃し還って守ったこと。つまり、謗法の者を見過ごし法華経の行者を守護しない「失」と捉えます。氏神が治罰しなければ梵釈四天が守護神を治罰するのです。そのため一大事の出来事と述べたのです。

そこで、八幡大菩薩は法華経の守護神であることを考察します。八幡大菩薩が日本の王となり神となったのは、小乗では三賢の位の聖人、大乗では十信の位の菩薩であり、法華経では名字即・五品の観行即の位の菩薩となります。故に氏神は法華経の行者を守護しなければ自ら菩薩の位を退いた者となり、永久に無間地獄に堕ちると述べます。そして、伝教が宇佐八幡の神宮寺で法華経を講義した時に、八幡大菩薩が随喜し紫の袈裟と衣を布施した『扶桑略記』の故事にふれます。禰宜は「不見不聞」の奇事と称賛します。

これは法華経を聴聞した氏神は威光を増すことを示します。伝教以前に法華経を読む者はいたけれど、法華経の実義を説く者がいなかったと述べます。その証拠として延暦二〇年一一月に、南都七大寺の六宗の碩徳十余人を叡山に招き法華経を講じます。和気広世と真綱の二人は聴講して、法華一乗の教えが権教に遮られ広まらずにいたこと、三諦円融の理が表れなかったこと、歴劫修行に捕らわれていたと嘆きます。その後、延暦二一年正月一九日に桓武天皇が高雄寺に行幸され、六宗の碩徳と宗旨の勝劣を論じます。南都の一四人は返答できず詫び状を献上しました。つまり、八幡大菩薩の前にて法華経の実義を説く者がいなかったのです。聖人はこの紫衣と袈裟は釈尊が法華経を説く者の為に八幡大菩薩を遣わしたとして法師品の文を引きます。

「此をもつて思に、伝教大師已前には法華経の御心いまだ顕ざりけるか。八幡大菩薩の不見不聞と御託宣有けるは指也、指也。白也、白也。法華経第四云我滅度後能窃為一人説法華経。当知是人則如来使。乃至如来則為以衣覆之等云云。当来の弥勒仏は法華経を説給べきゆへに、釈迦仏大迦葉尊者を御使として衣を送給。又伝教大師仏御使として法華経を説給べきゆへに八幡大菩薩を使として衣を送給か」（一八三七頁）

八幡大菩薩が法衣を布施したことは重要な意義を持っていたのです。「以衣覆之」の法師品を引かれた理由は、法華経を未来に説くであろう伝教に、釈尊の使いとして八幡大菩薩が法衣を布施されたのです。

ところが、時代が下り末法になると八幡大菩薩の威光も滅尽します。しかも謗法の者が充満します。それにも拘らず人々から崇められてきたため治罰できなかったと見ます。年老いた親が不孝の子であっても可愛くて捨てることができないことに例えます。そのため四天の責めを受け宝殿を焼くことになったと述べます。法華経の行者を守護しなかったことが原因となります。

袈裟を着用できるのは「法華最第一」と説く人に限られるのであるから、第一の座主義真は着る資格はあったが、第二の円澄以後は謗法のため資格はないとします。そして、今の八幡宮の別当は園城寺の長吏や東寺の末流であるから釈尊や伝教の怨敵とします。そして、叡山の座主は袈裟を着用しながら寺領を真言のものとし、それらの者を放置している八幡大菩薩は第一の大罪と叱責します。つまり、法華経の大怨敵である真言師を治罰せず、法華経の行者を守護しなかったために罰を蒙ったと述べます。また、国主等が聖人を犬が猿を噛み師子が兎を殺すように迫害しているのを見ながら、一度も本気で懲らしめなかったからです。釈尊に偽り思慮の浅いところに責めを受けたのです。釈尊に敵対する者を守護して責めを受けた先例として、欽明・敏達・用明天皇が物部大連・守屋等の勧めにより、御堂に火を放ち金銅の釈尊像を焼き僧尼を責め殺した事件を挙げます。この時に天から火が降って内裏を焼き、罪もない万民は悪性の腫れ物により大半が死にます。そして、三代の天皇や二人の大臣等は、悪瘡や合戦により滅びたと述べます。

また、園城寺は円珍が真言を伝えてから寺主を長吏と称しているが実は叡山の末寺と述べます。園城寺は白鳳時代の弘文天皇の皇子・大友与多王が建立したのが始まりで叡山より古い創建です。『天台座主記』によりますと、貞観八（八六六）年に太政官から円珍に伝法の公験が与えられ、五月一四日に延暦寺の別院とされました。同一〇年六月に円珍が延暦寺座主になると、園城寺を仏法灌頂道場とし地名の御井を改めて三井とし、寺主を真言宗東寺にならって長吏と号します。長吏とは本来は別当や座主と同格のものですが、園城寺では座主より上位に置きました。聖人は延暦寺の末寺である園城寺が、叡山の大乗戒壇を奪い取って建立したことを、小臣が大王に敵対し子が親に逆らうようなものと批判します。このような悪逆の寺を新羅大明神が掟に背いて守護するから、度々、山門の攻撃に遭い宝殿を焼かれると述べます。

新羅大明神は智証が唐から帰朝のとき船中に現れた老翁が自分は新羅国の明神と名乗り、日本に垂迹して仏法を護持すると言います。貞観二（八六〇）年に神殿を造り明神の像を安置し守護神とします。智証の没後に叡山は慈覚と智証の二門流に分かれ対立します。正暦四（八九三）年に慈覚派が叡山にあった智証派の房舎を破壊しこれにより智証派は三井寺に移ります。この山門・寺門の抗争は永保元（一〇八一）年の三井寺の焼き討ちを始め、中世末期迄に大規模なものだけで一〇回、小さなものを含めると五〇回を数えます。

そこで、「今八幡大菩薩は法華経の大怨敵を守護して天火に焼給ぬるか」（一八三九頁）と述べたのです。例として、秦の始皇帝の先祖の襄王は蛇神となって始皇帝を守護したが、皇帝は慢心を起こして中国の聖人の三皇五帝の典籍や三聖の孝経を灰としたので、漢の高祖沛公（劉邦）が氏神である大蛇を切り殺します。それから間もなく秦は滅びます。日本も同じと述べます。また、安芸の国の厳島大明神は平家の氏神であるが、平家を驕らせた罪により、伊勢や八幡大菩薩の神罰を受けて滅びたとします。八幡宮の焼失も同じとします。

ここで、法師品の「仏滅度後能解其義是諸天人世間之眼」を引きます。法華経の肝心である題目を弘通することは、「諸天世間の眼」と述べます。普賢経に説かれたように法華経は人天・諸仏の眼であるから、法華経を広める行者を迫害をすることは、「人天の眼」を抉る者となります。行者の眼を抉る者を処罰しない守護神は、謗法の者を保護する悪神になります。弘法等は釈尊を迷いの仏、駕籠を担ぐ人にもなれず草履取りにも足らないと貶してから四百年を経過します。この間、人々の眼を抉る真言師を放置したのは八幡大菩薩の責任と糾弾します。そして、聖人自身の二度の流罪と八幡大菩薩の守護について裁断を試みます。

「日本国の上一人より下万民にいたるまで法華経をあなづらせ、一切衆生の眼をくじる者を守護し給は、あに八幡大菩薩の結構にあらずや。去弘長と又去文永八年九月の十二日に日蓮一分の失なくして、南無妙法蓮華経と申大科に、国主のはからいとして八幡大菩薩の御前にひきはらせて、一国の謗法の者どもにわらわせ給しは、あに八幡大菩薩の大科にあらずや。其のいましめとをぼしきは、ただどしうちばかりなり。日本国の賢王たりし上、第一第二の御神なれば八幡勝たる神はよもをはせじ。又偏頗はよも有じとはをもへども、一切経並に法華経のをきてのごときんば、この神は大科神也」（一八四〇頁）

竜口法難の折りに八幡大菩薩に諫言しました。それにも拘わらず謗法の者への治罰がなされず、行者の守護もなかったことから「大科神」と述べます。法華経の行者の立場から八幡宮炎上の原因を究明しているのです。

○本尊をせめる

次に、日本全国の一万一千三十七の寺にある仏の開眼を、真言密教で行なうことにふれます。仏像や画像の開眼は「是諸仏眼」（普賢経）の法華経に限ることを、妙楽の『文句記』に「然此経以常住仏性為咽喉。以一乗妙行為眼目。以再生敗種為心腑。以顕本遠寿為其命」の文を証拠とします。しかし、仏像を開眼する時に大日仏眼の印を結び真言を唱えて五智を具えると言うが、これは逆に「仏を殺し眼を抉り命を断ち喉を裂く」と否定します。提婆達多が釈尊の御身から血を出し、阿闍世が提婆達多を師匠として悪瘡を病んで現罰を受けたのに異ならない罪とします。阿闍世でさえ釈尊に敵対して大罪を受けたのであるから、まして小国の八幡大菩薩が行者を苦しめる者を処罰しないことは大きな罪と責めます。

文永一一年の蒙古襲来に日本の兵士が殺され、筑紫の宇佐八幡宮が焼かれたのに、なぜ八幡大菩薩は蒙古軍を罰しなかったのかと問います。蒙古の神の方が八幡大菩薩よりも勝れている明かしと述べます。襄王の蛇神が沛公に切り殺されたことを示します。また、弓削の道鏡が皇位を狙った時、和気清麻呂は八幡神から仏力の加護による皇位の継承と託宣を受けます。つまり、八幡大菩薩は法華経を力として王法を守護したと述べます。故に承久の乱に朝廷は真言により義時を調伏して負けたのは、「還著於本人」の通りと述べます。

また、全国の寺社の神々は国家安穏のために祀られたのに、別当や神主は神の心に相違していると述べます。仏と神々とは体は異なっていても心は同じで法華経の守護神と述べます。それなのに別当や神主は真言師や念仏者や禅僧や律僧であるから、本来は八幡大菩薩の敵である謗法の者を守護して、肝心な行者を流罪や死罪にしたため善神の責めを被ったと述べます。

さて、聖人が強く八幡治罰を主張することを批判する者がいました。次のように得通します。

「我弟子等の内、謗法の余慶有者の思ていわく、此御房は八幡をかたきとすと云云。これいまだ道理有て法の成就せぬには、本尊をせむるという事を存知せざる者の思也」（一八四二頁）

聖人が八幡大菩薩を敵とするから守護されないと批判したのです。これは、祈願をする者に祈願が成就すべき正しい道理があるのに、その祈願が成就しない場合には、祈願の対象である本尊を責める事を知らない証拠と述べます。即ち、本尊である八幡大菩薩を諌暁する必然の理由を述べます。

そこで、善神を諌暁した先例として、尼倶律陀とその子迦葉出生の因縁を、『付法蔵経』の因縁伝を引いて示します。摩竭国にいた尼倶律陀長者は自邸に祀ってあった樹神に子供を授かることを祈ります。しかし、幾年を経ても反応がありません。大いに怒り七日の祈請を至心に行い、それでも効験がなければ祠を焼き払うと言います。これを聞いた樹神は心を痛め四天王に告げます。四天王は帝釈に言上し帝釈は大梵天王に告げます。大梵天王は臨終を迎えようとしていた梵天に、尼倶律陀の家に生まれ変わるように告げます。これにより尼倶律陀の妻が懐妊し一人の男子が生まれます。それが摩訶迦葉です。

聖人は尼倶律陀が怒ったことを解釈します。普通なら氏神を怒ると現世には身を亡ぼし、後生には悪道に堕ちます。しかし、尼倶律陀は樹神を怒り罵ったことにより祈願を成就しました。大迦葉のような賢子を授かったのです。この故事により「瞋恚は善悪に通ずる」と解釈されます。聖人が八幡大菩薩を諌暁するのは善の場合でした。祈願をする者が正しい時には諌暁をして決断を迫ることが許されるのです。

「何況今は已に時いたりぬ。設機なくして水火をなすともいかでか弘通せざらむ。只不軽のごとく大難には値とも、流布せん事疑なかるべきに、真言・禅・念仏者等の讒奏に依て無智の国主等留難をなす。此を対治すべき氏神八幡大菩薩、彼等の大科を治せざるゆへに、日蓮の氏神を諌暁するは道理に背べしや。尼倶律陀長者が樹神をいさむるに異ならず。蘇悉地経云治罰本尊如治鬼魅等云云。文の心は経文のごとく所願を成ぜんがために、数年が間法を修行するに成就せざれば、本尊を或はしばり、或は打なん

どせよととかれて候」（一八四四頁）

聖人は二八年の間、人々の苦しみを救うために題目を説いた行為は、母親が赤子の口に乳を含ませようとする慈悲と同じと述べます。末法は反撃されても法華経を弘通しなければならないのです。不軽軽毀の人々と同じように、真言、禅、念仏者等の讒奏によって無智の国主等が迫害して来る。八幡大菩薩はこれらの無智謗法の者の大罪を治罰しないから、聖人が八幡大菩薩を諌暁します。

これは尼倶律陀長者が樹神を諌めた道理と同じです。『蘇悉地経』成就具支品に、本尊が祈りを成就せしめない時はその本尊を治罰せよ。本尊を治罰するには鬼魅を対治するようにせよと説きます。叡山の東塔無動寺の相応が不動明王を縛り祈ったことを挙げます。『元亨釈書』に相応は皇后明子が狂病に罹った時、二日間、祈禱しても効験がなかったので、叡山の不動明王の前で祈った故事があります。貞観三（八六一）年に鬼魅を下すため二人の童子を呪縛したとあります。ただし、聖人が八幡大菩薩を諌暁する意義は、尼倶律陀長者や相応和尚とは違うと述べます。それは、人々は成仏を願い善意に布施をしているが、それを受け取る僧侶が謗法者なのです。現世では災難に遭い後生には悪道に堕ちて苦しむことになる。それを助けようとしているのに、善神は謗法の僧に味方して法華経の敵となっている。ここに、「正法の敵となるゆへに、此をせむるは経文のごとし。道理に任たり」（一八四四頁）と、八幡大菩薩を諌暁する理由があり、経文の道理に契うと述べます。即ち「八幡を敵とす」（一八四二頁）と批判した者への答えでした。

しかし、弟子の中にこの会通や折伏の弘通を理解できない者がいました。

「我弟子等がをもわく、我が師は法華経を弘通し給とてひろまらざる上、大難の来は、真言は国をほろぼす・念仏は無間地獄・禅は天魔の所為・律僧は国賊との給ゆへなり。例せば道理有問注に悪口のまじわれるがごとしと［云云］。日蓮我弟子反詰云汝爾者我が問を答よ」（一八四五頁）

四箇格言を説いて強く折伏することは、裁判において道理ある申し立てをしながら悪口を混えるようなものと批判した者がいたのです。法華経が広まらず迫害に遭うのは折伏の態度にあるとの抗議です。聖人はそのような柔和な方法では邪教を捨てて法華経に帰信することはないと述べます。

反論して問います。真言師は釈尊を迷いの分斉として、役にも立たない法華経を読むよりも真言の短い呪文を一回でも誦した方がましと言うであろう。念仏者は法華経によって成仏する者は千人の中に一人もないと言い、法然は念仏以外の仏や経を捨てよ閉じよ閣けよ抛げうてと言い、道綽は念仏以外の教えで得道した者は一人もいないと定め、題目は念仏の妨げ悪業を造っても題目は唱えないと言うであろう。禅宗の者は経の他に別に心から心へ伝えた教外別伝の法門であり、禅は天の月、経はその月を指す指である。天台などの愚かな人師は方便としての指を大切に思って肝心の月を忘れている。法華経は指で禅は月である。月を見た後は指は何の用もないと言うであろう。他宗からこのように反論されたら、どのように題目を唱えさせるか、南無妙法蓮華経の良薬をいかに服さすべきかと弘教の難しさを問います。

そこで、釈尊も法華経へ導くために二乗の善根は仏種とはならないと説いて、小乗や権教を破折したことを述べます。爾前経を「未顕真実」として法華経の実大乗経を説きました。善無畏や弘法等により人々は謗法となり、罪のない人々が無間地獄に堕ちると述べます。その例として大荘厳仏の末の時代に、苦岸・薩和多・将去・跋難陀の四比丘は大荘厳仏の教えを護っていた普事比丘を迫害します。このため、六百万億那由佗の人々を無間地獄に堕とす結果となったこと。師子音王仏の末の勝意比丘が喜根菩薩や四衆を悪口し迷わせた罪により、勝意比丘と教化を受けた四衆も地獄に堕ちたと述べます。今も三大師の教化に従って日本国の人々が、この四百年の間に無間地獄に堕ち、他の世界から生まれ変わった人々も無間地獄に堕ちたと述べます。このように繰り返し堕獄した者は大地微塵の数よりも多い。これらはみな三大師の罪とします。

「此皆三大師の科ぞかし。此を日蓮此にて見ながらいつわりをろかにして申ずば倶堕地獄の者となて、一分の科なき身が十方の大阿鼻地獄を経めぐるべし。いかでか身命をすてざるべき。涅槃経云一切衆生受異苦悉是如来一人苦等云云。日蓮云一切衆生同一苦悉是日蓮一人苦と申べし」（一八四七頁）

人々が堕獄し謗法罪に苦しむことは許されないことでした。これを阻止し法華経に帰信させることが急務です。黙視することは謗法の罪として、自身も「同一苦」の堕獄となることが分かっています。その方法を折伏下種としなければなりません。不惜身命に弘教せずにはいられない慈悲の発動をみることができます。法華経を色読する内面に滅罪の意識がありました。この滅罪観は伊豆流罪に見られます。「一切衆生同一の苦」と述べているように、他者が謗法罪により堕獄することを自身の苦として受けとめたことが窺えます。

○　日本の仏法月氏へかへる

次に第四二紙に入ります。ここ迄は破邪的な八幡大菩薩の諫暁であったのが顕正的な諫暁に変わります。平城天皇の御宇の百王守護の誓いである「正直」を検討します。正直には二つあるとして、第一には世間の正直者として頼朝・義時は、隠岐法王よりも正直なので勝利したこと。第二には出生の正直として、爾前経は妄語、法華経は正直の経と述べます。そして、本地はこの不妄語の経を説かれた釈迦仏で、垂迹は不妄語の八幡大菩薩と述べます。本書の前半においては八幡治罰を検証しましたが、ここにおいては、八幡大菩薩は釈尊の垂迹であると大隅の正八幡宮の石文を引きます。また、仏や菩薩が衆生を救うために垂迹した姿は限りないと述べます。

「本地釈迦如来にして月氏国に出でては正直捨方便の法華経を説給、垂迹日本国生ては正直の頂にすみ給。諸の権化の人々本地は法華経一実相なれども垂迹の門無量なり。所謂髪倶羅尊者は三世に不殺生戒を示、鴦掘摩羅生々に殺生を示す、舎利弗外道となり、如是門々不同なる事は、本凡夫にて有し時の初発得道の始を成仏の後化他門に出給時、我が得道の門を示すなり。妙楽大師云若従本説亦如是。昔於殺等悪中能出離。故是故迹中亦以殺為利他法門等云云」（一八四九頁）

垂迹した権化の姿は違っても本地は一体であり、その垂迹のあり方は無限です。跋倶羅尊者は三世に亘って不殺生戒の手本を示します。鴦崛摩羅は生まれ変わり死にかわり殺生の悪業を行います。舎利弗は外道の家に生まれました。これは始めて発心した時の姿を化他の時に示した（初発得道）と述べます。妙楽の「もし本地に従って説くならば、始め殺生などの悪を犯してその因縁によって悟りを得たのであるから、垂迹の時も殺生を方便として衆生を導く」（取意）の文を引き補足します。

ここで、八幡大菩薩は宮殿を焼いて「神天上」したが、インドにて不妄語の法華経を説いた釈尊であり、日本では正直の者の頂に宿ると誓った道理からすれば必ず法華経の行者を守護すると述べます。

「今八幡大菩薩は本地月氏の不妄語の法華経を、迹に日本国にして正直の二字となして賢人の頂にやどらむと［云云］。若爾者此大菩薩は宝殿をやきて天にのぼり給とも、法華経の行者日本国に有ならば其所に栖給べし。法華経第五云、諸天昼夜常為法故而衛護之文。経文の如ば南無妙法蓮華経と申人をば大梵天・帝釈・日月・四天等昼夜に守護すべしと見えたり。又第六巻云、或説己身或説他身或示己身或示他身或示己事或示他事文。観音尚三十三身を現じ、妙音又三十四身を現じ給ふ。教主釈尊何ぞ八幡大菩薩と現じ給はざらんや。天台云、即是垂形十界作種々像等」（一八四九頁）

八幡大菩薩は行者を守護しなかった罪により治罰されて当然と言う視点から、八幡大菩薩は釈尊の垂迹であるから、今は身延の聖人のもと、日本国を守護していると許容されます。証文として安楽行品の「諸天は昼夜に常に法の為の故に而も之を衛護す」の文を引き、大梵天・帝釈・日月・四天等の善神は守護すると確信します。また、寿量品の「或は己身を説き或は他身を説く。或は己身を示し或は他身を示す。或は己事を示し或は他事を示す」の、九界の身や仏身を現す六或示現の文と、観音・妙音菩薩の三十三身・三十四身を現じて衆生を救うという文を引き、釈尊は十界の中の天界の八幡大菩薩として必ず示現すると述べます。

最後の第四七紙に入り日本の仏法は末法の闇を照らしインドに還ると述べます。釈尊在世には法華謗法の者がいないので治癒する必要が無かった。末法には謗法の強敵が充満する。この時こそ不軽菩薩の折伏逆化の利益が得られると述べます。末法は多怨難信の弘通なので仏使として精進するよう激励します。

「天竺国をば月氏国と申、仏の出現し給べき名也。扶桑国をば日本国と申、あに聖人出給ざらむ。月は西より東に向へり。月氏の仏法東へ流べき相也。日は東より出。日本の仏法月氏へかへるべき瑞相なり。月は光あきらかならず。在世は但八年なり。日は光明月に勝れり。五々百歳の長闇を照べき瑞相也。仏は法華経謗法の者を治給はず、在世には無きゆへに。末法には一乗の強敵充満すべし、不軽菩薩の利益此なり。各々我弟子等はげませ給へはげませ給へ」（一八五〇頁）

□『大夫志殿御返事』（三九六）は『兵衛志殿女房御返事』（三五三）と同日の弘安三年一一月二五日とします。

□『王日殿御返事』（三九七）

『対照録』は弘安元年とします。真蹟は断片三行が京都妙覚寺に所蔵されます。王日は尼としての号で「弁殿の便宜に」とあることから、日昭に縁のある鎌倉在住の人とされます。また、妙一尼の付き人とも言います（『日蓮大聖人御書講義』第二六巻）。日昭から以前に三百文、この度も二百文を布施されたと述べ、金額は少ないが仏は真心を尊び物の多少ではないと述べます。

布施の功徳について得勝童子が砂の餅を供養して阿育大王となったこと、貧女が自髪に換えた灯火は強風にも消えなかった故事を挙げます。そして、この功徳は日本国を寄せて七宝の塔を忉利天に建立するよりも勝れると述べます。法華経の一字の力を、万物を生じる大地、四天下を照らす日月等に例えます。「稲は変じて苗となる。苗は変じて草となる。草変じて米となる。米変じて人となる。人変じて仏となる。女人変じて妙の一字となる。妙の一字変じて台上の釈迦仏となるべし」（一八五三頁）と、王日も法華経の女人となり金色の仏になると称えます。

□『法衣書』（三九八）

真蹟四紙は法華経寺に所蔵されます。最後の第五紙が失われているため系年は不明です。山川智応氏は文永七年とし（岡元錬城著『日蓮聖人遺文研究』第二巻四八六頁）、中尾堯氏は建治元年九月二八日の『御衣並単衣御書』の運筆と花押からみて文永八年初夏とします。（『日蓮聖人のご真蹟』一六四頁）。常忍の母か富木尼と思われる女性から法衣と衣用の布を奉納され供養の功徳を述べた書状です。縦三一・三センチ、横四四・八センチです。

食物を有情に施す者は長寿の果報を得て、人の食物を奪う者はは短命の悪報を受ける。衣服を施さない者は生まれ変わっても裸形の報いを受けると述べます。六道のうち人道以下は裸形で生まれ、天人だけは衣を着て生まれます。人間の中でも鮮白比丘尼は白浄比丘尼と言い、白浄の衣を着けて生まれ成長と共に衣も大きくなり出家すると袈裟になります。釈尊は姨母の摩訶波舎波提比丘尼より衣を得て悟りを開き、比丘に衣服を整えて修行することを決めます。また、柔和忍辱の衣を着ることが大切なこと、法師品の「以衣覆之」（『開結』三一三頁）の文を挙げ、釈尊は衣を覆って護られることを述べます。そして、聖人は無戒、邪見の者であるから衣食に乏しいと述べます。しかし、凡身に法華経を持つ功徳を述べます。

畜身の大蛇が宝珠を咥え、悪臭の伊蘭の林に香木の栴檀が生えているような身であると述べ、この徳である栴檀を差し上げ宝珠を授けましょうと伝えます。天台は女人の成仏を認めたのは法華経だけと言う文を挙げ、具足千萬光相如来とは摩訶波舎波提比丘尼のことと例示して施主の成仏を述べます。法華経は釈尊の真実を説いた教え、多宝仏はそれを証明し諸仏は「舌相至梵天」して賛嘆したことを引き、日月が大地に落ちることがないように、衣布を供養された功徳も真実と述べます。法華経の信仰に励むように勧めます。

第二節　弘安の役と延年の舞い

◎六〇歳　弘安四年　一二八一年

□『重須殿女房御返事』（三九九）

一月五日に重須郷の石河入道の女房から蒸し餅（十字）百枚、菓子（くだもの）一籠が、年頭の供物として供養された礼状です。十字は蒸した餅の上に十文字の切り目を入れて食べやすくしたものです。石河新兵衛の妻は時光の姉で弘安元年に一女を失います。真蹟は七紙完存にて大石寺に所蔵され別名に『十字御書』と称します。

一年の始めの正月を大切に迎える人は、豊かな福徳を得て人からも慕われると述べます。それは月が一夜毎に新月・三日月から満月へと満ち、太陽が東から西へ照らし出すことに譬えます。そして、地獄と仏について、地獄は心にあり父母を蔑ろにすることが地獄、蓮の種子の中に花と実が宿っているのと同じと述べます。これを因果倶時・因果不二と言います。仏も石中の火、珠の中に宝石があるように私達の心にあると述べます。それは、睫毛が近くて見えず虚空は遠くて見ることができないように、凡夫にも仏心があると述べます。つまり、原因と結果が同時に具わっていることで、父母に孝養をすれば仏の心になり不孝をすれば心も地獄となります。

私達が生まれたのは三毒の根本にある淫欲と思えるが、これについて泥中の蓮華の解釈をします。清らかな蓮花は泥沼に咲きます。梅檀の良い香りも大地より生じます。桜の花も木に咲きます。美女の楊貴妃の母は下女でした。欲に塗れた凡夫でも仏心を内在しているのです。それは、月が山の端から出て山を照らすように、自らの行動により幸不幸があり、地獄も仏も自分の心にあると諭します。そして、この供養は木から花が咲いたように仏心の表れとします。法華不信の者は災いを招きよせるが、信じる者は幸福を万里から集めると述べます。法華経を敵とする者が住む国には、体に影が添うように災いが来ると言うのは蒙古を指します。信者は梅檀の香りを増すように徳を増すと述べます。

一月に三度目の下痢の症状がでて年末まで食欲不振が続きます。『八幡宮造営事』（一八六七頁）に、病気の症状と余命を一～二年と述べます。同月にフビライは日本遠征を発令します。二月に遠征軍の諸将に不和を戒め心を同じにして臨戦するよう命じます。

□『上野尼御前御返事』（四〇〇）

○聖人（すみざけ）

一月一三日付けにて上野尼より聖人（すみざけ。清酒）一筒、ひさげ（提子。酒を温めた注ぐ容器）一〇個、蒸し餅百枚、あめ（水飴）一桶二升、柑子一籠、串柿十連等を供養された礼状です。五郎の菩提を弔うための供養です。真蹟の八紙は大石寺に所蔵されます。

聖人の元には多くの供養の品が届いています。衣類では綿衣・墨染めの衣・紙衣・袈裟・帷子一領・小袖二着・綿十両等があります。金銭では鵞目一結（一結は銭を穴に通した一連）・単衣一領の金銭の布施があります。食料品としては、米・麦・海苔・酒・柑子・こんにゃく・牛蒡・芋頭・青大豆・若芽・餅・芋・大根・油・柿・菓子・ひじき・昆布・干し柿・栗・筍、茄子・十字（むしもち饅頭）・味噌・甘酒・飴・茗荷・塩等が供養とされます。また、頼基から胃腸病の治療と、滋養を養うために漢方薬（生姜など）が送られます。お酒についでは『金光明経文句記』に「酒の清める者を謂いて聖人となす」とあり、聖人は「すみざけ」と言い習わします。

新春の慶賀の様子を伝えてきました。五郎が死去して約四ヶ月の正月でした。子供を亡くした母の悲しみを悼む姿が窺えます。子供は親の敵とする経文があるとして、母を食う母食鳥、父を食う破鏡と言う獣、安禄山や史思明と言う武将も子どもに殺されたこと。史実では安慶緒は安禄山の部下の史思明に殺されます。為義は義朝に殺されます。また、子供は親の財とする妙荘厳王・生提女の経証を挙げます。そして、一六歳の若年にて死去した五郎の容姿や人格を追慕します。道にては杖とも頼むべき財であった子を想う母の心を察し、五郎と会うには釈尊に順えば霊山浄土にて再会できると教えます。一心に南無妙法蓮華経と唱えるよう励まされます。

「ゆきあう（行逢）べきところだにも申をきたらば、はねなくとも天へものぼりなん。ふねなくともももろこしへもわたりなん。大地のそこにありときかば、いかでか地をもほらざるべきとをぼしめすらむ。やすやすとあわせ給べき事候。釈迦仏を御使として、りやうぜん浄土へまいりあわせ給へ。若有聞法者無一不成仏と申て、大地はさゝばはづるとも、日月は地に堕給とも、しを（潮）はみちひぬ代はありとも、花はなつ（夏）にならずとも、南無妙法蓮華経と申女人の、をもう子にあわずという事はなしととかれて候ぞ。いそぎいそぎつとめさせ給へつとめさせ給へ」（一八五九頁）

□『松野尼御前御返事』（二七二）

一月二一日付けで日持の母松野尼へ宛てた礼状です。真蹟は第一三紙目の八行のみが伝わります。『対照録』の弘安四年に従います。「鳥」となった故事を引き、正しい法華経を広め諸宗の誤りを是正したため、日本国中の人々から憎まれている胸中を述べ、真冬の誰も訪れない身延へ厚い志しを送り届けたことを「石の中の火のごとし。火の中の蓮のごとし。ありがたく候」（一四三六頁）と感謝されます。日持は建長二年の生まれで松野尼の二子なので聖人よりやや若い婦人と思われます。

○御本尊（一〇二）二月二日

「優婆塞藤原日生」に授与され、縦九〇・九㌢、横四八・五㌢の三枚継ぎにて池上本門寺に所蔵されます。

○御本尊（一〇三）二月

「俗資光」に授与され横に「亦云竇□日口」と追記されます。紙幅は縦九一・二㌢、横四七㌢の三枚継ぎ御本尊です。熊本の本妙寺に所蔵されます。

□『桟敷女房御返事』（四〇一）は弘安五年二月一七日とします。

三月に一遍は鎌倉入りを図ります。巨福呂坂に差し掛かった時に時宗の行列に出会い、鎌倉入りを制止されます。片瀬の浜で数ヶ月の間、踊り念仏と賦算を行い、鎌倉の人々に強烈な印象を与えました。

□『上野殿御返事』（四〇二）

三月一八日付けにて時光から芋（蹲鴟）一俵を供養された礼状です。『興師本』に収録されます。熱原法難にて匿われていた神主が無事に身延に移ります。神主が所有していた千入（ちしお）色（深い紅色）の馬と、世話をする口付（口取り）の一人を伴います。五郎が逝去して未だに悲しみは去っていないが、時光と五郎と会って（弘安三年六月一五日）からは久しく経ったと述べます。信者に対する迫害は絶えず、今後もどのように弾圧されるか分からないと述べます。神主は馬と馬丁を抱えて置けないため預けたのでしょう。（『鷹岡町史』四八一頁）。

そのような不安の中で退転なく信仰を続けることは至難のこととして、宝塔品の六難九易（『開結』三三八頁）の文を会通します。徽宗皇帝が金の女真族（遺文には蒙古とある）に捕らわれ、隠岐法皇が義時に捕らわれて流罪されたが、これらが法華経のことならば即身成仏もあるが、法華経のために罪となるような信仰をする者はいないと述べ、命がけの色読を勧め尊いことと述べます。

「なおもなおも法華経をあだむ事はたえつとも見候はねば、これよりのちもいかなる事か候はんずらめども、いまゝでこらへさせ給へる事まことしからず候。仏の説ての給はく、火に入てやけぬ者はありとも、大水に入てぬれぬ者はありとも、大山は空へとぶとも、大海は天へあがるとも、末代悪世に入ば須臾の間も法華経は信がたき事にて候ぞ」（一八六一頁）

○御本尊（一〇四）三月

「俗日大」に授与され日興の添え書きに「富士上野顕妙新五郎」に与えたとあります。、左下に「懸本門寺可為末代重宝也」と記します。紙幅は不明で一紙の御本尊にて香川県の法華寺に所蔵されます。

○御本尊（一〇五）四月五日

「僧日春」に授与され縦九二・一センチ、横四九・一センチの三枚継ぎの御本尊です。岡宮の光長寺に所蔵されます。

○御本尊（『御本尊鑑』第三一）四月五日

同じ四月五日付けにて「僧日伝」に授与されます。紙幅は縦九七・七センチ、横五一・八センチの御本尊です。嘗て身延に所蔵されました。

□『おけ・ひさご御消息』（四四二）

弘安四年卯月六日付けの礼状です。宮城県妙教寺に所蔵されます。署名の蓮の字の辶の跳ねがないことから弘安三年の説があります。（岡元錬城著『日蓮聖人遺文研究』第三巻七五六頁）。桶を三個、瓢を二個、折敷四十枚を奉納されました。瓢は瓢箪で作った水をすくう柄杓のことです。折敷は杉や檜で作られたお盆のことです。なを、花押の形から真偽未決となっています。（小林正博稿「日蓮文書の研究（３）」）。

□『三大秘法禀承事』（四〇三）

四月八日付けにて下総の乗明に宛てた書状と言われます。弘安五年の年時を記す『大石寺日時本』があります。真蹟はなく『親師本』が京都本法寺に伝えられます。また、慶林日隆が応永一五～六年（一四〇八～〇九）頃に書写したものが尼崎本興寺に所蔵されます。古来より宛先を乗明とすること、国立戒壇論は聖人の国主観と相違するとして真偽論があります。（小松邦彰稿「日蓮遺文の系年と真偽の考証」『日蓮の思想とその展開』所収一〇八頁）。偽書としての見解は『日蓮聖人遺文辞典』（歴史篇四二〇頁）にみられます。

□『富城入道殿御返事』（三六四）

○常忍の十羅刹女信仰と富木尼の病

四月一〇日に常忍から金銭一結が届けられた礼状です。真蹟は二紙一四行完存にて法華経寺に格護されます。『常師目録』『祐師目録』の「尼公所労御歎由事」に当たる新加の遺文です。常忍の篤信の行いに十羅刹女は必ず守護されると述べます。常忍が鬼子母尊神・十羅刹女を守護神として信仰していたことが分かります。法華経寺の本院に勧請される鬼子母尊神、刹堂に勧請される鬼子母尊神並びに十羅刹女の信仰形態の起源がここにあると言えます。併せて常忍の妻の病状を心配されます。常忍への文章は漢文ですが、「さては尼御前」の伝言のところは和文になっています。富木尼に聖人の筆跡を見せて心情を伝えたい気持ちが窺えます。

系年を『定遺』は弘安三年としますが鈴木一成氏は弘安四年と推定します。弘安後期の理由として「富城入道殿」の宛名を挙げます。真蹟がある三一通の宛名の建治四年以前は「土木・富木・とき」であること。弘安二年以後は「富城」を主に用いたこと。また、「御志者挙申法華経候了」（一七四六頁）の表現は、「法華経の御寶前」に供養の品をお供えしたと言う弘安期の語例であること。花押はボロンの最末字につく点（空点）の走筆の形が蕨手の後期とします。この時期は弘安三年七月二日の『大田殿女房御返事』から弘安五年二月二八日の『法華証明抄』迄であること。富木尼の病気にふれた弘安三年一一月二九日の『富木殿御返事』に、「尼御前の御所労の御事」（一八一八頁）は病気の再発とし本書はその後の見舞いとします。（『日蓮聖人遺文の文献学的研究』四〇七頁）。

○　御本尊（一〇六）四月一七日

「俗眞廣」に授与され京都本国寺に所蔵されます。本国寺の寺伝に「若宮御本尊」と別称しますが、その由来は不明です。御本尊（五〇）と同じく下総若宮にて感得された御本尊に類することを『御本尊集目録』（一五〇頁）に注記します。四大天王の書き入れはなく紙幅は縦五四．二センチ、横三三．三センチの一紙の御本尊です。

○　御本尊（一〇七）四月二五日

甲斐国の曽弥小五郎の妻持円尼（比丘尼持円）に授与され、右横に「孫大弐公日正相伝之」と日興の添書があります。同じく右下隅に「甲斐国大井庄々司入道女子同国曾弥小五郎後家尼者、日興弟子也仍申与之」と素性を記します。『本尊分与帳』に持円尼は寂日日華の弟子と記し、聖人の滅後に背信したとあります。この曼荼羅は孫の大弐公日正に相伝され北山本門寺に伝来しましたが、一六世紀に京都の本満寺に格護されます。（「日蓮宗新聞」平成二五年一月二〇日）。

○　御本尊（一〇八）四月二六日

「比丘尼持淳」に授与され紙幅は縦六七チセン、横四四・二チセンの一紙の御本尊です。鎌倉の妙本寺に所蔵されます。同日、鶴岡八幡宮の遷宮上棟に当たり三浦頼盛が三島社分を担当します。

□　『大風御書』（四〇四）

四月二八日に鎌倉に大風が吹き荒れ、聖人は二度目の蒙古襲来を予見しました。文永一一年の大風のあと一〇月に蒙古が九州に攻め入ります。（『種々御振舞御書』九八〇頁。『報恩抄』一二二九頁）。今回も蒙古襲来を知らせる大風と把握されます。大風から五月頃の書状とされます。真蹟は六行断片（端書き）が京都本国寺に所蔵されます。文永一一年四月と今回の大風ではどちらが被害が大きいか。その状況や世間の風評を急いで知らせるように依頼します。宛先は不明ですが、「御そろう（所労）いかん」（一八六六頁）と病気を問われた内容から常忍とされます。

四月に東寺の宿坊の弟子、眞広が身延を訪れます。聖人が始めて入京された時、道善房の関係にて東寺に居宿したと言います。この縁にて聖人の弟子となり、東寺に帰ってからの二九年の間に法華経千六百部を読誦し、法華堂の祖となったと言います。（『本化別頭仏祖統紀』）。

□　『八幡宮造営事』（四〇五）

五月二六日付けにて宗仲・宗長兄弟に宛てた書状です。『延山録外』に収録されます。冒頭に「此法門申候事すでに二九年なり」とあり弘安四年に書かれたことが分かります。前文が欠失します。立教開宗より二九年の弘通は身体の疲れ心の痛みを増しました。年々に体力が衰えながらも人並みに命を長らえて来たが、正月より「やせ病」のため死期を感じると伝えます。

「日々論義、月々難、両度流罪身つかれ、心いたみ候し故にや、此七八年が間、年々に衰病をこり候つれども、なのめにて候つるが、今年は正月より其気分出来して、既一期をわりになりぬべし。其上、齢既六十みちぬ。たとひ十に一今年すぎ候とも、一、二をばいかでかすぎ候べき。忠言耳逆、良薬口苦とは先賢言也。やせ病の者は命きらう、佞人は諫を用ずと申也。此程上下人人御返事申事なし。心もものうく、手もたゆき故也。しかりと申せども此事大事なれば苦を忍で申。ものうしとおぼすらん。一篇きこしめすべし」(一八六七頁)

気分も進まず手に力も入らない体調の悪化で、誰にも返事を書けない状態でしたが、その病苦を耐えての返書でした。面倒と思うかも知れないが、村上天皇が異母弟の前中書王、兼明親王の菟裘賦と言う書を投げ捨てたように、取り扱わないようにと念を押します。この故事は『十訓抄』を用いたと思いますが、『十訓抄』に誤りがあります。本来の故事は兼明親王の子源伊陟が、父が大事にしていた「兎の裘」を一条天皇に奏上します。天皇は兎の毛皮と思っていましたが、実は菟裘賦と言う書物でした。菟裘とは官を辞して隠居する地のことです。理不尽に臣籍降下した兼明親王が君主を諫めたものでした。伊陟は書名の由来と内容を知らなかったのです。偉い人の子でも無知で浅慮の者がいることを説いたものでした。つまり、聖人の言うことが気に入らなくても手紙を捨てないで下さいと言うことです。

弘安三年一〇月二八日と一一月一四日に八幡宮が炎上しました。八幡宮再建の造営に当たり本来ならば池上氏がその任に当たるところ、讒訴により外された不満を訴えてきました。造営の奉行は泰盛でした。（鈴木一成著『日蓮聖人遺文の文献学的研究』四二〇頁）。父以来、作事奉行をしていたので、造営に加入する意欲が強かったのです。聖人はこの処遇を大事として宗仲を訓戒し蒙古再襲を予見します。

「さては八幡宮御造営つきて、一定さむそう（讒奏）や有ずらむ、と疑まいらせ候也。をやと云ひ、我身と申、二代が間きみにめしつかはれ奉て、あくまで御恩のみ（身）なり。設一事相違すとも、なむのあらみ（恨）かあるべき。わがみ賢人ならば、設上よりつかまつるべきよし仰下さるゝとも、一往はなに事つけても辞退すべき事ぞかし。幸讒臣等がことを左右よせば、悦でこそあるべきに、望るゝ事一失也」（一八六七頁）

この事態は想定されたことで親子二代に御恩を受けている身であるから、今回のことで主君を恨んでいけないと諭します。賢人の心得として一度は辞退すべきところ、讒奏により造営の番匠役を外されたことは喜びと述べます。造営参加を望んでいた兄弟にすれば本意に反する言葉でした。

そして、日本国の人々は善神から見放されていると述べます。国主は八幡宮を再建して八幡大菩薩を崇めれば何事もないと思っているが、その八幡大菩薩は力を失い宮殿を焼いて隠れてしまった。自らの謗法による災禍と知るべきで、謗法の国主などを小神である天照大神や八幡大菩薩の力でも護りきれないと述べます。兄弟が八幡宮を造ったとして他国より侵略されたら、窪んでいる処に塵がたまり低い処に水が集まるように滅ぶ、そのとき法華信者が建てたと噂されることを予想したと述べます。
また、念仏者は八幡大菩薩を阿弥陀の化身とするから、宗仲は念仏無間を主張する聖人の信者であり、このような者が造営をすれば八幡大菩薩はご神体を宿さず、還って他国から侵逼されたと非難された時に、どのように弁解するかを問います。仏天はこのことを察して造営から外し、神宮寺の工事から外れたのも善神の計らいと諭します。蒙古の使者のように評されている宗仲が、造営に関わって大風が吹けば人々の笑われ者になっただろうと述べ、法華信者として穏便に慎みある行動をするように訓諭されます。強義折伏を展開した聖人ですが、信徒の行動においては社会人として謙虚な姿勢を教示されました。本書は兄弟に宛てた最後の書状となります。

「返返隠便にして、あだみうらむる気色なくて、身をやつし、下人をもぐせず、よき馬にものらず、のこぎり（鋸）かなづち（金槌）手にもち、こし（腰）につけて、つねにえめ（咲）るすがたにておわすべし。此事一事もたがへさせ給ならば、今生には身をほろぼし、後生には悪道に堕給べし。返返法華経うらみさせ給事なかれ」（一八六九頁）

○　弘安の役

フビライは日本国を招諭する望みを持っていましたが、杜世忠が処刑されたと知り（『高麗史日本伝』）、周福も帰国しないため再遠征を決意します。蒙古・漢人（中国）・高麗の連合軍が日本遠征の時機を整えていました。日本遠征軍は東路と江南の二軍編成で、東路軍は大将忻都、副将洪茶丘の蒙古軍三万人と金方慶の高麗軍一万人の合計四万人と九百隻の船舶でした。江南軍は大将阿刺罕、副将范文虎の旧南宋の蛮子軍の十万人の軍勢に三千五百隻でした。江南軍は屯田形式で日本に遠征します。居住するための生活用具や畑を工作するための農機具を積載しました。遠征の目的は領土として居住することです。元は高麗や宋を征服し多くの捕虜を抱え、これらの処遇を遠征の先頭に立たせました。江南軍は日本に移民し新しい国造りを求めたと言います。

この双方が六月に壱岐での合流が計画されます。五月二一日に東路の高麗軍が対馬に上陸し制圧します。この蒙古再襲の第一報が京都に伝えられたのは六月一日でした。朝廷は三日後の四日に二二社に敵国降伏の祈祷を命じます。六月六日に東路の主力である蒙古軍が博多湾に集結しました。日本軍は石築地築造の分担どおりに配備します。香椎地区は豊後の大友頼泰、箱崎は薩摩の島津久経、博多は小弐経資と筑後の北条宗政、生の松原は肥後守護代の安達盛宗（泰盛の子）、今津は日向・大隈の島津軍が防戦の配備をします。このため東路軍は防塁から矢を射られて上陸できず、志賀島と能古島周辺に停泊します。日本軍はこの敵船に夜襲を仕掛けます。八日より本格的な戦いが始まり、蒙古軍は連日の戦いで将兵が疲れます。また、暑さと疾病で一三日に船団は博多湾を離れ壱岐へ退却します。江南軍は寧波、舟山島付近に終結していました。出航が遅れたのは総大将の阿刺罕が病気になり阿塔海と交代するなど、船舶の準備が整なわなかったと言います。

蒙古が長門に来たことを京都に報じられたのは一四日です。一八日に亀山上皇を中心として協議し一九日に後深草法皇の御所、二〇日には関白鷹司家で祈祷が行われました。蒙古の先遣隊は合同地点を平戸にすると東路軍に伝えます。江南軍は六月中旬から寧波を出航して日本に向かいます。二八日に幕府は戦いが長引くとして、国衙領、本所一円地の年貢を兵糧米に当てます。六月二九日に日本軍は小弐経資・資時父子、島津久経・長久兄弟等が壱岐の軍を攻撃し、七月二日は松浦党等が壱岐を再攻撃します。江南軍が平戸周辺に集結し東路軍も平戸に移動して戦闘体制をつくります。蒙古軍は作戦が纏まらなかったと言います。フビライが心配した諸将（金方慶と洪茶丘）の不和と思われます。取りあえず戦闘の序列を決め対馬・壱岐・志賀島・長門を侵略します。博多にて日本軍の防戦に遭います。七月二七日から鷹島の海上に集結し侵攻の時期を覗います。

ところが、七月三〇日の夜半から強風が吹き始め、翌、閏七月一日の夜半まで激しい風雨が続きました。この強風のため船団は転覆し、互いに激突して沈没するなど大打撃を受けます。閏七月二日、台風が去った後の海岸には蒙古の船と兵士の死体が打ち上げられます。蒙古の戦力が平戸島などに残っていたので掃討戦が始まります。閏七月五日から七日にかけてを行い、戦意を失っていた阿塔海・范文虎らは逃げ帰ります。閏七月九日に幕府は再度の非御家人の出兵を行ない、同日に京都に蒙古敗退の知らせが届きます。一一日、幕府は時宗の甥である兼時を播磨の防備に就かせ内海の備えを強くします。幕府に蒙古敗退の知らせが届いたのは一三日の八幡宮の蒙古降伏祈祷の結願の日と言います。

戦死・溺死した者は元軍十万人余り高麗軍約七千人、捕虜となった者は数千人から三万人とも言います。博多に連行し工匠や知田者以外は殺され、『元史』には南人（南宋の遺民）の新附軍を唐人と称して生かし奴隷にしたとあります。（『倭国伝』三三三頁）。蒙古軍で帰還できたのは東路軍の約二万人、江南軍では一〇人のうち二、三人と言います。東路軍と江南軍の合計、一四万人の将兵と、約四千四百艘の襲撃も敗退します。長崎県・鷹島の沖の海底調査で見つかった元軍の遺物の中に、青銅製で造られた「管軍総把印」高さ六、二チセンで四、五チセン四方があります。これは元軍の指揮官が命令文書に判を押す「許可印」です。（新井孝重著『蒙古襲来』一五〇頁）。

蒙古が日本を襲来している最中にも、日本の交易船が蒙古治下の南中国に渡り、自由に取引が行われました。弘安の役の後は商船の往来が盛え交流史において最も活発と言います。幕府は蒙古の襲来に備えながら蒙古領の

南中国方面と貿易を行っていたのです。(日本の時代史9『モンゴルの襲来』一一八頁)

□『曽谷二郎入道御報』(四〇八)

七月一九日付け教信の書間が同月三〇日に到着しました。教信は御家人として蒙古防御のため動員されることになります。書簡が遅れて届いたこともあり、緊迫した状況を察して早急に返書を認め閏七月一日に送られます。内容から『破三大師』と称し『興師本』に収録されます。

教信から国主の命に順い九州に警護に就くとの報告があり、死後の霊山往詣に関しての質問があったと思われます。始めに世間に逆らうことは別として、仏法に逆らうと堕獄することを、譬喩品の「其人命終入阿鼻獄」の文を引いて説明します。「其人」とはどのような者か、それは釈尊の教えを信受しないで毀謗する者(謗人)とします。証文として譬喩品「唯我一人能為救護雖復教詔而不信受」、湧出品「生疑不信者即当堕悪道」(『開結』四一三頁)、勧発品「若有人軽毀之言汝詛人耳。空作是行終無所獲」(『開結』五九七頁)を引きます。

天台の時代には南三北七という、揚子江より南地では『涅槃経』を最高とし、北地では地論宗が『華厳経』を最高とする教学が大勢しました。この南北の十人の学匠を謗人とします。伝教は奈良の七大寺、六宗の碩学を謗人とします。聖人は三大師と信行・道綽・善導を謗人とします。真言と念仏を弘め法華経を修行する者は地獄に堕ちるとした人です。「入阿鼻獄」について『涅槃経』と普賢経を引き、一切の人々が地獄に堕ちる「謗法堕獄」を説いた文とします。善人と悪人の違いはあっても、謗法の一業により全ての者は堕獄すると述べます。この謗法の業因を作ったのは三大師であり、譬喩品の「其人」に当たると述べます。

この三大師の重科とは法華経を戯論と言い、釈尊を迷える無明の辺域の仏と貶めたことです。また、天台を盗人としました。つまり、三宝を誹謗したのです。その例として大荘厳仏の末時に苦岸比丘等の四人の悪比丘に師事したため、全ての者が無間地獄に堕ちたこと。師子音王仏の末時に勝意比丘の弟子となったために一同に阿鼻大城に堕ちたことを挙げます。これらの者は各々の因縁も異なり貴賤の違いもあったが、それに関係なく堕獄したことを示します。聖人は日本国も同じと述べます。故に伝教が『守護国界章』に慈恩を信じないように、なぜなら「其の師の堕つる所、弟子も亦堕つ。弟子の堕つる所、檀越も亦堕つ。金口の明説慎まざる可けんや」と、弟子も必ず堕獄すると厳しく注意されたことを挙げます。

また、三大師が堕獄するのは釈迦多宝の金言と述べます。苦岸比丘は小乗の立場から権大乗を誹謗して、熱鉄の上に仰向けにされ阿鼻の大苦を受けます。まして実大乗教の法華経を誹謗することは重罪と述べます。なぜなら、三大師は真実の教えが説き明かされる以前の方便教をもって、三世の諸仏の本懐の教えである真実の法華経を誹謗したこと。これにより一切衆生が仏になる道を見失ったとします。故に三世の諸仏も救うことができない深重の罪とします。法師品の「已今当」の説示、安楽行品の「最在其上」、薬王品の十喩「最為第一」の文は、『華厳経』等の諸経に説く「第一」とは比較する教えの内容が違います。(『法華取要抄』八一一頁)。「已今当」は一切経の中で法華最勝と説くことを、諸宗の諸師は理解できないと述べます。

聖人は諸宗の誤りを糾弾したが、幕府は是非を糾明せず国主や人々を騙して迫害したと述べます。その現れが伊豆・佐渡の流罪、竜口の処刑の座です。この迫害の苦しさは「不軽の杖木」「勧持品の刀杖」の難にも過ぎると述べます。ここに、聖人は如来の使いとしての自覚と、誹謗する者の罪は一劫の長い間、仏を蔑にする罪より重いと法師品を引きます。提婆や大慢婆羅門は『涅槃経』の恒河七種の第二の闡提と言う善根を失った者であるが、日本国の人々から比べれば軽く日本国の者は第一の謗法重罪の者と述べます。故に善神は国を捨去し天照大神や八幡大菩薩も守護しないと述べます。承久の乱の上皇は謗法の罪が浅くても敗退したと述べ、今は謗法の重罪の者が国内に充満し、この災禍は国外の蒙古の再襲にあると述べます。この蒙古襲来が起きたのは、三度の諌暁を無視したためで、これから起きる再襲の戦乱と人々が死して阿鼻地獄に堕ちることを危惧されます。結びに、二人は師檀の関係であるが国主に従う身であるから、教信は武士として合戦に備えなければならない。今度はいつ再会できるかと思えば涙を抑え難いと述べ、霊山浄土にての再会を約束されます。信心堅固ならば仏心と同じであるから、今生は修羅道に交わっても後生は仏国に生まれると諭します。

「今度不可似彼。彼但国中災許也。其故粗見之蒙古牒状已前依去正嘉・文永等大地震・大彗星之告再三雖奉之国主敢無信用。然而日蓮勘文粗叶仏意歟故此合戦既興盛也。此国人々今生一同堕修羅道後生皆入阿鼻大城無疑者也。爰貴辺与日蓮師檀一分也。雖然有漏依身随国主故欲値此難歟。感涙難押何代遂対面乎。唯一心可被期霊山浄土歟。設身値此難心同仏心。今生交修羅道後生必居仏国」（一八七五頁）

蒙古が敗退した知らせは身延にも直ぐに届きました。『富城入道殿御返事』（一八八六頁）に閏七月一五日付けの書状が二〇日に着き、蒙古の船団が壊滅状態にあったことを知ります。蒙古が敗退したのは叡尊が閏七月一日、奈良・京都の僧侶五六〇人と岩清水八幡宮において祈祷した効験と賞賛されました。良観は稲村ガ崎にて祈祷を行った功績により、極楽寺は幕府の祈祷所に加えられます。これにより聖人の予言は外れたと批難されます。しかし、叡尊の蒙古調伏の祈祷と台風による蒙古敗退の日時は合わないと言います。（山川智応著『日蓮聖人』）。また、『八幡愚童訓』に七月二六日から閏七月二日までの、石清水八幡の祈祷は小規模であったのが、神秘的な霊験譚として完成したと言います。（服部英雄著『蒙古襲来』四四八頁）。

□『御所御返事』（四四三）

弘安四年七月二七日付け礼状です。兜木正亨氏所蔵です。「清酒一へいし、かしこまて給候了。これほどのよきさけ今年はみず候」（三〇二三頁）と、清酒一瓶子を供養され、とても良い酒であると喜ばれます。宛先の「御所」は身分の高い人の尊称です。「へいししはら」迄の一紙と、「れ候はん」からの一紙が貼り合わされ、この間の文が欠失しています。（『日蓮聖人全集』第七巻三一七頁）。『大豆御書』（一八〇九頁）も「御所御返事」です。

□『光日上人御返事』（四〇九）

八月八日付けにて光日尼に宛てた書状です。真蹟は一一紙が身延に曾存しました。『朝師本』に収録されます。『日乾目録』に第一紙目が不足し、本書は第二紙の二丁目から存在し、末尾の署名花押は切り抜けていたとあります。本来は一二紙の書簡となります。小湊から海苔等の供養が届けられた礼状と思われます。

譬喩品の「其人命終入阿鼻獄」を引き無間地獄にふれます。弘安四年五月以前は蒙古が再襲すると思わなかったように、日本国の人々は地獄の中でも最も重い無間地獄の相として、四大の中の大火の苦を詳しく述べます。堕獄も誰も自覚しなかった。侵攻されたら焙烙に入れられた小魚が煮詰められるような苦痛に遭うと警告しました。そのため聖人を恐ろしい忌々しいと言い、「打はれ、所を追へ、流せ、殺せ、信ぜん人々をば田はたをとれ、財を奪へ、所領をめせ」（一八七八頁）と、聖人を殺せ信者の所領を奪い取れと騒ぎました。しかし、五月に蒙古が攻めて来たと知ると、「日蓮が申せし事はあたりたり。ばけ（化）物のもの申様にこそ候めれ」と、一応は聖人を信じるような気配になります。

　蒙古再襲の原因について、法華誹謗・聖人蔑視・三宝誹謗の罪科によって、国主は国に修羅道を招き入れ、後生には自ら無間地獄に堕ちると述べます。三大師など諸宗の謗法を容認し重用した国主の罪、そして、立正安国のため諫暁した聖人を迫害した罪と述べます。忠言を用いないで国を亡ぼした先例として、呉王の夫差が伍子胥の進言を用いなかったため越王の勾践に滅ぼされたこと。殷の紂王が妲己を溺愛し悪政を行うのを王子の比干が諫言して殺されます。そのため周の武王に攻め滅ぼされたことを例証します。

　このような不信謗法の世にあって法華経を信ずることは、亡き弥四郎の勧めによるのかと回顧します。烏龍と遺龍、妙荘厳仏が子供の徳により成仏したこと、また、金鳥（雉）は野火に遭っても卵を抱き続けたこと、貧女が激流に溺れても子を離さなかった親子の情愛を引きます。金鳥は弥勒菩薩であり貧女は梵天王と生まれたことを述べます。弥四郎を思う情念が法華経の行者光日上人になったと述べます。霊山浄土に往詣し母子が対面した時の嬉しさを思い信仰に励むように勧めます。


「其故は子の肉は母の肉、母の骨は子の骨也。松栄れば柏悦ぶ。芝かるれば蘭なく、無情草木すら友の喜友の歎一なり。何況親と子との契り、胎内に宿して、九月を経て生落し、数年まで養ひき。彼ににな（荷）はれ、彼にとぶら（弔）はれんと思しに、彼をとぶらふうらめしさ、後如何があらんと思こゝろぐるしさ、いかにせん、いかにせん。子を思金鳥は火の中に入にき。子を思し貧女は恒河に沈き。彼金鳥は今の弥勒菩薩也。彼河に沈し女人は大梵天王と生れ給。何況今の光日上人は子を思あまりに、法華経の行者と成給ふ。母と子と倶に霊山浄土へ参り給べし。其時御対面いかにうれしかるべき。いかにう

れしかるべき」(一八七九頁)

□『治部房御返事』(四一〇)

八月二二日付けにて治部房日位から白米一斗、茗荷の子、はじかみ(生姜)一苞を供養された礼状です。『本満寺本』に収録されます。治部房は南条平七郎の子と言い四十九院の承賢です。弘安元年に日持の弟子となります。駿河を中心に弘教し天台宗村松海上(長)寺を改宗し池田に本覚寺を開創します。『大聖人御葬送日記』を執筆し本覚寺に所蔵されます。墓所の輪番にも当たります。

飢饉に困窮し過酷な年貢米の取り立てに生活も苦しく、人々は麦・粟・黍・稗・豆を食していた中での貴重な白米の供養でした。春には野にある花を秋には紅葉を夏には清水を冬にはそこにある雪を供養して、成仏した者がいると述べます。天皇にも万民にとっても、珠よりも価値のある白米の供養に成仏は間違いないと述べます。

世間で大事なのは主君と父母に従うことであり、父母に背けば不孝者として天に捨てられ、国主に背けば不忠の者として斬首されます。たとえ仏道修行のために主君や父母に逆らえても、法華経の信仰を深める時には、第六天の魔王が邪魔をすると述べます。その理由は、一、この人が悟れば我が所従の三界を離れてしまう。二、この人が仏になれば父母・兄弟も娑婆世界を抜け出すからです。魔は父母・国主・貴僧となって悪心を起こさせ脅したり騙し、また、高僧・智者・持斎になり念仏・真言を勧めて法華経を捨てさせ成仏させせまいと計略を廻らすと述べます。

この証文として勧持品の二十行の掲文(「悪鬼入其身」)、を引きます。不軽品・法師品・譬喩品、また、『涅槃経』・『守護国界主陀羅尼経』等に、法華経の行者を殺害する等の迫害を詳しく説いていると述べます。そして、経文は真実であるとして熱原法難を目前の現証とします。

「駿河国賀島荘は、殊に目前に身にあたらせ給て覚へさせ給候らん。他事には似候はず。父母国主等の法華経を御制止候を用候はねば、還て父母孝養となり、国主の祈りとなり候ぞ」（一八八二頁）

賀島（熱原）で起きた法難は身を以て経験したことでした。魔は父母や国主に入って法華信仰を止めさせようとする、その時は背いて用いないのが還って父母の孝養となり、国主のための正義と述べます。日本国は神を敬い仏を尊ぶ国であるが、行者である聖人を仇むため、神仏を供養しても大悪になると述べます。灸治した箇所が悪瘡となり薬が毒となると例え、朝廷や幕府が調伏の祈祷をしても、その罪により逆に他国に奪い取られると述べます。身分の高い人達は平家が滅亡した以上に悲嘆する時が来ると聞かせて来たと述べます。そして、法華経の敵ならば父母を殺すことが大罪となっても大善根になると信心の有り様を譬えます。また、諸仏の怨敵である極悪人であっても、法華経の一句を信じると必ず諸仏は守ると述べます。法を重んじる強い信仰を説き聖人の意思を推察するように促されます。使者が帰りを急ぐため速筆された書状です。

○　御本尊（一〇九）八月二三日

「摩尼女」に授与されます。紙幅は縦五〇センチ、横三一・八センチ、一紙の御本尊です。鎌倉の妙本寺に所蔵されます。四大天王は書き入れません。

○御本尊（一一〇）九月

「俗日常」に授与されます。紙幅は縦九四．二センチ、横四九．七センチ、三枚継ぎの御本尊です。勝沼町休息の立正寺に所蔵されます。首題と勧請の諸尊の書体がやや左に傾きます。染筆された本尊紙がやや傾いていたか、聖人の姿勢が病状のため支えきれなかったかも知れません。

○御本尊（一一一）九月

「俗守常」に授与された一紙の御本尊ですが紙幅や所在も不明です。四大天王の書き入れはありません。

□『南条兵衛七郎殿御返事』（四一一）

○身延は本朝の霊鷲山

九月一一日付けにて南条兵衛七郎から塩一駄、大豆一俵、とつかさ（鶏冠海苔）一袋、酒一筒を供養された礼状です。この人物を時光（『莚三枚御書』一九一三頁）としますが不明です。時光の二歳上の兄七郎太郎とも思われます。七郎が所領地である上野からいつ帰郷したかは不明ですが、音信が途絶え懐かしく思っていたところに、様々な品を取り揃えて供養されたことに感謝します。『朝師本』『平賀本』『本満寺本』に収録されます。

徳勝童子が土の餅を釈尊に供養して阿育大王と生まれた故事を示して、末法には釈尊に多大の財宝を供養するよりも、法華経の行者を一日でも供養する功徳の方が、百千万億倍も勝れていると述べます。数年に亘る供養を感謝され、後生は霊山浄土に往詣する尊い果報を積まれたと褒めます。そして、聖人は釈尊の「一大事の秘法」

を霊鷲山にて相伝した行者として、行者が住む身延は霊山浄土に劣らないと述べます。その上で、参詣が中絶しているので来臨するのを待つと要望します。

「此砌に望まん輩は無始の罪障忽に消滅し、三業の悪転じて三徳を成ぜん。彼中天竺の無熱池に臨し悩者が、除愈心中熱気充満其願如清涼池とうそぶきしも、彼此異なりといへども、其意は争か替るべき。彼月氏の霊鷲山は本朝此身延の嶺也。参詣遥に中絶せり。急々に可企来臨。是にて待入候べし。哀々申つくしがたき御志かな、御志かな」（一八八四頁）

なを、身延を本朝の霊鷲山として参詣を誘っている文章は他の遺文に見られません。（『日蓮聖人遺文辞典』歴史篇八三九頁）。また、端書に使者の言葉に七郎が所労のため体調を崩していると聞き、早急に療治をして身延に参詣するようにとあります。九月に幕府は二度目の異国征伐を九州の御家人に発令します。

□『上野殿御返事』（四一二）

九月二〇日付けにて時光から芋一駄、牛蒡一苞、大根六本が供養された礼状です。『本満寺本』に収録されます。先の南条兵衛七郎の供養から一〇日程にて供養の品々が届けられました。兵衛七郎や時光の病状にはふれません。供養の芋などの表現を、

「いもは石のごとし。ごぼうは大牛の角のごとし。大根は大仏堂の大くぎのごとし。あぢわひは忉利天

の甘露のごとし。石を金にかうる国もあり。土をこめにうるところもあり。千金の金をもてる者うえてし（餓死）ぬ。一飯をつと（苞）につゝめる者にこれをと（劣）れり。経云、うえたるよ（世）にはよね（米）たつとしと云云。一切の事は国により、時による事也。仏法は此道理をわきまうべきにて候」（一八八五頁）

と、立派な品々を吟味して送られたことが分かります。この表現から金銭よりも食料の方が貴重と窺えます。仏教流布の五義の道理に基づき国や時節に相応した供養と布教の大切さを教えます。

□『富城入道殿御返事』（四一三）

○蒙古退散と叡尊の祈祷

一〇月二二日付けにて常忍に宛てた書状です。弟子に代筆させ署名と花押は聖人の自筆です。真蹟の六紙は法華経寺に所蔵されます。『承久書』と別称します。常忍は真言亡国の論が蒙古惨敗により外れ、信者に動揺があることを懸念して見解を問いました。既に閏七月一五日付の常忍の書状にて、蒙古退却の事は知っていました。世間では蒙古軍の退却は真言師の祈祷の効験と噂されました。叡尊は勅命により男山八幡宮に詣で、閏七月一日に奈良・京都の僧侶五六〇人と共に岩清水八幡宮において愛染法を修します。そのとき雷雲が起きて西へ向かい、その夜に西海に神風が吹いて蒙古の軍船が悉く覆没したと賞賛されました。

「今月十四日御札同十七日到来。又去後七月十五日御消息同二十比到来。其外雖賜度度貴札為老病之上又不食気候間未奉返報候條其恐不少候。何よりも去後七月御状之内云鎮西には大風吹候て浦々島々破損船充満之間乃至京都には思円上人。又云理豈然哉等云云。此事別此一門大事也。総日本国凶事也。仍忍病一端是を申候はん。是偏に為失日蓮無ろう事を造り出さん事兼て知」（一八八六頁）

常忍からの手紙が度々来ていたが、老病と食欲が進まないため返事を出来ずにいたと詫びます。常忍は蒙古退却の勝因は叡尊（思円）の効験とする道理はあるのかを尋ねます。聖人はこれを否定し一門にとって重大なことであり、日本国にとっても不吉なことと述べます。真言師の祈祷の効験と言う噂は聖人を陥れるための策謀であり、真言宗の過失は今に始まったことではないとします。一例に承久乱で上皇方は真言の祈祷を頼んで敗退した事を挙げます。宇治勢多の河を馬筏にて渡った戦いを詳しく述べます。その時の高僧は住房を追放され六〇年を経ても恥辱を雪げないでいるのに、その弟子が行なう祈祷であるから、この度の蒙古敗退も真言の法験ではないとします。常忍の問に対し、

「いつもの事なれば、秋風に纔水敵船賊船なんどの破損仕て候を、大将軍生取たりなんど申、祈成就の由を申候げに候也。又蒙古の大王の頚の参て候かと問給べし。其外はいかに申候とも御返事あるべからず。御存知のためにあらあら申候也。乃至此一門の人々にも相触給ふべし」（一八八八頁）

と、いつもの秋風にわずかの波浪が出て、船が転覆したに過ぎないとします。敵将を生け捕ったとか祈祷の効験

が顕われたと吹聴しているが果たしてそうであろうかと疑問を掲げ、常忍に蒙古の大将の首が来たのかと反問するよう指示します。勝利とは言えないとだけ返答をし、以後、これを承知して蒙古についての言及を避けること、一門に対しても徹底するように命じます。つまり、宇治勢多の例にみるように、蒙古は敗退したように見えるが必ず攻め寄せて来ると見たのです。しかし、これ以後、聖人は蒙古について沈黙されたとし、その理由は予言が的中しなかった狼狽にあると言う意見があります。（戸頃重基著『日蓮』五五〇頁）。ただし、「浦々島々破損船充満」とあるように、日本船も多大な被害を受けて沈没し、立秋を過ぎた農作物の被害も大きかったのです。（服部英雄著『蒙古襲来』三六〇頁）。

結びに椎地四郎にふれます。四郎は頼基の若党と言いますが、本書によれば常忍の使いとして身延に登り草庵改築の奉公をされたと思われます。「又必しいぢの四郎が事は承り候畢」と、その事を了承したと窺えます。（『椎地四郎殿御書』一二二七頁を弘安四年四月二八日とする説があります）。そして、来る一一月二四日の天台大師講は盛大に行なうので、四郎に預けた金銭四貫文は損傷した草庵の造作に使わせてもらうと述べます。常忍が霊山浄土に参ったときは、一閻浮提第一の法華堂を造営した施主であると、釈尊に進上されたらよいと功徳を褒めます。草庵の改築は一〇月から始まり十一月一日に小坊と馬屋ができ一一月二三日に十間四面の大坊が完成します。（『地引御書』一八九四頁）。

さて、他国侵逼の予言は二度の蒙古襲来で的中しましたが、その猛威が京や鎌倉には至りません。蒙古退散により真言宗の威勢は盛んになります。しかし、蒙古対戦の費用は御家人が出費し、恩賞は外国との戦いであったため与えらずれ御家人を貧窮化させます。北条氏の専制体制に反感が生じます。幕府は年の暮れに少弐・大友を高麗に攻めさせます（『勘中記』『東寺文書』）。フビライはその後も出兵を計画しますが、中国や東南アジア諸国からの反乱に対処しているうちに、日本遠征はできなくなります。

□『老病御書』（四一七）

真蹟一紙の追伸の部分が法華経寺に所蔵されていることから常忍宛てとします。鈴木一成氏は『常師目録』の「承久調伏事」（四一三『富城入道殿御返事』）の追伸とします。（『日蓮聖人遺文の文献学的研究』四二五頁）。法華経寺九五世の『日亮目録』に「土木殿御書、十一行」とあるのが本書です。この目録は文政八年（一八二五）六月に作成されます。また、『日窓目録』（法華経寺二九世日貞）に「土木殿御書、六丁有御判」の下に「又別御真筆口ニ一紙有り雖然御真筆不審、八行追書アリ」とあります。本書は『富城入道殿御返事』の自筆の追伸文とします。

「老病の上、不食気いまだ心よからざるゆへに、法門なんどもかきつけて申ずして、さてはてん事なげき入て候。又三嶋の左衛門次郎がもとにて法門伝候けるが始中終かきつけて給候はん。其ならずいづくにても候へ、法門を見候へば心のなぐさみ候ぞ。」（一八九六頁）

と、老病による衰えから食欲がなく身心共に弱っていると自署されます。そのため、法門を教示することができないと述べ、このまま命終えることを悲嘆していると伝えます。常忍が三嶋の左衛門次郎に法門を説いたと聞き、その内容の一部始終を書いて送って欲しいと依頼します。その他にも仏教の論考を読むことは生き甲斐になると述べます。左衛門次郎は本書一箇所のみで詳細は不明です。

○御本尊（一一二）一〇月

授与者名と添え書きも削損します。模本によれば「俗平太郎」に授与されます。「紀伊国切目形部左衛門入道息少輔房日然相伝之」と添え書きがあります。紙幅は縦五〇．三センチ、横三〇．九センチ、一紙の御本尊です。四大天王の書き入れはなく随喜文庫に所蔵されます。

○御本尊（一一三）一〇月

「俗守綱」に授与されます。紙幅は縦四九．七センチ、横三一．一センチ、一紙の御本尊です。四大天王の書き入れはなく京都本法寺に所蔵されます。

○御本尊（一一四）一〇月

「俗眞永」に授与されます。紙幅は縦五五．五センチ、横三三センチ、一紙の御本尊です。四大天王の書き入れはなく高知県の要法寺に所蔵されます。

○御本尊（一一五）一〇月

「俗近吉」に授与されます。紙幅は縦五〇．九センチ、横三二．四センチ、一紙の御本尊です。四大天王の書き入れはなく京都本能寺に所蔵されます。一〇月の小康を見計らって顕示されたと思われます。

□『越州嫡男並妻尼事』（四一四）

本書の系年は文永一〇年一一月三日とされ『土岐殿御返事』（七五四頁）の前文となります。越後守は金沢実時で長男は実村、妻尼は実時の前妻です。庶長子の実村と次男嫡子顕時の内訌があり、結果、庶子の実村とその母が流罪になった報告です。常忍の書簡が四九日を経て佐渡に届いたのです。翌年二月に二月騒動が起きます。常忍はその前兆として知らせたことが窺えます。聖人は鎌倉にいる頼基から報告がないことを心配されます。（『全篇解説日蓮聖人遺文』二九八頁）。

□『上野尼御前御返事』（四一五）は弘安三年一一月一五日とします。

○御本尊（『御本尊鑑』三二）一一月

日乾の記録に聖人の厳命により頼基が染筆し、梵字と花押は聖人の自筆とあります。「真題目御曼荼羅」と称し真書体です。落慶の祝いに染筆されます。紙幅は縦一八二・六センチ、横一一五・六センチの大きな御本尊です。

□『地引御書』（四一六）

○草庵改築と延年の舞い

一一月二五日付けにて実長に宛てた書状です。真蹟は五紙完が身延曾存でした。『朝師本』に収録されます。一一月に門下の願いを聞き入れて草庵を改築します。建治三年の冬に修復し（『庵室修復書』一四一一頁）、その折に改修を始めます。（『兵衛志殿御返事』一六〇六頁）。弘安元年一一月頃まで増築しますが、湿気が強い土地のため土台が朽ち倒れます。弟子の増加と檀信徒の往来も頻繁になります。六〇歳に至り天台大師の報恩の改築事業でした。（『富城入道殿御返事』一八八八頁）。

一〇月初旬から地引きや山ならし土運び等の工事を始めます。大坊は二重の庇屋根を持ち、他に小坊・厠を造作し波木井氏一族の丹精で一一月二四日に完成します。そして、身延山妙法華院久遠寺と命名されました。一一月一日から二四日の天台大師講と、延年の舞までの新築造作の様子を知らせます。このとき墓所を身延に定めることを実長に約束したと言います。（室住一妙著『純粋宗学を求めて』四〇〇頁）。

「坊は十間四面に、またひさしさしてつくりあげ、二十四日に大師講並延年、心のごとくつかまつりて、二十四日の戌亥の時、御所にすゐ（集会）して、三十余人をもつて一日経かき（書）まいらせ、並申酉の刻に御供養すこしも事ゆへなし。坊は地ひき、山づくりし候しに、山二十四日、一日もかた時も雨ふる事なし。十一月ついたちの日、せうばう（小坊）つくり、馬やつくる。八日大坊のはしら（柱）だて、九日十日ふき（葺）候了。しかるに七日大雨、八日九日十日はくもりて、しかもあたゝかなる事、春の終のごとし。十一日より十四日までは大雨ふり、大雪下て、今に里にきへず。山は一丈二丈雪こほりて、かたき事かねのごとし。二十三日四日は又そらはれ（晴）て、さむからず。人のまい（参）る事、洛中かまくら（鎌倉）のまち（町）の申酉の時のごとし。さだめて子細あるべきか」（一八九四頁）

と、天候や造作の進み具合を述べます。雪が降り積もっていました。二三日と二四日は晴天に恵まれ寒さも和らぎます。天台大師講と延年の式典を心行くままに行った満悦な様子を知らせます。身延に大坊ができたと言うことで、大勢の人が参詣や見物に集まります。それが京都や鎌倉の夕方のように賑やかであったのは、仏天の計らいと感慨深く述べます。実長は所要のため登詣されません。

落慶式は天台大師報恩のために延年の舞が行われ、午後五時頃に堂供養が終わります。午後九時頃には「一日経」を三十余名で行います。この場所は、「御所にすえ（集会）して」とあることから実長の館と見ます。「一日頓写経」の系譜に習い、また、白拍子の「延年の舞楽」もあり盛大な式であったことが分かります。

延年の舞は天下泰平・国土安穏を祈るもので、久遠寺の落慶を祝して修しました。少年の法師二人が白い袈裟で頭を包み赤い袍を着け、白い大口袴を窃ち短い刀を背中に佩び、中啓を持ち鼻高靴を履き立烏帽子を着けて舞います。大衆舞七番と児の舞十二番があります。これは、寺僧によって催された芸能の会で、興福寺・東大寺・多武峰・延暦寺・園城寺等の畿内の諸大寺で盛んに行われます。叡山の知古の衆徒が集まり久遠寺の繁栄を祈願されます。（『日本民族大辞典』上。二二二頁）。造作に当たった実長の子息や弟、公達の働き振りを述べ、鎌倉では銭一千貫を費やしてもできない大事行との評判を述べています。

「次郎殿等の御きうだち（公達）、をや（親）のをほせと申、我心にいれてをはします事なれば、われと地をひき、はしら（柱）をたて、とうひやうえ（藤兵衛）・むま（右馬）の入道・三郎兵衛尉等已下の人々、一人もそらく（疎略）のぎ（義）なし。坊はかまくらにては一千貫にても大事とこそ申候へ。ただし一日経は供養しさして候。其故は御所念の叶せ給て候ならば供養しはて候はん。なにと申て候とも、御きねん（祈念）かなはずば、言のみ有て実なく、華さいてこのみ（果）なからんか。いまも御らんぜよ。此事叶ずば、今度法華経にては仏になるまじきかと存候はん。叶て候はば、二人よりあひまいらせ

て、供養しはてまいらせ候はん。神ならは（習）すはねぎ（祢宜）からと申。此事叶ずば法華経信じてなにかせん」（一八九五頁）

実長に一日経は途中で取り止めたと伝えます。実長の祈念が叶うならば供養しても良いが、叶わなければ言葉だけになるから行わなかったと述べます。祈念の内容は不明ですが霊山往詣と思われます。落慶した身延に詣でて仏祖三宝に給仕し、二人で残りの供養を行うことを乞い、低い祈りから始めて大きな成仏という祈念が叶うように精進することを勧めます。実長が落慶の式典に参詣しなかったこと、金銭などの供養に対する謝礼を述べていないことに、一日経を途中で止めた理由があるかも知れません。しかし、幕府の弾圧の届かない自由に解放された環境は実長の尽力によります。開基檀越である実長の責任を伝えたのです。

□『富木殿御返事』（三八九）

○天台大師講の布施

一一月二九日付けにて常忍から天台大師講の霜月会に、金銭一結（一貫文）を布施された礼状です。一〇月二二日付け『富城入道殿御返事』に銭四貫文が大坊の供養として奉納されました。真蹟は五紙完存にて法華経寺に格護されます。『定遺』は花押の形体がバン字ではなくボロン字であることと、富木尼の病状（二回目）と照合して弘安三年とします。ここでは宮崎英修氏と『対照録』に従い弘安四年とします。

経文論釈を引き法華最第一・福過十号・五十転展を示します。そして、富木尼の健康状態を心配されます。自分自身のことと思い昼夜に病気平癒を祈願していると述べます。前半の漢文は常忍へ後半の和文は尼御前にと書き分けます。『富城入道殿御返事』（三六四）等に見える特徴です。富木尼が聖人を庇護された功績は「燈に油をそへ、木の根に土をかさぬるがごとし」（一八一八頁）と述べ、伊予房にも延命祈願を昼夜にさせているので、頼もしく思うよう励まします。常忍は「尼公所労伊予房令祈由事」と目録に記載します。

□『上野殿母尼御前御返事』（四一八）

○此の山出ること一歩も候はず

一二月八日付けにて時光の母に宛てた書状です。母尼御前から「の米」（良質の米）・清酒一筒分を二〇個に分けた「ひさげ」、薬用のかつこう（藿香）一紙袋が供養されます。藿香は止瀉の効能があり嘔吐、下痢に用いられます。真蹟は六紙完存にて大石寺に所蔵されます。

一二月に入り寒さと冷えが厳しくなり、自ら老病で不食気味とされた痩病が悪化します。下痢で衰弱するようになった体を酒で内から暖め、かつ香の漢方薬を服して養生された喜びを述べます。

「去文永十一年六月十七日この山に入候て今年十二月八日にいたるまで、此の山出事一歩も候はず。ただし八年が間やせやまいと申、とし（齢）と申、としどしに身ゆわく、心をぼれ（耄）候つるほどに、今年は春よりこのやまいをこりて、秋すぎ冬にいたるまで、日々にをとろへ、夜々にまさり候つるが、この十余日はすでに食もほとをど（殆）とゞまりて候上、ゆき（雪）はかさなり、かん（寒）はせめ候。

身のひゆる事石のごとし。胸のつめたき事氷のごとし。しかるにこのさけ（酒）はた丶かにさしわかして、かつかうをはたとくい切て、一度のみて候へば、火を胸にたくがごとし、ゆに入ににたり。あせ（汗）にあかあらい、しづくに足をす丶ぐ」（一八九六頁）

しかし、五郎が死去して四百日を過ぎたことを想い起こし両眼に涙が浮かぶと伝えます。母だから五郎が訪れたことでしょう、どうしてその話を聞かせてくれないのですかと慨嘆します。降り積もった雪が消えたかと思ったら雪が降り始め散った花も年を越えてまた咲き始めたが故人は戻らない無常を述べます。

「満月に雲のか丶れるがはれずして山へ入、さかんなる花のあやなくかぜにちるがごとしと、あさましくこそをぼへ候へ。日蓮は所らう（労）のゆへに人々の御文の御返事も申ず候つるか、この事はあまりになげかしく候へば、ふでをとりて候ぞ。これもよもひさしくもこのよに候はじ。一定五郎殿にゆきあいぬとをぼへ候。母よりさきにけさん（見参）し候わば、母のなげき申つたへ候はん」（一八九七頁）

多くの信者に返事を書かないほど病状が悪かったことを述べ、五郎のことが偲ばれて筆を執りました。自身も死期が近いので母尼より先に五郎に会ったら、母がどれほど嘆き悲しんでいるかを伝えると擱筆します。同日に時宗は鎌倉円覚寺を創建します。

□『太夫志殿御返事』（四一九）

一二月一一日付けにて宗仲から清酒一筒、味噌一桶、生若布を供養された礼状です。供物の中にも生若布は始めての供養品と述べます。『本満寺本』に収録されます。聖人の病が重いことを聞き早々に供物を調達し、脚力のある使いを走らせました。この志に感じて返書を認めました。

「将又病の由聞せ給て、不日に此物して御使をもつて脚力につかわされて候事、心ざし大海よりふかく、善根は大地よりも厚し。かうじん（幸甚）かうじん」（一八九八頁）

○御本尊（一一六）一二月

「優婆夷一妙」に授与されます。日興の添え書きに「遠江サカラ（相良）ノ小尼給本尊也」と記します。四大天王の書き入れはなく一紙の御本尊で紙幅と所在は不明です。御本尊（一一一）から、この御本尊（一一六）迄の、九月から一二月迄の御本尊には、四大天王の書入れを省略されます。授与者が在俗の者であり、各人の信心を勧奨されたことが窺えます。また、弘安三年から積極的に御本尊を染筆され、御本尊紙の調達を整えて、体調の良い時にまとめて染筆されました。各地の弟子の要請により、授与者名を書き入れ弟子に持たせました。日興は遠江の新池家に止宿して相良の一妙を往復して教化されたと思われます。（堀日亨著『富士日興上人詳伝』上一〇三頁）。

□『窪尼御前御返事』（四二〇）

一二月二七日付けにて駿河の窪尼から様々な供養を受けた礼状です。『興師本』に収録されます。良い果報となる「善根」について教示されます。

善根は大きいから良いのではなく、国や人、時により変わると教えます。糞を加工して栴檀の香木に似せたり仏像に形作っても、火をつければ本来の糞の臭いであるように、善根の元が殺生や盗み等の悪事をして得たものは、還って悪業になると述べます。須達長者が魚商により得て建てた祇園精舎が消失したことを例えにします。武士が行う善根も同じで、それらの財産は戦功により得たもので、人々を苦しめて蓄えたからです。これらは大きな善根と思われるが、根元が不浄であるから本人も成仏しないだけでなく子孫も絶えると述べます。また、罪を作らず正直に善根を施しても悪道に堕ちると注意されます。

「人をもわづらはさず、我心もなをしく、我とはげみて善根をして候も、仏にならぬ事もあり。いはく、よきたねをあしき田にうえぬれば、たねだにもなき上、かへりて損となる。まことの心なれども、供養せらる丶人だにもあしければ功徳とならず。かへりて悪道におつる事候」（一八九九頁）

品質の良い種であっても悪い田に植えると種が無駄になります。還って損害になります。清い心で善根を施しても、受ける者が悪人ならば無駄になるのです。自分も悪道に堕ちてしまうのです。窪尼の供養は未熟な聖人を供養するのではなく、法華経への供養であるから、釈迦、多宝仏、十方の諸仏が受け取って下さると述べ、供養の志に感謝されます。体力が弱り寒さが厳しく生まれて始めての経験と述べます。降り積もった雪が相当な高さ迄あり、例年にない寒波が訪れたと思われます。参詣する者が少ない中の供養でした。

□『大白牛車御消息』（四二一）

年時や宛名も不明な書簡です。譬喩品に「大白牛有り。肥壮多力にして形体は姝好なり。以て宝車を駕せり」と説かれた、この大きな白牛に引かせた宝車である「大白牛車」（『開結』一六一頁）を述べます。三車火宅の譬中にある羊・鹿・牛の三車を声聞・縁覚・菩薩の三乗の教えに譬え、本来は一乗であると開会した法華経を教えます。羅什釈の『妙法蓮華経』は肝要であるので、他の翻訳を参照して「大白牛車」の荘厳された模様を記します。飾り物には金・銀・瑠璃・硨磲・瑪瑙・真珠・玫瑰の七宝があり、聞・信・戒・定・進・捨・慚の七宝の意味も含みます。「大白牛車」に乗って霊山浄土に往詣でき、同じ「大白牛車」に乗って迎えに行くと優しい言葉をかけます。小松邦彰氏は偽書とします。（「日蓮遺文の系年と真偽の考証」『日蓮の思想とその展開』所収八四頁）。

□『西山殿後家尼御前御返事』（四二二）

○「臨終わるくば法華経の名をりなん」

西山の大内安清の妻に宛てた書状です。『興師本』に収録されます。甘酒一桶・山芋・ところ（野老）が送られてきました。『梵網経』に紙一枚の供養、『大論』に土の餅を供養した故事を引き、それに比べられない供養の功徳と述べます。夫と死別し経済的にも頼りになる者もいない身であるのに、世の人に捨てられた聖人が厳寒に苦しむと思う温情に、父母に死別して以来の温かさを感じて涙すると悦びます。聖人は劣悪な凡夫であるが、法華経は愚劣な経典ではないとして、愚鈍の者が成仏してこそ法華経の力が証明されると述べます。聖人の臨終が悪相であったらなら責任を取るとして、逆説的に法華経の経力の強さと真実性を示します。

「日蓮はわるき者にて候へども、法華経はいかでかおろかにおはすべき。ふくろはくさけれどもつゝめる金はきよし。池はきたなけれどもはちすはしやうじよう（清浄）也。日蓮は日本第一のえせ（仮）もの也。法華経は一切経にすぐれ給へる経也。心あらん人金をとらんとおぼさば、ふくろをすつる事なかれ。蓮をあい（愛）せば池をにくむ事なかれ。わるくて仏になりたらば、法華経の力あらはるべし。よつて臨終わるくば法華経の名をりなん。さるにては日蓮はわるくてもわるかるべし、わるかるべし」（一九〇二頁）

□『妙法尼御前御返事』（四二三）

『本満寺本』に収録されます。岡宮の妙法尼から明衣（ゆかたびら）を供養された礼状です。明衣は神に奉仕する者や、仏忌のために沐浴して身心を清める時に着用する白衣のことです。僧侶は緇衣と決められましたが、入湯や夏季の暑い時に本衣の下に着用しました。

夫と死別し親類や二人の娘とも便りがない妙法尼の身の上を案じます。夫は臨終に題目を唱えたことを弘安元年七月一四日の書状に伝えます。（一五三五頁）。同年の六月二十二日に兄の尾張次郎も死去しました。法華経の信者なので近辺の者から憎まれたとあります。妙法尼の信心は不軽菩薩のようであることから、親類や娘と疎遠になったのは信仰の問題と思われます。強信の女人であったことが窺えます。

釈尊の伯母である摩訶波闍波提は、釈尊の勧めにより出家し修行を重ねたが、爾前経においては永不成仏とされ、どれほど悔しく恥ずかしかったであろうが、法華経の教えにより一切衆生喜見仏となった時は、どれほど嬉しかったことかと勧持品を引きます。この勧持品において釈尊は末法の弘通者を募ります。一切衆生喜見仏は女人の身ではあるが、法華経には決して背かないと決意します。しかし、釈尊がこの誓いを棄却された理由を考えれば、「女人は由なき道には名を折命を捨れども、成仏の道はよはかりけるやとをぼへ候に」（一九〇四頁）と、女人は仏道のために命を捨てることは出来ないと判断されたと述べます。

しかし、妙法尼はこの末代にあって艱難を忍び法華経を弘通していることを、釈尊は霊山にてご覧になっているると褒めます。一切衆生喜見仏と言う名前の由来は妙法尼の功績に相当すると述べます。釈尊は伯母を救い他人を捨てるようなことはしない、「其中衆生悉是吾子」と説くように妙心尼を捨てることはないと述べ、この道理を自覚して信心を深めるように書き送ります。

第三節　弘安五年以降　池上入寂

◎六一歳　弘安五年　一二八二年

□『四条金吾殿御返事』（四二四）

○吉事には八日

頼基から正月の供物として満月のような餅二〇個、甘露のような清酒一筒、華香を供養された礼状です。真蹟は断片二行が高知要法寺に所蔵されます。『本満寺本』に収録されます。

一月七日付けにて八日の釈尊の降誕に三二の不思議（『仏説太子瑞応本起経』）な現象があったとして、その内の五つを挙げ、この吉瑞にあやかり吉事には八日を選ぶことになったと述べます。

「抑八日は各各御父釈迦仏の生させ給候し日也。彼日に三十二のふしぎあり。一には一切の草木に花さきみなる。二には大地より一切の宝わきいづ。三には一切のでんばた（田畠）に雨ふらずして水わきいづ。四にはよるへんじてひるの如し。五には三千世界に歎のこゑなし。如是吉瑞の相のみにて候し。是より已来今にいたるまで二千二百三十余年が間、吉事には八日をつかひ給候也。然るに日本国皆釈迦仏を捨させ給て候に、いかなる過去の善根にてや法華経と釈迦仏とを御信心ありて、各々あつまらせ給て八日をくやう申させ給のみならず、山中の日蓮に華かう（香）ををくらせ候やらん。たうとし、たうとし」（一九〇六頁）

宛名に「人々御返事」とあり頼基の講中の信者に宛てます。頼基は木造の釈迦仏を開眼供養し、八日講を開いて信徒を集め供養していました。『八日講御書』とも称します。

聖人の身体は徐々に弱り書簡も極端に少なくなります。確実な真蹟七書に代筆の書状が二書となります。（『対照録』は『桟敷女房御書』を弘安五年二月一七日とします）。弘安期における曼荼羅染筆は元年が一二幅、二年が一二幅、三年が三一幅、四年が一五幅、五年は正月が三幅、四月に二幅、六月に二幅の七幅が伝えられます。

□『上野郷主等御返事』（三三六）

一月一一日付けにて上野郷主から餅二〇枚を供養された礼状です。『定遺』に新加された御書で真蹟一紙が高知の要法寺に所蔵されます。寺尾英智氏は弘安五年とします。「上野郷主等」とは時光の郎従と言われ、日興の『本尊分与帳』に「上野殿家人」とある上野弥三郎重光、上野中里貝太郎等の日興の直弟子と言います。正月の餅を供養され徳勝童子が土の餅を仏に供養して大王として生まれた故事を引き、この供養された餅は本物の餅であるから金の餅と表現し、この功徳により後生は成仏し現世も利生があると述べます。

□『内記左近入道殿御返事』（四二五）

一月一四日付けにて内記左近入道に宛てた書状です。真蹟は追伸の三紙完存にて堺妙国寺・東京本行寺に所蔵されます。内記左近入道については不明です。内記と言う職は律令制では中務省に属し、詔勅等の草案を作り叙位の文書交付や記録を扱います。儒者で文才のある人が選任されます。左近は左近衛府のことで宮中の警固や行幸の警備に当ります。天皇に近く宮中の警護や行幸の供奉をします。

御器の礼は熱原の日弁から聞くように述べていること、また、内房（内房尼と内房女房は母子です）にも伝えるように述べていることから、内房近辺に住む人物と思われます。内房尼の夫は大中臣氏の出自であること、越後公御房と尊称していることから地位の高い人物と思われます。日弁は熱原法難の後に下総の常忍に保護され、房総方面を弘通されていたので、日弁を使いとして聖人と関わりを持っていたと思われます。

「春の始の御悦、自他申篭候了。抑去年の来臨は曇華の如し。将又夢歟幻歟。疑いまだ晴ず候処に、今年之始深山の栖雪中の室え、経於多国御使、山路をふみわけられて候にこそ、去年の事はまことなりけるやまことなりけるやとおどろき覚へ候へ。他行之子細、越後公御房の御ふみに申候歟」（一九〇七頁）

春の喜びを愛で、内記左近は前年の弘安四年に身延に登詣されたことを、曇華の花が咲き夢のように嬉しかったと述べます。この度も雪中の大坊に使いを向けたことを感謝します。他行とは家を出て外へ行くことです。聖人が外出して内記左近と会えなかったという解釈がありますが、ここでは「此の山出事一歩も候はず」（一八九六頁）に従い、日弁が下総方面に他行した子細は、日弁に持たせた書簡に記していると解釈します。

□『春初御消息』（四二六）

一月二〇日付けにて時光から米一俵・塩一俵・蒸し餅三〇枚・芋一俵を供養された礼状です。『本満寺本』に収録されます。日興から時光の伝言や状況を聞いて喜ばれます。日興は時光の指導をされていました。

「春の初の御悦、木に花のさくがごとく、山に草の生出がごとし、と我も人も悦入て候。さては御送物の日記、八木一俵・白塩一俵・十字三十枚・いも一俵給候了。深山の中に白雪三日の間に庭は一丈につもり、谷はみね（峰）となり、みねは天にはし（梯）かけたり。鳥鹿は庵室に入、樵牧は山にさしいらず。衣はうすし食はたえたり。夜はかんく（寒苦）鳥にことならず。昼は里へいでんとおもふ心ひまなし。すでに読経のこえもたえ、観念の心もうすし。今生退転して未来三五を経事をなげき候つるところに、此御とぶらひに命いきて又もや見参に入候はんずらんとうれしく候」（一九〇八頁）

この三日間の内に雪が積もり寒さが厳しい中でも、越年して春に向かう悦びを伝えます。飢えに負け修行が絶え退転して三五の塵点を経る気持ちであった時に使者からの供養に重ねての悦びを述べます。釈尊は過去世において、今と同じような乱世に法華経の行者を供養して仏となったように、この供養の功徳により慈父の成仏は疑いなく、五郎は霊山浄土に詣でて父から頭を撫でられていると思えば、涙が溢れ抑えられないと伝えます。『本満寺本』には追書として、「一紙に申す事恐入て候。返々はは き殿一々によみきかせていさせ給へ」とあります。『南条殿御返事』（一一四七頁）の追伸と相応します。（『日蓮聖人遺文辞典』歴史篇九二六頁）。時光への書状は短文にて申し訳ないが、日興より聖人の伝言や様子を聞いて欲しいと追い書きされます。

○御本尊（一一七）一月

紙幅は縦九五・五センチ、横四七センチ、三枚継ぎの御本尊です。茂原の鷲山寺に所蔵されます。

○御本尊（一一八）一月

「俗安妙」に授与され紙幅は縦六五・五センチ、横四七センチ、二枚継ぎ御本尊です。静岡県の妙本寺に所蔵されます。

○御本尊（一一九）一月

「俗日専」に授与され紙幅は縦九四・五センチ、横五三センチ、三枚継ぎ御本尊です。沼津市妙海寺に所蔵されます。

□『春の始御書』（四二七）

一月頃の書簡とされ一紙五行の断片を東京の松平氏が所蔵されます。新年の喜びを伝えた書状の部分のみが残っています。宛先なども不明です。この一月は比較的に体調が良かったと思われます。

□『桟敷女房御返事』（四〇一）

二月一七日付けにて桟敷女房から帷子用の白布一切を供養された礼状です。真蹟は二紙完存にて和歌山了法寺に所蔵されます。著作年時を『定遺』は弘安四年とします。聖人の病が悪化していることを述べる文章から、『対照録』に従い弘安五年とします。

十種供養の中に衣服を供養する内でも僧侶に供養することが最上であり、過去に十万億の仏を供養した善因により、法華経の教えを授かることができると示します。（法師品『開結』三〇六頁）。法華経に値遇し難いとして供養の功徳を褒め、信心を勧めていることが窺えます。桟敷女房への礼状が短文であることを謝している文面に、聖人の病状を見ることができます。「あらあら申べく候へども、身にいたわる事候間、こまかならず候」（一八六〇頁）と、簡略な文章であるのは身に病があるためで心が行き届かないと述べます。極度な病痛があり衰弱していたことが窺えます。二月二十二日に岡宮の妙法尼が死去します。

□『伯耆公御房消息』（四二八）

○聖人の御乳母蘇生と時光の病

二月二五日付けにて日興に宛てた書状です。聖人の花押はありませんが意思を代筆させました。このとき日朗は身延に在山していたので、日朗の自署名と花押があります。真蹟は大石寺に所蔵されます。日興から時光（四〇歳）が病気平癒のため栗毛の馬を奉納したと伝えます。熱原法難の辛苦もあり前年より体調を崩していました。日朗は鹿毛馬を聖人にお見せしたことを報告します。書き持たせた薬王品の文は、聖人の母親を蘇生させた「二八文字」と告げます。聖人は定業であってもこの度だけは治癒させて欲しいと、閻魔王に誓願を立てたと伝えます。経文を灰にして精進河の水に混ぜて服す方法を伝えます。

「聖人の御乳母のひとゝせ御所労御大事にならせ給い候て、やがて死せ給いて候し時、此経文をあそばし候て、浄水をもつてまいらせさせ給いて候しかば、時をかへずいきかへらせ給いて候経文也。なんでうの七郎次郎時光は身はちいさきものなれども、日蓮に御こゝろざしふかきもの也。たとい定業なりとも今度ばかりえんまわう（閻魔王）たすけさせ給へと御せいぐわん候。明日寅卯辰の刻にしやうじがは（精進河）の水とりよせさせ給い候て、このきやうもん（経文）をはい（灰）にやきて、水一合に入まいらせ候てまいらさせ給べく候」（一九〇九頁）

□『法華證明鈔』（四二九）

二月二八日付けにて時光の看病をしている日興へ宛てた書状です。二五日に病気平癒の護符の作法を知らせ、それから三日後に自署（「法華経の行者、日蓮、花押」）された身延最期の真筆の書状です。真蹟は第二紙の前半と宛名が欠失しますが、九紙完存にて西山本門寺等に所蔵されます。

時光へ病魔を克服するように励まします。末代に法華経の行者となる者は、過去に十万億の仏を供養した者であると釈尊は説いたが（法師品）、末代の凡夫は疑うので多宝仏は真実であると証明し、更に十方の諸仏を集め広長舌を示して真実であると証明させたと述べます。末代に法華経の一字でも信じる者は、十方諸仏の心を持つことになるので、このような徳を持った過去の因縁を悦びます。過去の謗法の罪があったので貧賤の身として生まれたが、過去に仏を供養した功徳により法華経を信じる身になったと述べます。しかし、この罪により謗法得益を得るとして、妙楽の「因謗得益必由得益、如人倒地還従地起」の『文句記』の文を挙げます。地に倒れた人はその地によって起き上がります。法華経を謗った人は地獄等の三悪道に堕ち人界・天界の地に倒れても、それが縁となり法華経の力に救われて仏になると教えます。

謗法の者でさえ成仏できるのであるから、まして強盛な信仰をしている時光の成仏は疑いないと述べます。その時光を病気にしているのは退転させようとする天魔・鬼神の企みとします。人の命は限りがあるから驚いてはならないと諭します。時光を悩ます天魔・鬼神に対し、改心をして病気を平癒し守護するように諫言します。聖人の誓願を伝えたのです。時光の病気は平癒し正慶元年九〇歳にて没するまで法華経の信仰を貫きました。

「しかるにこの上野の七郎次郎は末代の凡夫、武士の家に生て悪人とは申べけれども、心は善人なり。其の故は日蓮が法門をば上一人より下万民まで信給はざる上、たまたま信人あれば、或は所領或は田畠等にわづらひをなし、結句は命に及人々もあり。信がたきにちゝ故上野殿信まいらせ候ぬ。又此者嫡子となりて、人もすゝめぬに心中より信まいらせて、上下万人にあるひはいさめ、或をどし候つるに、ついに捨る心なくて候へば、すでに仏になるべしと見へ候へば、天魔外道が病をつけてをどさんと心み候か。命はかぎりある事なり。すこしもをどろく事なかれ。又鬼神めらめ此の人をなやますは剣をさかさまにのむか。又大火をいだくか、三世十方の仏の大怨敵となるか。あなかしこあなかしこ。此の人のやまいを忽になをして、かへりてまほりとなりて、鬼道の大苦をぬくべきか。其義なくして現在には頭破七分の科に行れ、後生には大無間地獄に堕べきか。永くとどめよ永くとどめよ。日蓮が言いやしみて後悔あるべし、後悔あるべし」（一九一一頁）

□『莚三枚御書』（四三〇）

○時光の病平癒

時光宛ての真蹟四紙迄の断片は大石寺に保存されます。弘安四年一二月八日の『上野殿母尼御前御返事』（一八九六頁）に、文永十一年六月十七日の入山より一歩も身延から出たことはないとあります。この文章により系年を弘安五年としました。弘安四年三月一八日付けの『上野殿御返事』（一八六一頁）に「御けさんはるか」とあること、時光の病気平癒の依頼と回復して身延に登詣したことから『定遺』の通り弘安五年三月上旬とします。

時光から筵三枚と生若布一籠の供養があります。伊豆田方郡南条に所領を持っており、仁田郡に姻戚の新田信綱がいます。蒲原庄にも所領を有しており、これらの方面から聖人の好物であった生若布を取り寄せた思います。

「三月一日より四日にいたるまでの御あそびに、心なぐさみてやせやまいもなをり、虎とるばかりをぼへ候上、此御わかめ給て師子にのりぬべくをぼへ候」（一九一三頁）

聖人の護符や祈願が叶い時光は平癒して身延に報告に上がります。三月一日より四日まで親しく語り合いました。痩病で元気がなかった聖人の喜びが窺えます。筵の使用法は筵を「財」と表記していることから、御宝前の読経の為か室内の寝所に敷いて寒さを凌いだと考えられます。億耳居士と言う長者は足の裏に毛が生えており、足の裏を保護することの果報を説きます。敷物を供養する尊さは過去世に高僧に熊の皮を敷かせた功徳と述べます。時光は末代の辺国において、しかも、熱原法難には法華経の行者としての名声を示し、筵を法華経に供養した功徳により仏座に登ると述べたことが窺えます。

○　御本尊（一二〇）四月

「沙門天目」に受与されます。紙幅は縦九三センチ、横五〇．九センチ、三枚継ぎの御本尊です。京都本隆寺に所蔵され、左下に他筆にて「禅□」と在ったのを削損した跡があります。また、卯月の下に「二」の字を加え二日とします。誰が書き加えたかは不明です。

○　御本尊（一二一）四月

「俗藤三郎日金」に授与されます。紙幅は縦九三．六センチ、横四八．八センチ、三枚継ぎの御本尊です。四大天王が省略され堺の妙国寺に所蔵されます。

○　御本尊（一二二）六月

紙幅は縦六七．九センチ、横四五．八センチ、二枚継ぎの御本尊で、茂原の鷲山寺に所蔵されます。

○　御本尊（一二三）六月

紙幅は縦六七．六センチ、横四四．五センチ、二枚継ぎの御本尊で京都本国寺に所蔵されます。体調不良の中にも御本尊を染筆され、法華弘通に身命を捧げた行者の姿勢を窺うことができます。

□『上野殿御返書』（四三一）

○棟札

八月一八日付けにて時光から館を新築するため棟札を依頼された返書です。『延山本』に収録されます。著作年時に健治元年などの説があります。建治元年頃の時光の状況は、法華信仰に対する迫害があり弘安二年の熱原法難に展開しました。住居を新築する余裕はなかったと考えられます。（鈴木一成著『日蓮聖人遺文の文献学的研究』四二六頁）。弘安五年とすることについて、聖人は前年の一二月頃より病状が悪化しており、この棟札を授与することに疑念があり、健康状態から建治元年が妥当とされますが、本書の成立については検討が必要とされます。（小松邦彰稿「日蓮遺文の系年と真偽の考証」『日蓮の思想とその展開』所収一〇九頁）。ここでは、熱原法難の弾圧が緩んできたと思われることから、『定遺』の弘安五年に従います。日興が聞きながら代筆されたと思われます。

時光が館を造作することを喜び、いつの日にか訪ねて転居（移徙・渡座）の祝いをしたいと述べます。依頼を受けた棟札は、これを携えた日興に持たせることを約束し棟札の由来を述べます。須達長者が造営した祇園精舎が七度まで火災に遭います。その火除けを頼まれた釈尊は、須達長者の家族が強欲なために火災に遭遇すると説きます。これを防ぐには、南東に向かって身心を浄めれば光が射して三人の鬼神が現れる。鬼神は鳴忿と言う瑞鳥がいる所には火災がないので、この鳥が唱える文を唱えれば火災を逃れるとの故事を挙げます。化城喩品（『開結』二四四頁）の「聖主天中天迦陵頻伽声哀愍衆生者我等今敬礼」の文を示し、この由来により棟札にはこの経文を書くと教えます。詳細は日興に教えると述べます。時宗は異国征伐を中止し防塁を修理し延長することを命じます。八月に叔父時定を博多に派遣して異国警固番役を監視させます。

□『身延山御書』（四三二）

八月二一日付けにて門弟に示されたと言います。真蹟が存した記録はありませんが、『大野本』『平賀本』に収録されます。『録内御書』第一八巻に編入され、古来より伝えられてきた遺文です。系年に健治元年の説がありますす。文体はこれ迄の文章とは違和感が指摘されます。鈴木一成氏は身延を霊山と高揚された時期を弘安二年以後とし、本書は身延出山の直前の遺文とします。（「身延山御書系年考」『大崎学報』一一〇号所収一二頁）。身延の風景や信仰の内実を叙述された名文と評されます。（『日蓮聖人遺文辞典』歴史篇一〇八八頁）。本書の特徴は身延山を霊山浄土として、法華弘通の達成感と法悦の境地を述べたことです。

○　身延下山

通説では弟子檀越が聖人の衰弱を感じ常陸（加倉井）に湯治を勧めたとします。常陸は実長の三男、弥三郎の所領があったといい、水戸市の加倉井（隠井）温泉の説があります。（『日蓮教団全史』四三頁）。如何なる事があっても身延を離れないと言う気持ちを持っていましたが、故郷小湊に寄り父母や有縁の人の展墓と（林是幹稿「甲斐日蓮教団の展開」『中世法華仏教の展開』所収三七九頁）、親しい兄弟や信者等に今一度再会したい気持ちが募ったのでしょう。

『本化別頭仏祖統紀』（一八四頁）には常陸の地名や温泉にて湯治をするとの記載はなく、八月には聖人の病状が日に日に悪化します。門人達は僻地よりも鎌倉には名医がいるので、法のため国の為に長生きをして欲しいと願います。この意見を受け容れますが、考えがあるとして池上にての療養を決めたと記載されます。

実長の子息や家臣に守られて下山することを決意されます。果たして湯治に行くことが目的であったのでしょうか。偽書とされる『波木井殿御書』には、安房に帰省したかったこと、また、命は不定であるので釈尊の入寂（拘戸那掲羅城）に倣い池上宗仲の所を入寂の地とされたとあります。日昭・日朗にはその旨が伝えられ、宗仲とは生前より約束されていたかも知れません。池上を教線の一拠点とする意図があったと思われます。紀野一義氏は釈尊と同じく北への道をとり道中には知り合いがいたと述べます。（『日蓮配流の道』一七七頁）。また、室住一妙氏は九年前に泣く泣く逐われるように、身延に逃げいった惨めさを整えるため。鎌倉近郊の弟子信徒が集まりやすい池上を選び、『立正安国論』の大義の確信を講演されるためと述べます。（『純粋宗学を求めて』四〇一頁）。

池上に向かう道程は富士山を北に回る河内路の進路を選びます。鎌倉から身延には竹の下から富士へ進む駿州路を通り六日の旅程でした。駿河は熱原法難のあった所で北条氏の領地が広がっていました。時光との再開や神四郎等の墓参をされたかったでしょうが、身の危険を避けて険阻な回り道をされたのです。（坂井法曄稿「日興門流の形成と展開」『日蓮教団の成立と展開』シリーズ日蓮3。六八頁所収）。馬での道中とは言え腹巻きを固く締めゆっくりと進みました。馬を好まれた聖人は実長から与えられた栗鹿毛の名馬に乗っての下山でした。弟子数人と名馬の舎人に実長の一族の者が数名つき従っての出立です。

八日、午の刻に草庵を出発し河内路（身延道・甲斐路。『甲斐国志』上三四頁）を北上し、身延からは約五キロ程の距離ですが、その日は下山兵庫四郎（光基）の家（本国寺）に宿泊します。光基の子供が因幡房です。因幡房は最蓮房と比叡山での学友であり、その縁で因幡房は聖人の弟子となります。光基はこれに憤慨しますが聖人が光基に宛てた書状を読み、自らも法華経の信者となり法重房日芳の名を頂きます。地所にあった平泉寺を本国寺と改称し最蓮房を開山とします。

九日は下山から下粟倉、大石野を経て急流で難所の早川を渡ります。三つ石に出て遅沢、間峠、切石、手打沢、大塩、柳川に進み、大柳川を渡って鳥屋、久保沢、鬼島、小柳川、国見平、長知沢、狩宿、高下（たかおり）、仙洞田を進み善知法印の小室に入ります。そして、鰍沢まで足を進め日興と縁が深い大井庄司入道の家（蓮華寺）に宿泊します。当時は川を渡る起伏の激しい山路でした。

一〇日は笛吹き川沿いに進みます。鰍沢から一四．五キロ程の曽根次郎宅（中道町下曽根。妙石庵の曽根大屋）に宿泊します。釜無川を渡るのに時間がかかったのか、体調のためか、何かしらの事情があったようです。下山・大井・曽根氏は日興と時光の縁者でした。

一一日は黒駒（御坂町）に泊まったと伝えますが場所は不明です。ここは「甲斐の黒駒」と称され良馬の産地ですから実長の配下のもとに宿泊されたと思います。一二日は御坂峠を越えて河口湖畔にある河口陣屋の梅屋上総の館に泊まります。梅屋の主人は本庄采女と言い、聖人が身延に入られてから秋本房日元の案内で甲斐地方を巡教した時に寄りました。采女の弟（真言宗御室派の御蔵寺の住持をしていた）法玄が聖人の教化に従い弟子となり日領と名乗ります。大嵐山蓮華寺の開山になります。

一三日は梅屋本庄家から山道に入り霜山を越え屋根沿いに進んで呉地（暮地、くれち、くれじ。冨士吉田市下吉田）に迂回します。旧名は古屋と言います。この峠のことを「おっ越し」と言うのは聖人が峠を越えてお越しになられたことが由来です。本庄家からは直線で六キロ程の行程ですが難儀な峠越えだったのでしょう。（『甲斐志料集成』一。一三四頁）。この麓の遠山平三郎の家に泊まります。一四日は明見（あすみ）、鳥居地峠を越えて内野、山中湖東岸の平野へ抜け、三国峠、明神峠の難所を越えて上野部落へ出ます。ここから旧道を通って棚頭、諏訪之前、下一色、馬伏川を渡り足柄の西口になる竹ノ下に泊まります。この日の行程は最大の難路でした。竹の下から平塚迄は身延入山の時と逆の経路になります。

一五日は足柄峠を過ぎ関本（雨坪）にて下田五郎左衛門の家に泊まります。ここに不動尊を祀った不動堂があったのを、中老僧の日弁が弘安年中に寺を建て関本山弘行寺と名付けます。養珠院の母である性珠院の墓があり、養珠院が奉納した金蒔絵の碁盤が伝わります。ここ迄は暮地に住む遠山家の親戚が二名、付き添って関山まで見送ります。そのまま関本に定住したと言います。関本という地名は足柄関所の麓にある所のことです。

一六日は泰時の親族で弟とも言う平塚左衛門泰知（やすとし）、『風土記』では江馬氏になっている泰知の招きで平塚に泊まります。泰知は頼基から法華経の信仰を勧められており、酒匂川を渡り海道にて平塚に向かっていることを知り迎えたと言います。この時に長谷川常徳や鶴岡宮の社司である鶴若太夫藤次など一六〇人程が、聖人を迎えて教えを聞いたと言います。後に屋敷を寺として松雲山要法寺と名付けました。関本から矢倉沢往還を通り厚木に抜けると距離的に短縮されるのですが、酒匂から平塚、そして、内陸に道を進めたのは信者との関係や宣時の領地を避けて通ったとも言います。

一七日は海道から北上して用田、飯田、瀬谷（瀬野）に進みます。平塚から北上して坂戸、中原、田村から相模川を渡り、一の宮、倉見、本郷、河内、大矢（谷）、国分寺下、尼寺、そして、座間入谷にて休息されます。ここに建てられたのが円教寺で、佐渡に配流された時にも休息された霊跡です。栗原、鶴間から境川を渡って五貫目の鈴木又兵衛の家に寄ります。矢倉沢街道の道中回所名主で鈴木氏の案内で天台宗妙光寺に泊まります。福昌山妙光寺の創建は白雉年中とされ、住持の文教は聖人の教化により改宗し蓮昌山と山号を改称します。

一八日は鈴木氏の他に飯島氏・北島氏の三人に案内されて、瀬谷から川井、白根、寺山、中山で鶴見川を渡り、佐江戸、大棚、山田、野川、小田中、中原（小杉陣屋）、多摩川の丸子の渡しを経て進みます。早朝に出立したと思われ午の刻（昼ころ）に武蔵国千束郷池上に入り、池上氏一族に迎えられ宗仲の家に休息します。この時に聖人の好物と言う引きずり豆腐を作ったと言います。一八日の入山会にはこの豆腐汁を供養します。途中、中原街道沿いにある千束池の御松庵に休まれます。この池で足を洗ったことから「洗足池」と称されたと言います。当時の千束池は大きな池でした。池上氏は平将門の乱（九四〇年）の時に京都から来て、千束池の畔に居を構えたことから「池の上（ほとり）」の池上を姓にされます。

池上迄の行程は身延入山の時に通った駿州路ではなく、富士山の北を回る甲州路を経て竹の下まで出て池上に入りました。身延から池上に至る一日の距離は、身延から下山まで四キロ、下山から鰍沢まで二〇キロ、鰍沢から曽根まで一二キロ、曽根から黒駒まで一〇キロ、黒駒から御坂峠を越えて河口まで一六キロ、河口から暮地まで八キロ、暮地から三国峠、明神峠を越え竹の下まで三〇キロ、竹の下から足柄峠を越えて関本まで一二キロ、関本から平塚まで三二キロ、平塚から瀬谷まで二〇キロ、そして、瀬谷から池上まで約三〇キロの行程です。約一五〇キロの道中を一一日かけて池上に到着しました。峠や川等の自然状況と北条氏や他宗の迫害を想定していたので、体力の全てを尽くして進まれた道中でした。信徒との再会が気力となりました。

□『波木井殿御報』（四三三）

○墓所と栗鹿毛の名馬

九月十九日に実長に身延在山中のお礼と、池上に至る困難な道中を公達に護られたことを感謝され、自身の墓所を身延に建てたいこと、栗鹿毛の馬の世話先の願いをされます。本書は日興が代筆し花押も自署できない状態で最後の書簡となりました。身延に曽存され『朝師本』『平賀本』に収録されます。

「畏申候。みちのほど（道程）べち（別）事候はで、いけがみ（池上）までつきて候。みちの間、山と申、かわ（河）と申、そこばく大事にて候けるを、きうだち（公達）にす（守）護せられまいらせ候て、難もなくこれまでつきて候事、をそれ入候ながら悦存候。さてはやがてかへりまいり候はんずる道にて候へども、所らう（労）のみ（身）にて候へば、不ぢやう（定）なる事も候はんずらん。さりながらも日本国にそこばくもてあつかうて候みを、九年まで御きえ候ぬる御心ざし申ばかりなく候へば、いづくにて死候とも、はか（墓）をばみのぶさわ（沢）にせさせ候べく候。又くりかげの御馬はあまりをもしろくをぼへ候程に、いつまでもうしなふまじく候。ひたち（常陸）のゆ（湯）へひかせ候はんと思候が、もし人にもぞとられ候はん。又そのほかいたはしくをぼへば、ゆ（湯）よりかへり候はんほど、かづさ（上総）のもばら殿もとにあづけをきたてまつるべく候に、しらぬとねり（舎人）をつけて候てはをぼつかなくをぼへ候。まかりかへり候はんまで、此とねりをつけをき候はんとぞんじ候。そのやうを御ぞんぢのために申候。恐々謹言。九月十九日。日蓮。進上波木井殿［御侍］所らうのあひだ、はんぎやうをくはへず候事、恐入候」（一九二四頁）

茂原は日向の流罪された祖父に縁のある所です。茂原の領主斎藤兼綱は聖人に帰依し、邸内に堂宇を建て常楽山妙光寺と称しました。遺言に従い名馬は茂原に移されます。「馬つなぎの杉」の名残りと乗馬された馬の鞍が保存されます。池上の葬送の時に名馬を誘導したのは亀王童と瀧王童です。

○　肥立ちの湯

ここに「ひたちのゆへひかせ候はんと思候が」とある文を「常陸の湯」としますが、大川善男氏は愛馬の疲れを癒やすための「肥立ちの湯」と指摘します。身延からの長旅で疲れた馬の湯治をされたとも解釈できます。（『日蓮遺文と教団関係史の研究』五四頁）。九月二五日には体調が回復され、堂宇の柱にもたれて鎌倉や房総から聖人の病状を心配されて集まった信者に、『立正安国論』の最後となる講義をされたことが、日朝の『元祖化導記』に記されます。公式説法の最後となります。この後、重態になります。（室住一妙著『純粋宗学を求めて』四〇一頁）。

□　『波木井殿御書』（四三四）

一〇月七日付けにて実長に宛てた書状です。『本満寺本』に収録されています。古来より偽書とされ諸遺文の自叙伝を抜粋した傾向がみられます。しかし、本書の文章は信仰の大きな指針となり読み伝えられました。

「波木井殿に対面有しかば大に悦び、今生は実長が身に及程は見つぎ奉るべし。後生をば聖人助け給へ、と契りし事はただごととも覚えず。偏に慈父悲母の波木井殿の身に入かはり、日蓮をば哀れみ給歟。（中略）此則霊山の契り也。（中略）日蓮ひとつ志あり。一七日にして返る様に、安房国にやりて旧里を見せばやと思て、時に六十一と申弘安五年壬午九月八日、身延山を立て武蔵国千束郷池上へ著ぬ。釈迦仏は天竺霊山に居して八箇年法華経を説せ給。御入滅は霊山より艮に当れる東天竺倶戸那城跋提河の純陀が家に居して入滅なりしかども、八箇年法華経を説せ給山なればとて御墓をば霊山に建させ給き。されば日蓮も如是、身延山より艮に当て、武蔵国池上右衛門大夫宗長が家にして可死候可。縦いづくにて死候とも、九箇年の間心安く法華経を読誦し奉候山なれば、墓をば身延山に立させ給へ。未来際までも心は身延山に可住候」（一九三二頁）

○長栄山大国院本門寺

池上邸に休息されながら体調を整えました。宗仲が建てた法華堂の開堂供養を行ない、長栄山大国院本門寺と名付けます。宗仲は法華経の経文の数である六九三八四坪を寺領として寄進されました。後に、本阿弥光悦が本門寺の扁額を揮毫し関東三大額の一つになります。五重の塔は東京都内で最古の塔で徳川秀忠の乳母が発願して建てました。正面の石段は加藤清正の寄進となり、同じく祖師堂は二四間と二五間あり、床下を甲冑を帯びた騎馬武者が馬に乗ったまま通行できました。江戸で一番大きなお堂と言うことから大堂と呼ばれました。

祖師像は聖人の七回忌（正応元年六月。一二八八年）に、日持と日浄が願主となり造像されます。寄木造りで等身大より大きめの像で、日法が刻んだ祖師像を原型として造ったと言います。像の体内に真骨を収めた銅筒があり、表面に題目と釈迦・多宝仏が刻まれ、裏面に、「弘安五年壬午十月十三日巳刻御遷化。大別当大国阿闍梨日朗。大施主散位大仲臣宗仲。大施主清原氏女」と刻まれます。昭和四年に文部省技官の立会いで調査した時に、銅筒の回り四隅に日昭・日朗・日興・日向が署名された木切れの紙包みが確認されます。像の右手には母堂の毛髪が含まれた払子を持ち、左手には法華経第六の巻きを所持されます。

○　六老僧

一〇月八日に臨終が近いのを感じ、本弟子として日昭（六二歳）・日朗（三八歳）・日興（三七歳）・日向（三〇歳）・日頂（三二歳）・日持（三三歳）の六老僧を定めました。日興は聖人の代筆をする右筆の役を担い、門下信徒を繋ぐ重要な存在でした。『宗祖御遷化記録』『御遺物配分帳』『身延山守番帳』は日興が書記しました。『身延鑑』（一五七頁）に「或る記に云く」として、六老僧は本化六万恒河沙の菩薩の上首とあります。智慧日昭・給仕日朗・筆芸日興・問答日向・行戒日頂・文質日持とあります。聖人の弟子は凡そ六六名と言います。これは遺文や本尊授与、日興の記録から推定されます。このうち二〇名が天台宗の僧籍を持ちます。（高木豊著『日蓮とその門弟』五二頁）。

聖人が存生の時に建立された寺院は次のようになります。（『日蓮教団全史』一三頁）。

（道場）	（創立年代）	（開基）	（開山）
下総若宮法華堂（法華経寺）	文応元（一二六〇）年	富木常忍	日常
鎌倉比企谷法華堂（妙本寺）	文永一一（一二七四）年	比企能本	日朗
身延山妙法蓮院久遠寺	文永一一年	南部実長	日蓮聖人
上総茂原法華堂（藻原寺）	建治二（一二七六）年	斉藤兼綱	日向
下総平賀法華堂（本土寺）	建治二年	曽谷教信	日朗
下総真間弘法寺	弘安元（一二七八）年	富木常忍	日頂

武蔵池上本門寺　　弘安六、七（一二八三〜四）年　池上宗仲　日朗

○入滅と葬送『宗祖御遷化記録』

一〇月一〇日に「御遺物」を分与したことが日興の『御遺物配分事』に記録されます。一一日に枕辺に経一丸（日像）を呼び天皇へ法華経を勧めること、京都における布教を委嘱し「玄旨本尊」を授与されます。この御本尊は妙顕寺に安置されます。日像は下総平賀に生まれ、父は平賀忠晴、母は妙朗尼で日昭の甥、日朗の同母異父の弟になります。七歳で日朗に入門し八歳のとき聖人に給仕します。日像の京都布教に当っては日昭が近衛家の猶子になっている縁がありました。

一二日の酉の刻（午後六時）、臨終が近いのを感じ北に向かって座ります。正面に曼荼羅を掛け、伊豆の流罪より持仏されていた立像釈尊を安置して読経されます。一三日の卯の刻（午前六時）に危篤の報せを聞き頼基夫妻が駆けつけます。そのとき聖人は目を開いて頷かれます。辰の刻（午前八時）頃に曼荼羅本尊・立像釈尊の元に、弟子、信徒の見守りと読経の中に入寂されました。この時に大地が振動したと記録されます。日昭は鐘を打ち臨終を知らせると、鳴り響く鐘の音に庭の桜に時ならぬ花が咲きます。曼荼羅は弘安三年に日朗に授与されたもので、鎌倉の法華堂から運ばれ枕頭に掲げられました。「臨滅度時のご本尊」と称されます。

一四日戌の刻（午後八時）に日昭と日朗によって入棺されます。一五日子の刻（午前0時）に葬送の儀を行います。弟子や信徒による葬送の役配は『宗祖御遷化記録』に記されます。日朗は棺の前陣、日昭は棺の後陣、日興等は棺の周りを守り池上の西谷に荼毘のため向かいました。『宗祖御遷化記録』は聖人の遺言と入滅前後の門弟の動きを記録します。「西山本門寺本」「池田本覚寺本」「池上本門寺本」の三本が現存します。日昭本と身延

本は紛失して写本もありません。内容は1日蓮聖人の略伝。2定置本弟子六人。3葬送記録。4御遺物配分事。5身延山番帳から成っています。（『日蓮聖人と法華の至宝』第二巻一七四頁）。「西山本門寺本」は日興筆で1～3、5があります。4御遺物配分事はありません。「池田本覚寺本」は日位ではなく日持とも言います。葬送の役割を担った人物が記録したことは事実ですが、室町前期頃の写本とも言います。（湯山賢一稿「日蓮遷化記録日興筆弘安五年十月一六日」『古文書研究第』三九号一二〇頁所収）。1・3・4があり、2定置本弟子六人　5身延山番帳はありません。「池上本門寺本」は1～3はありません。4御遺物配分事

5身延山番帳を一紙にした折紙で、別個に軸装されて二軸となります。4御遺物配分事は御遺物配分帳と表題がつけられ、日興が執筆し日昭・日朗・日興・日持が各自署名して花押を据えています。

この中で「西山本門寺本」は日興の一筆で調い最良の原本とされます。楮紙料紙とし法量は縦三一・六センチ、全長二一四センチ。紙数は五枚です。（①四三センチ　②四二・六センチ　③四二・一センチ　④四三・二センチ　⑤四三・一センチ　補紙一二・四センチ）。1～3は弘安五年十月一六日、5番帳は弘安六年正月日となります。2の本弟子の順序は入門の浅い順に並び、六人が一通づつ所持しました。中世の葬送の儀式が分かります。3の文末に遺言（御所持佛教事）として、仏（釈迦立像）経（注法花経）を墓所寺に安置し六人が番時のとき香花を供養するようにとあります。各紙の継目裏には本弟子四人の花押を据えます。日向と日頂は他行とあります。これにより門弟の統一が成されました。一六日、火葬された遺骨は六老僧の手で宝瓶に納められ日興より遺言（御遺物配分事）が発表されます。

『宗祖御遷化記録』（葬送記録）
—西山本門寺本——日興筆

（第二紙九行目より）

先火　　　二郎三郎　鎌倉の住人

次大寶華　四郎次郎　駿河国富士上野住人

次幡　　　左　四条左衛門尉（四条頼基）　右　衛門太夫（池上宗仲）

次香　　　富木五郎入道（富木常忍）

次鐘　　　太田左衛門入道（大田乗明）

次散華　　南条七郎次郎（南条時光）

次御経　　大学允

（第三紙）

次文机　　富田四郎太郎

次仏　　　大学三郎（大学能本）

次御はきもの　源内三郎　御所御中間

次御棺　御輿也

左

侍従公（日浄）

治部公（日位）

下野公（日秀）

蓮華闍梨（日持）

前陣　大黒阿闍梨　出羽公

右　和泉公（日法）
　　但馬公（日実）
　　卿公（日目）
　　信乃公
左　伊賀公
　　摂津公（日仙）
後陣　弁阿闍梨　白蓮阿闍梨（日興）
　　丹波公（日秀）
右　太夫公（日祐）
　　筑前公（日合）
　　帥公（日高）
次天蓋　太田三郎左衛門尉
次御太刀　兵衛志（宗長）
次御腹巻　椎地四郎
次御馬　亀王童　瀧王童

（第四紙）

―御所持佛教事―

御遺言云
佛者　釈迦立像　墓所傍可立置云々
経者　私集最要文　名注法花経
同籠置墓所寺　六人香花當番時
可被見之　自餘聖教者非沙汰之限云々
仍任御遺言所記如件
　弘安五年十月十六日　　執筆日興花押
（『日蓮聖人と法華の至宝』第二巻一七八頁）
（第五紙）は─墓所可守番帳事─となります。

『御遷化記録』（御遺物配分事）
─池田本覚寺本─執筆不明

（第三丁裏）
注法華経　一部十巻　　弁阿闍梨
御本尊　一躰　釈迦立像　　大黒阿闍梨
御馬　一疋　小袖一　　佐渡公
御太刀　一　小袖一　袈裟代五貫文　　侍従公和田丸
衣　一　小袖一　袈裟一　　越前公
御馬　一疋鞍皆具御足袋一　頭鳥子　小袖一　　白蓮阿闍梨

（第四丁表）
御腹番　銭三貫文　伊与阿闍梨
御馬一疋　小袖一　手鉾一　蓮花阿闍梨
御小袖一　郷公　御馬一疋　小袖一　御念珠　筑前公
御小袖一　衣一　帷一　治部公
御小袖一　頸烏子一　摂津公
御馬一疋　小袖一　大夫公　御小袖一　丹波公
（第四丁裏）
御小袖一　和泉公　御衣一　銭一貫文　伊賀公
銭二貫文　淡路公　一貫文　出羽
一貫文　寂日御房　二貫文　信濃公
一貫文　帥公　一貫文　越後公
一貫文　但馬公　一貫文　下野公
一貫文　讃岐公　二貫文　妙法御房
（第五丁表）
一貫文　御馬一疋鞍皆具　染物一　冨田四郎太郎
一貫文　源内三郎
二貫文　椎地四郎　御小袖一　四郎次郎太イ

御小袖一　滝王　　練一　安房国新大夫入道殿

御小袖一　同国浄顕御房

御小袖一　同国義浄御房

御小袖一　同国藤平殿

（第五丁裏）

右　御遺物配分次第如此

弘安五年壬午十月日

御遷化御舎利ハ同月十九日池上御立有テ

―池上本門寺本―日興筆

（前欠）

（上段）

二貫文　淡路公

一貫文　寂日房

二貫文　信乃公

一貫文　出羽公

一貫文　帥公

一貫文　越後公

（下段）

小袖一　四郎二郎

小袖一　滝王丸

御きぬ一　安房国新大夫入道

御きぬ一　かうし後家尼

御小袖一　安房国浄顕房

御小袖一　同国義浄房

一貫文　但馬公
一貫文　下野公
一貫文　讃岐公
二貫文　御布小袖一　妙法房
御馬一疋鞍皆具　染物　冨田四郎　太郎
一貫文　源内三郎
二貫文　椎地四郎
御小袖一　同国藤平

右、配分次第如件
弘安五年十月日
執筆日興　在判
日持（花押）
日興（花押）
日朗（花押）
日昭（花押）

一九日に初七日の法会が行なわれ、遺言に従って同日に池上を発ち遺骨は身延に向かいます。その日は相模の飯田に泊まり、二〇日は箱根の湯本、二一日は車返、二二日は上野の時光の家に泊まり、二三日に実長に迎えられ身延に入りました。二六日は二七日忌の法会が行なわれ、甲州や駿州からの信徒が集まります。墓所が定まり遺骨が安置されます。六老僧等は暫く身延に留まります。

日昭は不軽院（南之坊）・日朗は正法院（竹之坊）、日興は常在院（林蔵坊）、日持は本応院（窪之坊）、日頂は本国院（山本坊）、日向は安立院（樋沢坊）に籠もって喪に服します。日法は御影を自ら彫刻し七七日忌に御影堂に安置します。遺骨は百ヶ日に当たる翌弘安六年正月二三日に、西谷に廟所を設け五輪塔の墓石を建て遺骨を納めました。頼基は主君の元を離れ端場坊に留まり廟所を守ります。

池上の荼毘所の跡に朱塗りの宝塔を天保元（一八三〇）年に建てます。池上邸の所在が大坊本行寺です。聖人がお寄り掛かった柱は手斧削りの柱で、「ご臨終の間」に残されます。

おわりに

出家以来、休まず御遺文を拝読しました。何の役にも立てず自己満足に終わるのではないか、もっと他にすべきことがあるのではないかと長く長く思う毎日でした。しかし、長年の除雪作業で腰痛になり、動けなくなったのを幸いとして文書に纏め始めました。平成十七年五月のことです。何時しか来世のために勉強しようと思うようになりました。今は私が学んだことが後輩諸賢の行学二道に貢献できることを願います。

本書の出版にあたり、日蓮教学研究所長庵谷行亨先生から「序」を賜りました。立正大学入学いらいの御指導に深く感謝申し上げます。本書著述にあたり、諸先生の著書を参考とし引用させて頂きました。謹んで識者諸賢のご叱正とご教導をお願い申し上げます。

また、本書は妙覚寺檀信徒との勉強会の教箋を積み重ねたものです。檀信徒の皆さまの功徳になりますように。重ねて山喜房佛書林主淺地康平氏、同営業部長吉山利博氏、印刷にあたり長野印刷商工株式会社東京営業所所長榊原則克氏に格別のご配慮を頂きました。甚深の謝意を表します。

合掌

平成三十年六月二十八日

円山妙覚寺涯楽房舎にて

髙橋俊隆　謹識

著者略歴

高橋　俊隆（たかはし　しゅんりゅう）

昭和27年　札幌市に生まれる
昭和42年　小入羽日延法尼を師匠として得度
昭和53年　立正大学仏教学部宗学科卒業
昭和53年　立正大学日蓮教学研究所宗費研究生採用
昭和55年　立正大学大学院文学研究科修士課程修了
昭和58年　立正大学大学院文学研究科博士後期課程修了
昭和61年　日蓮宗大荒行堂第再行成満
昭和63年　日蓮宗妙覚寺住職就任
現在　文学修士　権僧正　日蓮宗勧学院嗣学
著書·論文　『日蓮聖人の歩みと教え〈鎌倉期〉』
『日蓮聖人の歩みと教え〈佐渡期〉』
「日蓮聖人に於ける「三障四魔」の一考察
—釈尊観を考察する過程に於いて—」
『日蓮教学とその周辺』所収
「日蓮聖人の親族と教団の形成について」
『日蓮教学をめぐる諸問題』所収

日蓮聖人の歩みと教え　〈身延期〉

平成30年11月10日　印刷
平成30年11月15日　発行

著　者　高　橋　俊　隆
発行者　浅　地　康　平
印刷者　小　林　裕　生

発行所　株式会社　山喜房佛書林

〒113-0033　東京都文京区本郷5-28-5
電話(03)3811-5361　FAX(03)3815-5554
E-mail sankibo@jf6.so-net.ne.jp
http://www003.upp.so-net.ne.jp/sankibo/

ISBN978-4-7963-0789-5　C3015